HELI
AC30
HELI

XCMG 徐工集团

千亿元 国际化

徐州工程机械集团有限公司成立于1989年7月，成立23年来始终保持中国工程机械行业排头兵地位，目前位居世界工程机械行业第5位，中国500强企业第123位，中国机械工业百强第4位，是中国工程机械行业规模大、产品品种与系列齐全、具有竞争力和影响力的大型企业集团。

徐工集团年营业收入由成立时的3.86亿元，发展到2011年突破870亿元，保持行业前茅。

徐工集团注重技术创新，建立了以国家技术中心和江苏徐州工程机械研究院为核心的研发体系，徐工技术中心在国家企业技术中心评价中持续名列行业前茅。依托徐工研究院、徐工南京研究院和在建的徐工上海研究院、徐工欧洲研究院，近年来徐工诞生了一批代表中国乃至全球先进水平的产品：800吨级、1 000吨级、1 200吨级全地面起重机，2 000吨级履带式起重机，12吨级中国大型的大型装载机，88m亚洲领先的高空消防车，第四代智能路面施工设备等，在全球工程机械行业产生了颠覆性影响，打破了国外企业的的全球垄断。目前徐工拥有有效授权专利920项，其中授权发明专利27项，100多项产品为国产领先产品。“全地面起重机关键技术开发与产业化”和ET110型步履式挖掘机分别荣获2011年度、2010年度国家科学技术进步二等奖（行业一等奖空缺）。徐工被国家相关部门联合授予“国家技术中心成就奖”，被授予国家技术创新示范企业。

徐工建立了覆盖全国的营销网络，在全球建立了100多个徐工海外代理商为用户提供全方位营销服务，徐工产品已出口到世界147个国家和地区，2011年实现出口10.86亿美元，连续23年保持行业出口额前列。目前徐工9类主机、3类关键基础零部件市场占有率居国内领先； 5类主机出口量和出口总额持续位居国内行业领先； 汽车起重机、大吨位压路机销量全球领先。

徐工集团秉承“担大任、行大道、成大器”的核心价值观和“严格、踏实、上进、创新”的企业精神。先后获得“中国工业大奖表

彰奖
党委被
年荣获
党委书
号。徐
学等各
衣物16
慈善奖

徐
竞争力
工集团
入突破
3 000亿
入世界

徐工委内瑞拉48亿出口大单创行业世界之最

世界级

和“全国五一劳动奖状”等荣誉，公司
评为“全国先进基层党组织”。2011
“装备中国功勋企业”称号，公司董事长、
记王民荣获“装备中国功勋企业家”称
工集团已为抗震救灾、建设徐工希望小
类社会公益事业捐款6 200余万元，捐
5万余件，被国家民政部门授予“中华
”，“全国抗震救灾英雄集体”。
工集团的企业愿景是成为一个具有国际
、让国人为之骄傲的世界级企业。徐
的战略目标是，到2012年实现营业收
1 000亿元，到2015年营业收入突破
亿元，跻身世界工程机械行业前3强，进
500强企业。

徐工出口的大批量混凝土机械整装待发

徐工装载机通辽煤矿集群作业

徐工千吨级履带起重机青岛石化项目吊装施工

担大任

行

长源液压
HCHC
合肥长源液压股份有限公司

更卓越　更可靠　更经济
方圆集团制造
FOTON

SHANTUI

熔炼可靠本色
实战见实力
JINGONG
JINGONG

可靠选择
助力创富梦想
JINGONG

豫克瑞
中国驰名商标
创新无止境
合作共分享
克瑞制造
克瑞集团
KERUI GROUP
电话：010–57551166 传真：010–57551177
总部地址：北京市中关村科技园石景山园实
兴大街30号西山汇B区8号楼8层
制造基地：河南省长垣县人民路西段工业园区
销售热线：0371–69529806 69529803
市 场 部：0371–69529805
传 真：0371–69529816
网 址：www.cnkerui.com
E-mail：keruijituan@cnkerui.com

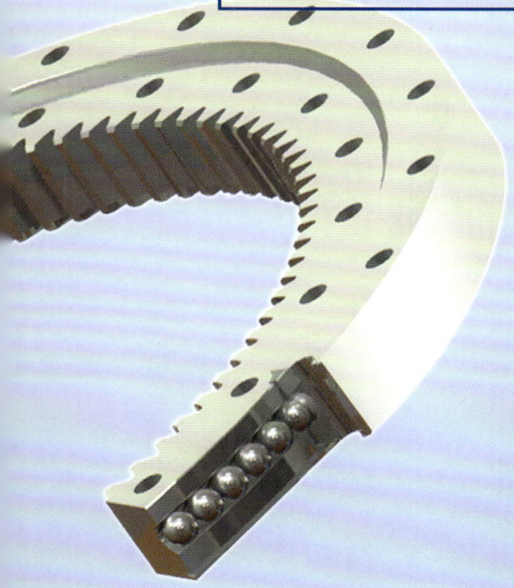

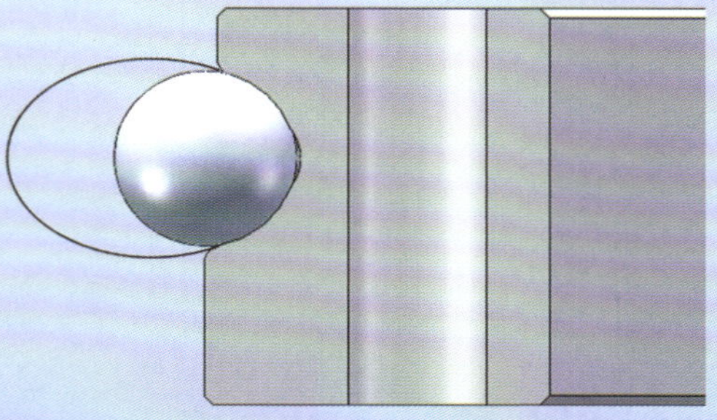

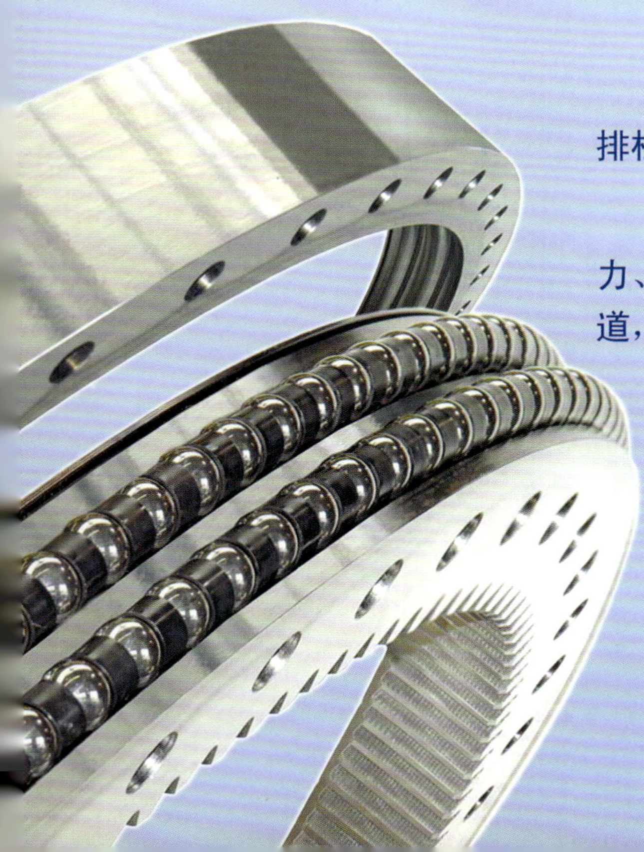

诚信　创新永恒
精品　人品同在

集　团　资　质　证　书

0强排名105位），
装备研究、设计、
长沙、北京、兰
、协同创新和持
推出新产品、新
道机械、深基础
触网支柱、混凝

具有完全自主知
的性能、复杂地
.将改变传统的
服务于我国高铁
白；拥有世界上
村，还出口到美
赞誉，打造了中

质量管理体系认证证书

环境管理体系认证证书

职业健康安全管理体系认证证书

盾构机CE证书

钢结构企业特级资质

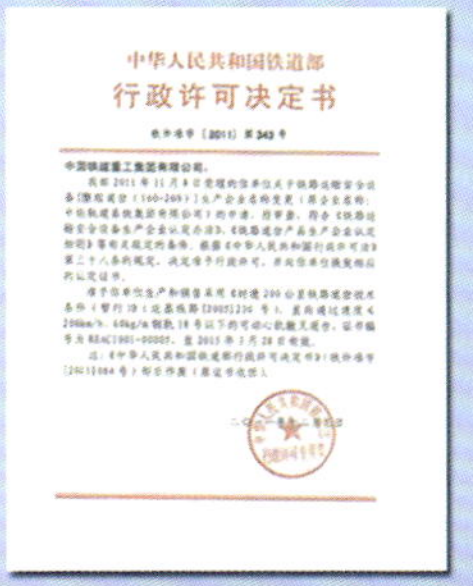

可动心轨辙叉道岔行政许可决定书

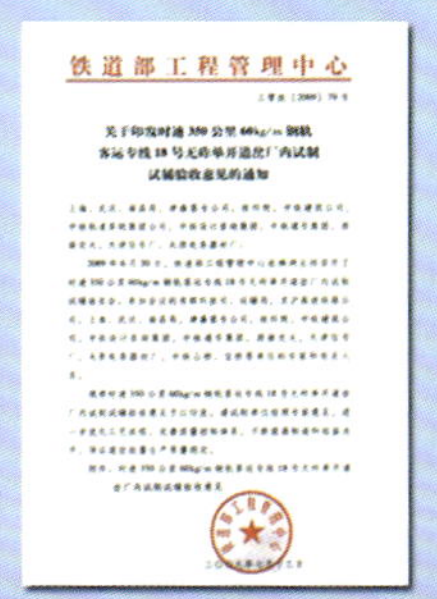

高速道岔350KM-18号上道许可证

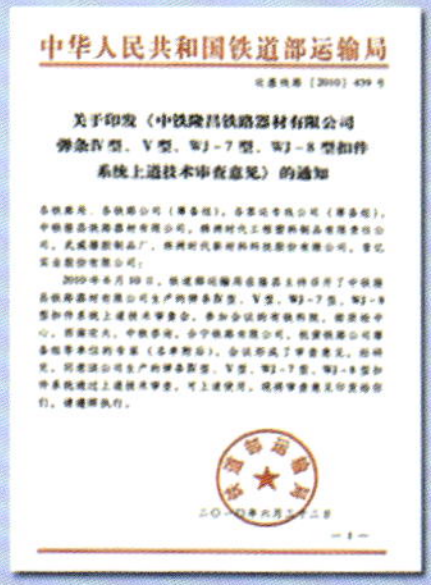

高速扣件上道许可证

中国铁建重工集团有限公司企业形象

集团公司全景（湖南长沙）

中国铁建重工集团装备制造总厂（湖南长沙）

中铁隆昌铁路器材有限公司（四川隆昌）

中铁株洲桥梁有限公司（湖南株洲）

瓦系列

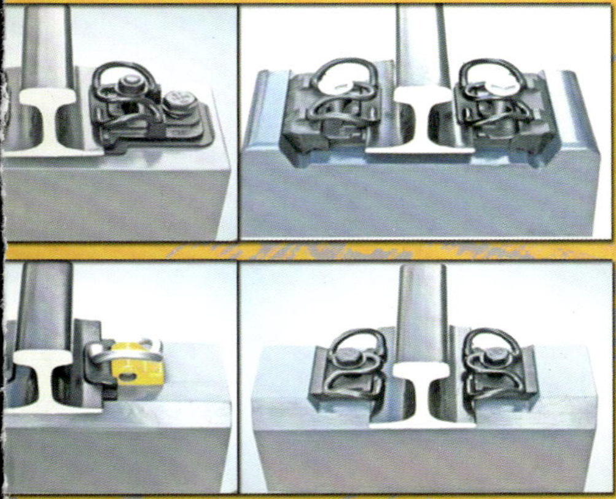

速铁路弹条扣件系列

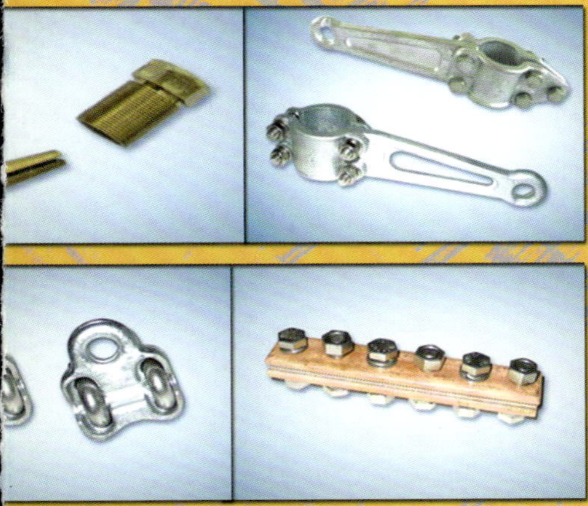

金具产品

闸瓦产品

轨道装备

混凝土制品系列

混凝土管片

无碴轨道板

SK-1型轨枕

WG-1轨枕

道岔扳

轨枕及岔枕

钢结构系列

天津彩虹大桥

中国银行大厦钢桁架

中科院图书馆

新丰电厂空冷钢结构

司

地下工程装备

装备

度斜井TBM

面掘进机

机

矿山法隧道施工机械系列

HPS3016混凝土喷射机械

HPSD3010混凝土喷射机械手

HPS10 + HBS30喷射机组

隧道预切槽成套设备

深基础机械系列

旋挖钻机

链刀式连续墙设备

中国机械工业年鉴系列

中国工程机械工业年鉴

2012

中国机械工业年鉴编辑委员会
中国工程机械工业协会 编

机械工业出版社
China Machine Press

《中国工程机械工业年鉴》2012年刊设置综述篇、行业篇、企业篇、市场篇、统计资料、标准索引、政策法规及大事记等栏目，集中反映了2011年工程机械行业的发展情况，详细记载了挖掘机械、铲土运输机械、工程起重机、工业车辆、路面与压实机械、混凝土机械、凿岩机械与气动工具、桩工机械、工程机械零部件等分行业的发展情况，全面地提供了工程机械市场状况，系统地公布了工程机械行业各项经济技术指标、进出口统计数据，突出报道了工程机械行业企业的创新情况等。

《中国工程机械工业年鉴》主要发行对象为政府决策机构、机械工业相关企业决策者和从事市场分析、企业规划的中高层管理人员以及国内外投资机构、贸易公司、银行、证券、咨询服务部门和科研单位的工程项目管理人员等。

图书在版编目（CIP）数据

中国工程机械工业年鉴.2012/中国机械工业年鉴编辑委员会，中国工程机械工业协会编.—北京：机械工业出版社，2012.11

（中国机械工业年鉴系列）

ISBN 978-7-111-40320-3

Ⅰ.①中… Ⅱ.①中… ②中… Ⅲ.①工程机械—机械工业—中国—2012—年鉴 Ⅳ.①F426.4-54

中国版本图书馆CIP数据核字（2012）第261835号

机械工业出版社（北京市西城区百万庄大街22号　邮政编码 100037）
责任编辑：王亚水
北京宝昌彩色印刷有限公司印制
2012年11月第1版第1次印刷
210mm×285mm·19.25印张·77插页·520千字
定价：320.00元

凡购买此书，如有缺页、倒页、脱页，由本社发行部调换
购书热线电话（010）88379821、88379829
封面无机械工业出版社专用防伪标均为盗版

中国机械工业年鉴系列

作为『工业发展报告』
记录企业成长的每一阶段

中国机械工业年鉴

编辑委员会

中国工程机械工业年鉴

『鉴』证行业发展
挖掘企业亮点

中国工程机械工业年鉴
执行编辑委员会

中国工程机械工业年鉴

『鉴』证行业发展
挖掘企业亮点

中国工程机械工业年鉴
特约顾问单位特约顾问

（按姓氏笔画排列）

特约顾问单位	特约顾问
徐州工程机械集团有限公司董事长	王　民
天泽信息产业股份有限公司部门经理	王　欢
杰西博工程机械（上海）有限公司销售总经理	王　磊
山东临工工程机械有限公司董事长	王志中
广西柳工机械股份有限公司董事长	王晓华
维特根（中国）机械有限公司总裁兼董事总经理	韦筆图
贵州詹阳动力重工有限公司总裁	方崇平
山西同元实业集团有限公司总裁	尹树平
徐州徐工基础工程机械有限公司总经理	孔庆华
四川现代建设机电集团有限公司董事长	付尤东
克瑞集团总裁	付进廷
力士德工程机械股份有限公司总经理	代永海
四川成都成工工程机械股份有限公司董事长	白　旭
杭州前进齿轮箱集团股份有限公司总经理	冯　光
河北钢铁集团宣工公司董事长	冯喜京
大连升隆机械有限公司董事长	曲永哲
山东大信重工有限公司总经理	曲荣文
中国重汽集团海斗工程机械事业部总经理	吕留发
云南建筑机械厂厂长	朱　良
江苏天工工具有限公司董事长	朱小坤
山东海沃工程机械有限公司董事长兼总经理	朱富海
江西宜春重工集团有限公司总经理	朱德强
三一重工股份有限公司总裁	向文波
中国铁建重工有限公司董事长兼总经理	刘飞香
华菱星马汽车（集团）股份有限公司董事长	刘汉如
湖南星邦重工有限公司董事长	刘国良
浙江高宇液压机电有限公司总经理	池建伟
抚顺永茂建筑机械有限公司董事长	孙兆林
浙江长盛轴承技术有限公司董事长	孙志华
山西鑫邦贸易有限公司总经理	阴建新

中国工程机械工业年鉴

『鉴』证行业发展
挖掘企业亮点

中国工程机械工业年鉴
特约顾问单位特约顾问

（按姓氏笔画排列）

特约顾问单位	特约顾问
北京京城重工机械有限责任公司董事长	苏　杰
北京华德液压工业集团有限责任公司总经理	杜旭东
上海 ABB 工程有限公司机器人中国区负责人	李　刚
浙江海宏液压科技股份有限公司董事长	李汉阳
北京京城长野工程机械有限公司总经理	李春升
唐山开元机器人系统有限公司总经理	李宪政
恒天九五重工有限公司总经理	李新桥
陕西建设机械股份有限公司董事长	杨宏军
住重中骏（厦门）建机有限公司总经理	杨泽湧
中国国机重工集团有限公司董事长	吴培国
涌镇液压机械（上海）有限公司总经理	邱献郎
山河智能装备股份有限公司董事长	何清华
机械工业第三设计研究院院长	宋文学
建科机械（天津）股份有限公司常务副总经理	张　新
广西玉柴重工有限公司总经理	张士勇
山推工程机械股份有限公司董事长	张秀文
上海隧道工程股份有限公司机械制造分公司总经理	张闵庆
芜湖盛力科技股份有限公司董事长	张武江
安徽叉车集团有限责任公司董事长	张德进
厦门市桥箱机械工业有限公司董事长	陈东毅
上海金泰工程机械有限公司总经理	林　坚
青岛新型建设机械有限公司董事长	林礼津
海克斯康测量技术（青岛）有限公司执行总裁	周　亮
中交天和机械设备制造有限公司常务副总经理	周　骏
合肥长源液压股份有限公司董事长	周明长
杭州爱知工程车辆有限公司董事长	於晓宇
杭叉集团股份有限公司董事长兼总经理	赵礼敏
机械工业第六设计研究院有限公司董事长、总经理、党委书记	赵景孔
宁波大港意宁液压有限公司总经理	胡世璇
福建晋工机械有限公司总经理	柯金鍚

中国工程机械工业年鉴

『鉴』证行业发展
挖掘企业亮点

中国工程机械工业年鉴
特约顾问单位特约顾问

（按姓氏笔画排列）

特约顾问单位	特约顾问
江麓机电科技有限公司总经理	柳秀导
马鞍山统力回转支承有限公司董事长、总经理	侯　宁
山东公路机械厂厂长	侯炳才
牡丹江专用汽车制造有限公司董事长	姚运文
陕西航天动力高科技股份有限公司总经理	索小强
山东省德州生建机械有限责任公司总经理	贾昌滋
山东华夏集团有限公司董事长	夏春亭
新魁液压技术有限公司总经理	徐永江
方圆集团有限公司董事长	高　秀
珠海仕高玛机械设备有限公司董事长	黄志辉
江苏骏马压路机械有限公司总经理	黄炳涛
阜新北星液压有限公司副总经理	康忠民
青岛力克川液压机械有限公司总经理	阎季常
浙江海克力液压有限公司总经理	蒋恩仁
宁波如意股份有限公司董事长	储吉旺
厦门思尔特机器人系统有限公司销售总监	谢传禄
北京南车时代机车车辆机械有限公司执行董事总经理	靳勇刚
中联重科股份有限公司董事长	詹纯新
厦门厦工机械股份有限公司总裁	蔡奎全
廊坊德基机械科技股份有限公司总经理	蔡群力
潍柴动力股份有限公司董事长	谭旭光
洛阳至圣科技有限公司总经理	翟智慧

中国工程机械工业年鉴

『鉴』证行业发展
挖掘企业亮点

中国工程机械工业年鉴
特约顾问单位特约编辑

（按姓氏笔画排列）

特约顾问单位	特约编辑
上海金泰工程机械有限公司	丁　伟
厦门思尔特机器人系统有限公司	丁江妮
北京京城重工机械有限责任公司	于福荣
山西同元实业集团有限公司	王　琪
上海 ABB 工程有限公司	王　瑾
牡丹江专用汽车制造有限公司	王　鑫
山东省德州生建机械有限责任公司	王秀山
宁波大港意宁液压有限公司	王秀波
唐山开元机器人系统有限公司	王建胜
大连升隆机械有限公司	王培良
克瑞集团	邓焕玉
陕西建设机械股份有限公司	冯　超
珠海仕高玛机械设备有限公司	吉同胜
山东华夏集团有限公司	毕可通
山东公路机械厂	吕　波
贵州詹阳动力重工有限公司	吕　黔
青岛力克川液压机械有限公司	乔欣荣
维特根（中国）机械有限公司	朱咏梅
建科机械（天津）股份有限公司	刘　磊
中联重科股份有限公司	刘小平
杭州前进齿轮箱集团股份有限公司	刘志华
江西宜春重工集团有限公司	安春燕
湖南星邦重工有限公司	许红霞
山推工程机械股份有限公司	李　婷
山东临工工程机械有限公司	李连刚
山西鑫邦贸易有限公司	李艳君
三一重工股份有限公司	李鸿儒
江麓机电科技有限公司	连建民
新魁液压技术有限公司	吴光美

中国工程机械工业年鉴

『鉴』证行业发展
挖掘企业亮点

中国工程机械工业年鉴
特约顾问单位特约编辑

（按姓氏笔画排列）

特约顾问单位	特约编辑
江苏天工工具有限公司	何建国
杭叉集团股份有限公司	何玲娣
云南建筑机械厂	谷桂芬
方圆集团有限公司	汪新军
机械工业第六设计研究院有限公司	迟忠德
山东海沃工程机械有限公司	张　红
阜新北星液压有限公司	张义喜
中交天和机械设备制造有限公司	张天举
中国重汽集团海斗工程机械事业部	张凤祥
四川现代建设机电集团有限公司	张劲予
徐州徐工基础工程机械有限公司	张忠海
河北钢铁集团宣工公司	张建明
广西玉柴重工有限公司	张珈源
山河智能装备股份有限公司	张海军
浙江长盛轴承技术有限公司	陆晓林
住重中骏（厦门）建机有限公司	陈　宁
浙江海克力液压有限公司	陈　莉
力士德工程机械股份有限公司	陈吉光
涌镇液压机械（上海）有限公司	陈建霞
厦门市桥箱机械工业有限公司	林德根
芜湖盛力科技股份有限公司	欧腊英
徐州工程机械集团有限公司	卓先领
洛阳至圣科技有限公司	范绪光
浙江高宇液压机电有限公司	项玲媛
四川成都成工工程机械股份有限公司	胡　健
山东大信重工有限公司	胡发臣
福建晋工机械有限公司	胡雪林
北京华德液压工业集团有限责任公司	饶　涛
天泽信息产业股份有限公司	姜泽星

中国工程机械工业年鉴

『鉴』证行业发展
挖掘企业亮点

中国工程机械工业年鉴
特约顾问单位特约编辑

（按姓氏笔画排列）

特约顾问单位	特约编辑
陕西航天动力高科技股份有限公司	夏京强
杰西博工程机械（上海）有限公司	顾　蕾
广西柳工机械股份有限公司	黄　宇
上海隧道工程股份有限公司机械制造分公司	黄迎燕
合肥长源液压股份有限公司	黄春江
恒天九五重工有限公司	黄俊英
北京南车时代机车车辆机械有限公司	常春南
北京京城长野工程机械有限公司	崔　伟
中国铁建重工有限公司	麻成标
杭州爱知工程车辆有限公司	梁永红
浙江海宏液压科技股份有限公司	谢长德
海克斯康测量技术（青岛）有限公司	廖　鲁
宁波如意股份有限公司	潘志光
中国国机重工集团有限公司	魏　峰

中国工程机械工业年鉴

「鉴」证行业发展

挖掘企业亮点

中国工程机械工业年鉴 编辑出版工作人员

总　编　辑　郭　锐

主　　　编　李卫玲

副　主　编　刘世博　肖新军

执行主编　赵　敏

责任编辑　王亚水

市场编辑　陈　霞　马焕英　蒋　斌

图文设计　张慕原　刘　青

地　　　址　北京市西城区百万庄大街 22 号（邮编 100037）

编　辑　部　电话（010）88379830　传真（010）88379812

发　行　部　电话（010）68326643　传真（010）68326017

E-mail:cmiy@mepfair.com

http://www.cmiy.com　www.mepfair.com

前　　言

2011 年，面对国际环境新情况和国内经济运行的新变化，工程机械行业企业努力克服所面临的多重困难，继续巩固和扩大应对国际金融危机冲击的成果，全年总体保持合理的增长态势，经济运行呈现前高、后低、尾稳的态势，各主机产品间的运行状况会有区别，但总体趋势接近，累计销售量增幅比 2010 年明显回落，全年营业收入完成 5 465 亿元，按可比口径计算，2011 年增长 21.78%。

2011 年，根据中国工程机械工业协会对工程机械行业主要企业的经济指标完成情况统计，全行业主要产品销售量比 2010 年增长 16.7%，重点企业集团营业收入增长 32.4%。2011 年度全球工程机械制造商 50 强排行榜中，徐州工程机械集团有限公司、中联重科股份有限公司、三一重工股份有限公司、广西柳工机械股份有限公司、中国龙工控股有限公司、山推工程机械股份有限公司、厦门厦工机械股份有限公司、福田雷沃国际重工股份有限公司、中国国机重工集团有限公司、广西玉柴重工有限公司、湖南山河智能机械装备有限公司 11 家中国企业榜上有名。

2011 年，我国工程机械进出口贸易额为 249.55 亿美元，同比增长 33.2%。其中进口金额 90.45 亿美元，同比增长 7.69%；出口金额 159.09 亿美元，同比增长 53.8%；贸易顺差 68.64 亿美元，同比增加 49.22 亿美元。

自 2000 年创刊 2012 年，《中国工程机械工业年鉴》已连续出版 12 期了，作为行业的宣传窗口，她一如既往地以其独特的功能，引导企业更快、更好地发展，发挥重要的作用。我们希望通过《中国工程机械工业年鉴》与广大企业、用户和关心我国工程机械行业的读者，共同见证中国工程机械工业勇于创新的辉煌历程。

中国工程机械工业协会会长

2012 年 10 月

广告索引

『鉴』证行业发展

挖掘企业亮点

序号	单位名称	页码
1	中国国机重工集团有限公司	封套封面
2	潍柴动力股份有限公司	封面
3	中联重科股份有限公司	封二
4	四川成都成工工程机械股份有限公司	扉页
5	安徽叉车集团有限责任公司	扉页
6	徐州工程机械集团有限公司	扉页拉折
7	合肥长源液压股份有限公司	前特页
8	涌镇液压机械（上海）有限公司	前特联版
9	方圆集团有限公司	前特联版
10	山推工程机械股份有限公司	前特联版
11	福建晋工机械有限公司	前特联版
12	住重中骏（厦门）建机有限公司	前特页
13	广西柳工机械股份有限公司	前特页
14	上海金泰工程机械有限公司	前特页
15	抚顺永茂建筑机械有限公司	前特页
16	克瑞集团	前特页
17	马鞍山统力回转支承有限公司	前特页
18	广西玉柴重工有限公司	前特页
19	中国铁建重工有限公司	内封前拉折
20	廊坊德基机械科技股份有限公司	书签
21	上海 ABB 工程有限公司	目录页
22	四川现代建设机电集团有限公司	目录页
23	中国重汽集团海斗工程机械事业部	目录页
24	陕西建设机械股份有限公司	目录页
25	山东华夏集团	目录页
26	杭叉集团股份有限公司	目录页
27	浙江海宏液压科技股份有限公司	后特联版
28	山东临工工程机械有限公司	封三联版
29	三一重工股份有限公司	封底
30	厦门厦工机械股份有限公司	封套封底

中国工业年鉴出版基地

广告索引

『鉴』证行业发展
挖掘企业亮点

中国工业年鉴出版基地

广告索引

『鉴』证行业发展

挖掘企业亮点

中国工业年鉴出版基地

潍柴动力 WEICHAI POWER
SANY
新 xin G 型
DG 德基机械 D&G MACHINERY

LIUGONG 柳工
ADVANCE
方圆集团 FANGYUAN GROUP
YUCHAI 玉柴重工

JINGONG 晋工
KAIYUAN
海宏液压 HAIHONGHYDRAULIC

KOMATSU
力克川液压 LKC HYDRAULIC
HP 涌镇液压 Hydraulik Power
AICHI 杭州爱知

SSCM
SDSR 山东钢圈 SHANDONG STEEL RIM
京城重工 JINGCHENG HEAVY INDUSTRY
上海华建 SHANGHAI HUAJIAN

INI 意宁液压
山河智能 SUNWARD
天工工具
DASIN 大信重工

HELI 合力
SICOMA
海克斯康 HEXAGON METROLOGY 计量

SHANTUI 山推
SDLG 山东临工
WIRTGEN GROUP
成工 CHENGGONG

LISHIDE 力士德
TDI
JCB
铁运
CRCC 中国铁建
JUNMA 骏马机械

中国·巨超集团 CHINA JUCHAO GROUP
SIERT 思尔特机器人
路星牌

中国工程机械优秀企业Logo集锦

SINOBOOM 星邦重工
HCHC 长源液压
中国恒天 CHTC

TJK
统力 Tongli
华夏集团
CSR 中国南车

豫克瑞
DESHENG 德州生建
TEC
高宇液压

Jonyang
HBIS 河北钢铁集团 宣工公司
DSL
西林 XILIN

HITACHI
永茂建机 YONGMAO 永茂控股
AEROSPACE POWER
SLK
现代

国机重工 SINOMACH
CAMC 華菱星馬
宣工集团
京城长野 JINGCHENG NAGANO
BEIXING 北星

HC HANGCHA
云雀
CSB Bearing Technologies
云南建工

XCMG 徐工集团
中联重科
KOBELCO
新魁 XinKui
ABB

JINT
华德液压
厦工 XGMA

HIDOW 海斗
SCMC
天泽星网 iTrackStar
同元集团 TONG YUAN GROUP

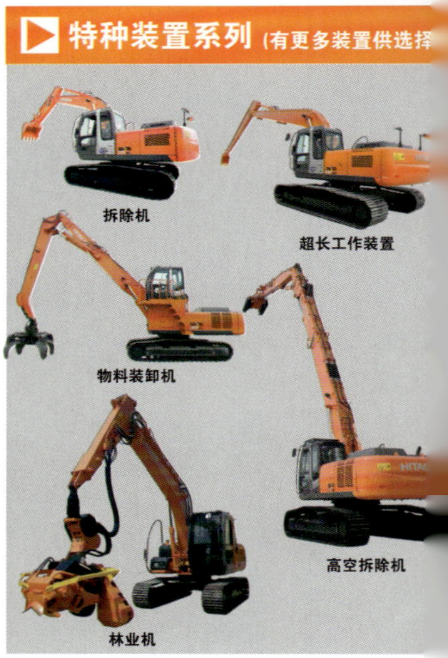

HITACHI

Reliable solutions

EX8000
HITACHI
WORLD WIDE EDITION
ZAXIS-3G全系列
ZAXIS 200G
ZAXIS 210LCG
ZAXIS 240G
ZAXIS 250LCG
ZAXIS 260LCHG
ZAXIS 330G
矿山机系列
ZAXIS 210HG
ZAXIS 250HG
ZAXIS 360HG
ZAXIS 450H
ZAXIS 870H
日立建机(上海)有限公司
Hitachi Construction Machinery (Shanghai) Co., Ltd.
地址：上海浦东外高桥保税区泰谷路65号 邮编：200131
No.65 TaiGu Road Wai Gao Qiao Free Trade Zone Pudong New District Shanghai. 200131
TEL: (021)5866-8686 FAX: (021)5866-8325 URL: www.hitachi-c-m.com/cn

30 Years
WIRTGEN CHINA
致力中国30年 1982-2012
维特根集团
四个强大的工
源自德国的纯
筑养路及采矿技术
维特根集团（Wirtgen Group）是德国一家制
界4大知名品牌——维特根（Wirtgen）、福格勒
自首台设备成功进入中国市场，维特根集团致
产基地，相继建立分布全国的6个分支机构，从而

创新引领价值
我们坚持自主创新
不断推出先进、高效、环保产品
与全球建设者共同创造环境优雅、宁静舒适的高品质生活
SUNWARD
山河智能装备股份有限公
◆ 滑移
◆ 挖掘机
◆ 静力压桩机
◆ 双动力头强力多功能钻

理想成就未来
SUNWARD
SWHG42
◆ 强夯机
◆ 液压墙抓斗
◆ 多功能旋挖钻机
◆ 叉车

中国恒天
CHTC
JOVE5
恒天九五
多功能电旋挖钻机
一机可实现
长螺旋\旋挖钻机\挂锤
施工首选
维修\运行费用低
全球创新
一机多用
合肥施工现场
湖南施工现场
电旋挖钻头施工
长螺旋钻头施工
www.chtcjove.com
地址：湖南长沙经济开发区东六路3号 邮编：410100
0086-0731-82398651 0086-0731-84931105

恒天九五重工
CHTC JOVE HEAVY INDUSTRY CO., LTD.
惠悦于民 For the people
恒达天下 For the life
中国全系列桩基础施工解决方案装备企业
■ 中国恒天集团是国有独资大型央企，注册资本26.13亿元。
恒天九五属于中国恒天集团绝对控股的子公司之一
■ 公司拥有一个国家技术中心分中心和九个分子公司、五个事业部，企业总资产逾20亿元，产品涵盖工程机械、纺织机械、包装机械、农业机械。
卡特彼勒 底盘与上车
"JVR系列旋挖钻机"
通过省级新产品和科技成果鉴定
综合技术居国内同类产品领先水平
自支撑打桩机（河堤打桩机）
Self-supporting pile driver
长螺旋钻机
Long Auger Drilling Rig
旋挖钻机
Rotary Drilling Rig
世界大型 静力压桩机 (1200t)
水平定向钻机
Horizontal Directional Drilling Rig
液压挖掘机
Hydraulic Excavator
液压静力压桩机
Hydraulic Static Pile Driver
JOVE 恒天九五

Jonyang
道胜™
力创高效率
中国工程机械10大专业品牌
◇拥有50年生产挖掘机的成熟技术
◇中国轮胎式液压挖掘机的诞生地
◇挖掘机系列
◇散料装卸系列
◇高速特种系列
TRXBUILD
Jonyang
JYL210E
贵州詹阳动力重工有限公司
新加坡科技动力属下公司
DNV
ISO9001:2000
Certified

科技创新 追求卓越
诚征：国内外代理商
TRXBUILD
Jonyang
J 644

★所有机型均选用世界著名发动机，动力强劲，油耗低，性能安全可靠，达到欧Ⅲ排放标准；
配以先进的进口液压系统，动作流畅，低油耗，后期维护保养更实惠；

★采用有限元分析技术对结构件进行优化，确保强度更高，重量更轻；
采用箱型结构，高强度的结构件，整机使用寿命更长久；

★采用先进的LUDV负载敏感液压系统和自动怠速系统，确保挖掘机的动作更加协调，大大降低燃油消耗和噪声总量

性能出色，高安全性、可靠性
足以令广大用户的作业无忧
High performance, high security, reliability,
Enough to make the majority of the user's job worry
Applo®
DASIN
DS60-7

YGONG HBT80A-1813-130RS
宜工集团
YGONG
宜工
江西奇特
纯电动垃圾车
WONDER
宜
江西宜春重
JIANGXI YICHUN HEAV

变不可能为可能 变可能为现实
YGONG
宜工集团
江西宜春重工集团有限公司
http://www.ygong.com.cn
地址:江西省宜春市经济开发区经发大道
电话:0795-3298298 邮政编码:336000
集团有限公司
NDUSTRY GROUP CO., LTD

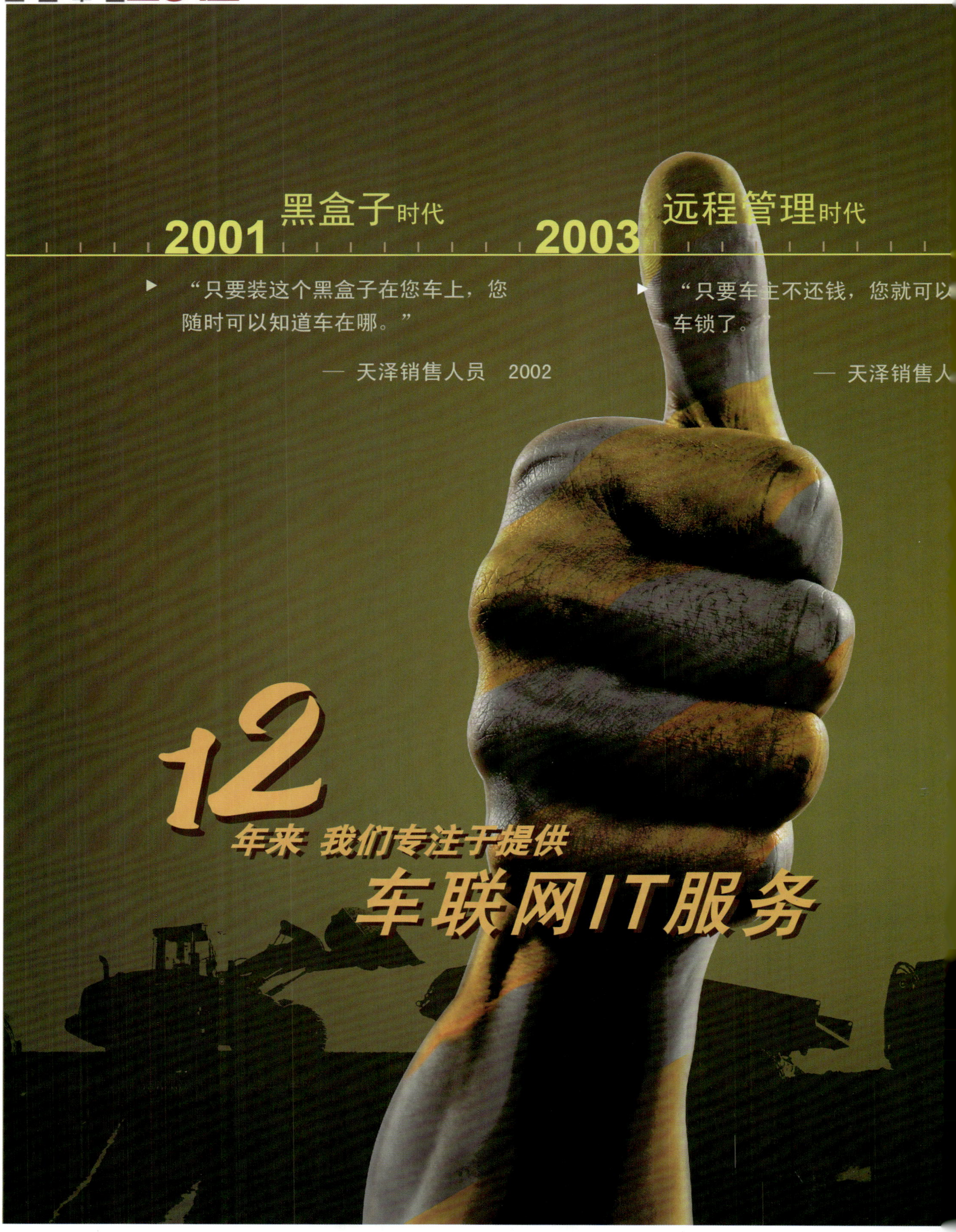
2001 黑盒子时代
2003 远程管理时代
“只要装这个黑盒子在您车上，您随时可以知道车在哪。”
— 天泽销售人员 2002
“只要车主不还钱，您就可以
车锁了。”
— 天泽销售人
12
年来 我们专注于提供
车联网IT服务

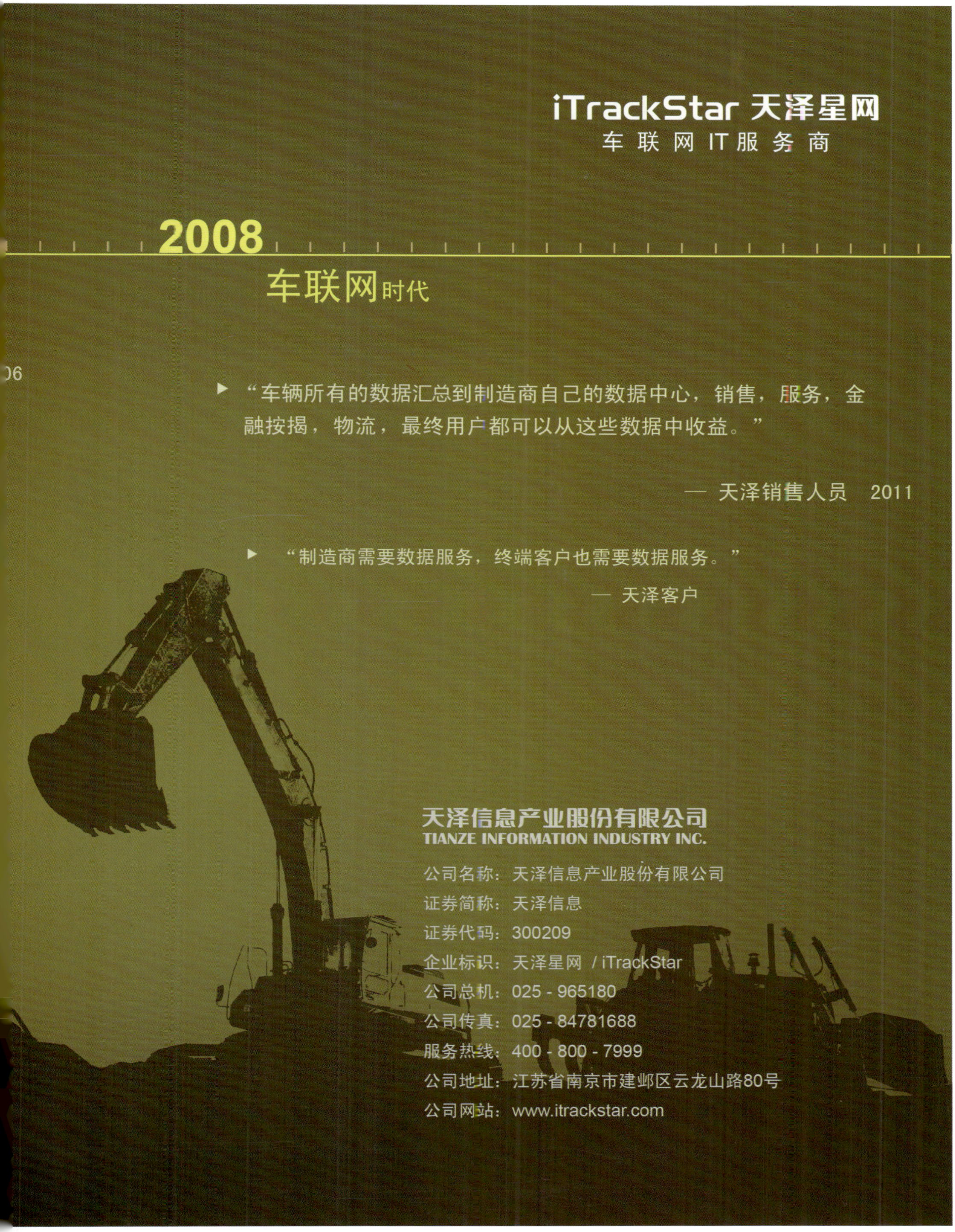
iTrackStar 天泽星网
车 联 网 IT 服 务 商
2008
车联网时代
“车辆所有的数据汇总到制造商自己的数据中心，销售，服务，金融按揭，物流，最终用户都可以从这些数据中收益。”
— 天泽销售人员　2011
“制造商需要数据服务，终端客户也需要数据服务。”
— 天泽客户
天泽信息产业股份有限公司
TIANZE INFORMATION INDUSTRY INC.
公司名称：天泽信息产业股份有限公司
证券简称：天泽信息
证券代码：300209
企业标识：天泽星网 / iTrackStar
公司总机：025 - 965180
公司传真：025 - 84781688
服务热线：400 - 800 - 7999
公司地址：江苏省南京市建邺区云龙山路80号
公司网站：www.itrackstar.com

SICOMA®
珠海仕高玛机械设备有限公司
珠海汇高机械设备有限公司
志存高远　品质如一
关键零部件均由进口高精度设备加工生产，可靠性高。
通过1SO9001:2008质量管理体系认证。
先进的检测设备，确保搅拌机的出厂合格率达到100%
加厚型耐磨衬板、卸料门加装衬板，延长搅拌机维修周期，节省用户支出。
40多个服务站点、200多位专业服务工程师全天候为客户服务。
充足的零配件储备，准确快速的配送系统，使用户无后顾之忧。
MAO标准型双卧轴商品混凝土搅拌机
犁铧式批量搅拌机
MPC行星式商品混凝土搅拌机
专业造就品质 服务创造价值
www.sicoma.com.cn

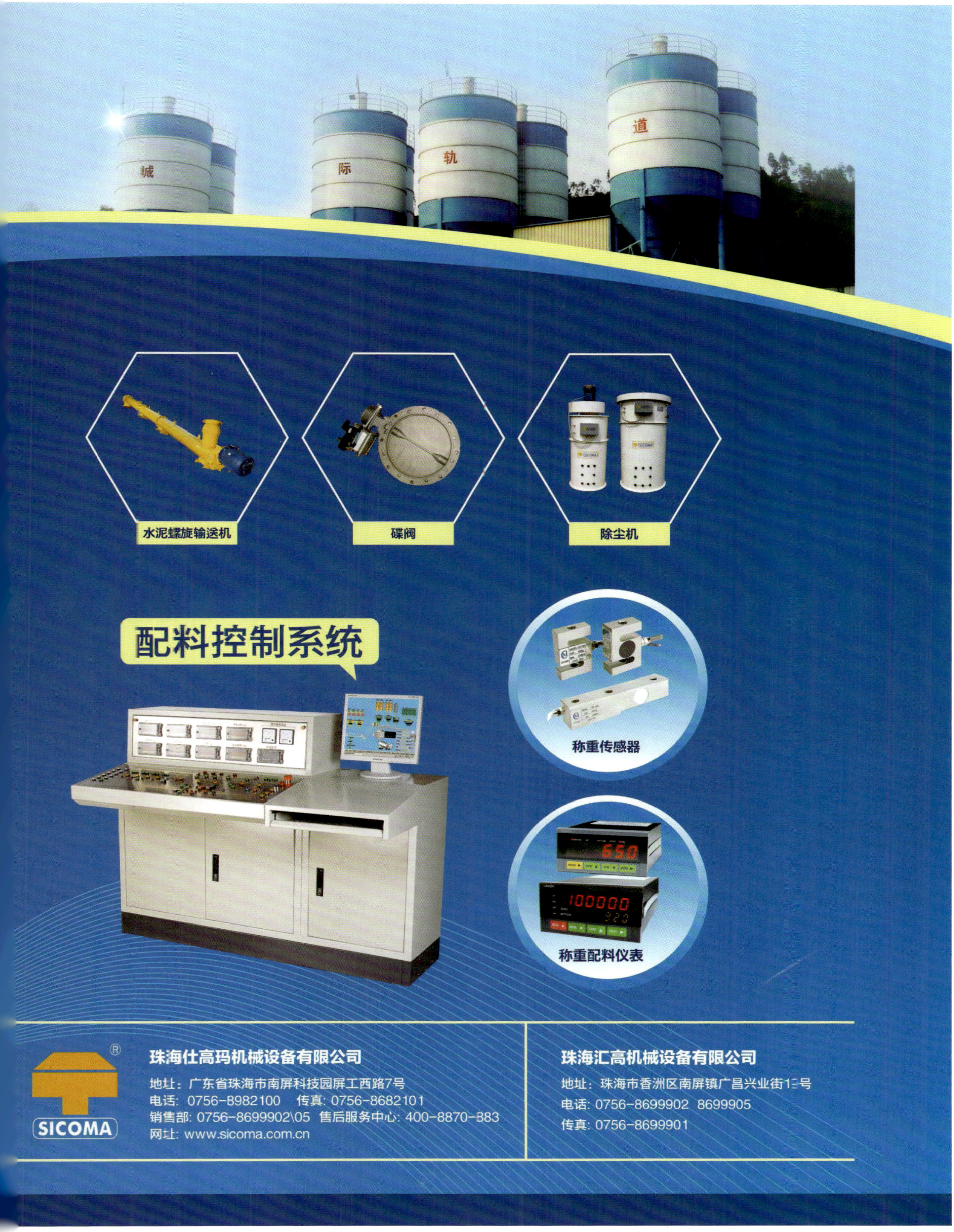
城
际
轨
道
水泥螺旋输送机
碟阀
除尘机
配料控制系统
称重传感器
称重配料仪表
SICOMA
珠海仕高玛机械设备有限公司
地址：广东省珠海市南屏科技园屏工西路7号
电话: 0756-8982100 传真: 0756-8682101
销售部: 0756-8699902\05 售后服务中心: 400-8870-883
网址: www.sicoma.com.cn
珠海汇高机械设备有限公司
电话: 0756-8699902 8699905
传真: 0756-8699901

机械工业第六设计研究院有限公司

SIPPR ENGINEERING GROUP CO.,LTD.

徐工集团工程机械有限公司建设项目

绿色设计 低碳循环

陕西同力重工有限公司非公路自卸车生产工厂

河南路德筑机股份有限公司新厂

机械工业第六设计研究院有限公司（简称中机六院）创建于1951年，是拥有工程设计**综合甲级资质**的国家大型设计研究院，隶属中央大型企业集团——中国机械工业集团有限公司。

公司现有12个工程院、4个子公司、2 500多名员工，其中中国工程院院士1人、中国工程设计大师2人、英国皇家特许建筑设备注册工程师协会荣誉资深会员1人、享受政府特殊津贴专家28人、研究员级高级工程师110人、高级工程师386人、各类国家注册工程师500多人。

六十余年来，我公司完成大中型工程项目15 000余项，主编、参编国家和行业标准和规范25项荣获国家科技发明奖二等奖1项、中国土木工程创新大奖詹天佑奖1项、鲁班奖7项、国家科技进步及优秀工程设计金、银、铜奖25项、省部级奖300余项。

中机六院是工程机械设计强院，在信息智能化、绿色建筑、绿色工厂、高难度结构、暖通空调、大型工厂和园区规划、企业生产流程再造、工业除尘等许多方面具有国内先进的工程技术。近年来先后承接了林德——厦门叉车项目（占地面积22万m²，

国机重工（洛阳）产业园项目

宇通重工郑州新区工业园建设项

打造中国装备工业工程设计第一强院

精益建造 智慧工厂

中建二局廊坊中建机械有限公司建设项目

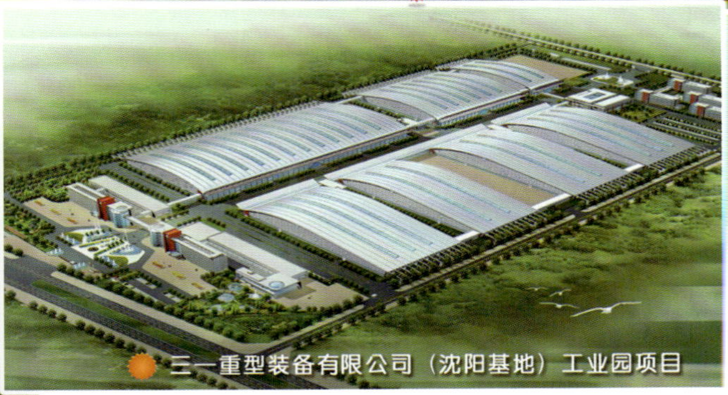

三一重型装备有限公司（沈阳基地）工业园项目

厦门厦工机械工业园项目

建筑面积 14 万m²)、柳州采埃孚机械有限公司建设项目（占地面积 5 万m²，建筑面积 3 万m²)、国机重工（洛阳）产业园项目（占地面积 56 万m²，建筑面积 31 万m²)、宇通重工郑州新区工业园建设项目（占地面积 93 万m²，新增建筑面积 38 万m²)、徐工集团工程机械股份有限公司科技分公司工程机械新型传动箱关键零部件技改项目（占地面积 14 万m²，建筑面积 7.7 万m²)、河南路德筑机股份有限公司新厂区项目（占地面积 6 万m²，建筑面积 3.8 万m²，)、三一重型装备有限公司（沈阳基地）工业园项目（占地 66 万m²，建筑面积 11 万m²)、陕西同力重工有限公司非公路自卸车生产工厂项目（占地面积 15 万m²，建筑面积 6 万m²)、中建二局廊坊中建机械有限公司建设项目（占地面积 30 万m²，建筑面积 7.8 万m²)、中铁山桥集团有限公司山桥产业园建设项目（占地面积 75 万m²，建筑面积 21 万m²）等一批工程机械行业重大项目，树立了企业品牌。

我公司秉承“服务是立院之本、创新是兴院之道、人才是强院之基”的理念，以打造“中国装备工业工程设计第一强院”为己任，竭诚以一流的技术、一流的队伍、一流的管理为国内外客户提供工程设计领域的全过程、全方位服务！

中铁山桥集团有限公司山桥产业园建设项目

地　址：中国•郑州市中原中路191号
邮　编：450007
联系人：岳 杰　迟忠德
传　真：0371-67661018
电　话：0371-67606356/6327　13598419787
E-mail：dept111@126.com
http://www.sippr.cn

山东公路机械厂

山东公路机械厂创建于1966年，隶属山东省交通厅运输部门。厂区占地面积21万m^2。主要从事筑养路机械的生产、桥梁附件的生产、公路机械设备租赁、公路工程施工及对外机械加工业务等。产品注册商标为“路星”牌。

桥梁附件产品主要有桥梁伸缩缝、桥梁支座、桥梁阻尼器等，是美国布朗·泰克斯达公司在中国的总代理及桥梁附件亚洲生产和研发基地。

『ISO9001-2008认证企业』

地 址：山东省德州市东风西路1501号 Http：//www.sdgljxc.com E-mail：sdgljxc@163.com

产品系列
水泥路面破碎王
市场销量遥遥领先
白改黑施工量独占鳌头
“水泥路面破碎王”路面改造专用设备，可实现自动控制保持国内领先。两大系列各有特色：门式破碎机适用于打裂压稳；多锤头破碎机适用于碎石化，该机可售可租，在全国得到广泛应用，白改黑路面改造达2 000万m²。
智能控制、GPS定位
远程故障诊断
就地冷再生机系列
PSZ600振动破碎机
桥梁抗震伸缩缝系列
夯实机系列
支座系列
胶轮压路机系列
双钢轮压路机系列
单钢轮压路机系列
『质量信用AAA++级企业』
销售公司电话/传真：0534-2463788 销售服务电话：0534-2468540 设备租赁电话：0534-2447287

DESHENG 德州生建

《塔式起重机国家标准》编委

山东省德州生建

山东省德州生建机械有限责任公司始建于1950年，属国家中型二级企业，建筑机械行业定点生产企业，国家二级计量单位，地处有“九达天衢”之称的德州城区，枢纽密布，交通便利。企业下设五个建筑机械分公司，拥有包括加工中心在内的先进金切、热处理、焊接等700余台机械加工设备，通过GB/T19001、GB/T24001、GB/T28001质量、环境、安全一体化认证，现有高中级工程技术人员137人，建有先进的CAD研发中心，具备各种复杂机械产品的设计和生产能力。

企业秉承“精诚致远、健行不息”的企业理念，坚持“树精品意识、走品牌之路、争行业第一”的企业方针，立足建筑、工程机械，业已形成以各种减速配套机械，混凝土机械、施工吊篮为主导的制造业基地。

企业愿与广大同仁志士携手并进，精诚合作，共同创造美好明天！

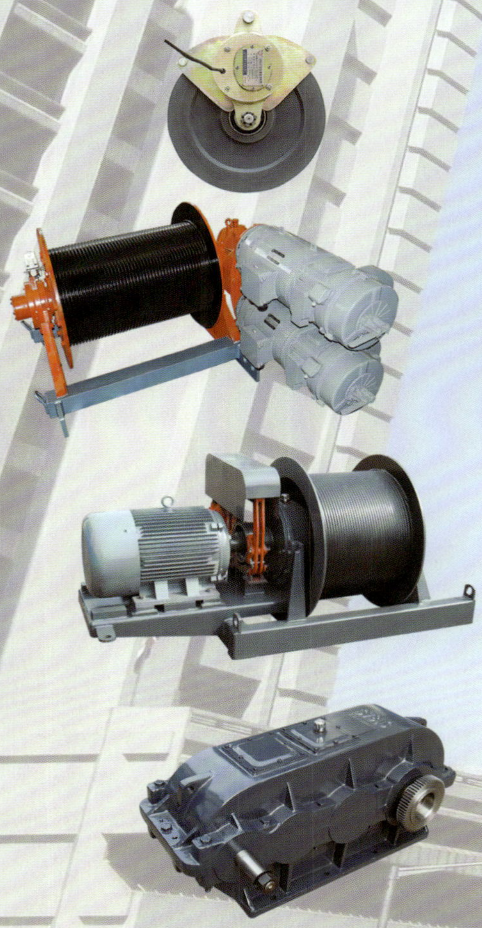

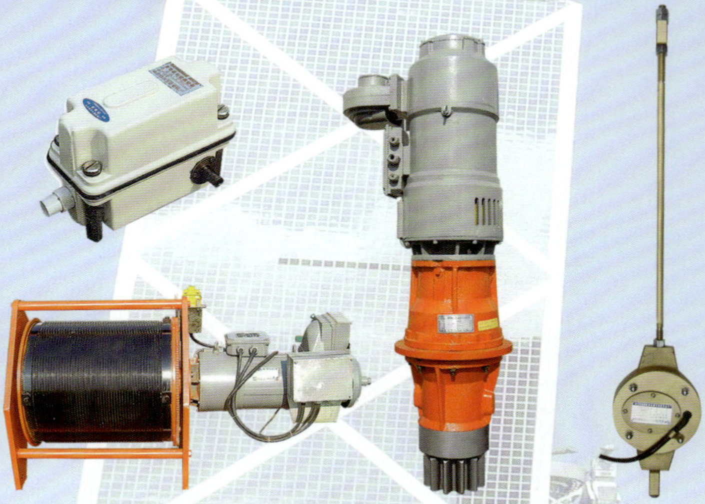

QTZ25~315(T・M)
塔式起重机配套机构

JD500~781塔机起升减速机

ZLP各种作业吊篮及配套件

地址：山东省德州市解放中大道1136号 电话：0534—2102104 2102106
手机：13505348057 18905348696 传真：0534—2346014 邮编：253018

建筑机械及配套机构制造专家
机械有限责任公司
JS1000—4000搅拌机用
摆线式减速、卷扬机
升降机用标准节及支撑架
防坠安全器总成
JS500—4000
搅拌机用减速、卷扬机
知名品牌
生建建机
DESHENG
德州生建
HZS180砼站集控室
制造商：山东省德州生建机械有限责任公司
SC200型施工升降机传动机构总成
HZ(S)混凝土站（楼）及配套设备
客户热线：0534—2102155
E—mail：web@sdsjjt.cn
http：//www.sdsjjt.cn

上海隧道工程股份有限公司机械制造分公司

STECMC

- 上海隧道股份机械制造分公司早在1958年开始着手研制盾构掘进机，迄今已完成各类设备二百多台，直径范围 φ 3.0 ~ 15.43m，型式有网格式，土压平衡式，泥水平衡式。应用于公路、水利、地铁、煤矿及电力等各行业领域，地域除国内十几个城市外，还出口至新加坡、印度，以及中国香港地区。
- 企业生产的各类异型顶管掘进机设备完成数十条功能各异的隧道项目。
- 高精度隧道管片钢模七百多套，项目覆盖武汉/南京/上海长江隧道，狮子洋广深港隧道及国内全部城市地铁隧道，各地水利电力隧道等，还销售至日本、马来西亚、印度等国及中国香港、台湾等地区。

- 科技引领为旨，早在1989年企业自主研制的土压平衡盾构机就获得国家科技进步一等奖。数十年来企业承担并圆满完成国家及省部级重大科研项目，技术水平国内领先，国际一流。

- 企业通过瑞士SGS质量、环境、职业健康安全体系认证。

- 企业超前的研发投入，充分的技术储备，为用户定制设备，提供操作培训，维修保养/改制及备品备件供应，进行远程监管/故障诊断等全程的技术支持和全盘的解决方案。

已完成新加坡Downtown Line Stage 1 C902
工程的φ 6.64m复合铰接式土压平衡盾构

已完成中国香港昂船洲污水处理工程的
φ 4.72m复合铰接式土压平衡盾构

正在印度钦奈地铁UAA-04标应用的2台
φ 6.68m复合铰接式土压平衡盾构

即将应用于新加坡Downtown
Line Stage 3工程的6台φ 6.67m
复合铰接式土压平衡盾构

类别	Φ14.93米[illegible]掘进机
[illegible]片外径	14.5m
使用地点	[illegible]纬三路隧道
地质条件	砂卵石、粘土、泥岩、[illegible]岩(强度按照120Mpa)，水压0.8Mpa
刀盘直径	15m
[illegible]掘进机外径	14.93米
刀盘种类	软土、砂卵石、硬岩复合地质类
配置刀具种类	主切刀172、超挖刀1、可[illegible]切刀80、先行刀312、推出式切削刀17、向导型15、外周[illegible]19″[illegible]、19″双刃滚刀45、17″单刃滚刀6、推出式19″双刃滚刀38，合计717把。
刀盘转速	0.1-1.84rpm
驱动部总功率	3750kw，满足电气控制要求并预留1台250kw的安装位置
额定扭矩（100%）	36,585kNm
最大扭矩（150%）	[illegible]878 kNm
额定总推力	278,400kN
推进速度	5.0cm/min
刀盘伸缩机构	轴向移动[illegible]00mm
饱和潜水作业	满足氦氧饱和潜水作业，最大1.2Mpa
盾尾布置	5道盾尾刷，配[illegible]
刀具磨损检测	切刀磨损检测装置（液压、电气）、滚刀磨损检测装置

Ø14.93 m泥水气压平衡复合式隧道掘进机简介

Φ14.93 m泥水气压平衡复合式隧道掘进机满足在施工水压高达0.75MPa，石英含量高达65%的砂卵石层、强度达120MPa的岩层、粘土层，特别是上软下硬的复合地层，长度达742 m。盾构机取得了五项国际创新，五项国内创新的重大技术突破，特别是公司创新的超长距离掘进刀盘、超大型盾构机刀盘伸缩系统，更是解决了在超高水压、复合式地层掘进中更换滚刀的难题，攻克多项世界级技术与制造难关，获得工信部门高度评价，并被刊登在国家重大技术装备攻关简报。

中交天和机械设备制造有限公司
TIANHE Mechanical Equipment Manufacturing Co., LTD.

中交天和机械设备制造有限公司位于江苏常熟高新技术产业园，占地面积31万m²，注册资本金3亿元。主营隧道掘进机（盾构机）。发明专利16项，新型专利4项。兼营盾构机的现场安装、大修、转场和技术咨询。公司拥有各类车间7万余m²，最大起重能力250 t，装配车间可同时组装2台直径17 m的盾构机。拥有加工直径18 m，加工承台600 t的单柱数控立式铣车床、卷板宽度达4.6 m的120mm数控万能卷板机等类设备百余台。

公司已交付各类盾构机40余台，广泛应用于上海、天津、南京、宁波、北京、沈阳、昆明、杭州、苏州等地，适用于软土、砂卵石和岩石等地层。已交付的国产Ø14.93m泥水气压复合盾构机已投入南京过江隧道，施工水压高达0.75MPa，岩石强度达120MPa，具有世界领先水平。

地　址(Address)：江苏省常熟市高新技术产业园义虞路75号　　邮　编：215557　　http://www.ccccth.com

上海地铁用大深度新型ø6.36m盾构机简介

特　点

1. 满足隧道埋深45m、穿越地下水丰富的地质条件下的施工要求。

2. 刀盘的设计与刀具的配置，满足在N值接近于0的地质条件下的施工与沉降控制。

3. 推力高达48000kN，速度适用于在缓慢推进的工况下施工。

4. 增大土体改良力度—合理配置了多台添加剂注入设备，可满足加泥、加泡沫及加水等的要求，并在刀盘上、隔板上、固定搅拌翼、螺旋输送机上合理的布置了一定数量的添加剂注入口，满足在复杂地层中掘进的需求。

华东地区用ø6360 土压平衡式盾构机
本盾构机用于粘土、砂卵石、漂石等地质条件

硬岩、孤石、富含水地层地铁用复合式盾构机简介

针对土砂的流动性强、岩层强度可达150MPa、砂卵石、粘土、丰富地下水，有孤石等特点的施工条件，我司开发全断面硬岩、透水性强的复合底层中使用的盾构机。

Φ6.43m盾构特点

1. 刀盘、壳体具有足够的强度。
2. 可有效地防止中心部结泥饼。
3. 有效的切削、良好的土砂流动性。
4. 足够的刀具、快速良好的施工。
5. 足够的润滑与可靠的土砂流动性，减少刀具磨损，以确保刀具最大的使用寿命。

电　话(Tel): 0512-52035288　　传　真(Fax): 0512-52035299

斗，奔向世界级
XCMG
XCMG
XZ3000
XCMG

力克川液压
LKC HYDRAULIC
履带驱动装置专业制造商
Professional Manufacturer of Track Drive Device
行走马达覆盖3.5～22t履带液压驱动机器，形成中、小、微系列化格局，产品广泛用于挖掘机、潜孔钻机、水平定向钻机、耙渣机、移动式发电站等机器。
LKC producing Traveling Motor covering with crawler type machines from 3.5t to 22t, becomes the professional manufacturer of track drive device in China.

www.likechuan.com

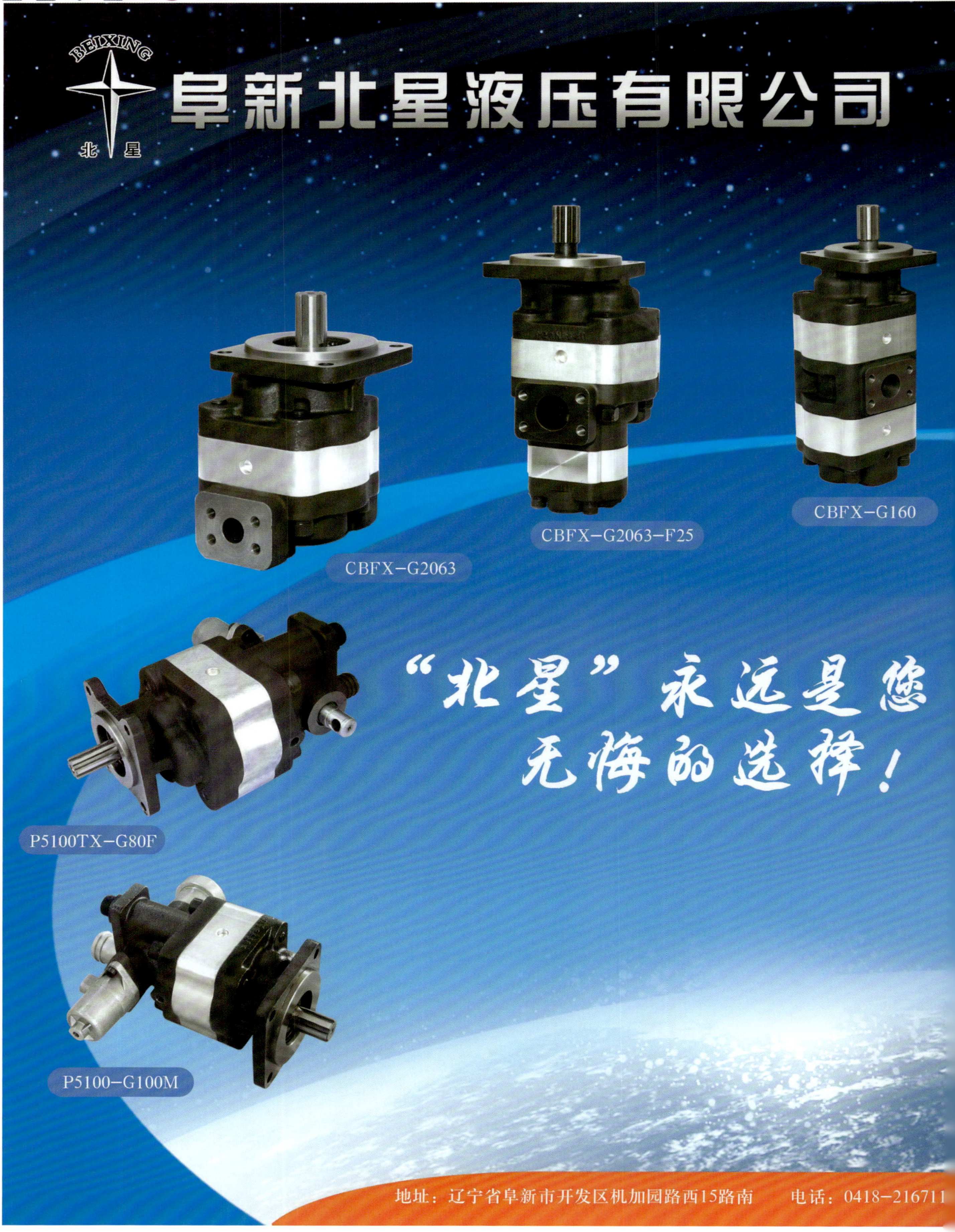
BEIXING
北 星
阜新北星液压有限公司
CBFX-G2063
CBFX-G2063-F25
CBFX-G160
P5100TX-G80F
P5100-G100M
"北星"永远是您无悔的选择！
地址：辽宁省阜新市开发区机加园路西15路南
电话：0418-216711

浙江高宇液压机电有限公司
XDF3 先导阀
SXH25 卸载阀
GDF32Ⅱ手动多路换向阀
ZLF25 流量放大阀
高宇液压

YGDF32 液控换向阀组

D20-02 多路阀

WJ30-06 挖掘阀

浙江高宇液压机电有限公司（以下简称高宇液压）创建于2006年4月，是一家专业生产工程机械、工程车辆液压元件，集研发、制造、营销于一体的股份制企业，公司主要生产配套装载机、叉车、挖掘机、推土机、轮式起重机、履带式起重机及路面机械等的多路换向阀、变速操纵阀、流量放大阀、转向控制阀、制动阀等液压元件及自卸车专用齿轮泵等，共30多个系列，200多个品种规格。是国家高新技术企业、浙江省科技型中小企业、浙江省成长型企业。2011年公司销售收入同比去年增长62.1%。

公司核心管理领导共6人，其中高级职称5人，中级职称1人，是一个具备现代管理文化又具有朝气的团队。目前公司80%以上产品是在引进、消化、吸收国外先进技术基础上研究开发的进口替代产品或自主研究开发的具有自主知识产权的高新技术产品，主导产品GDF系列多路换向阀质量水平位居行业前茅；主导产品市场占有率高达35%，增长率位居同行业前列。

公司2010年、2011年分别被评为工程机械配套件行业“液压件及附件影响力品牌”、“市场表现奖”。

公司拥有一支专业结构合理、业务素质高的研发队伍。2011年公司技术中心被确认为“浙江省中小企业技术中心”；成功研发的多项产品填补国内技术空白，达到国际同类产品先进水平；拥有2项国家发明专利、5项国家实用新型专利。2011年，公司产品XDF3电磁定位式比例先导阀、ZLF25B流量放大阀、DCCT6叉车电液操纵阀三项产品通过“浙江省省级新产品鉴定。”

浙江高宇液压机电有限公司
地址：浙江省临海经济开发区东方大道649-8号　邮编：317000
电话：0576-85317151　　传真：0576-85128292　　http://www.zjgaoyu.com

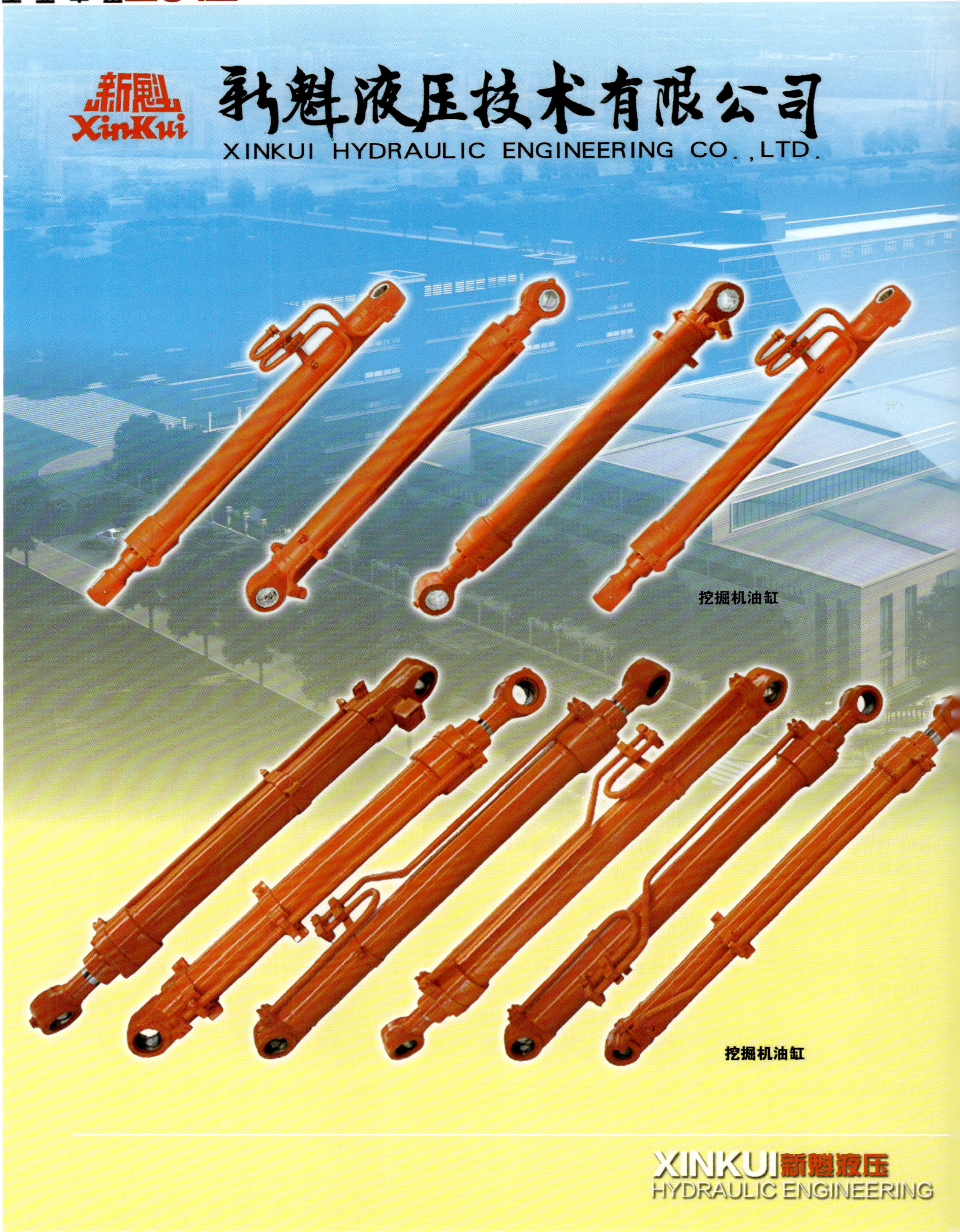
新魁
XinKui
新魁液压技术有限公司
XINKUI HYDRAULIC ENGINEERING CO.,LTD.
挖掘机油缸
挖掘机油缸
XINKUI新魁液压
HYDRAULIC ENGINEERING

新魁液压技术有限公司是一家中韩合作的高新技术企业，成立于1995年，是专业生产挖掘机液压缸及其他工程机械、工程车辆等行业配套用高压油缸的实体企业。公司现有员工800多名，其中工程技术人员120多名，工厂占地面积10万m^2，建筑面积9万多m^2，年销售收入超6亿元。新魁拥有一支强大的技术队伍，专业从事高压液压缸研发、设计、制造、销售和服务，能满足每一家主机厂对产品的需求，产品销往国内外十余个国家和地区，受到广大用户的一致肯定。

为了进一步做大、做强实体经济，更好地满足用户的需求，公司于2010年在杭州市萧山区建设四路投资4亿元，建成了年产8万只挖掘机液压缸，3万只非标高压液压缸的新工厂。新工厂建筑面积7万m^2，配备世界先进的挖掘机液压缸制造设备和实验检测设备，如：全自动多功能热处理设备、全自动清洗设备、精密自动焊接、进口抛光机、加工中心、车削中心、全自动液压缸装配机、耐久性实验设备等300多台。新工厂的建成投产，其产品性能已达到世界领先水平，标志着新魁液压技术有限公司将成为国内具有实力、竞争力的现代化企业。

新魁始终秉承“新魁起步，诚信铺路”的经营理念，勇于承担社会责任，坚持“技术创新，行业夺魁”的经营方针，为客户提供超值的产品与服务。

新魁液压技术有限公司
地址：浙江省杭州市萧山区建设四路
http://www.xinkui.com.cn
www.hzjdyy.en.alibaba.com

内贸部
电话：0571–82853666/0571–82832921
传真：0751–82850158/0571–82611917
E–mail：hz_jd@vip.163.com

外贸部
电话：86–571–82617538/86–571–82357933
传真：86–571–82632891/86–571–82511917
E–mail：info@xinkui.com.cn

浙江海克力液压有限公司

ZHEJIANG HERCULES HYDRAULIC CO.,LTD.

浙江海克力液压有限公司是一家专业生产工程机械车辆液压元件的股份制企业，坐落于国家历史文化名城浙江临海。公司占地面积 65 000 m^2，建筑面积 28 000 m^2，主要生产各种多路换向阀、先导阀、变速操纵阀、流量放大阀、液压制动阀、中高压齿轮泵、马达等液压元件，产品广泛应用于国内外各种工程机械如装载机、平地机、矿山机械、石油机械、超重运输机等液压系统装置中，其中齿轮泵、马达主要出口欧美等发达国家，液压阀主要配套柳工、徐工、厦工、成工、常林及斗山等国内各大工程机械主机厂家。

公司非常重视研发团队，注重新品研制开发，2008 年至今公司共拥有 11 项技术专利，其中 1 项为发明专利，目前已申请 2 项发明专利，1 项实用新型专利。

2010–2011 年两年内，公司投资 1200 多万元，完成新增现代生产厂房 17 000 m^2，公司在注重基础建设及研发团队的同时，将不断追求专用生产设备的改进、检测手段的提升，为企业的新产品开发及后续发展打下扎实的基础。目前公司已具备年产 20 万台液压泵、20 万台液压阀的生产能力。

公司将一如既往地坚持发扬“开拓创新、百思图强”的企业精神，以“一流产品、一流质量、一流服务”为宗旨，与您真诚合作、携手并进，共创辉煌未来。

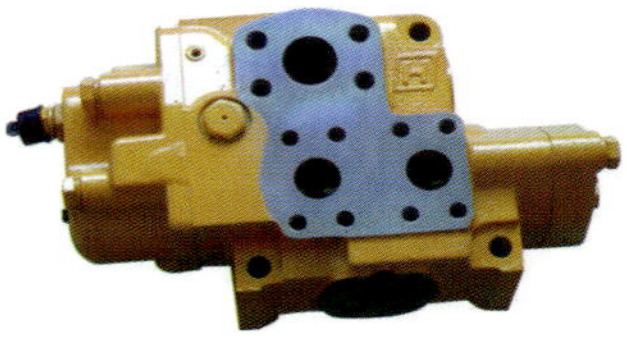

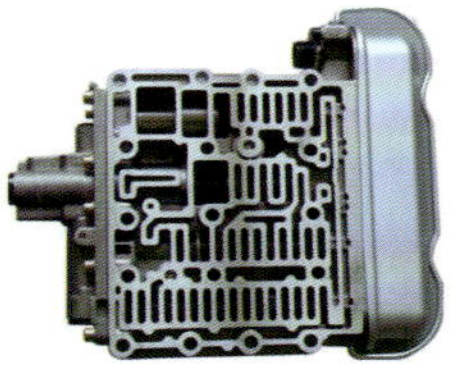

地址：浙江省临海市柏叶东路 99

潍柴动力
WEICHAI POWER
世界繁华背后的
POWER BEHIND THE PROSPERITY OF TH

动力
WORLD
绿色动力 国际潍柴
Green Power International WEICHAI

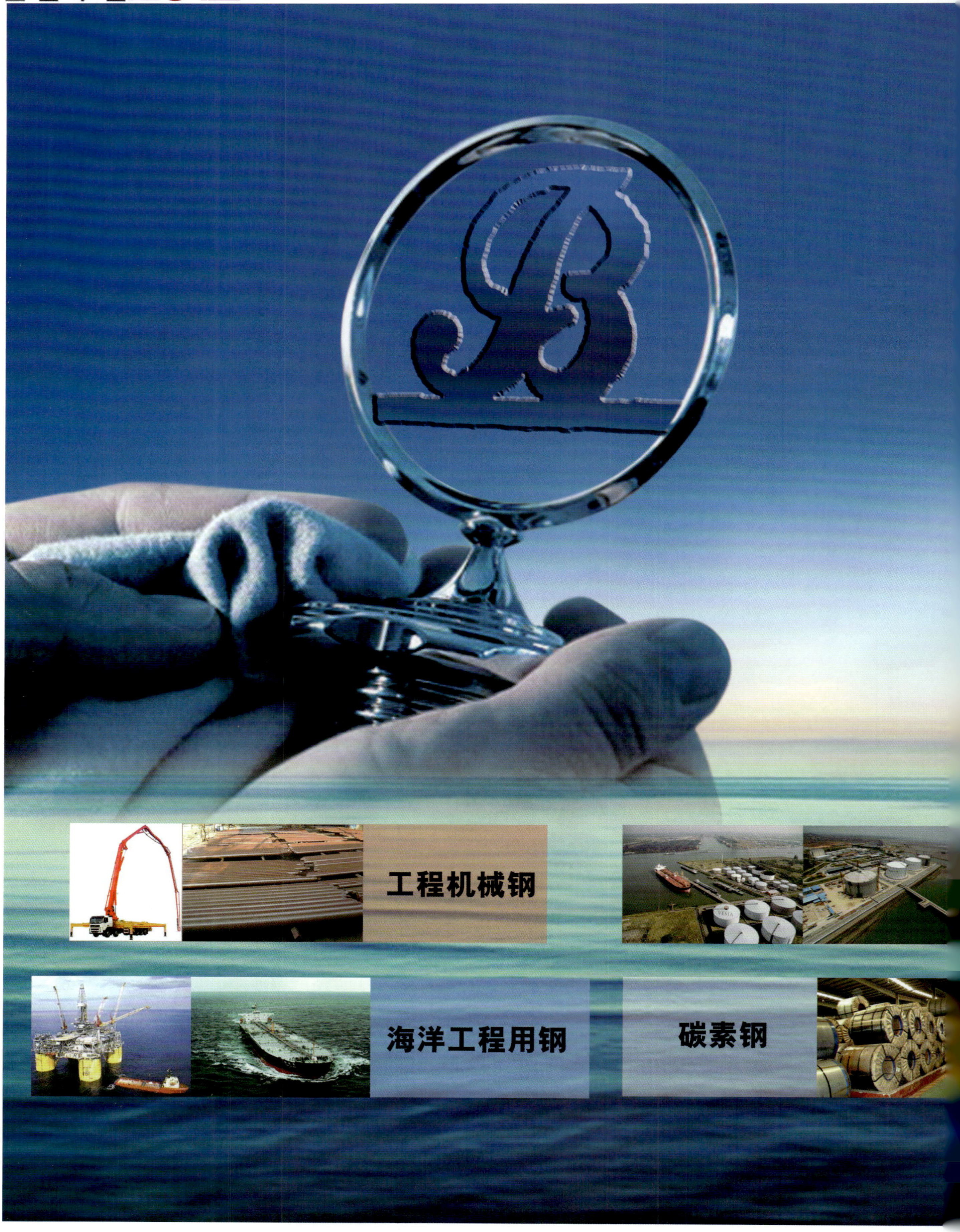
工程机械钢
海洋工程用钢
碳素钢

客户信赖的经销商
为客户提供专业解决方案
主营钢材有：
管线钢
工程机械用钢
碳素钢
汽车用钢
海洋工程用钢
不锈带钢
不锈钢管/板
管线钢
汽车用钢
不锈带钢
不锈钢管/板
山西鑫邦贸易有限公司
SHANXI XINBANG TRADING CO., LTD.
0351-4133921（工程机械用钢、汽车用钢等）
0351-3209388（管线钢）
传真：0351-4170850、0351-4172595
邮箱：xbsqb@jbgt.cn

以材料升级助力工程机械行业产品升级
致力于为工程机械主机制造企业配套提供
高品质金属结构部件的设计、制造服务
同元集团
TONG YUAN GROUP
地址: 山西省太原市府西街9号王府商务大厦A座23层
电话:0351-3377510
传真:0351-4084305
邮编: 030002
http ://www.tysteel.com

加工能力：

450MP≤屈服强度≤960MP

500MP≤抗拉强度≤1100MP

3mm≤厚度≤26mm

140mm≤宽度≤2200mm

检验标准：

矫直精度 2mm/1000mm

对角线精度 ±5.0mm

长度精度 ±3.0mm

切边宽度精度 ±0.5 mm

依托国际领先的加工装备，严格的质量检验标准，专业的技术团队，10余年行业服务经验，几十家工程机械行业重点用户的合作历程，我们为您提供的高品质金属结构部件塑性、韧性更高，焊接性能更优良，内应力释放更充分，精度更高，更适用于工程机械大型装备的加工制造，持续满足您的个性化需求。

州钢铁服务中心

址：江苏省徐州市鼓楼区三环北路1号

舌（Tel）:0516-85781118/85781988

真（Fax）:0516-82565926

济南钢铁服务中心

地址：山东省济南市济微路141号

电话（Tel）:0531-82460818/86372225

传真（Fax）:0531-86372108

青岛钢铁服务中心

地址：山东省青岛市城阳区流亭街道苇山货场

电话（Tel）:0532-87760385/87760365

传真（Fax）:0532-87760375

天工工具

中 国 驰 名 商 标　中 国 名 牌 产 品

江苏天工工具有限公司是中国高速钢孔加工刀具的大型生产基地，始建于 1981 年，占地面积 120 万 m^2，资产总额超 50 亿元。天工是以生产数控刀具（孔加工刀具工具麻花钻）以及专用原材料—高速工具钢为主的专业厂家。经过 20 多年的成长发展，天工紧紧依靠科技，实施品牌战略，立足特色需求发展，已成为全球领先的高速钢及高速钢切削工具制造商及中国机械孔加工刀具行业的重点骨干企业。天工生产的孔加工刀具工具麻花钻年出口占国内市场的 15% 以上，产品畅销欧美等区域的 50 多个国家以及中国香港、台湾地区，产品全部按照国家以及国际有关标准组织生产。

天工也是自 2001 年起中国大型的高速钢生产企业，国家重点高新技术企业，TG 牌孔加工刀具荣获中国名牌产品称号，TG 注册商标被认定为中国驰名商标。天工国际于 2007 年 7 月 26 日成功在中国香港联交所主板上市，股票编号：826。

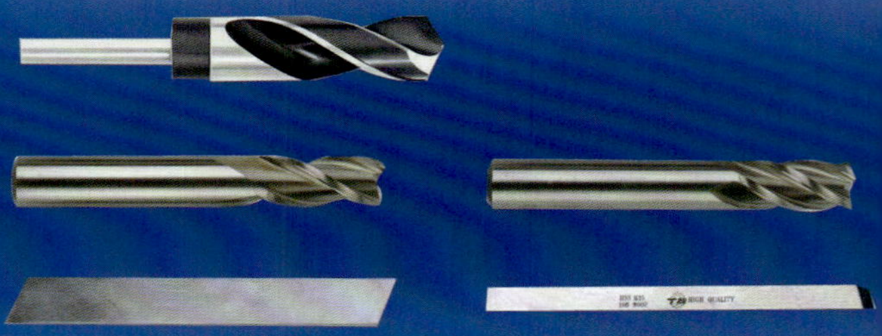

著名工具制造商
江苏天工工具有限公司
地址：江苏省丹阳市后巷镇
电话(总机)：0511-86312333
传真：0511-86312403 86310003
http://www.tggj.com

中国全自动化钢筋加工设备领航者

我们的产品

数控钢筋桁架焊接生产线

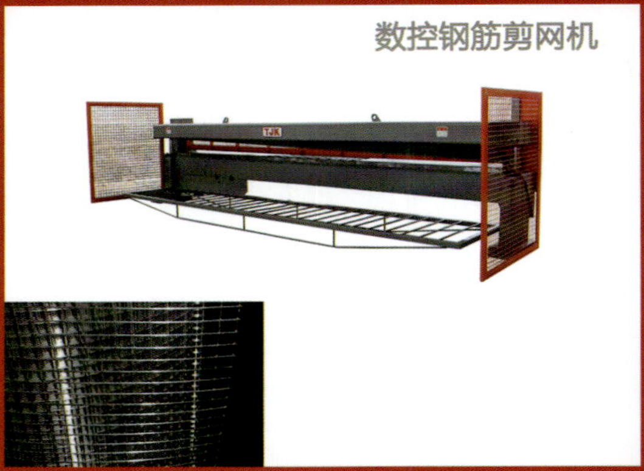
数控钢筋剪网机

数控钢筋网焊接生产线

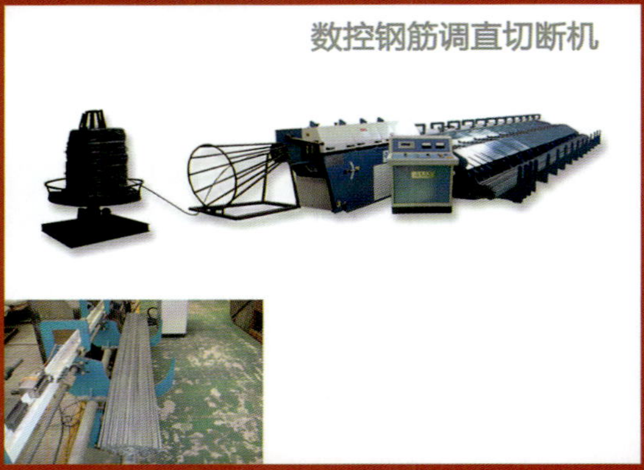
数控钢筋调直切断机

我们的荣誉

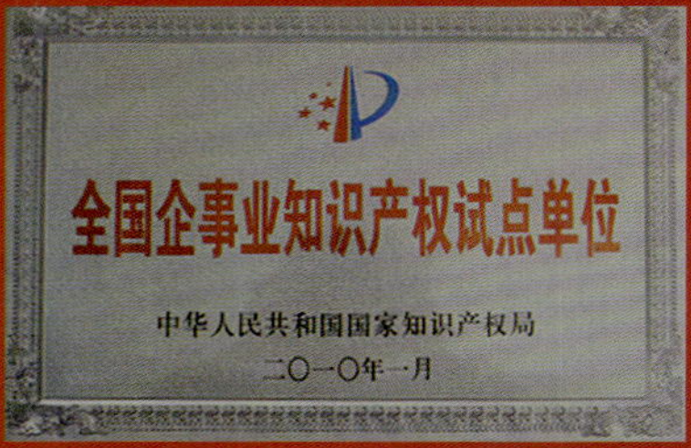

TJK®

建科机械(天津)股份有限公司

TJK MACHINERY(TIANJIN) CO., LTD.

电话 (Tel): +86-22-26993711 26993678 26993766
传真 (Fax): 022-26997888
网址 (Website): www.tjkmachinery.com
邮箱 (E-mail): info@tjkmachinery.com

钢筋剪切生产线

数控钢筋弯曲中心

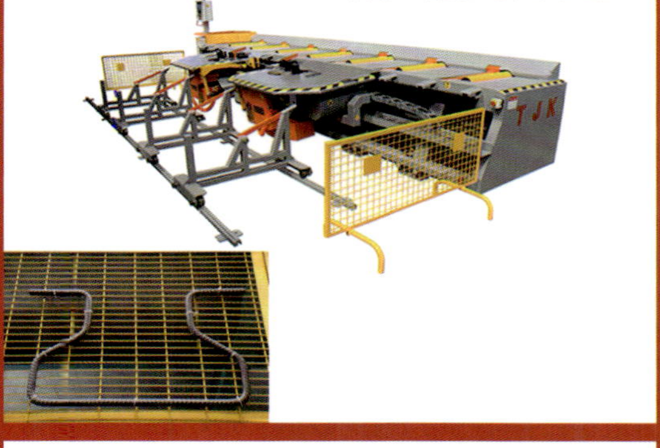

乱尺钢筋分选生产线

数控钢筋弯箍机

数控钢筋笼滚焊机

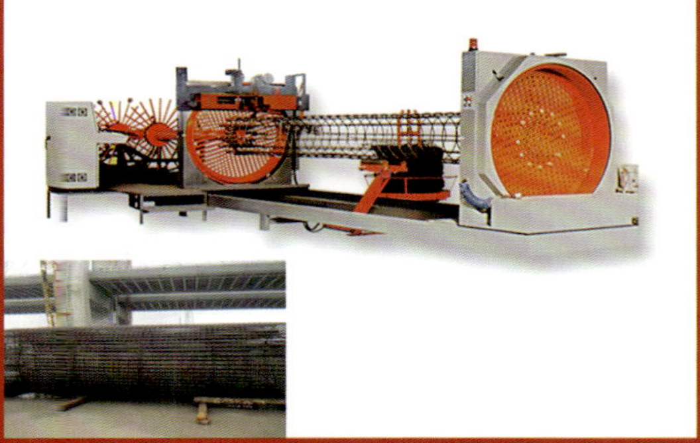

数控钢筋冷轧机

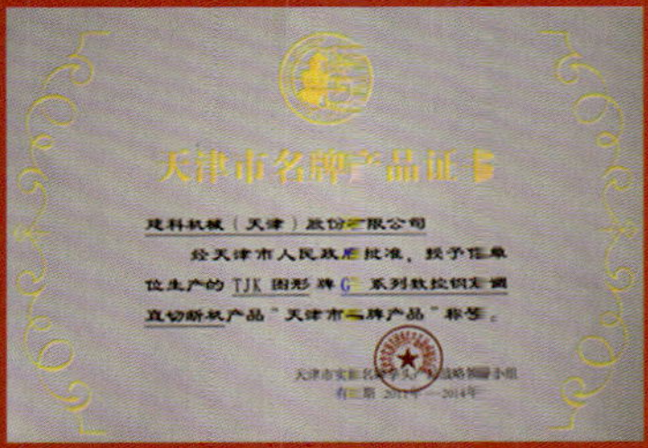

CSB Bearing Technologies

Your Partner for Self-lubricatingBearing Application
总有一款适合您设备的自润滑轴承

·CSB w
capita
·2 facil
·Hi-Tec
·Provir
·ISO9(
and IS
Htt

Bi-metallic Boundary lubrication wrapped Bearings
双金属边界润滑卷制轴承

Material characteristic 材料特性

This bearing is a wrapped bearing. The material is based on a carbon steel shell with a sintered bronze alloy as lubricating layer. Different types of oil grooves, indents or holes on the bearing layer are made for the oil deposition to achieve the marginal lubrication properties. It is most suitable for heavy load and low speed applications as well as medium speed and moderate speed applications.

以优质低碳钢为基体，表面烧结铜合金作为减摩材料，并经卷制成型。根据使用工况不同可在轴承表面加工出各种类型的油槽、油穴或油孔以起到储油作用，实现边界润滑。特别适用于重载低速、中载中速等工况条件。

Metallic Self-lubricating Bearings
金属基自润滑轴承

Material characteristic 材料特性

The bearing material is high strength solid bronze or low friction metal alloy shell embedded or dispersed with solid lubricants. During the operation, the solid lubricants can be released to form a lubricating film achieving the self-lubricating feature. This bearing is most suitable for the applications under heavy load and low speed with impact resistance requirements and high restarting frequency is needed.

以高强度铜合金或其他低摩擦合金材料为基体，根据使用工况在金属表面嵌入或弥散分布固体润滑剂，固体润滑剂在轴承运行过程中释放并形成固体润滑膜，从而达到自润滑的作用。特别适用于重载低速、抗冲击强度要求高且启动频繁的工况条件。

■Hig
高承
App
运用

Metal-polymer Composite Bearings
金属塑料自润滑卷制轴承

Material characteristic 材料特性

The bearing material is based on carbon steel bonded with polymer composite layer by sintered bronze powder. The advantages of thin wall thickness and low friction factor enables the bearings to be suitable for the dry operation condition and the applications with oiling hard access.

以优质碳素钢为基体，中间烧结铜粉层，表面覆着高分子复合材料作为轴承耐磨材料，具有壁薄、承载能力高、摩擦系数低以及耐磨性能好等特点，特别适用于无法加油和不能加油的工况条件。

Bronze wrapped Boundary lubrication wrap
铜基边界润滑卷制轴承

This bearing is wrapped wit
high load and good wear resi
into the oil indents or oil
oil or grease can form a lub
and expand the durability of
low speed applications with

以铜合金为基体经卷制成型的
工的油穴或油孔可以存储油脂
低摩擦系数和提高使用寿命的
况条件。

浙江长盛轴承技术有限公司 ZHEJIANG CSB BEARINGTECHNOLOGIES CO., LTD. 地址：浙江嘉善

shed in 1995, and has registered
RMB;
) employees;
se with over 42 patents granted;
bricating material R&D center;
SO/TS16949:200 qual ty management system
004 environment management system approved.

sb.com.cn

· 成立于1995年6月，2011年9月改制为股份有限公司，注册资金7 500元。
· 高新技术企业，获得各项专利42项。
· 嘉善高分子材料省级高新技术特色产业基地骨干企业，省级自润滑材料研发中心。
· 公司是全国滑动轴承标准化技术委员会自润滑轴承分技术委员秘书处单位，
是行业标准的主要制定者之一。
· 主持或参与制定的滑动轴承国家标准10项已发布，正在制定的有12项。
· 获得ISO9001:2000,ISO/TS16949:2002质量管理体系认证，
同时获得ISO14001:2004环境管理体系认证。

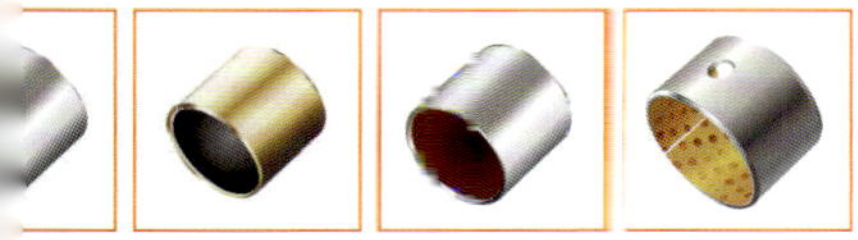

al-Polymer Composite Bearings
塑料复合轴承
ication: Hydraulic cylinder , pumps
: 液压缸、液压泵等

Metallic Self-lubricating Bearings
金属自润滑轴承
Application: Arm Bushes
运用：关节部位

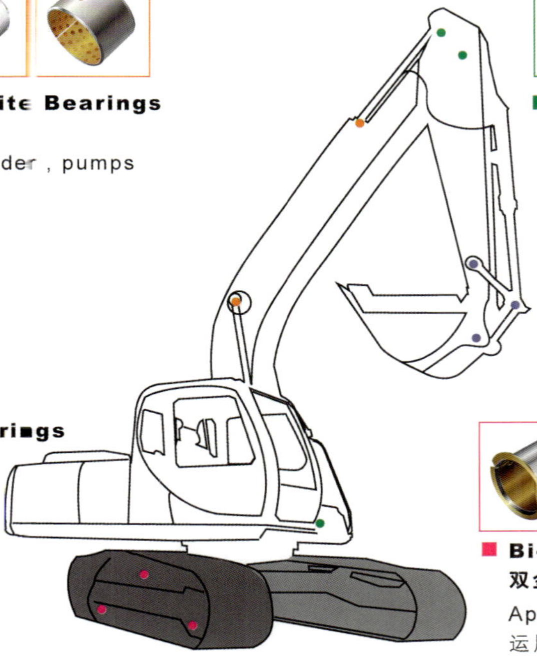

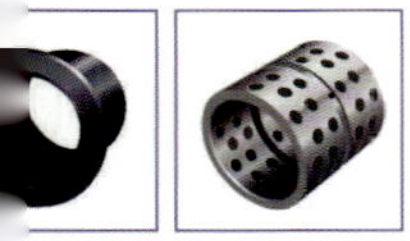

d Harden Steel Bearings
轴承
Bucket Bushes
分尘接触部位

Bi-metallic Composite Bearings
双金属复合轴承
Application: Track roller, Carrier roller, Idle roller
运用：支重轮、拖带轮、引导轮

ngs

erial characterist c 材料特性

loy. It is a thin bearing with oil or grease could be deposited ng the operation, the deposited m to reduce the friction factor . It is suitable for medium load avy containment.

高、耐磨性好的薄壁轴承。表面加行初期建立润滑油膜，从而起到降用于中载低速、粉尘污染严重的工

Harden steel Boundary lubrication Bearings
钢基高承载边界润滑轴承

Material characteristic 材料特性

The hardened steel bearing is designed with specially aligned oil grooves and oil loops with special self-lubricating coatings for improving the bearing performance. The new designation can dramatically expand the oiling period results into a longer durability of the bearing service. It is suitable for heavy impact load applications with dusts and containments.

通过热处理、表面合理的油路设计和自润滑材料的涂覆来提高传统钢基轴承的性能，以达到延长加油周期提高轴承使用寿命的目的，适合于粉尘污染严重、需要耐高强度冲击负载的工况条件。

区长盛路138号(314100)　电话：0573-84184710 84184850 84184307　传真：0573-84183450, 84185523

力士德工程机械股份有限公司，成立于2004年3月，是中国工程机械行业领先的高效能解决方案制造商，中国机械工业优秀企业，中国工程机械行业50强，国家高新技术企业。主导产品有6～45t全系列的挖掘机、3t和5t装载机、20t和22t压路机等多品种工程机械产品。

目前，力士德产品畅销全国各地，远销大洋洲、中东、非洲、东欧、东南亚及南美洲等60多个国家和地区。

2009年公司荣获山东省技术装备企业称号，2010年公司商标被评选为山东省著名商标，2011年SC360.8挖掘机被认定为国家重点新产品，2011年公司荣获山东省守合同重信用企业，2011年公司获得中国具有竞争力挖掘机品牌的荣誉称号，2012年公司荣获全国质量诚信优秀示范企业称号。

经过多年的经营发展和积淀，力士德公司形成了“先做精，后做强，再做大”的发展理念、“深入学习和实践科学发展观，以人为本，坚持发展是硬道理，争做民族品牌的一面旗帜”的企业指导思想。

我们承诺将用可靠的品质和优良的服务不断赢得广大新老客户对我们的信任，为中国民族品牌装备制造业的崛起做出贡献。

力士德工程机械股份有限公司

地址：山东省临沂市临沭县常林西大街112号　　邮编：276715
电话：0539-6261609　0532-86109001　　传真：0539-6261928
http：//www.lishide.com.cn　　E-mail：sdlsd2004@163.com

海克斯康计量　品质之源

海克斯康计量为工业计量提供了完善的产品和服务，客户遍及工程机械、汽车、航空航天、能源和电子医疗等领域。从产品开发、设计到加工、装配和最终验收，我们为用户提供贯穿产品全生命周期的可操作测量信息。

凭借遍布全球的20多个测量产品制造基地、70个提供技术服务与方案展示的精密计量中心，以及分布于五大洲的100多个分销合作伙伴所组成的网络，确保客户完全掌控其制造流程、提升产品品质并实现制造效率的提升。

海克斯康
HEXAGON
METROLOGY 计量

海克斯康测量技术（青岛）有限公司　客户服务热线：4006580400　www.hexagonmetrology.com.cn

海克斯康计量 — 品质之源

作为全球大型的几何量计量产品技术提供商，海克斯康为工业计量提供了完善的产品和服务，客户遍及汽车、航空航天、工程机械、重工能源、医疗等领域。从产品开发、设计到加工、装配和最终验收，海克斯康为用户提供贯穿产品全生命周期的可操作测量信息，凭借各种高精度的固定式测量系统、现场型的便携式测量系统而成为制造业真正的品质之源。

中国工程机械行业日渐成为国际舞台上的主要角色，而技术创新与高品质更成为其傲立全球工程机械行业的不二选择。海克斯康遍及全球重点行业的专业计量解决方案，不仅能够协助工程机械行业提高加工质量，还通过及时反馈加工结果而实现加工效率的提升和成本的降低。

工程机械行业需要检测的典型零部件的主要有履带底盘件、液压缸类、传动部件、成型结构件、普通结构件、动力总成等共6类。而针对这6类零部件，在尺寸、重量、公差、测量特征、测量效率甚至在测量场地方面都有所不同，需要适合的测量系统满足工程机械行业不同类型零部件的测量需求。

桥式测量机：满足大多数零部件的精密测量需要

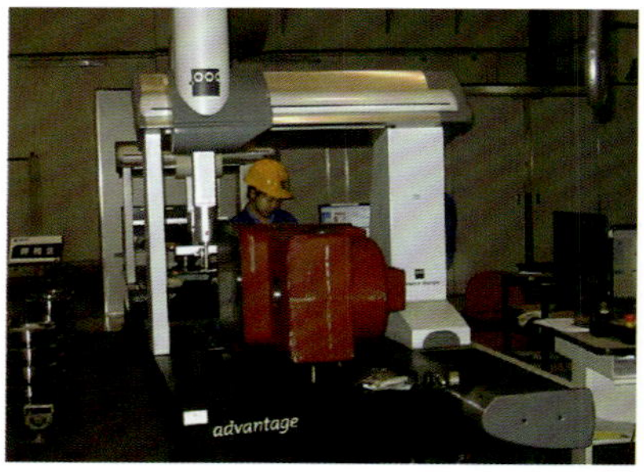

图 1.GLOBAL 桥式机用于箱体检测

以高精度、高性能完成各种尺寸零部件的三维测量任务。海克斯康计量的桥式测量系统，行程范围从400mm×500mm×400mm一直到2000mm×4000mm×1800mm，能够满足绝大多数零部件的测量需要。

新一代GLOBAL测量机－GLOBAL Silver采用全新材料与运动控制技术，提供了更高的测量效率，更广泛的测量应用能力，更宽的环境适应能力和更便利友好的测量操作。

GOBAL Silver系列不同型号（尺寸）测量机分别可以用于履带底盘件、液压缸类、传动部件、动力总成的测量，其中，其高速扫描功能非常适用于动力总成的精确高效率检测。

绝对关节臂：应用于车间现场，开机即可测量

图 2. 驾驶舱结构件检测

ROMER绝对关节臂是迄今为止业界更轻便、精度更高、更灵活的技术全新的关节臂测量系统。率先使用绝对编码器技术，为关节臂的每个位置指派绝对值。启动无需初始化，开机即可测量。测量范围为2.0 ~ 4.5 m，空间长度精度可达0.023 mm，可以配备触发与扫描探测系统，适合在车间现场完成各种尺寸工程机械零部件的特征与表面形状的测量与分析。

图 3. 筑路机零部件检测

ROMER绝对臂可以用于成型结构件、普通结构件的车间现场测量，也可以用于验证大型曲轴类、大型链轮、连杆等复杂件的毛坯锻件合格状况，避免毛坯质量影响后期精密加工。

Leica AT901：绝对激光跟踪仪，现场大尺寸测量的王者

Leica激光跟踪仪采用先进的激光测量技术，适应车间及户外恶劣环境，能够更方便、更准确的完成质量控制、

图 4.Leica 激光跟踪仪用于挖掘机新品研发

部件匹配、装配以及大小尺寸部件的制造等任务。

其中，高性能 Leica AT901 绝对激光跟踪仪测量范围为直径达 160 m 的球形测量空间。Leica AT901 通过三种方式测得物体的三维坐标：通过跟踪一个带镜面的小球，即反射球；通过跟踪 Leica T-Probe 产品，一种手持式可移动的无线通信接触式传感器；通过跟踪 Leica T-Scan 产品，一种非接触式的高速激光扫描仪，从而为便携大尺寸测量应用提供了多种解决方案；Leica AT401 绝对激光跟踪仪以其优异的性能成为超大空间尺寸内（包容直径达 320 m）的精密测量设备，凭借内部电池供电以及对恶劣环境的适应能力，它可以在各种工作条件下保持高精度的测量。

激光跟踪仪可用于任何大尺寸零部件及整车车体的检测，在卡特彼勒公司，激光跟踪仪参与挖掘机研发，用于获取挖掘机的运动轨迹数据以及相关机体表面和运动的三维空间坐标数据（如图 4）。

龙门式测量机：为大尺寸零部件提供精密选择

DEA 龙门式测量系统结构开放，不受承重限制，能够直接为超大尺寸、高精度测量提供自动化检测。不仅具备强大的测量性能，并为车间现场的使用提供了耐久的材料、稳定的结构以及高精度，行程范围从 2000mm×3300mm×1000mm 到 4000mm×10000mm×2500mm，最高空间测量精度达到 3.5+3.5L/1000[μm]。

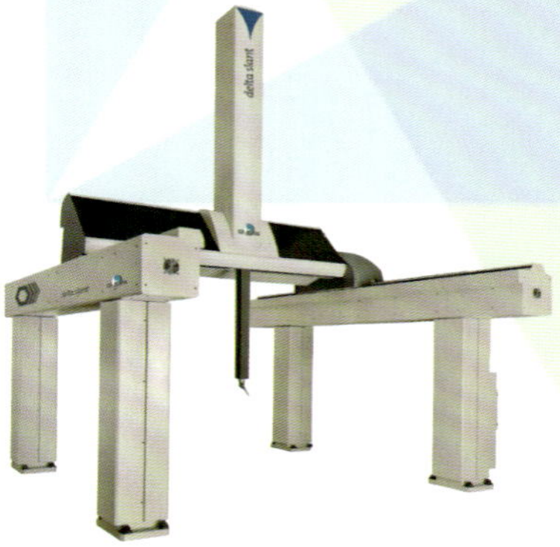

图 5. 龙门测量机

DEA 龙门机为工程机械的大型结构件提供了精度标准。

悬臂测量机：高效率的车身检测

图 6. 悬臂机用于挖掘机下车的检测

开敞紧凑的结构方便大尺寸零部件尤其是车身件的上下料，水平臂探测方式足够灵活，便于探测车身上下、内外各种隐藏隐蔽特征。海克斯康计量提供的悬臂机行程范围为 4000mm×1600mm×2100mm 到 9000mm×3370mm×3000mm，空间精度最高可达 15+20L/1000[μm]。

悬臂测量机是完成汽车与工程机械车身、车体测量的优选方案。如挖掘机平台、挖掘机下车总成、挖掘机动臂、挖掘机斗杆等。

PC-DMIS：统一的软件平台

海克斯康不仅具有各种完善的测量系统满足工程机械行业的应用需要，同时，应用于不同场合、完成不同尺寸、不同精度、不同零部件类型测量的各种测量系统，都可以采用同一的软件平台 PC-DMIS，方便进行测量程序与测量数据的共享，从而更进一步提升测量的成效，并节省人员培训的费用。

关于海克斯康计量

海克斯康计量为工业计量提供了完善的产品和服务，包括汽车、航空航天、能源和医疗等领域。从产品开发、设计到加工、装配和最终验收，我们为用户提供贯穿产品全生命周期的可操作测量信息。

凭借遍布全球的 20 多个测量产品制造基地、70 个提供技术服务与方案展示的精密计量中心，以及分布于五大洲的 100 多个分销合作伙伴所组成的网络，确保客户完全掌控其生产流程、提升产品质量并提高生产效率。更多信息，请访问 www.hexagonmetrology.com.cn。

海克斯康计量隶属于海克斯康（Nordic exchange: HEXA B; www.hexagon.com）。海克斯康是全球领先的规划、测量和可视化技术供应商，协助客户规划、测量和定位对象，实现数据的优化处理与展现。更多信息，请访问 www.hexagon.com。

中国国机重工集团有限公司
China SINOMACH Heavy Industry Corporation

公司简介

中国国机重工集团有限公司(国机重工)成立于2011年1月，是世界500强企业中国机械工业集团有限公司(国机集团)的全资子公司，是由国机集团旗下工程机械业务资源重组整合改制而成立的大型装备制造企业集团。

国机重工现有28家控股和参股企业,其中1家上市公司、4家海外公司,拥有天津、常州、洛阳、西南(泸州)四大产业基地。与工程机械行业世界知名企业韩国现代、日本小松、美国特雷克斯等组建合资企业,合作机构遍布全球100多个国家和地区。

国机重工
SINOMACH

电话：+86 10 5738 7999　传真：+86 10 5738 7977
邮编：100102　网址：www.sinomach-hi.com
地址：北京朝阳区广顺大街16号华彩大厦

中国国机重工集团有限公司
China SINOMACH Heavy Industry Corporation

挖掘机

国机重工挖掘机设备系列——采用先进的制造技术，主要部件均采用世界知名品牌。产品具有大功率、低油耗、高耐久性等显著特点。

国机重工
SINOMACH

电话：+86 10 5738 7999　传真：+86 10 5738 7977
邮编：100102　网址：www.sinomach-hi.com
地址：北京朝阳区广顺大街16号华彩大厦

中国国机重工集团有限公司
China SINOMACH Heavy Industry Corporation

压路机 »»

国机重工 洛阳基地—我国压路机的诞生地，我国目前大型的压实机械大型专业化生产基地。具有年产压路机6 000 台、推土机2 000 台、液压挖掘机10 000 台的综合生产能力。

国机重工 SINOMACH

洛阳 LY 洛建机械

配件及服务电话：0379-64929476
邮编：471003
电话：0379-63416236　63416238
邮箱：ytjggs@126.com
网址：www.changlin.com.cn
地址：中国洛阳建设路23号

中国国机重工集团有限公司
China SINOMACH Heavy Industry Corporation

汽车起重机 »»

国机重工 西南(泸州)基地—我国中大吨位液压汽车起重机研制生产基地，具有 40 多年的工程起重机 研制、生产历史，先后开发出 8~160 吨级 QY 系列、G 系列、LT 系列、TTC 系列液压汽车起重机和全地面起重机。

国机重工
SINOMACH

長江
CHANG JIANG

配件及服务电话：0379-64929476
电话：0830-3581954 3581773
传真：0830-3581020
邮箱：cj-crane@mail.luzhou.net
网址：www.cj-crane.com
地址：中国 四川 泸州

厦工
XGMA
CCRE 海翼集团成员企业
【大禹治水篇】
如果时光可以倒流，若有厦工挖掘机助力
一掘抵千锹，水到渠成
何需十年别家泛离愁
XGMA
“掘”胜千里，“油”您掌控
高端配置：全球高端品牌零部件，先进负流量反馈系统；
节能环保：五十铃动力，川崎液压系统与电控ESS，黄金匹配，节能省油
稳固耐用：加强型导向结构、增强型回转马达
中国南北极考察专用产品
厦门厦工机械股份有限公司
4006-618-668 www.xiagong.com
国际厦工 造福人类

xinG ®
青岛新型建设机械有限公司
Qingdao Xinxing Construction Machinery Co.,Ltd.
信达商砼
凝聚现在 筑造未来
信达商砼
新型建机
053287791518
管桩搅拌站
2HZS180八角楼
双卧轴强制式搅拌机
MP立轴行星式搅拌机
干混砂浆生产线
模块式移动站
混凝土输送泵
细石泵
地址(Add)：青岛市城阳区玉皇岭工业园 邮编(P.C.)：266107
电话(Tel)：+86-532-87791518 传真(Fax)：+86-532-87791918
http://www.china-xin.com E-mail：sales@china-xin.com
免费服务热线（Hotline）
400-001-0999

PC60-8
工作重量：6180kg
发动机功率：40.7kW/1950r/min
标准斗容：0.25m³
小·傲江湖
KOMATSU
PC60

繁重作业，理想选择
JCB
JCB DIESELMAX
JS220使用JCB自主研发
DieselMax发动机，燃油经济性
比上一代机型提高10%
全新登场
JS220LC
配备JCB DIESELMAX发动机
高效节能的发动机
-功率强劲，保证高工作效率
-节能环保，符合欧Ⅲ排放标准
-省油模式，降低燃油消耗
新型的智能液压系统
-根据工况不同自动调节液压流量和压力
-新型液压再生系统提高斗杆速度
-新型动臂回转优先系统提高装车速度
高强度的工作装置
-加强型动臂、斗杆和挖斗，确保设备坚固耐用
-加强型底盘设计
-加长履带
卓越的操作环境
-宽敞舒适的驾驶室，出色的全方位视野
-低噪声低震动
-符合人体工程学设计的高椅背悬浮式座椅
-操作方便的JCB高级管理系统（AMS）
-标准装备的进口空调
-人性化设计的夜间上下车照明灯
方便的保养和维修
-所有保养滤芯均触手可及
-先进的诊断系统使维修快速便捷
-标配的自动燃油加注系统可以方便快速加注燃油
JCB Dieselmax柴油车
曾创造的陆地行驶速度达
563.42km/h
现在新JS220已全面换装
此高效发动机
JCB DIESELMAX
出色的JS220，现在更出色！
杰西博工程机械(上海)有限公司　公司地址：上海浦东新区康桥工业区秀沿路3698号　电话：021-38113000　传真：021-38113001
邮编：201319　E-mail：china@jcb.com　http://www.jcb.com.cn　24h服务热线：400-820-4388
JCB是J C BAMFORD EXCAVATORS LTD的注册商标。
资料和技术参数如有更改，恕不另行通知。
图中所示的设备可能包含附加设备。
把握机遇

江苏骏马压路机械有限公司
JUNMA
JIANGSU JUNMA ROAD ROLLER CO.,LTD.
JM818
JUNMA 骏马
JM814/816/818/820型
振动压路机
JM813型
全液压振动压路机
YZC4.5H型
振动压路机
YZC6型/YZDC6型
振动/振荡压路机
YZ1型
振动压路机

SANY Putzmeister
龙象共舞
全球瞩目

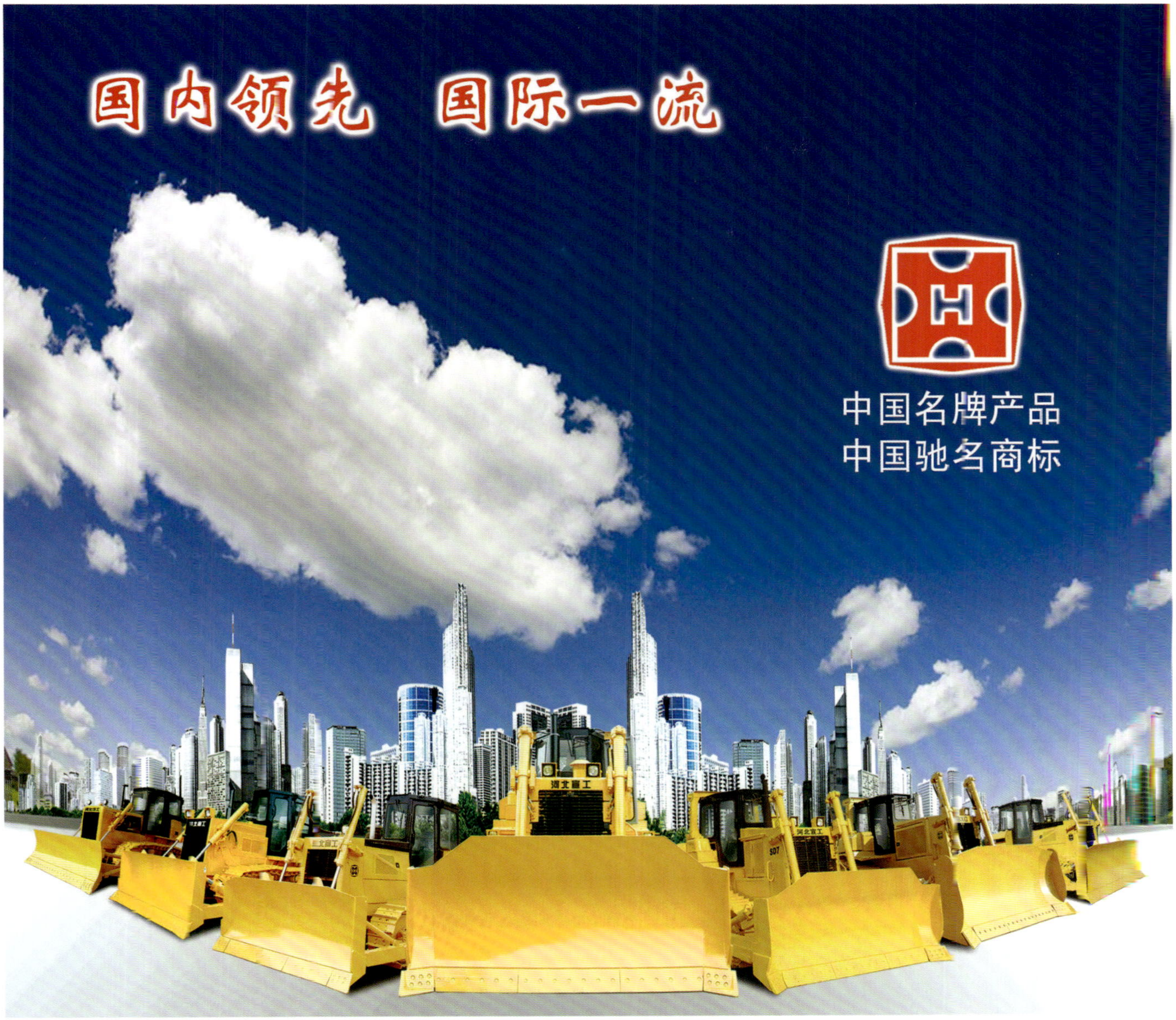
国内领先 国际一流
中国名牌产品
中国驰名商标

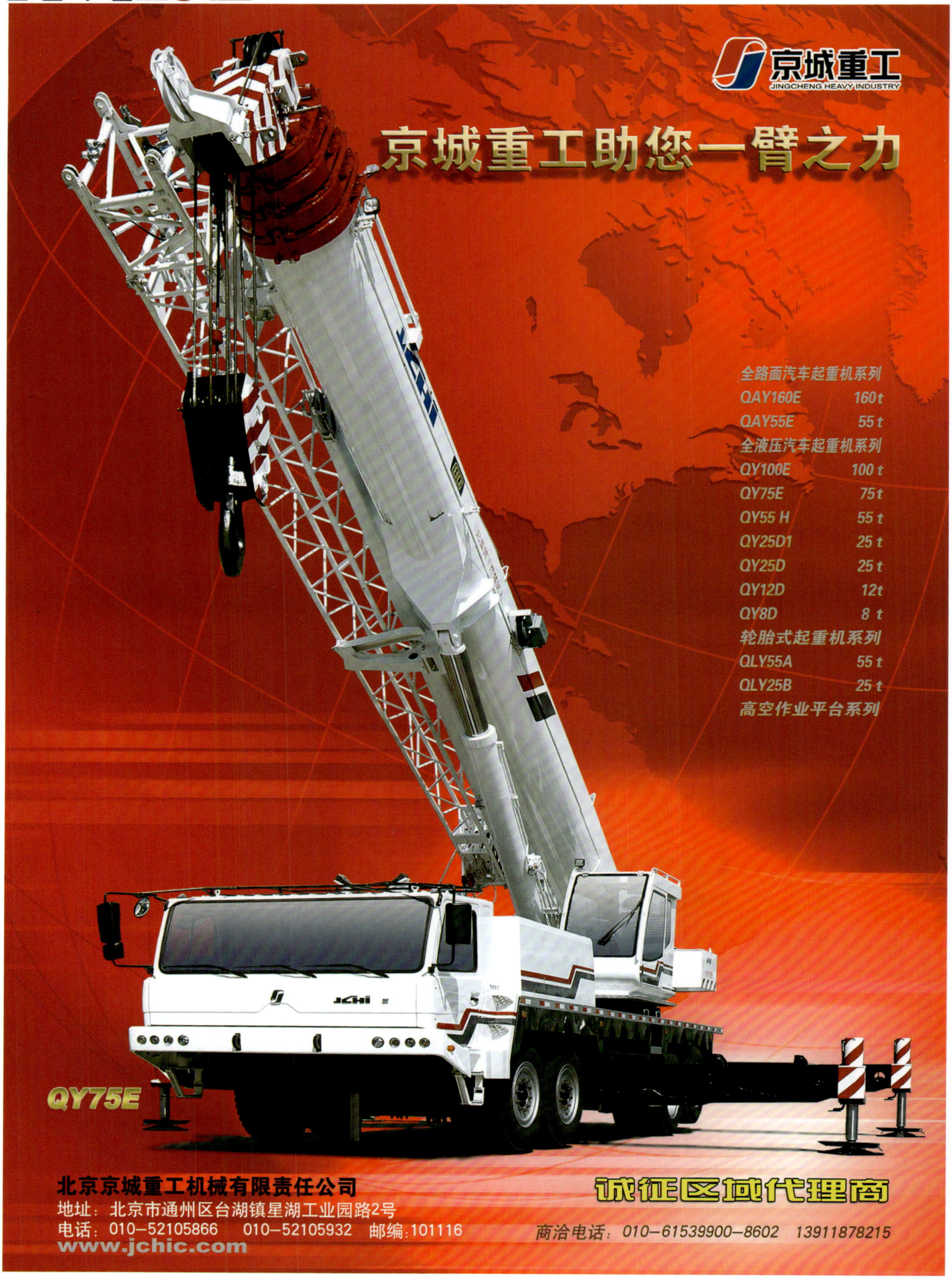
京城重工
JINGCHENG HEAVY INDUSTRY
京城重工助您一臂之力
全路面汽车起重机系列
QAY160E 160t
QAY55E 55 t
全液压汽车起重机系列
QY100E 100 t
QY75E 75t
QY55 H 55 t
QY25D1 25 t
QY25D 25 t
QY12D 12t
QY8D 8 t
轮胎式起重机系列
QLY55A 55 t
QLY25B 25 t
高空作业平台系列
QY75E
北京京城重工机械有限责任公司
地址：北京市通州区台湖镇星湖工业园路2号
电话：010−52105866 010−52105932 邮编：101116
www.jchic.com
诚征区域代理商
商洽电话：010−61539900−8602 13911878215

南车制造 装备世界
MADE IN CSR, TO EQUIP THE WORLD
绿荫服务：
400-650-0392
主营方向：桩工机械、履带式起重机械、混凝土成套设备、特种工程机械、自卸车、制动系列产品
卡特彼勒底盘质保2年，中国区域战略合作伙伴—南车北京时代
北京南车时代机车车辆机械有限公司
BEIJING CSR TIMES LOCOMOTIVE AND ROLLING STOCK MECHANICS CO.,LTD.
地址：中国·北京市·昌平区·昌平火车站西500m
邮编：102249 电话：010-60755229 传真：010-60752092 http://www.bjmc.csrzic.com
CSR 中国南车

CAMC 華菱星馬
混凝土搅拌车

混凝土泵车

散装水泥运输车

服务全球建设　创造一流工程

神户建机成都基地

三一宁乡起重机产业园项目

机械工业第三设计研究院（CTDI）位于重庆市，隶属于中央大型企业集团——中国机械工业集团有限公司（SINOMACH），是国家大型甲级设计研究院，是我国勘察设计、项目管理和工程总承包百强企业之一。具备为各类工程建设提供规划咨询、招投标代理、工程设计、工程施工、建设监理、工程总承包等全过程和全方位宽领域服务的综合实力。拥有机械、建筑、城市规划、市政工程（给水、排水、道路、城市隧道）、船舶、环境影响评价、环境污染治理甲级设计资质，以及工程总承包、工程建设监理、工程造价咨询甲级资质。

在近五十年的发展历程中，三设计院以精心设计、至诚服务的理念，致力于为客户创造价值为已任，在工程机械领域已成为专业配备齐全、综合实力强劲的科技服务型企业。多年来与徐工、三一、中联重科、神钢建机、柳工及山推等多家大型工程机械企业建立了长期友好合作关系，承担了工程机械行业多个重大项目的工程设计及项目总承包工作。凭借完善的管理和技术体系、厚积薄发的工程经验以及客户至上、勇于创新的服务理念，三院不断赢得了市场与用户的认可与青睐；取得了丰硕的工程业绩。

柳工常州制造基地项目

徐工挖掘机项目

中联环卫机械项目

山推武汉混凝土机械项目

机械工业第三设计研究院

TDI®

地址：重庆市石桥铺渝州路17号
联系人：王革　18602307867
　　　　方羽　18623025868
办公室电话：023—61539040　传真：023-68638627
http://www.cmtdi.com

SINOBOOM
星邦重工
CE
AS NZS1418:10
IPAF .org
SINOBOOM GTBZ42
我们一直在追求新的高度
SINOBOOM

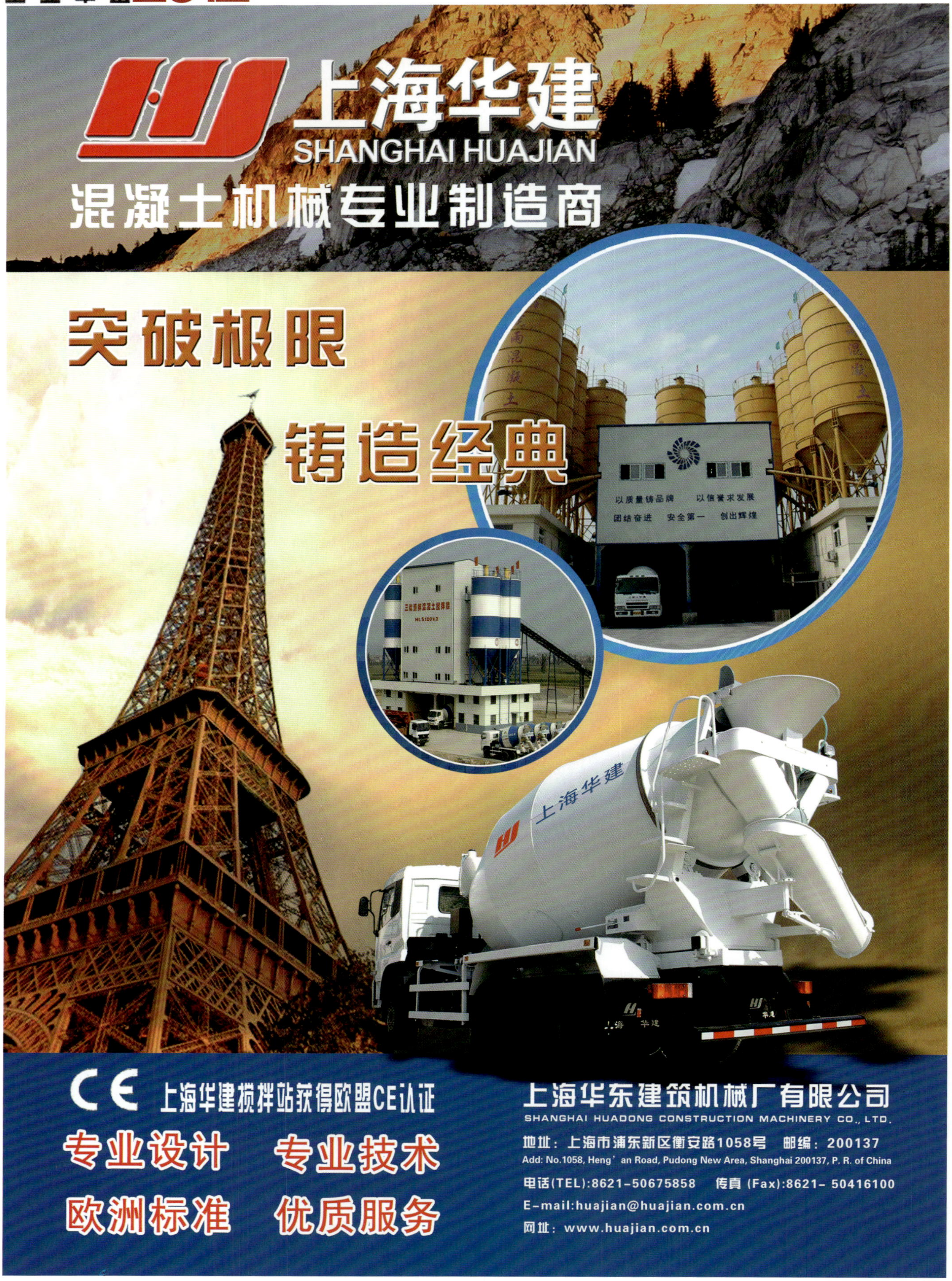
上海华建
SHANGHAI HUAJIAN
混凝土机械专业制造商
突破极限
铸造经典
以质量铸品牌　以信誉求发展
团结奋进　安全第一　创出辉煌
上海华建
上海华建搅拌站获得欧盟CE认证
专业设计　专业技术
欧洲标准　优质服务
上海华东建筑机械厂有限公司
SHANGHAI HUADONG CONSTRUCTION MACHINERY CO., LTD.
地址：上海市浦东新区衡安路1058号　邮编：200137
Add: No.1058, Heng'an Road, Pudong New Area, Shanghai 200137, P. R. of China
电话(TEL):8621-50675858　传真(Fax):8621- 50416100
E-mail:huajian@huajian.com.cn
网址：www.huajian.com.cn

中国·巨超集团
CHINA JUCHAO GROUP
全国统一客服热线：4001585598
巨大理想 超越时代
JUCHAO

发展专业技术，打造中国工程机械行业著名品牌
AICHI
杭州爱知
高空作业 杭州爱知助您一臂之力
WITH HANGZHOU AICHI HELP YOU CAN MAKE AERIAL WORK FREELY
发展专业技术，打造中国工程机械行业著名品牌
优秀的，才是放心的！
这里是国内高空作业车的发源地
这里是高空作业车国家标准、行业标准的起草者
这里有高空作业车专业生产流水线
这里是全国较大的高空作业车生产基地
这里有全国齐全的高空作业车种类
这里有全国可靠的质量保证体系
这里有全国完善的售后服务
7~37 m 10大类型18个规格42种型号
隧道检修车(伸缩式、大平台、大载重)
折臂式高空作业车9~26m
伸缩臂式高空作业车11~29m
混合臂式高空作业车13~37m
绝缘型高空作业车13~26m
垂直升降式高空作业车
防撞缓冲车
电源车、抢险车、电缆车
杭州爱知工程车辆有限公司
地址:浙江省杭州市杭州经济技术开发区5号大街17号
邮编:310018 总机:0571-86912645 传真:0571-86913744
销售科:0571-86851956 86851958 86911206 86911592(传真)
服务科:0571-86840575 86910456(传真) 海外事业科:0571-86910567
heet://www.hzaichi.com
E-mail:shangwu@hzaichi.com
服务热线:13456701000
免费咨询:400 826 8338

洛阳至圣科技有限公司

洛阳至圣科技有限公司地处洛阳市国家高新技术开发区，注册资金 1 000 万元，年营业额 5 000 万元，主要从事建筑机械和各种工业配料系统的研究和制造。产品广泛应用于建材、耐火材料及煤炭等行业。主导产品有成套混凝土制造设备和干粉砂浆制造设备、煤矿矿山所用的定量装车机以及附加剂生产线等。是洛阳同行业早期取得国家制造计量器具许可证及国际质量管理体系认证书的厂家，公司成立 12 年来，积累了大量的技术资源，主要人员具有着 20 余年的搅拌站制造经验。并在搅拌站整体设计、搅拌主机、精确称量、粉料仓除尘等方面拥有多项国家专利。2008 年，公司根据市场需求，开发了煤矿、矿山广泛适用的定量汽车装车机系统，填补了国内空白。2011 年底，公司在高新区于家营购建厂区 2 万 m^2，通过生产规模的不断扩大，目前已达到钢材 60 000 余 t 的生产能力，定于 2012 年 10 月前正式投产使用。现公司员工 300 余人，其中外联设备制造、安装、调试、维修人员共 120 人，以技术创新和服务，为企业发展的中坚力量，由此带动整体产品销售，稳步发展，实现共赢。公司始终以“ 德高、智强、行健，共创美好人生 ”为宗旨，坚持诚信为本，把用户需求当作公司工作首要目标。

近年来，公司共申请国家专利近 30 余项，发明专利 2 项。主要针对粉尘治理和节能环保投入了很大的研发力量，2011 年 6 月，“ 智慧仓 ”系统的出现，彻底根治了困扰行业多年的粉尘污染难题，2012 年 8 月，公司向洛阳国家高新技术开发区递交了“ 智慧仓 ”系统的可行性报告，高新区领导给予了高度的重视，并获得财政专项资金支持，同时也肯定了公司在技术研发方面所做出的成绩，并且也为行业发展做出了应有的贡献。

洛阳至圣科技有限公司
地址：洛阳国家高新技术开发区
邮编：471003
服务热线：400-058-2995
电话：0379-64288966、64288968
销售热线：13303792995 13939910121
公司网址：http://www.lyzskj.com/cn
公司官方微博：http://weibo.com.zskj2012

陕西航天动力高科技股份有限公司
Shaanxi Aerospace Power Hi-tech Co.,Ltd.
AEROSPACE POWER
航天动力
追求卓越品质
打造一流精品
YJHSW340
YJH265
YJH280
YJH300
YJH310
YJH315
YJH340
Add:78,JinYe Road,High-tech District ,Xi'an city,China
Tel:86-29-81881836-8923
Fax:86-29-81881817
Website:www.china-htdl.com
地址：陕西西安高新技术产业开发区锦业路78号
电话：029-81881836-8923
传真：029-81881817
网址：www.china-htdl.com

华德液压
民族品牌
成就未来
销售热线：400-000-6987
电子邮箱：huadehyd@mei.net.cn
http：//www.huade-hyd.com.cn

杭州前进齿轮箱集团股份有限公司
HANGZHOU ADVANCE GEARBOX GROUP CO.,LTD.

杭齿前进：601177

杭州前进齿轮箱集团股份有限公司是我国专业设计、制造齿轮传动装置和粉末冶金制品的大型重点骨干企业，国家高新技术企业。

公司前身为杭州齿轮箱厂，创建于1960年，2001年经国家批准实施“债转股”改制，成为国有多元投资的有限责任公司，2008年完成股份制改制整体变更为杭州前进齿轮箱集团股份有限公司，并于2010年10月在上海证券交易所上市。公司位于杭州钱塘江南岸，占地面积50万㎡，公司综合实力被列为“中国工业行业排头兵”企业、“中国机械工业100强”和中国大企业集团竞争力500强企业。

公司立足传动装置主业，依靠科技进步，增强企业核心竞争力，确立了在行业中的领先地位。自20世纪80年代以来，公司在自主开发的基础上，引进国外先进技术，实现二次创新，产品领域扩展到船用齿轮箱及可调螺旋桨、工程机械变速箱及驱动桥、汽车变速器、工业齿轮箱、风电增速箱、农业机械变速箱、粉末冶金制品、大型精密齿轮等十大类千余个品种。

公司坚持实施品牌发展战略，通过持续性、高起点的技术改造，引进国际一流的高精尖设备，建立完善的质量管理体系和营销服务网络，竭诚为用户提供高品质产品和满意服务。公司技术中心为“国家认定企业技术中心”，“前进”牌商标被认定为“中国驰名商标”，“前进”牌船用齿轮箱荣获“中国名牌产品”称号。“前进”牌产品行销国内31个省、市和自治区，并远销世界47个国家和地区。

迈入新的发展时期，公司将贯彻科学发展观，秉承“忠诚、奉献、团结、第一”的企业精神，抓住机遇，加快发展，成为国内著名、世界知名的集成动力传动装置供应商和服务商。公司愿一如既往，与中外合作伙伴共赢发展，共创辉煌。

地址：浙江省杭州市萧山区萧金路45号　邮编：311203　电话：0571-82673888　传真：0571-82675966　http://www.chinaadvance.com

山东钢圈
SHANDONG STEEL RIM

MENGDA
蒙达 钢圈

山东海沃工程机械有限公司\山东工程机械钢圈厂有限公司

山东海沃工程机械有限公司（山东工程机械钢圈厂有限公司）始建于1967年，是一家集研发、设计、制造、销售于一体的工程机械及特种设施轮辋的专业生产商。2011年，公司投资2.2亿元在蒙阴经济开发区建设海沃工业园，占地面积133km²，目前，一期工程已竣工，国内领先的工程机械轮辋自动化生产线已建成投产。该生产线改变了过去的轮辋成型工艺，采用常温滚压成型工艺，不仅节能环保、保证了质量，而且极大地提高了生产效率。

在中国，山东海沃工程机械有限公司已成为重型汽车、起重机、飞机牵引车、铲运车、特种运输及码头设施、矿用设备、海底设施、冶炼设施、井下设备、土方工程机械等工程机械车辆钢圈生产行业的领先者。产品现已发展到5大系列200多个品种。优质的产品，优质的服务，使产品销往全国各地，并出口到日本、韩国、西欧、北美及澳洲等几十个国家和地区。企业通过了ISO9001国际质量管理体系认证和欧标焊接工艺评定，参与起草和制定国家工程机械轮辋标准，现为全国工程机械车轮行业协会理事长单位、山东省机械工业重点零部件六十强企业、中国自主创新百强企业、中国机械工业创新力企业、山东省诚信企业。

面向未来，公司将持续实施创新经营和管理，大力推行高效、低碳、节能化生产，以“追求更高品质、创建行业小巨人，跻身世界车轮技术先进之林，铸就‘百年知名企业’”为战略愿景，向着建成国内工程机械轮辋生产基地和中国工程机械轮辋检测试验中心的目标迈进。

地址：山东省蒙阴县经济开发区蒙山四路3号　　邮编：276200
电话（传真）：0539-4801079
http://www.sdgangquan.com　　邮箱:sdmdgq@126.com

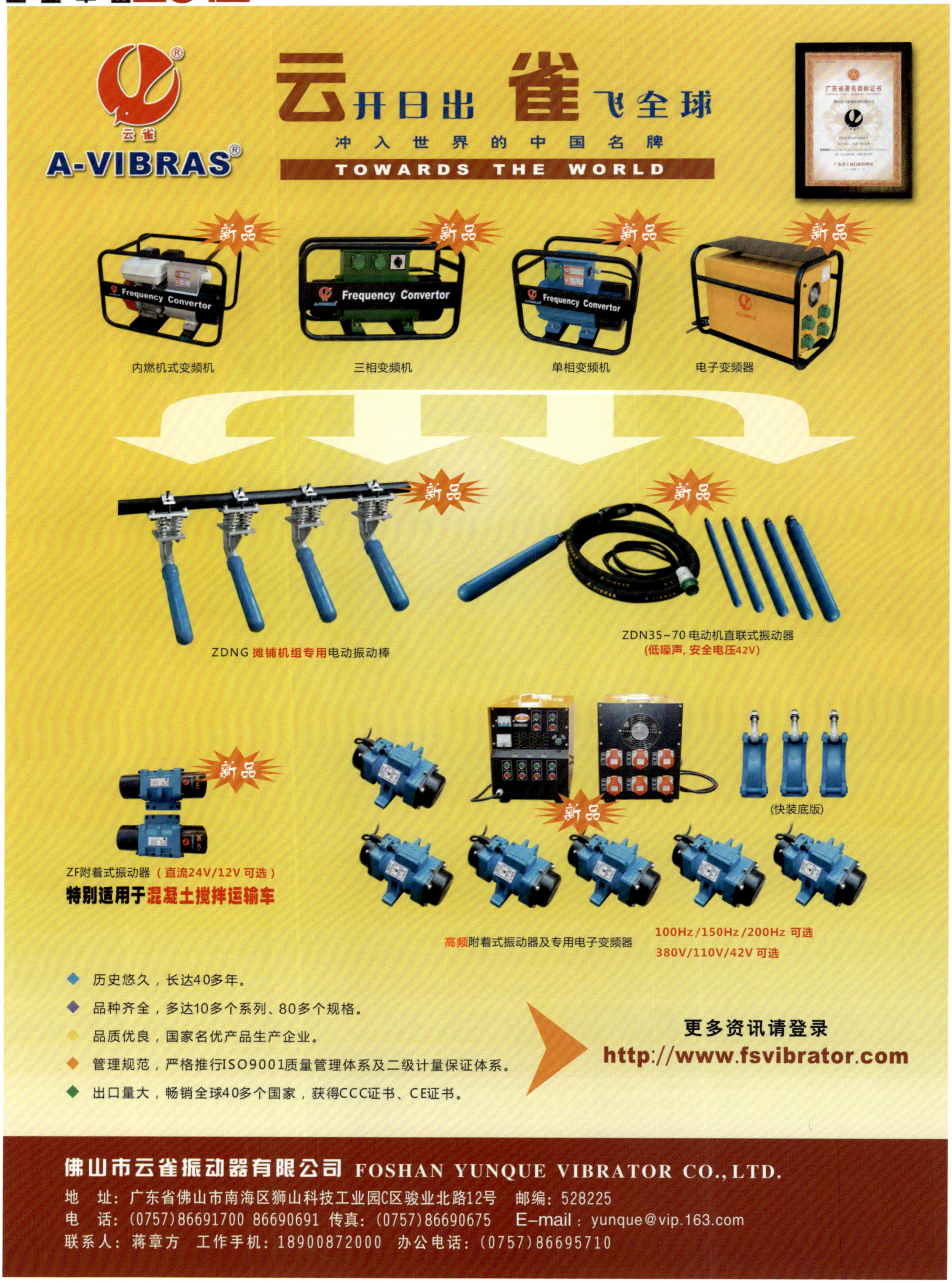
云雀
A-VIBRAS®
云开日出 雀飞全球
冲入世界的中国名牌
TOWARDS THE WORLD
新品
内燃机式变频机
三相变频机
单相变频机
电子变频器
ZDNG 摊铺机组专用电动振动棒
ZDN35~70 电动机直联式振动器
(低噪声，安全电压42V)
ZF附着式振动器（直流24V/12V 可选）
特别适用于混凝土搅拌运输车
(快装底版)
高频附着式振动器及专用电子变频器
100Hz/150Hz/200Hz 可选
380V/110V/42V 可选
历史悠久，长达40多年。
品种齐全，多达10多个系列、80多个规格。
品质优良，国家名优产品生产企业。
管理规范，严格推行ISO9001质量管理体系及二级计量保证体系。
出口量大，畅销全球40多个国家，获得CCC证书、CE证书。
更多资讯请登录
http://www.fsvibrator.com
佛山市云雀振动器有限公司 FOSHAN YUNQUE VIBRATOR CO., LTD.
地　址：广东省佛山市南海区狮山科技工业园C区骏业北路12号　邮编：528225
电　话：(0757)86691700 86690691 传真：(0757)86690675　E-mail：yunque@vip.163.com
联系人：蒋章方　工作手机：18900872000　办公电话：(0757)86695710

综合索引

『鉴』证行业发展

挖掘企业亮点

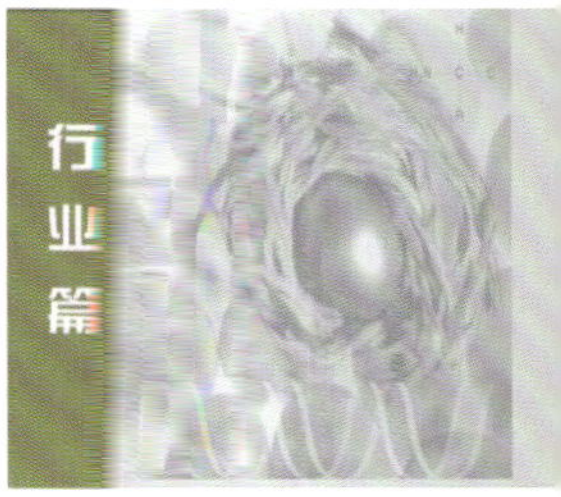

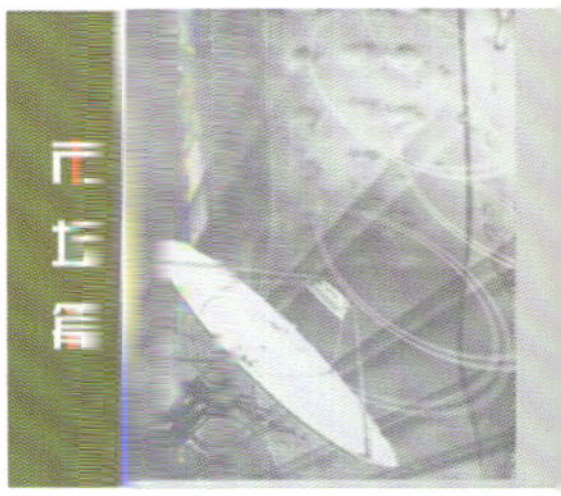

编辑说明

一、《中国机械工业年鉴》是由中国机械工业联合会主管、机械工业信息研究院主办、机械工业出版社出版的大型资料性、工具性年刊，创刊于1984年。

二、根据行业需要，1998年中国机械工业年鉴编辑委员会开始出版分行业年鉴，逐渐形成了中国机械工业年鉴系列。该系列现已出版了《中国电器工业年鉴》《中国工程机械工业年鉴》《中国机床工具工业年鉴》《中国通用机械工业年鉴》《中国机械通用零部件工业年鉴》《中国模具工业年鉴》《中国液压气动密封工业年鉴》《中国重型机械工业年鉴》《中国农业机械工业年鉴》《中国石油石化设备工业年鉴》《中国塑料机械工业年鉴》《中国齿轮工业年鉴》《中国磨料磨具工业年鉴》和《中国机电产品市场年鉴》。

三、《中国工程机械工业年鉴》于2000年创刊，2002年起开始与中国工程机械工业协会正式合作，2012年为第12版。该年鉴记载了工程机械行业的运行情况、产品状况、市场分析、产销情况及发展趋势，全面系统地提供了工程机械行业的主要经济技术指标。

四、《中国工程机械工业年鉴〉2012年刊由综述篇、行业篇、企业篇、市场篇、统计资料、标准索引、政策法规、大事记八部分构成。

五、统计资料中的数据由中国工程机械工业协会提供，数据截止到2011年12月31日。

六、在年鉴编纂过程中得到了中国工程机械工业协会及各分会，行业企业和多年从事工程机械研究的专家、学者大力支持和帮助，在此表示衷心感谢。

七、未经中国机械工业年鉴编辑部的书面许可，本书内容不允许以任何形式转载。

八、由于水平有限，难免出现错误及疏漏，敬请批评指正。

中国机械工业年鉴编辑部

2012年10月

目录

『鉴』证行业发展

挖掘企业亮点

国工业年鉴出版基地

综　述　篇

行　业　篇

目录

『鉴』证行业发展

挖掘企业亮点

企业篇

市场篇

统计资料

目
录

『鉴』证行业发展
挖掘企业亮点

标准索引

政策法规

大事记

中国工业年鉴出版基地

目录

『鉴』证行业发展
挖掘企业亮点

国工业年鉴出版基地

Overview

Trades

Enterprises

ABG7620
履带式沥青混凝土摊铺机
SDR280
旋挖钻机
ABG8620
履带式沥青混凝土摊铺机
CM1000
路面铣刨机
SSD40A
沥青碎石同步封层机
CM2000
路面铣刨机
WBZ21
铣拌两用稳定土拌合机
WB400
铣拌两用稳定土拌合机
陕西建设机械股份有限公司
SHAANXI CONSTRUCTION MACHINERY CO.,LTD.

目录

『鉴』证行业发展
挖掘企业亮点

国工业年鉴出版基地

Market

Statistical data

水平臂架、小车变幅、
上回转液压顶升式起重机
华夏塔机
顶天立地
塔式起重机规格：
QTZ31.5 QTZ40 QTZ63 QTZ80
QTZ125 QTZ160 QTZ250
施工升降机规格：
SC100 SC100/100 SC200 SC200/200
打桩机规格：
JZB45 JZB60 JZL60 JZL90 JZL120

目
录

『鉴』证行业发展
挖掘企业亮点

Index of standards

Policy and legislation

Chronicle of events

国工业年鉴出版基地

杭叉集团
HANGCHA
GROUP CO., LTD.
HANGCHA
WWW.ZJHC.CN
让搬运更轻松
400-884-7888
LET HANDLING MORE EASILY
全国客服热线：400-884-7888
杭叉集团股份有限公司
HANGCHA GROUP CO., LTD.
■ 地址：杭州市临安经济开发区东环路88号 ■ 邮编：311305
■ 电话：0571-88131983 ■ 传真：0571-88131772
■ 网站：www.zjhc.cn ■ 电子邮箱：sales@zjhc.cn

综述篇

系统介绍工程机械行业发展成就，分析总结2011年工程机械行业发展现状

综述篇

2011年工程机械行业发展综述

2011年，面对国际环境新情况和国内经济运行的新变化，工程机械行业企业努力克服多重困难，继续巩固和扩大应对国际金融危机冲击的成果，全年经济总体仍保持合理的增长态势。受国家部分刺激经济快速增长政策的逐步退出，以及国际经济复苏乏力的影响，工程机械行业终结了2009年下半年至2011年第一季度的高速增长，而后连续几个月产销呈下滑走势，部分企业销量下降、资金紧张、库存剧增、应收账款居高不下、经济效益下滑等部分抵消了第一季度的巨大业绩，全行业进入调整和理性回归阶段，全年工程机械行业的经济运行呈现大起大落的态势。

一、2011年工程机械行业经济运行情况

1. 主要产品销售情况

据中国工程机械工业协会统计，2011年，全行业主要统计的工程机械产品销量813 033台，同比增长16.7%，其中挖掘机173 712台，同比增长4.8%；装载机246 981台，同比增长14.0%；推土机13 094台，同比下降5.9%；平地机5 059台，同比增长20.5%；工程起重机35 457台，同比增长0.9%；工业车辆（叉车）313 847台，同比增长35.0%；压路机21 617台，同比下降15.5%；摊铺机3 266台，同比增长11.1%。

按季度计算，第一季度销量呈高速增长，第二季度则快速下降，第三季度见底企稳，第四季度底部徘徊。

按月计算，3月销量增幅较大，从4月开始，各类产品销量同比呈现不同程度下降，全年各月销量的起伏幅度大于2010年。2011年工程机械主要产品销量情况见表1。

表1　2011年工程机械主要产品销量情况

序号	产品名称	2011年（台）	2010年（台）	同比增长（%）
1	装载机	246 981	216 690	14.0
2	推土机	13 094	13 911	−5.9
3	平地机	5 059	4 200	20.5
4	工程起重机	35 457	35 143	0.9
5	工业车辆	313 847	232 409	35.0
6	压路机	21 617	25 581	−15.5
7	摊铺机	3 266	2 939	11.1
8	挖掘机	173 712	165 804	4.8
	总计	813 033	696 677	16.7

2. 工程机械产品进出口情况

2011年，我国工程机械进出口贸易额为249.55亿美元，同比增长33.2%。其中进口额90.45亿美元，同比增长7.69%；出口额159.09亿美元，同比增长53.8%；贸易顺差68.64亿美元，同比增加49.22亿美元。

按月计算，工程机械产品2011年1～12月进口额高开低走，从月进口额最高的3月达10.67亿美元，下降到最低的10月5.35亿美元，11月进口额6.09亿美元，同比下降18.0%，12月进口5.96亿美元，同比下降20.5%，环比增长14.3%。相反，工程机械产品出口则是低开高走，1月出口额10.48亿美元，3到6月均为12亿美元上下，7到9月均超过14亿美元，随后10、11两个月更是超过15亿美元，12月出口额再创新高达到17.37亿美元，同比增长68.1%，环比增长11.3%，上升趋势明显。2008～2011年工程机械各月进口额走势见图1。2008～2011年工程机械各月出口额走势见图2。

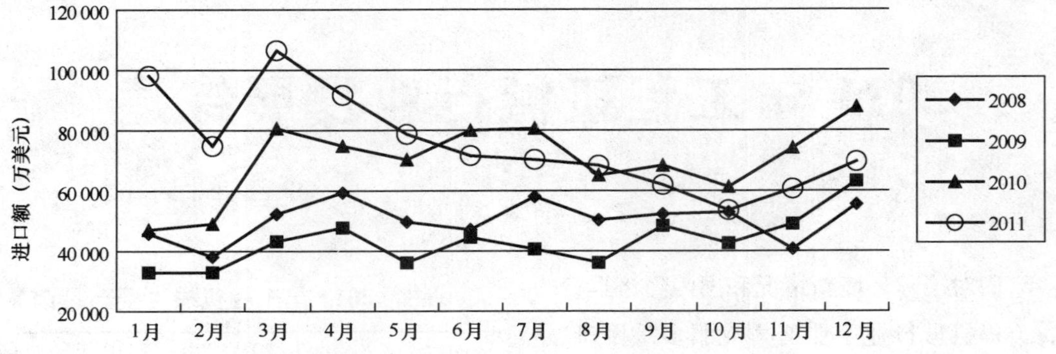

图1　2008～2011年工程机械各月进口额走势

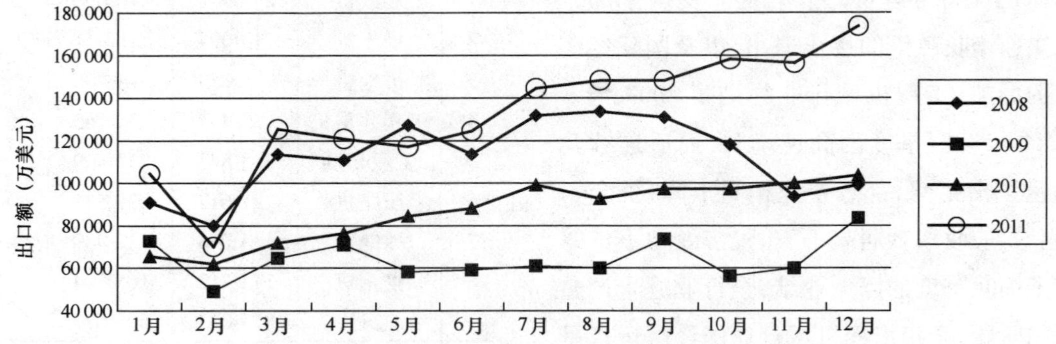

图2　2008～2011年工程机械各月出口额走势

2011年，累计进口工程机械整机52.32亿美元，同比增长0.79%，占进口总额的57.85%，占比同比下降3.96个百分点；进口零部件38.13亿美元，同比增长18.87%，占进口总额的42.15%。其中履带挖掘机进口31 369台，29.86亿美元，同比分别下降23.65%和5.13%。履带挖掘机进口额占整机进口额的57.06%，占比同比下降3.56个百分点。进口额增长较多的有：履带起重机、铲运机、大型推土机、混凝土搅拌设备、凿岩机及隧道掘进机等。进口额下降较多的有：其他工程车辆、轮胎式挖掘机、内燃叉车、装载机、塔式起重机、电梯及扶梯等。

在出口方面，累计出口整机104.54亿美元，同比增长56.68%，占出口总额的65.71%；出口零部件54.56亿美元，同比增长48.7%，占出口总额的34.29%。出口增长较快的产品有：履带挖掘机、凿岩机及隧道掘进机、电动叉车、内燃叉车、其他工程机械、装载机、推土机、压路机、筑路机及平地机、沥青搅拌设备、全路面起重机、混凝土搅拌车等。

2011年，工程机械产品进出口额均超过历史最高的2008年，进出口总额比2008年增长28.38%，其中进口额增长50.36%，出口额增长18.53%。

3. 工程机械行业重点联系企业集团经济指标完成情况

2011年，工程机械行业11家重点联系企业集团营业收入3 800亿元，同比增长32.39%；利润总额332.2亿元，同比增长16.46%；应收账款587.9亿元，同比增长48.1%；产成品库存384.2亿元，同比增长78.4%。

从各月情况看，营业收入同比增幅逐月回落，从2月的累计同比增长61.6%持续滑落到(8月累计同比增长为35.3%、9月累计同比增长为34.3%，10月累计同比增长为32.2%)12月的累计同比增长32.39%；利润总额同比增长下滑更甚，从2月的累计同比增长96.3%滑落到12月的累计同比增长16.46%。应收账款、产成品库存、利息支出、财务费用处于高位增长。2011年工程机械行业11家重点联系企业集团经济指标见表2。

表2 2011年工程机械行业11家重点联系企业集团经济指标

序号	指标名称	合计（万元）	同比增长（%）
1	营业收入	33 000 410	32.39
2	营业成本	31 094 700	35.61
3	营业税金及附加	122 447	50.92
4	管理费用	1 190 097	34.73
5	财务费用	315 666	101.45
6	利润总额	3 321 990	16.46
7	资产总计	31 953 567	31.01
8	流动资产平均余额	21 324 959	28.20
9	其中：应收账款	5 879 146	48.10
10	存货	5 065 594	26.42
11	其中：产成品	3 842 273	78.43
12	应交增值税	865 703	19.62
13	从业人数(人)	176 713	22.37
14	工资总额	975 349	43.57

上述经济指标显示，主要企业不同程度存在销售滞缓、效益下降、产成品库存剧增、资金紧张等问题。

4. 经济运行特点

(1)产品销售情况呈高开低走态势，到第三季度开始企稳，第四季度销量仍保持较低水平。

(2)工程机械企业经济效益快速下降，10月止跌企稳，但继续在低水平徘徊。

(3)企业产成品库存在持续高速增长之后呈高位企稳态势。

(4)企业应收款持续增加势头有所收敛。

(5)进出口额超过历史最高水平，进出口同比增幅发生分化。出口的高速增长成为工程机械行业的主要亮点。

二、2011年工程机械行业发展特点

(一)机遇大于挑战，成就令人瞩目

1. 生产集中度继续提高，排头兵企业引领自主品牌加快成长

从协会重点联系的工程机械行业大型企业的经济指标完成情况看，各项指标均好于全行业。2011年，全行业主营业务收入比2010年增长16.7%，而11家重点联系企业集团已营业务收入同比增长32.4%。前50家企业的营业收入占全行业的比例又有上升。2011年，全球工程机械制造商50强排行榜中，徐州工程机械集团有限公司、中联重科股份有限公司、三一集团有限公司、广西柳工集团有限公司、中国龙工控股有限公司、山东工程机械有限公司、厦门厦工机械股份有限公司、福田雷沃国际重工股份有限公司、中国国机重工集团有限公司、广西玉柴重工有限公司和湖南山河智能装备股份有限公司11家中国企业榜上有名。

令人可喜的是，行业排头兵企业实现了价值驱动式增长，综合实力迅速增强，国际竞争力和国际产业地位大大提升，正引领行业自主品牌立足本土，走向世界。

2. 科技进步、自主创新获得新突破，又有一批重大装备产生

2011年，工程机械行业企业科技投入继续增加，科研力量不断加强。如天津工程机械研究院加大投入，努力调整战略方向，立志服务于行业，积极参加由工业和信息化部批准建立的“工程机械高压液压元件与系统产业化及应用协同工作平台”的筹备工作；江苏徐州工程机械研究院自奠基以来，在江苏省科技厅和财政厅的重点支持和徐工集团的积极努力下，着力打造国际一流的工程机械技术研发机构；中联重科上年成立的国家混凝土机械工程技术研究中心2011年各项科技创新工作取得新进展；柳工股份2011年被科技部批准成为我国唯一的“土方机械行业国家级工程技术研究中心”，这是我国土方机械行业科研开发、技术创新和产业化示范的重要基地，代表了我国土方机械行业技术研发和成果转化的一流水平。小松投资3 000万美元建立的全球一流工程机械产品技术发展中心——小松(中国)产品技术发展中心于2011年1月18日在常州建成开业。

2011年，全行业共有18种大型工程机械被列入国家重大技术装备进口零部件免税范围；有18家企业继续被列入军需采购对象。徐工、三一、柳

工、山推、龙工、日立、玉柴等7家土方机械行业龙头企业获得我国土方机械“CQC”标志认证。以自主品牌挖掘机为代表的国产装备在市场调整中得到了用户的充分认可和肯定,民族品牌挖掘机市场占有率由2010年的28.3%提高到2011年的37.7%。

科研力量的加强使得行业科技创新、技术进步的步伐与市场快速前进的步伐保持了一致性,2011年,高端产品层出不穷,重大技术装备取得新的突破。相继推出的高品质产品有:徐工集团自主研发的两款800和1 200吨级的全地面起重机,通过了中国机械工业联合会组织的产品鉴定,加上三一重工千吨级全地面起重机成功完成了起吊实验,标志着继德国和美国之后,我国成为第三个能研发生产千吨级全地面起重机的国家。徐工集团的步履式挖掘机和沥青撒布机,中联重科和三一重工研发制造的3 000吨级履带式起重机和50m三桥及80m以上混凝土泵车,产品在智能化、核心技术、外观造型上都有新的突破,获得多项专利。柳工推出的CLG855N节能环保型12t装载机、厦工推出的2011款改进型装载机、山推推出的全液压388kW推土机项目通过了科技部验收,山河建设集团有限公司首台摊铺机和铣刨机成功下线,北京京城重工机械有限责任公司的25t和55t汽车起重机和160t全地面起重机下线等,安徽合力股份有限公司的45t内燃平衡重式叉车、内蒙古北方重型汽车股份有限公司的260t电动轮自卸车面世。这反映了我国工程机械企业自主创新能力的提高,已经具备对高端、大型化产品的研制能力。

值得一提的是,自主品牌和外商投资企业产品在2011年北京BICES展会上比翼齐飞,充分展示了当前我国乃至世界工程机械行业的发展水平。

2011年,共有22项工程机械产品及技术获机械工业科学技术奖。

3. 投资和重组热度不减，产业结构愈加优化

2011年,尽管国家宏观经济政策对行业发展造成一定影响,但由于业内企业长期看好工程机械市场需求,投资和重组热度不减。例如:徐工集团投资临港生产制造基地项目启动和徐工混凝土建设机械产业基地奠基,三一重机8万台挖掘机项目投产,柳工收购首钢重汽42%股权与首钢矿业合作进军矿山机械领域,山推混凝土机械武汉产业园落成,熔盛机械有限公司合肥新工厂投产,玉柴重工四川泸州西部基地开工建设,山河智能装备集团山河工业城奠基,山重建机有限公司2万台挖掘机项目落成,龙工(福建)1.5万台挖掘机项目竣工投产,郑州宇通重工有限公司新工业园区奠基,中国国机重工集团有限公司工程机械板块重组后的新公司“国机重工”正式揭牌和品牌发布,日立建机(中国)有限公司5万台挖掘机生产基地在合肥开工,山东临工工程机械有限公司2万台大型挖掘机项目生产基地奠基,福建晋工机械有限公司在江苏镇江开工建设产业基地,北京京城重工机械有限责任公司汽车起重机底盘生产线改造试运行等。

另外,卡特彼勒、小松、特雷克斯、沃尔沃、约翰·迪尔、斗山、现代等也继续加大在我国的投资和布局,体现了对我国市场的决心和信心。

从产业结构上看,为主机企业,尤其是为自主品牌主机企业配套的零部件企业,围绕主机企业的需要,纷纷加大了投资力度。例如:江苏恒立高压油缸股份有限公司新厂投产,川崎精密机械(苏州)有限公司新工厂开业,榆次液压集团有限公司新产业基地开工建设等。另外,各工程机械产品检测检验中心、相关代理商、售后维修服务企业也不同程度地按照市场需求加大了投入和整合。这种上、中、下游产业链的同步协调发展,为全行业顺利完成“十二五”规划确定的各项奋斗目标奠定了基础。

4. 国有、民营、外商投资企业均获得发展

一年来,以徐工、中联、柳工、山推、厦工、国机重工、安徽合力股份有限公司、玉柴重工、山重建机、北方股份、京城重工等为代表的国有或国有控股企业依靠自身优势得到了进一步发展,成为我国工程机械行业的主力军。以上海隧道工程股份有限公司、北方重工、中国中铁隧道装备制造有限公

司等为代表的一批掘进机械企业，正努力承担振兴和发展我国自主品牌全断面掘进机的历史重任。

三一、龙工、湖南山河智能机械股份有限公司、杭叉集团股份有限公司、沈阳北方交通重工有限公司、河南陆德筑机股份有限公司、抚顺永茂液压机械有限公司、福建晋工机械有限公司和南方路面机械有限公司等民营企业在巩固发展成果的基础上，继续在市场经济转型中，抓住机遇，发挥优势，充分利用社会资源，成为我国工程机械行业发展潜力巨大的新兴力量。熔盛重工、奇瑞重工股份有限公司等新生力量，经过辛勤努力，已经取得一批新成果。在代理商领域，以北京恒日工程机械有限公司、北京骏马机械有限公司、南京钢加工程机械实业有限公司、武汉千里马工程机械有限公司、河南千里马工程机械有限公司、安徽力源工程机械有限公司、合肥中建工程机械有限责任公司和石家庄天远建设机械有限公司等为代表的代理商群体成为同工程机械主机企业唇齿相依的骨干力量，不仅基本解除了生产企业大量的日常销售负担，而且从代理商手中获得大量的市场需求和产品技术与质量信息，从而稳定了区域性市场的发展，提高了我国工程机械产品与企业形象。

5. 工程机械配套件受到高度重视，部分领域突破明显

为落实《机械基础件产业振兴实施方案》，重点解决工程机械高端液压元件长期依赖进口的局面，工业和信息化部装备司会同中国工程机械工业协会、中国液压气动密封件工业协会组织工程机械生产厂、液压件生产厂、科研院所和高校建立了“工程机械高压液压元件与系统产业化及应用协同工作平台”。平台筹备组已经于 2011 年 10 月 18 日成立，目前各项工作正按计划进行。

另外，以山推股份、江苏恒立、马鞍山方圆回转支承有限责任公司、安徽惊天液压智控股份有限公司、山东中川液压有限公司、宁波广天赛克斯液压有限公司、山东隆源液压科技有限公司、安徽博一流体传动股份有限公司、合肥长源液压股份有限公司等为代表的一批零部件和属具制造企业发展迅速，特别是山推股份、江苏恒立等经营和技术已达到世界先进水平的工程机械零部件企业率先实现技术突破，在“十二五”期间乃至更长时间，不管行业如何调整，这些企业凭借技术和产品优势，发展空间依然巨大。

6. 节能减排、绿色、低碳、再制造等取得阶段性成果

继上年工信部确定包括徐工、中联、三一、柳工、卡特彼勒（上海）、天津工程机械研究院、千里马工程机械集团股份有限公司、湖南中大设计院有限公司 8 家工程机械企业和产业集聚区为第一批再制造试点单位之后，发展再制造事业已经成为很多企业的共识，部分企业 2011 年又加大了投入，积极争取大显身手。

同时，包括徐工、柳工、山推、三一等在内的重大技术装备骨干企业积极按照上年联合发布的《北京宣言》的有关承诺，在大力推进自主创新、追求精益化管理，以优秀可靠的产品推进生产过程的节能减排、推行循环经济和绿色制造并赢得用户和市场的尊重等方面，逐步肩负起振兴装备制造业、做强我国工业的历史责任。

与此同时，包括混合动力、轻量化设计产品在内的各种节能产品推向市场，如混合动力装载机、混合动力挖掘机等。

7. 国际化进程取得新进展，海外并购令世人瞩目

2011 年，我国工程机械行业对外经贸合作得到快速发展，全行业继续实施国际化发展战略，产品技术水平明显提升，出口增长率稳步提高。在扩大产品出口的同时，竞争力较强的企业继续以海外兼并重组、技术输出、CKD 合作、发展海外合资企业、融资销售及租赁等方式进行国际化运作。以徐工、中联、三一、柳工、山推、龙工、厦工、安徽合力、北方重工、福田雷沃等为代表的大型骨干企业继续在欧洲、南美洲、俄罗斯、东盟、中东等地投资开办独资和合资企业。徐工集团在巴西投资建厂并已承接

委内瑞拉最大订单，中联塔机批量出口伊朗和RT55越野轮胎起重机通过了北美认证，三一美国、德国基地落成，柳工收购的波兰HSW工程机械事业部及中东子公司开业，山推东非公司开业，厦工系列产品装备中国台湾地区重大工程项目交付，鼎盛天工工程机械股份有限公司120台设备出口喀麦隆发运，力士德工程机械股份有限公司20台挖掘机首次出口马来西亚，特雷克斯长江起重机公司产品出口科威特和巴西等。这些项目均可称为2011年我国工程机械企业全球化服务的亮点。

在2009年中联重科收购意大利CIFA近两年成果显现的基础上，工程机械企业海外并购又有新的进展，柳工股份收购HSW、三一重工收购德国普茨迈斯特、徐工集团收购德国、荷兰的配套件厂等均取得实质性进展。工程机械行业一些大型企业为进一步提升品牌实力和国际竞争力，打造全球著名的、极具国际竞争力的世界级企业，正努力推行国际化战略，寻求新的国际合作机会，推动产业布局调整。

（二）增幅趋于平稳，调整符合预期

2011年，工程机械行业经济运行呈现前高、后低、尾稳态势，由2010年以来的高速发展阶段进入平稳发展通道，行业发展回归理性。主要产品销售量增幅从2月同比增长67.7%，下降到年底的16.7%，其中从4月开始，部分产品月销量同比呈负增长，但总体上全年仍保持平稳增长的态势。2011年，20大类产品营业收入在2010年4 367亿元的基础上增长17%左右。突破5 000亿元。这样的发展速度，有利于工程机械行业持续健康的发展，也有利于治理高速发展时期引发的种种弊病。

（三）对外贸易提速，出口继续向好

多年来，工程机械行业企业致力于国际市场的不断开拓和国际化经营布局的建设，有力地推动了工程机械行业的出口增长。2011年，工程机械产品出口达到创纪录的159亿美元，比2010年增长53.8%，比此前历史最高的2008年增长18.53%，出口增长的趋势明显向好。2006～2011年工程机械进出口情况见图3。

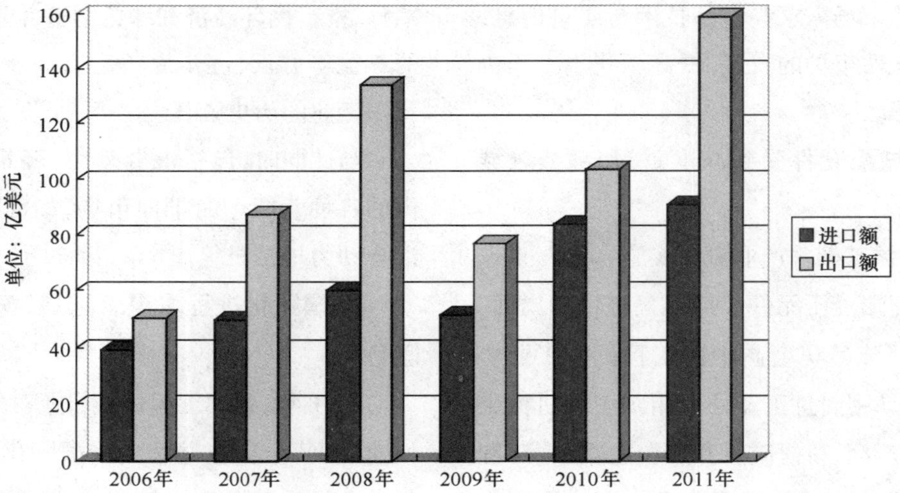

图3　2006～2011年工程机械进出口情况

（四）外部环境趋紧，问题愈加突出。

1. 国内需求下降，市场低位运行状态短期内难以改变

从2011年第二季度开始，由于受国家实行稳健的货币政策、加强流动性管理、加大房地产市场的调控力度和部分应对国际金融危机的刺激政策逐渐退出等多重因素影响，各企业销售额逐月下降，产成品库存和经销商库存明显增加，应收账款持续增长，产销同比增幅出现大幅下滑，例如3月销售挖掘机43 299台，7月下滑到7 367台，此后市场一直处于低位运行状态，到2012年上半年这种状态也难以改变。

2. 有些企业还没有把工作中心放在转型升级、练好内功上

几年来，工程机械产品产能和销售持续高速增长，使工程机械市场需求得到了充分的满足，在提高市场占有率、扩大产销规模的动力驱使下，部分地方政府和企业存在浮躁情绪和行为，相关工程机械企业普遍抱有较高的增长预期，忙于市场供货，忽略了技术研发和转型升级。然而，当经济进入适当调整和理性回归阶段，工程机械产品市场需求与企业预期销售目标矛盾加剧，市场竞争更加激烈。这时，部分企业还没有把转型升级、练好内功作为发展重心，还没有高度正视与全球工程机械企业在高端领域的竞争，企业发展后劲乏力。

3. 业内竞争秩序不规范

近年来，行业产能增速过快，加上不断升级的销售手段或过度的营销不仅透支了部分市场需求，而且致使行业内竞争秩序不规范，甚至不正当经营的现象屡屡发生。重奖销售、低首付、零首付（甚至倒付）、账期过长、融资租赁比例过大、二手设备增多和管理不够、工程机械享受农机补贴等，扰乱了市场秩序，增加了企业的经营风险。

4. 关键零部件受制于人的问题没有得到根本解决

5. 高端产品产能不足，中端产品满足需要，低端产品产能过剩，部分领域产品同质化严重

6. 企业要素成本上升、部分企业资金紧张（现金流和负债）和融资难的问题愈加突出

（五）心态保持平稳，未来充满信心

尽管局部上存在悲观和浮躁情绪，但行业发展空间仍然较大，总体上对行业平稳发展充满信心。长期来看，作为新兴国家，城市化进程、基础设施建设、矿山开采和国际市场开拓仍是我国工程机械行业发展的重要基础。

三、当前工程机械行业面临的问题

（1）工程机械行业投资重点和竞争优势主要集中于整机制造领域，绝大多数利润高的核心零部件与技术都掌握在外资企业手中。年初市场销售旺盛时，关键配套件的缺口矛盾凸显，且主要受制于外资配套件供应商。

（2）我国工程机械产品的核心竞争力仍然是价格，在国内市场，低价竞争仍普遍存在，有奖销售、零首付、低首付、融资租赁比例过大和租赁公司门槛过低、二手设备管理不善等，扰乱了市场秩序，极大地增加了企业的经营风险。在出口方面，产品主要集中于低端市场与发展中国家，对欧洲的出口比重较小。

（3）部分整机产品生产能力的非理性扩张，给行业的健康发展带来不利影响。

（4）目前社会库存、企业库存和应收账款均居高不下，企业经营风险和收付款风险加大，给新一年的经济运行带来很大的不确定性。

四、2012 年展望

2012 年，工程机械行业不会重演 2011 年年初的增长态势。第一，宏观经济政策强调结构性和灵活性，不存在全面快速增长的基础，社会需求不会出现明显增长。第二，出口市场面临新的不确定因素，难以实现连续出口的高增长，出口产品占比毕竟有限，大幅度带动全行业增长的力度不足。第三，社会库存有待进一步消化。第四，要素成本上升的压力不减以及能源供应紧张状况仍对企业生产组织产生重要影响。

根据目前工程机械行业经济运行态势，在外部环境没有明显变化的前提下，2012 年，工程机械行业将回归平稳发展态势，出口增幅将回落，内销将保持低速增长。根据对能源、原材料、交通、铁路、建筑等行业主要基本建设部门 2012 年发展情况的预测，初步预计 2012 年工程机械行业营业收入将同比增长 12% 左右。出口在 2011 年高速增长基础上将呈现稳定增长态势，预计增长 20% ~30% 。

〔撰稿人：中国工程机械工业协会吕莹〕

2011 年中国工程机械主要设备保有量

截止到2011年年底,我国工程机械主要产品保有量约为504万~547万台。其中液压挖掘机121.2万~131.3万台,73.5kW(100马力)以上推土机7.7万~8.3万台,装载机151.4万~164.1万台,平地机2.8万~3.0万台,摊铺机1.9万~2.1万台,压路机11.8万~12.8万台,轮式起重机21.1万~22.9万台,塔式起重机26.7万~28.9万台,叉车130.2万~141.1万台,混凝土搅拌输送车16.5万~17.9万台,混凝土泵车4.0万~4.3万台,混凝土泵5.9万~6.4万台,混凝土搅拌站3.2万~3.5万台。2002~2011年国内工程机械主要产品销量见表1。2002~2011年工程机械主要产品进出口量统计见表2。2002~2011年国内市场工程机械主要产品实际需求量见表3。2002~2011年国内产品销售额与固定资产投资额比例关系见表4。2002~2011年我国工程机械进出口贸易额见表5。

主要设备保有量自2005年以后,取消了电梯与扶梯,主要原因是可与世界各国统计的范围相一致,更具有可比性。取消了铲运机,因自2000年以来其销售量逐年减少,至2011年仅几十台,与工程机械总量相比可忽略,故未计入。

表1 2002~2011年国内工程机械主要产品销量

年份	挖掘机		装载机		平地机		73.5kW(100马力)以上推土机	
	销量(台)	同比增长(%)	销量(台)	同比增长(%)	销量(台)	同比增长(%)	销量(台)	同比增长(%)
2002	19 710	59.0	43 348	64.5	1 120	58.4	4 798	51.4
2003	33 982	72.4	69 666	60.7	1 727	54.2	6 579	37.0
2004	33 614	-1.1	91 334	31.0	1 788	3.5	5 611	-14.7
2005	33 862	0.7	107 354	17.5	1 754	-1.9	5 096	-9.2
2006	49 625	46.6	129 834	20.9	2 245	28.0	5 925	16.3
2007	71 241	43.5	161 628	24.5	3 893	73.4	7 207	21.6
2008	82 975	16.5	162 335	0.4	4 320	11.0	8 722	21.8
2009	101 559	22.4	149 355	-8.0	3 608	-16.5	8 599	-1.4
2010	179 296	76.5	228 219	52.8	4 531	25.6	13 911	61.8
2011	193 891	8.1	258 901	13.4	5 259	16.1	13 115	-5.7

年份	压路机		摊铺机		轮式起重机		塔式起重机		叉车	
	销量(台)	同比增长(%)	销量(台)	同比增长(%)	销量(台)	同比增长(%)	销量(台)	同比增长(%)	销量(台)	同比增长(%)
2002	8 907	47.7	1 060	135.6	6 426	58.8	9 830	1.0	32 977	28.8
2003	12 308	38.2	1 306	23.2	9 706	51.0	10 486	6.7	40 724	23.5
2004	10 702	-13.0	1 363	4.4	11 645	20.0	8 255	-21.3	51 393	26.2
2005	8 113	-24.2	906	-33.5	11 012	-5.4	12 693	53.8	75 733	47.3
2006	8 740	7.7	1 136	25.4	14 465	31.4	19 422	53.0	97 520	28.8
2007	9 437	8.0	1 347	18.6	20 862	44.2	31 020	59.7	152 415	56.3
2008	10 885	15.3	1 436	6.6	21 419	2.7	27 918	-10.0	168 119	10.3

（续）

年份	压路机		摊铺机		轮式起重机		塔式起重机		叉　车	
	销量（台）	同比增长（%）	销量（台）	同比增长（%）	销量（台）	同比增长（%）	销量（台）	同比增长（%）	销量（台）	同比增长（%）
2009	19 852	82.4	1 678	16.9	28 494	33.0	29 300	5.0	138 908	-17.4
2010	26 281	32.4	3 019	79.9	35 143	23.3	43 400	48.1	232 389	67.3
2011	22 217	-15.5	3 386	12.1	35 455	0.9	53 000	22.1	313 847	35.1

年份	混凝土泵		混凝土搅拌站		混凝土搅拌车		泵　车	
	销量（台）	同比增长（%）	销量（台）	同比增长（%）	销量（台）	同比增长（%）	销量（台）	同比增长（%）
2002	2 426	18.2	533	-3.8	3 708	270.4	389	11.0
2003	2 966	22.2	894	67.7	3 103	-16.3	858	120.6
2004	2 268	-23.5	1 320	-16.4	6 371	87.9	1 027	20.0
2005	2 090	-7.6	723	-45.2	4 060	-36.3	955	-7.0
2006	3 490	67.0	1 975	173.2	5 091	25.4	1 919	100.9
2007	4 238	21.4	3 000	51.9	9 856	93.4	4 271	122.6
2008	4 492	6.0	3 180	6.0	12 352	25.3	4 527	6.0
2009	5 186	15.4	4 949	55.6	23 539	90.6	5 880	29.9
2010	6 959	34.2	5 977	20.8	35 386	50.3	7 964	35.4
2011	10 762	54.6	6 897	15.4	46 370	31.0	12 030	51.1

表2　2002～2011年工程机械主要产品进出口量统计　（单位：台）

年份	分类	挖掘机	装载机	筑路机及平地机	73.5kW（100马力）以上推土机	压路机	摊铺机	叉车	轮式起重机	塔式起重机	混凝土泵	混凝土搅拌车
2002	进口量	2 886	287	46	349	751	271	3 972	340	57	204	5[illegible]1
	出口量	337	942	77	243	813	28	1 106	213	121	251	21
2003	进口量	28 200	441	196	812	886	227	15 394	628	61	1 492	695
	出口量	790	384	68	307	461	29	2 727	172	243	357	230
2004	进口量	18 673	568	74	723	682	229	14 872	706	43	6 914*	418
	出口量	2 874	917	142	642	725	47	9 691	216	359	1 069	136
2005	进口量	18 017	396	118	433	537	115	10 970	301	61	6 070	143
	出口量	3 839	4 130	4 903	1 085	1 457	84	16 407	457	708	692	262
2006	进口量	28 397	469	277	445	696	182	10 722	209	40	3 080	80
	出口量	8 004	9 357	4 388	1 573	2 667	162	26 492	1 484	1 748	1 149	603
2007	进口量	33 789	502	45	640	481	150	11 781	521	43	793	32
	出口量	8 709	23 307	5 078	2 995	5 231	273	48 547	4 645	3 007	1 893	2 677
2008	进口量	34 387	591	32	855	453	190	10 482	41	54	340	1
	出口量	8 653	27 303	6 015	4 492	7 031	584	60 086	6 088	4 265	2 149	3 263
2009	进口量	23 613	736	34	467	393	242	5 601	89	31	290	0
	出口量	3 527	15 388	2 509	2 281	5 577	824	27 397	2 540	1 586	2 677	1 567
2010	进口量	41 766	682	83	446	603	514	9 620	58	59	451	0
	出口量	5 166	24 996	3 125	3 081	9 800	464	46 851	2 505	1 980	2 983	1 884
2011	进口量	31 784	640	50	340	797	573	10 631	49	66	372	1
	出口量	8 474	38 489	5 424	4 150	12 816	804	83 705	3 604	2 295	2 621	2 980

注：海关统计数据口径可能不同。

表3　2002～2011年国内市场工程机械主要产品实际需求量　　（单位：台）

年份	挖掘机	73.5kW（100马力）以上推土机	装载机	摊铺机	叉车	压路机	轮式起重机	塔式起重机	混凝土搅拌车	混凝土拖式泵
2002	22 259	4 904	42 693	1 303	35 843	8 845	6 553	9 766	4 198	2 379
2003	61 392	7 084	69 723	1 504	53 391	12 733	10 162	10 304	3 568	4 101
2004	48 848	5 370	90 985	1 545	56 574	9 847	12 332	7 931	6 061	8 113
2005	48 040	4 444	103 620	937	70 296	7 193	10 856	12 046	3 941	7 468
2006	70 018	4797	120 946	1 156	81 750	6 769	13 190	10 317	4 568	5 421
2007	96 321	4 852	138 823	1 124	115 649	7 082	16 738	28 056	7 211	3 138
2008	108 709	5 085	135 623	1 042	118 515	4 307	15 372	23 707	9 090	2 683
2009	121 645	6 785	134 703	1 096	117 112	14 668	26 043	27 745	21 872	2 799
2010	215 896	11 276	203 905	3 069	195 158	17 084	32 696	41 479	33 502	4 427
2011	217 201	9 305	221 052	3 155	240 773	10 198	31 900	50 771	43 391	8 513
合计	1 010 329	63 902	1 262 073	15 931	1 085 061	98 726	175 842	222 122	137 402	49 042

表4　2002～2011年国内产品销售额与固定资产投资额比例关系

年份	销售收入（不含进出口）（亿元）	同比增长（%）	国内实际使用工程机械金额（亿元）	同比增长（%）	全社会固定资产投资额（亿元）	工程机械使用金额占全社会固定资产投资额比例（%）
2002	773	38.0	938	39.2	43 500	2.16
2003	1 036	34.0	1 304	39.0	55 567	2.35
2004	1 157	11.7	1 386	4.8	70 477	1.97
2005	1 262	9.1	1 291	-6.9	88 604	1.46
2006	1 620	28.4	1 557	20.6	109 998	1.47
2007	2 223	37.2	1 976	26.9	137 324	1.61
2008	2 773	24.7	2 299	16.3	172 828	1.60
2009	3 157	13.8	3 070	33.5	224 599	1.41
2010	4 367	38.2	4 355	41.9	278 122	1.57
2011	5 465	21.8*	5 176	18.6	311 022	1.76

注："*"系可比部分同比增长值。

表5　2002～2011年我国工程机械进出口贸易额

年份	进口		出口		贸易差（进口:出口）
	金额（亿美元）	同比增长（%）	金额（亿美元）	同比增长（%）	
2002	20.63	33.0	7.47	8.4	2.8:1
2003	35.62	74.5	10.50	41.4	3.4:1
2004	36.43	2.3	18.52	76.6	1.97:1
2005	30.64	-15.9	29.40	58.8	1.04:1
2006	39.31	28.3	50.12	70.5	0.78:1
2007	49.41	25.7	86.97	73.5	0.57:1
2008	60.16	21.8	134.22	54.3	0.45:1
2009	51.48	-14.4	77.05	-42.6	0.66:1
2010	83.99	63.2	103.41	34.2	0.81:1
2011	90.45	7.7	159.09	53.8	0.57:1

统计方法说明：

(1)统计的年份。经走访有关施工部门，他们认为政府有关部门规定的工程机械使用期为10年，基本符合目前我国大部分工程机械的实际使用状况。虽有些进口的先进设备，特别是大型设备使用年限超过10年，有的甚至使用了20多年，设备状况仍属正常，但考虑到大部分设备的使用状况，我们在统计中仍以10年为准。

(2)国内实际需求量的统计方法：境内企业当年销售量+同类产品当年进口量-同类产品当年出口量=当年国内市场实际需求量。

(3)将2002~2011年的当年国内实际需求量进行合计后，拟再增加20%即为全国保有量。因为在统计中有以下三个因素：统计数据的不完整；未进入海关统计范围的进口量，如赠送、走私、以零件的名义进口整机等；使用年限有超过10年的。所以需增加20%的量值，但也有的专家认为增加的量值应以30%为宜，所以给出了一个幅度。

(4)混凝土泵车、混凝土搅拌站在海关至今没有单列税号，只能以国内销量进行估算。平地机与筑路机海关统计在同一税则号中，故无法准确统计出平地机的实际进出口量，其保有量为估算值。塔式起重机2011年还有约7万台小型、简易的产品未统计在内。

(5)以上数据因种种原因统计不全，仅供参考，有不妥之处望请指正。

〔撰稿人：中国工程机械工业协会韩学松〕

2011年工程机械行业经济运行分析

一、行业基本概况

“十一五”期间，我国工程机械行业销售收入从2006年的1 620亿元，增加到2010年的4 367亿元，年均增长28.14%，逐年分别增长28.37%、37.22%、24.74%、13.85%、38.22%。从2007年，我国工程机械销售收入超过欧、日、美等国后，2009年销售收入跃居世界首位。我国工程机械行业有11家企业进入国际工程机械行业50强排行榜，有25家企业成为A股、H股上市公司。“十二五”开局第一年，我国工程机械行业从经济总量的高增长期向以结构调整为主题的发展期转变，进一步开拓国际市场，寻找新的经济增长点，是“十二五”行业的发展重点。2009~2011年工程机械行业主要经济指标见表1。

表1　2009~2011年工程机械行业主要经济指标

序号	项 目 名 称	单位	2009年	2010年	2011年
1	固定资产原价	亿元	668	745	866
2	固定资产净值	亿元	485	542	624
3	资产总额	亿元	2 610	3 758	4 900
4	平均资产负债率	%	57.60	58.00	62.00
5	营业收入	亿元	3 157	4 367	5 465
6	利润总额	亿元	237	452	411
7	平均营业收入利润率	%	7.51	10.35	7.52

（续）

序号	项目名称	单位	2009年	2010年	2011年
8	规模以上企业数	家	710	688	675
9	职工总数	万人	33.85	35.60	34.80

注：表中数据是根据本行业主要企业年报统计（统计的规模占全行业的85%～88%）及国家统计局提供的相关信息，经综合分析汇总而得。因此，这些数据是一个近似值，仅供参考。

二、2011年行业经济运行情况分析

1. 主要产品市场销售量冲高回落，走势异常

2011年是我国工程机械行业自改革开放以来销量第三次呈现跌宕起伏的一年。2008年以来，虽然在年度内产品销售量有前高后低的起伏，但基本保持高增长运行态势。但是到2011年第一季度3月销量出现井喷式增长后，从4月开始突然下滑，到7月跌到谷底，甚至有的产品销量低于1月水平，8月以后多数产品销量月环比又呈小幅增长态势。全年主要产品销售量犹如过山车一样，忽高忽低，总体呈下滑走势，打乱了企业的生产计划，企业发展信心受到打击。2011年1～11月8种主要产品月度销售量环比增长情况见表2。

表2　2011年1～11月8种主要产品月度销售量环比增长情况　（单位：%）

产品机型	1月	2月	3月	4月	5月	6月	7月	8月	9月	10月	11月
挖掘机	−19.6	86.4	112.7	−39.1	−47.8	−27.6	−26.0	3.0	13.1	0.3	0.1
装载机	−24.4	15.4	145.3	−28.3	−21.3	−14.8	−16.0	5.0	6.3	−6.2	4.4
叉车	16.7	−10.0	74.9	−14.0	−0.2	−3.1	−5.0	4.1	−3.0	−14.3	7.8
推土机	34.8	−13.2	101.2	−32.9	−26.1	−14.5	−25.5	−7.9	14.7	−8.3	−3.5
平地机	11.3	0.0	160.6	−17.8	−26.3	23.3	−45.4	37.9	−8.5	−10.9	6.9
汽车起重机	−31.2	46.5	117.4	−30.4	−22.4	−26.9	−31.1	10.9	−1.5	−7.0	14.8
压路机	−41.9	10.4	138.1	−1.6	−35.0	−19.5	−31.0	4.2	7.7	−16.9	−5.9
摊铺机	−8.8	71.7	97.6	16.5	−13.4	−24.0	−47.5	−14.6	7.1	−34.3	9.2

从表2看出，8种主要产品中有6种产品3月销售量环比增长超过100%，只有叉车、摊铺机两种产品的销售走势与往年类同。

挖掘机销售从2月开始，环比增长86.31%；3月环比增长又达到112.7%，当月销量达到43 299台。但从4月销量开始一路下滑，到7月跌到谷底，当月销售量只有7 367台，是3月的17%，比1月还减少32.54%。

装载机销售量从2月开始，环比增长15.40%，3月出现井喷，环比增长145.2%，当月销量达39 989台，4月开始一路下滑，到7月跌到最低点，当月销售量只有16 167台，降至与2月相当。

汽车起重机销量从2月开始拉高，环比增长46.5%，3月环比又增长117.4%，当月销量达到6 860台，创月销售量历史新高。但从4月开始，销量同样走出一段快速下滑走势，到7月也降到最低点，当月销量只有1 873台，是3月的27.3%。

推土机、平地机、压路机的销售走势也出现同样情况。8种产品总销售量的走势与上述产品销售量相似，2月环比增长20.33%，3月环比增长110.21%，4～7月环比分别下降27.39%、22.76%、13.09%、14.34%，总销售量由3月的131 435台降至7月的54 865台，这种跌宕起伏的情况历史少见，使许多企业感到茫然。

2. 2011年4月以后，我国工程机械产品市场销量快速走低的原因

我国工程机械产品市场销量，自2008年以来，一直保持高增长态势，其中2009年受国际金融危机影响，销量呈前高后低的走势。2011年3月销量冲高后，4月开始回落，连续下滑走势得不到抑制，

前高后低的走势比2009年更严峻，引起有些企业的不解，来不及调整企业经营发展计划，对今后的市场发展也摸不着规律。有的企业认为，这是工程机械市场由非理性增长回归理性发展的象征。但只要及时认真解读这三年来我国工程机械市场发展的内在因素和驱动力，就不难看出，这是客观经济发展与结构性失衡的表现。市场反应是代表经济发展景气指数与结构性变化的风向标，任何时候，市场冷与热的表现始终是正确的，问题在于如何去不断解读和认识市场的异常变化。因此，强化市场预判，及时调整企业经营方针尤为重要。2011年4月以后，引发市场快速下滑，主要由以下四方面原因造成：

(1)工程机械市场走势与工程建设开工和资金供应周期密切相关。工程机械行业是投资拉动型产业，无论是建设单位或施工单位，每年资金启动计划都在年初开始，同样，工程机械市场走势每年历来都表现为前高后低的发展态势，这已是客观规律，不应感到意外。只不过2011年出现了多种利空因素，加速了前高后低的发展态势，这应该是2011年市场走势意料之中的变化。

(2)4万亿元投资刺激计划，是对我国工程机械行业发展服用的一味激素药。在4万亿元政策性投资中，有3.3万亿元投资与工程机械产品需求直接相关，对工程机械行业发展产生的效应，相当于2009～2010年每年30万亿元全社会固定资产投资的强度，这是造成工程机械市场销量井喷式冲高的重要原因，引发企业产品销售与采购单位的超卖和超买现象。当4万亿元投资效应释放完毕，必然造成部分设备闲置，中间库存加大，产能过剩。这种惯性结果，需要时间来消化。所以4万亿元的政策性投资计划，既能促进工程机械市场火爆，同时又带来副作用，犹如服用了一味激素药。

(3)宏观调控，对工程机械市场需求打压明显。2011年国家在宏观调控政策，对工程机械市场的影响是历史上较严峻的一年。首先是为防止房地产业泡沫蔓延，中央接二连三出台了对房地产业的调控政策，房地产业的投资年增速由30%左右降至2011年底的同比下降3.33%，这就必然导致工程机械产品采购指数的下降。二是宏观调控政策出台后，调整了全国铁路和公路建设计划，铁路建设投资只完成不足40%；公路建设只完成60%；水利建设投资，由于地域之间在水利建设需求和土地出让金等方面的矛盾难以协调，全年计划也无法实现，1～5月我国水利固定资产投资仅完成1 050亿元，距离全年4 000亿元目标相差很远。水电建设，6月以后，国家发改委已核准“十二五”规划14个水电站项目，投资总额3 000亿元左右。但这些项目大部分在2012年以后才能开工，远水解不了近渴。这些与工程机械行业密切相关的产业受宏观调控政策的影响，部分项目缓建、停建加速了工程机械市场的下滑走势。

(4)市场资金面趋紧。国际金融危机爆发以后，各国均采取宽松的金融政策。但是我国反其道而行之，2011年，抑制通胀，保持物价稳定，是国家宏观调控的重点，连续出台组合拳，名为稳健，实为从紧的货币政策，多次提高银行存款准备金率，调低M1货币量，提升存贷款利息，造成企业，特别是中小企业，流动资金紧张，融资成本高，贷款难。同时，金融危机以后，国际金融动荡，贸易战愈演愈烈，经济问题政治化趋势越来越严重，部分国际金融巨头联合起来图谋唱空我国经济，人民币汇率连续出现12个跌停，对冲基金打压我国股市等手段，引发资金外流。这些因素也导致我国制造业采购经理指数(PMI)的下降，对工程机械产品销售的回落起着助推作用。

3. 生产集中度进一步提高，缓解了经济效益下降

我国工程机械重点联系的11个大型企业2011年1～11月经济运行指标主要数据显示，完成的营业收入和利润指标，仍保持较好的增长率，其中利润总额增长率1～11月累计达到16.4%，营业收入增长率达到31.7%，但应收账款和产存品增幅均大

于营业收入和利润增幅。2011 年 11 家重点企业部分财务数据变化情况见表 3。

表 3　2011 年 11 家重点企业部分财务数据变化情况

指标名称	1～3 月累计	1～6 月累计	1～9 月累计	1～11 月累计
	同比增长(%)			
营业收入	60.90	41.42	34.30	31.70
利润总额	93.00	56.66	19.92	16.40
营业税金及附加	135.20	72.24	89.61	45.20
应交增值税	75.70	15.70	25.54	18.40
应收账款	73.19	53.13	48.43	51.20
财务费用	-10.20	37.94	90.00	106.50
其中利息支出	19.20	25.05	106.66	113.50
存货	49.6	67.69	65.36	50.40
其中产存品	62.20	82.09	59.28	35.40

表 3 中统计的 11 家重点企业，2011 年 1～11 月营业收入累计达到 3 419 亿元，占工程机械行业的 70% 以上。虽然从第二季度开始，经济效益指标同比增幅呈下降走势，但全年经济效益指标比 2010 年仍保持较好的增长。其中徐州工程机械集团有限公司、中联重科股份有限公司、三一集团有限公司、广西柳工集团有限公司和厦门厦工机械股份有限公司等 7 家大型企业集团，通过兼并重组、产能扩张、生产集中度进一步提高，经济效益增幅高于行业平均水平。1～11 月 7 家企业合计完成营业收入达到2 670亿元，同比增长 36.61%；利润总额达到 256 亿元，同比增长 27.87%，这两项指标增速都大大高于行业平均水平，也高于 11 家企业的平均水平，大大缓解了整个行业经济效益的下滑。这说明规模经济与经济效益是相互依存的。加速结构调整，鼓励兼并重组，提高生产集中度，对行业发展具有战略性意义。

4. 2011 年工程机械行业经济运行指标分析

2011 年，根据中国工程机械工业协会统计的 185 家企业的经营年报数据，企业数比 2010 年增加 6 家，其中大型企业 68 家，中型企业 106 家，小型企业 11 家。从统计范围看，除电梯产品以外，大中型企业 85% 以上已被统计在内，虽然统计口径与上年略有差异，但基本反映了行业的经济运行情况，各项指标数据具有参考价值。2011 年 185 家主要企业经济指标完成情况见表 4。

表 4　2011 年 185 家主要企业经济指标完成情况　（单位：亿元）

序号	指标名称	2010 年	2011 年	同比增长(%)	备注
1	工业总产值(当年价)	3 066.6	3 929.2	28.13	
	其中：新产品产值	964.3	1 388.8	44.02	比上年提高 15 个百分点
2	工业销售产值(当年价)	2 586.7	3 692.7	42.76	
	其中：出口交货值	160.9	260.2	61.72	增幅比上年提高 29.8 个百分点
3	工业增加值	717.4	772.2	7.64	工业增加值增幅同比下降
4	营业收入	3 248.6	4 316.9	32.88	
5	营业成本	2 614.0	3 368.4	28.86	比上年下降 4 个百分点
6	营业税金及附加	17.1	14.3	-16.37	
7	应交所得税	49.0	41.1	-16.12	税制改革，企业受益
8	本年应交增值税	91.5	96.6	5.57	减免税政策，企业受益
9	管理费用税金	5.0	4.2	-16.00	
10	管理费用支出	132.6	175.6	32.43	
11	营业费用支出	144.5	175.1	21.18	规模效益上升，营业费用占比下降
12	财务费用支出	19.8	42.6	115.15	贷款增加，负债率上升
13	营业利润	333.7	258.5	-22.54	主营业务利润率 6.0%
14	利润总额	350.3	411.2	17.39	平均利润率 9.5%
15	研究与发展费用支出	108.6	148.5	36.74	占营业收入的 3.44%

（续）

序号	指标名称	2010年	2011年	同比增长(%)	备注
	其中新产品开发支出	49.4	68.5	38.66	
16	年末资产合计	3 383.1	4 165.0	23.11	
17	流动资产小计	2 284.9	2 796.4	22.39	
	其中:应收账款净额	511.8	757.6	48.03	新三角债逐步形成
	预付账款	103.5	101.5	-1.93	
	存货	622.6	808.5	29.86	库存增加
	其中产成品	253.0	339.5	34.19	
18	固定资产原价	497.3	646.7	30.04	
19	固定资产净值平均余额	350.2	345.1	-1.46	
20	年末负债合计	1 971.9	2 475.8	25.55	资产负债率59.44%
	其中流动负债	1 470.8	1 876.6	27.59	
21	年末所有者权益	1 326.7	1 587.8	19.68	
22	实收资本	295.6	386.0	30.58	
	其中:国家资本	41.3	59.5	44.07	
	法人资本	98.7	153.6	55.62	社会法人资本注入加快
	民营资本	93.0	87.7	-5.70	
	外商资本	43.2	44.6	3.24	
23	全年能耗标准煤(万t)	49.4	54.7	10.73	
24	全年从业人员(万人)	25.6	28.3	10.55	
25	全年从业人员工资总额	100.2	156.8	56.47	人均增长1 537元
26	全年完成固定资产投资	86.7	100.7	16.15	
27	工业生产钢材收入量(万t)	350.4	362.7	3.51	
	其中进口钢材收入量(万t)	68.8	78.8	14.53	

注:本表中能耗标准煤、钢材收入量、进口钢材收入量有$^1/_3$的企业没有填报,表中数据仅供参考。

从各项经济指标完成情况看,2011年仍然是工程机械行业经济总量增长较快的一年,营业收入同比增长32.88%,但自第二季度开始,市场滑坡不断加剧,影响了全年经济运行质量。

(1)工业销售产值增长42.76%,营业收入只增长32.88%,相差近10个百分点;而在2010年,工业销售产值增长33.37%,营业收入却增长37.10%,比销售产值多3.73个百分点。这说明2011年下半年开始,市场滑坡,低价竞争开始加剧。

(2)税制改革,企业受益,再加上政策性返税,使2011年上交各项税金下降,缓解了部分企业资金链紧张局面。

(3)财务费用与应收账款大幅增加,给企业带来了经营困难;库存增加,有的企业不得不减少生产班次;企业资产负债率有所上升,行业平均资产负债率由上年的58.29%上升到59.44%;平均营业收入利润率由2010年的10.79%下降到9.53%。

(4)三一集团、徐工集团、中联重科等大型企业经营规模快速扩张,规模效益凸显,固定经营成本下降,对行业经营效益拉动作用明显,因此营业成本增长幅度低于营业收入增长幅度。

(5)由于采用进口零部件占比上升,且进口平均价格上升,2011年工业增加值占比由2010年的23.4%下降到19.7%,降幅达3.7个百分点,为近十年来的最低点。因此,提高零部件的国产化率已成为行业发展的关键。

三、2011年主要产品销售量及出口量分析

2011年,年初销售呈井喷式增长,虽然下半年市场一路下滑,但受出口增长的大幅拉动,全年大多数产品销售量仍保持较大幅度增长。其中挖掘装载机、压路机、电扶梯、推土机、混凝土搅拌楼、桩工机械和混凝土拖式泵销量呈下降走势。大中型工程机械销售量占比上升，确保了主要产品销售收入的增长。2011 年主要产品销售量和出口量见表5。

表5　2011 年主要产品销售量及出口量　　（单位：台）

序号	产品名称	销售量			出口量			备注
		2010 年	2011 年	同比增长（%）	2010 年	2011 年	同比增长（%）	
1	塔式起重机	42 360	54 248	28.06	1 980	2 295	15.91	
2	轮式起重机	35 361	35 582	0.62	2 470	3 545	43.52	
3	履带起重机	1 687	1 981	17.43	572	767	34.10	
4	随车起重机	6 657	7 266	9.15	678	598	-11.80	
5	液压挖掘机	165 804	173 712	4.77	5 166	8 474	64.03	
6	挖掘装载机	2 790	2 296	-17.71	56	168	200.00	
7	推土机	13 911	13 094	-5.87	3 081	4 150	34.70	
8	装载机	216 690	246 981	13.98	24 996	38 489	53.98	
9	平地机及筑路机	4 200	5 059	20.45	3 125	5 424	73.57	其中平地机占37%
10	非公路自卸翻斗车	2 160	2 864	32.59	468	710	51.70	
11	压路机	25 581	21 617	-15.50	9 800	12 816	30.76	
12	内燃叉车	180 166	230 642	28.02	27 332	50 420	84.47	
13	电动叉车	52 243	83 205	58.27	19 414	33 145	70.73	
14	仓储堆垛机	27 260	28 260	3.67	292	544	86.30	
15	电梯、扶梯、自动人行道	258 000	234 600	-9.07	37 272	47 575	27.64	
16	混凝土搅拌楼	6 180	5 866	-5.08	124	95	-23.39	
17	混凝土搅拌运输车	35 793	41 698	16.50	1 884	2 980	58.17	
18	混凝土泵车	7 964	10 190	27.95	298	416	39.60	
19	混凝土拖式泵	7 260	7 040	-3.03	2 983	2 621	-12.14	
20	桩工机械	4 326	4 122	-4.72	760	776	2.11	
	其中：旋挖钻机	2 316	2 210	-4.58	85	125	47.06	
21	摊铺机	2 939	3 266	11.13	464	804	73.28	
22	铣刨机	418	444	6.22	11	31	181.82	
23	稳定土拌和设备	285	292	2.46	18	16	-11.11	
24	全断面掘进机	75	98	30.66	2	3	50.00	
25	凿岩钻机	498	564	13.25				
26	凿岩机	101 960	101 050	-0.89	33 098	27 523	-16.84	
27	高空作业车及平台	4 860	4 890	0.62	78	112	43.59	

四、2012 年发展预测

2011 年是我国工程机械行业发展不平凡的一年，可比喻为“过山车”的一年，行业发展由年初的高期望值到年中及以后的茫然。但 2011 年仍然是工程机械行业发展史上业绩辉煌的一年，主要产品销售量和销售收入都有较大幅度增长。但是，市场疲软的趋势并没有改变，反弹乏力。展望2012 年，市场、产品成本、产品结构调整仍然制约着行业发展。2012 年，将是我国工程机械行业由高增长期转向调整发展期的拐点，调整得好，我国工程机械行业将从 2013 年开始，进入一个稳步攀升的发展阶段。

分析 2012 年工程机械市场，主要从以下几方面考虑：

(1)国际市场稳步回升。由于新兴经济体发展中国家的市场拉动,2012年我国工程机械出口市场仍保持较好的增长势头,预计增幅达30%左右,成为我国工程机械发展的一大驱动力。

(2)国内市场,资金面趋紧仍然是制约工程机械市场反弹的重要因素。一是对房地产业的调控政策不放松。二是为防通胀,执行名为稳健实为从紧的货币政策,工程机械采购指数难以恢复。三是"十二五"国家重大基础设施建设规划仍在调整制定中,何时大规模启动,目前还是未知数。

(3)调结构、转方式,短期内难以奏效。

(4)库存消化需要时间,影响新产品投放。

根据上述因素,2012年土石方机械、起重运输机械、压路机及路面机械等产品市场销量都有可能继续呈现下降趋势。

〔撰稿人:茅仲文〕

2011年工程机械产品质量检验情况

一、工程机械行业技术质量综述

2011年是"十二五"规划开局之年,我国工程机械行业充满勃勃生机,在技术、产品开发方面取得丰硕成果,在企业规模、营销服务、品牌建设上获得突破性进展。随着民族品牌的强势崛起,我国工程机械国际地位显著提高,我国正由工程机械制造和消费大国向强国迈进。

按照"十二五"规划的发展战略要求,工程机械行业正在积极推进我国由工程机械制造大国向制造强国转变。我国工程机械行业已初步形成具有国际前沿水平的主机产品、基础技术、功能部件的研发与制造体系,主要产品达到国际平均先进水平,实现了我国工程机械产业由粗放型、模仿型、数量型发展向科技创新、质量型、效益型发展的转变。

2011年,工程机械行业企业加快了自主创新的步伐,大力发展高端装备制造,推进产业结构调整和升级,加大对关键基础件和基础共性技术的研发和投入力度,大力推进工程机械再制造产业的发展。

工程机械行业检测机构加快了检测手段水平的提升和检测技术研究的投入,在整机检测、零部件检测及产品可靠性研究等方面,逐步接近国际水平。

1. 叉车行业

近年来,全球叉车行业迎来了快速发展的黄金时期,经过不断的技术引进和创新,我国叉车产品外观、起升性能、可靠性都有较大幅度的提高。随着整个经济增长机制的转型,随着低碳经济成为全球发展的共同目标,我国叉车行业加快了自主创新步伐,产品整体技术质量水平不断提高,各大企业开始关注混合动力,开始关注再制造,叉车产品向着智能化、高端化、大型化、节能型方向发展。

经过多年的发展,我国的叉车技术和产品质量已经取得长足的进步,其整体技术水平已经接近世界先进水平,并且专利技术越来越多,安徽合力股份有限公司、杭叉集团股份有限公司等企业还拥有世界领先的技术亮点。虽然国内叉车技术获得了进步,但较国外先进技术仍有较大的差距。高科技的迅速发展,自动控制技术、高效智能化技术等新技术已经开始在国外叉车产品上应用,国外叉车产品已经进入高安全性,高舒适性、自动控制和静压传动的时代。我国虽然是叉车制造大国,但还不是制造强国,与发达国家相比产品在制造水平、产品质量等方面仍有明显差距。

(1)技术状况

由于国内叉车行业起步晚、底子薄,前期以引进、吸收国外技术为主,缺少系统性的理论基础及必要的数据支撑,导致在开发设计过程只强调产品性能设计,而对系统匹配、安全舒适性、整机及部件寿命设计和技术经济性等方面缺乏关注。而多数中小生产企业由于产品研发能力、产品试验验证能力不足,产品的定位只是大企业的模仿者,没有自己的特色。虽然大型企业引进国外先进技术,但吸收消化不够,未能及时将国外技术和国内产品恰当融合,形成符合国情的技术体系。在叉车的设计上,我国还是跟在发达国家的后面进行仿制改型,缺乏对叉车内涵的透彻理解,缺乏自主知识产权的核心技术,叉车的创新设计能力薄弱。虽然在产品的外观等方面有了长足的进步,但产品技术质量提升不是很大,再加上产品制作过程中工艺技术落后,没有自己的产品鉴定和批量产品出厂检验,导致产品的质量一直在较低的水平徘徊。

(2)产品设计

加强系列化集成化的设计理念。国外突破固有的设计思维,几乎所有的车型都是基于系列化的设计理念,产品主要系统高度集成。国内的设计人员过于循规守矩,设计产品不够大胆,在产品设计中,只以设计产品的思路而不是以设计用品的思路,对用户的个性化需求考虑较少。关键点在于设计人员的出发点没有放在用户身上,设计前没有进行大量的市场调研,不能够设身处地为车辆的使用者考虑。这样设计的产品很难切入市场,很难提升用户对产品的青睐。设计应加强前瞻性,产品设计必须有良好的前瞻性,设计要综合多方面因素。一方面产品应迎合市场,有卖点,同时应该考虑产品在生产加工环节的便利性,尽量减少加工环节和加工难度,同时也应该考虑产品的维修性能和易保养等性能,最后建立产品的整个周期的设计理念。应随着市场反馈的信息不断改进产品设计。国外企业的每一款新车型从调研开发测试到试用直到形成产品对外销售通常要两年之久,而且产品在市场上的流通阶段,企业或者设计人员会一直跟踪产品的使用情况,不断调整和改进设计力求达到最佳。而我国通常设计完产品后,设计人员的工作任务就结束了,剩下的只是解决一些突发性故障,这是远远不够的。在设计成功后,制造技术和制造理念将伴随产品的一生。制造技术在满足设计要求和成本要求的同时,应更多地关照资源节约。过程控制的细节应保证全过程的一致性,最大限度地减少维修环节,降低使用成本,提高工效。

(3)生产现状

质量是企业的生命,每一个企业的管理者都能够明白其中的道理,国内企业质量意识更多体现为口号和贴在墙上的醒目标语。如果在国外,不会看到任何一个这样的口号或标语,但他们确实是把质量贯穿到整个生产过程,落实到每一名员工的心中。每一个工位段都有一个写字板,企业通过奖励的方式鼓励员工把每天遇到的质量或技术问题写出来,并定期的召开讨论会议,归纳和总结问题,并提出解决方案。由于国外公司坚持全员质量管理,产品质量一直都很稳定。虽然我国实行特种设备制造许可制度,对产品的质量和安全性确实起到了很大的促进作用,但应着重加强对企业制造能力的监督,对产品制造质量与安全的认证,对无证产品的查处,对产品质量的监督抽查。这些举措对于叉车行业的规范性管理和行业有序健康的发展,以及对于企业增强产品安全意识影响深远。

(4)产品质量

近几年,国外知名的叉车制造企业相继在我国建立独资、合资公司,一方面给国产叉车行业增添了强劲的对手,另一方面也带来了先进的管理理念。行业骨干企业不断学习国外先进的管理理论,应用先进的管理办公自动化软件,引进国内外专门的管理、开发、营销人才,再加上现代化生产流水线、加工中心、焊接机器人等生产设备的普遍应用,产品制造的硬件环境得到极大改善,企业的管理水平、生产效率显著提高,产品的品质稳定性、一致性得到充分保障。加强生产控制管理十分重要。国外企业生产控制大多采用电脑中心控制，管理者可以随时通过电脑了解生产领域中各个环节的情况，针对各工位繁忙程度作出及时调整，使整条生产线节奏一致，不会产生相互等待或部分员工无事可做的情况。另外，通过电脑中心控制，可以精确计算每一个工位所需要的时间和每一个工人的工作效率，使整个产品的加工过程完全掌握在管理人员手中，极大程度地提高了人力和设备的利用率。同时，反馈到工位，每工位都有显示屏，工人可以很清楚地了解上一工位和下一个工位的工作进展情况，可以根据这些情况调整自己的工作进程，做到同步性。这些都是我们质量控制继续加强的关键环节。

(5)配套件质量

对发动机、驱动桥、变速箱、液压泵、阀等基础件与专用配套件的研发欠缺，与主机开发脱节，尚未形成与主机同步开发高端优质配套件的研发制造体系，致使关键零部件技术质量水平的落后长期制约了整机技术质量的提升，延迟了整机产品的更新换代速度。零部件的差距主要在可靠性和环保要求上。我国零部件的可靠性大约相当于国外的90% ~95%。由于叉车是一个串联系统，几百个零件串联而成，系统的可靠性就非常低了，大约只是发达国家的60% ~70%。另外，国内配套件厂商固定，例如车桥厂、液压缸厂等主要部件厂占市场份额的90%以上。这些企业并没有形成完全独立的设计能力，导致国内主机产品只能在外观上变形，没有全新的更新设计理念。国产零部件产品仍然普遍存在使用寿命短、早期故障率高、质量不稳定等问题。例如：三菱中国公司想要找一家生产符合自己要求的我国液压缸厂，试用了几家产品都不符合要求，所以液压缸还是全部从日本进口。

国内叉车行业要实现赶超国际先进水平的梦想就应把提高产品技术质量水平作为工作重点，必须充分发挥精密制造装备，完整、正确、统一的技术文件，运行有效的质量保证体系和和谐的企业文化机制等作用，从提高产品研发能力入手，学习运用先进的质量管理理念，完善各过程质量控制手段，加大研发投入，提高发动机、桥箱、液压元件、电器元件等关键零部件的技术质量水平及产品试验检测能力，尤其是应重视关键部件、整机的可靠性研究，在通过试验获得大量科学数据的基础上，不断改进产量设计，提高产品可靠性水平。只有达到上述要求，国产叉车的技术质量水平才能迈上新台阶，极大地缩小与世界先进水平的差距。

2. 观光车行业

随着人民生活的不断改善，休闲度假成为旅游市场的热点。旅游观光车作为人们休闲、观光的代步工具，越来越受到广大游客的喜爱，使用范围越来越广，在目前的社会经济活动中扮演越来越重要的角色。

旅游观光车作为一种特殊车辆产品，已雨后春笋般地出现在旅游风景区、步行街、休闲度假村、疗养院、大学校园、房产开发新区、体育场馆和游乐场等公共场所。虽然与汽车等成熟产品相比，旅游观光车只是电动汽车的初级或过渡产品，但它的优点越来越被广大消费者认可。广大生产企业应加强产品质量控制，打造企业品牌，精心培育市场，观光车行业一定会取得较大的发展。

(1)国内行业技术状况

由于蓄电池观光车技术含量不太大，准入门槛不高，国内市场销量呈上升的发展趋势，预计在今后2 ~3 年中生产企业将发展为200 家左右。技术改进、开发能力、产品质量、服务质量、价格定位都将成为企业面临的关键问题。随着越来越多的企业加入旅游观光车的生产行列，而旅游观光车国内市场容量有限，由此将引发残酷的价格战，整个旅游观光车行业利润将被不断拉薄，直至大量企业无法支撑而倒闭。可见市场竞争环境相对恶劣，实现市场的快速扩张只有推行市场细分化、差别化的发展策略才有可能。

(2)欧美技术状况

欧美观光电动车普遍采用交流电动机，国内有的企业也开始尝试。如果前两年观光车使用交流电动机还是一种趋势，现在则成了定势。交流电动机较直流电动机具有比较明显的优势:性能稳定、维护成本低、触点少、安全性能好、故障率低等。改用交流电动机可以让国内旅游观光车的可靠性提高一个等级。

(3)市场使用状况

现如今,部分旅游观光车厂发现另一部分的市场需求,这种车车身全封闭,金属外壳,采用电动机、蓄电池驱动,多在小县城等交管不严格的地方,用于运营,成为三轮车更新换代产品,以及昂贵轿车和拥挤的公交车较理想的替代品和补充品。由于没有国家目录,这种车只能从狭缝里求生存,或归到旅游观光车一类。它在国内面临非常尴尬的局面,市场潜在需求虽然非常大,但无售后服务网点,经销商自己多备配件,小故障自行解决,遇到大故障时,只好厂家派人上门维修。

旅游观光车进入市场的时间不长,配套体系不很完善,企业不应以追求利益最大化为目的,而应在产品的研制开发方面密切关注产品质量、性能,以现代化的生产设备提高产品的质量,提高产品的配置,打造精品,以优质的产品和售后服务占领市场,赢得信誉。目前,观光车的主要配套件如电控装置、蓄电池、车桥等生产企业不是很多,可选择的空间也不是很大,主机厂与配套企业应联合开发产品以适应不同用户的需要,是推动观光车向高配置、高品质发展的重要路径。

(4)观光车质量状况

目前,该行业产品尚无国家标准,应组织拟定行业的缺口标准,提高行业的准入门槛,尽力引导有序竞争,减少无序竞争;提高行业的生产集中度,提升具有行业的凝聚力,充分掌握技术优势和成本优势,才能立于不败之地。

市场是多元化的,不同的地理区域、不同的人文景观、不同的文化风俗、不同的使用功能,均对车辆的要求有很大的差异。必须根据客户群体的地理区域、文化风俗、实际使用等情况,进行个性化的制作。

(5)观光车配套件质量状况

为提高整车的安全性和可靠性,整车生产厂家对配套件的质量要求越来越高。整个观光车行业在可靠性试验能力上仍存在科技投入少、人员素质低、硬件水平不高等问题;行业龙头企业在产品可靠性试验检测能力上要起到带头引导作用,加强底盘强度可靠性试验、整机性能可靠性试验,并带动一些企业重视产品性能试验。其中,电动机、电控装置、蓄电池、车桥等主要部件的使用寿命较国外短,稳定性差,国产配套件企业应加快生产设备更新、加快技术改造、提升自身的制造能力和制造水平,但关键配套件技术水平和质量的提高是一个缓慢的过程,短期内难以实现实质性的突破。所以,企业应积极采取合资合作方式,加强可靠性分析和试验。循序渐进地推进交流电动机、电控装置等电器元件技术质量水平及使用寿命的提升。国内观光车行业只有提高产品的可靠性,才可以改善企业信誉,增强竞争力,扩大市场份额,从而提高经济效益。

3. 挖掘机行业

2011年,我国挖掘机行业产品质量较2010年有了进一步的提升,现主要挖掘机生产企业有60余家,其中外商独资和合资企业20余家。虽然我国挖掘机行业经过近十年的努力,产品设计制造技术有较大提升,但是制约行业发展的瓶颈问题并没有根本解决。如何切实提高我国挖掘机的研发水平和产品可靠性仍然是全行业面临的现实问题。

(1)行业基本状况

2011年,虽然挖掘机行业产量达19万余台,但受信贷紧缩、投资放缓、房地产宏观调控力度加大以及国内外大宗商品价格不断上涨等不利因素的影响,挖掘机市场销量呈现逐月同比、环比下降态势。另外,行业投资增加,产能不断扩大,但市场需求量增长放缓,关键零部件供应不足,企业成本上升,行业无序竞争等因素也在一定程度上加重了行业运营风险。近年来,国有和民营企业的技术进步和生产经营的快速发展,国产产品的市场占有率已获得较大的提升,打破了国外产品统治我国挖掘机市场的神话,显示我国挖掘机进口替代进程正在加速。但是在国内工程机械市场整体低迷的大环境下，一些企业不顾市场风险仍继续推行非理性的产能扩张，甚至自杀式的管理和销售策略，对行业发展造成巨大风险。

(2)行业配套件状况

国内挖掘机配套件市场还远未成熟，同欧美发达国家相比，无论市场规模、产品档次、品种规格、消费水平等方面都还有相当大的差距。随着挖掘机技术水平、产品质量的提高，应用领域的不断扩展，我国的挖掘机行业对配套件市场的要求也越来越高。到目前为止，虽然国内主机企业已能设计和制造更大吨位的液压挖掘机，但是液压泵与液压马达、回转支承、整体式多路阀门等高端核心配件技术，还包括基础零配件和特殊钢材都掌握在国外企业手中。国内工程机械品牌多采用国外的核心零部件，如柴油发动机多选择康明斯、五十铃、三菱、洋马等，液压件多采用日本川崎、德国力士乐及韩国部分品牌。挖掘机行业是配套件缺失最严重的领域，对外依存度高达42%。这就意味着，我国2011年制造的十几万台挖掘机，近一半的零部件完全依赖进口，其中液压件和发动机又占据了榜首。

尽管在关键配套件方面依赖进口的局面还未打破，但不可否认，我国挖掘机配套件行业正在不断调整、成长和壮大中，我国挖掘机的技术质量水平和国际知名品牌的差距也正在逐步缩小。

(3)质量状况分析

挖掘机的质量问题主要表现在结构件、电控系统、发动机、液压系统，以及销轴、四轮一带等零部件。结构件主要由于设计、制造、加工工艺原因，以及未按要求操作致使动臂、斗杆承受侧向载荷或垂向冲击载荷，造成早期疲劳断裂、撕裂、开焊等。电控系统主要由于匹配性差、电器元件质量不稳定等原因造成失效。因国内大多采用进口发动机，发动机故障大多和保养、使用、油料有关，其他零部件故障一般多和设计、制造、装配有关。挖掘机厂家应考虑与发动机制造商联合开发适用于我国燃油质量的电喷发动机。针对国家对发动机节能、减排的更严要求，国内企业在发动机的技术储备上应提早进行研究。

4. 装载机行业

2011年，装载机行业的发展可谓冰火两重天，上半年装载机产销呈现持续高速增长的态势，产销量均超过2010年水平，行业集中度进一步提高，但产品出口形势依然严峻。到了下半年形势急转直下，由于欧债危机进一步深化，国内宏观调控尤其是房地产限购政策全面展开，市场急剧萎缩，各装载机企业的产销量均出现明显下滑。2011年，国内各主要装载机生产企业充分认识到提升自身的设计制造技术、产品质量、服务的硬实力是企业生存和发展的必要条件，国内企业在技术创新、质量保证能力提升方面投入越来越多的资金和人力资源。同时，各装载机企业的产品多样化、系列化的特点愈加明显，各大骨干企业产品规格从小到大、产品档次高中低端全系列化，同时出现了许多如侧卸、井下装载机、抓木机、除雪机等衍生产品。国产装载机产品技术质量水平与世界(欧、美、日等)先进水平的差距进一步缩小。

(1)产品的开发与设计

装载机行业骨干企业的研发能力在快速提升，研发周期进一步缩短，新产品的研发流程更趋于国际水平，基本型产品的研发定型更加成熟，新产品的推出速度紧跟市场的需求。从先进的开发设计软件的应用到直接聘用国外高级技术专家，我国装载机行业的研发手段和能力正逐渐与世界接轨。但同时也要看到，由于国产装载机行业起步晚、底子薄，行业企业的生存和发展良莠不齐，原国有装载机主导企业以引进、吸收产品的技术为主，简单的模仿，缺少系统性的理论的基础及必要的数据支撑，导致在开发设计过程只强调产品性能设计，而在安全、舒适性、系统匹配、整机及部件寿命设计、技术经济性、零部件的试验、样机的设计验证等方面考虑不足；部分中小型企业产品研发能力、产品试验验证能力较差，造成国产装载机产品(尤其是小型产品)普遍在“出生”时就存在先天不足。

应该看到，国产装载机与以卡特、沃尔沃、小松等为代表的国外企业的产品相比仍存在较大技术差距，但这种差距正在逐渐缩小。激烈的市场竞争以及国家在政策、法规（如2010年颁布的国家强制标准GB 25684土方机械安全系列标准及GB 16710噪声标准等）方面的要求趋严，都极大地推动了装载机行业的技术进步，使得企业更加重视产品的安全性、舒适性、可靠性。尤其是行业内的骨干企业已不再简单克隆、模仿国外产品，自主研发和技术创新能力有了很大提升，比如结构优化的轻量化装载机、节能型装载机、新能源装载机等都是自主创新的结果。

（2）工艺与试验检验

近几年，以柳工、龙工、临工等为代表的一大批行业骨干企业产品的制造工艺水平有了显著进步，加大了对先进制造工艺及大型高精度加工设备的投资力度，如结构件，从整形、下料、焊接、表面处理到涂装制定了先进的工艺技术路线，并有适宜的工装设备保障过程的质量要求。部分企业为了提高薄板件的质量，在预处理上增添了电泳设备，产品的外观质量、防腐能力都有显著提升；在线装配从工位的设置到质量控制点的控制，其工艺技术都在不断地完善和提高。

企业为提高产品质量加大试验检测设备投入，设计开发验证能力、零部件进货检验能力、生产过程检验能力、整机最终出厂检验能力得到很大提升，从而在产品投入市场之前已将存在的质量问题充分暴露并加以改正，同时为产品设计改进积累了大量第一手信息、数据，基本做到了出厂产品质量状况心中有数，根本上改变了以前绝大部分依赖市场反馈产品质量进行改进的状况。但同时也应该看到，整个行业尤其是大批中小企业在产品试验检测能力、质量点的把握上仍存在科技投入少、人员素质低、硬件水平不高等问题，即便是行业龙头企业与国外如卡特、小松等国际知名企业相比，在产品试验检测能力上还存在巨大差距。这在一定程度上影响了国产装载机产品研发能力及质量控制能力的提升。

（3）质量保证

我国装载机行业在走向国际市场的同时，企业管理、产品开发、营销等多方面全方位与国际接轨。尤其近几年，国外知名的装载机制造企业相继在我国建立独资、合资公司，一方面给国产装载机行业增添了强劲的对手，另一方面也带来了先进的管理理念。行业骨干企业不断学习国外先进的管理理论，应用先进的管理办公自动化软件、引进国内外专门的管理、开发、营销人才，再加上现代化生产流水线、加工中心、焊接机器人等生产设备的普遍应用，产品制造的硬件得到了极大改善，企业的管理水平、生产效率显著提高，产品的品质稳定性、一致性得到充分保障。

（4）关键零部件

发动机、驱动桥、变速箱、液压泵、阀、电控部件等装载机关键零部件技术质量不高，长期制约整机技术质量的提升，成为装载机行业追赶国际水平的瓶颈。就目前看，企业开发的满足高端用户和有认证要求的高端产品配套的零部件全部是来自国外知名企业。国家和企业已充分认识到，提升发动机、桥箱、液压件制造技术和工艺水平是当前行业技术质量工作的重点。如以柳工、龙工、临工、厦工为代表的行业骨干企业纷纷通过人才引进、借鉴学习成熟技术、自主创新等多种手段，多途径突破关键工艺技术，建立了自己的桥箱生产基地；柳工、山东常林、山河智能等企业均投入巨资（国家企业共同出资）建立液压件研发、生产基地，研制为工程机械配套的高精度液压元件；潍柴通过引进消化国外技术；推出新一代满足国Ⅱ排放标准的发动机；徐工和韩国斗山发动机建立合资工厂，必将改变我国装载机的动力配套件落后的局面，从而打破国外企业在高端发动机市场的垄断地位。相信在不久的将来，随着装载机关键零部件技术质量水平的提高，国产装载机的整体质量也会迈上新台阶。

5. 推土机行业

（1）产品质量情况

1）可靠性大幅提升。随着配套件市场环境的改善和外协件产品质量的大幅度提高，整机可靠性也随之大幅提高。

2）随着发动机和液压件产品质量的提高，动力系统和液压系统质量明显改善，解决了一直困扰工程机械产品质量的老大难问题，动力系统故障和液压系统故障率之和只占总故障率的23.5%。

3）机械故障占据主导。机械故障主要原因为：国产标准件质量不能充分满足推土机的质量要求，例如国产轴承质量与国外存在较大差距，在运行中较易损坏；材料和热处理工艺水平较低；大功率推土机作业工况差，用户在操作过程中经常超负荷运行；制造过程产品质量控制不到位，产品一致性较差；为满足市场需求，急功近利，有些企业不遵循产品开发的正常规律。

（2）推土机未来趋势

1）小型推土机市场前景看好。除大型工程项目、矿山等需要大中功率推土机外，县乡级公路网建设、小型水利工程改造、环保工程建设势必需要大量的小型推土机（73.6kW以下）；同时，我国已建成的高速公路和高等级公路已逐渐进入维修期，以及随着东部沿海地区经济的发展和人民生活水平的提高，小型推土机将逐步成为人们替代体力劳动的工具，这正是小型推土机的市场所在。与北美、西欧和日本市场相比，我国小型推土机市场无论是销量，还是在推土机销售总量中的占比都有相当大的差距。

2）向大型化、多用途方向发展。大型推土机适应大规模施工作业，生产率高，施工速度快，操纵人员少。虽然投资较高，但总的经济性能良好。

推土机的一机多用是提高作业性能和经济性能的良好途径。国外有的推土机在更换不同工作装置后可实现10余种用途。

3）整机模块化。整机模块化设计是推土机发展的一个重要方向。推土机结构复杂，维修困难，如果制成模块化，可使每个模块单独拆装，单独试验，而且机器任何损坏的部件都可以立即更换，减少了维修拆装工时。

4）电子技术应用。微电子机械系统的发展将为履带式推土机自动化操作创造条件。例如，发动机的实时监控；工作机构自动控制铲刀调平、复位、切土深度和负荷；履带打滑控制、电子监控和故障诊断；微电子技术还有助于推土机实现智能化控制、遥控操作，按照外部条件的变化自动选择最佳参数，实现无人化作业等。

推土机正向大型化、智能化、机电液一体化方向发展。附加新功能的无人驾驶和无线电遥控的推土机可在危险地方作业。随着激光自动调平系统、自动负载控制装置和自动故障诊断报警装置等的不断改进和完善，最终将实现机器人性化，减轻人的体力和脑力劳动，把人从繁重的、危险的劳动中解放出来，并带来显著的经济效益；机器环保化设计，减少污染物排放，与自然相和谐，与社会相和谐，是履带式推土机新的发展动向。

6. 压路机行业

我国压路机市场已经步入一个稳步发展的相对成熟期。这几年国内压路机制造技术突飞猛进，在产品开发过程中成功地导入工业设计技术、整机动态结构分析技术、智能控制技术、虚拟制造技术及虚拟装配技术，提高了压路机在各种条件下的适应能力，推动了国产压实机械的技术发展。

2004年3月底，在德国新慕尼黑展览中心举行的bauma2004展览中，展出了大量新型高频振动压路机。高频振动压路机与传统的光轮压路机相比，输出力与压实速度有显著的提升。为了使压实效果更好、压实效率更高，国外几家知名生产厂家普遍采用超高频振动技术，戴纳派克生产的双钢轮振动压路机CC900G振动频率甚至达到70Hz。国内徐工集团生产的振动压路机的振动频率也能达到67Hz。

在沥青混凝土路面施工中，压实度是评价路面施工质量的主要技术指标之一。日本酒井SW750N复式水平振动压路机的复式振动是靠钢轮的2种振动方式（圆周及轴芯方向）的合成在前后方向呈椭圆形状的振动运动实现的，形成一种钢轮的着地部分呈切线方向的圆周振动，另一种是沿轴芯方向的振动。在两种振动方式的共同作用下，增强了路表，尤其是排水性沥青路面的纹理密度和平整性，SW750N复式水平振动压路机兼顾了垂直振动压路机和轮胎压路机的功能，特别是桥梁和建筑物周围等不能使用垂直振动压路机的地方，更突显它的用途和重要性。

2012年1月1日正式实施的GB 25684系列强制性标准中，涉及压路机行业的是GB 25684.1—2010《土方机械　安全　通用要求》和GB 25684.13—2010《土方机械　安全　压路机的要求》。虽然在产品的配置、参数的选择上国内产品和国外著名的压实机械生产厂家的产品相比毫不逊色，但是在噪声、驾驶室密封性、操纵舒适性和可靠性等方面与国外著名公司的产品相比仍然存在较大的差距。经过半年的压路机的试验情况，压路机制造商尤其应该注意如下问题：

(1)通道装置

通道装置应符合GB/T 17300—2010《土方机械　通道装置》的要求，特别是踏脚、扶手和抓手的合理布置，第一踏脚的高度、梯级高度、足背间隙和足尖间隙要进行合理计算和布置，目前轮胎压路机对平台以及门外把手设计作业要求很高。

(2)司机操作位置检查

对司机操作位置的机械设置。若机器在有害健康的环境作业时，例如污染区(制造商与用户协商)，应在司机室安装防污系统。此条款为人性化条款，企业应在操作手册中进行自我声明。

窗户用作紧急出口时应在上面做相应的标记。当准备操纵机器时，如车门和车窗处于打开位置且已被锁止，此时，车门和车窗不应延伸到机器主要外部尺寸以外。压路机车门一般都开启90°左右，延伸出机器的主要尺寸，在操纵机器时不允许车门开启，这点应在操作手册中予以声明。

若机器安装滚翻保护结构和落物保护结构，应提供符合标准要求的第三方试验报告。

(3)司机的操纵装置和指示装置

司机操纵装置和指示装置涉及安全色时应符合标准要求：正常操作用绿色表示，异常操作用红色表示，黄色介于绿色和红色之间(若适用，黄色也可用于提供更多的详细信息，或用来在显示装置上通知司机方便时采取行动)。制造商采购或自己设计仪表盘时应关注相关标准要求。

(4)稳定性

在司机手册中制造商规定的所有预期的作业条件下，设计和制造带工作装置和/或附属装置和可选装置的土方机械时，生产企业应提供所有预期作业条件下的机器稳定性计算。

(5)噪声

根据GB 25684要求，压路机噪声测试方法将完全摒弃现行压路机性能试验方法标准中关于测点分布在机器两侧平面，测取瞬时最大声压级的规定，将和国际接轨，采用新的噪声测试方法和限值计算，采用半球面的测试区域，测取某一时间段内的等效连续声压级，进而根据半球面尺寸计算等效连续声功率级，而压路机也将定置于测试球面中心，以最大压实功率工况运转，测试其司机耳边噪声(声压级)和机外辐射噪声(声功率级)。同时，噪声限值的规定也有很大的变化，司机耳边的噪声限值将以动态测试工况为依据，将压路机(振动、振荡)司机耳边噪声限值统一降为90dB。目前国内压路机噪声都在限值附近，特别是对不带司机室的压路机司机耳边噪声，应采取合理的降噪措施。

(6)电气和电子系统

蓄电池断开开关必须采用机械式的断电装置，并粘贴标志进行说明。

(7)防火检查

质量大于1 500kg的机器应具备一个用于存放灭火器的空间，应在灭火器的存放位置处做出标识，且司机易于接近。如果没有存放灭火器的空间，应内置一个允许司机安全逃离机器的灭火系统。

(8)使用信息

使用信息主要包括司机手册包含的信息和铭

牌信息，司机手册内容应符合 GB 25622—2010《土方机械、司机手册、内容和格式的要求》，铭牌应该有以下信息：制造商的名称、系列或类型的名称、序列号、制造年度和工作质量。

压路机制造商应重视 GB 25684 安全标准，尽快了解和掌握标准的具体内容，通过分析和检验，确定本企业主导产品的性能与标准要求的差距，及早做出应对方案和改进措施。

2011 年，在国内压路机市场，振动压路机占据主导地位，光轮压路机依然占有很高的市场份额。在这一年中，国家工程机械质量监督检验中心土方与路面机械第二检验研究所（以下简称二所）共检验压路机 19 台，其中光轮压路机 3 台，都存在故障，故障总次数 8 次，但都是轻微故障；振动压路机 15 台，其中 11 台出现故障，故障总次数 18 次，其中轻微故障 9 次，一般故障 9 次；轮胎压路机 1 台，故障次数 1 次，为一般故障。国内压路机可靠性指标普遍偏低的现象已存在多年，用户反映也很强烈。企业忽视对产品可靠性试验验证，是造成产品早期故障率高，给用户和企业自身带来了较大经济损失的主要原因。可靠性指标偏低一直是制约我国压路机整体水平提高的关键因素，提高产品的可靠性指标不仅可以提高产品质量，而且可以在客户心中树立良好的企业形象，在行业内提升自身的地位，从而提高企业的经济效益。

7. 工程起重机行业

工程起重机主要包括汽车起重机、轮胎起重机、履带起重机、全地面起重机和随车起重机等，由于产品具备机动、灵活、作业半径大等特点，广泛应用于野外起重、抢险、仓库、车站、码头及狭窄工地作业等。我国工程起重机行业经过风风雨雨 20 多年的发展，取得了长足的进步，目前生产工程起重机的主要企业约 30 家。其表企业主要有：徐州重型机械有限公司、长沙中联重工科技发展股份有限公司工程起重机分公司、四川长江工程起重机有限责任公司、北起多田野（北京）起重机有限公司、安徽柳工起重机有限公司、马尼托瓦克东岳重工有限公司、泰安工程机械总厂及三一汽车起重机械有限公司等。工程起重机的发展从早期的 8t、12t、16t、32t 等中小吨位，到目前已拥有 500t、1 000t、1 200t 工程起重机。生产履带起重机代表企业主要有：徐州重型机械有限公司、长沙中联重工科技发展股份有限公司工程起重机分公司、抚顺挖掘机制造有限责任公司，以及新崛起的上海三一科技有限公司、安徽柳工起重机有限公司和福田雷沃国际重工股份有限公司等。履带式起重机的发展从早期的 25t、40t、50t 等中小吨产品，到目前已经能生产 150t、160t、200t、250t、300t、350t、400t、450t、600t、900t、1 000t、1 250t、2 000t、3 200t、3 600t 履带起重机。目前，上海三一科技自主研发制造的 SCC86000TM 3 600t履带式起重机是全球最大的履带式起重机产品。

近两年，我国随车起重机行业呈现快速发展的势头，产销增长速度一直在 20% 以上。主要代表企业有：徐州徐工随车起重机有限公司、石家庄煤矿机械有限责任公司、牡丹江专用汽车制造有限公司、湖南中联重科专用车有限责任公司及长治清华机械厂等，新崛起的沈阳广成重工有限公司等企业发展势头良好。目前、国内随车起重机行业产品规格系列比较齐全，产品系列有：2t、3. 2t、5t、6. 3t、8t、12t、16t、25t 等产品。随着国家基础建设规模的不断扩大及物流业的高速发展，随车起重机行业将对我国经济建设的贡献越来越大。

随着国家城镇化建设的突飞猛进，小型轮胎起重机市场需求旺盛。这里主要是指在自制底盘或农用车底盘上改装的轮胎起重机。代表性企业如：济宁市鲁星工程机械有限责任公司、山东大禹建工机械有限公司等，规格型号一般在 3t、4t、5t 和 8t 以下。2011 年小型轮胎起重机产品销量在 3 000 台左右。

整个工程起重机行业经过近几年对国外先进技术的消化吸收和市场经济的锤炼，产品结构不断优化，经济和社会效益显著提高。汽车起重机向智能化、大型化发展，全地面起重机和履带起重机朝着高附加值、特大型发展，随车起重机向中大吨位渗透。目前，拥有自主知识产权的全地面起重机已实现大批量生产。

近年来，国内工程起重机行业迎来了快速发展的黄金时期，经过不断的技术引进和创新，产品外观质量、起重性能、可靠性都有较大幅度的提高。我国工程起重机操纵系统实现了由机械操纵系统向液控先导控制系统的转变，使整机具有良好的微动性和作业精度，降低了操作者的操作难度，减轻了操作者的劳动强度。液压系统普遍采用恒功率变量系统，作业效率大大提高。国内大吨位汽车起重机电气系统广泛采用电比例控制器和 PLC 集成式可编程计算机系统，并与常规电器相结合，实现了系统的逻辑控制与电比例控制，实现了起重机的自动控制，起重机的操作变得更加简单方便，大大提高了汽车起重机的可靠性和作业效率。我国在大吨位工程起重机上已开始应用数据总线技术，大大提高了数据传输精度。工程起重机普遍安装安全装置，安全性大大提高。骨干企业已掌握了单缸插销式全自动伸缩臂等大吨位工程起重机的核心技术，奠定了坚实的市场基础。与此同时，大吨位工程起重机的其他核心技术如“U”形臂的成形技术、多桥底盘技术、配重自装卸技术等，正逐步被国内企业所掌握。这些先进技术推动了国内工程起重机产品的技术进步。

(1)技术状况情况

近年来，国内工程起重机行业发展迅猛，经过不断地技术引进和技术创新，工程起重机产品的技术和质量水平明显提升，产品外观质量、起重性能、可靠性都有较大幅度的提高。新产品特别是大吨位、新技术、结构新颖的工程起重机产品不断推向市场，令国际同行叹服其发展速度之快。

1)注重造型设计，突出企业特色。徐重在行业内率先推出的现代流线型风格的全头驾驶室、全覆盖走台板、大圆弧操纵室和下悬板式圆弧配重的 K 系列汽车起重机，在用户心中树立了徐工特色，中联重科和三一重工外形设计既厚重气派，又不失国际流行的豪华时尚、丰满圆润的流线造型，车体内部精心设计的各个机构，悉心挑选的配置，大至整车控制系统，小至电动开关，更是随处可见高科技与操作舒适性、安全性的完美组合。

2)整体布置方面。①采用自行研制或国外著名公司的具有先进性能的起重机专用底盘。全地面起重机底盘采用油气悬挂系统，提高了在不同路面的行驶性能和通过能力。②下车采用现代流线型风格的低置式全头驾驶室，全金属焊接结构。多年来半头车因总体布置的方便性及价格因素一直被广泛采用。但近年来随着物质条件的改善，人们生活质量的提高，操作方便、舒适、可靠逐渐成为用户关注的焦点，中大吨位全地面起重机向全头驾驶室方向发展。

3)结构方面。“U”形吊臂的成形技术、多桥底盘技术、配重自装卸技术、单缸插销式全自动伸缩臂机构、履带起重机的超起装置、履带架和吊臂自拆装装置等技术，已广泛应用于中、大吨位工程起重机，先进技术的运用为推动国内工程起重机产品的技术进步，为我国大吨位工程起重机抢占国内外市场奠定了基础。

4)控制系统。目前大、中吨位的工程起重机的上车作业操作控制方式，较多地采用先导比例控制装置。通过先导比例手柄实现比例输出和多种复合动作的无级调速，具有很好的微调性能，并可减小操作力及操作行程，大大降低了操作人员的劳动强度，有效地提高了工程起重机作业的安全性、可靠性和作业效率。

5)安全装置。目前工程起重机一般均配有完善的安全保护装置，如全屏幕液晶显示力矩限制器、高度限位器、防臂架后倾翻装置、钢丝绳过卷和过放报警装置和水平仪等安全装置，有效地保证了工程起重机的正确使用，预防了操作失误或其他非正常使用引发的灾害，极大地提高了使用安全性。

6)人机对话功能。目前大吨位工程起重机上车操作室多采用大屏幕彩屏显示更多信息，包括各工况下的吊装状态参数、机构工作参数、故障诊断、报警提示，并具有吊装工况选择与模拟演示等人机对话功能，使操作者使用起来十分方便。

7)摄像监控系统。目前大吨位工程起重机尤其是大吨位履带起重机较多地采用摄像监控装置，在操作室放置监视器进行实时监控。如：对卷扬机构、回转机构尾部等主要机构进行实时监控，提高了操作的安全性。

(2)质量状况

近几年，为适应市场需求，国产工程起重机企业通过对厂房、设备、生产条件进行改造和改进，企业的生产能力和设计制造技术水平不断攀升，国产工程起重机质量不断提高，使用户享受到质优价廉产品的实惠。但产品的质量还未能达到欧、美、日本等国工程起重机的产品质量水平，目前我国工程起重机与国外工程起重机相比主要差距体现在：

1)性能差距。由于起步较晚，国产品牌的工程起重机的性能与国外产品尚有差距，应加快一些专利技术的研制和应用，坚持国际化配套，更快地提升产品的质量和性能。

2)国内工程起重机的外观涂装质量。主要覆盖件的平整度、主要结构件的焊缝质量与国外名牌产品相比有一定的差距。表现为制造装配技术水平不高，焊缝外表粗糙不整齐，涂装质量不过关，油漆附着力及抗腐蚀性差等。

3)可靠性和质量稳定性上差距主要表现是：液压系统的渗漏、电器元件易老化、接触不良、控制失灵等。国产工程起重机可靠性与国外产品的最大差距是：故障率高、可靠性差，主要是松、脱、掉、三漏、电气系统不可靠等小故障较多。

主要原因：①国产配套件质量不过关。目前，国产工程起重机有60%以上的配套件需零部件专业厂提供，任何一个配套件的质量问题，都会对整机可靠性产生影响。国内生产的主要零部件的使用寿命与国外差距较大。在三包期内经常出现的故障有：油封损坏，油管破裂，液压阀卡死，液压缸漏油，液压泵串油，滤油器堵塞，压力表、速度表等仪表指示失准，电瓶短路，起升机构制动器打不开，吊重时变幅液压缸、伸缩液压缸、支腿液压缸自动回缩故障等，严重影响整机质量和企业声誉。②控制手段不全，责任意识不强，质保体系不能有效发挥作用。③观念落后、服务意识淡薄，不能直接面对用户，不能完全进入市场。

提高产品质量的建议：①主机厂向规模化、生产自动化转变，配套件实现国际化采购。面对我国工程起重机行业目前竞争愈来愈剧烈，新的生产企业不断增加，市场变幻莫测，主机企业应坚持强强联合，整合技术、资源；逐步实现规模化，生产自动化，不断提升工程起重机产品的整体品质。目前，生产中大吨位工程起重机的企业数量偏少且年产量低，实现国际化采购配套件能更好地提高产品性能和产品质量。②国产配套件企业应加快生产设备更新、加快技术改造，提升自身的制造能力。目前，我国超大型工程起重机无论是板材还是管材都需要进口。这就加大了企业生产成本，限制了生产能力的大幅提升。但是关键配套件的国产化是一个缓慢的过程，短期内无法实现实质性的突破。所以，企业应积极采取合资合作方式，循序渐进地推进我国关键配套件技术的提升。关键配套件技术水平决定了起重机行业在国际市场的地位。目前，我国工程起重机的核心零部件仍受外国限制，国产零部件附加值低，具有自主知识产权的产品比重小，缺乏国际竞争力。只有加大核心零部件的技术创新研发力度，提高零部件加工精度和光洁度，严格装配工艺规范，加强责任意识和质量意识教育，才能在国际市场占有率上实现突破。

(3)我国工程起重机发展趋势分析

1)国产全地面起重机在技术方面将向大型甚至超大型领域发展。众所周知，在工程机械行业，技术复杂系数最高、难度最大的当属全地面起重机，该机每跃升一个台阶，设计难度就会增加数倍。全地面起重机在国外已有30多年的发展历史，由于它综合了汽车起重机的快速转移和越野轮胎式起重机的越野与负载行驶等主要特点，具有高技术、高性能和多用途等优势。20世纪90年代后期，全地面起重机在欧洲市场的销量已占全球销量的

80%以上，成为备受欧洲用户欢迎的主流产品，代表着工程起重机的未来发展趋势。虽然全地面起重机与汽车起重机相比，具有不可比拟的优势，但是由于其较高的市场售价，一直未能在我国普及。但自2002年徐工重型推出我国第一台拥有自主知识产权的25t全地面起重机开始，经过多年的技术攻关，徐工重点解决了多节吊臂、单缸插销伸缩臂技术和底盘多桥转向等百余项难题；拥有全地面起重机核心授权专利近百项，形成50～1 200t的完整型谱，成功掌握了全地面起重机的核心技术与产业化生产能力。与此同时，中联重科、三一重工等企业也纷纷推出全路面起重机，而且研制吨位也开始向大型化发展。国产全地面起重机经过短短几年的发展，进步迅速，缩小了同国际先进水平的差距，大大增强了与国外企业同台竞技的实力，具有良好的发展前景。

目前，国内工程起重机行业已能生产1 200吨级超大型全地面起重机，并且产品性能已经到达国外的先进水平。由于大型工程起重机的市场空间仍然较大，市场需求不断攀升，2011年，行业企业紧抓机遇，不断提高大型工程起重机的技术水平和质量品质，继续提升大型工程起重机的生产实力，通过大型化的发展模式，带动一个企业、整个行业的实力升级。

2）履带式起重机的发展蕴含着巨大的潜力。随着风电、核电等新能源项目建设的快速推进，履带式起重机得到了前所未有的发展机遇。尤其是我国自主研发的3 000吨级履带式起重机的诞生，不仅使我国彻底摆脱了该类型产品完全依赖进口的局面，大大增强了我国超大吨位产品的市场竞争力，同时，也从实质上提升了"中国制造"在全球范围内的认可度。但是，相较于国外的成熟市场，我国履带式起重机市场仍处于发展初期。目前，国外履带式起重机在移动起重机中占比一般为8%～10%，日本已经达到15%。而我国履带式起重机销量最好的2008年，这一占比尚不足6%。可见，我国履带式起重机的发展还蕴含着巨大的潜力。

3）核心零部件的质量已经成为困扰工程起重机行业做大做强的致命瓶颈。目前，我国超大型工程起重机无论是板材、管材还是关键配套件都需要进口，这就加大了企业的生产成本，限制了生产能力的扩展。但是关键配套件的国产化是一个缓慢的过程，短期内无法实现实质性的突破。所以，企业应积极采取合资合作方式，循序渐进地推进我国关键零部件质量的提升。

二、工程机械试验检验情况

工程机械产品试验不仅仅是创新研发的最基本手段，我国进入WTO以后，国际上由技术壁垒取代了限制性关税壁垒，进出口产品是否符合国际标准，需要大量的试验数据为依据。几十年来，以国家工程机械质量监督检验中心、国家建筑城建机械质量监督检验中心为代表的第三方检测机构，为我国工程机械行业产能发展和技术进步做出了巨大贡献。

试验检验作为验证产品水平的重要技术手段，在政府推行特种设备、3C认证、汽车产品《公告》等质量、安全监督管理的过程中，发挥着非常重要的作用。试验检验的类型多种多样，目前国家工程机械质量监督检验中心开展的检验类型有型式试验、强制性项目检验、特种设备制造许可试验、"3C"认证检验、产品质量抽查、质量鉴定、仲裁检验与司法鉴定、CE/e-mark/tost认证检验、零部件试验、科技成果国家级鉴定检测、国内外产品的比对分析试验、标准验证试验、军民用产品的招标试验、委托性试验等。2011年，完成各类试验检验项目5 458项。其中特种设备制造许可检验和鉴定评审、"CE"认证、CQC标志认证是工程机械行业比较特殊的检验工作，除了对产品的质量控制以外，还对制造资质、环境、质量体系等也提出了具体要求。

1. 特种设备制造许可检验和鉴定评审

自特种设备行政许可制度实施以来，有效地规范了行业企业的生产经营活动，产品安全质量水平不断提升，年事故率不断下降。随着许可制度的不断深入,近年来获证企业的数量保持在一定规模,新申请企业数量逐步减少,新产品的开发推进步伐也趋于平稳。

2011年,国家工程机械质量监督检验中心(简称工程机械质检中心)在质检总局特种设备安全监察局(简称"特设局")核准的范围内共完成特种设备境内外检验300余台,特种设备制造条件鉴定评审近百家企业,其中包括3 200t履带式起重机等超大型特种设备。检验范围覆盖了国内20多个省、市产品,以及日、美、德等国产品。

为了更好地促进特种设备行政许可制度的实施,工程机械质检中心积极配合特设局对《起重机械制造许可规则》、《起重机械型式试验规则》和《场(厂)内专用机动车辆型式试验规则》等法律法规进行制修订。

2."CE"认证

为了加强对工程机械行业的服务力度,帮助行业主机厂产品进入欧盟走向世界,2009年,工程机械质检中心与欧洲认证组织有限公司(ECO)及其中国分支洛阳意中技术咨询有限公司(以下简称ECO意中公司)合作,双方开展CE认证合作业务,工程机械质检中心也正式成为欧盟官方认可的CE认证签约实验室。合作双方为我国企业获得CE认证和欧盟CE认证提供法规咨询、产品检测和产品认证一条龙服务,使我国工程机械和车辆产品能够更加便捷地通过CE认证并快速进入欧盟市场,进一步推动我国工程机械产品出口事业的发展。合作至2012年,经过3年多CE认证业务的开展,国家工程机械质量监督检验中心与ECO意中公司合作完成了269个型号产品的CE认证检验,并于2012年在起重机领域颁发了首张CE认证证书。

3."CQC标志"认证

2004年,部分土方机械产品(如装载机、挖掘机、挖掘装载机等)纳入我国特种设备的管理,2010年2月以后,由于我国法律法规的变化,对特种设备目录进行了调整,土方机械产品不再列入特种设备管理。近几年,土方机械产品未进行国家产品质量抽查,监管力度和措施有所下降。

2011年初,中国工程机械工业协会、中国质量认证中心和工程机械质检中心3家机构联合开展产品认证业务,决定在土方机械行业开展自愿性认证。认证范围涉及挖掘机、推土机、平地机、压路机、吊管机、回填压实机、铲运机、水平定向钻机、自卸车、装载机、挖掘装载机、特殊土方机械12大类土方机械产品。土方机械产品认证以加施CQC标志的方式表明产品符合相关的质量、安全、性能等认证要求。按照国际惯例,其认证模式采用型式试验+初始工厂审查+获证后一致性监督的模式。CQC标志认证重点关注安全、性能等直接反映产品质量和影响人身和财产安全的指标,旨在维护广大客户利益,促进提高产品质量,增强国内企业的国际竞争力。

通过半年多的策划和市场调研,3家机构联合编制了《土方机械实施规则》,土方机械的监管由政府监管转为协会监管(市场监管),从此土方机械的发展开启了新的篇章。

2011年8月4日,中国工程机械工业协会、中国质量认证中心和工程机械质检中心在北京举行中国土方机械"CQC"标志认证新闻发布会。

在中国土方机械"CQC"标志认证启动会上,柳工、山推、龙工、日立、徐工、三一、玉柴7家国内外龙头企业成为首批获证企业,产品涉及推土机、挖掘机、装载机、压路机等。

通过近一年CQC标志认证业务的开展,截至2012年8月,共有23家生产企业进行了CQC标志认证申请,其中已发证企业11家(柳工、山推、龙工、日立、徐工、三一、玉柴、福田雷沃、雷沃青岛、山工、成工),发出证书23张。目前还有11家企业(卡特、柳工广西、柳州柳工、天津柳工、江苏柳工、临工、竹内、久保田、宇通、通力、同力)的42个申请单元正在认证受理中。

同时,工程机械质检中心于2012年10月将与CQC洽谈叉车与观光车标志认证事宜,为企业提供增值服务和获证途径,提升叉车及观光车行业的综合竞争力。

机械质检中心计划在2012年行业网会上对CQC标志认证这项新生业务进行全方位的宣贯，旨在推动更多的企业进行认证，规范市场，提高产品质量。

三、典型工程机械产品可靠性情况

产品的可靠性是目前评价工程机械产品质量最重要的依据之一，2012年，工程机械质检中心根据典型工程机械挖掘机、装载机、叉车、压路机、起重举升类专用车的可靠性统计情况，按照故障类别、故障模式、故障所属系统等进行统计，加以分析，提出相关建议，希望对行业产品的可靠性提高有所帮助。

1. 挖掘机产品可靠性试验数据统计与分析

按故障模式统计结果见表1。按故障所属系统统计结果见表2。按液压系统故障分类统计结果见表3。

表1　按故障模式统计结果

统计年份:2011年　　　　故障次数:90次

故障模式	故障次数(次)	占总故障次数的比例(%)
泄漏性故障	10	11.1
堵塞性故障	5	5.6
松脱性故障	35	38.9
断裂性故障	0	0
损伤性故障	40	44.4
失调性故障	0	0
退化性故障	0	0
其他	0	0

表2　按故障所属系统统计结果

统计年份:2011年　　　　故障次数:90次

故障所属系统	故障次数(次)	占总故障次数的比例(%)
发动机	6	6.7
传动系统	1	1.1
转向系统	0	0
制动系统	0	0
行驶系统	5	5.6
电气系统	19	21.1
液压系统	23	25.6
工作装置	5	5.6
其他	31	24.3

表3　按液压系统故障分类统计结果

统计年份:2011年　　　　故障次数:23次

故障所属液压系统	故障次数(次)	占总故障次数的比例(%)
泵	1	4.3
阀	8	34.8
马达	3	13.1
液压缸	5	21.7
油管、管接头	3	13.1
密封件	3	13.1

数据分析：通过对2011年58台挖掘机新产品型式试验中发生的90次故障情况的统计表明：试验中未发生致命故障和严重故障，一般故障占总故障次数的22.2%，轻微故障占总故障次数的事77.8%。

按故障模式统计：泄漏性故障占11.1%、堵塞性故障5.6%、松脱性故障38.9%、损伤性故障44.4%。

按故障所属系统统计：发动机占6.7%、传动系统1.1%、行驶系统5.6%、电气系统21.1%、液压系统25.6%、工作装置5.6%、其他24.3%；

另外，液压系统中出故障较多的是阀、液压缸、马达、油管、管接头、密封件，分别占液压系统总故障次数的34.8%、21.7%、13.1%、13.1%、13.1%。

产品质量是在产品具有一致性的前提下通过可靠性和寿命指标来评价的。但是我国企业往往盲目地追求可靠性而忽略产品的一致性。特别是近几年国内挖掘机企业由于一味地保产量，忽视生产中的质量管理以及生产制造工艺的一致性。而要确保制造工艺的一致性又必须具备精密的制造装备，完整、正确、统一的技术文件，运行有效的质量保证体系，一支训练有素的团队以及和谐的企业文化等，而要具备这些方面并非一朝一夕之事，需要企业结合自身实际，根据市场反馈等信息不断的改进和提高。

国家质量监督检验检疫总局和国家标准化管理委员会于2009年12月23日发布了GB 25684.1—2010《土方机械　安全　第1部分：通用要求》和GB 25684.5—2010《土方机械　安全　第5部分：液压挖掘机的要求》，并于2012年1月1日起实施。该标准系分别修改采用ISO

20474.1:2008 和 ISO 20474.5:2008 标准,其发布、实施主要针对挖掘机的安全要求。其他现行产品标准 GB/T 9139—2008《液压挖掘机　技术条件》和 GB/T 7586—2008《液压挖掘机　试验方法》等主要覆盖挖掘机的基本参数及性能要求、试验方法。目前,国内各挖掘机企业大部分都在推荐性国家产品标准的基础上制定了相应的企业标准。虽然 GB/T 7586—2008《液压挖掘机　试验方法》规定了工业性试验,明确挖掘机应在作业场地全面考核工作的可靠性、主要零件的耐磨性、性能指标的稳定性、操作的舒适性以及生产率和油耗等经济指标,但 GB/T 9139—2008《液压挖掘机　技术条件》未对可靠性、主要零件的耐磨性、性能指标的稳定性以及生产率和油耗等经济指标进行明确规定。因此,生产企业制定的企业标准或明示的质量要求(使用说明书、司机手册、标牌等)也基本未规定可靠性和经济指标。

近几年,企业对于标准的研究不断深入,但在标准技术研究的资源配置上还未做到科学、合理、有效。标准本身也有缺陷,也在不停地修订。因此,凡是具有一定技术实力和经济实力的企业,首先应当对企业标准的制定和研究进行大量投入,同时积极参加国家标准的制定和实施,踊跃加入 TC/127 组织,积极参与 ISO 标准的制修订工作。跟踪挖掘机国际标准的最新发展动向,企业近期的主要工作还是要将 ISO 20474 的安全准则融会贯通到产品设计的方方面面,针对设计的每一个环节、每一个系统、每一个零部件、每一种功能、每一个性能指标、废弃物的减排以及零部件的回收和再利用做到精细化。在生产制造上企业应当在满足设计要求和成本要求前提下,更多地关照资源节约,落实和完善过程控制的每一个细节,保证生产制造工艺的一致性,从而最大限度地减少维修环节,降低使用成本,提高工效。对于挖掘机的使用和作业也要针对市场的需求配置满足更多需求的多功能工作装置、附属装置、无人驾驶装置,从而适应不同的高、精、险的作业要求。

国际上,各厂商在人机环境安全、发动机、结构件、控制系统、液压系统、再制造等方面不断提高研发水平,使得液压挖掘机拥有更舒适安全的操作环境、更快的操作速度和更低的油耗、更高的生产率、更长的工作时间、更极端的环境适应性以及更简单经济的维护保养。国内企业必须更加重视跟踪和掌握世界挖掘机发展的最新技术信息动态,以标准为依托,以市场需求为导向,重视技术性能、可靠性、安全、环保及维修保养的简约化设计,重视自主知识产权的保护,不断提高企业的产品设计、制造和质量水平。

2. 装载机产品可靠性试验数据统计与分析

装载机的可靠性是决定产品质量的重要因素。国产装载机行业经过近几年的努力,产品质量尤其是可靠性水平有了显著提升,但与国外同类产品比较,国产装载机产品仍然存在使用寿命短、早期故障率高、配套件质量不稳定等问题。以下通过对近几年装载机可靠性试验数据的统计分析,阐明装载机行业整体可靠性水平现状,以期对行业产品的可靠性提高有所帮助。

①按平均无故障间隔时间统计结果见表 4。

表 4　按平均无故障间隔时间统计结果

年份	样本数量(台)	标准要求(MTBF)(h)	MTBF 平均值(h)
2008	55	≥100	449.6
2009	104	≥100	441.7
2010	47	≥100	453.2
2011	16	≥100	388.42

②2008 年按故障类别统计结果见表 5。2009 年按故障类别统计结果见表 6。2010 年按故障类别统计结果见表 7。2011 年按故障类别统计结果见表 8。

表 5　2008 年按故障类别统计结果

统计年份:2008 年　　样本数量:55 台

故障类别	总故障次数(次)	故障次数(次)	占总故障次数的比例(%)
致命故障	230	—	—
严重故障		—	—
一般故障		159	69.13
轻微故障		71	38.87

表6　2009年按故障类别统计结果

统计年份:2009年　　　　样本数量:104台

故障类别	总故障次数(次)	故障次数(次)	占总故障次数的比例(%)
致命故障	371	—	—
严重故障		—	—
一般故障		281	75.74
轻微故障		90	24.26

表7　2010年按故障类别统计结果

统计年份:2010年　　　　样本数量:47台

故障类别	总故障次数(次)	故障次数(次)	占总故障次数的比例(%)
致命故障	124	—	—
严重故障		—	—
一般故障		104	83.87
轻微故障		20	16.13

表8　2011年按故障类别统计结果

统计年份:2011年　　　　样本数量:17台

故障类别	总故障次数(次)	故障次数(次)	占总故障次数的比例(%)
致命故障	72	—	—
严重故障		—	—
一般故障		43	59.72
轻微故障		29	40.28

③2008年按故障模式统计结果见表9。2009年按故障模式统计结果见表10。2010年按故障模式统计结果见表11。2011年按故障模式统计结果见12。

表9　2008年按故障模式统计结果

统计年份:2008年　　　　故障次数:230次

故障模式	故障次数(次)	占总故障次数的比例(%)
泄漏性故障	122	53.04
堵塞性故障	14	6.09
松脱性故障	14	6.09
断裂性故障	6	2.61
损伤性故障	5	2.17
失调性故障	60	26.87
退化性故障	9	3.91

表10　2009年按故障模式统计结果

统计年份:2009年　　　　故障次数:371次

故障模式	故障次数(次)	占总故障次数的比例(%)
泄漏性故障	198	53.37
堵塞性故障	5	1.35]
松脱性故障	12	3.23
断裂性故障	18	4.85
损伤性故障	3	0.81
失调性故障	133	35.85
退化性故障	2	0.54

表11　2010年按故障模式统计结果

统计年份:2010年　　　　故障次数:124次

故障模式	故障次数(次)	占总故障次数的比例(%)
泄漏性故障	71	57.26
堵塞性故障	1	0.81
松脱性故障	9	7.26
断裂性故障	6	4.84
损伤性故障	24	19.35
失调性故障	7	5.65
退化性故障	4	3.23

表12　2011年按故障模式统计结果

统计年份:2011年　　　　故障次数:72次

故障模式	故障次数(次)	占总故障次数的比例(%)
泄漏性故障	35	48.61
堵塞性故障	2	2.78
松脱性故障	10	13.89
断裂性故障	3	4.17
损伤性故障	15	20.83
失调性故障	7	9.72
退化性故障	0	0

④2008年按故障所属系统统计结果见表13。2009年按故障所属系统统计结果见表14。2010年按故障所属系统统计结果见表15。2011的故障所属系统统计结果见16。

表13　2008年按故障所属系统统计结果

统计年份:2008年　　　　故障次数:230次

故障所属系统	故障次数(次)	占总故障次数的比例(%)
发动机	22	9.57
传动系统	23	10.00
转向系统	18	7.83

（续）

故障所属系统	故障次数（次）	占总故障次数的比例（%）
制动系统	18	7.83
行驶系统	11	4.78
电气系统	39	16.96
液压系统	78	33.91
工作装置	1	0.43
其他	20	8.70

表14　2009年按故障所属系统统计结果

统计年份：2009年　　故障次数：371次

故障所属系统	故障次数（次）	占总故障次数的比例（%）
发动机	37	9.97
传动系统	21	5.66
转向系统	23	6.20
制动系统	22	5.93
行驶系统	15	4.04
电气系统	56	15.09
液压系统	132	35.58
工作装置	8	2.16
其他	57	15.36

表15　2010年按故障所属系统统计结果

统计年份：2010年　　故障次数：124次

故障所属系统	故障次数（次）	占总故障次数的比例（%）
发动机	11	8.87
传动系统	10	8.06
转向系统	4	3.23
制动系统	3	2.42
行驶系统	2	1.61
电气系统	21	16.94
液压系统	60	48.39
工作装置	2	1.61
其他	7	5.65

表16　2011年按故障所属系统统计结果

统计年份：2011年　　故障次数：72次

故障所属系统	故障次数（次）	占总故障次数的比例（%）
发动机	6	8.33
传动系统	5	6.94
转向系统	4	5.56
制动系统	8	11.11
行驶系统	1	1.39
电气系统	12	16.67
液压系统	23	31.94
工作装置	3	4.17
其他	10	13.89

从以上统计结果可以看出，近年来，我国装载机产品早期故障率无明显变化，可靠性水平趋于稳定。从统计的样本看，2011年，装载机平均无故障间隔时间达到388h，比前几年略有下降，故障中液压系统、电气系统仍占有较大比重。试验数据说明，近几年随着装载机产量的增加，大部分行业骨干企业不得不减少整机出厂检验的时间、强度，以便提高生产效率、降低生产成本，但同时也带来了一定的负面影响，即对产品可靠性早期故障率产生影响，从而部分抵消了装载机行业由于产品研发能力、试验检测手段、质量保证能力的提高所带来的质量进步。装载机行业经过几年的超常规高速发展后，这种负面影响积累到一定程度开始显现出来，近几年装载机产品可靠性水平无明显提高，到2011年平均无故障间隔时间甚至出现下降。另外，装载机的液压元件、电器元件主要来自配套企业，液压系统、电气系统故障所占比重较大，说明装载机主机生产企业仍需加强对诸如液压元件、电器元件等配套件的质量控制。

对比国内各装载机生产企业，大部分主导和骨干企业遵守国家政策法规，在技术质量上紧跟国际先进水平，而一些中小型企业观念陈旧，技术投资力度不够，一味降低成本，打价格战，产品质量低劣，影响了行业整体产品质量水平，扰乱了市场，也伤害了自身利益。不同企业产品质量良莠不齐的现象在装载机行业十分严重，而且由于装载机的用途、消费者的经济水平、消费观念等多方面原因，这种现象在一定时期内仍将存在下去。

国际经济危机减缓了我国装载机行业的发展速度，同时也为解决行业飞速发展引发的问题以及提升产品技术质量水平提供了良好契机。产品质量是企业的生命，也是装载机生产企业取胜于市场、求生存和发展的必要条件。国产装载机行业要实现赶超国际先进水平的梦想就应把提高产品技术质量水平作为工作重点，一刻也不放松，从提高产品研发能力入手，学习运用先进的质量管理理念，完善各过程质量控制手段，加大投入，提高发动机、桥箱、液压元件、电器元件等关键零部件的技术质量水平及产品试验检测能力，尤其是应重视关键部件、整机的可靠性研究工作。在通过试验获得大量科学数据的基础上，不断改进和提高产品可靠性水平，使国产装载机的技术质量迈上新台阶，极大地缩小与世界知名企业先进水平的差距。

3. 叉车产品可靠性试验数据统计与分析

可靠性作为衡量产品质量的一个重要指标，长期以来一直受到企业的高度重视。因为只有可靠性好的产品，才能经久耐用，从而受到用户的欢迎。叉车是一个复杂的可修复系统，在使用或可靠性试验过程中，它的故障模式有多种类型，包括疲劳、磨损、腐蚀、老化、脆性断裂等。在 2012 年随机抽取的 30 台样本的试验报告中，可靠性故障数等于或大于 3 次一般故障的报告约占总报告的 13.3%，小于 1 次一般故障的报告约占 46.7%，其他占 40.0%。从抽取报告的内容可以看出，目前叉车的主要质量问题为堵漏性故障、损伤性故障、退化性故障。和往年相比，这不难看出国产主要零部件水平已经迈上一个新台阶，我国的叉车可靠性水平在不断提高，使用寿命也更长。

整个叉车行业尤其是大批中小企业在可靠性试验检测能力上仍存在科技投入少、人员素质低、硬件水平不高等问题，即便是行业龙头企业与国外如永恒力、三菱等国际知名企业在产品可靠性试验检测能力上也存在巨大差距。这严重制约了行业的产品研发能力及质量控制能力的提升。国内企业普遍对产品试验不太重视，几乎没有几家企业自发地进行可靠性试验，只是被动地应付国家的相关检验。国外企业每种新机种至少要进行上千小时的可靠性试验，更有甚者，直到把车跑到极限为止。其实，真正优良的产品正是通过一次次高强度的试验所产生的，必须通过不断反复的可靠性试验，改进其薄弱环节，方能使产品的质量不断提升，成为真正值得用户信任的产品。建议企业能够自发地对典型产品进行可靠性试验，条件不具备的可以委托行业检测机构进行试验，全方位的提升产品品质，把企业做大、做强。

4. 压路机产品可靠性试验数据统计与分析

（1）电气系统故障

电气系统故障是光轮压路机和振动压路机的常见故障，绝大多数都是轻微故障，例如喇叭不响、工作灯不亮、仪表盘不显示等。2011 年从事的可靠性试验中，光轮压路机出现 3 次电气系统故障，但都为轻微故障，在光轮压路机中电气系统故障占总故障次数的 37.5%；振动压路机电气系统故障出现 5 次，其中轻微故障 4 次，一般故障 1 次。振动压路机中电气系统故障占系统故障总次数的 22.2%，其中轻微故障占总轻微故障次数的 44.4%；一般故障占总一般故障的 11.1%。

（2）密封性故障

密封质量是多年困扰国产工程机械产品质量的难题，泄漏问题也是压路机的常见故障。2011 年，二所做过的可靠性试验中，光轮压路机出现 2 次密封性故障，都为轻微故障，密封性故障占总故障次数的 25%；振动压路机出现 6 次密封性故障，其中轻微故障 2 次，一般故障 4 次，密封性故障占总故障次数的 33.3%，轻微故障占总轻微故障次数的 22.2%，一般故障占总一般故障次数的 44.4%。

（3）机械系统故障

压路机的机械系统故障主要发生在振动轮和发动机系统上，例如振动轴承发热、振动离合器摩擦片磨损、转向失灵等。2011 年，二所做过的可靠性试验中，光轮压路机未出现机械系统故障；振动压路机出现 4 次机械系统故障，都为一般故障，机械系统故障占总故障次数的 22.2%，一般故障占总一般故障次数的 44.4%；轮胎压路机出现 1 次机械系统故障，是一般故障，系洒水泵皮带断裂。

(4)连接件松动故障

连接件松动故障多为连接零部件的螺栓螺母松脱、油门拉线松动等。2011 年,二所做过的可靠性试验中,光轮压路机出现 4 次连接件松动故障,都为轻微故障,占总故障次数的 50%;振动压路机出现 6 次连接件松动故障,都为轻微故障,连接件松动故障占总故障次数比重为 33.3%,轻微故障占总轻微故障次数的 66.7%。

通过分析 2011 年压路机可靠性试验数据,能够发现一些问题:

通过对 2011 年压路机可靠性试验数据的分析,不同厂家、不同类型的压路机多次出现相同类型的轻微故障,说明生产厂家对产品的轻微故障不够重视,给产品维修造成压力,增加维修成本。其实这种故障是可以有效降低的,甚至可以避免发生。

国外厂家的产品可靠性显著高于国内厂家。送检的国内外 19 台压路机中,国产 17 台,国外厂家 2 台。其中 15 台出现故障,都是国产产品。这表明国产压路机的整体可靠性较低,与国外知名厂家还存在很大的差距。

压实技术和压实机械的发展取决于压实理论的新突破。通过对工作介质的材料特性、力学性能、施工工艺以及压实设备的结构、运动学、动力学等进行综合性的研究,寻求理论上的突破和完善,从而带动振动压路机技术的创新发展。

已进入实用阶段的新压实技术,如振动压路机、冲击式压路机等将继续在压实工程中推广应用,并在某些领域成为主要的机种。如振动压路机将可能占据沥青路面和 RCC(碾压混凝土)的压实工程,而冲击式压路机将在重型压实领域,特别是在高填方、塌陷性土壤和干砂压实方面成为主要的机种。

在振动压路机产品研发设计过程中,运用人机工程学和环保绿色设计理论,可有效地减少排放、隔离振动、降低噪声、扩大视野,使操作者驾驶时操作顺手、感觉舒适、减少疲劳。改善压路机的外观造型和驾驶室内部装饰,将产品性能、质量与美观、视觉艺术有机地结合起来。

随着计算机应用技术的发展,机载电脑将普遍应用于压实机械,用来进行工作过程的监测、机器运行状态的显示、故障的报警、诊断和分析。在对某种材料进行压实时,通过一段时间的实践,机器会自动对压实作业的各项参数(频率、振幅、碾压速度和遍数)进行不同组合,并判断其压实效果,从而决定最优操作方案。当土质情况变化时,它会不断改变自身的参数,自适应情况的变化,以获得最佳的压实效果。振动压路机的发展将从局部自动化过渡到全面自动化,并迈向完全智能化的工程机器人目标。

5. 推土机产品可靠性试验数据统计结果与分析

按平均无故障间隙时间统计结果见表 17。

表 17　按平均无故障间隔时间统计结果

统计年份:2012 年　　　　样本数量:12 台

年份	样本数量(台)	标准要求(MTBF)(h)	MTBF 平均值(h)
2011	12	≥150	983.6

按故障类别统计结果见表 18。

表 18　按故障类别统计结果

统计年份:2012 年　　　　样本数量:12 台

故障类别	总故障次数(次)	故障次数(次)	占总故障次数的比例(%)
致命故障	17	0	0
严重故障		0	0
一般故障		11	64.7
轻微故障		6	35.3

按故障模式统计结果见表 19。

表 19　按故障模式统计结果

统计年份:2012 年　　　　样本数量:12 台

故障模式	故障次数(次)	占总故障次数的比例(%)
泄漏性故障	2	11.8
堵塞性故障	0	0
松脱性故障	6	35.3
断裂性故障	4	23.5
损伤性故障	0	0
失调性故障	5	29.4
退化性故障	0	0
其他	0	0

④按故障所属系统统计结果见表 20。

表20　按故障所属系统统计结果

统计年份:2012 年　　　　　　　　样本数量:12 台

故障所属系统	故障次数(次)	占总故障次数的比例(%)
动力系统	1	5.9
传动系统	0	0
行走系统	2	11.8
制动系统	0	0
电气系统	0	0
液压系统	3	17.6
操纵系统	6	35.3
工作装置	2	11.8
其他	3	17.6

⑤按故障原因统计结果见21。

表21　按故障原因统计结果

统计年份:2012 年　　　　　　　　样本数量:12 台

故障所属系统	故障次数(次)	占总故障次数的比例(%)
设计	2	11.8
工艺	0	0
使用	3	17.6
制造	10	58.8
零部件质量缺陷	2	11.8
其他	0	0

数据分析:通过对2010~2011年12台推土机新产品型式试验中发生的17次故障情况统计:试验中未发生致命故障和严重故障,一般故障占总故障次数的64.7%,轻微故障占总故障次数的35.3%。

按故障模式统计:泄漏性故障占11.8%,松脱性故障35.3%,断裂性故障23.5%,失调性故障29.4%。

按故障所属系统统计:动力系统占5.9%,行走系统11.8%,液压系统17.6%,操纵系统35.35,工作装置11.8%,其他17.6%。

按故障原因统计:设计占11.8%,使用17.6%,制造58.8%,零部件质量缺陷11.8%。

6. 起重举升类专用车产品可靠性试验数据统计与分析

通过对2011年20台起重举升类专用车新产品试验中发生的53次故障情况统计:我国起重举升类专用车行业产品质量不断提高,样机在试验中很少发生致命故障和严重故障,主要是一般故障,占总故障次数比例为88.5%。

由于起重举升类专用车液压系统分上车液压系统和下车液压系统两部分,液压系统比其他工程机械复杂,液压元件较多,如汽车起重机的上车液压系统就包括起升油路、回转油路、变幅油路、伸缩油路和先导控制油路。因此,起重举升类专用车出现故障排在前三位的依次是液压系统、工作装置、电气系统,分别占总故障次数的44.3%、23.6%和20.2%;按故障模式统计,排在前两位的为退化性故障和泄漏性故障,分别占总故障次数的45.4%和18.6%;退化性故障多为密封件失效造成的,泄漏分为内漏和外漏两种,内漏是液压元件内部部件磨损或损坏造成的,例如伸缩液压缸活塞的密封件损坏,进油腔的液压油漏入回油腔,造成液压缸动作缓慢。外漏是液压系统内的油液流到液压系统外部的泄漏。外泄漏主要产生在液压系统的液压管路、液压阀、液压缸和液压泵(液压马达)的外部,即向零部件的外面渗漏。具体表现为管接头、密封件、元件接合面、壳体及系统自身原因而引起的油液泄漏。

近几年,我国开发的一系列新一代起重举升类专用车取得了巨大技术进步,大吨位、新技术、结构新颖的产品不断推向市场,液压元件质量明显提高,液压系统故障发生率较2006年(66.7%)下降34%,但电气系统故障发生率较2006年(20.5%)有所增长,电器元器件的寿命短,质量不过关应引起整机和零部件企业的高度重视。值得引起注意的是,一些新兴的专用作业车辆多为中小企业生产,产品质量参差不齐,是影响行业整体可靠性水平的重要因素之一。

四、结束语

"十一五"期间,我国工程机械经历过了不平凡的历史阶段,产能跃居世界首位,我国已成为真正的世界工程机械制造大国。但我国工程机械的发展还将经历漫长的历程,尤其是典型工程机械的核心技术、关键零部件、整机的工艺水平、产品可靠性等还有待大幅度提升,加强自主创新的理念和提升能力,将是行业企业相当长一段时间不懈追求的目标。

〔撰稿人:国家工程机械质量监督检验中心陈宝强、赵亮、许炜、史文辉、范晓兰、刘中星、王青松〕

2011年中国工程机械行业年度十大新闻

由中国工程机械工业协会主办，工程机械与维修杂志社承办，行业内多家主流媒体联合承办的"2011中国工程机械十大新闻"评选，经过来自国家发展和改革委员会及中国工程机械工业协会的领导，以及行业内主流媒体的主编的热烈讨论和投票，最终确定。

1.《中国工程机械行业"十二五"规划》正式发布

2011年7月31日，工业和信息化部正式发布了由中国工程机械工业协会组织编写的《中国工程机械行业"十二五"规划》。

该规划提出行业将在"十二五"末实现年营业收入突破9 000亿元、出口实现260亿美元的目标，将在科技发展、质量与效益、节能降耗和减排等方面实现突破。并提出进一步优化产业结构、培育大型集团化企业、实现核心配套件的技术突破等发展重点和主要任务。该规划将成为中国工程机械行业"十二五"期间发展的指导纲要。

2. 市场前高后低，全年营业收入突破5 000亿元

在"十二五"的开局之年——2011年，中国工程机械行业走出了看似波折的一条道路。一季度，在2010年工程机械市场高热的惯性作用下，销售数字持续增高。进入4月，市场一度走低，同比增幅出现大幅下滑，此后市场一直处于低位运行状态。

2008年国际金融危机之后，国家出台了4万亿一揽子刺激计划。随着4万亿投资的逐步落实，行业高速发展的惯性已经逐渐减弱，行业步入理性增长。2011年行业营业收入将突破5 000亿元，同比增长17%左右。

3. 中国工程机械工业协会标准制定全面展开

"标准"是一个行业发展的重要基石。2011年，中国工程机械工业协会全面启动协会标准的制定工作。6月1日，《工程机械定义及类组划分》正式公布，成为第一个对外发布的协会标准。全年，中国工程机械工业协会共出台装修与高空作业机械、沥青混合料搅拌设备、再制造领域的19项行业标准。

4. 2011年出口额将突破150亿美元，超越历史最高水平

截至2011年11月，中国工程机械行业出口达到141.75亿美元，同比增长52.3%。全年出口额突破150亿美元，超越历史最高水平2008年的134亿美元。国际金融危机爆发以后，中国工程机械行业出口一度受挫。2011年，在行业进行调整的形势下，出口节节攀升，成为行业的一大亮点。徐工表现最为抢眼，全年出口额超过10亿美元，其中委内瑞拉项目合同签订额达7.446亿美元，一举创下中国工程机械行业出口的订单新纪录。

5. 零首付、低首付盛行，中国工程机械工业协会呼吁企业控制金融风险

2011年年初，工程机械市场上一度出现了"低首付"甚至"零首付"的不良现象，这对企业的资金流构成了严峻考验，同时也把行业拖入了更大的风险之中。对此，中国工程机械工业协会联合行业媒体，多方沟通并呼吁企业加强行业自律，提高金融风险防范意识，停止零首付、低首付，确保行业的良性发展。

6. 特色活动缤纷亮相 BICES 2011 价值再获提升

2011年10月17～21日，以"绿色、变革，擎起未来"为主题的第十一届中国(北京)国际工程机械、建材机械及矿山机械展览与技术交流会暨2011中国北京国际商用车博览会(BICES/IVEX 2011),在北京九华国际会展中心成功举行。BICES/IVEX 2011吸引近30多个国家和地区的1 200家企业前来参展,展出面积达到20万m^2,观众人数达到12万人,当之无愧地成为2011年度亚太地区最大、最具影响力的工程机械展会。

展会同期,展会主办方还举行了中国工程机械应急抢险救援装备展、首届国际工程机械及专用车辆创意设计大赛、首届全球工程机械产业大会及多项论坛活动,丰富了展会的内容,使BICES更具品牌特色。

7. 关键配套件受到国家重视,工程机械高压液压元件与系统产业化及应用协同工作平台筹备机构成立

为落实《机械基础件产业振兴实施方案》,尽快改变工程机械高端液压元件长期依赖进口的局面,工业和信息化部装备司会同中国工程机械工业协会、中国液压气动密封件工业协会组织工程机械主机制造企业、液压件制造商、科研院所和高校建立了"工程机械高压液压元件与系统产业化及应用协同工作平台"。

2011年10月18日下午,该协同工作平台筹备机构在北京宣布成立。协同工作平台将以《机械基础件产业振兴实施方案》为依据,以市场为导向,集中行业优势资源,调整产品结构,组织有基础、有积极性的企事业单位,以自愿原则参加,以加强工程机械主机生产企业和液压件生产企业的技术合作,充分发挥相关行业和企业的优势,企望迅速改变工程机械高端液压元件长期依赖进口的局面。

8. 聚焦服务,行业竞争向深层次发展

2011年,服务、二手机、维修及再制造等后市场最重要的要素成为企业垂青的重要方向,服务成为企业间竞争的新战场。

2011年,服务成为工程机械企业最关注的市场要素之一,众多业内企业推出全国范围内的服务活动,为用户维修、保养产品。这些举措表明了行业的竞争已经不再单纯局限于产品、营销,开始向服务领域延伸。

同时,行业企业的服务品牌意识也在不断提升。2011年年初,中联重科率先推出"蓝色关爱"服务品牌,引领了行业服务品牌建设的高潮,三一、柳工、山推等企业也先后发布了自己的服务品牌,一时间在行业内掀起一股服务品牌建设的高潮。

9. 研发实力大幅提升,新技术得到市场认可

2011年,工程机械行业企业的心态更趋理性,更加重视内涵式增长。行业企业科技投入持续增长,科研力量不断加强。2011年1月,柳工被科技部批准成为"土方机械行业国家级工程技术研究中心"。

技术实力得到巩固的同时,新技术、新材料的应用再掀波澜。继2011年9月28日中联重科碳纤维80m长臂架泵车问世后,2011年11月18日,中联重科首台碳纤维62m长臂架泵车落户大连。碳纤维技术在工程机械行业中的应用,为行业的未来发展提供了一种崭新的技术发展思路。

10. 本土液压挖掘机企业市场占有率接近40%

据中国工程机械工业协会初步统计,2011年液压挖掘机全年销售17.4万台,同比增长4.8%。本土品牌液压挖掘机的市场占有率为38.53%,在日系、韩系、欧美和本土四大品牌系列的格局中占据绝对优势。

其中,三一表现最为抢眼,全年共销售液压挖掘机20 613台,创全国第一。此外,徐工、山重建机、厦工、柳工、玉柴重工等企业增速强劲。

〔供稿单位:中国工程机械工业协会〕

2012 年度中国机械工业科学技术奖工程机械行业评审情况

2012 年度,中国机械工业科学技术奖评审委员会组织机械行业 30 位专家对各专业组初审推荐获一等奖以上的奖项进行了终审,最终确定工程机械行业组推荐的 4 个项目获奖等级为:一等奖项目 2 项,二等奖项目 2 项。

2012 年度有 4 个申报项目在初审中因经济效益、专利授权、成果鉴定等问题被确定为缓评。

2012 年度中国机械工业科学技术奖工程机械行业推荐项目终审结果见下表。

表　2012 年度中国机械工业科学技术奖工程机械行业推荐项目终审结果

项目编号	申报单位	项目名称	推荐等级
1210051	中联重科股份有限公司	碳纤维复合材料臂架系列泵车及其关键技术	一等奖
1210018	徐工集团工程机械股份有限公司建设机械分公司	超大型履带起重机关键技术及产业化	一等奖
1210008	三一重工股份有限公司、长安大学	液压驱动平地机关键技术研究及应用	二等奖
1210001	山推工程机械股份有限公司	静压传动及智能化控制关键技术研究与应用	二等奖
1210032	徐州重型机械有限公司	多功能举高喷射消防车关键技术攻关及产业化	二等奖
1210049	中联重科股份有限公司	SUPER130 超级摊铺机	二等奖
1210047	安徽合力股份有限公司	28 ~ 46t 重型系列内燃叉车研发及产业化	二等奖
1210024	徐工集团工程机械股份有限公司科技分公司	大吨位装载机及其核心技术的研发	二等奖
1210022	徐州徐工基础工程机械有限公司	XZ3000 水平定向钻机	二等奖
1210048	北方重工集团有限公司	QJYS - 058 双扩盾硬岩掘进机	二等奖
1210012	徐州徐工筑路机械有限公司	GR150M 平地机	二等奖
1210005	广西柳工机械股份有限公司	CLG856111 轮式装载机	二等奖
1210043	三一重工股份有限公司	HIPS30 混凝土湿喷机	三等奖
1210037	湖南大学、湖南衡山汽车制造有限公司	移动式人型可展开装备的关键结构设计与产业化	三等奖
1210042	三一重工股份有限公司	TSD 新型伸缩式皮带输送车研制	三等奖
1210021	徐州徐工基础工程机械有限公司	XRS1050 旋挖钻机	三等奖
1210052	中联重科股份有限公司	集成式高适应性商品干混砂浆柔性生产设备关键技术及产业化	三等奖
1210007	南阳市红阳锻造有限公司	工程机械全纤维轮边支承轴近净(终)成型技术的研究与应用	三等奖
1210015	徐州徐工筑路机械有限公司	XM200D 型铣刨机	三等奖
1210040	浙江濠泰机械有限公司、杭州电子科技大学	多功能装载物流机械关键技术研究及应用	三等奖
1210041	杭叉集团股份有限公司	2 ~ 6t 电动牵引车	三等奖
1210003	林德(中国)叉车有限公司	352 系列 3.5 ~ 5.0t 内燃平衡重式叉车	三等奖
1210031	徐州天地重型机械制造有限公司	60 系列干混砂浆搅拌站	三等奖
1210017	徐州徐工铁路装备有限公司	高速铁路 900t 架运提成套施工设备	三等奖

（续）

项目编号	申报单位	项目名称	推荐等级
1210038	江苏华通动力重工有限公司	SPSE90 型多功能摊铺机	三等奖
1210053	中联重科股份有限公司	高效绿化喷洒装备关键技术研究与产业化	三等奖
1210054	方圆集团有限公司	HBMD—90/16—180S 型煤矿用混凝土泵	三等奖
1210055	中国建筑科学研究院建筑机械化研究分院、廊坊凯博建设机械科技有限公司	异型高耸建筑主体施工多功能升降机	三等奖
1210025	徐工集团工程机械股份有限公司科技分公司	工程机械关键零部件——电控变速箱及湿式驱动桥的研发及产业化	缓评
1210044	三一重工股份有限公司	SACl2000 全地面起重机	缓评
1210009	中国船舶重工集团公司第七一一研究所	耙吸挖泥船泥泵双速传动系统研制及工程应用	缓评
1210002	山推工程机械股份有限公司	大功率推土机研制项目	缓评

〔供稿单位:中国工程机械工业协会〕

行业篇

以生产发展情况、市场及销售、产品进出口情况、科技成果及新产品等方面为重点，阐述工程机械行业各分行业2011年的发展状况

行业篇

挖掘机械

生产发展情况

截至2011年年底，在我国生产和销售挖掘机械的企业有60多家，共生产和销售400多种不同型号和规格的挖掘机械产品，单台整机质量为0.8～390t。我国挖掘机产品品牌分类以及主要生产企业见表1。

表1　我国挖掘机产品品牌分类以及主要生产企业

品牌分类	主要挖掘机械制造企业名称
日系品牌	小松(常州)工程机械有限公司、小松山推机械有限公司、小松(山东)工程机械有限公司、日立建机(中国)有限公司、成都神钢建设机械有限公司、杭州神钢建设机械有限公司、住友建机(唐山)有限公司、石川岛中骏(厦门)建机有限公司、竹内工程机械(青岛)有限公司、久保田建机(上海)有限公司等
韩系品牌	斗山工程机械(中国)有限公司、现代(江苏)工程机械有限公司、北京现代京城工程机械有限公司等
欧美品牌	卡特彼勒(徐州)有限公司、沃尔沃建筑设备(中国)有限公司、利勃海尔(中国)有限公司、阿特拉斯工程机械有限公司、徐州徐挖约翰迪尔机械制造有限公司、徐州恒天德尔重工科技有限公司等
中国品牌	三一重机有限公司、广西玉柴重工有限公司、广西柳工机械股份有限公司、厦门厦工机械股份有限公司、山东临工工程机械有限公司、长沙中联重工科技发展股份有限公司、山重建机有限公司、徐州徐工挖掘机械有限公司、山河智能装备股份有限公司、力士德工程机械股份有限公司、龙工(上海)挖掘机制造有限公司、福田雷沃国际重工股份有限公司、山东卡特重工有限公司、贵州詹阳动力重工有限公司、上海彭浦机器厂有限公司、广西开元机器制造有限责任公司、浙江军联机械电子控股有限公司等

注：表内企业无排名先后顺序。

市场销售情况

根据中国工程机械工业协会挖掘机械分会行业的数据统计，2011年，纳入统计的26家主机制造企业(2011年12月洋马加入统计)，共销售各类型液压挖掘机产品176 135台，同比增长6.23%。一季度挖掘机销量呈现爆发式增长，较上年同比增长近60%；二季度销量走势平稳，和上年同期基本持平，只增长3.05%，其中5、6两月销量有不同程度的下滑。下半年我国挖掘机市场持续走低，三季度共销售24 101台，较上年同期下滑17.53%；四季度销量虽有回升，但并未像往年一样出现年底小高潮，同比仍下降近35个百分点。受信贷紧缩、投资放缓、房地产宏观调控力度加强，以及国内外大宗商品价格不断上涨等不利因素的影响，4月份后挖掘机各月销量下滑比较严重，同比均呈下降态势，且下降幅度越来越大。2010～2011年我国挖掘机械市场销量及同比增长情况见表2。

表2　2010～2011年我国挖掘机械市场销量及同比增长情况

月度	2010年销量(台)	2011年销量(台)	同比增长(%)	月度	2010年销量(台)	2011年销量(台)	同比增长(%)
1月	8 004	10 922	36.46	8月	8 756	7 748	-11.51
2月	8 599	20 355	136.71	9月	11 528	8 801	-23.66
3月	30 065	43 299	44.02	三季度	**29 223**	**24 101**	**-17.53**
一季度	**46 668**	**74 576**	**59.80**	10月	12 270	8 876	-27.66
4月	21 815	26 964	23.60	11月	14 323	8 845	-38.25
5月	16 264	14 163	-12.92	12月	13 581	8 483	-37.54
6月	11 660	10 127	-13.15	四季度	**40 174**	**26 204**	**-34.77**
二季度	**49 739**	**51 254**	**3.05**	全年合计	**165 804**	**176 135**	**6.23**
7月	8 939	7 552	-15.52				

数据来源：中国工程机械工业协会挖掘机械分会。

从挖掘机市场的区域分布来看，东、中、西部“平分秋色”，大体各占1/3，西部占比超过了东、中部，占全国市场的35.36%。东部地区以江苏、山东为购机大省，全年均在万台以上；海南购入量增速迅猛，全年共计1 695台，同比增长近38%。中部地区新购量较为平均，除安徽过万台外，其余省份均为4 000～9 000台。西部地区四川全年新购量高速增长，为2011年全国购机最多的省份，达11 259台，但西部地区同比下降8.34%；西藏、新疆、青海、贵州等同比增速均在40%以上。2011年我国各省、自治区、直辖市以及香港、澳门地区挖掘机新购数量见表3。

表3　2011年我国各省、自治区、直辖市以及香港、澳门地区挖掘机新购数量

地区	省市名称	新购台数（台）	同比增长（%）	市场占有率（%）
东部	江苏	10 875	-17.34	
	山东	10 728	2.72	
	辽宁	7 387	14.46	
	河北	5 920	3.14	
	浙江	5 743	-5.96	
	福建	4 018	-11.07	
	北京	3 961	3.88	
	广东	2 923	28.54	
	上海	1 837	3.09	
	海南	1 695	37.92	
	天津	1 197	4.27	
	香港、澳门	7		
	合计	**56 291**	**-0.66**	**32.80**
中部	安徽	10 327	-9.06	
	河南	8 977	16.45	
	湖北	8 483	11.55	
	湖南	6 534	-6.04	
	山西	5 774	27.04	
	江西	5 325	-7.28	
	黑龙江	4 760	4.82	
	吉林	4 455	11.12	
	合计	**54 635**	**4.14**	**31.84**
西部	四川	11 259	-8.34	
	内蒙古	6 843	24.83	
	广西	6 655	13.74	
	云南	6 401	-5.80	
	贵州	6 398	43.68	
	新疆	5 544	57.90	
	陕西	5 138	-2.78	
	重庆	5 113	7.73	
	甘肃	3 325	32.21	
	宁夏	2 445	30.12	
	青海	1 171	44.39	
	西藏	387	128.99	
	合计	**60 679**	**-8.34**	**35.36**

（续）

数据来源：中国工程机械工业协会挖掘机械分会。

从我国挖掘机市场销售的吨位级别来看，2011年6～10吨级挖掘机械销量46 378台，约占总销量的26%，市场份额最高。6吨级以下销量12 392台，同比增长32%；40吨级以上销量5 422台，同比增长32.28%，挖掘机械的市场需求有向小吨位和大吨位两头发展趋势。20～25吨级因应用广泛，市场销量最大。2010～2011年我国挖掘机械市场各吨位级别销售情况见表4。

表4　2010～2011年我国挖掘机械市场各吨位级别销售情况

吨位	2010年销量（台）	2011年销量（台）	占总销量比重（%）	同比增长（%）
<6t	9 387	12 392	7.04	32.01
6～10t	40 801	46 378	26.33	13.67
10～15t	13 542	17 076	9.69	26.10
20t	14 756	13 516	7.67	-8.40
21t	23 986	21 881	12.42	-8.78
22t	22 145	18 561	10.54	-16.18
25t	16 407	16 384	9.30	-0.14
30t	7 195	8 025	4.56	11.54
35t	13 486	16 500	9.37	22.35
40t	4 099	5 422	3.08	32.28
合计	165 804	176 135	100.00	6.23

数据来源：中国工程机械工业协会挖掘机械分会。

从挖掘机企业在我国市场的销售情况来看，三一以20 613台的销量列居首位，同比增长45.63%，市场占有率为11.7%；小松中国销量20 151台，同比下降16个百分点，市场占有率为

11.44%；卡特重工、阿特拉斯、力士德、山重建机、厦工机械销量同比增幅均超过50%，但除山重建机和厦工机械外，其余销量都在3 000台以下，对市场销量影响不大。利勃海尔、玉柴、柳工销量也以30%以上的速度稳步增长。

从各系品牌挖掘机产品在我国的市场份额来看，国产品牌挖掘机市场份额已达到39.11%，日系品牌为28.92%，韩系品牌为19.34%，欧美品牌为12.63%。2010～2011年我国挖掘机械市场各企业销售情况（含出口）见表5。

表5　2010～2011年我国挖掘机械市场各企业销售情况（含出口）

序号	企业名称	2010年销量（台）	2011年销量（台）	2011年市场占有率（%）	同比增长（%）
1	三一	14 154	20 613	11.70	45.63
2	小松中国	24 020	20 151	11.44	-16.11
3	斗山	22 112	16 778	9.53	-24.12
4	日立	17 581	15 282	8.68	-13.08
5	神钢	14 777	12 965	7.36	-12.26
6	卡特彼勒	10 326	11 225	6.37	8.71
7	现代江苏	10 820	10 146	5.76	-6.23
8	玉柴	7 483	9 890	5.62	32.17
9	沃尔沃	7 538	9 479	5.38	25.75
10	柳工	5 595	7 438	4.22	32.94
11	现代京城	7 647	7 148	4.06	-6.53
12	山重建机	3 122	5 635	3.20	80.49
13	福田雷沃	5 068	5 526	3.14	9.04
14	山河智能	4 730	5 008	2.84	5.88
15	厦工机械	2 802	4 253	2.41	51.78
16	力士德	1 524	2 858	1.62	87.53
17	住重中骏	2 651	2 528	1.44	-4.64
18	山东临工		2 423	1.38	
19	中联重科		1 873	1.06	
20	卡特重工	7 62	1 579	0.90	107.22
21	广西开元	1 138	1 258	0.71	10.54
22	阿特拉斯	310	592	0.34	90.97
23	利勃海尔	369	535	0.30	44.99
24	彭浦机器厂	550	529	0.30	-3.82
25	徐挖	725	413	0.23	-43.03
26	洋马		10	0.01	

数据来源：中国工程机械工业协会挖掘机械分会。

产品对外贸易情况

据分会秘书处2011年出口量统计，2011年累计出口4 530台，同比增长56.42%。其中一季度共出口903台，较上年同期增长114.49%；二季度共出口1 165台，较上年同期增长47.10%；三季度共出口1 141台，较上年同期增长51.93%；四季度共出口1 321台，较上年同期增长41.74%。2010～2011年各吨位级别挖掘机械出口情况见表6。

表6　2010～2011年各吨位级别挖掘机械出口情况

吨位	2010年（台）	2011年（台）	同比增长（%）
<6t	795	853	7.30
6～10t	149	320	114.77
10～15t	99	344	247.47
20t	196	189	-3.57
21t	384	1 147	198.70
22t	862	782	-9.28
25t	32	98	206.25

（续）

吨位	2010 年(台)	2011 年(台)	同比增长(%)
30t	65	78	20.00
35t	186	532	186.02
40t	128	187	46.09
合计	2 896	4 530	56.42

数据来源:中国工程机械工业协会挖掘机械分会。

科技成果及新产品

2011 年我国主要挖掘机生产企业推出的新产品有:

1. 日立建机推出 ZX-5 系列新款液压挖掘机

日立建机在 2011 年 CONEXPO-CON/AGG 建机展上推出了两款 ZX-5 新系列液压挖掘机。ZX870LC-5 和 ZX290LC-5 挖掘机是日立公司挖掘机的新系列代表机型,在 2011 年投放市场,成为 3 系列的换代产品。新的 ZX-5 系列挖掘机通过液压系统的优化全面增强了挖掘机的斗杆挖掘力、铲斗挖掘力,提高了提升能力、回转速度、回转扭矩、液压流量、发动机功率和整机牵引力。日立建机还陆续推出新系列中其他型号挖掘机产品,包括 ZX350LC-5,以及在 2012 年 8、9 月份推出的 ZX470LC-5、ZX670LC-5 和 ZX870LC-5。

2. 小松推出新款混合动力挖掘机

2011 年年初,小松制作所宣布将在全球推出新款 HB205 和 HB215LC 混合动力液压挖掘机,计划扩大在北美、中国、拉丁美洲、东南亚和欧洲销售。凭借多年积累的专门知识和技术,小松对 20 吨级混合动力液压挖掘机实现了全面升级。通过减少燃料消耗、氮氧化物和二氧化碳的排放以及混合动力部件的技术革新,新型 HB205 和 HB215LC 混合动力液压挖掘机具有更好的可维护性以及更高的开工率。此外,这两款产品还配备通用液压管件,可添加多种附具以适应不同的工况。所有混合动力所需的部件均由小松公司独立开发和制造。依托新的技术,小松进一步提高了混合动力液压挖掘机的生产效率,同时建立了供应全球市场的生产能力。

3. 利勃海尔推出第 6 代 R916 液压挖掘机

2011 年 3 月,利勃海尔在美国拉斯维加斯举行的 CONEXPO-CON/AGG2011 展会上推出了代表该公司最先进技术的第 6 代液压挖掘机 R916。该机型的设计将产品的作业效率、经济性、操作便利性和可靠性全面提升至新的水平。先进的 R916 液压挖掘机配备 115kW(157hp)利勃海尔Ⅲa/Tier3 柴油发动机,采用双回路正载控制液压系统,采用电控液压泵控制流量及动力输出,实现了卓越的整机工作性能以及能源的有效利用。该技术是专为设备在多种功能同步实现的工况所设计的。

4. 厦工 XG845LC 大型液压挖掘机

2011 年 5 月 17 日,厦工最新自主研发的 XG845LC 大型液压挖掘机成功下线,标志着厦工的产品研发跃上了一个新台阶,完善了厦工挖掘机产品系列。XG845LC 的发动机零部件均选用进口的康明斯产品,供油控制更加精准,耗油量大大降低;它的主要液压件均采用韩日顶尖品牌产品,极大地优化了整机配置,提高了产品的可靠性及性价比;在结构件设计及电控系统方面,它采用国际一流手法,多功能的控制方式,使得用户操作更加简单快捷。此外,厦工挖掘机事业部还联合技术中心在产品焊接结束后运用超声波逐台探伤,以确保产品质量和更好地延长整机使用寿命。

5. 斗山新型 22 吨级 9E 系列挖掘机

2011 年 9 月 7 日,斗山工程机械(中国)有限公司举行了新型 22 吨级 9E 系列产品上市暨新品发布会,正式推出 DH220LC-9E 和 DH215-9E 两款新品挖掘机。DH220LC-9E 和 DH215-9E 作为 DH220LC-7 的升级换代产品,除了秉承原来 DH220LC-7 的低油耗、低价位、高效性能的优点之外,还在关键性能部件——发动机和主泵上进行了革命性的改进,通过 EPOS 系统的控制,合理分配主泵的排量,减少了动力浪费,提高了工作效率,降低了油耗。

6. 柳工 CLG922E、CLG945E 挖掘机

2011 年 11 月 15 日,各界代表齐聚柳工常州公司,见证了 CLG922E、CLG945E 挖掘机产品的隆重发布。升级后的 E 系列挖掘机更具竞争力,它源于

对顾客、市场、竞争对手的深入了解，具有高效率、低油耗、高可靠性、一流的操纵性、世界级的维护保养性、安全舒适的操作环境、多种属具可选等特点。E 系列挖掘机可装备康明斯 Tier2、Tier3、Tier4 发动机，能满足全球不同层次客户的需求。

7. 卡特彼勒 340DL 液压挖掘机

新型 340DL 液压挖掘机设计具备高效的连续生产能力，同时拥有出色的工作性能、优异的可靠性、耐用性及低运营成本。340DL 配备一个重载高宽型底盘系统，用以增强挖掘和提升力。机器所配备的高效液压系统由一个高燃效 Cat C9 发动机驱动，以此提供充足的动力来操作前工作装置、铲斗及作业机具等各种装置。340DL 驾驶室隔声效果好、舒适性好，可确保操作员高效作业；机器仅需简单维护，减少了停机时间。

8. 玉柴重工 24 款新产品

2011 年 10 月 18 日，玉柴重工携 24 款全新产品亮相于 BICE2011。此次玉柴重工展出的土方机械领先创新成果众多，包括 YC18SR 无尾型液压挖掘机、YC50-8 液压挖掘机、YC70-8 液压挖掘机、YC160-8 液压挖掘机、YC210LC-8 液压挖掘机、YC360LC-8 液压挖掘机、YC460-8 液压挖掘机、CED1000-7 电动履带式液压挖掘机、YC360DLC 高空液压拆除机、YC135LR-8 加长臂液压挖掘机、YC240LCLR-8 加长臂液压挖掘机、YCB85 步履式液压挖掘机。

〔撰稿人：中国工程机械工业协会挖掘机械分会李宏宝〕

铲土运输机械

按中国工程机械工业协会标准 GXB/TY 0001—2011《工程机械定义及类组划分》，铲土运输机械包括装载机、推土机、平地机、铲运机、叉装机、非公路自卸车及作业准备机械等 7 大机种。铲土运输机械作为工程机械产品中发展历程较长的产品，其主要机种（装载机、推土机、平地机等）的生产集中度较高，自主研发能力和配套能力较强，已经形成了较全面的产品系列，有较高的产品性价比，拥有一个相对稳定的国内、国外市场。

伴随着我国 4 万亿元投资进入收官阶段和装备制造业调整振兴规划的实施，2011 年，我国铲土运输机械行业产销呈现前高、后低的走势，进出口活跃度明显增加，尤其是出口增长较高。

市场与销售

2011 年上半年，我国铲土运输机械行业取得了高速发展，主要产品销售收入增幅明显。从下半年开始，由于受国家实行稳健的货币政策、加强流动性管理、加大房地产市场的调控力度和部分应对国际金融危机的刺激政策逐渐退出等多重因素影响，各企业销售额逐月下降，产成品库存和经销商库存明显增加，应收账款持续增长，全年销售额同比增幅出现大幅下滑。

据中国工程机械工业协会铲土运输机械分会统计，2011 年，我国主要装载机企业产量和销量分别增长 11.53% 和 16.4%；推土机产量和销量分别下降 25.21% 和 10.60%；平地机产量和销量分别增长 12.82% 和 16.08%。2011 年，主要产品的出口与 2010 年相比有较大程度的提高，其中装载机同比增长 62.27%，推土机同比增长 51.08%，平地机同比增长 98.74%。相比其他工程机械产品，我国铲土运输机械品牌在与外资品牌的角力竞争中，提升趋势明显，国产品牌产品的国际竞争力稳步提升。截至 2011 年，我国铲土运输机械主要产品保有量装载机为 151.4 万 ~ 164.1 万台，73.5kW（100hp）以上推土机保有量为 7.7 万 ~ 8.3 万台，平地机保有量为 2.8 万 ~ 3.0 万台。2010 ~ 2011 年铲土运输机械产品产销存情况见表 1。2011 年铲土运输机械行业企业主营业务收入、利润总额见表 2。

表1　2010～2011年铲土运输机械产品产销存情况

指标名称		产量(台)	销量(台)	库存量(台)	出口(台)
装载机	2010年	213 893	207 771	38 010	15 510
	2011年	238 560	241 845	30 865	25 168
	同比增长(%)	11.53	16.40	－18.80	62.27
推土机	2010年	15 194	13 911	2 719	2 320
	2011年	11 364	12 197	1 855	3 505
	同比增长(%)	－25.21	－10.60	－31.78	51.08
平地机	2010年	4 432	4 097	414	1 195
	2011年	5 000	4 756	382	2 375
	同比增长(%)	12.82	16.08	－7.73	98.74

表2　2011年铲土运输机械行业企业主营业务收入、利润总额

序号	企业名称	主营业务收入(万元)	利润总额(万元)	经济效益综合指数
1	广西柳工机械股份有限公司	1 787 828	157 950	2.25
2	山推工程机械股份有限公司	1 470 205	68 675	3.43
3	成都神钢工程机械(集团)有限公司	1 331 416	107 125	1.00
4	中国龙工控股有限公司	1 272 116	206 778	
5	厦门厦工机械股份有限公司	1 199 204	67 373	2.34
6	山东临工工程机械有限公司	1 166 607	131 374	5.49
7	徐工科技分公司	692 194	35 006	2.32
8	山东山工机械有限公司	374 982	27 124	3.32
9	山东蓬翔汽车有限公司	259 766	13 366	
10	内蒙古北方重型汽车股份有限公司	240 387	15 814	3.07
11	常林股份有限公司	213 543	17 337	1.84
12	郑州宇通重工有限公司	213 222	1 043	1.35
13	天津建筑机械厂	118 241	1 163	1.05
14	泰安航天特种车有限公司	113 114	558	0.77
15	徐州徐工筑路机械有限公司	103 954	5 524	2.12
16	秦皇岛天业通联重工股份有限公司	99 939	3 791	
17	德州德工机械有限公司	86 620	4 560	2.13
18	利勃海尔机械(大连)有限公司	85 005	8 697	2.15
19	福建晋工机械有限公司	76 845	2 066	3.03
20	徐州华东机械机械厂	74 990	1 326	0.78
21	鼎盛重工机械有限公司	60 565	－4 202	0.15
22	河北宣化工程机械股份有限公司	57 396	1 365	0.76
23	陕西中联重科土方机械有限公司	43 305	689	
24	本溪北方机械重汽有限责任公司	40 514	－55	0.97
25	河北万众矿山机械有限公司	36 226	4 839	10.36
26	山东一能重工有限公司	21 600	2 402	1.84
27	内蒙古一机集团大地工程机械有限公司	20 145	363	1.08
28	厦门市装载机有限公司	16 895	647	3.24
29	中环动力(北京)重型汽车有限公司	14 538	－678	0.27

（续）

序号	企 业 名 称	主营业务收入（万元）	利润总额（万元）	经济效益综合指数
30	浙江军联机械电子控股有限公司	14 069	534	1.06
31	徐州金正公路工程机械有限公司	7 568	152	0.90
32	北京首钢重型汽车制造股份有限公司	6 053	-608	-0.18
33	三一矿机有限公司	2 990	-1 777	
34	烟台工程机械有限公司	2 602	-457	-0.89
	铲土运输机械行业合计	11 325 643	879 612	2.10

2011 年，装载机、平地机等主要企业销售量都呈上升走势，而一般企业呈下降走势，市场进一步向优势品牌集中。以装载机为例，中国龙工控股有限公司、广西柳工机械股份有限公司、厦门厦工机械股份有限公司、山东临工工程机械有限公司 4 家企业销售量均超过 38 000 台，合计占据 66.71% 的市场份额。龙工近年来逐步发挥龙头民企的优势，截至 2011 年销售量已连续 3 年居行业首位。近几年来，临工销售量大幅度增长，2010 年比 2009 年销售量增长高达 72.40%，2011 年又比 2010 年增长 34.7%，连续 2 年销售量增幅远远超过万台以上主要骨干企业的销售量增幅，2011 年临工销售量与销售量前三名企业的差距非常小。山推工程机械股份有限公司的推土机产品以 62.20% 的市场份额牢牢占据市场占有率的第一把交椅，河北宣工和天津建筑以 1 123 台和 859 台总销量仍保持良好的销售势头。平地机行业，徐州徐工筑路机械有限公司销量增长明显，以 40.16% 的市场份额占据市场销量第一位。广西柳工机械股份有限公司 2011 年以 44.61% 的增长率成为平地机销量增幅最大的企业，销售量已跃升至行业第三名。鼎盛重工机械有限公司和常林股份有限公司分别占 20.42% 和 13.62% 的市场份额。2010～2011 年铲土运输机械企业主要产品销量情况见表 3。2011 年铲土运输机械主要生产企业产品区域销量分布见表 4。2010～2011 年铲土运输机械分类产品进出口情况见表 5。

表 3　2010～2011 年铲土运输机械企业主要产品销量情况　（单位：台）

序号	企 业 名 称	装载机			推土机			平地机		
		2010 年	2011 年	同比增长（%）	2010 年	2011 年	同比增长（%）	2010 年	2011 年	同比增长（%）
1	中国龙工控股有限公司	40 139	44 602	11.12						
2	广西柳工机械股份有限公司	38 524	40 864	6.07	334	503	50.60	482	697	44.61
3	厦门厦工机械股份有限公司	34 351	40 085	16.69						
4	山东临工工程机械有限公司	28 852	38 849	34.65						
5	徐工集团科技分公司	15 296	17 867	16.81						
6	山东山工机械有限公司	11 536	13 548	17.44					6	
7	成都神钢工程机械（集团）有限公司	11 950	10 017	-16.18				52	24	-53.85
8	福田雷沃国际重工股份有限公司		7 533							
9	常林股份有限公司	6 391	7 391	15.65	2			741	648	-12.55
10	德州德工机械有限公司		4 246							
11	福建晋工机械有限公司		4 135							
12	山东一能重工有限公司		3 159							
13	中国一拖集团有限公司	1 930	1 913	-0.88	647	455	-29.68	44	34	-22.73
14	郑州宇通重工有限公司	1 693	1 325	-21.74	46	87	89.13			
15	斗山工程机械（中国）有限公司	3 219	706	-78.07						

（续）

序号	企业名称	装载机			推土机			平地机		
		2010 年	2011 年	同比增长（%）	2010 年	2011 年	同比增长（%）	2010 年	2011 年	同比增长（%）
16	安徽合力股份有限公司重型装备工厂		661							
17	厦门市装载机有限公司		603						13	
18	徐州金正公路工程机械有限公司	268	387	44.40						
19	小松(中国)投资有限公司	410	360	-12.20						
20	山河智能装备股份有限公司		335							
21	烟台工程机械有限公司	257	251	-2.33						
22	鼎盛重工机械有限公司	138	174	26.09				781	972	24.46
23	凯斯工程机械(上海)有限公司	128	122	-4.69						
24	浙江军联机械电子控股有限公司		90							
25	徐州华东机械机械厂		43							
26	利勃海尔(大连)有限公司		24							
27	卡特彼勒(中国)投资有限公司		16			51				
28	内蒙古一机集团大地工程机械有限公司		14			314				
29	中联重科股份有限公司		10							
30	河北宣化工程机械股份有限公司		2		1 507	1 123	-25.48			
31	日立建机(上海)有限公司	6	1	-83.33						
32	山推工程机械股份有限公司	411		-100.00	8 644	8 075	-6.58	196	241	22.96
33	上海彭浦机器厂有限公司				673	706	4.90			
34	天津建筑机械厂					859				
35	鞍山强力重工有限公司				17					
36	陕西中联中科土方机械有限公司					730				
37	三一集团有限公司							163	211	29.45
38	徐州徐工筑路机械有限公司							1 592	1 910	19.97

表4　2011 年铲土运输机械主要生产企业产品区域销量分布　（单位:台）

区域	装载机	推土机	平地机	区域	装载机	推土机	平地机
东北地区	19 724	1 572	342	西北地区	34 479	561	540
华北地区	47 037	1 299	473	西南地区	29 125	1 547	194
华东地区	46 759	2 386	671	出口	25 168	3 505	2 375
华南地区	13 156	812	132	军工	69	51	10
华中地区	31 236	1 361	322				

注:统计范围为铲土运输机械行业内 35 家主要生产企业。

表5　2010～2011 年铲土运输机械分类产品进出口情况

税号	指标名称	进口量（台）	同比增长（%）	进口额（万美元）	同比增长（%）	出口量（台）	同比增长（%）	出口额（万美元）	同比增长（%）
84295100	前铲装载机	551	-2.48	4 598.84	-36.77	35 935	55.11	159 865	85.37
84291110	履带式推土机 P > 235.36kW(320hp)	101	4.12	6 270.82	62.68	299	128.24	4 609.17	145.26

（续）

税号	指 标 名 称	进口量（台）	同比增长（%）	进口额（万美元）	同比增长（%）	出口量（台）	同比增长（%）	出口额（万美元）	同比增长（%）
84291190	其他履带式推土机	216	-36.47	2 412.86	-6.51	3 732	33.96	39 409.00	47.50
84291910	其他推土机 P > 235.36kW(320hp)	22	144.44	1 577.72	272.77	28	-45.10	220.34	21.98
84291990	未列名推土机	1		3.13		91	-19.47	972.90	-3.88
84292010	筑路机及平地机 P > 235.36kW(320hp)	8	700	813.88		15	37.50	143.55	-39.39
84292090	其他筑路机及平地机	42	-48.78	862.18	-15.70	5 409	74.43	47 546.80	83.01
84293010	斗容量超过 10m³ 的铲运机	0		0		12	-53.85	382.71	-70.66
84293090	其他铲运机	109	26.74	5 313.34	99.76	326	0.31	2 025.81	61.35

科技成果及新产品

2011 年，我国铲土运输机械行业企业积极加大技术创新力度，在新品开发、产品营销等各个方面均取得可喜的成就。

（1）柳工第一台 CLG856Ⅲ静音装载机成功下地，它拥有司机耳旁噪声 72dB（856Ⅲ驾驶室内噪声标称值是 76dB）、机外辐射噪声 104dB 的国内绝对领先的静音技术，接近国际一流水平。856Ⅲ静音装载机配置柳工自主设计的高性能消音器，匹配派克专门提供的低噪声液压泵，安装了柳工最新研发的静音驾驶室。柳工拥有 CLG856Ⅲ消音器和静音驾驶室的完全自主知识产权，并在第一时间申请了专利。

（2）龙工推出 LG850D/LG853D 两款新型装载机，率先采用新技术发动机，并对内饰、配置进行了升级，在 30 万元左右的同类产品中，具有明显的性价比优势。

（3）经过 10 余项技术升级，雷沃 2011 款升级版装载机及雷沃 ETX958、ETX966 等 ETX 装载机产品发布，技术更加成熟，性能更加优越，质量更加可靠。目前，雷沃装载机已经形成 4 大系列、9 种型号、100 余种产品资源组合。新能源是未来机械装备行业发展的方向，2011 年，雷沃成功开发出国内首款以液化天然气为动力源的节能环保产品雷沃 LNG 装载机，走在了节能环保型工程机械产品开发的前列。

（4）徐工立足市场需求，瞄准国际高端技术主流，自主研制开发的新产品——LW1200K 装载机成为我国研制的最大型轮式装载机，拥有国际先进技术，装备国际一流部件，体现了质量、安全和环保的价值理念。

（5）山工 659C、669C 系列装载机是山工卡特第二代产品的高端机型。每一种新产品都要经过长期市场调研、倾听客户心声、PD 机、Pilot（小批试制）等重重验证才得以批量生产，C 系列装载机在市场上有非常好的表现。

（6）L220G 轮式装载机是沃尔沃全新 G 系列建筑机械中的一款。G 系列是沃尔沃推出的最新一代轮式装载机，其特色在于采用自己定制的发动机和传动系统，能够提高燃油效率、生产率、流畅性、适用性以及操作的舒适度；配置自制的更强的液压系统和自制的吊装系统，举升力增加 20%，最大掘起能力提高 10%。

（7）日立建机推出 ZW330、ZW370、ZW550 3 款大型轮式装载机，以满足市场多样化的需求。这 3 款装载机是由日立集团和川崎重工共同研制开发的，既继承了传统轮式装载机的各项先进技术，又集成了大型轮式装载机所独有的众多创新技术，其持续作业能力强，可适应各种恶劣工况的作业环境。

（8）山工新品平地机 SEM919 和 SEM921 移植了卡特彼勒的独有技术，如比例优先、压力补偿控制阀

(PPPC),机器操控更灵敏,提高了机器整体性能和效率;配备先进的铲刀控制系统以及控制牵引架定位销和7孔连杆,能迅速准确地调整铲刀定位;优化的铲刀弧度以及更大的喉部间隙使物料具有良好的通过性、流动性,提高了生产效率。另外,这两款产品采用全新冷却系统设计,能满足 -40~50℃环境温度的作业要求。山工SEM919和SEM921具有节省油耗、易于操作、广泛适应3大特色。

〔供稿单位:中国工程机械工业协会铲土运输机械分会〕

工程起重机

我国工程起重机(指流动式起重机:包括汽车起重机、全地面起重机、履带起重机、随车起重机、越野轮胎起重机和轮胎起重机。)行业从2003年算起,已经经历9年的快速发展。2003~2006年工程起重机年销量均突破万台,2007~2008年年销量突破2万台,2009年年销量突破3万台,2010年开始,年销量突破4万台。

2011年,在国家宏观调控、货币政策以及世界金融危机和欧债危机的影响下,我国工程起重机行业经济增速放缓,总趋势是上半年高速增长,下半年一路下滑,最终实现全年小幅度的正增长。2011年,流动式起重机的销售量、销售额、利润总额等指标仍创历史最高纪录。全行业起重机产品销售收入超过427亿元,同比增长4.6%;五大类流动起重机销售量达到47 000多台,同比增长8.5%;利润总额57.4亿元,同比增长30.6%;工业增加值86.0亿元,同比增长34.1%。2011年工程起重机行业主要经济指标见表1。

表1 2011年工程起重机行业主要经济指标

	产品销售收入(万元)	工业增加值(万元)	利润总额(万元)	产品销量(台)
2011年	4 271 372	860 361	574 017	47 109
2010年	4 081 716	641 813	439 455	43 438
同比增长(%)	4.6	34.1	30.6	8.5

主机生产企业概况

2011年销售额在10亿元以上的有5家企业。龙头企业徐工集团徐州重型机械厂2011年销售额达211亿元,同比增长5.7%,占全行业销售收入的49.5%;利润总额达25.7亿元,同比下降3.6%,占全行业利润总额的44.7%,比上年下降近16个百分点。稳居行业第二位的长沙中联重工科技发展股份有限公司起重机分公司的销售收入达到114.3亿元,同比增长17.7%;利润总额达到28亿元,同比增长139%,占全行业利润总额的48.9%,比上年上升近22个百分点,首次超过徐重。三一汽车起重机械有限公司销售收入39.0亿元,同比增长高达104%,利润总额增长66.9%。上海三一科技有限公司销售收入14.2亿元,与上年持平,但工业增加值和利润总额同比大幅提高。抚顺挖掘机制造有限公司销售收入10.7亿元和利润总额1.1亿元,同比分别下降16%和14%。其他企业中,徐州徐工随车起重机有限公司是国内第一大随车起重机生产企业,2011年销售收入同比增长62%,利润总额增长90%,均保持高速增长,是唯一一家生产随车起重机进入工程起重机行业前10名的企业,并提升到第六位。四川长江起重机有限责任公司和安徽柳工起重机有限公司销售收入和利润总额同比大幅下滑。值得注意的是,2010年只有5家亏损企业,而2011年达到10家。2011年销售收入前10位企业主要经济指标见表2。

表2 2011年销售收入前10位企业主要经济指标

序号	生产企业	产品销售收入(万元)		工业总产值(万元)		工业增加值(万元)		利润总额(万元)	
		2011年	2010年	2011年	2010年	2011年	2010年	2011年	2010年
1	徐州重型机械有限公司	2 114 680	2 001 364	2 049 955	1 983 636	250 961	183 082	256 527	265 974
2	中联重科起重机分公司	1 143 157	971 601	1 137 470	939 167	329 866	206 617	280 818	117 269
3	三一汽车起重机械有限公司	389 988	191 180	346 841	201 344	76 859	110 144	38 011	22 781
4	上海三一科技有限公司	141 541	141 562	169 136	181 067	87 157	11 165	9 159	3 257
5	抚顺挖掘机制造有限公司	106 580	127 078	112 158	125 968	49 858	45 029	10 700	12 500
6	徐州徐工随车起重机有限公司	66 919	41 308	60 730	40 772	47 111	10 587	5 343	2 807
7	安徽柳工起重机有限公司	47 806	89 354	47 809	100 946		2 357	-9 228	166
8	北起多田野	31 906	25 194	28 472	19 160	2 891	938	-115	-1 879
9	马尼托瓦克东岳重工有限公司	31 058	42 949	30 893	43 464	2 533	4 129	3 416	4 724
10	四川长江起重机有限责任公司	30 588	92 593	21 579	57 321	932	14 563	-3 890	3 350

产品市场销售情况

据工程起重机分会对会员单位的统计，2011年销售各类移动式起重机47 109台，同比增长8.5%，增幅比2010年减少21.7个百分点。其中汽车起重机销售35 248台，与上年持平，同比仅增长0.8%；全地面起重机销售209台，同比增长16.8%；随车起重机销售9 440，同比增长46.5%（若不计新加入统计的两企业销售的1 687台，同比增长应为27.5%）；履带起重机销售2 028台，同比增长22.5%；轮胎起重机销售184台，销量很少，且占比几年未变。汽车起重机占比首次低于80%，占比比上年下降5.7个百分点。随车起重机销售占比首次上升到20%，表明市场结构有较大改变，更趋于合理。2011年工程起重机销售情况见表3。

表3 2011年工程起重机销售情况

产品名称	销量(台)			各类产品占比(%)	
	2011年	2010年	同比增长(%)	2011年	2010年
汽车起重机	35 248	34 973	0.8	74.80	80.50
全地面起重机	209	179	16.8	0.43	0.41
随车起重机	9 440	6 443	46.5	20.00	14.80
履带起重机	2 028	1 655	22.5	4.30	3.80
轮胎起重机	184	188	-2.1	0.47	0.49
合计	47 109	43 438	8.5	100.00	100.00

注：表中数据包括出口量。

1. 汽车起重机和全地面起重机

几大类流动式起重机中，主导产品汽车起重机和全地面起重机合计共销售35 457台，同比增长仅0.87%，销量基本与2010年持平。销售高峰期出现在2～5月，月销均在3 000台以上。销售峰值出现在3月份，销售了6 860台，创历史新高。但从6月份销量开始下滑，三季度尤为严重，四季度尚无明显好转的趋势。2011年汽车起重机（含全地面起重机）销售情况见表4。

表4 2011年汽车起重机（含全地面起重机）**销售情况**

	一季度	二季度	三季度	四季度
销售(台)	12 165	11 200	5 996	6 096
同比增长(%)	47.6	-5.1	-20.4	-19.5

汽车起重机产品起重量8～160t，共21个系列产品。其中最大起重量≤50t的共计销量33 691台，同比仅增长1.4%；50t＜最大起重量≤100t的

销售1 372台,同比下降 13.8%;最大起重量 >100t 的销售 185 台,同比增长 17%。全地面起重机共 12 个系列产品,2011 年销售 209 台,同比增长 16.8%。其中 260t 销量达 57 台,同比增长 307%,净增 43 台;400t 销售 12 台,同比增长 71.4%,净增 5 台。

2011 年,汽车起重机年销量(含全地面起重机)达到千台以上的企业分别是:徐重、中联、三一汽车起重机械有限公司、安徽柳工起重机有限公司。这 4 大企业的销售量合计共 32 711 台,占全行业汽车起重机销售总量的 92.3%。可见汽车起重机的生产集中度很高。四川长江起重机有限公司和马尼托瓦克东岳重工有限公司的销量降到千台以下。在 11 个主要生产汽车起重机企业中,仅 4 家企业实现了销量同比增长,其余全为负增长。其中增长幅度较大的有三一汽车起重机械有限公司和北京京城重工机械有限公司,同比增长分别达到 75.7% 和 13.4%。徐重汽车起重机的销售额占全行业汽车起重机销售额的 52.4%,销售台数占全行业的 51.8%。中联的销售额占全行业的 30.2%,销售台数占全行业的 26.5%。三一汽车起重机的销售额占全行业销售额的 10.7%,销售台数占全行业的 9.9%,比上年增加 4 个百分点。2010 ~ 2011 年各企业汽车起重机(含全路面起重机)销售情况和市场占有率见表 5。

表 5　2010 ~ 2011 年各企业汽车起重机(含全路面起重机)销售情况和市场占有率

企业名称	销售量(台)			市场占有率(%)	
	2011 年	2010 年	同比增长(%)	2011 年	2010 年
徐州重型机械有限公司	18 351	18 180	0.9	51.8	51.7
中联重科工程起重机分公司	9 399	8 840	6.3	26.5	25.1
三一汽车起重机械有限公司	3 520	2 003	75.7	9.9	5.7
安徽柳工起重机有限公司	1 441	2 136	-32.5	4.1	6.0
四川长江工程起重机有限责任公司	484	1 220	-60.3	1.4	3.5
马尼托瓦克东岳重工有限公司	817	1 112	-26.5	2.3	3.2
其他企业	1 445	1 661	-13.0	4.0	4.8
合　　计	35 457	35 152	0.87	100.00	100.00

2. 履带起重机

2011 年,履带起重机共销售 2 028 台,同比增长 22.5%,创历史最高纪录。销售高峰期出现在 2 ~ 5 月,从 6 月开始销量缓慢下滑,但同比仍保持两位数增长。起重量 35 ~ 1 600t,共 30 个系列产品投放市场。从产品结构分析:2011 年销售的 35 ~ 200t 履带起重机同比增长 12.8%,220 ~ 400t 的同比下降 13%,而 450t 以上同比增长高达 53.6%。2011 年履带起重机销售额在 10 亿元以上的企业依次是中联、上海三一科技有限公司、徐工和抚挖。4 大企业销售量占全行业的 85.8%,销售额占全行业的 93%。2011 年中联的销售成绩突出,由 2010 年行业的第四位跃居第一位,销售量和销售额同比分别增长 121% 和 58.4%。2011 年履带起重机前 4 家生产企业销售情况见表 6。

表 6　2011 年履带起重机前 4 家生产企业销售情况

企业名称	销量(台)		
	2011 年	2010 年	同比增长(%)
中联重科起重机分公司	539	244	121.0
抚顺挖掘机制造有限公司	438	442	-0.9
徐工集团工建设机械分公司	418	398	5.0
上海三一科技有限公司	346	401	-13.7

3. 随车起重机

随车起重机行业在我国起步较晚,2001 ~ 2005 年随车起重机的年销量一直在 1 000 台徘徊。而随着我国经济的持续快速发展,尤其是城市化进程的不断推进,随车起重机的应用范围逐渐扩大,作为一种集吊装和运输于一身,具有多功能、高效率等特性的设备，有着很大的发展空间。随车起重机行业从2006年起进入了较快发展阶段，2008年销售量就上升到4 000多台，2010年又突破6 000台。

据分会统计，随车起重机2011年销售9 440台，同比增长46.5%。销售额超过11.5亿元，同比增长9%。销售高峰出现在4～5月，月销都在800台以上。从9月份开始销量开始下滑，但趋势平缓。很明显，随车起重机受大经济形势的影响远远小于汽车起重机，市场仍有一定的上升空间。

徐工随车起重机有限公司2011年的销量达4 800多台，同比增长55.1%，销售额同比增长48%，拉动了全行业的增长。2011年随车起重机主要生产企业的销售情况见表7。

轮胎起重机仍然停留在年销100多台的水平，近几年变化不大。

表7　2011年随车起重机主要生产企业的销售情况

生产企业	销量(台)		生产企业	销量(台)	
	2011年	2010年		2011年	2010年
徐州徐工随车起重机有限公司	4 833	3 116	沈阳广成重工有限公司	161	157
石家庄煤矿机械有限责任公司	1 676	1 365	郑州宇通重工有限公司	60	38
牡丹江专用汽车制造有限公司起重机厂	909	851	长治清华机械厂	31	104
湖南中联重科专用车有限公司	294	595	湖南飞涛专用汽车制造有限公司	757	
泰安古河随车起重机有限公司	243	214	长春市神骏专用车制造有限公司	465	

产品出口情况

2011年，工程起重机出口比2010年有所增长，出口3 291台，同比增长29.9%；出口交货值超过47亿元，同比增长21.2%，但距历史最高纪录的2008年还有一段差距。2011年工程起重机出口情况见表8。

表8　2011年工程起重机出口情况

工程起重机	出口量(台)			
	2011年	2010年	2009年	2008年
汽车起重机	2 372	1 816	1 289	3 434
随车起重机	479	355	228	678
履带起重机	436	363	165	825
越野轮胎起重机	4			
总　计	3 291	2 534	1 682	4 937

其中随车起重机出口479台，同比增长34.9%，增长幅度最大。汽车起重机出口2 372台，同比增长30.6%；履带起重机出口436台，同比增长20.1%。徐工集团徐州重型机械厂2011年出口汽车起重机1 500多台，占汽车起重机出口总量的64.5%。徐州徐工随车起重机有限公司出口随车起重机422台，占随车起重机出口总量的88.1%。履带起重机4大企业都有出口，上海三一科技有限公司的出口量和出口额均名列前茅。

科技成果及新产品

2011年是工程起重机生产企业新产品研发投入最大的一年，相继开发的新一轮产品陆续下线，有众多新产品投放市场。在2011年推向市场的新产品中有：徐州重型的目前国内最大吨位的160吨级汽车起重机；中联起重机分公司国内唯一的四桥80吨级的汽车起重机；京城重工的QAY160E全地面起重机，这是我国唯一的性能指标与国外高端产品相当的新一代160t全地面起重机。

继2010年上海三一科技有限公司推出1 600吨级的履带起重机、徐工建设机械分公司推出2 000吨级履带起重机之后，中联重科工程起重机分公司的3 200t履带起重机、上海三一科技有限公司的3 600t履带起重机成功下线。这标志着我国履带起重机已立于世界履带起重机行业之巅。

我国工程起重机产品正朝着系列化、大型化、智能化、核心零部件自主化、安全可靠人性化的方向发展，产品的质量和技术含量大幅度提高。2011年流动式起重机新产品见表9。

表9　2011年流动式起重机新产品

生产企业	已投放市场新产品	已下线新产品
徐州徐工重型机械有限公司	汽车起重机　QY160	越野轮胎起重机　RT60
		RT100
中联重科工程起重机分公司	汽车起重机　QY80	履带起重机　QUY550
	全地面起重机　QAY400	QUY3200
	QAY500	越野轮胎起重机　RT100
	履带起重机　QUY130	
	QUY180	
	QUY500	
三一汽车起重机械有限公司		全地面起重机　QAY3500(350t)
徐工集团工程机械股份有限公司建设机械分公司	履带起重机　QU650	
北起多田野(北京)起重机有限公司	汽车起重机　QY100	汽车起重机　GT-1000E(100t)
沈阳北方交通重工集团		汽车起重机　QY50U
		QY70U
北京京城重工机械有限公司	汽车起重机　QY75	全地面起重机　QAY160E
辽宁抚挖锦重机械有限公司		汽车起重机　QY55N5S
		QY70N5Y
北京福田雷萨起重机分公司	履带起重机　QUY360	
四川长江工程起重机有限公司		汽车起重机　025G
		055G
马尼托瓦克东岳重工有限公司	汽车起重机 GT55	
上海三一科技有限公司	履带起重机　SCC600	履带起重机　SCC86000TM(3 600t)
	SCC8100	
	SCC8200	
	SCC8300	
	SCC3000WE	
	SCC5000WE	
	SCC6500WE	
	SCC16000	

2011年是汽车起重机行业的一个拐点，因市场相对饱和，产能过剩，结束了销量高速增长的时期，进入了稳定发展的阶段。部分履带起重机生产企业看好强夯机市场，利用自身的优势，研发和生产强夯机产品。随车起重机市场尚有一定的发展空间，也引来一些企业的关注和投入。企业只有把握好世界经济的走向和国内经济政策的变化，练好内功，调整产业结构，才能在新的一年中立于不败之地。

〔撰稿人：中国工程机械工业协会工程起重机分会沈永明〕

工 业 车 辆

2011年，虽然受国内经济增速放缓的影响，我国工业车辆行业机动工业车辆销售量呈现前高后低的走势，但总销量仍然超越30万台，再次刷新历史纪录，继续保持全球第一大销售市场的位置。

生产发展情况

2011 年，工业车辆产量继续增加，3 ~ 4 月出现了全年最高产量。前几年行业内很多企业通过搬迁新厂、改造设备，生产能力得到提升。在 2011 年国内外需求量增加的情况下，这些产能发挥了预期的效果。根据分会月统计报告，2011 年工业车辆产品分类及主要生产企业见表 1。

表 1　2011 年工业车辆产品分类及主要生产企业

产品分类	企业名称
内燃叉车	安徽叉车集团有限责任公司、杭叉集团股份有限公司、大连叉车有限责任公司、台励福机器设备（青岛）有限公司、凯傲宝骊（江苏）有限公司、厦门厦工机械股份有限公司、江苏靖江叉车有限公司、上海上力叉车有限公司、一拖（洛阳）搬运机械有限公司、广西柳工机械股份有限公司、山东光明机器制造有限公司、宝鸡叉车制造公司五厂、宜昌金轮叉车有限责任公司、镇江福马叉车有限公司、三一集团（三一港口机械有限公司）、龙工（上海）叉车有限公司、安徽江淮银联重型工程机械有限公司、宁波如意股份有限公司、浙江诺力机械股份有限公司、杭州友高精密机械有限公司、浙江美科斯叉车有限公司、安徽合叉叉车有限公司、湖南山河智能机械股份有限公司、浙江中力机械有限公司、山东山推机械有限公司、芜湖瑞创叉车有限公司、林德（中国）叉车有限公司、上海海斯特叉车制造有限公司、斗山工程机械（中国）有限公司、北京现代京城工程机械有限公司、丰田产业车辆（上海）有限公司、伟轮叉车（东莞）有限公司、小松（中国）投资有限公司、TCM（安徽）机械有限公司、青岛克拉克物流机械有限公司、卡哥特科（上海）贸易有限公司、三菱重工叉车（大连）有限公司
电动叉车（包括电动平衡重乘驾式叉车、电动乘驾式仓储叉车、电动步行式仓储叉车）	安徽叉车集团有限责任公司、杭叉集团股份有限公司、大连叉车有限责任公司、台励福机器设备（青岛）有限公司、凯傲宝骊（江苏）有限公司、厦门厦工机械股份有限公司、江苏靖江叉车有限公司、上海上力叉车有限公司、一拖（洛阳）搬运机械有限公司、广西柳工机械股份有限公司、无锡汇丰机器有限公司、龙工（上海）叉车有限公司、无锡大隆电工机械厂、安徽江淮银联重型工程机械有限公司、宁波如意股份有限公司、浙江诺力机械股份有限公司、杭州友高精密机械有限公司、浙江美科斯叉车有限公司、安徽合叉叉车有限公司、浙江中力机械有限公司、山东山推机械有限公司、芜湖瑞创叉车有限公司、林德（中国）叉车有限公司、永恒力叉车（上海）有限公司、丰田产业车辆（上海）有限公司、上海力至优叉车制造有限公司、小松（中国）投资有限公司、北京现代京城工程机械有限公司、斗山工程机械（中国）有限公司、上海海斯特叉车制造有限公司、伟轮叉车（东莞）有限公司、TCM（安徽）机械有限公司、青岛克拉克物流机械有限公司
轻小型搬运车辆（包括手动叉车）	杭叉集团股份有限公司、浙江诺力机械股份有限公司、宁波如意股份有限公司、无锡汇丰机器有限公司、无锡大隆电工机械厂、湖北金茂机械科技有限公司、湖北宏力液压科技有限公司

根据世界工业车辆统计协会规定，工业车辆分为机动工业车辆和非机动工业车辆，机动工业车辆又分为五大类，即第Ⅰ类电动平衡重乘驾式叉车、第Ⅱ类电动乘驾式仓储叉车、第Ⅲ类电动步行式仓储叉车、第Ⅳ类内燃平衡重式叉车（实心轮胎）、第Ⅴ类内燃平衡重式叉车（充气轮胎）。2010 ~ 2011 年机动工业车辆主要产品产销存情况见表 2。

表 2　2010 ~ 2011 年机动工业车辆主要产品产销存情况　　（单位：台）

产品名称	产量		销量		库存量	
	2010 年	2011 年	2010 年	2011 年	2010 年	2011 年
电动平衡重乘驾式叉车	22 412	29 449	22 960	30 035	1 103	1 028
电动乘驾式仓储叉车	7 537	11 075	7 502	11 846	312	337
电动步行式仓储叉车	21 159	40 739	22 280	41 325	12	22
内燃平衡重式叉车	184 531	230 130	179 667	230 641	9 527	9 071

2011 年工业车辆主要生产企业经济指标完成情况见表 3。2009 ~ 2011 年部分重点企业主要经济指标完成情况见表 4。

表 3　2011 年工业车辆主要生产企业经济指标完成情况　(单位:万元)

企业名称	工业总产值（当年价）	工业增加值	产品销售收入（主营业务收入）	利润总额
安徽叉车集团有限责任公司	713 669.0	144 634.0	642 096.0	51 527.0
杭叉集团股份有限公司	648 159.0	65 164.0	837 361.0	19 383.0
大连叉车有限责任公司	59 137.0	15 532.0	54 747.0	2 456.0
浙江诺力机械股份有限公司	134 072.0	40 137.0	129 549.0	8 782.0
浙江美科斯叉车有限公司	40 118.0	-4 648.0	43 378.0	1 627.0
宁波如意股份有限公司	79 624.0	7 372.0	74 168.0	955.0
江苏靖江叉车有限公司	22 587.0	3 388.0	22 622.0	229.0

表 4　2009 ~ 2011 年部分重点企业主要经济指标完成情况

单位名称	年份	工业总产值（当年价）（万元）	工业增加值（万元）	产品销售收入（万元）	利润总额（万元）	从业人员平均人数（人）	工资总额（万元）	资产总计（万元）
安徽叉车集团公司	2009 年	345 665.0	68 355.0	330 574.0	10 053.0	6 102	19 597.0	365 199.0
	2010 年	590 509.0	126 230.0	502 279.0	46 131.0	6 492	28 882.0	404 483.0
	2011 年	713 669.0	144 634.0	642 096.0	51 527.0	7 487	34 955.0	491 185.0
杭叉集团股份有限公司	2009 年	354 285.0	38 676.8	352 093.0	17 327.7	2 033	7 187.0	197 251.6
	2010 年	618 887.0	44 200.0	713 051.0	25 431.0	2 333	10 577.0	257 455.0
	2011 年	648 159.0	65 164.0	837 361.0	19 383.0	2 555	14 082.0	268 561.0
大连叉车有限责任公司	2009 年	49 393.0	14 527.5	47 961.0	2 380.8	807	1 717.0	49 670.3
	2010 年	63 512.0	17 574.0	57 257.0	2 606.0	757	1 995.0	53 763.0
	2011 年	59 137.0	15 532.0	54 747.0	2 456.0	814	2 532.0	50 318.0
浙江诺力机械股份有限公司	2009 年	72 611.0	19 012.0	66 920.0	2 768.0	1 512	2 889.0	56 582.0
	2010 年	102 820.0	29 594.0	101 475.0	7 166.0	1 535	5 802.0	61 731.0
	2011 年	134 072.0	40 137.0	129 549.0	8 782.0	2 040	7 391.0	77 537.0
宁波如意股份有限公司	2009 年	37 942.0	6 262.6	38 188.0	1 297.2	893	3 076.0	31 299.4
	2010 年	64 780.0	10 457.0	58 817.5	1 822.3	934	4 646.5	35 551.5
	2011 年	79 624.0	7 372.0	74 168.0	955.0	945	5 835.0	37 159.0

市场销售

2011 年是工业车辆行业面临严峻考验的一年,在国内外经济形势复杂多变、市场竞争更加激烈的情况下,月销售量呈现前高后低的走势,全年总销售量首次超过 30 万台,再次刷新历史纪录,实现了销售量的重要的跨越。根据工业车辆分会 2011 年采录汇总报告,参加分会统计的机动工业车辆制造企业共销售机动工业车辆 313 847 台,比 2010 年的 232 409 台增长 35.04%;非机动工业车辆销售量为 1 686 031 台,比上年的 1 511 172台增长 11.57%。2011 年机动工业车辆各月销售情况见表 5。

表5　2011年机动工业车辆各月销售情况　（单位:台）

类别名称 / 月份	Ⅰ类 电动平衡重乘驾式叉车	Ⅱ类 电动乘驾式仓储叉车	Ⅲ类 电动步行式仓储叉车	Ⅳ类+Ⅴ类 内燃平衡重式叉车（实心、充气轮胎）	Ⅰ~Ⅲ类 电动叉车	Ⅰ+Ⅳ+Ⅴ类 平衡重式叉车	Ⅰ~Ⅴ类 工业车辆
1	2 248	888	3 528	14 951	6 664	17 199	21 615
2	1 761	598	2 459	14 645	4 818	16 406	19 463
3	2 624	816	3 436	27 157	6 876	29 781	34 033
4	2 639	821	2 861	22 953	6 321	25 592	29 274
5	2 681	992	3 648	21 901	7 321	24 582	29 222
6	2 688	1 049	3 649	20 942	7 386	23 630	28 328
7	2 688	1 105	3 475	19 648	7 268	22 336	26 916
8	2 600	1 046	3 455	20 910	7 101	23 510	28 011
9	2 769	1 099	4 055	19 239	7 923	22 008	27 162
10	2 421	1 069	3 649	16 144	7 139	18 565	23 283
11	2 482	1 277	4 331	17 001	8 090	19 483	25 091
12	2 433	1 086	2 779	15 151	6 298	17 584	21 449
合计	30 034	11 846	41 325	230 642	83 205	260 676	313 847

1. 内燃叉车销售情况

2011年，共销售内燃平衡重乘驾式叉车230 642台，比上年的179 667台增长28.37%。销售的内燃平衡重乘驾式叉车中柴油叉车213 569台，其余为汽油叉车（含双燃料）。2011年内燃叉车各月销售情况见图1。

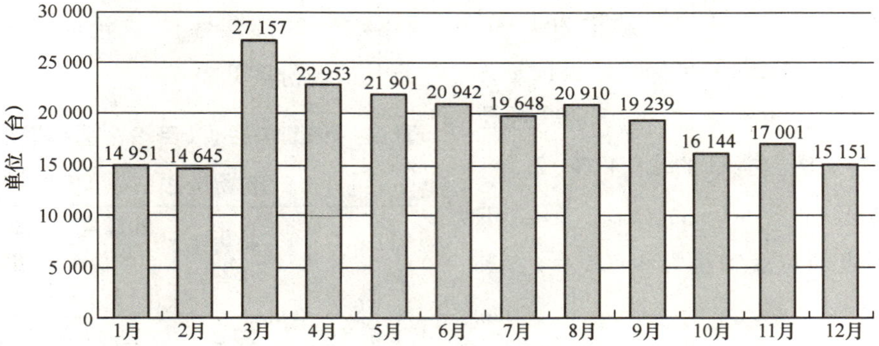

图1　2011年内燃叉车各月销售情况

按销售量排前十位企业是：安徽叉车集团有限责任公司、杭叉集团股份有限公司、龙工（上海）叉车有限公司、台励福机器设备（青岛）有限公司、广西柳工机械股份有限公司、安徽江淮银联重型工程机械有限公司、山东山推机械有限公司、浙江省美科斯叉车有限公司、厦门厦工叉车有限公司、青岛克拉克物流机械有限公司。排在前五位企业的合计销售量为155 011台，占内燃平衡重乘驾式叉车销售量的67.21%；排在前十位企业的合计销售量为182 114台，占内燃平衡重乘驾式叉车销售量的78.96%。

2. 电动叉车销售情况

电动叉车（包括电动平衡重乘驾式叉车和各类电动仓储叉车）2011年销售量为83 205台，比上年的52 742台增长57.76%。2011年电动叉车各月销售情况见图2。

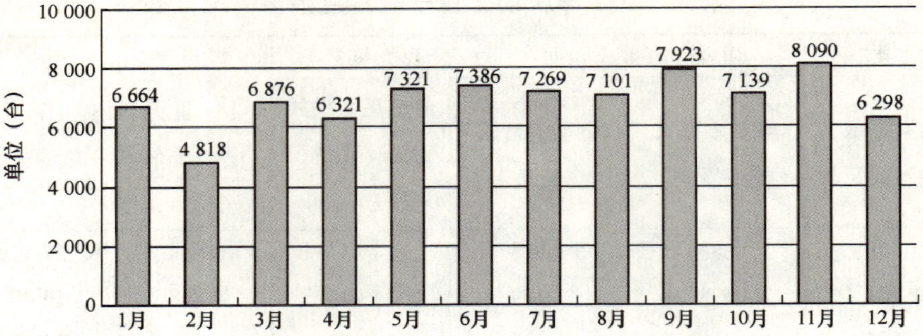

图2　2011年电动叉车各月销售情况

(1)电动平衡重乘驾式叉车分吨位销售情况。2011年,全国共销售电动平衡重乘驾式叉车30 034台,比上年的22 960台增长30.81%。

按销售量排前六位企业是:安徽叉车集团有限责任公司、杭叉集团股份有限公司、林德(中国)叉车有限公司、上海力至优叉车制造有限公司、台励福机器设备(青岛)有限公司、丰田产业车辆(上海)有限公司。排在前三位企业的合计销售量为17 384台,占电动平衡重乘驾式叉车销售量的57.88%。排在前六位企业的合计销售量为22 010台,占电动平衡重乘驾式叉车销售量的73.28%。

按起重量吨位级分,电动平衡重乘驾式叉车的销售情况如下:0.0~1.199吨位级销量为1 005台,占总销量的3.35%;1.2~1.999吨位级销量为13 194台,占总销量的43.93%;2.0~2.499吨位级销量为7 637台,占总销量的25.42%;2.5~2.999吨位级销量为3 493台,占总销量的11.63%;3.0或以上吨位级销量为4 706台,占总销量的15.67%。

(2)电动仓储叉车(包括电动乘驾式仓储叉车、电动步行式仓储叉车)销售情况。2011年,全国共销售电动仓储叉车53 171台,比上年的29 782台增长78.53%。

按销售量排前六位企业是:浙江诺力机械股份有限公司、浙江中力机械有限公司、林德(中国)叉车有限公司、杭叉集团股份有限公司、宁波如意股份有限公司、宁波力达物料搬运设备厂。排在前三位企业的合计销售量为25 700台,占电动仓储叉车销售量的48.33%。排在前六位企业的合计销售量为39 963台,占电动仓储叉车销售量的75.16%。

3. 各地区叉车销售情况

2011年,从销售到国内各省、自治区、直辖市的234 115台机动工业车辆的流向看,沿海地区和经济发达地区市场情况仍然较好,边远地区和经济欠发达地区叉车销售市场情况逐年向好。按地区销售情况是:东北地区销售16 982台,占市场份额的7.25%;华北地区销售31 898台,占市场份额的13.62%;华东地区销售108 273台,占市场份额的46.26%;中南地区销售52 964台,占市场份额的22.62%;西南地区销售12 665台,占市场份额的5.41%;西北地区销售11 333台,占市场份额的4.84%。2011年各省、自治区、直辖市叉车销售量及其市场份额见表6。

表6　2011年各省、自治区、直辖市叉车销售量及其市场份额(按销售量排序)

排名	地区	销售量(台)	2011年市场份额(%)	2010年市场份额(%)	市场份额同比增长(百分点)
1	江苏	29 218	12.48	12.34	0.14
2	广东	27 832	11.89	12.54	-0.65
3	山东	24 276	10.37	11.04	-0.67
4	浙江	19 074	8.15	8.94	-0.79
5	上海	15 125	6.46	6.72	-0.26
6	河北	9 680	4.13	3.77	0.36
7	福建	9 298	3.97	3.84	0.13
8	北京	8 754	3.74	3.39	0.35
9	辽宁	8 530	3.64	3.14	0.50
10	河南	8 229	3.51	2.82	0.69
11	安徽	7 640	3.26	3.03	0.23
12	湖北	6 481	2.77	2.71	0.06
13	天津	6 341	2.71	2.97	-0.26

（续）

排名	地区	销售量（台）	2011年市场份额（%）	2010年市场份额（%）	市场份额同比增长（百分点）
14	四川	5 354	2.29	2.12	0.17
15	湖南	4 757	2.03	2.04	-0.01
16	黑龙江	4 612	1.97	1.67	0.30
17	山西	4 203	1.80	1.86	-0.06
18	广西	4 191	1.79	1.67	0.12
19	陕西	4 137	1.77	2.04	-0.27
20	吉林	3 840	1.64	1.50	0.14
21	江西	3 642	1.56	1.46	0.10
22	新疆	3 116	1.33	1.26	0.07
23	内蒙古	2 920	1.25	0.94	0.31
24	重庆	2 878	1.23	1.33	-0.10
25	云南	2 841	1.21	1.25	-0.04
26	甘肃	2 460	1.05	1.18	-0.13
27	海南	1 474	0.63	0.73	-0.10
28	贵州	1 354	0.58	0.69	-0.11
29	青海	812	0.35	0.36	-0.01
30	宁夏	808	0.35	0.54	-0.19
31	西藏	238	0.10	0.11	-0.01

进出口情况

2011年，出口叉车及装有升降或搬运装置的工业车辆共1 870 262台，比2010年的1 580 085台增长18.36%；出口额1 321 538 437美元，比2010年的756 331 867美元增长74.73%。工业车辆出口到171个国家和地区。2004～2011年我国工业车辆出口情况见表7。

表7　2004～2011年我国工业车辆出口情况

年度	出口量		出口额	
	数量（台）	同比增长（%）	金额（美元）	同比增长（%）
2004	831 919	50.03	202 987 162	70.39
2005	913 835	9.85	295 980 207	45.81
2006	1 252 382	37.05	459 960 810	55.40
2007	1 710 729	36.60	789 904 667	71.73
2008	1 666 411	-2.59	1 032 741 549	30.74
2009	942 242	-43.46	466 315 333	-54.85
2010	1 580 085	67.69	756 331 867	62.19
2011	1 870 262	18.36	1 321 538 437	74.73

1.2011年机动工业车辆出口情况

2011年，机动工业车辆出口84 249台，比2010年的47 143台增长78.71%；其中电动叉车（含巷道堆垛机）出口33 689台，比2010年的19 706增长70.96%；内燃叉车（含集装箱叉车）出口50 560台，比2010年的27 437台增长84.28%。2004～2011年机动工业车辆出口量和出口额情况见表8。2004～2011年机动工业车辆出口量情况见图3。

表8　2004～2011年机动工业车辆出口量和出口额情况

年份	出口量		出口额		年份	出口量		出口额	
	数量（台）	同比增长（%）	金额（美元）	同比增长（%）		数量（台）	同比增长（%）	金额（美元）	同比增长（%）
2004	9 696	103.19	102 061 755	89.05	2008	60 333	23.45	722 682 384	36.48
2005	16 462	69.78	178 385 261	74.78	2009	27 558	-54.32	309 421 396	-57.18
2006	26 588	61.51	290 735 210	62.98	2010	47 143	71.07	517 832 892	67.36
2007	48 871	83.81	529 515 401	82.13	2011	84 249	78.71	1 014 556 246	95.92

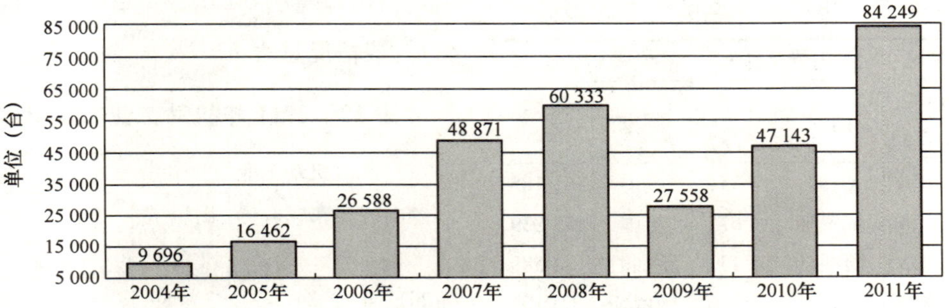

图3　2004～2011年机动工业车辆出口量情况

（1）机动工业车辆出口各洲数量占比情况。在机动工业车辆出口的84 249台中，销往美洲占31.66%、欧洲占29.21%、亚洲占25.44%、非洲占8.06%、大洋洲占5.63%；其中在电动叉车（含巷道堆垛机）出口的33 689台中，销往欧洲占37.68%、美洲占28.90%、亚洲占25.06%、大洋洲占6.03%、非洲占2.33%；在内燃叉车（含集装箱叉车）出口的50 560台中，销往美洲占33.50%、亚洲占25.69%、欧洲占23.56%、非洲占11.88%、大洋洲占5.37%。2011年机动工业车辆出口各洲数量占比情况见表9。

表9　2011年机动工业车辆出口各洲数量占比情况

地区	机动工业车辆		电动叉车		内燃叉车	
	数量（台）	占比（%）	数量（台）	占比（%）	数量（台）	占比（%）
亚洲	21 430	25.44	8 442	25.06	12 988	25.69
非洲	6 793	8.06	786	2.33	6 007	11.88
欧洲	24 605	29.21	12 695	37.68	11 910	23.56
拉丁美洲	18 538	22.00	3 221	9.56	15 317	30.29
北美洲	8 137	9.66	6 514	19.34	1 623	3.21
大洋洲	4 746	5.63	2 031	6.03	2 715	5.37
合计	84 249	100.00	33 689	100.00	50 560	100.00

（2）机动工业车辆出口各洲同比增长情况。机动工业车辆出口大洋洲同比增长241.93%、欧洲同比增长83.69%、美洲同比增长81.24%、亚洲同比增长64.35%、非洲同比增长47.58%。其中电动叉车（含巷道堆垛机）出口大洋洲同比增长310.30%、欧洲同比增长75.47%、美洲同比增长73.41%、亚洲同比增长46.00%、非洲同比增长35.52%；内燃叉车（含集装箱叉车）出口大洋洲同比增长204.03%、欧洲同比增长93.34%、美洲同比增长86.07%、亚洲同比增长78.97%、非洲同比增长49.32%。2011年机动工业车辆出口各洲同比增长情况见表10。

表10　2011年机动工业车辆出口各洲同比增长情况

地区	机动工业车辆（台）			电动叉车（台）			内燃叉车（台）		
	2011年	2010年	同比增长（%）	2011年	2010年	同比增长（%）	2011年	2010年	同比增长（%）
亚洲	21 430	13 039	64.35	8 442	5 782	46.00	12 988	7 257	78.97
非洲	6 793	4 603	47.58	786	580	35.52	6 007	4 023	49.32
欧洲	24 605	13 395	83.69	12 695	7 235	75.47	11 910	6 160	93.34
美洲	26 675	14 718	81.24	9 735	5 614	73.41	16 940	9 104	86.07
大洋洲	4 746	1 388	241.93	2 031	495	310.30	2 715	893	204.03
合计	84 249	47 143	78.71	33 689	19 706	70.96	50 560	27 437	84.28

2011年叉车出口前5名的国家和地区见表11。

表11　2011年叉车出口前5名的国家和地区

名次	电动叉车		内燃叉车		其他未列名叉车	
	国家	数量（台）	国家	数量（台）	国家	数量（台）
1	美国	6 016	巴西	7 351	美国	361 185
2	德国	3 214	俄罗斯	4 675	德国	255 839
3	俄罗斯	2 095	阿根廷	4 450	比利时	82 589
4	澳大利亚	1 842	土耳其	3 366	俄罗斯	80 101
5	巴西	1 283	澳大利亚	2 328	法国	64 219

在机动工业车辆的出口中，电动叉车出口33 689台，占出口量的39.99%；内燃叉车50 560台，占出口量的60.01%。2011年机动工业车辆出口构成情况见表12。

表12　2011年机动工业车辆出口构成情况

年份	机动工业车辆合计（台）	电动叉车		内燃叉车	
		出口量（台）	占比（%）	出口量（台）	占比（%）
2011年	84 249	33 689	39.99	50 560	60.01
2010年	47 143	19 706	41.80	27 437	58.20

2. 2011 年非机动工业车辆(轻小型搬运车辆)出口情况

2011 年,出口非机动工业车辆(轻小型搬运车辆)1 786 013 台,比上年的 1 532 942 台增长 16.51%。2011 年非机动工业车辆(轻小型搬运车辆)各月出口情况见表 13。2011 年非机动工业车辆各月出口走势见图 4。2011 年非机动工业车辆(轻小型搬运车辆)出口各洲情况见表 14。

表 13　2011 年非机动工业车辆(轻小型搬运车辆)各月出口情况　(单位:台)

月份	1 月	2 月	3 月	4 月	5 月	6 月
出口量	148 894	73 380	162 676	128 871	160 372	156 005
月份	7 月	8 月	9 月	10 月	11 月	12 月
出口量	168 554	155 371	166 238	135 137	162 822	167 693

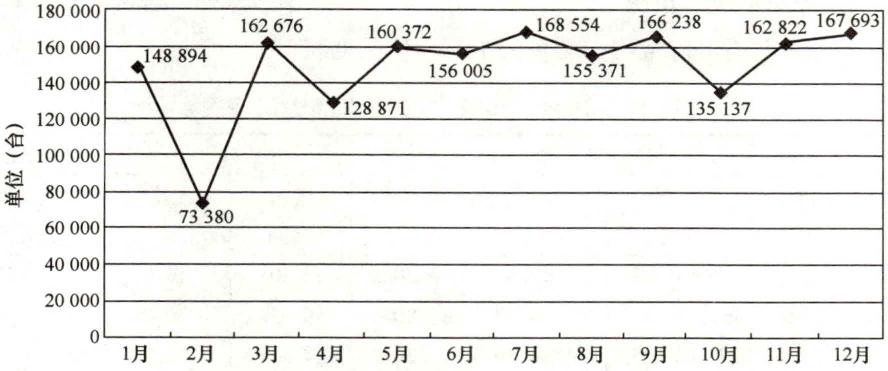

图 4　2011 年非机动工业车辆各月出口走势

表 14　2011 年非机动工业车辆(轻小型搬运车辆)出口各洲情况

地　区	出口量(台)	占比(%)	地　区	出口量(台)	占比(%)
亚洲	343 109	19.21	北美洲	388 787	21.77
非洲	36 570	2.05	大洋洲	35 966	2.01
欧洲	841 163	47.10	合　计	1 786 013	100.00
拉丁美洲	140 418	7.86			

从表 14 看出,出口欧美的非机动工业车辆(轻小型搬运车辆)占出口总量的 76.73%,其中欧洲占 47.10%,美洲占 29.63%,出口亚洲只占 19.21%。2011 年非机动工业车辆(轻小型搬运车辆)出口欧洲前 10 位国家见表 15。

表 15　2011 年非机动工业车辆(轻小型搬运车辆)出口欧洲前 10 位国家

序号	国　家	出口量(台)	占比(%)
1	德国	255 839	30.41
2	比利时	82 589	9.82
3	俄罗斯	80 101	9.52
4	法国	64 219	7.63
5	意大利	59 012	7.02
6	荷兰	49 519	5.89
7	英国	41 494	4.93
8	瑞典	35 537	4.22
9	西班牙	32 781	3.90
10	波兰	25 704	3.06

从表 15 看出,销往欧洲前 10 个国家的出口量占出口欧洲总量 841 163 台的 86.40%,其中,前 7 个国家占出口欧洲总量的 75.22%,德国占出口欧洲总量的 30.41%。2011 年非机动工业车辆(轻小型搬运车辆)出口美洲前 10 位国家见表 16。

表 16　2011 年非机动工业车辆(轻小型搬运车辆)出口美洲前 10 位国家

序号	国家	出口量(台)	占比(%)
1	美国	361 185	68.25
2	巴西	48 959	9.25
3	加拿大	27 602	5.22
4	墨西哥	25 314	4.78
5	阿根廷	18 356	3.47
6	智利	15 368	2.90
7	秘鲁	6 573	1.24
8	哥伦比亚	6 006	1.13

（续）

序号	国家	出口量（台）	占比（%）
9	厄瓜多尔	3 816	0.72
10	委内瑞拉	3 797	0.72

从表16看出，我国销往美洲非机动工业车辆（轻小型搬运车辆）中，有6个国家逾万台，合计占出口美洲总量的93.87%。

3. 2011年我国工业车辆进口情况

2011年，进口叉车及装有升降或搬运装置的工业车辆共15 632台，比2010年的14 644台增长6.75%；进口额368 447 853美元，比2010年的389 169 60美元下降5.32%。其中电动叉车（含巷道堆垛机）进口9 264台，比2010年的8 181台增长13.24%；内燃叉车（含集装箱叉车）进口1 912台（其中集装箱叉车51台），比2010年的1 914台下降0.1%；未列名叉车4 456台，比2010年的4 549台下降2.04%。2004～2011年工业车辆进口情况见表17。

表17　2004～2011年工业车辆进口情况

年份	进口量		进口额		年份	进口量		进口额	
	数量（台）	同比增长（%）	金额（美元）	同比增长（%）		数量（台）	同比增长（%）	金额（美元）	同比增长（%）
2004	15 103	－3.37	208 570 176	13.43	2008	13 807	－16.57	343 233 710	－1.22
2005	14 920	－1.21	238 796 519	14.49	2009	9 652	－30.09	293 627 560	－14.45
2006	14 938	0.12	285 835 052	19.70	2010	14 644	51.72	389 169 560	32.54
2007	16 549	10.78	347 486 220	21.57	2011	15 632	6.75	368 447 853	－5.32

2011年，进口的工业车辆来自30个国家和地区。2011年，进口的电动叉车和内燃叉车共11 176台，来自欧洲占48.32%、来自美洲占11.67%、来自亚洲占39.66%、来自大洋洲占0.35%。其中进口电动叉车（含巷道堆垛机）9 264台，来自欧洲占55.57%、来自美洲占11.29%、来自亚洲占33.14%；进口内燃叉车（含集装箱叉车27台）1 912台，来自欧洲占13.18%、来自美洲占13.49%、来自亚洲占71.29%、来自大洋洲占2.04%。

科技成果及新产品

2011年工业车辆行业部分企业科技成果见表18。2011年工业车辆行业部分企业新产品见表19。

表18　2011年工业车辆行业部分企业科技成果

序号	获奖企业	项目名	证书类别	获奖等级	批准机关
1	安徽叉车集团公司	G系列CPD10－50交流平衡重式蓄电池叉车	国家重点新产品		国家科技部
2	杭叉集团股份有限公司	4～5t J系列大吨位电动叉车	中国机械工业科学技术奖	三等奖	中国机械工业联合会、中国机械工程学会

表19　2011年工业车辆行业部分企业新产品

企业名称	新产品名称
安徽叉车集团公司	CPC(D)20－35　K系列2～3.5t内燃平衡重式叉车 CPC40－45K　系列4～4.5t内燃平衡重式叉车 CPC(D)40－50　H系列4～5t内燃平衡重式叉车 CPD60－70　6～7t蓄电池平衡重式叉车 CPCD160　小于16t重型内燃叉车 QYD50－60　5～6t三支点电动交流牵引车 ZL50EL　装载机

（续）

企业名称	新产品名称
杭叉集团股份有限公司	BD10/20/30 电动平板搬运车
	CPCD45 – XW38B4. 5t XF 系列内燃平衡重式叉车
	CPYD15 – MW21B CPCD18 – MW32B CPYD20 – MW22B
	CPCD25 – MW33B CPYD30 – MW22B CPCD35 – MW33B
	1. 5 ~ 3. 5t 曼尼通内燃叉车
	80PT – T80t 系列平板拖车
	QSD25 – D2T 中铁专用 25t 电动牵引车
	CPYD70 – XW17、CPCD70 – XW387t XF 系列内燃平衡重式叉车
	CPCD100 – XW2810t XF 系列内燃平衡重式叉车
	CPCD250K8 – W36 25t 空箱堆高车
	M50 越野叉车
	BT425 伸缩臂叉车
	CPD25 – Ex – C12. 5t J 系列交流防爆蓄电池叉车
	CBD20 – TC1CBD20 – TSC1 纳科搬运车
	CPD25 – XC2 新一代 1 ~ 3. 5t 四支点蓄电池平衡重式叉车
	CQD20H – SC1 站驾式前移式叉车
大连叉车有限责任公司	CPCD100C/CPCD150QC 型叉车
	CPCD80CD、CPCD100CD 型叉车
	QD45C 型牵引车
	CPD35HB/CB 型蓄电池叉车
	BZCD35AC/FC 型扒渣车
	CPCD50/60/70AC 系列叉车
	CPCD80SD 型叉车
	CPD30HC/CC 型蓄电池叉车
	CPCD100AE/FE 型进箱作业叉车
	CPCD70AE/80AE 型叉车
	CPCD35TB 型叉车
	CPCD25/30SC 型叉车
	FD420B 下叉式叉车
	QD100 型牵引车
浙江诺力机械股份有限公司	OPL25 低位拣选车开发
	WRP10 剪式电动堆高车开发
	CS20 大吨位全电动堆高车开发
	SFS0513 自提升半电动堆高车开发
	电动搬运车用 10A/24V 内置式充电器研究开发
	DAWP23. 16SA 内燃折叠伸缩式高空作业平台
	RT15A 站驾式门架大前移叉车
	2646ES 剪式高空作业平台
	FE4P30 蓄电池平衡重式叉车
	RT – 25 座驾式门架大前移叉车
浙江诺力机械股份有限公司	OPH14 高位拣选车
	LPD2014 两门架双提升电动堆高车
	CH20 两门架宽视野步行式电动堆高车

（续）

企业名称	新产品名称
宁波如意股份有限公司	CBDK－D 步行式双托盘搬运车
	CPDSA 前轮双驱三支点叉车改进
	FB20AC－C 冷库用叉车
	OPL 低位拣选车
	PHS15 电动平衡重式堆垛车
	QDD15W 步行式小拖车
台励福机器设备（青岛）有限公司	ETV 20T 2.0t 及以下宽门架托盘堆垛车
	ETV 12E 1.2t 及以下窄门架托盘堆垛车
	ETV 12TD 1.2t 及以下双货叉托盘堆垛车
林德（中国）叉车有限公司	1151 系列 1.6t/2.0t 站驾式电动托盘搬运车（可折叠站板）
	1158 T30 1158 系列 3t 步行式电动托盘搬运车、1158 T30AP 1158 系列 3t 站驾式电动托盘搬运车（可折叠站板）
	132 N20 132 系列 2t 地面拣选车
丰田产业车辆（上海）有限公司	8FBN 8 系列电瓶车
	FDZN/FGZN Z 系列内燃车

关注行业发展新的亮点——电动仓储叉车

2011 年，我国工业车辆行业电动仓储叉车销量实现历史突破。从行业统计数据可以看出，电动仓储类叉车销量比 2010 年增长 78.53%。其主要原因：一是近年来国内物流仓储业的快速发展，制造和流通领域对仓储类叉车需求越来越大；现代物流业要求提高物流效率、实现仓储管理智能化、降低人工成本、提升服务水平；电子商务的蓬勃发展、区域物流中心建设、城市仓储用地紧张等均促使电动仓储叉车的使用价值进一步提升。二是国内仓储叉车生产企业产品出口形势比较乐观，行业内涌现出多家专业生产仓储叉车的企业，他们根据欧美等主要市场的需求，生产出越来越多有竞争力的产品类型。

从 2011 年世界工业车辆的统计数据可以看出，全年世界电动乘驾式仓储叉车（Ⅱ类车）和电动步行式仓储叉车（Ⅲ类车）总销量为 351 410 台，占总销售量 941 808 台的 37.31%。世界各大洲仓储叉车销售情况见表 20。世界主要国家仓储叉车销售情况见表 21。

表 20 世界各大洲仓储叉车销售情况

（单位：台）

地区	Ⅱ类叉车	Ⅲ类叉车	仓储叉车合计	Ⅰ～Ⅴ类叉车总销量	仓储叉车占总销量比例（%）
欧洲	32 956	160 460	193 416	324 073	59.68
美洲	23 466	60 463	83 929	207 485	40.45
亚洲	31 592	32 753	64 345	373 697	17.22
非洲	870	2 123	2 993	17 194	17.41
大洋洲	2 540	4 187	6 727	19 359	34.75
总计	91 424	259 986	351 410	941 808	37.31

表 21 世界主要国家仓储叉车销售情况

（单位：台）

国家	Ⅱ类叉车	Ⅲ类叉车	仓储叉车合计	Ⅰ～Ⅴ类叉车总销量	仓储叉车占总销量比例（%）
中国	7 723	17 970	25 693	236 257	10.88
美国	17 296	44 856	62 152	139 919	44.42
德国	6 604	37 516	44 120	73 000	60.44

（续）

国家	Ⅱ类叉车	Ⅲ类叉车	仓储叉车合计	Ⅰ～Ⅴ类叉车总销量	仓储叉车占总销量比例(%)
日本	16 596	3 715	20 311	65 268	31.12
法国	5 365	32 401	37 766	53 500	70.59
意大利	2 598	16 242	18 840	30 744	61.28
巴西	2 023	4 376	6 399	22 771	28.10
俄罗斯	2 410	6 208	8 618	22 593	38.14
韩国	2 343	1 454	3 797	20 661	18.38

从世界工业车辆统计协会统计数据可以看出，虽然我国市场叉车销售量列世界第一位，但仓储叉车的销售占比远远低于工业发达国家。

展望未来，国家"十二五"规划重点强调了物流业和服务业的重要性。我国市场与世界主要经济体市场仓储叉车占比情况对比，显示国内市场仓储叉车销售量占比低于世界主要工业国家，可以说未来电动乘驾式仓储叉车和电动步行式仓储叉车在我国将有巨大的发展空间。预计2012年，国际经济会逐步复苏，工业车辆的订单量也将恢复到2008年前的水平；国内需求因仓储物流业正处于蓬勃发展时期，所以在未来几年，平衡重式叉车销量会保持稳定增长，仓储叉车销量会有比较好的表现。由于前几年机动工业车辆产销出现爆发式增长，2012年，我国经济发展以平稳为主基调，预计全年机动工业车辆销量增幅应该在10%左右。我国叉车生产企业和配套企业应该抓住机遇，根据国内外市场的变化，努力发展和创新产品技术和类型，使我国工业车辆产品在市场竞争中越做越好、做大做强。

〔撰稿人：中国工程机械工业协会工业车辆分会张洁〕

路面与压实机械

2011年，由于国家加强宏观经济调控，紧缩银根，减少基础设施建设，应对国际金融危机拉动内需的4万亿元投资计划逐步退出，高铁事故发生以及国际工程机械市场仍然处于金融危机的阴影之中，我国路面与压实机械全年的市场形势和工程机械市场一样，跌宕起伏。一季度市场火爆程度远超预期；二季度市场突然急剧降温，"拐点"显现，负增长抬头；三、四季度销量下滑加剧，一直持续到年底。在市场急剧变化的形势下，我国路面与压实机械3大类产品内销及出口表现不一。压路机主要生产企业全年销售压路机21 617台，同比下降15.50%。其中内销17 952台，同比下降18.91%，占总销量的83.05%，内销依存度同比下降3.49个百分点；外销3 665台，同比增长6.45%，占总销量的16.95%，对外依存度同比增加3.49个百分点。沥青混凝土摊铺机主要生产企业全年销售沥青混凝土摊铺机3 266台，同比增长9.00%。其中内销3 136台，同比增长11.28%，占总销量的96.02%，内销依存度同比增加0.14个百分点；外销130台，同比增长7.44%，外销依存度同比下降0.14个百分点。路面铣刨机主要生产企业全年销售路面铣刨机256台，同比下降14.52%。其中内销223台，同比下降27.12%，占总销量的87.11%，内销依存度同比大幅下降11.60个百分点；外销33台，同比大幅增长7倍多，占总销量的12.89%，外销依存度同比大幅提升11.60个百分点。同时路面与压实机械产品技术水平进一步提升，产品质量和可靠性不断提高。2011年路面与压实机械市场形势表明，我国路面与压实机械行业前两年超速增长的黄金时期已经结束，将理性回归到缓慢增长的平稳发展时期。

压　路　机

生产发展情况

1. 行业产品构成及生产企业

压实机械包括压路机、回填压实机(又称垃圾压实机)和夯实机械 3 大类产品,其中以压路机为主。压路机分为静碾压路机、轮胎压路机、振动压路机和冲击压路机 4 类产品。目前我国生产压路机的生产企业有国有企业、民营企业和外资企业几十家,主要生产企业有 20 多家。2011 年压路机和回填压实机主要生产企业见表 1。

表 1　2011 年压路机和回填压实机主要生产企业

产品分类		企业名称
压路机	静碾压路机	徐州工程机械科技股份有限公司、国机重工(洛阳)有限公司、柳工无锡路面机械有限公司、厦工(三明)重型机器有限公司、山推工程机械股份有限公司、龙工(上海)路面机械制造公司、洛阳路通重工机械有限公司、江苏骏马压路机械有限公司、常林股份有限公司、鼎盛重工机械有限公司、山东公路机械厂、山东临工工程机械有限公司、山东常林机械集团股份有限公司
	轮胎压路机	徐州工程机械科技股份有限公司、国机重工(洛阳)有限公司、柳工无锡路面机械有限公司、厦工(三明)重型机器有限公司、龙工(上海)路面机械制造公司、山推工程机械股份有限公司、洛阳路通重工机械有限公司、长沙中联重工科技发展股份有限公司、三一重工股份有限公司、常林股份有限公司、山东公路机械厂、湖南江麓重工科技有限公司、山东临工工程机械有限公司、青岛科泰重工机械有限公司、戴纳派克(中国)压实摊铺设备有限公司、宝马格(中国)压实机械有限公司、维特根(中国)机械有限公司、酒井工程机械(上海)有限公司
	振动压路机	徐州工程机械科技股份有限公司、国机重工(洛阳)有限公司、柳工无锡路面机械有限公司、厦工(三明)重型机器有限公司、龙工(上海)路面机械制造公司、山推工程机械股份有限公司、洛阳路通重工机械有限公司、江苏骏马压路机械有限公司、常林股份有限公司、长沙中联重工科技发展股份有限公司、三一重工股份有限公司、湖南江麓重工科技有限公司、鼎盛重工机械有限公司、山东公路机械厂、山东临工工程机械有限公司、山东常林机械集团股份有限公司、青岛科泰重工机械有限公司、山东山工机械有限公司、合肥永安绿地工程机械有限公司、邯郸市中大建筑机械有限公司、铁道部第二十局工程机械厂、卡特彼勒(中国)投资有限公司、沃尔沃建筑设备(中国)有限公司、宝马格(中国)压实机械有限公司、戴纳派克(中国)压实摊铺设备有限公司、维特根(中国)机械有限公司、酒井工程机械(上海)有限公司
	冲击压路机	厦工(三明)重型机器有限公司、铁道部第二十局工程机械厂
回填压实机(垃圾压实机)		厦工(三明)重型机器有限公司、国机重工(洛阳)有限公司、柳工无锡路面机械有限公司、山推工程机械股份有限公司、长沙中联重工科技发展股份有限公司、湖南江麓重工科技有限公司、徐州工程机械科技股份有限公司、龙工(上海)路面机械制造公司

2. 压路机主要生产企业产品的产销存情况

2011 年,在国家实行一系列宏观调控政策和 4 万亿元刺激经济政策逐步退出的影响下,我国压路机市场继一季度短暂上扬之后,二季度开始大幅下滑,一直持续到年底。压路机主要生产企业产品全年的产量和销量比上年大幅下降,库存减少。据中国工程机械工业协会路面与压实机械分会的统计,2010～2011 年压路机主要生产企业产品产销存情况见表 2。

表 2　2010～2011 年压路机主要生产企业产品产销存情况

序号	企业名称	产量(台)			销量(台)			库存量(台)		
		2011 年	2010 年	同比增长(%)	2011 年	2010 年	同比增长(%)	2011 年	2010 年	同比增长(%)
1	徐州工程机械科技股份有限公司	4 278	6 800	-37.09	4 734	7 006	-32.43	556	610	-8.85
2	国机重工(洛阳)有限公司	1 406	2 182	-35.56	1 458	1 989	-26.70	481	492	-2.24
3	洛阳路通重工机械有限公司	2 244			2 244	2 559	-12.31			
4	厦工(三明)重型机器有限公司	1 764	2 424	-27.23	1 960	2 336	-16.10	235		
5	常林股份有限公司	759	848	-10.5	778	731	6.43	228	233	-2.15
6	柳工无锡路面机械有限公司	1 889	3 304	-42.83	2 280	3 070	-25.73			
7	三一重工股份有限公司	825	911	-9.44	825	685	20.44		78	
8	长沙中联重工科技发展股份有限公司	85	121	-29.75	168	198	-15.15		1	
9	山推工程机械股份有限公司	1 475	2 718	-45.73	1 653	2 407	-31.33	237	410	-42.20
10	山东公路机械厂	76			76	90	-15.56			
11	湖南江麓重工科技有限公司	113	89	27	70	89	-21.35	102	59	72.88
12	鼎盛重工机械有限公司	18	55	-67.27	62	56	10.71			
13	龙工(上海)路面机械制造公司	1 476	2 449	-39.73	1 635	1 923	-14.98	750	920	-18.48
14	沃尔沃建筑设备(中国)有限公司	197			197	161	22.36			
15	维特根(中国)机械有限公司	263			263	248	6.05			
16	戴纳派克(中国)压实摊铺设备有限公司	781			781	569	37.26			
17	卡特彼勒(中国)投资有限公司		62		31	62	-50.00			
18	宝马格(中国)压实机械有限公司	286			286	249	14.86			
19	江苏靖江骏马压路机有限公司	756	1 082	-30.13	756	635	19.06			
20	山东临工工程机械有限公司		590		491	478	2.72		147	
21	青岛科泰重工机械有限公司	528			528					
22	山东山工机械有限公司	418			341					

国内销售情况

1. 压路机主要生产企业产品国内销售情况

2011 年，受国家宏观经济调控的影响，压路机主要生产企业国内销量同比大幅下降，占比也比上年减少。据中国工程机械工业协会路面与压实机械分会的统计，2010～2011 年压路机主要生产企业国内销售情况见表 3。

表 3　2010～2011 年压路机主要生产企业国内销售情况

2011 年		2010 年		同比增长(%)
销量(台)	占比(%)	销量(台)	占比(%)	
17 952	83.05	22 138	86.54	-18.91

2. 压路机主要生产企业产品月度销售情况

2011 年，我国压路机市场启动特别早，1 月便打破了往年销售量只有几百台的惯例，销量高达 1 300 多台；2、3 月销量环比增长 10.4% 和 138.08%。但是，4 月压路机销量突然开始下滑，5 月销量则严重下滑，6 月销量又比 5 月继续减少，7 月销量下滑进一步加剧；8、9 月销量环比略有回升，但已无法扭转持续下滑的局面。四季度是市场的淡季，月销量更是逐月减少，12 月销量跌至全年的谷底。2011 年压路机主要生产企业产品月度销售走势见图 1。

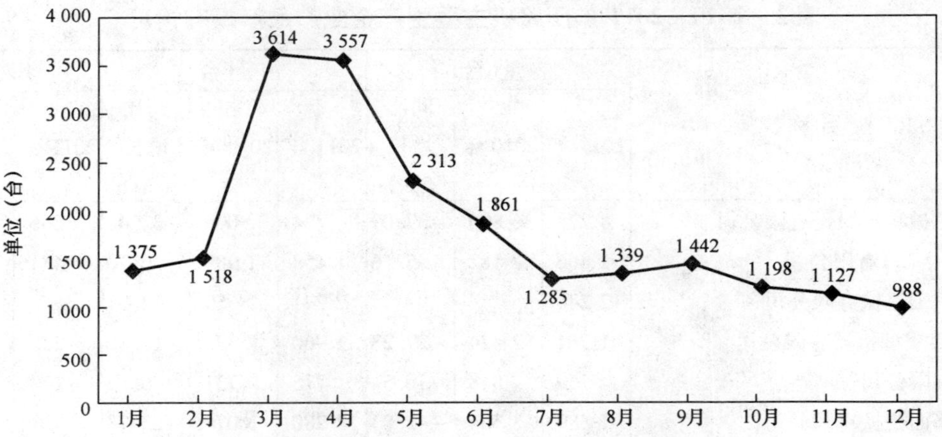

图1　2011年压路机主要生产企业产品月度销售走势

3. 压路机各主要生产企业产品销售情况

据中国工程机械工业协会路面与压实机械分会的统计，2010～2011年压路机主要生产企业产品销售情况见表4。

表4　2010～2011年压路机主要生产企业产品销售情况　（单位：台）

序号	企业名称	静碾压路机			轮胎压路机			其他压路机		
		2011年	2010年	同比增长（%）	2011年	2010年	同比增长（%）	2011年	2010年	同比增长（%）
1	徐州工程机械科技股份有限公司	192	274	－29.93	710	1268	－44.01			
2	国机重工（洛阳）有限公司	83	39	112.82	83	99	－16.16			
3	洛阳路通重工机械有限公司	40	139	－71.22	327	360	－9.17			
4	厦工（三明）重型机器有限公司				72	108	－33.33	114	34	235.29
5	常林股份有限公司	85	104	－18.27	34	36	－5.56			
6	柳工无锡路面机械有限公司	303	372	－18.55	92	155	－40.65			
7	三一集团有限公司				158	99	59.6			
8	山推工程机械股份有限公司	125	107	16.82	31	15	106.67			
9	山东公路机械厂	0	5		17	29	－41.38			
10	湖南江麓重工科技有限公司				20	19	5.26			
11	龙工（上海）路面机械制造公司	71	37	91.89	19	16	18.75			
12	戴纳派克（中国）压实摊铺设备有限公司				5	1	400.00			
13	宝马格（中国）压实机械有限公司				1	1	0.00			
14	江苏靖江骏马压路机有限公司	148	95	55.79						
15	山东临工工程机械有限公司	0	6							
16	青岛科泰重工机械有限公司				128					

序号	企业名称	机械单钢轮振动压路机			液压单钢轮振动压路机			双钢轮振动压路机		
		2011年	2010年	同比增长（%）	2011年	2010年	同比增长（%）	2011年	2010年	同比增长（%）
1	徐州工程机械科技股份有限公司	2 494	4 149	－39.89	714	667	7.05	353	482	－36.54
2	国机重工（洛阳）有限公司	644	1 132	－43.11	32	83	－61.45	104	175	－40.57
3	洛阳路通重工机械有限公司	1 057	1 405	－24.77	277	165	67.88	359	342	4.97
4	厦工（三明）重型机器有限公司	958	1 475	－35.05	494	429	15.15	83	101	－17.82

（续）

序号	企业名称	机械单钢轮振动压路机			液压单钢轮振动压路机			双钢轮振动压路机		
		2011 年	2010 年	同比增长（%）	2011 年	2010 年	同比增长（%）	2011 年	2010 年	同比增长（%）
5	常林股份有限公司	632	588	7.48	26	0		1	3	－66.67
6	柳工无锡路面机械有限公司	1 557	2 223	－29.96	259	212	22.17	47	103	－54.37
7	三一集团有限公司	12	0		253	249	1.61	402	337	19.29
8	长沙中联重工科技发展股份有限公司				63	116	－45.69	105	82	26.51
9	山推工程机械股份有限公司	1 457	2 221	－34.4	32	63	－49.21			
10	山东公路机械厂	4	8	－50.00	1	9	－88.89	53	37	43.24
11	湖南江麓重工科技有限公司				43	67	－35.82	0	1	
12	鼎盛重工机械有限公司	62	46	－34.78	0	10				
13	龙工（上海）路面机械制造公司	1 327	1 792	－25.95	51	49	4.08	45	17	164.71
14	沃尔沃建筑设备（中国）有限公司				2	12	－83.33	192	148	29.73
15	维特根（中国）机械有限公司				18	20	－10.00	162	177	－8.47
16	戴纳派克（中国）压实摊铺设备有限公司				93	71	30.99	503	345	45.8
17	卡特彼勒路面机械有限公司				1	2	－50.00	25	55	－54.55
18	宝马格（中国）压实机械有限公司				39	33	18.18	192	158	
19	江苏靖江骏马压路机有限公司	105	87	20.69	55	28	86.43	142	191	－25.65
20	山东临工工程机械有限公司	491	472	4.03						
21	青岛科泰重工机械有限公司				214			185		
22	山东山工机械有限公司	341								

序号	企业名称	5t 以下振动压路机			垃圾压实机		
		2011 年	2010 年	同比增长（%）	2011 年	2010 年	同比增长（%）
1	徐州工程机械科技股份有限公司	270	165	63.64	1	1	0.00
2	国机重工（洛阳）有限公司	512	461	11.06			
3	洛阳路通重工机械有限公司	184	183	0.55	0	5	
4	厦工（三明）重型机器有限公司	205	157	30.57	34	32	6.25
5	柳工无锡路面机械有限公司	19	5	280.00	3	0	
6	山推工程机械股份有限公司	0	1		8	0	
7	山东公路机械厂	1	2	－50.00			
8	湖南江麓重工科技有限公司				7	2	250.00
9	龙工（上海）路面机械制造公司	121	121	0.00	1	0	
10	沃尔沃建筑设备（中国）有限公司	3	1	200.00			
11	维特根（中国）机械有限公司	79	51	54.90			
12	戴纳派克（中国）压实摊铺设备有限公司	180	152	18.42			
13	卡特彼勒路面机械有限公司	5	5	0.00			
14	宝马格（中国）压实机械有限公司	54	57	－5.26			
15	江苏靖江骏马压路机有限公司	306	234	30.77			
16	青岛科泰重工机械有限公司	1					

4. 压路机主要生产企业产品销量构成

2011年,压路机主要生产企业销售的产品中,静碾压路机、轮胎压路机和机械单钢轮振动压路机销量同比下降较大,其余压路机产品销量同比增长。机械单钢轮振动压路机仍然是压路机市场的主导产品,占压路机总销量一半多。2011年压路机各类产品销量构成见图2。

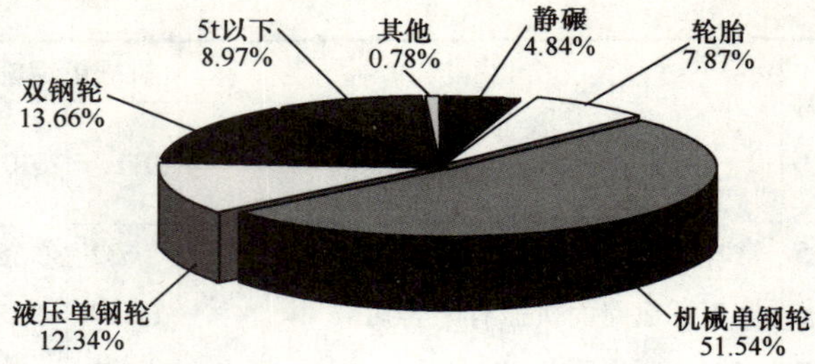

图2 2011年压路机各类产品销量构成

注:图中其他压路机包括垃圾压实机。

2010~2011年压路机主要产品销量构成见表5。

表5 2010~2011年压路机主要产品销量构成

产品类别	2011年		2010年		同比增长(%)
	销量(台)	占比(%)	销量(台)	占比(%)	
静碾压路机	1 047	4.84	1 178	4.60	-11.12
轮胎压路机	1 701	7.87	2 207	8.63	-22.93
机械单钢轮振动压路机	11 141	51.54	15 603	60.99	-28.60
液压单钢轮振动压路机	2 667	12.34	2 280	8.92	16.97
双钢轮振动压路机	2 953	13.66	2 756	10.77	7.15
5t以下振动压路机	1 940	8.97	1 481	5.97	30.99
垃圾压实机	54	0.25	42	0.16	28.57
其他压路机	114	0.53	34	0.13	235.29

5. 压路机主要生产企业市场占有率

由于2011年压路机市场整体大幅下滑,大多数压路机生产企业销量都出现不同程度下降,只有少数主要生产企业销量同比增长。2011年,销售1 000台压路机以上的企业有:徐州工程机械科技股份有限公司、柳工无锡路面机械有限公司、洛阳路通重工机械有限公司、厦工(三明)重型机器有限公司、山推工程机械股份有限公司、龙工(上海)路面机械制造公司和国机重工(洛阳)有限公司7家企业。压路机主要生产企业产品市场占有率与上年相比有一些变化:徐州工程机械科技股份有限公司、柳工无锡路面机械有限公司和洛阳路通重工机械有限公司市场占有率仍然分别保持行业一、二、三名,厦工(三明)重型机器有限公司由上年行业第五上升为第四,山推工程机械股份有限公司由上年行业第四降为第五,龙工(上海)路面机械制造公司由上年行业第七上升为第六,国机重工(洛阳)有限公司由上年行业第六下降为第七。外资企业的市场占有率略有上升。2011年压路机主要生产企业市场占有率见图3。

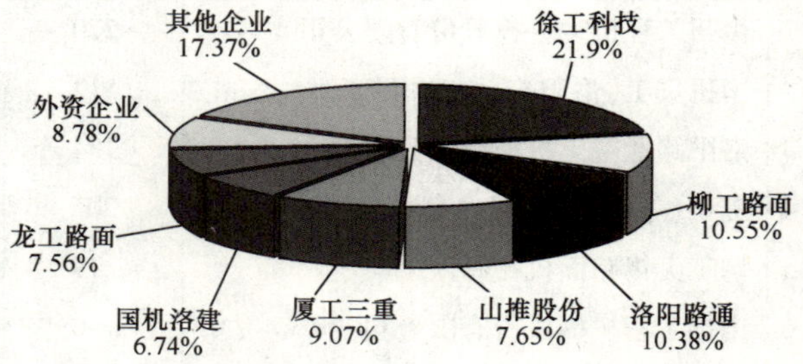

图3 2011年压路机主要生产企业市场占有率

6. 压路机主要生产企业区域销售情况

2011年,压路机主要生产企业各区域销量同比普遍下降,西南区销量同比下降最大,约38%;华南区下降约29%;中区、北区和东区下降约12%~18%;西区和东北区下降最小,约7%~9%。2011年压路机区域销售占比情况见图4。

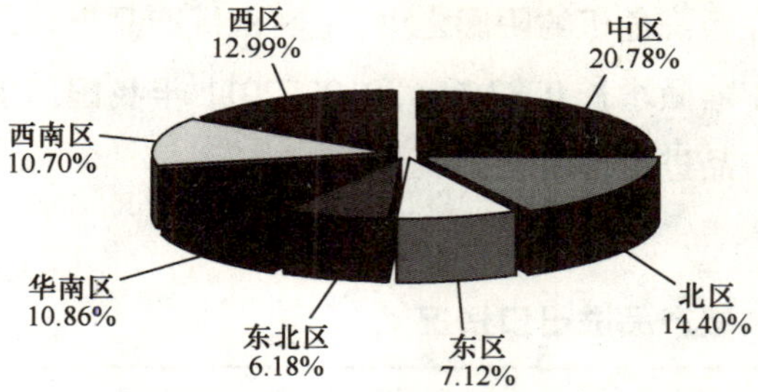

图4　2011 年压路机区域销售占比情况

2011 年,压路机各区域销量与上年相比:中区仍然列居首位,北区由第三上升为第二,西区由第五上升为第三,华南区仍然保持第四,西南区由第二下降为第五,东区和东北区仍然排在第六和第七。2010 ~ 2011 年压路机区域销售情况见表6。

表6　2010 ~ 2011 年压路机区域销售情况

区　　域	2011 年		2010 年		同比增长
	销量(台)	市场占有率(%)	销量(台)	市场占有率(%)	(%)
中区(江苏、安徽、山东、河南)	4 493	20.78	5 094	19.91	-11.80
北区(北京、天津、河北、山西、内蒙古)	3 113	14.40	3 653	14.28	-14.78
东区(浙江、江西、福建、上海)	1 540	7.12	1 869	7.31	-17.60
东北区(黑龙江、吉林、辽宁)	1 337	6.18	1 465	5.73	-8.74
华南区(广西、广东、湖北、湖南、海南)	2 347	10.86	3 311	12.94	-29.12
西南区(四川、重庆、云南、贵州)	2 313	10.70	3 730	14.58	-37.99
西区(西藏、新疆、甘肃、青海、宁夏、陕西)	2 809	12.99	3 016	11.79	-6.86

7. 2010 ~ 2011 年压路机省、自治区、直辖市销售情况

2011 年,31 个省、自治区、直辖市中,24 个省、自治区、直辖市压路机销量同比下降,只有山东、内蒙古、吉林、上海、海南、西藏和新疆销量同比增长。2010 ~ 2011 年压路机主要生产企业产品省、自治区、直辖市销售情况见表7。

表7　2010 ~ 2011 年压路机主要生产企业产品省、自治区、直辖市销售情况

省、自治区、直辖市	2011 年		2010 年		同比增长(%)	省、自治区、直辖市	2011 年		2010 年		同比增长(%)
	销量(台)	市场占有率(%)	销量(台)	市场占有率(%)			销量(台)	市场占有率(%)	销量(台)	市场占有率(%)	
江苏	1 687	7.8	2 120	8.29	-20.42	广西	515	2.38	727	2.84	-29.16
安徽	879	4.07	976	3.82	-9.94	广东	648	3.0	845	3.3	-23.31
山东	892	4.13	862	3.37	3.48	湖北	475	2.2	734	2.87	-35.29
河南	1 035	4.79	1 136	4.44	-8.90	湖南	549	2.54	861	3.37	-36.24
北京	717	3.32	772	3.02	-7.12	海南	160	0.74	144	0.56	11.11
天津	378	1.75	523	2.04	-27.72	四川	695	3.22	1 136	4.44	-38.82
河北	693	3.21	903	3.53	-23.26	重庆	524	2.42	1 018	3.98	-48.53
河北	693	3.21	903	3.53	-23.26	云南	629	2.91	1 027	4.01	-38.75
内蒙古	650	3.01	633	2.47	2.69	贵州	465	2.15	549	2.15	-15.30
浙江	474	2.19	490	1.92	-3.27	西藏	98	0.45	94	0.37	4.26
江西	372	1.72	584	2.28	-36.30	新疆	1 013	4.69	857	3.35	18.20
福建	483	2.23	601	2.35	-19.63	甘肃	462	2.14	532	2.08	-13.16
上海	211	0.98	194	0.76	8.76	青海	277	1.28	301	1.18	-7.97
黑龙江	513	2.37	568	2.22	-9.68	宁夏	323	1.49	376	1.47	-14.10
吉林	303	1.4	291	1.14	4.12	陕西	636	2.94	856	3.35	-25.70
辽宁	521	2.41	606	2.37	-14.03						

进出口情况

1. 我国压实机械产品进出口情况

据海关总署统计,2011 年,我国压实机械产品进口量比上年增长 31.48%。由于世界经济仍然笼罩在经济危机的阴影之中,压实机械产品出口量比上年略微增长 0.33%。2010 ~ 2011 年我国压实机械产品进出口情况见表 8。

表 8　2010 ~ 2011 年我国压实机械产品进出口情况

名　称	进口						出口					
	数量(台)			金额(万美元)			数量(台)			金额(万美元)		
	2011 年	2010 年	同比增长(%)	2011 年	2010 年	同比增长(%)	2011 年	2010 年	同比增长(%)	2011 年	2010 年	同比增长(%)
机重 18t 及以上压路机	55	10	450.00	328.09	123.19	166.33	1 094	741	47.64	6 330.31	4 233.56	49.53
其他机动压路机	742	593	25.13	2 216.48	1 598.77	38.64	11 722	9 059	29.40	33 634.70	23 268.62	44.55
未列名捣固机及压路机	5	7	-28.57	143.18	31.19	359.06	21 079	23 983	-12.11	3 288.72	3 218.73	2.17
压实机械合计	802	610	31.48	2 687.75	1 753.15	53.31	33 895	33 783	0.33	6 330.31	30 720.91	40.80

2. 我国压路机产品出口主要国家(地区)和出口量

据海关总署统计,2011 年我国压路机产品出口主要国家(地区)和出口量见表 9。

表 9　2011 年我国压路机产品出口主要国家(地区)和出口量

机重 18t 及以上压路机				其他机动压路机			
国家(地区)	数量(台)	国家(地区)	数量(台)	国家(地区)	数量(台)	国家(地区)	数量(台)
俄罗斯联邦	98	厄立特里亚	50	德国	2 267	沙特阿拉伯	354
蒙古	95	埃塞俄比亚	39	美国	1 470	哈萨克斯坦	335
缅甸	81	民主刚果	39	印度尼西亚	742	伊朗	279
阿尔及利亚	59	伊朗	35	巴西	584	澳大利亚	279
尼日利亚	58	哈萨克斯坦	34	法国	477	越南	242
澳大利亚	53	坦桑尼亚	31	日本	418	菲律宾	197
巴西	53	肯尼亚	30	斯里兰卡	364	泰国	174

3. 压路机主要生产企业产品出口量

2011 年,压路机主要生产企业产品出口量比上年小幅增长。据中国工程机械工业协会路面与压实机械分会的统计,2010 ~ 2011 年压路机产品出口量见表 10。

表 10　2010 ~ 2011 年压路机产品出口量

2011 年		2010 年		同比增长(%)
数量(台)	对外依存度(%)	数量(台)	对外依存度(%)	
3 665	16.95	3 443	13.46	6.45

4. 压路机产品出口量构成

2011 年,出口的压路机产品中,机械单钢轮振动压路机和液压单钢轮振动压路机占比仍然最大,其中,液压单钢轮振动压路机出口量及其占比明显增长。2010 ~ 2011 年压路机产品出口量构成见表 11。

表 11　2010～2011 年压路机产品出口量构成

名　　称	2011 年		2010 年		同比增长
	出口量(台)	占比(%)	出口量(台)	占比(%)	(%)
静碾压路机	124	3.38	250	7.26	-50.40
轮胎压路机	327	8.92	293	8.51	11.60
机械单钢轮振动压路机	1 483	40.46	1 490	43.28	-0.47
液压单钢轮振动压路机	1 202	32.80	919	26.69	30.79
双钢轮振动压路机	235	6.41	293	8.51	-19.80
5t 以下振动压路机	255	6.96	188	5.46	35.64
垃圾压实机	3	0.08	4	0.02	-25.00
其他压路机	36	0.98	6	0.02	500.00

5. 压路机主要生产企业产品出口情况

据中国工程机械工业协会路面与压实机械分会的统计,2011 年压路机主要生产企业产品出口情况见表 12。

表 12　2011 年压路机主要生产企业产品出口情况

序号	企业名称	2011 年		2010 年		同比增长
		出口量(台)	占比(%)	出口量(台)	占比(%)	(%)
1	徐州工程机械科技股份有限公司	812	22.16	907	26.34	-10.47
2	国机重工(洛阳)有限公司	262	7.15	215	6.24	21.86
3	洛阳路通重工机械有限公司	378	10.31	472	13.71	-19.92
4	厦工(三明)重型机器有限公司	428	11.68	408	11.85	4.90
5	常林股份有限公司	173	4.72	105	3.05	64.76
6	柳工无锡路面机械有限公司	682	18.61	868	25.21	-21.43
7	三一重工股份有限公司	3	0.08	13	0.38	-76.92
8	长沙中联重工科技发展股份有限公司	0	0.00	1	0.03	
9	山推工程机械股份有限公司	309	8.43	179	5.20	72.63
10	湖南江麓重工科技有限公司	12	0.33	11	0.32	9.09
11	鼎盛重工机械有限公司	60	0.16	40	1.16	50.00
12	龙工(上海)路面机械制造公司	247	6.74	145	4.21	70.34
13	维特根(中国)机械有限公司	23	0.22	20	0.58	15.00
14	戴纳派克(中国)压实摊铺设备有限公司	8	0.33	9	0.26	-11.11
15	江苏靖江骏马压路机有限公司	5	0.14	50	1.45	-90.00
16	山东临工工程机械有限公司	33	0.90			
17	青岛科泰重工机械有限公司	160	4.37			
18	山东山工机械有限公司	70	1.91			

科技成果与新产品

1. 压路机主要生产企业产品获奖情况

2011 年压路机主要生产企业产品获奖情况见表 13。

表 13　2011 年压路机主要生产企业产品获奖情况

企业名称	产品名称	奖励项目名称	获奖等级	获奖时间
一拖(洛阳)建筑机械有限公司	LSS2702-2 型机械式单钢轮振动压路机	2011 中国工程机械年度产品 TOP50	产品奖	2012 年 3 月
青岛科泰重工机械有限公司	KS205S 型全液压单钢轮振动压路机			
柳工无锡路面机械有限公司	CLG6032 振动压路机 CLG612HⅢ全液压单钢轮振动压路机	江苏省高新技术产品		2011 年 8 月

（续）

企业名称	产品名称	奖励项目名称	获奖等级	获奖时间
山推工程机械股份有限公司	SR30T－3轮胎压路机	山东省机械工业科学技术进步奖	二等奖	2011年7月

2. 压路机主要生产企业产品鉴定情况

2011年压路机主要生产企业产品鉴定情况见表14。

3. 压路机主要生产企业新产品开发情况

2011年压路机主要生产企业新产品开发情况见表15。

表14 2011年压路机主要生产企业产品鉴定情况

企业名称	鉴定产品名称	鉴定时间	组织鉴定单位
山推工程机械股份有限公司	SR23MR垃圾压实机	2011年12月	山东省经济与信息化委员会
	SR20－5全液压振动压路机		
	SR26－5全液压振动压路机		

表15 2011年压路机主要生产企业新产品开发情况

企业名称	新产品名称	工作进度
长沙中联重工科技发展股份有限公司	YZ36压路机	已经实现销售
柳工无锡路面机械有限公司	CLG6118/6120/6124Ⅲ全液压双驱单钢轮振动压路机	已通过型式试验
	CLG6024/6026/6028小型双钢轮压路机	已通过型式试验
	CLG6111/6113/6115全液压单钢轮振动压路机	试制样机进行可靠性试验
	CLG6520/6524轮胎压路机	已完成整机销售
	CLG6210/6212/6214Ⅲ全液压双钢轮压路机	已完成整机销售
洛阳路通重工机械有限公司	LTC203P组合压路机	2012年7月出样机

4. 压路机产品新技术研究情况

2011年压路机主要生产企业压路机产品新技术研究情况见表16。

表16 2011年压路机主要生产企业压路机产品新技术研究情况

企业名称	新技术名称	工作进度
山推工程机械股份有限公司	高端全液压单钢轮振动压路机关键技术研究	正在进行关键技术研究
	大吨位静液传动轮胎压路机关键技术研究	正在进行关键技术研究

5. 压路机主要生产企业产品专利技术申请情况

2011年压路机主要生产企业产品专利技术申报情况见表17。

表17 2011年压路机主要生产企业产品专利技术申报情况

企业名称	专利名称	专利类型	受理情况	专利号
长沙中联重工科技发展股份有限公司	一种洒水系统以及具有该洒水系统的压路机	实用新型	已授权	201120424086.2
	一种振动压路机的振动轮	发明	已受理	201110140672.9
	振动压路机的振动轮和振动压路机	实用新型	已授权	201120175236.0
	振动压路机的振动轮和振动压路机	实用新型	已授权	201120175112.2
	振动压路机的振动轮和振动压路机	实用新型	已授权	201120175203.6
	组合散热装置	实用新型	已受理	201120175214.4
	组合散热装置	实用新型	已受理	201120424410.0

（续）

企业名称	专利名称	专利类型	受理情况	专利号
长沙中联重工科技发展股份有限公司	振动压路机的作业方法	实用新型	已受理	201110305334.6
	振动压路机	发明	审中	201110305811.9
	压路机	外观设计	已授权	201130375260.4
	液压系统和振动压路机	实用新型	已授权	201120383732.5
	压路机驾驶室	外观设计	已授权	201130376097.3
	双钢轮压路机驾驶室外观	外观设计	已受理	201130376056.4
	振动压路机	发明	审中	201110305573.1
	轴承座及具有该轴承座的压路机振动轮	发明	审中	201110446183.6
	压路机（YZ35）	外观设计	已授权	201130463196.5
	大吨位单钢轮压路机	外观设计	已受理	201130463215.4
	压实轮机加工快速装夹、定位装置	实用新型	已受理	201120488222.4
山推工程机械股份有限公司	一种垃圾压实机及其自清洁系统	发明	已受理	201110169637.X
	一种垃圾压实机电控操纵系统	实用新型	已授权	201120306116.X
	一种垃圾压实机工作液压系统	实用新型	已授权	201120306343.2
	一种高频振动压路机振动轮支撑结构	实用新型	已授权	201120306331.X
	一种双钢轮压路机行走控制系统	实用新型	已授权	201120306950.9
	一种振动压路机安全控制系统	实用新型	已授权	201120307315.2
	一种双钢轮压路机平稳起停步控制系统	实用新型	已授权	201120307888.5
	一种高频振动压路机轴承座	实用新型	已授权	201120307932.2
	一种小型双钢轮压路机的振动液压系统	实用新型	已授权	201120328475.5
洛阳路通重工机械有限公司	LTC08H 一种压路机的振动控制方式	发明	申请	
	全液压双钢轮单频双幅振动压路机	外观设计	已授权	ZL201130287250.5
	一种重载压路机驱动桥壳体制作方法	发明	申请	

（6）压路机主要生产企业新技术、新工艺、新材料应用情况

2011 年压路机主要生产企业新技术、新工艺、新材料应用情况见表 18。

表 18　2011 年压路机主要生产企业新技术、新工艺、新材料应用情况

企业名称	新技术、新工艺、新材料名称	应用情况
长沙中联重工科技发展股份有限公司	压实轮机加工快速装夹、定位装置	应用于压路机生产制造
山推工程机械股份有限公司	工作装置负载敏感系统	正在应用到新型平地机、压路机等路面机械
洛阳路通重工机械有限公司	一种重载压路机驱动桥壳体制作方法	已批量应用

沥青混凝土摊铺机

1. 生产发展情况

（1）行业产品构成及主要生产企业

我国沥青混凝土摊铺机行业主要产品是自行式沥青混凝土摊铺机。自行式沥青混凝土摊铺机包括履带式沥青混凝土摊铺机和轮胎式沥青混凝土摊铺机两大类产品。履带式和轮胎式沥青混凝土摊铺机按行走驱动方式又分为液压式和机械式。目前，我国生产沥青混凝土摊铺机的主要生产企业有 10 多个。沥青混凝土摊铺机产品分类及 2011 年主要生产企业见表 19。

表19　沥青混凝土摊铺机产品分类及2011年主要生产企业

序号	主要生产企业	机械式							液压式									
		≤4.5m		4.5～6m（含）		6～8m（含）		8.5m以上	≤4.5m		4.5～6m（含）		6～8m（含）		8～9.5m（含）		9.5～12m（含）	12m以上
		轮胎式	履带式	轮胎式	履带式	轮胎式	履带式	履带式	轮胎式	履带式	轮胎式	履带式	轮胎式	履带式	轮胎式	履带式	履带式	履带式
1	徐州徐工筑路机械有限公司				●	●	●		●	●	●	●	●	●	●	●	●	●
2	江苏华通动力重工有限公司	●	●	●	●	●	●	●						●		●	●	●
3	鼎盛重工机械有限公司									●		●	●	●		●		
4	三一重工股份有限公司													●		●	●	●
5	长沙中联重工科技发展股份有限公司													●		●	●	●
6	中交西安筑路机械有限公司	●	●	●	●	●	●					●		●		●		
7	成都市新筑路桥机械股份有限公司				●						●	●	●	●		●	●	●
8	柳工无锡路面机械有限公司													●		●		
9	沃尔沃建筑设备（中国）有限公司									●				●		●	●	
10	维特根（中国）机械有限公司								●	●			●	●		●		●
11	戴纳派克（中国）压实摊铺设备有限公司									●					●	●	●	●
12	住重中骏（厦门）建机有限公司										●	●				●		
13	卡特彼勒路面机械有限公司													●				
14	陕西建设机械股份有限公司								●		●		●			●	●	

说明：打●的产品为企业2011年销售的产品。

（2）沥青混凝土摊铺机主要生产企业产品产销存情况

2011年，受国家加强宏观调控、货币从紧和应对国际金融危机刺激政策逐渐退出等因素的影响，我国沥青摊铺机市场和压路机市场一样，也出现了令人始料不及的大波动。一季度市场销量高开高走，大幅上扬，二季度“拐点”显现，开始急剧下滑，三、四季度持续下滑直至年末。但由于2010年尚有许多未完工的公路，2011年基本上都进入面层施工，对沥青摊铺机的需求量增加，所以沥青摊铺机全年的市场形势比压路机市场好，月销量同比下半年才出现负增长，全年总销量超过2010年。2010～2011年沥青混凝土摊铺机各主要生产企业产品产销存情况见表20。

表20　2010～2011年沥青混凝土摊铺机主要生产企业产品产销存情况

序号	企业名称	产量（台）			销量（台）			库存量（台）		
		2011年	2010年	同比增长（%）	2011年	2010年	同比增长（%）	2011年	2010年	同比增长（%）
1	徐工机械科技分公司	765	597	28.14	742	638	16.30	125	276	-54.71
2	江苏华通动力重工有限公司				371	424	-12.50			
3	鼎盛重工机械有限公司	92	125	-26.40	80	110	-27.27			
4	三一重工股份有限公司	738	650	13.54	738	612	20.59			
5	长沙中联重工科技发展股份有限公司	300	331	-9.37	398	331	20.24			
6	中交西安筑路机械有限公司	56	39	43.59	75	47	59.57		6	
7	成都市新筑路桥机械股份有限公司	89			89	132	-32.58			
8	柳工无锡路面机械有限公司	23			17	29	-41.38	15		

（续）

序号	企业名称	产量（台）			销量（台）			库存量（台）		
		2011 年	2010 年	同比增长（%）	2011 年	2010 年	同比增长（%）	2011 年	2010 年	同比增长（%）
9	沃尔沃建筑设备（中国）有限公司				154	124	24.19			
10	维特根（中国）机械有限公司				259	227	14.10			
11	戴纳派克（中国）压实摊铺设备有限公司				166	156	6.41			
12	住重中骏（厦门）建机有限公司				5	8	-37.50			
13	卡特彼勒路面机械有限公司				1					
14	陕西建设机械股份有限公司	159	227	-29.96	150	101	49.50	15	17	-11.76

2. 国内销售情况

（1）沥青混凝土摊铺机主要生产企业产品国内销售情况

2011 年，沥青混凝土摊铺机主要生产企业国内销量同比有所增长，占比比上年略高。据中国工程机械工业协会路面与压实机械分会的统计，2010～2011 年沥青混凝土摊铺机主要生产企业产品国内销售情况见表 21。

表 21　2010～2011 年沥青混凝土摊铺机主要生产企业产品国内销售情况

2011 年		2010 年		同比增长
数量（台）	占比（%）	数量（台）	占比（%）	（%）
3 136	96.02	2818	95.88	11.28

（2）沥青混凝土摊铺机主要生产企业产品月度销售情况

2011 年，我国沥青摊铺机市场不但启动早，而且前 4 个月销量同比暴增，1、2、3 月销量同比分别增长 81.25%、122.32% 和 94.47%。4 月销量达到全年的顶点，但 5 月开始下滑，“拐点”显现。三季度销量继续下滑，7 月月销量同比出现负增长，持续下滑趋势一直到年底未能扭转。2011 年沥青混凝土摊铺机主要生产企业产品月度销售走势见图 5。

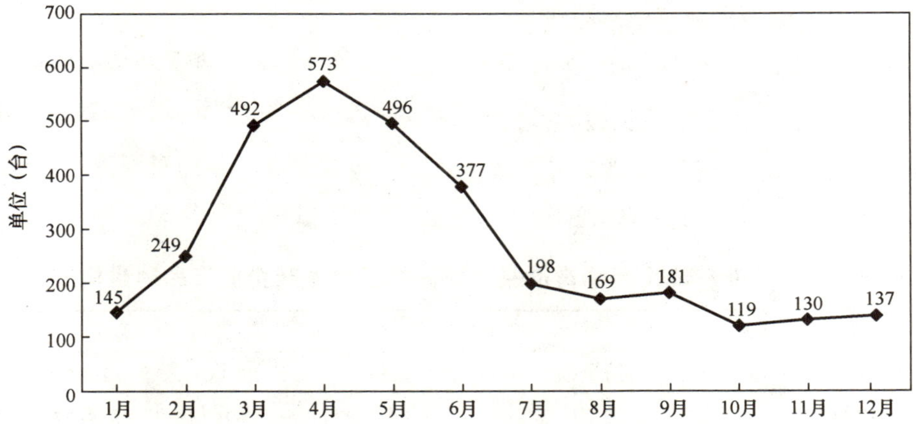

图 5　2011 年沥青混凝土摊铺机主要生产企业产品月度销售走势

（3）沥青混凝土摊铺机主要生产企业产品销售情况

据中国工程机械工业协会路面与压实机械分会的统计，2011 年沥青混凝土摊铺机主要生产企业产品销售情况见表 22。

表22　2011年沥青混凝土摊铺机主要生产企业产品销售情况　　（单位：台）

序号	企业名称	机械式							液压式									
		≤4.5m		4.5~6m		6~8m		8.5m以上	≤4.5m		4.5~6m		6~8m		8~9.5m		9.5~12m	12m以上
		轮胎式	履带式	轮胎式	履带式	轮胎式	履带式	履带式	轮胎式	履带式	轮胎式	履带式	轮胎式	履带式	轮胎式	履带式	履带式	履带式
1	徐州徐工筑路机械有限公司				3	1	2		91	1	20	16	8	114	14	426	20	26
2	江苏华通动力重工有限公司	104	14	21	46	7	23	18						17		111	8	2
3	鼎盛重工机械有限公司									3		20	2	41		14		
4	三一重工股份有限公司													3		566	151	18
5	长沙中联重工科技发展股份有限公司													17		311	58	12
6	中交西安筑路机械有限公司	26	2	8	15	7	5					1		2		9		
7	成都市新筑路桥机械股份有限公司				1						1	7	1	30		38	10	1
8	柳工无锡路面机械有限公司													1		16		
9	沃尔沃建筑设备(中国)有限公司									2			0	5		99	48	
10	维特根(中国)机械有限公司								10	5			5	1		113		125
11	戴纳派克(中国)压实摊铺设备有限公司									5					1	94	4	62
12	住重中骏(厦门)建机有限公司										2	1				2		
13	卡特彼勒路面机械有限公司													1				
14	陕西建设机械股份有限公司								1		3		1			95	50	

（4）沥青混凝土摊铺机主要生产企业产品销量构成

2011年，沥青混凝土摊铺机主要生产企业产品销量最大的是8~9.5m沥青混凝土摊铺机，约占总销量的近60%，4.5~6m沥青混凝土摊铺机销量最少。2011年，8~9.5m沥青混凝土摊铺机销量同比增长18.42%，6~8m沥青混凝土摊铺机销量同比下降21.12%，说明2011年高等级公路建设项目比较多。≤4.5m沥青混凝土摊铺机同比销量增长最大，增长42.31%，表明公路养护机械市场在扩大。2011年沥青混凝土摊铺机主要生产企业产品销量构成见图6。

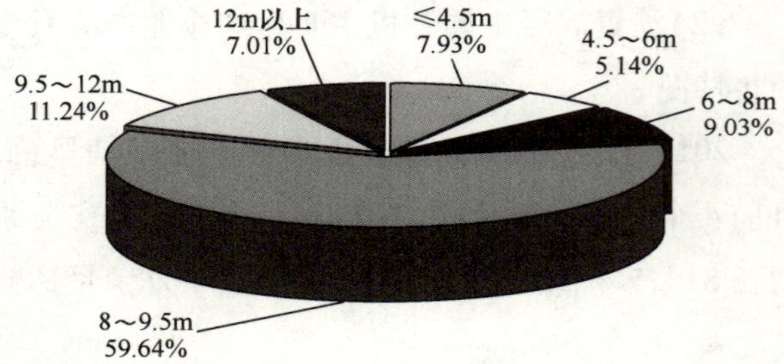

图6　2011年沥青混凝土摊铺机主要生产企业产品销量构成

2010~2011年沥青混凝土摊铺机主要生产企业产品销量构成见表23。

表23　2010~2011年沥青混凝土摊铺机主要生产企业产品销量构成

产品		2011年		2010年		同比增长
		销量(台)	占比(%)	销量(台)	占比(%)	(%)
驱动方式	机械式	303	9.28	262	8.91	15.65
	液压式	2 963	90.72	2 677	91.09	10.68
行走方式	轮胎式	322	9.86	232	7.89	38.79
	履带式	2 944	90.14	2 707	92.11	8.76
摊铺宽度	≤4.5m(含)	259	7.93	182	6.19	42.31
	4.5~6m(含)	168	5.14	161	5.48	4.35
	6~8m(含)	295	9.03	374	12.73	-21.12

（续）

产　　品		2011 年		2010 年		同比增长
		销量（台）	占比（%）	销量（台）	占比（%）	（%）
摊铺宽度	8～9.5m（含）	1 948	59.64	1 645	55.97	18.42
	9.5～12m（含）	367	11.24	336	11.43	9.23
	>12m	229	7.01	241	8.2	-4.98

（5）沥青混凝土摊铺机主要生产企业产品市场占有率

2011 年，在沥青混凝土摊铺机市场出现较大波动的情况下，约 64% 的主要生产企业销量同比增长，近 36% 的主要生产企业销量同比呈不同程度下降。2011 年，沥青混凝土摊铺机销量占据行业前七名的企业是：徐州徐工筑路机械有限公司、三一重工股份有限公司、长沙中联重工科技发展股份有限公司、江苏华通动力重工有限公司、维特根（中国）机械有限公司、戴纳派克（中国）压实摊铺设备有限公司和沃尔沃建筑设备（中国）有限公司。沥青混凝土摊铺机主要生产企业产品的市场占有率与上年相比有一些变化：徐州徐工筑路机械有限公司和三一重工股份有限公司仍分别居行业第一、二名，长沙中联重工科技发展股份有限公司由上年行业第四上升为第三，江苏华通动力重工有限公司由上年行业第三下降为第四，维特根（中国）机械有限公司和戴纳派克（中国）压实摊铺设备有限公司仍然分别位居行业第五位和第六位，沃尔沃建筑设备（中国）有限公司进入行业前七名。2011 年沥青混凝土摊铺机主要生产企业产品市场占有率见图 7。

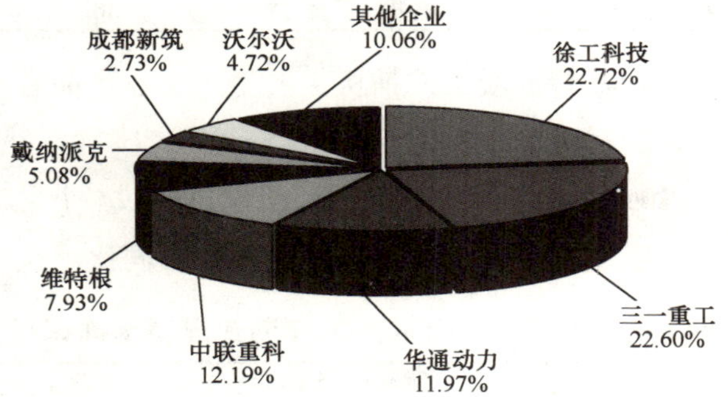

图 7　2011 年沥青混凝土摊铺机主要生产企业产品市场占有率

（6）沥青混凝土摊铺机主要生产企业产品区域销售情况

2011 年，沥青混凝土摊铺机主要生产企业产品区域销量同比除中区微有下降外，其余区域普遍增长。西区销量同比增长最大，增长约 23%，西南区增长约 17%，北区增长约 14%，华南区增长约 9%，东区和东北区增长约 5.4%。各区域市场占有率与上年相比，中区仍居首位，北区仍保持第二，西南区由第四上升为第三，华南区由第三下降为第四，西区由第六上升为第五，东区第五下降为第六，东北区仍然位居第七。2011 年沥青混凝土摊铺机主要生产企业产品区域销售情况见图 8。

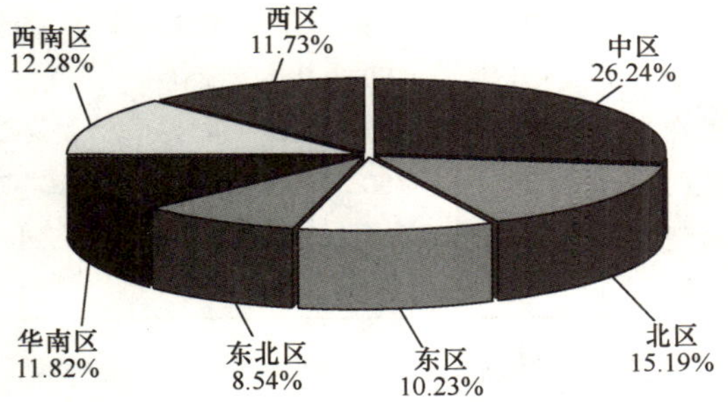

图 8　2011 年沥青混凝土摊铺机主要生产企业产品区域销售情况

2010～2011 年沥青混凝土摊铺机主要生产企业产品区域销售情况见表 24。

表 24　2010～2011 年沥青混凝土摊铺机主要生产企业产品区域销售情况

区　　域	2011 年		2010 年		同比增长
	销量（台）	市场占有率（%）	销量（台）	市场占有率（%）	（%）
中区（江苏、安徽、山东、河南）	857	26.24	860	29.26	-0.35
北区（北京、天津、河北、山西、内蒙古）	496	15.19	435	14.8	14.02

（续）

区　域	2011年		2010年		同比增长（%）
	销量（台）	市场占有率（%）	销量（台）	市场占有率（%）	
东区（浙江、江西、福建、上海）	334	10.23	317	10.79	5.36
东北区（黑龙江、吉林、辽宁）	279	8.54	197	6.7	5.36
华南区（广西、广东、湖北、湖南、海南）	386	11.82	354	12.04	9.04
西南区（四川、重庆、云南、贵州）	401	12.28	343	11.67	16.91
西区（西藏、新疆、甘肃、青海、宁夏、陕西）	383	11.73	312	10.62	22.76

（7）沥青混凝土摊铺机主要生产企业产品省、自治区、直辖市销售情况

2011年，31个省、自治区、直辖市中，24个省、自治区、直辖市沥青混凝土摊铺机销量同比增长，只有江苏、河北、山西、浙江、、广东、湖南和甘肃7个省销量同比下降。2010～2011年沥青混凝土摊铺机主要生产企业产品省、自治区、直辖市销售情况见表25。

表25　2010～2011年沥青混凝土摊铺机主要生产企业产品省、自治区、直辖市销售情况

省、自治区、直辖市	2011年	2010年	市场占有率（%）	同比增长（%）	省、自治区、直辖市	2011年	2010年	市场占有率（%）	同比增长（%）
江苏	410	444	12.55	－7.66	广西	72	48	2.2	50.00
安徽	125	122	3.83	2.46	广东	101	106	3.09	－4.72
山东	197	179	6.03	10.06	湖北	96	96	2.94	0.00
河南	125	115	3.83	8.70	湖南	87	88	2.66	－1.14
北京	131	54	4.01	142.59	海南	30	16	0.92	87.50
天津	93	93	2.85	0.00	四川	140	111	4.29	26.13
河北	90	130	2.76	－30.77	重庆	105	94	3.21	11.70
山西	94	102	2.88	－7.84	云南	86	83	2.63	3.61
内蒙古	88	56	2.69	57.14	贵州	70	55	2.14	27.27
黑龙江	101	65	3.09	55.38	西藏	18	7	0.55	157.14
吉林	77	53	2.36	45.28	新疆	124	102	3.80	21.57
辽宁	101	79	3.09	27.85	甘肃	51	54	1.56	－5.56
浙江	135	139	4.13	－2.88	青海	37	25	1.13	48.00
江西	86	80	2.63	7.50	宁夏	37	34	1.13	8.82
福建	69	61	2.11	13.11	陕西	116	90	3.55	28.89
上海	44	37	1.35	18.92					

3. 进出口情况

（1）我国沥青混凝土摊铺机产品进出口情况

据海关总署统计，2011年，我国沥青混凝土摊铺机产品进口量比上年约增长15%；尽管世界经济仍然笼罩在经济危机的阴影之中，但我国沥青混凝土摊铺机产品出口量仍大幅增长，比上年增加一倍多。2010～2011年我国沥青混凝土摊铺机产品进出口情况见表26。

表26　2010～2011年我国沥青混凝土摊铺机产品进出口情况

名　称	进口						出口					
	数量（台）			金额（万美元）			数量（台）			金额（万美元）		
	2011年	2010年	同比增长（%）	2011年	2010年	同比增长（%）	2011年	2010年	同比增长（%）	2011年	2010年	同比增长（%）
沥青混凝土摊铺机	569	495	14.95	9 676.9	7 989.8	21.12	512	236	116.95	3 691.46	2 583.03	42.91

(2)我国沥青混凝土摊铺机产品出口主要国家(地区)和出口量

据海关总署统计,2011年我国沥青混凝土摊铺机产品主要出口国家(地区)和出口量见表27。

表27 2011年我国沥青混凝土摊铺机产品主要出口国家(地区)和出口量

国家(地区)	数量(台)	国家(地区)	数量(台)	国家(地区)	数量(台)	国家(地区)	数量(台)
阿根廷	207	蒙古	21	哈萨克斯坦	16	吉尔吉斯斯坦	5
斯里兰卡	54	阿尔及利亚	20	加纳	6	喀麦隆	5
委内瑞拉	30	巴西	19	印度尼西亚	5	肯尼亚	5
俄罗斯联邦	28	菲律宾	17	老挝	5	利比里亚	5

(3)沥青混凝土摊铺机主要生产企业沥青混凝土摊铺机产品出口量

2011年沥青混凝土摊铺机主要生产企业产品出口量与上年相比增幅不大。据中国工程机械工业协会路面与压实机械分会的统计,2010~2011年沥青混凝土摊铺机主要生产企业产品出口量见表28。

表28 2010~2011年沥青混凝土摊铺机主要生产企业产品出口量

2011年		2010年		同比增长
数量(台)	对外依存度(%)	数量(台)	对外依存度(%)	(%)
130	3.98	121	4.12	7.44

4. 科技成果与新产品

(1)沥青混凝土摊铺机主要生产企业产品获奖情况

2011年沥青混凝土摊铺机主要生产企业产品获奖情况见表29。

表29 2011年沥青混凝土摊铺机主要生产企业产品获奖情况

企业名称	产品名称	奖励项目名称	获奖等级	获奖时间
江苏华通动力重工有限公司	SPSE90型多功能摊铺机	2011中国工程机械年度产品TOP50	产品奖	2012年3月
沃尔沃建筑设备(中国)有限公司	ABG6820型摊铺机			

(2)沥青混凝土摊铺机主要生产企业产品鉴定情况

2011年沥青混凝土摊铺机主要生产企业产品鉴定情况见表30。

表30 2011年沥青混凝土摊铺机主要生产企业产品鉴定情况

企业名称	鉴定产品名称	鉴定时间	组织鉴定单位
中交西安筑路机械有限公司	ZT600专用摊铺机	2011年8月	中国交通建设股份有限公司

(3)沥青混凝土摊铺机主要生产企业新产品开发

2011年沥青混凝土摊铺机主要生产企业新产品开发情况见表31。

表31 2011年沥青混凝土摊铺机主要生产企业新产品开发情况

企业名称	新产品名称	工作进度
长沙中联重工科技发展股份有限公司	Super130超级沥青摊铺机	已经实现销售
中交西安筑路机械有限公司	LTUY750履带式全液压伸缩摊铺机	完成设计
天津山河装备开发有限公司	SWLT75沥青混凝土摊铺机	已实现销售开始小批量投产
	SWLT90沥青混凝土摊铺机	
	SWLT120沥青混凝土摊铺机	完成样机试制

(4)沥青混凝土摊铺机主要生产企业专利技术申报情况

2011年沥青混凝土摊铺机主要生产企业专利技术申报情况见表32。

表32 2011年沥青混凝土摊铺机主要生产企业专利技术申报情况

专利名称	专利类型	受理情况	专利号
摊铺机熨平装置、摊铺机熨平系统以及摊铺机	实用新型	授权	201120008764.7
摊铺机调节装置以及具有该装置的摊铺机	实用新型	授权	201120042332.8
熨平板调节机构及具有该熨平板调节机构的摊铺机	实用新型	授权	201120040091.3
螺旋节和用于摊铺机的螺旋分料装置	实用新型	授权	201120122870.8
螺旋节和用于摊铺机的螺旋分料装置	发明	受理	201110103019.5
新型机械加长熨平板的刚性加强装置	实用新型	授权	201120234579.X
可调式自动装卸装置	实用新型	授权	201120315252.5
可调式自动装卸装置	发明	受理	201110248200.5
可调式自动装卸装置	PCT	受理	PCT/CN2011/078818
摊铺机及其布料器的安装结构	发明	受理	201110247825.X
摊铺机及其布料器的安装结构	PCT	受理	PCT/CN2011/078857
摊铺机的开放式驾驶室和安全保护装置	实用新型	授权	201120271170.5
浮动挡料装置	实用新型	授权通知书	201120300250.9
浮动挡料装置	发明	受理	201110238267
摊铺机行走系统液压自动张紧装置(15543)	发明	受理	201110212328.6
摊铺机行走系统液压自动张紧装置	PCT	受理	PCT/CN2011/077681
摊铺机新型侧挡板	发明	实质审查生效	201110197257.7
一种浮动挡料装置	发明	受理	201110237565.8
一种浮动挡料装置	实用新型	受理	201120302226.9
快速装卸熨平板	发明	实质审查生效	201110247907.4
快速装卸熨平板	PCT	受理	PCT/CN2011/078823
摊铺机	PCT	受理	PCT/CN2011/072517
一种可调节直径的定位销	发明	实质审查生效	201110317191.0
一种变径销	PCT	受理	PCT/CN2011/080914
一种摊铺机的熨平板自动调节减压装置的调节方法	发明	受理	201110354198.x
电加热装置	实用新型	受理	201120424093.2
一种用于变速箱的气液分离减压装置	发明	受理	201110439192.2
框架筋式耐磨螺旋叶片	发明	受理	201110403297.2
新型摊铺机大臂总成	实用新型	已授权	ZL201120269264.9
一种摊铺机推拉式座椅	实用新型	已授权	ZL201120269306.9

路面铣刨机

1. 生产发展情况

(1)行业产品构成及生产企业

我国路面铣刨机行业主要产品是自行式路面铣刨机。自行式路面铣刨机包括轮胎式路面铣刨机和履带式路面铣刨机两大类产品。目前在我国生产路面铣刨机的主要生产企业有10多家,生产40多种规格、型号的轮胎式和履带式自行式路面铣刨机。路面铣刨机产品分类及2011年主要生产企业见表33。

表 33　路面铣刨机产品分类及 2011 年主要生产企业

序号	主要生产企业	主要产品	
		轮胎式	履带式
1	徐州徐工筑路机械有限公司	XM50、XM100、XM101、XM100H、XM101H、XM103、XM130	XM200
2	江苏华通动力重工有限公司	LXZY500B、LXZ100D、LXH100D、LXH1300D、LXZY1000、LXZY1300	HM2100
3	长沙中联重工科技发展股份有限公司		BG1000B、BG2000D、BG2100C
4	三一重工股份有限公司		SM2000、SM2000C
5	卡特彼勒路面机械有限公司		PM102、PM200、PM201、PM565B
6	鼎盛重工机械有限公司	LXL100、LXL1200、LXL1300	LX1300、LX200
7	戴纳派克(中国)压实摊铺设备有限公司	PL350、PL500	PL2000、PL2100
8	柳工无锡路面机械有限公司	563	568
9	中交西安筑路机械有限公司	LX120、LXD120	LX200、XM200
10	沈阳北方交通重工集团	KFX500、KFX1000、KFX1000DB、KFX1000QDB	KFX2000E、KFX220、KFX2000、KFX1300Q、KFX1000Q
11	陕西建设机械股份有限公司	CM1000	CM2000
12	西安宏大交通科技有限公司	HD1000	HD2000、HD2200

(2)路面铣刨机主要生产企业产品产销存情况

2011 年,路面铣刨机主要生产企业 1～4 月产品销量同比大幅增长,受国家实行宏观调控政策的影响,销量从 5 月开始下滑,6 月出现负增长,下半年负增长加剧,直到年末。路面铣刨机主要生产企业产品全年销量比上年大幅下降,产量和库存大幅增加。据中国工程机械工业协会路面与压实机械分会的统计,2010～2011 年路面铣刨机主要生产企业产品产销存总量见表 34。

表 34　2010～2011 年路面铣刨机主要生产企业产品产销存总量

项　目	2011 年(台)	2010 年(台)	同比增长(%)
产量	216	165	30.91
销量	256	310	-17.42
库存量	34	17	100.00

2010～2011 年路面铣刨机主要生产企业产品产销存情况见表 35。

表 35　2010～2011 年路面铣刨机主要生产企业产销存情况

序号	企业名称	产量(台)			销量(台)			库存量(台)		
		2011 年	2010 年	同比增长(%)	2011 年	2010 年	同比增长(%)	2011 年	2010 年	同比增长(%)
1	徐州徐工筑路机械有限公司	143	130	10.00	128	124	3.23	30	17	76.47
2	江苏华通动力重工有限公司				42	105	-60.00			
3	长沙中联重工科技发展股份有限公司	24	18	33.33	24	18	33.33			
4	三一重工股份有限公司	32	17	88.24	30	19	57.89			
5	柳工无锡路面机械有限公司				10	11	-9.09			
6	陕西建设机械股份有限公司	17			14			4		
7	卡特彼勒路面机械有限公司				5	29	-82.76			
8	戴纳派克(中国)压实摊铺设备有限公司				3	4	-0.25			

2. 国内销售情况

(1)路面铣刨机主要生产企业产品国内销售情况

2011年,路面铣刨机主要生产企业产品国内销量同比大幅下降,占比也比上年降低很多。据中国工程机械工业协会路面与压实机械分会的统计,2010~2011年路面铣刨机主要生产企业产品国内销售情况见表36。

表36　2010~2011年路面铣刨机主要生产企业产品国内销售情况

2011年		2010年		同比增长(%)
销量(台)	占比(%)	销量(台)	占比(%)	
223	87.11	306	98.71	-27.12

(2)路面铣刨机主要生产企业产品月度销售情况

2011年,我国路面铣刨机市场启动早,2月、3月、4月销量大幅上扬,大大高于上年同期,5月销量开始回落,6月同比出现负增长,7月以后销量下滑进一步加剧,9月销量环比有所增长,但10月又大幅下滑,下滑趋势持续到年底。2011年路面铣刨机主要生产企业产品月度销售走势见图9。

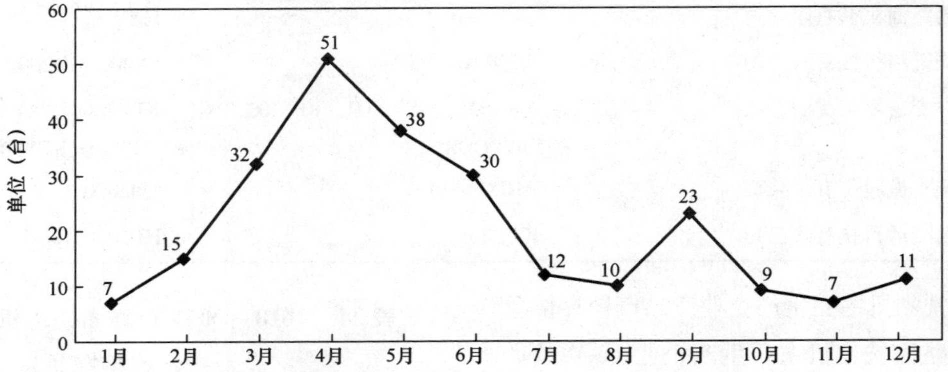

图9　2011年路面铣刨机主要生产企业产品月度销售走势

(3)路面铣刨机主要生产企业产品销售情况

据中国工程机械工业协会路面与压实机械分会的统计,2011年路面铣刨机主要生产企业产品销售情况见表37。

表37　2011年路面铣刨机主要生产企业产品销售情况

序号	企业名称	销量(台)				
		1m以下	1m及相当于1m	1~1.5m(含)	1.5~2m(含)	2m以上
1	徐州徐工筑路机械有限公司	16	85	6		21
2	江苏华通动力重工有限公司	6	21	12	2	1
3	长沙中联重工科技发展股份有限公司				19	5
4	三一重工股份有限公司				30	
5	柳工无锡路面机械有限公司		10			
6	陕西建设机械股份有限公司		2		12	
7	卡特彼勒路面机械有限公司		1		4	
8	戴纳派克(中国)压实摊铺设备有限公司	1			2	

(4)路面铣刨机主要生产企业产品销量构成

2011年,路面铣刨机主要生产企业销售产品中,1m及相当于1m路面铣刨机仍然是路面铣刨机市场的主导产品,接近总销量的一半。1.5~2m(含)和2m以上路面铣刨机销量同比增长较大,1m以下和1~1.5m(含)路面铣刨机销量同比大幅下降。据中国工程机械工业协会路面与压实机械分会的统计,2011年路面铣刨机主要生产企业产品销量构成见图10。

2010~2011年路面铣刨机主要生产企业产品销量构成见表38。

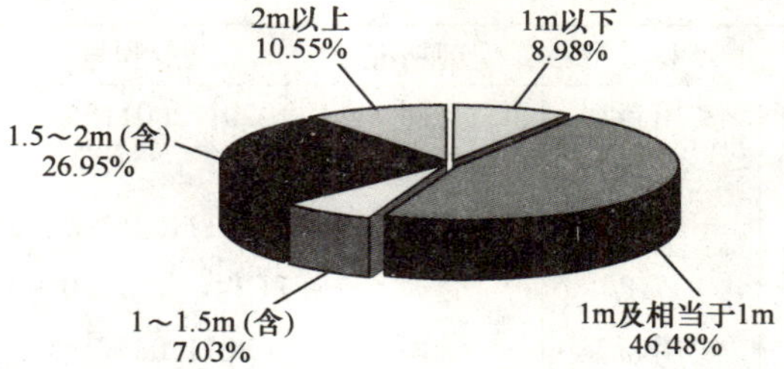

图 10　2011 年路面铣刨机主要生产企业产品销量构成

表 38　2009～2010 年路面铣刨机主要生产企业产品销量构成

产　品	2011 年		2010 年		同比增长（%）
	销量（台）	占比（%）	销量（台）	占比（%）	
1m 以下	23	8.98	53	17.10	-56.60
1m 及相当于 1m	119	46.48	151	48.71	-21.19
1～1.5m(含)	18	7.03	43	13.87	-58.14
1.5～2m(含)	69	26.95	55	17.74	25.45
2m 以上	27	10.55	8	2.58	237.50

（5）路面铣刨机主要生产企业产品市场占有率

2011 年，多数路面铣刨机主要生产企业销量同比下降，只有少数主要生产企业销量同比增长。路面铣刨机主要生产企业产品市场占有率与上年相比有所变化：徐州徐工筑路机械有限公司和江苏华通动力重工有限公司仍分别保持行业第一、二名，三一重工股份有限公司由上年行业第四上升为行业第三，长沙中联重工科技发展股份有限公司由上年行业第五上升为行业第四，柳工无锡路面机械有限公司仍居行业第六，卡特彼勒路面机械有限公司由上年行业第三下降为行业第七，戴纳派克（中国）压实摊铺设备有限公司由上年行业第七下降为行业第八。2011 年路面铣刨机主要生产企业产品市场占有率见图 11。

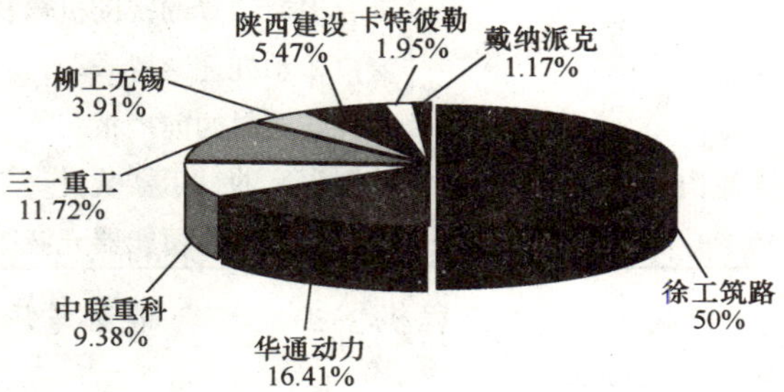

图 11　2011 年路面铣刨机主要生产企业产品市场占有率

3. 出口情况

2011 年，路面铣刨机主要生产企业产品出口量比上年增长 7 倍多。据中国工程机械工业协会路面与压实机械分会的统计，2010～2011 年路面铣刨机主要生产企业产品出口量见表 39。

表 39　2010～2011 年路面铣刨机主要生产企业产品出口量

2011 年		2010 年		同比增长（%）
数量（台）	对外依存度（%）	数量（台）	对外依存度（%）	
33	12.89	4	1.29	725.00

4. 科技成果与新产品

（1）路面铣刨机主要生产企新产品开发情况

2011 年，路面铣刨机主要生产企新产品开发情况见表 40。

表 40　2011 年路面铣刨机主要生产企业新产品开发情况

企业名称	新产品名称	工作进度
中交西安筑路机械有限公司	RX2000 铣刨机	完成设计
天津山河装备开发有限公司	SWM121 沥青路面铣刨机	完成样机试制

（2）路面铣刨机主要生产企业专利技术申报情况

2011 年路面铣刨机主要生产企业专利技术申报情况见表 41。

表 41　2011 年路面铣刨机主要生产企业专利技术申报情况

企业名称	专利名称	专利类型	受理情况	专利号
长沙中联重工科技发展股份有限公司	一种大型铣刨机高压喷水清洗装置（液压系统）	发明	受理	201210007154.4

（续）

企业名称	专利名称	专利类型	受理情况	专利号
天津山河装备开发有限公司	一种大型铣刨机高压喷水清洗装置（液压马达与柱塞高压水泵的组合）	实用新型	受理	201220011568.X
	具有平衡装置的铣刨机输料皮带机	发明	受理	201110247908.9
	具有平衡装置的铣刨机输料皮带机	PCT	受理	PCT/CN2011/079011
	窗户积水处理装置	实用新型	受理	201120377165.2
	一种防漏料的前挡板	发明	受理	201110357877.2
	铣刨深度的显示器装置	实用新型	申请	201120269263.4
	小型铣刨机的蓄能器充液阀系统	实用新型	申请	201120354239.0

〔撰稿人：中国工程机械工业协会路面与压实机械分会吴竟吾〕

混凝土机械

生产发展情况

2011年，混凝土机械行业的经济运行情况和其他工程机械行业基本一致，概括六个字："前高、中低、后稳"。混凝土机械销售量与我们国家基本建设项目多少以及投资方向相关。2011年，高铁建设项目有的被叫停或缓建，对混凝土机械行业是一个严重的挑战。但是，2011年政府加速保证性住房建设政策的出台，弥补了高铁建设需求的下降，全行业产销总体还略高于2010年，估计完成工业总产值1 000亿元左右，比上年增长约10%。

市场销售情况

2011年混凝土机械行业，商品混凝土机械主要品种的销量大致是：泵车11 748台，同比增长约30%；车载泵4 799台；混凝土搅拌输送车65 165辆，混凝土搅拌站（楼）大约9 000套，同比增长12.5%。车载泵过去没有单列进行统计，无法进行对比，但增长态势明显。这种型式的混凝土泵与柴油机驱动的拖式混凝土泵相比，移动方便，且价格增加不多，因此已逐步被用户所接受，估计在今后几年里占比还会有所增加。而常见的一般型式的拖式混凝土泵市场份额将被车载泵所替代，占比有所减少。现在能生产拖式混凝土泵的企业众多，由于生产销售车载泵要受上牌公告的限制，目前有此资质的企业还不很多，其竞争优势比一般拖式泵要好。2011年混凝土机械行业企业产销存情况见表1。

表1　2011年混凝土机械行业企业产销存情况

企业名称	产品类别	单位	产量	销售量	库存量
上海华东建筑机械厂有限公司	混凝土搅拌机	台	74	80	43
潍坊中昊机械有限公司	混凝土搅拌机	台	310	250	60
云南建筑机械厂	混凝土搅拌机	台	43	41	2
方圆集团有限公司	混凝土搅拌机	台	4 200	4 518	0
青岛新型建设机械有限公司	混凝土搅拌机	套	1 316	1 232	84
浙江省建设机械集团有限公司	混凝土搅拌机	台	1 556	1 454	0
云南维智建设机电有限公司	混凝土搅拌机	台	1 615	1 249	366
天水风动机械有限责任公司	混凝土搅拌机	台	4 059	2 876	489
上海华东建筑机械厂有限公司	混凝土搅拌站（楼）	台	64	65	6
徐州天地重型机械制造有限公司	混凝土搅拌站（楼）	套	125	125	0
潍坊中昊机械有限公司	混凝土搅拌站（楼）	台（套）	80	70	10
云南建筑机械厂	混凝土搅拌站（楼）	套	41	30	11

（续）

企业名称	产品类别	单位	产量	销售量	库存量
方圆集团有限公司	混凝土搅拌站(楼)	台	324	328	0
山东天宇建设机械股份有限公司	混凝土搅拌站(楼)	套	375	185	26
青岛新型建设机械有限公司	混凝土搅拌站(楼)	套	866	830	36
成都市新筑路桥机械股份有限公司	混凝土搅拌站(楼)	台	41	41	0
三一集团有限公司	混凝土搅拌站(楼)	台	500	500	0
中联重科股份有限公司	混凝土搅拌站(楼)	台	1 193	1 363	0
浙江省建设机械集团有限公司	混凝土搅拌站(楼)	台	443	392	0
云南维智建设机电有限公司	混凝土搅拌站(楼)	套	15	15	0
四川省建筑工程机械厂	混凝土搅拌站(楼)	台	37	41	1
福建南方路面机械有限公司	混凝土搅拌站(楼)	台	492	492	0
上海华东建筑机械厂有限公司	混凝土搅拌运输车	台	2 223	2 136	150
徐州天地重型机械制造有限公司	混凝土搅拌运输车	台	44	25	33
扬州柳工建设机械有限公司	混凝土搅拌运输车	辆	825	821	78
安徽星马汽车股份有限公司	混凝土搅拌运输车	辆	6 793	6 905	238
方圆集团有限公司	混凝土搅拌运输车	台	402	402	0
三一集团有限公司	混凝土搅拌运输车	台	8 000	8 000	0
中联重科股份有限公司	混凝土搅拌运输车	台	7 973	8 280	0
广西玉柴专用汽车有限公司	混凝土搅拌运输车	辆	45	21	25
山推工程机械股份有限公司	混凝土搅拌运输车	台	1 480	1 206	594
方圆集团有限公司	混凝土泵	台	260	260	0
青岛新型建设机械有限公司	混凝土泵	套	676	622	54
三一集团有限公司	混凝土泵	台	2 300	2 300	0
中联重科股份有限公司	混凝土泵	台	1 670	1 609	0
广西建工集团建筑机械制造有限责任公司	混凝土泵	台	4	4	0
徐州天地重型机械制造有限公司	混凝土泵车	台	5	7	5
安徽星马汽车股份有限公司	混凝土泵车	辆	51	66	50
广西柳工机械股份有限公司	混凝土泵车	台	0	15	0
三一集团有限公司	混凝土泵车	台	6 100	6 100	0
中联重科股份有限公司	混凝土泵车	台	4 598	4 606	0
广东力士通机械股份有限公司	混凝土泵车	台	12	12	0
三一集团有限公司	车载混凝土泵	台	2 800	2 800	0
中联重科股份有限公司	车载混凝土泵	台	1 921	1 901	0
安徽星马汽车股份有限公司	散装水泥车	辆	1 582	1 623	161
潍坊中昊机械有限公司	混凝土配料机	台	300	260	40
青岛新型建设机械有限公司	混凝土配料机	套	944	861	83
长沙盛泓机械有限公司	混凝土配料机	台	1 661	1 659	2
浙江省建设机械集团有限公司	混凝土配料机	台	704	692	0
云南维智建设机电有限公司	混凝土配料机	套	240	190	50
徐州天地重型机械制造有限公司	干混砂浆搅拌站	套	43	43	0
方圆集团有限公司	配料机	台	414	452	0
安阳振动器有限责任公司	其他混凝土机械	台	58 153	51 306	7 645
三一集团有限公司	其他混凝土机械	台	7 441	7 441	0
中联重科股份有限公司	其他混凝土机械	台	68	261	0

泵车的集中度很高，三一集团有限公司和中联重科股份有限公司2011年两家企业产销量占全行业总量的89%，安全居行业垄断地位。从产值来看，2011年三一和中联两家企业混凝土机械合计产值超过500亿元，占混凝土机械行业总产值的50%以上，基本保持2010年的格局。近年来，有若干上市公司在混凝土机械领域投入大量资金，开工建设混凝土机械产业园。三一和中联也在扩大产能投入，产量过剩已是不争的事实，今后的竞争会更趋激烈。

我国混凝土机械行业经过20多年的发展，特别是近十年我国经济建设的高速发展，为混凝土机械行业提供了一个广阔的发展空间和大市场。当前，我国混凝机械的技术水平与国外知名品牌没有多少差别，有些方面甚至是世界领先，但产品可靠性与国外还存在差距。近年来，由于国际金融危机的影响，国外混凝土机械几家知名企业相应被我国企业所兼并。这将有助于我们学习国外企业的先进制造技术和先进管理理念及健全的质量保证体系，以进一步提升我国混凝土机械行业的综合水平和整体竞争力。

〔撰稿人：中国工程机械工业协会混凝土机械分会盛春芳〕

凿岩机械与气动工具

生产和发展情况

气动工具行业产品主要分为凿岩机械和气动工具两大类，主要产品包括凿岩钻车、凿岩钻架，以及气动、液压、内燃、电动凿岩机和回转式、冲击式气动工具等。产品服务于冶金矿山、铁路公路、水电工程、国防建设及机械制造等领域。凿岩机械用于在各种不同矿、岩石上钻凿炮孔，广泛应用于开采矿业、开山筑路、兴修水利、开凿隧道和国防施工建设及其他土石方工程。气动工具产品广泛用于汽车、飞机、船舶等各种机器装配和修理。凿岩机械与气动工具产品的特性，主要是以压缩空气为动力。我国凿岩机械气动工具产品分类及主要生产企业见表1。

表1　我国凿岩机械气动工具产品分类及主要生产企业

产品分类		主要生产企业
凿岩机械	气腿式凿岩机	天水风动机械有限责任公司、衢州煤矿机械总厂有限公司、沈阳风动工具厂有限公司、湘潭风动机械有限公司、洛阳风动工具有限公司、浙江红五环机械有限公司、宜春风动工具有限公司
	手持式凿岩机	天水风动机械有限责任公司、沈阳风动工具厂有限公司、衢州煤矿机械总厂有限公司、浙江红五环机械有限公司、湘潭风动机械有限公司
	内燃、电动凿岩机	洛阳风动工具有限公司、宜春风动工具有限公司
	凿岩钻架	天水风动机械有限责任公司、南京工程机械厂有限公司
	凿岩钻车	天水风动机械有限责任公司、南京工程机械厂有限公司、浙江红五环机械有限公司
	冲击器	天水风动机械有限责任公司、洛阳风动工具有限公司、南京工程机械厂有限公司、广州市天凿精机机械有限公司
	气动绞车	烟台市石油机械厂、黄石市黄风机械有限公司
气动工具	回转类产品	青岛前哨精密机械公司、天水风动机械有限责任公司、上海气动工具厂、上海约纳森工具制造有限公司、镇江市丹徒风电机械厂、天津市柏益风动工具有限公司、徐州信义风动工具有限公司、徐州三刃风动工具有限公司、上海民生电器有限公司、上海上船利富船舶工具有限公司、镇江玛维克工具制造有限公司、上海山研机械科技有限公司、山东春龙风动机械有限公司、山东同力达智能机械有限公司

（续）

产品分类		主要生产企业
气动工具	冲击类产品	南京工程机械厂有限公司、天水风动机械有限责任公司、义乌市风动工具有限公司、上海气动工具厂、上海约纳森工具制造有限公司、徐州三刃风动工具有限公司、宜春风动工具有限公司、徐州信义风动工具有限公司、上海山研机械科技有限公司、上海上船利富船舶工具有限公司、杭州风动工具制造有限公司、山东春龙风动机械有限公司、宁波鄞州甬盾风动工具制造有限公司、天水风动机械配件有限公司

根据行业协会对24家提供相关数据企业的统计，2011年完成工业总产值（当年价）146 635万元，比上年增长11.18%；完成工业增加值40 928万元，比上年增长4.83%；完成产品主营业务收入139 582万元，比上年增长5.80%；全年实现利润总额12 260万元，比上年下降9.77%。2011年凿岩机械与气动工具行业主要生产企业经济指标完成情况见表2。

表2　2011年凿岩机械与气动工具行业主要生产企业经济指标完成情况（单位：万元）

序　号	单　位　名　称	工业总产值（当年价）	主营业务收入	工业增加值（生产法）	利润总额
1	天水风动机械有限责任公司	30 526	23 146	11 850	3 386
2	南京工程机械厂有限公司	6 145	6 385	2 458	-515
3	沈阳风动工具厂有限公司	687	577		-92
4	宜春风动工具有限公司	2 500	262		-438
5	浙江衢州煤矿机械总厂有限公司	38 897	37 562	8 569	3 384
6	青岛前哨精密机械有限责任公司	10 494	12 529	3 850	2 154
7	湘潭风动机械有限公司	1 679	1 660	226	92
8	洛阳风动工具有限公司	9 417	9 065	3 881	1 205
9	徐州三刃风动工具有限公司	483	488	215	29
10	上海气动工具厂	841	2 026	137	3
11	上海民生电器有限公司	2 207	2 401	411	63
12	烟台市石油机械有限公司	4 058	3 368	1 000	14
13	义乌市风动工具有限公司	1 550	1 460	784	34
14	镇江市丹徒风电机械厂				
15	山东同力达智能机械有限公司	24 441	24 441	3 914	1 827
16	上海约纳森工具制造有限公司	583	583		142
17	天水风动机械配件有限公司	684	662	173	74
18	上海上船利富船舶工具有限公司		3 419		143
19	天津市柏益风动工具有限公司	470	450		4
20	上海山研机械科技有限公司	310	420		65
21	杭州风动工具制造有限公司	980	980		62
22	山东春龙风动机械有限公司	7 808	6 117	3 122	442
23	宁波市鄞州甬盾风动工具制造有限公司	1 375	1 381	338	62
24	广州市天凿精机机械有限公司	500	200		120
	合　　计	146 635	139 582	40 928	12 260

2011年，凿岩机械与气动工具行业累计生产凿岩机械665 840台（套），比上年下降5.68%；销售凿岩机械623 839台（套），比上年下降11.73%；年底凿岩机械库存86 361台（套），比上年增长93.22%。

2011年，生产气动工具675 860台，比上年增长34.72%;销售气动工具546 811台,比上年增长17.86%;年底气动工具库存141 134台,比上年的108 500台增长30.07%。2011年凿岩机械与气动工具行业主要产品产销存情况见表3。

表3　2011年凿岩机械与气动工具行业主要产品产销存情况

产品名称	计量单位	2011年 产量	2011年 销售量	2011年 年末库存	2010年 产量	产量同比增长(%)
一、凿岩机械	台	665 840	623 839	86 361	705 907	-5.68
1. 凿岩机	台	103 290	103 377	12 177	94 580	9.21
(1)气动凿岩机	台	86 128	86 100	10 450	76 628	12.40
①手持式	台	4 594	4 618	2 155	2 155	113.18
②气腿式	台	79 989	80 076	8 010	73 028	9.53
③向上式	台	550	460	100	460	19.57
④导轨式	台	995	946	185	985	1.02
(2)内燃凿岩机	台	13 557	13 462	1 619	12 813	5.81
(3)电动凿岩机	台	3 605	3 815	108	5 139	-29.85
2. 凿岩钻车	台	32	22	17	10	220.00
3. 钻架	台	304	275	80	112	171.43
4. 气动绞车	台	311	314	27	433	-28.18
5. 冲击器	台	542	413	139	160	238.75
6. 气马达	台	11 077	10 569	1 208	10 540	5.09
7. 其他	台	550 284	508 869	72 713	600 072	-8.30
二、气动工具	台	675 860	546 811	141 134	501 667	34.72
1. 回转类产品	台	448 995	324 734	124 437	391 078	14.81
(1)气钻	台	22 774	23 102	4 093	8 635	163.74
(2)气砂轮	台	279 662	169 846	84 885	297 312	-5.94
(3)气扳机	台	124 035	112 536	32 819	70 269	76.51
(4)搅拌机	台	4 259	3 014	551	3 750	13.57
(5)角磨机	台	18 265	16 236	2 089	11 112	64.37
2. 冲击类产品	台	178 993	177 481	9 364	97 792	83.03
(1)气镐	台	144 489	143 475	6 119	78 855	83.23
(2)气铲	台	21 025	20 327	2 360	15 052	39.68
(3)捣固机	台	13 479	13 679	885	3 885	246.95
3. 其他	台	47 872	44 596	7 333	12 797	274.09
三、配件	t	689	483	158	790	-12.73
附:空压机	台	858	707	377	719	19.33

注:因有的企业未报2011年相关统计数据,考虑近两年相关统计数据的可比性,故将其2010年相关数据调整去除。

2011年,凿岩机械与气动工具行业有8个企业产品出口,出口额为1 019万美元。2009~2011年凿岩机械与气动工具行业产品出口情况见表4。

表4　2009~2011年凿岩机械与气动工具行业产品出口情况

产品名称	2009年 出口量(台)	2009年 出口额(万美元)	2009年 占比(%)	2010年 出口量(台)	2010年 出口额(万美元)	2010年 占比(%)	2011年 出口量(台)	2011年 出口额(万美元)	2011年 占比(%)
凿岩机械	2 751	327.18	38.92	10 818	312.10	27.28	8 469	224.93	22.08
气动工具	50 647	315.06	37.48	50 670	341.20	29.82	12 000	127.28	12.50

（续）

产品名称	2009 年			2010 年			2011 年		
	出口量（台）	出口额（万美元）	占比（%）	出口量（台）	出口额（万美元）	占比（%）	出口量（台）	出口额（万美元）	占比（%）
配件及其他	289 363	198.40	23.60	296 183	490.87	42.90	15 204	666.40	65.42
合　计	342 761	840.64	100.00	357 671	1 144.17	100.00	35 673	1 018.61	100.00

2011 年，面对复杂多变的国际形势和国内经济运行出现的新情况新问题，尽管国家坚持实施积极的财政政策和稳健的货币政策，不断加强和改善宏观调控，投资结构进一步改善，但固定资产投资仍保持较快的增长。2011 年是我国凿岩机械与气动工具行业经济发展较为稳定的一年。从凿岩机械产品看，气动凿岩机产品整体质量已达到国际水平，目前国内市场已趋于饱和，国产产品市场占有率达 90% 以上，基本上挡住了国外产品进口，并有一定批量产品出口发展国家。气腿式凿岩机仍是占据市场主流地位，国内生产企业主要代表为天水风动机械有限责任公司等。电动、内燃凿岩机具有特定的市场，虽然国产产品质量水平也在不断提高，但产品整体技术水平与国际还有一定差距，国内生产企业主要代表有洛阳风动工具有限公司、宜春风动工具有限公司等。国产液压凿岩机目前国内市场占有率比较低，其原因主要是产品技术含量高，产品价格高，国内生产企业少，但产品具有节能环保、高工效特点，符合国家产业发展政策，是今后我国凿岩机械行业的发展方向。国产潜孔凿岩钻车和全液压凿岩钻车整体技术与国际先进水平相比，还有较大的差距，尤其是全液压凿岩钻车我国还未掌握自主知识产权和核心技术。该类型产品也是今后我国凿岩机械行业的发展方向，故而需国家产业政策的扶持。从气动工具产品看，近年来，我国气动工具行业发展较快，并已形成以中小型企业为主的一定生产规模。其产品特点是注重节能高效，外观精美，价格适宜，产品品种多。产品整体质量业已跻身国际水平，国内生产企业主要代表是天水风动机械有限责任公司、青岛前哨精密机械公司等。

我国凿岩机械与气动工具行业是工程机械行业中的小行业，绝大部分企业为中小型企业，国家宏观经济政策的调整对行业影响比较大，加之，目前凿岩机械与气动工具行业国内生产企业尚未完全掌握自主知识产权和核心技术，产品更新换代迟缓，产品的同质化比较严重，形成同质化竞争，必然造成残酷的价格战，致使市场竞争力不强，制约了全行业的发展。今后我国凿岩机械与气动工具行业企业，应充分利用国家加大对“专、精、特、新”中小企业的扶持政策力度，抓住机遇和挑战，不断提升自主研发能力，提高企业核心竞争力，大力开拓国外市场，促进企业、全行业可持续、健康稳步发展。

［撰稿人：中国工程机械工业协会凿岩机械气动工具分会于洪刚］

桩工机械

生产发展情况

近十年，桩工机械行业取得迅猛发展，现代桩工机械的产品门类已有很大扩展，包括桩基础、地下连续墙、地基改良加固及其他特殊地基基础施工的机械设备。2011 年，桩工机械行业受高铁项目暂缓、房地产市场调控等宏观经济政策调整的影响明显，销量呈下降走势。根据对桩工机械分会 23 家主要生产企业的数据统计，2011 年，各类桩工机械生产约5 500台（2010 年为 6 610 台），销售约4 747 台（2010 年为 6 284 台），比 2010 年分别下降 16.8% 和 24.5%。其中，根据对桩工机械的主力产品——旋挖钻机的14家主要生产厂家的统计，2011年共计销售1 946台，比2010年（销售台数为2 090台）下降6.9%。桩工机械主要产品分类及主要生产企业见表1。

表1　桩工机械主要产品分类及主要生产企业

产品分类	主要生产企业
柴油打桩锤	
D系列筒式柴油打桩锤	上海工程机械厂有限公司、广东力源液压机械有限公司
DD系列导杆式柴油打桩锤	江苏东达工程机械有限公司、中国人民解放军六四〇九工厂建机公司、东台市巨力机械制造有限公司
液压打桩锤	
HHP系列液压打桩锤	广东力源液压机械有限公司
振动桩锤	
DZ、DZS系列振动桩锤	上海工程机械厂有限公司、浙江振中工程机械有限公司、上海振中工程机械有限公司
DZJ系列变矩振动桩锤	瑞安八达工程机械有限公司、兰州联合重工有限公司、徐州神宇重工有限公司（鹏达基桩）
DZM系列液压振动桩锤	广东力源液压机械有限公司
钻孔机	
步履式长螺旋钻孔机	河北新钻钻机有限公司、郑州勘察机械有限公司
电动式长螺旋钻孔机	文登市卓力桩机有限公司
液压履带式长螺旋钻孔机	威海海泰起重机械有限公司、方圆集团海阳起重机公司、徐州神宇重工有限公司（鹏达基桩）、浙江振中工程机械有限公司、上海振中工程机械有限公司、瑞安八达工程机械有限公司、河北新河华泰桩工机械公司、郑州市鑫源桩工机械厂、河南三力机械制造有限公司
旋挖钻机	中联重科上海基础施工机械公司、徐州徐工基础工程机械有限公司、北京市三一重机有限公司、湖南山河智能机械有限公司、北京南车时代车辆机械有限公司、上海金泰工程机械有限公司、山东福田雷沃重工有限公司、山推工程机械股份有限公司、厦门厦工机械股份有限公司、玉柴桩工（常州）有限公司、内蒙古北方重型汽车有限公司、郑州宇通重工有限公司、郑州富岛机设备有限公司、徐州博汇东明机械制造有限公司、湖南奥盛特重工科技有限公司、浙江振中工程机械有限公司、山东鑫国重机科技有限公司、北京德睿琪科技开发有限公司、杭州杭重威施诺机械科技有限公司、河南三力机械制造有限公司
KP、GPS、QJ系列钻孔机（工程钻机）	上海金泰工程机械有限公司、郑州勘察机械有限公司
液压静压桩机	湖南山河智能机械有限公司、广东力源液压机械有限公司、东台市巨力机械制造有限公司、武汉华威建筑桩工机械有限公司、湖南泰唐重工机械有限公司
桩架	
DH系列液压履带式桩架	上海工程机械厂有限公司、北京市三一重机有限公司
SF系列电液履带式桩架	浙江振中工程机械有限公司、上海振中工程机械有限公司
步履式桩架	瑞安八达工程机械有限公司
滚钢式桩架	江苏东达工程机械有限公司
轨道式桩架	徐州神宇重工有限公司（鹏达基桩）、兰州联合重工有限公司
地下连续墙施工机械	
地下连续墙抓斗	上海金泰工程机械有限公司、上海工程机械厂有限公司、中联重科上海基础施工机械公司
多轴连续墙钻孔机	北京市三一重机有限公司、北京南车时代车辆机械有限公司、徐州徐工基础工程机械有限公司、湖南山河智能机械有限公司
地基加固机械	
振冲器	江阴市振冲机械制造有限公司
插板桩机	徐州神宇重工有限公司（鹏达基桩）

市场销售情况

受宏观经济形势影响，2011 年，桩工机械销量同比下降明显，下半年环比上半年也有显著下降。旋挖钻机销量经过前几年的高速增长，于 2010 年攀至 2 000 台的高位，但 2011 年则回落至 2 000 台以内。虽然从销量上下降幅度并不十分显著，但整个行业价格战的硝烟极其浓烈，成交条件非常苛刻，另一方面，旋挖钻机的集中度越来越高，销量前五位的厂家占整个行业销量的比例进一步提升，2011 年已达近 70%，这也预示着桩工机械行业面临洗牌的格局。地下连续墙抓斗及三轴钻机销量也呈下降态势。而其他类桩工机械虽仍维持一定销量，但其销售价格以及利润都不高，主要集中在一些规模相对较小的企业。2011 年桩工机械主要产品产销存情况见表 2。

表 2　2011 年桩工机械主要产品产销存情况

（单位：台）

产品名称	产量	销量	库存量
旋挖钻机	2 208	1 946	262
地下连续墙抓斗	95	71	24
地下连续墙三轴钻机	71	57	14
静压桩机	678	662	25
柴油打桩锤	951	728	223
振动打桩锤	310	218	92
桩架	232	198	34
其他钻机	639	599	63
其他桩工机械	316	268	48
主机总计	5 500	4 747	753

进出口情况

2011 年，桩工机械进出口都较 2010 年有不同幅度的增长。2011 年桩工机械产品进出口情况见表 3。

表 3　2011 年桩工机械产品进出口情况

货品名称	进口				出口			
	数量（台）	增长（%）	金额（万美元）	增长（%）	数量（台）	增长（%）	金额（万美元）	增长（%）
打桩机及拔桩机	33	83.33	3 929.59	34.37	1 053	14.83	6 517.4	10.07
钻孔直径在 3m 以上的非自推进工程钻机					21	50.00	152.71	15.87
其他非自推进工程钻机	59	15.69	1 230.10	119.03	20 276	24.00	4 430.5	24.28

科技成果与新产品

2011 年，桩工机械主要企业加大研发投入，科研实力不断增强，科技成果和新产品不断获得突破和推广。

在旋挖钻机领域，大型机的研发及市场投入力度明显加大，这主要是由于两广、西南等地区的大量钻岩工程，为推广使用旋挖钻机创造了条件，致使大型旋挖钻机的销量增长。同时，围绕入岩效率的提升，各主要厂家也都在进行各种探索尝试。

在新品开发方面，各主要厂家在联合施工设备及新型高端连续墙施工设备等方面均在进行积极研发。部分厂家已向矿山开采、地热开发，海洋工程等领域拓展。这些有益的拓展，将对桩工机械的定义本身引发革命性诠释，必将大大提升桩工机械行业的发展空间。

〔撰稿人：中国工程机械工业协会桩工机械分会黄志明〕

工程机械零部件

生产发展情况

2011 年，面对国际经济环境和国内经济形势的变化，工程机械行业企业克服多重困难，全年经济总量仍保持合理的增长态势。据初步统计，全国 20 大类工程机械产品的销售收入突破 5 000 亿元，同比增长 17% 以上。然而，在我国政府经济刺激政策逐步退出，国际政治经济形势复杂多变的背景下,2011年,工程机械行业连续几个月出现产销下滑局面,资金紧张、应收款居高不下、经济效益削减等问题日益凸显,2011年,工程机械行业经济运行呈现高开低走的态势。

根据2011年对工程机械零部件行业中47家主要企业的统计,2011年完成工业总产值(当年价)1 676 054万元,工业销售产值2 675 280万元,主营业务收入1 644 874万元,利润182 299万元。2010~2011年工程机械零部件行业主要经济指标完成情况见表1。

表1 2010~2011年工程机械零部件行业主要经济指标完成情况 (单位:万元)

经济指标	2010年	2011年
工业总产值(当年价)	1 888 433(47家)	1 676 054(47家)
工业销售产值	1 740 057(47家)	2 675 280(47家)
主营业务收入	2 017 339(46家)	1 644 874(46家)
工业增加值	493 385(41家)	371 955(36家)
出口交货值	129 522(36家)	173 856(39家)
利润总额	181 568(45家)	182 299(47家)

工程机械零部件行业产品分类及会员单位的主要生产企业见表2。2010~2011年工程机械零部件产品产销存情况见表3。2010~2011年工程机械零部件行业主要生产企业经济指标完成情况见表4。

表2 工程机械零部件行业产品分类及会员单位的主要生产企业

产品分类	企业名称
液压件及液压附件	徐州徐工液压件有限公司、四川长江液压件有限责任公司、榆次液压有限公司、派克汉尼汾液压(天津)有限公司、浙江临海海宏集团有限公司、济南液压泵有限责任公司、合肥长源液压股份有限公司、中航工业贵州枫阳液压有限公司、苏州工业园区飞翔液压附件厂、伊顿流体动力(上海)有限公司、中航力源液压股份有限公司、泊姆克(天津)液压有限公司、山东锐驰机械有限公司、安徽惊天液压智控股份有限公司、浙江苏强格液压股份有限公司、博世力士乐(北京)液压有限公司、上海纳博特斯克液压有限公司、黎明液压有限公司、厦门银华机械厂、上海年久流体控制设备有限公司、河北盛世集团有限公司、宁波市恒通液压科技有限公司、江苏江阴市液压油管有限公司、徐州瑞隆机械工业发展有限公司、福州大学液压厂、宁波广天赛克思液压有限公司、宁波江北宇洲液压设备厂、意大利海德液控股份公司上海代表处、宁波大港意宁液压有限公司、江苏恒立高压油缸股份有限公司、北京华德液压工业集团有限公司、浙江圣邦机械有限公司、卡尔森精密机械(昆山)有限公司、烟台江山工贸有限公司、江阴长龄液压机具厂、江苏恒源液压有限公司、盐城华星液压机械有限公司、江西福事特液压有限公司、北京铸通液压机电制造有限公司、高邮市迅达工程机械有限公司、江阴市力隆液压机械有限公司、川崎精密机械商贸(上海)有限公司、济南高新华能气动液压有限公司、河北金建液压机械有限公司、安徽金达利液压有限公司、宁波赛维思机械有限公司、江苏国瑞液压机械有限公司、安徽博一流体传动股份有限公司、烟台星辉劳斯堡液压机械有限公司、世元伊恩锑液压(上海)有限公司、烟台艾迪液压科技有限公司、宁波斯达弗液压传动有限公司、山东天一液压科技股份有限公司、张家口中航液压装备股份有限公司、徐州科源液压有限公司
变速箱驱动桥	杭齿集团工程机械变速箱厂、徐州良羽科技有限公司、中南传动机械厂、江西分宜驱动桥厂、卡拉罗(中国)传动系统有限公司、徐州美驰车桥有限公司、徐州市振兴车桥厂、福建晋工机械有限公司、青海华鼎实业股份有限公司齿轮箱分公司、肥城金城车桥有限公司、六安金霞齿轮有限公司、上海合纵重工机械有限公司
液力变矩器	浙江临海机械有限公司、山推股份有限公司液力变矩器厂、成工集团液力变矩器厂、安徽合力股份有限公司蚌埠液力机械厂、大连液力机械有限公司、陕西航天动力高科技股份有限公司、中国船舶重工集团公司第七一一研究所变矩器厂、厦门亿统机械有限公司

（续）

产品分类	企业名称
回转支承四轮一带等零部件	徐州罗特艾德回转支承有限公司、马鞍山方圆回转支承股份公司、烟台富野机械有限公司、亚实履带（天津）有限公司、山推工程机械股份有限公司履带底盘分公司、安徽宁国顺昌机械有限公司、山东省烟台市广兴履带厂、上海瑞吉机械传动技术有限公司、北京东山机械技术有限公司、艾迪姆履带（天津）有限公司、铁岭市机械橡胶密封附件厂、黄石赛福摩擦材料有限公司、浙江银轮机械股份有限公司、爱克奇换热技术（太仓）有限公司、莱州市莱索制品有限公司、山东彩桥驾驶室有限公司、徐州巴特工程机械制造有限公司、山东山推工程机械结构件有限公司、徐州徐工集团金属结构件有限公司、浙江天成自控股份有限公司、芜湖盛力制动有限责任公司、宁波浙东精密有限公司、上海永信仪表有限公司、贵阳永青仪电科技有限公司、杭州中策橡胶有限公司永固分厂、山东工程机械钢圈厂、无锡圣丰减振器有限公司、唐纳森无锡过滤器有限公司、济宁精益轴承有限公司、常州武滚轴承有限公司、济宁山推石油化工有限公司、中国石油化工股份有限公司润滑油研发（北京）中心、马鞍山统力回转支承有限公司、爱斯科（徐州）耐磨件有限公司、济宁永生工程机械制造有限公司、摩纳凯齿轮（江西）有限公司、天津日标工程机械配件有限公司、北京中工北方石油化工有限公司、广西南宁精祥仪表有限公司、中国石油化工股份有限公司润滑油研发（北京）中心、浙江凌翔科技有限公司、江苏巨超重工机械有限公司、特利马克（徐州）汽车零部件有限公司、天津彼洋科技有限公司、上海金研机械制造有限公司、福建唐力电力设备有限公司、马夸特开关（上海）有限公司、南阳市红阳锻造公司、长沙华德科技开发有限公司、青岛成通源电子有限公司、江苏泰隆减速机股份有限公司、济宁亚得旺机械有限公司、米巴精密零部件（中国）有限公司、宁波博威合金材料股份有限公司、马鞍山市力和机械有限公司、河北亚大汽车塑料制品有限公司、瑞钢钢板（中国）有限公司、广州先旗电子科技有限公司、济南科发中美高级润滑油有限公司、上海奥达科股份有限公司、山东铭德机械有限公司

表3　2010～2011年工程机械零部件产品产销存情况　（单位：台、件、套）

企业名称	产量		销量		库存量	
	2010年	2011年	2010年	2011年	2010年	2011年
液压元件						
四川长江液压件有限责任公司	183 564	194 509	191 101	190 961	5 375	12 821
榆次液压有限公司	977 043	1 202 884	768 650	1 176 412	429 372	406 903
中航工业贵州枫阳液压有限责任公司	49 731	47 040	49 768	38 264	22 347	26 846
浙江临海海宏集团有限公司	305 073		312 399		30 624	
中航力源液压股份有限公司	71 742	84 171	72 444	83 912	9 742	10 681
济南液压泵有限责任公司	428 898	466 137	417 812	441 412	41 593	58 070
合肥长源液压股份有限公司	806 140	931 776	818 006	841 335	11 866	90 441
江苏恒立高压油缸股份有限公司	165 660	226 247	162 360	223 768	4 699	6 849
苏州工业园区飞翔液压附件厂		578 760		545 222		231 516
山东锐驰机械有限公司	105 294		92 833		16 135	
宁波大港意宁液压有限公司	51 231	78 117	50 596	49 101	6 172	7 688
福州大学液压件厂	51 894		50 574		6 691	
上海市高行液压气动成套总厂	105 489		108 036		1 264	
浙江苏强格液压股份有限公司	29 979 549	50 038 387	35 522 944	44 088 265	13 037 514	4 393 391
宁波广天赛克思液压有限公司	32 303	52 810	30 258	49 958	2 004	3 265
浙江台州先顶液压有限公司	52 636	64 013	53 905	57 977	1 731	7 767

（续）

企业名称	产量		销量		库存量	
	2010年	2011年	2010年	2011年	2010年	2011年
海盐管件制造有限公司	31 481 717	27 465 963	28 139 520	23 112 973	7 702 770	12 055 760
上海纳博特斯克液压有限公司		86 800		87 492		2 002
山东隆源液压科技有限公司		200 128		199 810		312
液力变矩器						
浙江临海机械有限公司	40 251	34 327	40 865	34 327		
安徽合力股份有限公司蚌埠液力机械厂	585 188	540 087	567 912	541 813	86 727	26 064
驱动桥						
江西省分宜驱动桥有限公司		8 913		8 456		1 008
肥城金城车桥有限公司	18 000	18 750	17 500	18 300	500	450
其他						
马鞍山方圆回转支承股份有限公司	72 101		72 222		11 066	
黄石赛福摩擦材料有限公司	7 800 000	8 700 000	758 000	8 450 000	750 000	1 900 000
烟台富野机械集团有限公司	297 563	186 679	290 533	185 606	26 555	27 628
济宁永生工程机械制造有限公司		469 808		322 849		908 609
芜湖盛力制动有限责任公司	2 489 904	2 355 984	2 478 925	2 273 333	34 006	107 986
浙江银轮机械股份有限公司	5 130 000	13 660 000	4 080 000	13 830 000	580 000	1 630 000
济宁精益轴承有限公司	29 310 000		30 630 000		7 320 000	
安徽省宣城市乾坤回转支承有限公司		16 580		13 126		3 454
蚌埠市行星工程机械有限公司	17 376	9 000	17 253	5 017	643	6 500
莱州市莱索制品有限公司	5 357 556	4 205 113	5 308 180	4 084 217	73 040	168 453
乐清市白象汽车附件厂	443 979	420 000	443 979	390 000		30 000
浙江镇南精工机械有限公司	1 187 261		1 056 726		130 535	
上海合纵重工机械有限公司	11 721		11 721		0	
长治液压有限公司	967 986		1 010 217		245 157	
徐州徐工液压件有限公司	5 087 278	3 192 589	2 633 484	3 327 941	500 506	140 315
浙江天成自控股份有限公司	464 024	603 484	463 518	600 605	713	9 531
博世力士乐(北京)液压有限公司	158 220		145 626		16 240	
长沙航空工业中南传动机械厂	43 732		44 637		2 732	
海特克液压有限公司	504 969	549 824	502 318	546 915	2 651	2 910
潍坊恒安散热器集团有限公司	1 780 000	1 870 000	1 770 000	1 860 000	10 000	10 000
北京华德液压工业集团有限责任公司	2 102 894	60 113	2 005 932	54 135	271 146	17 128
山推工程机械股份有限公司传动分公司	126 606		123 731		1 759	
河北冀工胶管有限公司		5 000 000		4 950 000		50 000
安徽惊天液压智控股份有限公司		3 629		3 281		653

表4　2010～2011年工程机械零部件行业主要生产企业经济指标完成情况（单位:万元）

企业名称	工业总产值（当年价）		工业增加值		主营业务收入		利润总额	
	2010年	2011年	2010年	2011年	2010年	2011年	2010年	2011年
液压元件								
四川长江液压件有限责任公司	29 766	30 397	8 982	9 333	29 302	29 754	2 079	897

（续）

企业名称	工业总产值（当年价）		工业增加值		主营业务收入		利润总额	
	2010年	2011年	2010年	2011年	2010年	2011年	2010年	2011年
榆次液压有限公司	51 030	46 183	14 811	12 521	60 680	54 529	1 885	2 932
宁波大港意宁液压有限公司	31 486	34 190	14 128	13 676	30 958	33 246	10 841	11 039
浙江临海海宏集团有限公司	30 105		15 530		27 715		2 775	
中航力源液压股份有限公司	49 731	56 636	20 962		58 129		6 126	5 841
济南液压泵有限责任公司	33 337	35 639	12 366	12 485	31 779	38 109	1 100	1 359
合肥长源液压股份有限公司	36 101	44 009	13 637	15 001	33 083	36 705	5 562	4 931
江苏恒立高压油缸股份有限公司	82 000	114 578	28 690	47 309	81 700	113 339	26 657	37 967
海盐管件制造有限公司	5 047	4 361	2 244	1 667	4 660	3 528	541	241
福州大学液压件厂	2 614				1 784		14	
上海市高行液压气动成套总厂	3 546		67		2 879		-673	
中航工业贵州枫阳液压有限责任公司	13 841	17 246	4 060	7 194	14 156	15 276	205	310
宁波广天赛克思液压有限公司	32 081	34 313	20 853	21 171	28 825	32 920	11 335	14 344
液力变矩器								
浙江临海机械有限公司	20 032	18 902	5 604	5 883	19 993	17 535	1 652	1 650
安徽合力股份有限公司蚌埠液力机械厂	29 047	38 561	8 347	10 754	28 182	38 686	3 722	4 923
驱动桥								
江西省分宜驱动桥有限公司	18 535	17 374	2 975	3 294	15 793	14 231	741	1 144
肥城金城车桥有限公司	31 000	30 200			24 598	26 329		531
其他								
马鞍山方圆回转支承股份有限公司	11 246		3 429		7 166		1 646	
黄石赛福摩擦材料有限公司	12 869	13 949	2 337	2 942	10 266	12 182	882	257
烟台富野机械集团有限公司	33 956	38 425	3 805	7 321	31 233	35 018	290	99
济宁永生工程机械制造有限公司		34 079				28 332		856
济宁精益轴承有限公司	8 521		3 945		8 819		199	
芜湖盛力制动有限责任公司	22 776	24 453	5 542	4 231	17 445	20 261	197	1 443
浙江银轮机械股份有限公司	120 074	131 947	32 869	16 831	140 014	153 924	13 362	9 979
莱州市莱索制品有限公司	19 850	48 773	4 343	17 174	15 287	41 636	929	5 584
浙江天成自控股份有限公司	18 732	25 463	566	7 087	18 701	25 052	3 276	4 205
浙江苏强格液压股份有限公司	33 254	52 097	11 031	18 711	32 813	50 135	6 275	8 588
中船重工重庆液压机电有限公司		16 018		5 216		12 510		79
安徽省宣城市乾坤回转支承有限公司		8 000				9 000		1 350
山东隆源液压科技有限公司		14 948				14 236		1 266
乐清市白象汽车附件厂	7 128	8 125		167	7 128	8 125	279	318
蚌埠市行星工程机械有限公司	5 096	2 081	1 823	621	5 120	2 309	671	241
浙江台州先顶液压有限公司	4 208	2 890	570	437	3 902	2 802	188	1
山东云宇机械集团	107 347	141 206	33 121	35 301	106 257	131 806	9 498	11 240
上海纳博特斯克液压有限公司	157 174	141 625	13 852		173 905	177 347	19 670	19 281
浙江镇南精工机械有限公司	5 116		771		5 126		470	
上海合纵重工机械有限公司	2 494		766		2 574		199	
长治液压有限公司	15 496		7 466		13 085		232	

（续）

企业名称	工业总产值（当年价）		工业增加值		主营业务收入		利润总额	
	2010 年	2011 年	2010 年	2011 年	2010 年	2011 年	2010 年	2011 年
博世力士乐(北京)液压有限公司	293 109		70 691		260 070		26 930	
徐州徐工液压件有限公司	101 448	111 142	24 333	31 911	97 130	120 652	8 016	10 661
长沙航空工业中南传动机械厂	42 868		10 575		36 221		1 705	
海特克液压有限公司	29 255	40 999	7 500	12 742	27 553	39 237	1 521	2 385
潍坊恒安散热器集团有限公司	54 020	56 720	12 965		61 453	55 190	2 160	1 779
北京华德液压工业集团有限责任公司	72 260	86 661	27 708	34 510	72 980	90 226	3 814	5 052
山推工程机械股份有限公司传动分公司	96 276		41 070		74 384		3 545	
河北冀工胶管有限公司	10 100	12 100	2 500	2 960	10 000	11 800		1 438
安徽惊天液压智控股份有限公司	15 306	18 938	5 500	6 628	13 700	16 909	3 540	4 180

市场及销售

工程机械零部件是工程机械产品的基础和支撑，与整个行业的发展息息相关，2011 年，工程机械行业销售整体保持同比增长态势。从季度情况看，一季度呈高速增长，二季度则快速下降，三季度见底企稳，四季度底部徘徊。其中，挖掘机（含轮胎式）全年共销售 176 504 台，同比增长 1.55%；装载机 241 845 台，同比增长 16.4%；推土机（含轮胎式）12 197 台，同比下降 10.6%；平地机 4 756 台，同比增长 16.08%；压路机 21 473 台，同比增长 16.97%；摊铺机 2 188 台，同比增长 18.53%。2007～2011 年 9 大类主机在国内累计销售已达2 790 422台，因此，工程机械市场对零部件的需求量仍然很大，特别是对关键零部件。2007～2011 年工程机械 9 大类主机历年销售情况见表 5。

表 5　2007～2011 年工程机械 9 大类主机历年销售情况　　（单位：台）

产品名称	2007 年	2008 年	2009 年	2010 年	2011 年	累计
挖掘机	72 976	82 765	98 689	173 818	176 504	604 752
装载机	158 951	159 940	144 965	207 771	241 845	913 472
推土机	7 324	8 776	8 610	13 643	12 197	50 550
平地机	3 736	4 239	3 242	4 097	4 756	20 070
工程起重机	20 862	20 858	28 627	35 361	36 437	142 145
叉车	146 978	133 766	138 908	181 885	239 939	841 476
压路机	9 408	10 885	19 852	18 358	21 473	79 976
塔式起重机	13 910	21 450	19 494	29 475	45 491	129 820
摊铺机	1 284	1 165	1 678	1 846	2 188	8 161
合　计	435 429	443 844	464 065	666 254	780 830	2 790 422

产品进出口情况

受益于行业整体恢复性快速发展的良好形势，2011 年，工程机械零部件与整机的进出口较上年均有大幅度提升。根据海关总署统计，2011 年，我国工程机械进出口贸易额为 249.55 亿美元，同比增长 33.2%。其中进口额 90.45 亿美元，同比增长 7.69%；出口额 159.09 亿美元，同比增长 53.8%；贸易顺差 68.64 亿美元，同比增加 49.22 亿美元。

2011 年，我国累计进口工程机械整机 52.32 亿美元，同比增长 0.79%，占进口总额的 57.85%，占比同比下降 3.96 个百分点。零部件进口 38.13 亿美元，同比增长 35.88%，占进口总额的 42.15%。在出口方面，2011 年累计出口整机 104.54 亿美元，同比增长 56.68%，占出口总额的 65.71%；零部件出口54.56亿美元，同比增长62.91%，占出口总额的34.29%。2010～2011年工程机械零部件产品进出口情况见表6。2011年工程机械零部件行业主要企业自营出口零部件产品情况见表7。

表6　2010～2011年工程机械零部件产品进出口情况

序号	产品名称	进口			出口		
		2010年（万美元）	2011年（万美元）	同比增长（%）	2010年（万美元）	2011年（万美元）	同比增长（%）
1	8427所列机械的零件	11 618.14	16 338.80	40.63	33 271.47	53 908.00	62.02
2	升降机、倒卸式起重机或自动梯的零件	10 365.89	11 823.40	14.06	50 031.95	63 003.60	25.93
3	其他8428所列机械的零件	12 316.15	21 713.80	76.30	35 598.89	44 317.10	24.49
4	戽斗、铲斗、抓斗及夹斗	5 108.12	4 837.09	-5.31	3 353.46	8 342.08	148.76
5	推土机或侧铲推土机用铲	289.50	171.14	-40.88	235.62	408.61	73.42
6	凿井机械的零件	447.05	544.15	21.72	3 370.76	9 120.84	170.59
7	矿用电铲用零件	3 359.76	1 659.85	-50.60	2 345.79	4 046.00	72.48
8	8426、8429及8430所列机械的其他零件	253 220.08	302 655.00	19.52	176 538.08	280 056.00	58.64
9	手提式风动工具用的零件	3 764.87	4 394.86	16.73	4 536.27	5 484.93	20.91
10	8474所列机器的零件	19 634.71	16 520.60	-15.86	56 802.97	76 141.80	34.05
11	短距离运货的机动车辆及站台牵引车的零件	627.36	616.61	-1.71	805.38	746.16	-7.35
	合　计	280 606.78	381 275.30	35.88	334 890.64	545 575.12	62.91

表7　2011年工程机械零部件行业主要企业自营出口零部件产品情况

企业名称	产品名称	单位	数量	金额（万美元）	销往地区
乐清市白象汽车附件厂	雨刮电机	台	424 860	1 040.7	马来西亚、新加坡、日本、意大利、韩国、泰国、印度尼西亚、新西兰、德国、美国、俄罗斯、荷兰、澳大利亚、波兰、西班牙及中国香港
	雨刮配件	台	32 640	91.0	马来西亚、新加坡、日本、意大利、韩国、西班牙
	雨刮杆	台	332 146	247.4	日本、马来西亚、新加坡、荷兰、澳大利亚、韩国
	雨刮片	台	1 055 960	652.6	日本、马来西亚、新加坡、荷兰、澳大利亚、韩国
	直流电机	台	1 303 440	622.9	意大利、德国、美国、波兰及中国香港
	雨刮系统	台	9 940	68.0	马来西亚、俄罗斯
	曲柄组件	台	314 640	37.5	美国及中国香港
	连杆组件	台	160 626	299.5	美国
	支架组件	台	247 152	129.8	美国、西班牙
	雨刮器部件	台	2 814 751	77.2	澳大利亚、西班牙及中国香港
	雨刮总成	台	75 069	474.6	印度尼西亚及中国香港
黄石赛福摩擦材料有限公司	粉末冶金制品	万台	105	215.4	美国、英国、马来西亚
榆次液压有限公司	叶片泵	台	18 924	185.9	美国、英国、中东、东南亚、南美洲
	齿轮泵	台	520	2.5	美国、英国、中东、东南亚、南美洲

（续）

企业名称	产品名称	单位	数量	金额（万美元）	销往地区
徐州徐工液压件有限公司	液压油缸	台	5 799	673.0	东欧、北欧
	液压系统	台	280	51.8	东欧、北欧
宁波大港意宁液压有限公司	液压马达	台	259	20.0	东南亚
	液压系统及装置	台	3 144	336.0	欧洲、美国、东南亚
烟台富野机械集团有限公司	链轨履带总成	条	7 802	987.6	
	支重轮总成	只	27 978	240.2	
	托链轮总成	只	1 779	14.6	
	引导轮总成	只	184	6.7	
江苏恒立高压油缸股份有限公司	挖掘机油缸	台	3 741	2 728 万元	欧美
浙江银轮机械股份有限公司	油冷器	万台	290	4 000.0	美国、欧洲、加拿大等
	中冷器	万台	8	550.0	美国等
	模块	万台	3	1 400.0	美国、日本、比利时等
安徽省宣城市乾坤回转支承有限公司	回转支承	台	3 350	600.0	美国、意大利、土耳其、加拿大
贵州枫阳液压有限责任公司	工程机械液压件	台	258	3.9	法国
上海纳博特斯克液压有限公司	行走马达	台	972	11 347.0	泰国
合肥长源液压股份有限公司	液压元件	台	8 141	72.0	
宁波广天赛克思液压有限公司	柱塞液压泵SA10VSO系列	台	2 192	313.1	欧美及中国香港
	柱塞液压泵SPVH系列	台	2 761	399.7	美国、加拿大
	柱塞液压泵SPVB系列	台	3 213	220.4	美国
	柱塞液压泵SPVQ系列	台	2 313	154.6	美国
海特克液压有限公司	叶片泵	台	103 155	11 100.0	欧洲
北京华德液压工业集团有限责任公司	柱塞泵	件	99	10.0	东南亚
	液压马达	台	29	3.3	东南亚
	其他液压阀	件	3	154.4	东南亚
河北冀工胶管有限公司	工程机械专用低压橡胶管	万m	80	320.0	日本、美国、德国
安徽惊天液压智控股份有限公司	液压锤	台	254	167.4	芬兰、捷克、挪威、澳大利亚、秘鲁
潍坊恒安散热器集团有限公司	散热器	万台	18	124.0	美国、法国等
肥城金城车桥有限公司	驱动桥总成	台	130	120.0	俄罗斯

新动向

2011年发布的《工程机械行业"十二五"发展规划》将提高工程机械配套用关键零部件的技术水平和制造水平作为"十二五"期间的发展重点及主

要任务,《规划》中提出亟待提高工程机械产品动力装置性能;全力抓好工程机械液压元件的产品开发和高精化、规模化制造;加大对专用传动部件的可靠性和耐久性进行系统性研究和开发。

借助于国家政策的支持,一些具有实力的零部件企业纷纷紧抓机遇,投入大量资金和精力,专注于高端液压件和关键零部件的研发及扩大产能,大大提高了企业关键零部件的配套能力。在中国工程机械工业协会工程机械配套件分会的推动下,各个企业都取得了一定的成绩作为国内液压项目投资规模最大的山东中川液压有限公司,其自主研发生产的中川一代 20 ~25 吨级挖掘机液压元件、中川二代 20 ~25 吨级挖掘机高端液压元件、8 ~10t 小型挖掘机液压元件、50 装载机工作系统液压元件等产品在性能和可靠性方面已达到目前市场主流产品水平,填补了国内空白,可替代进口产品。2011 年 12 月 23 日,山推股份传动分公司新厂区全面启动,新厂区位于山推国际事业园 C 区,占地面积 8.7 万 m^2,是山推股份从事工程机械传动部件研发、制造的专业工厂,是国内液力传动部件重要制造基地,到 2015 年将形成年产变矩器 160 000 台(套)、变速箱 50 000 台(套)、推土机出力装置 9 000台(套)、减速机 3 000 台、驱动桥 20 000 台,铸铁件 6 000t、铸铝件 5 000t 的生产能力,可实现年产值 20 亿元。2012 年 7 月 22 日,长城液压集团的注册商标“长宇”被国家工商总局商标局认定为中国驰名商标。作为中国液压的第一个中国驰名商标,“长宇”是品牌实力的见证,是张家口长城液压集团实施品牌战略、走科技创新之路取得的骄人成果,也是我国液压企业转型升级的典范。此外,中航力源、中航枫阳、苏强格液压、力龙液压、北京华德、大港意宁、江苏瑞隆等一大批正在默默努力的民族企业,他们研发的新产品也都得到了市场的认可。

2011 年,零部件行业相比 2010 年在关键零部件研发和产能扩展方面都取得了较大进步。“十二五”期间,我国关键零部件行业的发展肩负着民族使命,将重点解决关键零部件的短板问题。因此,在“十二五”国家利好的政策环境下,我国关键零部件企业更要紧抓机遇,争取技术上的突破,以此作为我国工程机械零部件行业崛起的契机。

〔供稿单位:中国工程机械工业协会工程机械配套件分会〕

企业篇

公布2011年工程机械行业主营业务收入超亿元企业综合排序，介绍行业主要企业的管理创新、营销渠道建设和企业合作情况

企业篇

2011年工程机械行业主营业务收入超亿元企业综合排序

企业名称	营业收入		利润总额		综合指数	
	万元	排序	万元	排序	%	排序
徐州工程机械集团有限公司	8 713 785	1	419 862	3	299.41	24
中联重科股份有限公司	8 480 577	2	960 247	2	572.03	5
三一集团有限公司	8 018 661	3	1 060 602	1	357.62	15
山东工程机械集团有限公司	2 498 527	4	94 397	10	242.22	40
广西柳工集团有限公司	2 497 031	5	127 692	8	226.06	45
常林工程机械集团	1 938 405	6	148 328	6	386.95	13
小松(中国)投资有限公司	1 689 228	7	181 420	5		
成都神钢工程机械(集团)有限公司	1 331 416	8	107 125	9	97.80	105
中国龙工控股有限公司	1 272 116	9	206 778	4		
厦门厦工机械股份有限公司	1 199 204	10	67 373	12	235.10	43
山东临工工程机械有限公司	1 166 607	11	131 374	7	548.81	7
日立建机(中国)有限公司	930 858	12	77 248	11	362.24	14
杭叉集团股份有限公司	837 361	13	19 383	23	271.52	33
安徽叉车集团有限责任公司	642 096	14	51 527	13	245.03	39
成都神钢建设机械有限公司	536 161	15	51 060	14	115.94	96
江麓机电集团有限公司	445 744	16	18 589	26	172.80	69
山河智能装备股份有限公司	382 679	17	25 874	20		
沈阳北方交通重工集团有限公司	375 250	18	39 473	15	245.99	38
山东山工机械有限公司	374 982	19	27 124	19	332.08	16
福田雷沃国际重工股份有限公司	369 945	20	11 342	33	84.38	117
安徽星马汽车股份有限公司	326 036	21	21 972	21	570.66	6
广西玉柴重工有限公司	310 271	22	20 681	22	268.79	34
方圆集团有限公司	292 198	23	29 575	17	175.81	67
山东蓬翔汽车有限公司	259 766	24	13 366	31		
山东鸿达建工集团有限公司	240 591	25	27 239	18	234.06	44
内蒙古北方重型汽车股份有限公司	240 387	26	15 814	27	306.80	22
北京现代京城工程机械有限公司	231 780	27	12 839	32		
郑州宇通重工有限公司	213 222	28	1 043	92	135.19	90
山东华夏集团有限公司	201 399	29	4 652	52	299.15	25
成都市新筑路桥机械股份有限公司	191 060	30	18 903	25		
上海纳博特斯克液压有限公司	177 347	31	19 281	24		
长治清华机械厂	169 328	32	7331	43	141.39	85
浙江银轮机械股份有限公司	153 924	33	9 979	37	138.93	88
山东云宇机械集团	131 806	34	11 240	34		
浙江诺力机械股份有限公司	129 549	35	8 782	38	252.24	36

（续）

企业名称	营业收入		利润总额		综合指数	
	万元	排序	万元	排序	%	排序
广西建工集团建筑机械制造有限责任公司	123 593	36	750	102	1 103.61	1
抚顺永茂建筑机械有限公司	120 500	37	15 720	28	273.23	32
力士德工程机械服务有限公司	118 322	38	15 202	29	124.13	94
天津建筑机械厂	118 241	39	1 163	90	104.65	100
江苏恒立高压油缸股份有限公司	113 339	40	37 967	16	666.99	4
泰安航天特种车有限公司	113 114	41	558	108	76.63	123
青岛新型建设机械有限公司	106 625	42	7 843	41	140.55	87
辽宁抚挖重工机械股份有限公司	106 580	43	10 700	36	310.33	19
贵州詹阳动力重工有限公司	101 906	44	7 819	42	157.65	78
中国一拖集团有限公司	101 837	45	–7 054	172	25.68	140
秦皇岛天业通联重工股份有限公司	99 939	46	3 791	56		
浙江省建设机械集团有限公司	97 818	47	3 568	58	161.85	74
上海华东建筑机械厂有限公司	94 131	48	336	118	155.95	79
北京华德液压工业集团有限责任公司	90 226	49	5 052	47	207.33	55
德州德工机械有限公司	86 620	50	4 560	53	212.50	53
利勃海尔机械(大连)有限公司	85 005	51	8 597	39	215.41	51
福建晋工机械有限公司	76 845	52	2 066	71	303.42	23
徐州华东机械机械厂	74 990	53	1 326	85	78.37	120
宁波如意股份有限公司	74 168	54	955	95	544.98	8
北京南车时代机车车辆机械有限公司	70 545	55	1 757	74	104.20	101
陕西建设机械股份有限公司	66 296	56	1 507	78		
上海金泰工程机械有限公司	64 942	57	4 985	48	294.77	26
鼎盛重工机械有限公司	60 565	58	–4 202	169	14.88	143
河北宣化工程机械股份有限公司	57 396	59	1 365	82	76.19	124
潍坊恒安散热器集团有限公司	55 190	60	1 779	73	72.16	127
大连叉车有限责任公司	54 747	61	2 456	64	195.21	59
榆次液压有限公司	54 529	62	–2 932	167	57.02	132
中交西安筑路机械有限公司	52 253	63	2 352	67	145.09	82
浙江苏强格液压股份有限公司	50 135	64	8 588	40	278.04	31
浙江美科斯叉车有限公司	43 378	65	1 627	76	422.65	11
徐州天地重型机械制造有限公司	42 754	66	1 310	86	168.41	70
莱州市莱索制品有限公司	41 636	67	5 584	45	449.16	10
本溪北方机械重汽有限责任公司	40 514	68	–55	147	97.21	106
海特克液压有限公司	39 237	69	2 385	66	217.41	49
蚌埠液力机械有限公司	38 686	70	4 923	50	288.56	27
济南液压泵有限责任公司	38 109	71	1 359	83	215.41	52
浙江衢州煤矿机械总厂有限公司	37 562	72	3 384	61	218.94	47
合肥长源液压股份有限公司	36 705	73	4 931	49	239.08	42
河北万众矿山机械有限公司	36 226	74	4 839	51	1 035.98	2
上海力至优叉车制造有限公司	35 697	75	2 068	70	192.94	62
烟台富野机械集团有限公司	35 018	76	99	131	102.05	103
四川邦立重机有限责任公司	34 407	77	934	97	132.91	91

（续）

企业名称	营业收入		利润总额		综合指数	
	万元	排序	万元	排序	%	排序
上海工程机械厂有限公司	34 324	78	484	113	141.26	86
宁波大港意宁液压有限公司	33 246	79	11 039	35	493.27	9
宁波广天赛克思液压有限公司	32 920	80	14 344	30	672.92	3
河南陆德筑机股份有限公司	32 094	81	3 703	57	280.56	30
北起多田野(北京)起重机有限公司	31 906	82	−613	161	88.64	113
马尼托瓦克东岳重工有限公司	31 058	83	3 416	59	92.50	109
四川长江工程起重机有限责任公司	30 588	84	−6 431	171	−84.09	147
黎明液压有限公司	29 923	85	998	93		
四川长江液压件有限责任公司	29 754	86	897	99	135.74	89
济宁市永生工程机械制造有限公司	28 332	87	856	100	72.18	126
山西恒跃锻造有限公司	28 040	88	372	114	252.13	37
北京京城重工机械有限责任公司	26 771	89	−6 196	170	−88.15	148
肥城金城车桥有限公司	26 329	90	531	112	49.84	135
浙江天成自控股份有限公司	25 052	91	4 205	54	254.19	35
长沙盛泓机械有限公司	24 917	92	2 934	62	194.26	60
山东同力达智能机械有限公司	24 441	93	1 827	72	308.91	21
辽宁抚挖锦重机械有限公司	24 087	94	−587	159	18.72	142
天水风动机械有限责任公司	23 146	95	3 386	60	182.68	66
烟台艾迪精密机械有限公司	22 936	96	5 399	46	287.96	28
江苏靖江叉车有限公司	22 622	97	229	125	162.06	73
安徽合叉叉车有限公司	22 043	98	596	105	158.89	76
杭州爱知工程车辆有限公司	22 009	99	953	96	280.92	29
泰安泰山工程机械股份有限公司	21 660	100	2 717	63	196.85	58
山东一能重工有限公司	21 600	101	2 402	65	184.13	65
芜湖盛力制动有限公司	20 261	102	1 443	80	122.18	95
江苏申锡建筑机械有限公司	20 175	103	1 565	77	193.30	61
内蒙古一机集团大地工程机械有限公司	20 145	104	363	115	108.17	98
广西玉柴专用汽车有限公司	19 975	105	−496	155	70.18	129
牡丹江专用汽车制造有限公司	18 010	106	341	117	413.81	12
浙江临海机械有限公司	17 535	107	1 650	75	208.37	54
安徽惊天液压智控股份有限公司	16 909	108	4 180	55	309.13	20
厦门市装载机有限公司	16 895	109	647	104	323.57	17
韶关新宇建设机械有限公司	16 289	110	−289	152	72.52	125
哈尔滨工程机械制造有限责任公司	15 568	111	536	110	81.74	118
贵州枫阳液压有限责任公司	15 276	112	310	120	91.58	111
中环动力(北京)重型汽车有限公司	14 538	113	−678	162	26.68	139
安阳振动器有限责任公司	14 382	114	697	103	157.66	77
山东隆源液压科技有限公司	14 236	115	1 266	87	141.73	84
江西分宜驱动桥有限公司	14 231	116	1 144	91	161.06	75
浙江军联机械电子控股有限公司	14 069	117	534	111	106.29	99
江苏国瑞液压机械有限公司	13 595	118	1 234	88		
青岛前哨精密机械有限责任公司	12 529	119	2 154	68	185.74	64

（续）

企业名称	营业收入		利润总额		综合指数	
	万元	排序	万元	排序	%	排序
中船重工重庆液压机电有限公司	12 510	120	79	133	86. 79	115
恒天九五重工有限公司	12 280	121	346	116		
黄石赛福摩擦材料有限公司	12 182	122	257	122	101. 21	104
马鞍山统力回转支承有限公司	12 000	123	2 091	69		
河北冀工胶管有限公司	11 800	124	1 438	81	222. 56	46
江苏八达重工机械有限公司	10 880	125	572	107	132. 31	92
北汽福田汽车股份有限公司北京雷萨起重机分公司	10 870	126	-4 072	168		
上海上力叉车有限公司	10 497	127	-56	148	35. 60	138
抚顺起重机制造有限责任公司	10 104	128	-821	163	85. 29	116

〔供稿单位：中国工程机械工业协会〕

企业专栏

徐工集团：以自主创新和转型升级赢得未来

徐工概况

徐工是国家高端装备制造标志性品牌。组建集团23年来始终位居全国工程机械行业第一位，国内首家跻身世界工程机械行业前5强。多年来，秉承“担大任、行大道、成大器”的核心价值观，从一个小型市属地方国企，成长为国家规模最大、技术水平最高、产品系列最齐全、出口量最大、极具竞争力、影响力和国家战略地位的工程机械龙头企业。被授予行业唯一的中国工业大奖表彰奖，成为时代新型国企的典范。

20世纪60年代，中国第一台汽车起重机、第一台压路机在徐工诞生。今天，徐工汽车起重机、大吨位压路机销量多年世界第一。12类工程机械主机、零部件全国第一。2011年，实现营业收入871亿元，出口总额10.8亿美元；2012年营业收入将跨越1 000亿元。现有员工3万人、总资产约600亿元。目标愿景是，2015年实现营业收入3 000亿元，力争进入世界工程机械行业前3强，成为极具国际竞争力、国人为之骄傲的世界顶级企业。

全产业链的自主创新

徐工“十二五”3 000亿总体战略中，重点体现自主创新和国际化两大职能战略“双轮驱动”作用。创新及国际化两大核心能力的持续提升，是徐工“十二五”战略制胜的关键，也是必然的战略方向和必经的战略路径。

徐工的自主创新体系。建立了以江苏徐州工程机械研究院为龙头的国家级企业技术中心，在历年年度国家评价中始终名列工程机械首位，被科技部授予国家技术中心成就奖；拥有一支6 000多人专门从事产品研发、工艺研究的技术队伍，汇集了100多名国内最高端工程机械领军型技术人才，有100多位德、美、日等工程机械专家在全球各地服务于徐工创新工作，技术队伍随着全球研发布局提速加快壮大；被国家工信部授予首批中国技术创新示范企业。

全球研发布局快步进位。总投资10亿元的江苏徐州工程机械研究院即将启用，南京研究院、上海研发中心设立运行，以并购的德国FT公司、荷兰AMCA公司两家液压系统研制企业为基础，欧洲研发中心全面推进建设和运行，巴西工程技术中心等一批全新项目在加紧建设。

自主创新最大亮点。即一批“三高一大”产品高端突破，1 200t全地面起重机、3 600t履带起重机、12t装载机、88m高空消防车、第四代全智能筑路机械等均打破国外企业全球垄断，形成行业颠覆式影响。在国产120t以上超大吨位起重机、12t超大吨位装载机、68m以上超高米数消防车等顶级高端市场，实现70%以上占有率的绝对领先。

以徐工全地面起重机研制历程为例，从2002年中国第一台25t全地面起重机研制，到持续自主创新，推动国产全地面起重机多次革命性创新，使中国一跃成为世界上第三个能独立研发并批量生产全地面起重机的国家。在这一不断迈向全新高度的攻关过程中，徐工也自主掌握了世界起重机领域最尖端的关键核心技术。2002年随着国产第一台25t全地面起重机诞生，徐工一举攻克了悬挂、控制、车架结构等60多项关键技术，为大吨位起重机发展奠定了基础，首次获得全国机械工业科技进步一等奖。从2003年到2008年，快速研制50t、125t、160t、200t、240t全地面产品，到300t、400t和500t全地面起重机推出，这些国产首台（套）产品成功攻克了U形臂成型、单缸自动伸缩插销、多桥底盘驱动和转向、CAN总线控制、门式超起等一系列核心技术，两大项目连续两次获得全国机械工业科技进步奖一等奖。2010年，800t、1 200t超大型起重机同时面世，攻克了吊臂自拆装、绳排式平衡重地面挂接、远程遥控操作、X型支腿结构等大量核心技术，并获得了全国科技领域最高奖——国家科技进步奖二等奖，这也是目前全国移动式起重机领域唯一的国家科技进步奖。至此，徐工全地面起重机核心技术共受理专利300多项，其中发明专利100多项，并获得省部级以上奖项13项。

徐工全地面起重机坚持持续创新的积淀积累，坚决摒弃行业少数企业盲目求大、盲目地大跃进式发展和无视用户生命安全与利益的极不科学之举。徐工的产品技术也得到了海内外业界专家的高度评价。原机械工业部一位老领导在观看了徐工1 200t全地面起重机气势磅礴的产品后这样说，一个细分门类的产品能够三次获得全国机械工业科技进步奖一等奖，并获得全国科技进步的最高奖，这在我国的机械工业发展史上都是绝无仅有的，徐工人真是创造了奇迹。全球移动起重机巨头德国利勃海尔公司总经理在参观了徐工全地面起重机产品和制造工厂后说，我仿佛又回到了德国的爱茵根工厂，在中国、在徐工，我找到了全球最强大的对手。目前全球移动式起重机排行上，利勃海尔第一、徐工第二，凭借在全地面起重机方面十几年磨一剑的持续积淀，徐工正加快向全球移动式起重机排行榜金牌冲刺的步伐。

随着每年研发费用都占销售收入比重5%以上的强大投入，徐工还突破了智能化、轻量化、节能环保等一大批关键技术，累计获得国家授权专利1 000多项，其中发明专利50多项。2011年，两个产品获得国家科技最高奖“中国科学技术进步奖二等奖”。近年来，获得省部级科技进步奖一等奖6项、二等奖33项。

核心零部件发展的独特道路。在“A类部件”即国外企业死死封锁的通用型、最核心的零部件发展上，徐工走出了一条“自主创新+并购消化+联合与协作创新”三路并举的独特道路。多年来，“A类部件”始终是国产工程机械主机发展的最大瓶颈，如仅一套阀、泵、马达及液压系统即占单台挖机价值量的15%～20%，不仅价格高，而且限量供应，每遇上量扩产时总被国外企业“卡脖子”。徐工自主突破了高端液压油缸、新型变速箱、高端电控系统、四轮一带等关键技术；以从欧洲并购的两家企业及欧洲研发中心为平台，从消化、吸收与自主再创新中，正加快突破阀、泵、马达及液压系统等核心技术；与德、美、韩等多国企业合资，通过联合与协作创新，突破了回转支承、驱动桥、发动机、力矩限制器等瓶颈技术。

全新主机门类创新拥有：在起重机械上，自主突破全地面起重机、越野轮胎起重机和港口起重机，向欧美高端市场进军，并购塔吊企业、进军塔吊产业，加快向工程起重机全球第一进军；在筑路机械上，利用大吨位压路机全球第一、成套筑路机械全球领先优势，自主突破养护机械，铣刨机快速做到国内占有率50%的第一位；在铲运机械上，在装载机进军第一集团军的同时，自主培育的挖掘装载机、滑移装载机等成为增长新亮点；在挖掘机械上，与卡特彼勒合资分手后，集中优势强攻这一领域，仅用3年就做到国产自主品牌第二位。2011年销售6 000台，2012年将突破1万台；在混凝土机械上，并购了有78年历史、曾被称为世界混凝土成套设备领导者的德国施维英公司，加上连年翻番增长的徐工自主品牌混凝土成套机械，直接贡献一个当前规模百亿级并有极好成长性的庞大板块；在桩工机械上，旋挖钻机快速做到行业前三位，水平定向钻2012年已经跻身行业第一位；在矿山机械上，集成突破了全系列矿用自卸车、掘进机和凿岩机械等，正加紧整合发力，抢抓全球性矿山机械发展新机遇；在专用车上，全面培育消防装备、环卫装备、市政装备，在中国新一轮城镇化浪潮中全面发力；在城轨施工装备上，自主突破了900吨级运梁机、提梁机、架桥机等成套性高架城轨及高铁施工装备，对江苏凯宫重工增资扩股并成为第一大股东，全面进入地铁、水利等施工的大型盾构装备行业，该领域养护装备桥梁检测车通过自主培育做到国内占有率60%，将利用国家“十二五”城轨投资1万亿契机，将城轨专用装备板块打造成百亿大板块。水利、油气钻采装备、海工装备等加紧培育或调研。徐工全新门类突破全部从高端切入，而不是低水平产能重复，将以高端突破、尖端突破培育全新增长点。

全价值链的转型升级

从“十二五”一开局，徐工就在紧锣密鼓地做一件事，即组织变革和结构调整，推动企业的结构优化和转型升级，为徐工规模、内力、产品、市场、核心板块的全线突破夯实基础。

全价值链创新渗透。实施全流程的管理创新和再造，重点是研发、采购、制造、营销四大业务和物资流、资金流、信息流、控制流四大流的深度变革和运营、管控模式的重构；再到融资租赁、产品租赁、二手机交易、备件、物流、再制造等后市场业务的全面构建、完善和集中管控，构建完全用户导向的全新价值链体系及世界顶级企业标准框架下的全新管控架构和商业模式。在机制创新上，徐工正按照江苏省和徐州市的部署，加快实施全新股权激励机制的突破，吸引全球的高端领军人才，为“十二五”战略落地注入强劲动力和活力。

全球布局的突破。目前有10多项、总投资300亿元以上的重大建设项目在加紧实施，大吨位起重机、智能化装载机、高端混凝土泵送机械、搅拌机械与全新挖掘机基地等从2012年5月份起将陆续投产，上海临港基地已开工建设，巴西工厂、新疆基地、全新重卡基地等即将开工，多项核心零部件及全新装备门类基地加紧规划设计，俄罗斯、印度、印度尼西亚、南非等多区域海外基地也在调研推进。通过各大项目集中采用国际领先的工艺制造技术和尖端装备，全面、系统提升徐工核心制造能力，推动向现代制造、高端制造和“两化融合”型制造转型。并通过提速全球布局，加快国际化开拓，实现“十二五”海外收入指数25%的目标。

凝聚徐工朝气蓬勃的创新文化。徐工“诚信、尊重、创新、奋斗”的文化，不断吸纳现代、活力及张力、包容、共享等时代元素，每年都有1 000名以上硕士以上高端人才加盟徐工，让这个老国企拥有了奔腾不息的心脏和强健身骨。徐工给予了高端人才细致入微的呵护关爱，2012年的员工关爱工程中，有一项就投资3亿元，即建筑面积8.7万m^2的人才公租房，这个设施齐全的庞大社区将成为5 000位高层次人才的生活家园。徐工对重大创新项目及高端技术人才的激励力度越来越大，如已经列入一级重大创新项目的4个项目，每个都将获得1 000万元的奖励，多支高端团队都在夜以继日地工作，全力摘取这些工程机械王国“皇冠上的明珠”。

〔供稿单位：徐工集团〕

三一：要成为世界级企业

三一集团有限公司始创于1989年。自成立以来，三一集团秉持“创建一流企业，造就一流人才，做出一流贡献”的企业宗旨，打造了业内知名的“三一”品牌。2007年，三一集团实现销售135亿元，成为新中国成立以来湖南省首家销售过百亿的民营企业。2008～2009年，尽管受金融危机影响，三一仍然延续了以往的增长。2010年，三一集团销售超过500亿元。2011年，三一集团实现销售802亿元。2011年7月，三一重工以215.84亿美元的市值，首次入围FT全球500强，成为唯一上榜的中国机械企业。目前集团拥有员工近6万名。

三一集团主业是以“工程”为主题的机械装备制造业，目前已全面进入工程机械制造领域。主导产品为混凝土机械、筑路机械、挖掘机械、桩工机械、起重机械、非开挖施工设备、港口机械、风电设备等全系列产品。其中混凝土机械、桩工机械、履带起重机械为国内第一品牌，混凝土泵车全面取代进口，国内市场占有率达57%，为国内首位，且连续多年产销量居全球第一。

三一是中国最大、全球第六的工程机械制造商。近年来，三一连续获评为中国企业500强、工程机械行业综合效益和竞争力最强企业、福布斯“中国顶尖企业”、中国最具成长力自主品牌、中国最具竞争力品牌、中国工程机械行业标志性品牌、亚洲品牌50强。

三一集团的核心企业三一重工于2003年7月3日上市，是中国股权分置改革首家成功并实现全流通的企业。

三一秉承“品质改变世界”经营理念，将销售收入的5%～7%用于研发，致力于将产品升级换代至世界一流水准。拥有国家级技术开发中心和博士后流动工作站，目前共申请中国专利5 263件，海外专利108件；已获授权专利国内3 022件，海外15件。两次荣获国家科技进步奖二等奖，其中三一重工技术创新平台荣获2010年度国家科技进步奖二等奖，是新中国成立以来工程机械行业和湖南省唯一获此殊荣的企业，也是工程机械行业获得的国家级最高荣誉。三一集团首席专家易小刚获评首届十佳全国优秀科技工作者，是工程机械行业和湖南省唯一获奖者。2007年和2009年，由三一重工自主研制的66m泵车、72m泵车两次获得吉尼斯世界纪录，标志着中国由混凝土泵送技术的跟随者成为领导者。2011年9月19日，三一重工86m世界最长臂架泵车下线，再次实现对混凝土超长泵送技术的超越。

在国内，三一建有上海、北京、沈阳、昆山、长沙等五大产业基地。在全球，三一业务覆盖达150个国家，产品出口到110多个国家和地区。目前，三一已在印度、美国、德国、巴西相继投资建设工程机械研发制造基地。

2003年10月3日上午，中共中央总书记、国家主席胡锦涛视察三一，殷切寄语：“你们已经取得了辉煌的过去，希望你们团结一心，有一个更加美好的未来！”温家宝总理先后三次视察三一，亲切嘱托“要把三一办成世界级企业”。贾庆林、曾庆红、周永康等党和国家主要领导人也相继视察三一。

三一重工董事长梁稳根先生是三一集团的主要创始人，中共十七大代表，八届、九届、十届全国人大代表，全国劳动模范、全国优秀民营企业家，优秀中国特色社会主义事业建设者，“中国经济年度人物”、福布斯“中国上市公司最佳老板”“蒙代尔世界经理人成就奖”获得者。

三一重工十年海外经验之路

中国工程机械巨头三一重工，以闪电般的速度，与多年的竞争对手——德国工程机械巨头普茨迈斯特实现“联姻”，震动世界。

业界纷纷看好的同时也禁不住猜测，从未真正涉足跨国收购的三一重工，是否在跨国文化整合经验方面的缺失？

事实上，三一的国际化步伐已经走了十年。早在2001年11月18日，三一与世界500强企业美国迪尔公司正式签订合作经销协议，拉开了国际化战略经营的序幕。

十年海外经营，为三一重工带来足够的经验了吗？

海外基地与大象的合力

向文波曾表示：“国际化是一场非打不可的硬仗，三一把它当成第三次创业。”在三一重工看来，前两次创业分别是企业初创和公司上市。

在过去十年里，三一的国际化被划分为三个阶段，即2002～2005年的出口阶段，2006～2009年的海外基地投资阶段和2009年开始的本土化阶段。

三一是最有胆量、并且也是最早在海外投资建设自己的研发生产基地的工程机械企业，同时也是目前投建海外基地最多、海外基地投产最早的企业。

从2006年开始，三一重工在全球多个国家相继落子布局：2006年11月，印度建厂，海外基地战略迈出第一步；2007年9月，投资美国，第一次将工厂建到工程机械制造业的发达国家；2009年5月，挺进德国，贝德堡产业园举行奠基仪式；2010年2月，三一落子巴西，剑指整个南美市场；2011年4月，签约印尼，辐射整个东盟国家市场。

值得一提的是，这些投资项目完全不同于一般企业国际化的“小打小闹”，三一的目标是组建产业园，将其打造成完全本土化的研发、制造和销售基地。三一重工的海外扩张自此与徐工、中联重科迥然不同。

从播种到收获，过程显然会长一些，“嫉慢如仇”的三一这时显示出比常人更少见的耐心。

2009年10月5日，经过三年的筹建之后，印度产业园正式竣工投产，成为三一首个集研发、制造、服务、物流于一体的综合性海外基地。在此后的几年，三一美国产业园、巴西产业园和德国产业园相继建成投产，并实现销售。

在收购德国大象之后，有人猜测，三一重工海外发展战略发生重大变化。但向文波明确表示，这只是一次可遇不可求的战略性收购。

而在普茨迈斯特纳入三一重工之后，将与其海外产业园形成巨大合力。

三一将获得技术领先的“德国制造”产品及创新，丰富了产品组合，同时也将获得海外强大的分销及服务网络。“对三一来讲，国际化起码提前了5年时间。”向文波说。

外籍员工的本土化平台

考验“本土化“的时候显然到了，而第一步就是中外“混血”团队如何招聘与配置。

在三一德国，招人流程就明显不同。中国人的做法像并联电路，多倾向于所有重要岗位同步招聘：既招营销老总又招聘营销经理，同时也招服务工程师。而德国人的做法则像串联电路，先招聘营销部门负责人，然后再授权他去招聘部门经理以及服务工程师。

三一重工做法是，员工尽可能地做到本土化。这一方式从最先启动的印度产业园就开始了。目前，三一印度产业园拥有超过600名中印员工，其中印度籍员工就占到了85%。这一原则当然也适用于其他海外产业园。

而对三一德国董事长贺东东来说，作为工程机械强国的德国的员工心理，则更复杂一些。他们对“中国”这个品牌缺乏信任，而且还免不了质疑：在他们印象里与低成本、低质量画等号的中国品牌，真的准备到传统机械强国的后院来放一把火？

所以,“高管、关键员工入职后会尽快安排一个中国之旅。”贺东东说。这样做是为了获得他们的基本尊重,“如果他们接受三一的企业价值、文化,彼此的沟通就能建立在共同的诉求上”。中国之行后,德国员工林肯巴克印象深刻:三一重工总部门口停的机械工程车有100辆之多,而德国大厂商一般只会有5辆。“我的同事们在这个行业的从业经历大多超过30年,我们都觉得这个公司的增长速度不可思议。”

此外,三一德国设立了“双子塔”,让“混血”团队通力合作。具体做法是,各个主要岗位的设置都是一正一副,比如财务主管、营销主管是德国人,那他们的副手就是中国人。这些中国“副手”充当中德两种文化之间的“变压器”,其职责是把中国总部的文化、做事逻辑及沟通语言等“变压”,让德国人能听懂、能理解,再由德国同事向欧洲市场直接输出。

也正是因为有这些经验,在宣布收购德国普茨迈斯特当天,向文波就坚定地表达了三点,一是普茨迈斯特将继续独立运营,二是原有管理团队将保留,三是不解雇一名德国工人。

中国员工的跨国化培训

除最开始的出口贸易之外,三一国际化的第二阶段和第三阶段,为其跨国资源整合积累了相当可观的经验。不过,文化差异的整合还不止于此。

三一印度分公司的一名中方高管在分配工作时,习惯性地由工作秘书进行传达,这遭到印度高管的投诉,原因是印度的种姓制度让高管们认为工作不应该由一名秘书进行传达。

而德国人林肯巴克也曾对中国人的“随意性”表示不解。临中秋节还有两天,她在下班前夕接到了上级领导的指示,要准备一些横幅、标语以及巨幅幕布。“为什么不能提前一星期告诉我呢?”

随着日常国际工作交流的增多,如何有效提升中国籍员工的跨文化工作能力,同样是一个问题。“必须要有针对中国籍员工的跨国文化培训。”

2011年9月,三一启动跨文化交流培养项目,特地邀请知名咨询公司为其量身打造培训内容,并分国际区和中国区开展进行。

“我们首先从内部讲师入手。只有培养出一批合格的教授跨文化课程的内部讲师,才能提高对不同地域员工的培养效率。”三一培训部负责人说。为此,三一特意针对国外各分公司和长沙地区的跨文化内部讲师进行了培训。

为了让学员全方位了解跨文化交流的理论知识,学会在不同文化背景下的沟通策略,三一挑选与海外公司有业务联系的员工进行跨文化培训,培训范围覆盖了研发、营销、制造、商务等多个体系。

除此之外,三一还注重给学员提供实践的机会。上述人士表示:“中美文化交流培训即是很好的尝试,我们希望让学员学会在虚拟场景中设计跨国谈判的策略。”

〔供稿单位:三一集团有限公司〕

厦工:打造中国工程机械民族品牌

2012年6月28日,第九届世界品牌大会暨中国500最具价值品牌发布会在北京东方君悦大酒店隆重举行。厦工以176.98亿元品牌价值位列中国500最具价值品牌排行榜第66位,福建省第2位,厦门市第1位,并继续引领中国工程机械行业品牌的发展。

来自世界品牌实验室的分析数据显示,厦工已连续六年入选中国500最具价值品牌排行榜,品牌价值一路上扬,年平均复合增长率超过20%,品牌含金量不断增强,彰显了厦工作为中国工程机械行业领军企业之一的巨大品牌价值和市场效应。

历史积淀成就品牌奇迹

陈列室里,几台老式机台,一摞摞发黄设计草图,一把把钉了小孔的工业用尺,一张张黑白老照片……这些构成了几代厦工人前仆后继、奋发向上的发展简史,也印证了一个时代的工业缩影。

在这里,中国第一台轮式装载机的诞生,不远万里征服地球南北两极的厦工装载机、挖掘机、叉车等设备,行业首家产销过万台等历史时刻至今让人印象深刻。

时至今日,厦工伴随共和国成长,已经走过61个不平凡的年头,成为中国工程机械行业乃至装备制造业为数不多的具有厚重历史的国家大型装备制造企业。

厦工的发展史本身就是一部民族工业品牌艰苦拼搏、自强不息的奋斗史。在很多人眼里,厦工能够在当时尚属前线、工业基础薄弱、国家不够重视,且远离原材料集中地和主要市场的不利情况下,依靠自身努力发展壮大,本身就是个奇迹。

然而,任何一件事情的成功绝不仅仅依靠运气与时机。《孟子》有云,故天将降大任于斯人也,必先苦其心志,劳其筋骨,饿其体肤,空乏其身,行拂乱其所为。品牌是一种信仰,是企业的"人生姿态"。没有被历史、文化浸染的"品牌",不过是水中的浮萍。经典品牌是那种能够穿越岁月风尘之后,依然熠熠发光,并被时代赋予各种不同特质的品牌。

厦工就是这样的一个经典品牌,厚重、阳刚、伟岸,却又不乏激情、睿智与创新。在经历61年的人文沉淀、制造经验累积、技术升级换代后,它依然笑靥如花,依然与时俱进,以持续高扬的品牌价值形象,昂首屹立在祖国东南沿海,辐射全国,并开始努力拥抱整个世界,继续创造百年民族工业经典品牌的奇迹。

科技引领再创品牌高度

品牌的腾飞,需要借助科技的翅膀。

品牌高地的构建,需要自主创新的精神。

这是厦工经过61年的积极探索,身体力行的经验总结。厦工高层人士基于此共识,认为结合终端市场的用户需求,加大科研投入,研制生产出更多更具个性化、多样化的产品,尤其具有实际意义。

厦工是首批国家级企业技术中心、博士后工作站之一,拥有从中科院院士、博士、硕士到具有几十年丰富实践操作经验的高级工程师组成的技术团队,并建成了目前国内最为完善的试验场地,确保研发能力始终处于行业前列。

经过长期的实践,厦工主力产品装载机已形成了目前国内最为齐全的产品系列,覆盖了0.2~8t的全系列产品。近年来,针对液压、传动、电气、结构件、动力等重要部件进行了200多项技术升级改进,使整机性能得到充分的释放,矿下工作效率至少提高5.2%。

同时,厦工技术团队对于技术研发的精益求精和对于国际先进技术的快速消化吸收等优良传统,被完全用在了新产品的研发上。如:实现从36吨级到50吨级挖掘机产品跨越;适应全球能源危机及环保节能要求的天然气装载机;37m、48m、52m混凝土泵车的研发……

特别是天然气装载机的首研成功,触发了行业装载机技术变革的一个新起点,成为业界同行争相仿效的榜样,也让该款产品获得了该年度产品TOP50技术创新金奖。

某种意义上说,营销卖的不是产品,而是科技。因为只有科技才能赋予产品以更高的价值,同时促使品牌增值,让品牌价值更上一层楼。

创新服务点燃品牌激情

后市场竞争阶段,服务品质的高低,往往成为影响品牌美誉度最直接的因素。

品牌形象的建立与维护,很大程度上依靠服务来保障。"用心服务,厦工在您身边!"这是厦工对客户的真诚承诺,诠释了厦工"以客为尊,用心经营"的理念!

为提升服务品质,力争在最短时间和最小服务半径内,为客户排忧解难,提供增值服务。厦工一方面在各地与经销合作伙伴建立充足的原装正品配件库,确保配件的及时供应;另一方面,出台24小时服务保障制度,开通400服务热线,并在全国范围内建立了一支灵活机动的专业化服务团队,保证在第一时间内对客户的设备故障进行快速维修。

如今，厦工"同心圆"万里巡检活动已连续推出3年，以"亲情感恩"的服务心态，让厦工一家亲的真情实感回归到客户心中，设身处地了解客户需求并有针对性地提供各种服务——技术支持指导、更换配件或通过以旧换新形式进行产品置换，彻底消除客户的后顾之忧。

这种"亲情感恩"的管家式服务最直接有效地联结了厦工与终端用户的联系，实实在在让客户感受到厦工品牌的魅力，赋予了厦工品牌更多的激情与魅力，也让厦工品牌更加深入人心。

在海外市场上，过去海外客户所担忧的服务到位及配件供应等问题，如今随着厦工经销服务网点的铺开，远程培训软件的开发，当地维修服务工程师队伍的建设，也迎刃而解。通过这些措施，厦工基本可实现了海外市场的技术指导、售后维修、配件更换等工作。

责任道义抒写品牌力量

从产品品牌到企业品牌，从行业品牌到社会品牌，厦工一直十分重视社会责任的履行。有位经济学家曾说，大灾大难面前，考验的不仅仅是某个人或是某群人的道德品性，更是一个企业铁肩担重任，彰显品牌力量的时刻。

在重大自然灾害抢险救灾现场，厦工从来就不会缺席。无论是在汶川地震、舟曲泥石流、玉树地震等特大自然灾害面前，还是在北国冰封的除雪扫冰现场、江南洪涝灾害的救援现场，都能够见到厦工应急救援队伍活跃的身影。在这里，责任道义始终是放在第一位的。

在产业经济环境不景气，产能下降的情况下，厦工承诺不减员，不减薪，以对每一位员工负责任态度，让大家团结在厦工身边，群策群力，凝心聚力，共同度过这段经济的寒冬。

自中国实行经销代理制以来，就有一大批与厦工保持10多年以上的经销战略合作伙伴，甚至长达20年以上的并不在少数。同样的，在全国各地，厦工拥有一大批"元老级"的拥趸，他们中有很多是通过长期使用厦工设备而发家致富的或是见证了厦工设备助力当地经济建设大发展的。在他们眼里，厦工是最信得过的老伙计，是最让他们放心的民族品牌。

这就是厦工，不管外部经济形势如何变化，始终以高尚的责任道义，赢得了自己员工、经销合作伙伴、用户和社会的一致认可。

这就是品牌的力量！

进军海外吹响品牌号角

有专家表示，从"中国制造"向"中国智造"的积极转变，除了核心技术的研发外，品牌的长期投入建设也是重中之重。在中国民族工业品牌开始成规模进军海外市场的同时，厦工同样不甘人后。

厦工高层人士表示，海峡西岸经济区独特的地理位置和经济区属，为厦工进军海外市场提供了不少便利。这也有利于厦工充分利用各种政策、物流、人才等方面优势，结合海外市场特点，采用更加灵活的商业拓展模式。

目前，厦工正从产品研发、人才积累、品牌建设、渠道拓展、模式转变、服务网络建设等几个方面全面加速国际化进程，并在部分区域先行先试，采取精耕细作的市场策略，形成局部竞争优势，如：东北非阿尔及利亚、南非、巴西等国家。

除此之外，厦工已把目标瞄准了欧洲这个工程机械最先发展的市场。2012年厦工跟随"中国军团"参加第九届法国全球工程机械展览会（INTERMAL 2012）推出针对欧洲市场的小型装载机XG902、XG904，滑移装载机XG30090，小型挖掘机XG808等。这次厦工与众多国际工程机械巨头同台竞技，吸引了不少外国友人慕名而来，彼此达成了一些共识与合作契机。厦工海外市场负责人如此表示。

厦工总裁蔡奎全先生曾说，厦工是一个充满梦想，并且能够为实现梦想而不懈努力的企业。国际化是一个长期而系统的工程，不可能一蹴而就。国际化品牌的积累与构建，需要一个长期的过程。只有经历时间的打磨后，品牌才能折射出迷人的光辉。为此，厦工已经制定了未来五年战略规划。对于厦工来说，现在要做的就是把每一步走好，把基础打牢固，打扎实。

路在脚下延伸，梦想正在实现的道路上。我们期待着，有着61年品牌厚度的厦工，能够在未来几年里迅速成长，以中国工程机械行业民族品牌翘楚的高姿态穿越时空，大放异彩。

厦工品牌简介

厦工，创建于1951年，1993年改制上市，是有60多年发展历史的国家重点生产装载机、挖掘机、叉车、道路机械、混凝土机械及桩工机械等工程机械产品的骨干大型一类企业。厦工的发展愿景是成为国际领先的工程机械系统解决方案供应商，发展使命是致力于工程机械制造和服务，实现客户、员工、股东共同发展，创造人类美好家园。

厦工产品高效、节能、灵活、可靠，广泛运用于矿山、工程、农林水利建设、港口码头等领域。厦工是中国人民解放军总装备部、总后勤部、武警总队、驻港澳部队、维和部队指定的民族工业品牌，也是中国极地科考事业的唯一指定品牌。

61年来，厦工敢为超越，不懈努力，以高品质的产品和服务为客户创造最大的价值收益，获得了诸多荣誉：2007～2012年，厦工连续六年入选中国500最具价值品牌，厦工商标先后获得了福建省著名商标、中国驰名商标，厦工产品多次获得了福建省名牌产品、中国名牌产品、十大知名品牌的称号，中国机械工业联合会授予其全国机械行业文明单位、装备中国功勋企业、2010年度中国机械工业百强企业；2011年福建省质量奖、2011中国工程机械制造商50强、全球工程机械制造商50强等殊荣。

〔供稿单位：厦门厦工机械股份有限公司〕

可靠承载重托

——山东临工工程机械有限公司

山东临工工程机械有限公司（山东临工），始建于1972年，是国家工程机械行业的大型骨干企业，中国机械工业100强，国家级高新技术企业。主导产品有铲运挖掘系列、路面机械系列、矿用车系列和小型工程机械系列等。

山东临工秉承“可靠承载重托”的核心理念，力求通过不断创新，提供最为可靠的产品和服务，使客户持续获得最大价值的回报。公司建立了国家级技术中心和博士后工作站，“装载机机电液一体化智能监控系统研究及产品开发”等31项国家863、国家支撑计划、省市级重大科技项目，通过了29项科技成果鉴定（7项国际先进，22项国内领先），取得了50余项国家专利，发布企业标准120余项，主持和参与了5项国家和行业标准的制定。公司与北京航空航天大学、吉林大学、北京科技大学、山东大学、上海交通大学、同济大学等高校建立了开放高效的技术合作与技术创新体系，建立了工程机械技术创新基地、工程机械产品开发基地、工程机械人才培养基地，开发的产品无论从系列、品种，还是外观品质均进入了国内一流的行列。

山东临工拥有先进的生产设施和完善的管理体系，通过了ISO 9001质量管理体系认证、获得了出口产品质量许可证和进出口企业资格证。优质的产品，优质的服务，使山东临工的产品销往全国各地，并出口几十个国家和地区。

“创国际化临工，建可信赖品牌”，山东临工将始终坚持以工程机械为核心的多元化产品战略，持续改进，不断丰富产品线，提升产品质量和品牌美誉度，建设国内一流、世界知名的工程机械基地。

技术篇：节能高效，低碳环保

山东临工节能型系列产品研发项目，于2007年正式启动，于2009年7月由国家工程机械质量监督检验中心主持进行油耗测试，并出具了《装载机部分性能(燃油经济性)试验报告》,并于2010年6月由山东省科技厅组织进行了科技成果鉴定。鉴定结论认为,比原机型节能10%以上,产品性能达到国内同类产品领先水平,主要技术性能指标达到国际同类产品先进水平。

同时,临工节能型装载机也是国内率先实现产业化生产,并达到产销1万台的工程机械节能产品。2010年7月,在人民大会堂举行了由国家发改委、国家工信部、国家科技部等部门及中国工程机械协会参加的"临工节能型装载机过万台庆典暨装载机节能技术发展论坛"。会上发布了山东临工"节能先锋,引领未来"战略,庆祝旗下节能型新产品产销过万台,同时向长期合作伙伴与客户传递工程机械节能战略的意义。

自2009年山东临工推出第一代节能装载机以来,无论是产品的高效性,还是节能环保方面均得到了市场的普遍认可与客户的广泛好评,被评为2009年工程机械TOP50创新产品。

在2011年12月27日,由山东临工自主研发制造、综合节能水平高达20%的第二代节能新品LG953N发布会在唐山隆重举行,一经推出便受到行业和市场的强烈关注,被评为2011工程机械年度产品TOP50市场表现金奖,山东临工已成为工程机械行业节能产品的第一品牌。临工的节能技术是具有我国特色的节能降耗核心技术,可有效提高我国工程机械行业的自主创新能力,提升产业化、工程化水平,带动我国工程机械行业的产业升级,提高我国工程机械产品的技术水平,打破西方国家在节能降耗技术领域的垄断地位,增强我国工程机械产品在国际市场的竞争力。

除此之外,由山东临工自主开发的大型轮胎式装载机LG979项目,独立散热系统、双变量液压系统等关键技术,也打破了国际工程机械行业巨头对我国大吨位装载机的技术和市场垄断。

临工通过绿色节能技术的持续研发,将临工节能、高效、低碳、环保的特性深入到广大用户和公众心中,为社会降低碳排放、为用户创造更多价值提供了有力支持。

品牌篇:品牌营销,驱动未来

山东临工始终重视品牌建设工作,随着品牌建设的不断投入,产生了品牌驱动与营销增长的良好互动,在全球品牌知名度和影响力的不断提升,也带动临工营销业绩的不断增长。伴随着企业规模的不断扩大,公司对品牌的投入力度不断加大,2011年公司在品牌建设方面的资金投入已达到2.4亿元。

2008年,山东临工形成全新的品牌战略,将临工的品牌核心价值观、品牌愿景和品牌使命重新塑造。自此,临工品牌有了清晰的发展之路和建设目标。

2009年,山东临工开始线上品牌传播和线下品牌公关活动的发力,相继参展行业内知名的哈洽会、亚欧博览会等,并成为沃尔沃全球帆船赛的赞助成员,一系列的品牌成果使山东临工荣获"中国驰名商标"的美誉。

2010年,山东临工高调亮相俄罗斯CTT展、宝马展等,将临工的品牌声音带到国际市场,同年,临工第一代节能产品产销过万庆典在北京人民大会堂隆重召开。

2011年,山东临工率先启动品牌专列,让临工品牌走入公众视野,并在权威媒体中国中央电视台进行广告投放,成为中超联赛主赞助商,极大提升临工在社会公众中的品牌知名度。

2012年,临工除央视广告与地方卫视广告外,更与凤凰卫视等知名国际媒体合作,将临工品牌影响力进一步扩展至全球范围,同时加入世界自然基金会的"碳减排先锋"计划,为全球低碳环保、绿色节能事业做出更多的贡献。一系列的举措赢得了市场和用户的高度认可,相继荣获"中国工业行业排头兵企业"和"中国机械工业最具影响力品牌"等荣誉。

国际化篇:渠道为王,服务制胜

在国内大部分工程机械企业还延续在国内市场竞争的思路的时候,山东临工已经在渠道、品牌和服务方面发力全球市场的竞争。目前，临工在整个南美、非洲、中东、俄罗斯、印度和东南亚，包括大洋洲都有布局，在重点区域则设置了具有销售与服务功能的办事处，还在重点市场不断下渗设立二级网络，以品牌和渠道建设为核心的海外聚焦营销为临工在全球市场的高速成长提供了强大动力。临工在铺设渠道的同时，充分地考虑到本土化与企业文化、品牌理念的高度认同。

临工积极探索服务迅速响应机制，坚持把服务响应速度、配件供应速度和维修水平放在首位，率先在行业内提出"工时制"服务举措和"24 小时修复率"服务概念，突破业内"24 小时达到服务现场并对产品进行抢修"的服务概念，服务速度与服务质量并重，并用 10 年时间建立起成熟、完整的渠道体系，保证服务质量的及时可靠；临工用 40 年的时间确保产品质量，提倡服务未雨绸缪，创造最长"平均无故障时间"的纪录。而为了保证配件供应速度及维修水平，临工要求海外核心代理商必须建立"紧急配件绿色通道"、筹建核心市场"临工海外中心配件库"等完善的配件供应体系，做到所辖任何国家级区域市场都能快速响应，在紧急情况下，即使通过加急航空发运也要保证临工服务的快速、高效及可靠。这种不惜代价保服务保速度的付出，换来的是服务形象及品牌形象的大幅跃升，而服务体系的逐步完善，服务品质的不断提升也使得"可靠承载重托"不但是一句承诺，更赢得了全球市场的良好口碑。

在海外服务质量的保障上，山东临工创造了'走出去请进来'与全程服务两大模式。在海外，临工实行全球统一服务培训，力争将临工的服务标准贯彻到全球每一市场之中，每年都有来自瑞典、巴西、伊朗、俄罗斯等临工海外服务人员到临工总部接受全球统一服务培训，这些人不仅是临工服务质量的践行者，还是临工可靠品牌的口碑宣传者，通过及时可靠的服务，临工将产品质量和服务质量有机地结合在一起，塑造了一个可靠的质量口碑。这些服务创新举措，保证了服务质量和速度，同时也不断提高着临工在海外市场的服务品质。

现在，山东临工已完成在全球布局，业务遍及北非、俄罗斯、巴西、伊朗、澳大利亚等全球 60 多个国家和地区，山东临工依托可靠的品质和服务，正成为全球客户首选的中国工程机械品牌。在海外渠道的开拓上，临工梳理了国外 100 多个国家，选择了包括伊朗、巴西、俄罗斯等在内的重点销售区域设立具有销售与服务功能的办事处，以点带面为全球客户创造更多服务价值，一步步成为海外客户首选的中国工程机械品牌。

〔供稿单位：山东临工工程机械有限公司〕

山推：用心践行价值引领　共赢未来

纵观当今世界经济形势，阴霾密布、风起云涌，美债危机、欧债危机频频报警。2012 年是中国经济形势异常复杂的一年。

世界经济增长放缓，国际金融市场动荡加剧，国内经济总基调要求稳中求进，CPI 却居高不下，市场不确定因素加大。对于中国工程机械行业来说，因为信贷紧缩，施工工程开工率不足、行业竞争加剧等因素的影响，短时间内将面临严峻挑战。"为客户创造价值"是山推在生产经营中遵循的核心理念，我们必须深刻地理解"价值引领"的真正意义和内涵，并为实现这一价值观而付出全身心的努力。

价值引领，概括为一个字就是"值"，就是让用户用了山推的产品后认为值。这是山推和代理商们共同追求的最高境界。山推所制造的产品是生产资料，是用户创造更多价值的重要工具，与普通消费品有本质区别。让用户说值，这就是山推人每天忙忙碌碌、孜孜不倦工作的根本出发点。

怎样帮助用户创造更大的价值？这个问题是山推人所自问，也是时刻督促山推人前行的动力。

那就是，把山推“创造价值”这种经营理念贯穿在产品设计、制造、销售、服务的每一个环节。山推追求的是全心全意为用户创造价值，这一点被众多用户青睐的山推品牌所验证。山推在技术上不断追求进步，产品可靠性多年来稳步提高。

山推多年来一直在全球范围内采用代理制销售、服务，致力于向客户提供最具价值的产品和售后服务，视为客户增加价值为己任。为贴近市场、掌握市场一手资料、加快反应速度、抢占先机，为当地代理和最终用户提供更及时的支持与服务，山推致力打破常规、创新市场开拓模式，经过多方试点后采用全新的经营模式：走出去，扎根市场一线。经过切实的调研和合理的分析，最终决定在海外设立山推自己的子公司。改销售、服务渠道：山推—区域代理—客户模式为山推—区域子公司—区域代理—客户模式，以区域子公司为区域运营中心，将山推的销售、服务、配件支持从总部前移至市场一线。我们的销售人员也相应地从总部移至了市场一线。

在国际市场上，山推的市场份额也在不断扩大，最根本原因也是源于价值领先的践行。山推在新兴市场和传统的发展中国家市场里的份额越来越大，就是用户觉得使用山推的产品很“值”，所以才会不断选择山推产品。山推还将延续这种理念，继续为用户创造最大的价值。

山推秉承提高客户价值为导向、以最大限度地满足客户需求为出发点、以各产品线为主轴将各部门有机地整合在一起，在海外子公司的管理上，采取“当地人做当地事”的原则：当地招聘包括总经理在内的整套管理团队和人员与当地市场和客户无缝对接，提高了销售、服务、配件供应效率和反应速度，为当地客户和代理公司解除了后顾之忧，提高了山推的知名度和美誉度。客户因此增加了对山推的信心，对山推产品的信心。

基业长青的企业，无一不是善于扎根市场需求的企业，无一不是善于坚持整合团队力量来创造用户需要的价值的企业。为此，我们需要每天用80%的时间来思考用户的需求。时刻思考，我们为谁服务，提供什么价值，是否是用户所需……这样才能使我们朝着正确的方向，不断跨越，稳健发展。

〔供稿单位：山推工程机械股份有限公司〕

创新驱动发展，科技引领未来

——中国铁建重工集团有限公司

中国铁建重工集团有限公司（原中铁轨道系统集团，以下简称“铁建重工”）成立于2007年，经过五年的改革发展，铁建重工发展成为总资产43亿元、员工5千余人、拥有7个成建制的子（分）公司的科技型企业，已成为我国集高端轨道装备和地下工程装备研究、设计、制造、施工于一体的大型专业化工业集团，是中国工程机械最具成长力企业，跻身中国轨道交通创新力企业TOP50，同时也是全球唯一同时具备盾构和矿山法隧道装备研制能力的专业企业。

铁建重工以引领行业进步为己任，充分利用中国铁建长期积累的施工技术与施工经验，紧紧抓住原始创新、集成创新、协同创新和持续创新这四个重要环节，自主创新成效显著、硕果累累，掌握了多项具有世界领先水平和完全自主知识产权的核心技术，不断推出新产品、新工法、新工艺，相继研发了一大批我国施工领域急需而又领先世界水平的高端工程专用装备和轨道装备，共开发试制轨道新产品253项，开发地下工程装备新产品30余项。共20多个科研项目获得股份公司、省部级和国家立项与资助，承担和参与了6项国家“863”计划和国家科技支撑计划项目，4个省市科技重大专项，牵头承担了两项国家科技计划，取得历史性突破，申请和受理专利131项。自主研制的具有完全自主知识产权的高端盾构广泛使用在长沙、北京、西安、武汉、广州、苏州、南京、福州等城市地铁工程；

自主研制的具有世界领先水平的矿山隧道机械服务于我国高铁施工现场；拥有世界上最先进的道岔、弹条扣件、闸瓦生产线，其产品广泛使用在京沪、武广、沪杭等高速铁路，同时，还出口到美国和加拿大等北美国家。2011年荣获中国“重大技术装备首台(套)示范单位”荣誉，打造了中国隧道施工和轨道交通行业最具影响力的自主品牌，成为我国轨道装备和地下工程装备行业的排头兵企业。回顾近几年走过的发展道路，我们的主要做法有以下几方面：

一、抓要点，做好顶层设计总体谋划

铁建重工成立之初就定位于创新型企业，明确创新是铁建重工快速发展的动力，创新能力是铁建重工的核心竞争力，围绕这个目标推进了产品产业定位创新、技术创新、体制创新、管理创新和文化创新工作。在产品产业定位创新上结合自身特点和优势重点开发与施工技术、与工法关联度紧密的特种、重型或非标地下工程装备，实施差异化发展战略。在管理上为充分发挥公司的资源整合优势和管理的协同优势，强化集团管控，采取“新企直管、板块运营、要项集权、预算控制、绩效考评”的集团管控模式。在企业文化建设上构建了“创业、创造、创新、组合、融合、整合”的“创合”文化。在体制上根据公司发展情况和未来发展目标，通过借鉴行业的最佳实践经验，稳步推进组织变革，制定了相应的集团管控制度体系和子分公司内控制度体系等多层次的管理制度，着力提升公司管理的软实力。公司以产品研发和市场营销为龙头，瞄准“世界一流、国内领先”，坚定不移地发展战略性新兴产业，秉承“诚信、创新永恒，精品、人品同在”的企业精神，组建了结构合理的管理团队，按现代企业制度运营，制度健全，管理规范，公司组织结构清晰，严格按照科学的管理体系进行规划，产权明晰，用人机制灵活。公司始终坚持以市场为导向、以效益为中心、以高新技术为依托、以产品质量为制胜点、以科学管理为灵魂，确定了“管理有序、决策科学、流程优化、文化先进、持续改进、国际一流”的科学管理目标。一系列有效的管理制度保障公司运作机制的规范化，并且充分体现了人性化管理的宗旨，将员工的利益与公司的发展紧密结合。公司科学、合理、以人为本的管理使得公司经济效益不断提高，充满生机活力。公司将从管理团队建设、战略规划管理、开发体系管理、人力资源管理、市场拓展等方面着手，提高竞争能力，从而保证企业能长期、稳定、高速可持续发展。

二、抓亮点，科技项目取得重大突破

铁建重工经过精心谋划和科学合理组织，2011年共有20多个科研项目获得中国铁建股份有限公司、省部级和地方政府的立项与资助，已参与了2项国家“863”计划和科技支撑计划项目、4个省市科技重大专项。在承担“十二五”国家科技计划预备项目方面取得重大突破，作为项目总牵头单位承担了“十二五”机械装备类国家“863”计划“大直径全断面隧道掘进机装备及重大工程机械装备”项目，并直接承担了其中的“大直径硬岩隧道掘进装备(TBM)”课题；承担了“十二五”国家科技支撑计划“预切槽隧道施工成套设备关键技术研究”项目。2010年承担实施了湖南省科技重大专项“大型盾构设备研制及其产业化项目”和长沙市科技重大专项“复合式土压平衡盾构研制及其产业化项目”，着力突破了一批具有自主知识产权的核心技术，整机技术达到国际先进水平。自主研发的HPS3016轮胎式混凝土喷射机机械手主要技术性能达到国际领先水平，获得了中国“重大技术装备首台(套)示范项目”。公司还全力推进了铁建重工重大科技专项电驱盾构、7m快速轨道交通土压平衡盾构、9m城际铁路土压平衡盾构、泥水平衡盾构、小直径盾构(4m以下，含顶管)、LSJ地下连续墙设备、系列混凝土喷射机械手等科技攻关和矿山机械用高锰钢产品、高锰钢辙叉爆炸预硬化技术、重载车辆高摩合成闸瓦技术研究和开发，研发形成一批具有自主知识产权的战略新型高端装备，大幅度提升集团在高端工程机械领域的核心竞争力，有力支撑公司核心业务又好又快发展。同时在中国铁建股份有限公司的帮助下，铁建重工地下工程装备开始进入煤矿行业，目前承担了神华集团两台长距离、大坡度、深埋层的斜井掘进机研发制造任务；正在为神华集团研制立井掘进机和煤层巷道掘锚机等两个重大科技专项。重大科技项目的承担不仅增强了铁建重工原始创新、集成创新、协同创新和持续创新的能力，同时为行业的发展做出了突出的贡献。

三、抓难点，知识产权工作稳步推进

铁建重工高度重视知识产权保护工作，积极实施专利发展战略，培育自主创新能力，2011 年我们积极创新知识产权工作机制，着力强化知识产权工作，开创了集团知识产权工作的新局面。结合公司承担的国家和省市科技项目申请和受理专利 100 多项，其中发明专利 25 项，已授权 68 项，仅 2011 年申请和受理专利就达到 32 项（其中，发明专利 9 项），获得专利授权 24 项，获得发明专利授权 6 项。在主导产业和关键技术领域形成了一大批核心专利与自主知识产权成果，保持了专利数量的快速增长并逐步提高了发明专利比重。同时为鼓励员工发明创造的积极性，积累专利资产，对有发明创造的职工给予奖励。知识产权战略促进了公司技术创新能力，鼓励了员工发明创造的积极性，形成了具有自主知识产权的核心技术，充分发挥了专利资产的效益。

四、抓合作，产学研机制逐步建立

铁建重工充分利用了中国铁建长期积累的施工经验和施工技术优势，在各施工单位聘请了多名专家和顾问作为产品研发的技术支持，同时与浙江大学、天津大学、中南大学、西南交大、北京交通大学、石家庄铁道大学、洛阳轴承厂、奥盛特重工、株洲硬质合金集团等院校和厂家达成了合作意向，形成了产学研联合开发机制，与中南大学合作的大型盾构设备研制及其产业化项目获得 2010 年湖南省和长沙市重大专项支持，与株洲硬质合金集团合作的盾构刀具研制项目获得国家科技支撑计划支持，与奥盛特重工联合开发的旋挖钻机已成功应用于工程施工，与浙江大学、天津大学合作的“全断面硬岩掘进机（TBM）关键技术研究及应用”列入“十二五”国家“863”计划，与中南大学、铁一院合作的“预切槽隧道成套设备关键技术研究及应用”列入“十二五”国家科技支撑计划，与湖南大学合作的湿喷机工业设计明显提升了产品形象和档次，与神华集团合作的“长距离大坡度斜井双模 TBM”填补国内煤矿应用 TBM 的空白。产学研联合开发机制的实施弥补了公司局部专业技术的不足，加强了企业间、产业链上下游的合作创新，形成优势互补、分工明确、成果共享、风险共担的开放式合作机制，提高了创新效率，降低了创新风险，达到了加快研制的目的。

五、抓服务，产业升级初露峥嵘

集团产品定位于地下工程装备之时就一直致力于将产业由生产型制造业向服务型制造业转型升级，建立服务创新技术支撑体系，以客户需求为导向，综合集成各领域先进技术，打造服务型制造业的核心竞争力。集团通过构建服务型制造业，提升了系统集成能力、售前服务能力、售后服务能力，同时还提升了信息化与工业化深度融合，推动制造模式向数字化、智能化、网络化转变，集团也成为国家工信部首批认定的 3 家“全国工业软件应用示范试点企业”之一。逐步实现由产品制造向系统设计集成和提供整体解决方案转变，推动了集团向生产性服务业的快速发展。

六、抓队伍，人才强企战略稳健实施

针对战略性新兴产业，铁建重工着重引进和建设好三类人才队伍：一是具有自主创新能力且掌握了产品核心技术的科技人才；二是懂技术、精业务且具有现代工业企业管理能力的管理人才；三是具有过硬操作技能的技术工人。

公司制定了科技人员引进住房补贴制、年薪制、技术津贴制、科技人员期权薪酬激励等科技激励机制。每年拿出 200 万元至 400 万元重奖做出突出贡献的科技人员，近三年来公司年薪收入排在前五位的不是领导，而是科技人员，公司上下形成了重视科技、尊重人才的良好氛围。通过培养和引进，公司在短时间内已经培养建设了一支素质优良、门类齐全、专业配套、结构合理，基本能够满足各种产品研发、设计、生产、售后服务和经营管理所需的专业人才队伍。

铁建重工对所有员工实行职位层级管理，划分为研发、技术支持、管理和技能等四大职位系列，每个职位系列又划分为若干个层级，其中研发系列划分为首席专家、首席研究员、研究员、主任工程师、工程师等11个层级，对等享受相应行政级别待遇，薪酬福利待遇向研发和技术支持系列重点倾斜，打开了研发人员的晋升通道。

公司注重对科技人才的培养，通过聘请专家来司、送外培训、与高校联合办学等多种形式，积极开展人才培训工作。公司每年举办的各类讲座和学术交流都在50场以上，联合中南大学、西南交通大学开办了液压、电气、轨道技术研究共3个研究生班，组织研发人员参观各种展会等，在很大程度上拓宽了技术人员的视野，促进了公司研发水平的提高，并使得一批青年技术人才脱颖而出。

铁建重工不断完善激励机制，制订了较为完善而有效的奖励措施和管理办法，极大地激发了科技人员投身研究工作的热情。培养并造就了一大批年轻的技术带头人和技术骨干，承担起铁建重工技术创新和产业化项目建设。科技队伍的成型为我国工程机械、轨道交通等行业造就了一个强有力的技术输出源，打造了行业内重要的地下工程装备及轨道装备产品制造、研发以及服务基地。

铁建重工虽起步较晚，但起点较高，我们将继续创新经营理念，坚持效益与服务并重的原则，把握机会，优化管理，积极完善技术创新机制，提升企业软实力水平，努力开发适销对路的产品，满足轨道交通和地下工程施工需要，实现“实用、高效、安全、经济、先进”的要求。进一步改进和创新科技开发和管理机制，引进和培养一流的科技研发和管理人才，建立一流的科技研发队伍，提高整体技术水平和能力，在“不畏艰险，勇攀高峰；领先行业，创誉中外”的指导思想下，朝着“世界一流，国内领先”的目标努力奋斗。

〔供稿单位：中国铁建重工集团有限公司〕

人品造精品　精品献社会

中国重汽集团海斗工程机械事业部隶属于中国重型汽车集团有限公司，是按照中国重汽集团“十二五”规划，作为中国重汽集团进军工程机械领域所设立的集设计开发、生产制造、销售服务为一体的中大型挖掘机的生产制造基地。事业部于2010年11月19日正式组建，坐落于美丽的海滨城市——青岛，在青岛高新区建成了中国重汽青岛工业园，占地53.3万m^2。园区区位优势明显，东临流亭机场，南面是跨海大桥、胶州湾高速，北面是济青、青银高速公路，交通十分便利。目前，挖掘机项目已完成一期年产5 000台的中、大型挖掘机联合厂房和生产线建设。

经过一年多的研发、试制，成功完成了3大系列5种型号中、大型挖掘机产品的开发，拥有HW130、HW240、HW330、HW360、HW230五款机型，于2011年下半年实现批产并顺利投放市场。产品以其动力系统、液压系统的高端配置，强化的工作装置，保证了设备的耐久性、可靠性；海斗专有的全功率智能电控系统，造就了海斗挖掘机的节能高效；径向密封结构与三级进气过滤，有效保护了发动机；一次冲压成型和电泳底漆工艺的覆盖件，不易变形，可靠、耐久、美观；专有的先进智能彩色多功能监控器，功能标志更清晰明确，可全面监控运行状态，电子节能控制，远程智能控制，可靠精准。每一台海斗挖掘机在出厂之前都经过严格的测试，保证了用户使用的每一台挖掘机都具有优良的品质。

经过前期的技术研发制造和产品市场推广，中国重汽海斗挖掘机自投放市场以来，以其稳定的质量和良好的性能得到了市场和用户的高度赞赏和肯定。海斗品牌的市场影响力也逐步显现。在销售服务网络建设上，海斗致力于建立自己稳定专营的代理商网络，并充分发挥重汽的网络优势和现在已有的行业代理商的经验优势。目前，销售网络已覆盖华北、东北、西北、西南、中原等国内主要的26个省市和地区。海斗创建初期就非常重视售后服务，如今海斗正在逐步完善售后服务体系建设，代理商均具备销售、服务、配件、信息反馈、培训、产品展示六位一体的功能。同时，海斗自身配备了丰富经验的专业人员，支持和指导代理商进行有效的服务。海斗继承中国重汽“亲人”服务的理念和标准，拥有目前国内领先的服务保障系统，有强大的服务网络。在营销、服务等环节构建出良好的营销服务模式，正逐步形成持续竞争优势。

事业部始终把尽快丰富产品线，提高产品覆盖能力，提升产品性能、可靠性、功能适应性等放在突出重要的位置上，并进行具有自主知识产权，采用当今最新技术的产品的研发，力争把更多技术更先进机型推向市场。2012年7月已完成45吨级产品的试制，10月份将完成21吨级产品试制，计划2013年初推向市场。

2012年，按照集团公司质量效益年的战略部署，在各代理商和重汽集团财务公司的大力支持下，根据自身所处的挖机项目起步和产品市场导入的实际，面对市场需求大幅下滑、市场竞争进一步加剧的严峻市场形势，海斗事业部以不断加强销售服务网络建设，提升经销商的销售服务能力；加大市场开发和导入工作的力度，扩大产品销量；加强销售风险防范，促进财司融资租赁平台业务迅速推进，加快回款速度；保持必要的流动资金的投入，使生产能够满足销售对产品资源的基本需求；加大产品开发力度，拓展产品品种，加快产品改进，不断完善优化产品技术状态；不断加强质量管理，提升产品实物质量和质量管理水平；强化外购外协件采购管理和成本控制；实施精益化管理，不断提升企业管理水平和员工素质，提高企业整体运营质量。各项工作都取得了较大进展和成绩。

中国重汽制定的“十二五”发展目标是：到“十二五”末，打造百万辆级商用车能力的企业，年销售收入达到2 000亿元；重卡品质达到世界先进水平；主产品线拓展至以重卡产业为主导，中、轻、客、特全系列商用车及大型矿用车、工程机械全面发展，把中国重汽建设成为国际知名、国内不可替代的大型商用车企业集团。

中国重汽进军工程机械领域有着特有的自身优势：广泛的社会影响力，雄厚的资金实力，强大的销售渠道和服务网络覆盖能力，优越的国际市场开拓能力，高性能高质量的产品研发、生产制造能力，齐全的自制产业链，深厚的企业管理和企业文化底蕴等，随着企业的发展，海斗挖掘机必将在工程机械行业领域占有重要地位。

面对全新的行业领域，站在新的发展平台上，中国重汽集团海斗工程机械事业部在中国重汽集团公司的正确领导和大力支持下，坚持“用人品打造精品，用精品奉献社会”的核心价值观，开始新的创业发展，力争实现“十二五”末产销中大型挖掘机1万台、销售收入过百亿，企业综合实力进入行业前列的目标。

〔供稿人单位：中国重汽集团海斗工程机械事业部〕

产业报国——合力提升未来

安徽合力股份有限公司（以下简称安徽合力）的前身是安徽叉车集团有限责任公司的核心企业——合肥叉车总厂，始建于1958年，1993年9月进行股份制改造，1996年10月在上海证券交易所挂牌上市，主营业务为工业车辆工程机械及关键零部件的研发、制造与销售。

安徽合力作为我国工业车辆行业的排头兵，自1991年以来已经连续21年保持全国同行业第一，并于2006年进入世界工业车辆行业十强，2011年位居第八。

公司是目前国内工业车辆行业唯一上市公司，是我国规模最大、产品线最全、产业链最完整、综合实力和经济效益最好的工业车辆研发、制造与出口基地，是国家火炬计划重点高新技术企业、安徽省工程机械建设（合肥）基地龙头企业，拥有行业中唯一的国家级企业技术中心和安徽省工业车辆重点实验室。

作为民族叉车工业的代表，合力始终坚持自主创新、自主制造、自主营销、自主品牌，取得优异成绩的同时也赢得国内外同行的尊重与认可，2009年合力代表中国工业车辆行业加入世界工业车辆联盟，在全球树立了中国品牌形象，增加了中国产品的话语权和影响力；作为国内行业龙头企业，合力通过快速发展，避免了外资品牌对我国工业车辆行业的垄断，并在中国取代美国成为全球第一大工业车辆市场的进程中做出了重大贡献。

公司坚持规模扩张与内涵改造相结合，持续地加大工艺装备技改投入，拥有柔性加工中心、各类数控机床、PLC生产线、焊接机械手和计算机信息系统等一批现代化的关键设备和基础设施，具有规模化的柔性自动化生产手段。仅“十一五”期间就完成技改投资近20亿元，建立了近30条PLC生产线（整机组装线、板件下料线、结构件焊接涂装生产线、桥壳柔性加工线、消失模铸造生产线、静压生产线、薄板件生产线等）和针对不同加工对象的柔性加工单元，先进的工艺装备覆盖了从材料下料、成型、焊接、加工、除锈、涂装、装配到检验的全过程，数控化率高达80%，成为国内叉车行业柔性化、自动化和现代化程度最高的企业。

长期以来，公司始终坚持以高新技术全面提升改造传统产业、推进国外先进技术引进消化吸收再创新的科技强企之路。公司目前已经形成了0.5～46t全系列产品，500多个机型、1 700多个品种的系列叉车、工程机械、重装设备及关键部件产品线，全部具有自主知识产权。

其中，12～46t高端运搬装备关键技术研究与应用，在CAN总线控制技术、负载感应等节能技术、CAE分析应用和大型结构件加工工艺等方面走在了前列，开发了16个重装新产品，提高了企业国际竞争力，打破了国际品牌的垄断；公司倡导绿色环保设计，积极开展节能技术研发，从节能高效、噪声降低、尾气减排、能量回收等方面，研制成功了代表国内领先水平，国际先进水平的G系列环保型内燃平衡重式叉车，加速了产品的更新换代步伐；通过液压节能技术、液力耦合与液力离合技术等16项基础技术研究，自主开发了5～10t自动变速箱、静压铸件、消失模铸件等核心零部件，以上关键技术的突破和产业化填补了国内空白，并引领行业技术进步。

自2001年以来，公司已获授权专利151项，其中发明专利7项；同时，公司长期以来形成的专利技术、专有技术逐步形成行业标准或国家标准。目前，公司已主持和参与制定的国家或行业标准有23项，制定了企业标准90多项。公司自主开发新产品702项，累计承担科研项目676项，其中省级以上科研项目54项，国家“863”计划、火炬计划、重点新产品和省重大科技攻关等科研项目共32项。

安徽合力已经走过了半个多世纪的风雨历程，没有资源优势，处于完全竞争的装备制造行业，却实现了1958年建厂以来连续53年无一年亏损，上市16年以来依法规范运作无一次违规事项，尤其是近年来，虽受金融危机影响，但公司仍屹立潮头，实现了既好又快发展，引领着我国民族叉车工业技术进步与产业升级，避免了叉车行业被外资企业垄断，走出了一条科技含量高、经济效益好、资源消耗低、环境污染少、人力资源优势得到充分发挥的新型工业化道路。

作为行业龙头企业，50多年来，安徽合力坚持实业报国，以振兴民族叉车工业为己任，书写了中国工业车辆从小到大、从弱到强的炫丽篇章。

从“十二五”到2020年，安徽合力将致力于成为中国工业车辆行业的领导者、世界工业车辆行业的领先者，实施“一体两翼”发展战略，巩固中间传统优势业务，加快向重型车辆、电动仓储车辆以及相关工程机械领域拓展，延伸产业价值链，提升增值服务能力。

合力，将继续以振兴民族叉车工业、跻身世界一流为己任，为我国工业车辆的发展做出新的更大的贡献。

〔供稿单位：安徽合力股份有限公司〕

用更多的贡献回报社会

——杭叉集团股份有限公司

2011年是国际国内经济形势非常复杂的一年，对杭叉来说更是不平凡的一年，也是杭叉发展最快、运行质量最好的一年，营业收入、总销量、出口量和效益继续名列行业前茅，集团全年实现营业收入超83亿元，同比增长17%，工业经济效益综合指数连续12年居行业第一，实现了“十二五”发展的良好开局。

杭叉集团连续三年荣获“中国民营企业500强”，获得“中国制造业500强”“中国机械工业100强”“中国中小企业创新100强”“杭州市十大突出贡献工业企业”“杭州市龙头骨干企业”等荣誉。杭叉人有更远大的目标和理想，那就是，进入世界叉车前五强，用更多的贡献回报社会。

一、通过自主创新，努力提升“杭叉”品牌的内涵

杭叉集团10余年的创新发展，使“杭叉”成为中国最好的、最有影响力的叉车品牌之一，也成为世界叉车行业的后起之秀，其国际影响力不断增强。但杭叉也清醒地认识到，与国际著名的叉车品牌如丰田、林德等，还存在一定的差距；而要弥补这些差距，靠按部就班很难在短时间内实现，唯有创新，不断创新，不断跨越式的超常规发展，才能提升“杭叉”品牌的内涵。

杭叉集团近十年的快速发展史，就是一部创新史，没有创新，就没有杭叉集团的今天。从2000年的国企改制，杭叉一直在不断地进行体制、机制创新。同样，不断的技改投入，也造就了今天全新的杭叉集团：先进的机械加工与焊接设备、总装流水线、零部件输送系统、物流配送系统及ERP系统，合理的园区产业布局，完善的试验检测设备，不仅使杭叉集团成为中国最大、最先进的叉车制造企业，也为杭叉搭建了一个成为世界级叉车制造企业的发展平台。

十多年来，杭叉集团销售体制、营销模式的不断创新，遵循“您的满意，我的追求”的理念，造就了领先于整个行业的营销网络。整个营销系统现有近1 000名职工，服务用车600多辆，国内有69个直属分子公司、另有140多家营销服务网点，覆盖了除台湾、香港、澳门以外的所有国内大中城市，并在国内独家推出强制保养和限时到位服务。公司还与世界六大洲的70多个国家和地区的代理商建立了长期稳定的合作关系并在73个国家注册了杭叉商标。而依托于这个营销网络建立的市场快速响应机制，快速、准确地收集和传递用户的需求信息，准时、高质量地开发、制造出用户急需的各种产品，为用户提供了周到、迅捷的优质服务。

有了用户和市场，就有了创新的动力和源泉，也成就了杭叉国内排头兵企业的行业地位和连续六年行业出口第一的荣誉。

二、强化科技创新，提升企业核心竞争力

近年来，杭叉大力加强关键技术和前沿技术的研究力度，每年投入总产值的3%以上费用作为研发支出，目前企业技术中心包含4个整机研究所、4个部套研究所及1个试验检测中心。自主开发的新产品多次荣获中国机械工业科学技术奖，省、市科技进步奖。目前已获得了包括4项发明专利在内的69项国家专利授权，主持和参与了9项国家行业标准制修订，近三年承担市级以上技术创新项目12项。

2011年，杭叉集团试验检测中心获得中国合格评定国家认可委员会颁发的实验室认可证书，成为国内叉车行业首个通过国家认可的实验室。公司通过了浙江省工程技术研究中心的审核评定。公司还获得中国叉车行业唯一的出口免检证书。

下一步，杭叉将创建国家级企业技术中心，建设博士后流动站，吸引国内外高端人才，完善高效的自主创新体系，增强企业自主创新能力，提高产品档次和技术含量、完善产品系列。

三、引进、合作、创新，实现由大到强

杭叉集团改制十余年的发展壮大过程，也是一个与世界同行不断合作的过程。在转型升级，自主创新的基础上，加强与世界强势叉车企业的合作，实现与国际优势资源的对接，实现技术和管理的全面升级，快速缩短与国际先进水平的差距，提高了公司的核心竞争力和在世界叉车行业中的地位。同时，为应对国际贸易保护做好了准备。

先后与世界著名的日本、美国及法国叉车公司进行技术和生产合作。通过合作，一是全面掌握了国际先进的产品设计、制造工艺、生产管理和质量控制技术，提高了公司的产品研发、工艺技术、生产管理、质量控制能力，从而提升国产叉车的可靠性水平。二是扩大了杭叉产品线，实现了大吨位港口设备从无到有，并将产品从普通叉车扩展到越野叉车、伸缩臂叉车、起升平台等，填补了国内产品门类的空白。三是增加了高附加值、节能环保的多样化高端产品，提升了国产物流装备的整体档次。

此外，公司还与国际著名变速箱等叉车关键零部件制造商合作，解决行业对高端配套件依赖进口的问题，缩小国内工业车辆关键零部件与国际先进水平的差距。

通过合作和创新，开发出全新的具有自主知识产权的产品，其中最新一代XF系列内燃叉车达到世界先进水品。目前，杭叉已拥有1 000多个品种和多种规格的产品，覆盖了大部分的物流搬运设备需求，成为国内用户满意度最高的企业。同时，在合作中也使我们及时了解发达国家对叉车产品的技术、安全和市场监管等方面的要求和趋势，为应对技术壁垒和贸易保护做好了准备。

四、实施人才战略，保持发展后劲

留住人才，用好人才，也是杭叉集团十多年快速发展的重要因素。多年来，通过不断地创新用人机制和激励机制来吸引、培养和用好人才。在人才引进的同时，公司注重技术型人才的内部培养。近年来与各大院校、技工学校建立“产、学、研”合作，开设“杭叉班”，为公司输送合格的技术型人才。公司还与浙江工业大学合作组织开办了为期3年的杭叉在职硕士研究生班，设2个专业，100多名技术型骨干参加了学习。

公司分多个层次对技术人员进行激励，如对研发带头人实行模拟股权激励、对关键技术岗位增加岗位津贴、对住房困难的技术人员提供住房奖励、对技术骨干提供出国交流和深造学习的机会等。公司每年还拿出100多万元用于奖励在产品研发、工艺革新、管理创新中获得科技成果的技术人员。

杭叉的人才政策和激励措施，吸引和留住了人才，为公司培养积聚了大批技术、经营骨干，使杭叉成为行业中销售、研发、制造等各类人才流失最少的企业，保证了企业持续发展的要求。

五、再创新的辉煌，实现温总理的期望

杭叉人不会忘记，温家宝总理视察杭叉时，对杭叉的发展所给予的肯定和提出的要求，那就是：做世界最强的叉车企业。这为杭叉的下一步发展指明了方向，也成为杭叉最大的追求。

为此，杭叉集团提出了“十二五”发展的总体目标：

2015年实现叉车整机销售12万台，实现营业收入150亿元，进入世界叉车前五位，成为世界最强叉车企业之一。

为实现杭叉“十二五”的总体目标，杭叉将实施一系列具体规划，坚持“专业化生产，品牌化经营，集团化运作，国际化整合”的发展战略，继续实施“两头强，中间精”的发展模式。继续提升杭叉的研发服务能力、继续加强国际技术合作与引进、加快杭叉科技产业园的建设、并努力寻求资本运作的新途径。

杭叉有信心在中国叉车行业继续保持领先地位并成为世界最强叉车企业之一，为中国叉车行业的发展做出更大贡献。

〔供稿单位：杭叉集团股份有限公司〕

日立建机　建设中国

日立建机用橙色铁壁构筑梦想，为中国现代化建设服务！中国的改革开放，使中国的基础建设方兴未艾，这为日立建机在中国的发展提供了一个施展才华的大舞台。以此为契机组建的日立建机（上海）有限公司，成为其进入中国市场的新的里程碑。

日立建机株式会社作为日立制作所旗下的大型建筑机械制造商，创始于1970年，在世界著名液压挖掘机制造商中名列前茅，并享有极高的声誉。雄厚的技术实力，严密的生产管理、高度的质量保证、完善的售后服务、使日立建机保持着世界市场占有率在业界领先骄人业绩。日立建机（上海）作为其在中国的销售、服务中心，成绩斐然，为日立建机在中国事业发展起极为重要的作用。

1995年，日立建机株式会社与日本三菱商事株式会社、中国香港暨永实业有限公司就共同组建了日立建机（中国）有限公司，作为在中国的生产基地，依托日立建机制作所的设计能力和先进技术，生产的各系列液压挖掘机被广泛应用。日立建机不仅以中国的市场为中心，本地化的研发和生产同步在进行。在合肥工厂的研发中心，有着一个90余人的团队，将来自日本本部的技术转换为适用中国的技术，并负责设计和开发适用于中国市场的新产品，同时负责研究如何有效降低生产的成本，以此提高产品的综合竞争力。日立建机的研发中心围绕此三方面有效地展开。

而对于质量较为成功的控制，使得日立建机的“中国制造”实现了整机和部件的出口。2011年，日本地震带动了日本市场需求的上升，在日立建机（中国）出口的700多台挖掘机中，有250台运往了日本。向来准入严格的日本市场的接纳，直接证明了日立建机（中国）的设备经得起考验。此外，日立建机（中国）的挖掘机整机，还销往澳大利亚、俄罗斯以及东南亚，产品的部件则远达欧洲等地，此前这些部件的供货地一直是日本。

如今，中国基地的全球重心地位和辐射外围的能力将得到进一步地强化。2011年8月，投资40亿元，可实现年产3万台挖掘机的新基地按照计划启动了建设。合肥新、老两基地联营之后的生产规模，将使得这里成为全球最大的挖掘机生产基地。

充满机遇和潜力的巨大市场是吸引日立建机进入中国市场的主要原因。随着经济水平的提高，基础建设步伐的加快，市场需求量的增加，使得日立建机的销售额每年快速递增。一流的设备和技术为企业增强市场的竞争力创造了有利的条件。凭借日立80多年的机械制造经验及雄厚的技术开发能力，并导入生产、销售携有日立独创电控和液压系统的低噪、高效、环保、节能适应各种复杂工况的0.5～800t各种型号液压挖掘机，以其方便舒适的操作条件和兼顾环保，深得客户的喜爱。

2011年，在占据全球挖掘机需求量一半的中国，对于所有在此锐意拼搏的制造商来说，突变的市场让他们始料未及。在这场中外企业的集体下滑中，日立建机也在其中。不过日立建机（上海）有限公司时任董事总经理已8年的平冈明彦俨如从前表示“中国市场前10年高速的增长积累了庞大的基数，高位之下，恰逢相对收缩的外环境，下滑成为了必然。2011年以前，中国市场以青云直上之姿，走出了一条全球任何其他地区的市场都难以追踪的轨迹。中国市场行至今日，才算真正‘步入正轨’。”

过去，日立建机的常规型挖掘机，在中国市场的表现一直很稳健。一方面有赖于中国强劲市场的赋予，另一方面，日立建机的产品也足以与这个市场相匹配。

2012年，在常规挖掘机之外，日立建机的矿山“巨人”——800t自重的超大型液压挖掘机EX8000以及16台大吨位的自卸卡车EH3500进入中国。常态的市场步入绝非易事，对于日立建机来说，某些强项又恢复了。市场竞争越激烈，日立建机的这些优势反而愈加的明显，在全球矿用挖掘机领域，当今的日立建机市场占有率排名第一，占据着世界40%的份额。自1979年发售第一台矿用挖掘机机型以来，日立建机在这个领域已经走过了33年历程。目前在北美、澳洲，乃至非洲、俄罗斯、中国等新兴市场，日立建机的大型挖掘机和矿用卡车正以较高速度在不断增长。

2012年，日立建机的林业设备登陆中国，涉足刚刚开启的中国林业机械化时代，而未来，以大型液压挖掘机和矿用卡车为主的矿山设备无疑有着强大的发展后劲。

日立建机(上海)有限公司作为中国的营销总部，与遍及全国的31个代理店保持着紧密的联系，时刻确保人力资源和信息提供的速度，通过细致周到的技术支持，保证施工现场的设备长期可靠的运行。建立在和‘三位一体’经销商为起点的全方位战略合作，首先是共同对国际品牌认同，并在日立品牌大旗下形成的企业文化。以人为本、以人才培训发展为基础，日立建机一直把培训经销商本地人才为主，以日立建机技术支持相辅的机制，为此日立建机(上海)还建立从营销管理和技术服务全方位导入，使用户感到为其服务经销商快捷和便利同时是符合日立标准国际化的服务，也使用户更加信任我们经销商，这种企业文化在于用户、厂家、经销商在互动、交流中得到发扬光大，最终建立起互相融合的先进管理模式。

站在客户的角度关注服务的提升，优化代理商体系将成为我们2012以及下一年的重头戏，因为后市场服务的权重正变得前所未有地重要。我们的代理商框架已经相对完善，在软实力上也需要进一步地夯实。无论是加强与当地院校的合作，还是探索与代理商合作的新模式等，目的均在于全面提升代理商综合服务的能力，这其中不仅包括响应的速度，还要求服务技能的到位。

毫无疑问，这是一家怀揣着梦想的企业。“展望未来，迈向更大的成功”是日立建机奋发向前，锲而不舍的精神动力所在。拥有梦想，不仅是对社会庄重的诺言，也是对自身莫大的期许。日立建机“以技术贡献社会”，实践着人类开拓家园的愿景，铺设着自身全球化的道路。道路可以无限延伸，梦想可以无限放大——始于挖掘的日立建机，将随同世界工程机械前行的脚步，延续着自己远大的梦想向前迈进。为建设中国更美好的家园而努力。

〔供稿单位：日立建机(上海)有限公司〕

维特根集团

公司简介

维特根集团(Wirtgen Group)是德国一家制造筑养路机械设备及矿山开采设备的跨国公司。其产品以技术先进，品质优秀而享誉世界。

维特根集团自成立以来，一直秉承“追求新技术，开发新产品”的基本宗旨，在公路、铁路的维修、养护作业中，将环境保护的新概念融入高品质产品，使维特根集团得以持续地发展。

维特根公司成立于1961年，总部位于德国的维特哈根(Windhagen)，现在正发展成为全世界著名的筑养路机械设备及矿山开采设备研究与制造的跨国集团公司。在短短50余年时间，维特根迅速成长为拥有世界四大知名品牌——维特根(Wirtgen)、福格勒(Vögele)、悍马(Hamm)、克林曼(Kleemann)，55家分支机构，100多个全球代理商以及超过5 000名员工的跨国公司集团，并在美国、中国、巴西和印度拥有生产工厂。

作为全球领先的筑路设备制造商，维特根集团能够为用户提供技术领先、质量可靠的自行式筑养路设备、采矿设备及有用矿料加工设备，产品涵盖冷铣刨机，水泥滑模摊铺机，冷再生机，热再生机，露天采矿设备，粉料撒布机；福格勒（Vögele）沥青摊铺机；悍马（Hamm）压路机；以及克林曼破碎筛分设备等各种类别，其中铣刨机、摊铺机和压实机均属于世界前列。

在维特根集团的发展历程中，并购成为其迅速壮大的一个关键因素。继1996年维特根将全球领先的摊铺机制造商福格勒收至麾下后，2000年，维特根又收购世界第三大压实设备制造商悍马，借此，维特根迅速在全球道路设备领域确立起强大的市场地位。2006年，世界自行式破碎机及筛分技术的领先者克林曼又归至维特根集团旗下，维特根集团的产品线不断延伸。在业务规模不断扩大的同时，最近几年，维特根集团开始提升制造能力和制造水平，分别对其维特根、悍马工厂进行升级和扩张，同时为福格勒和克林曼建立新厂房，其中，克林曼新工厂是维特根历史上最大的单笔投资。如此大手笔的投入力度，彰显了维特根对未来发展的信心，并为其未来更大的发展奠定了牢固的基础。

在不断加强自身能力的同时，近年来，维特根亦加快了市场拓展的步伐，其全球化布局不断提速，尤其是对海外市场的拓展力度日益加大。为了更好地贴近当地用户，维特根在不断地推动在新兴市场的本地化生产。在巴西，维特根集团建立起新工厂和现代化的培训中心，除了生产沥青搅拌站、悍马压实机和维特根冷铣刨机外，还成功推出其自有品牌的道路摊铺机，更好地满足拉丁美洲市场需求；在中国，2003年，维特根在廊坊成立了维特根（中国）机械有限公司，2004年独立的组装工厂落成并投产，主要生产维特根W1900和W2000大型铣刨机，W100小型铣刨机，福格勒超级系列1800－2摊铺机以及悍马HD120、HD130沥青压路机；在印度普纳，维特根新的销售和服务公司以及悍马压实机的组装工厂于2010年末建成并投入使用。

除了本地化生产，维特根在一些重要市场扩大了其销售和服务机构，以提高市场覆盖能力和渗透力。2009年，维特根在美国田纳西州纳什维尔成立新培训中心；在匈牙利，维特根接管前代理商的公司成立了自己的销售和服务公司Wirtgen Budapest；在土耳其，维特根成立了子公司……。

维特根的全球足迹正不断扩大，其对全球资源的充分利用和整合有效地推动着维特根集团的整体发展。

四大品牌

品牌	成立时间	总部	产　　品	核心技术
维特根	1961年	德国 Windhagen	冷铣刨机、冷再生机、热再生机、滑模摊铺机、露天采矿机	切削技术、纵横坡控制、机器控制
福格勒	1836年	德国 Ludwigshafen	轮式和履带式摊铺机、液压伸缩式和机械加长式熨平板、沥青摊铺用特殊设备	强夯技术、纵横坡控制、熨平板技术
悍马	1878年	德国 Tirschenreuth	单钢轮压路机、串联式压路机、静碾压路机	振荡技术、压实控制、带GPS导航的压实控制及资料系统
克林曼	1857年	德国 Göppingen	用于固定式或履带自行式破碎筛分设备上的反击式破碎机、颚式破碎机、二级破碎机	破碎及筛分技术、使用友好型机器的设计

发展历史

1961年，Reinhard Wirtgen成立了维特根公司；

1970年，第一台热铣刨机投入使用；

1979年，维特根实现技术升级，推出冷铣刨机；

1980年，研制第一台用于露天采矿设备；

1986年，研制冷再生机，开创了路面修复过程中队环境保护的新时代；

1989年，维特根重心放在滑模摊铺机，并成立独立的产品部门；

1996 年，福格勒被收购成为维特根集团旗下品牌；

2000 年，悍马被收购成为维特根集团旗下品牌；

2006 年，克林曼被收购成为维特根集团旗下品牌；

2006 年，维特根推出新一代小型铣刨机，9 种产品型号；

2007 年，维特根推出最新研发的 W150 大型铣刨机以及具有革命性的 WIDRIVE 机器控制系统，树立了铣刨技术的新标准；

2008 年，维特根推出 KMA220 移动式冷再生搅拌站，搅拌容量达到 220t/h；

2009 年，推出高性能 4200SM 露天采矿机；

2010 年，维特根推出两款超高效的大型铣刨机，将冷铣刨机产品系列扩展至 17 种型号；

2011 年，维特根推出两款小型多功能水泥滑模摊铺机 SP15 和 SP25。

维特根在中国

随着中国公路网建设的飞速发展，对于创新性道路施工工艺的需求也日益迫切。早在 1982 年，第一台维特根公司生产的铣刨机就被引进中国，并以优秀的产品质量、良好的售后服务及信誉与用户建立了亲密的合作伙伴关系。

随后的多年中，维特根公司研发的一系列筑养路机械，以其先进的工艺，在中国的道路建设中得到了普遍的认可。其中，就地冷再生和就地热再生技术在路面的修复过程中，通过回收、利用旧路面材料再生新路面，不仅降低了成本，节省了资源，也大大缩短了工期，而且特别有益于环保。维特根公司的沥青铣刨料回收技术已在中国成功地应用了 10 多年，约有 6 000 万 m^2 的中国道路利用维特根公司的高科技设备进行了再生保养，累计节约 6 亿元的财政支出。

中国政府对循环经济及资源再生利用的日益重视，对固体废弃物再生利用的需求不断增加。维特根中国及时将克林曼移动式破碎筛分设备引入中国市场。由于克林曼设备拥有独特的技术优势，短时间内便受到中国市场的认可。克林曼是德国维特根集团的四大品牌之一，拥有 150 多年的历史，是世界领先的移动式破碎筛分设备专业制造商。克林曼移动式破碎筛分设备在世界市场上享有出色的声誉，其产品接近半数供应欧洲市场，在 2011 年的德国市场上，销量更是处于第一位。

为了在中国市场实现更好的发展，更好地为合作伙伴提供服务，维特根在中国香港成立了德国维特根香港有限公司，并于 2004 年在廊坊成立了“维特根（中国）机械有限公司”，作为维特根集团在中国的总部，以及服务于整个亚洲区域的生产基地，从而为维特根遍布全国的近 2 000 台套全系列设备提供更有力的保障。同时还在国内的西安、上海、广州成立了分公司、代表处；在北京、乌鲁木齐等地成立了联络处，为了配合维特根一直注重的售后服务，在广州、成都建立了配件仓库，并于 2010 年 7 月 21 日在安徽芜湖设立了具备配件中心、设备大修及新机展示等综合功能的分公司，从而为广大的中国用户提供更快速、便捷的服务。

如今，已站稳中国市场的维特根还在不断深入，以实现其更远大的目标。

〔供稿单位：维特根集团〕

赢在中国，奋蹄神州

——住友建机中国战略

住友建机是拥有 400 多年历史的世界 500 强之一的住友集团旗下的专业的建设机械厂家，在世界范围享有盛誉。其核心产品是液压挖掘机和沥青摊铺机，以其质量可信，产品多样，多年来不断在基础建设和公共设施建筑领域发挥重要作用。住友沥青摊铺机拥有先进的 J PAVER 熨平板技术，在日本的市场占有率达到70%，时至今日依然重视和适应工程建设的发展方向，以迎合日新月异的市场需要和环境保护。

2004 年 3 月 1 日，住友建机与香港中骏集团属下的中骏重工(厦门)有限公司在长期合作、互相信任的基础上，成立了合资公司——住重中骏(厦门)建机有限公司，旨在进一步扩大市场占有率，提高住友品牌的知名度与售后服务的力度。主要从事住友液压挖掘机等建筑机械及其零部件的进出口、销售及售后服务等业务。

合资公司下设市场部、第一营业部、第二营业部、第三营业部、服务部、配件部、行政部、财务部等各职能部门。公司在全国各地均设有代理店，在香港、北京等地设立办事处。庞大的销售服务网络，为中国市场提供高品质的产品及全方位的服务。

合资公司成立后，董事总经理杨泽湧提出以四条共同价值观为基础开展事业，即：以人为本，创造和谐的工作环境；以盈利为目标，为投资者及员工创造利益；为客户提供优质服务并创造财富；为中国基础建设及经济发展贡献力量。住重中骏建立了完善的销售和售后服务网络，还在全中国设立 4 个零部件中心，形成了能为全中国快速提供服务备件的体系。

为了满足不断增长的用户需求，住友建机株式会社于 2009 年 6 月在中国唐山创建了第一家海外工厂。住友挖掘机基于在日本和世界的长期经验积累，具备了卓越的技术开发力、高超制造技术力。将这些力量聚集在唐山，投入最新设备、在比日本更严格的品质管理体制下，制造出更高效率、更坚固耐用的高品质挖掘机。唐山工厂自投产后不断提高生产能力，今年又大幅度追加投资、扩大土地、增设厂房，并引进先进焊接、机加工生产设备和新设配件中心等，足显住友建机对中国市场的重视和信心。

战略专家波特认为，“赢”有三种基本的战略即：低成本战略、差异化战略和聚焦战略，企业必须在此三者中做出选择。为了赢在中国，住友建机选择了差异化战略，主要包括产品差异化和服务差异化战略。

产品差异化方面，住友建机在调查了全世界上万名客户，倾听客户的心声，充分把握客户的需求的基础上研发出 LEGEST 系列新型挖掘机，获得“日本产业设计振兴会”颁发的“优秀设计奖”。

“创造最大的客户价值”是科特勒市场营销学的精义，住友新机型的开发理念完全体现了这一思想。新机型从三个方面全方位满足客户的需要，即：优异的经济性、出色的运动性和卓越的舒适性。概括地说，就是做到“人无我有”和“人有我优”，以实现最大的客户价值。

服务差异化方面，住友还通过优质的服务来体现“为客户着想”的价值主张和品牌内涵。住友建机和住重中骏将与代理商建立战略联盟共同提高服务水平，实现服务的个性化和灵活性。住重中骏服务部把工作方针从原先的“服务带动销售”升华到了“创造客户感动”的层面，并出台了一系列的政策和措施。

目标明确，步伐稳健，是住友的市场攻略；为客户着想，创造最大的客户价值是住友的价值主张。住友建机正是循着这样的价值观和营销战略，在强者林立的中国工程机械市场上稳步进取，屡创佳绩。

〔供稿单位：住重中骏(厦门)建机有限公司〕

风雨九十载，持续创新路

——“金泰品质”与“世界柳工”的完美融合

上海金泰工程机械有限公司历史最早可以追溯到 20 世纪 20 年代的“安泰铁厂”，至今已有 90

年悠久历史。辛亥革命推翻数封建帝制后，中国民族资本开始活跃，纷纷投资实业，上海金泰的前身“安泰铁厂”就是这一时期创办的。当时国内社会动荡，战事不断，安泰铁厂在封建官僚资本和外来帝国资本双重压迫的“夹缝”中艰难地支撑到新中国的成立。新中国成立后，安泰铁厂被改制为国有企业，隶属国家地质部，就此更名为：上海地质探矿机械厂，简称“上探厂”。

计划经济时期，上探厂是国家地质部定点研发和制造石油勘探设备和水文水井钻探设备的重点企业，上探人靠艰苦奋斗、自强不息的奋斗精神在中国制造业发展史中留下了不可磨灭的印记，20世纪70年代，企业自主研发的SPJ300拖车钻机被列入《国家地质产品目录》、为祖国地质钻探事业做出巨大贡献。

改革开放后，企业按照上级主管部门的部署，实施了一系列企业兼并重组和合资、合作的改革探索。在学习和借鉴国外工程机械先进技术的同时，坚持走自主研发、自主设计的产业道路，成功研制出具有自主知识产权的GPS系列大口径反循环工程钻机，该产品成为当时国家重点工程和各大城市地标性建筑基础施工的主力机型，广受国内外市场青睐。“上探”牌工程机械成为国内行业的领军品牌。

进入21世纪，上探厂在国家新一轮经济建设热潮中迅速获得了新生。2003年经过全面重组和转型，公司正式更名为上海金泰工程机械有限公司。上海金泰通过清理整顿公司外延资产和优化公司资源配置、实施技术创新和产品转型战略、提升信息化技术和内部管理等一系列改革的举措，实现产品由机械传动向机电液一体化大型智能机华丽转身，公司也由传统国企逐步蜕变成以市场需求为导向、以技术创新为动力、以信息化管理为手段的现代企业。

目前，上海金泰已形成SG液压连续墙抓斗、SD/SH多功能旋挖钻机、SC铣削搅拌钻机、SX双轮铣槽机、SP液压工程钻机、ZKD多轴钻孔机、YKD液压扩底钻机、SE旋挖钻机等为代表的多系列超过50个型号的桩工机械产品集群，并具有年产各类整机500套整机生产能力，产品广泛应用于世界各地城市地下基础施工、公共交通地下工程、高速公路、高速铁路、水利水电、地下水资源开发等领域，远销世界20多个国家和地区。在国内“南水北调”、奥运鸟巢、上海世博及天津、上海城市大型交通枢纽等众多重大建设项目的桩基础领域发挥着主力军作用。

2011年5月，上海金泰加入柳工集团，成为柳工桩工机械板块的排头兵企业，柳工的国际化背景和雄厚的实力，为上海金泰注入了新的发展动力，2011年上海金泰实现主营业务收入突破6亿元，同比增长28%。

风雨九十载，持续创新路。百炼成金，沉若泰岳的“金泰”品质与“世界的柳工”相融合，必将为上海金泰开辟更为广阔的天地。

〔供稿单位：上海金泰工程机械有限公司〕

上海ABB工程有限公司

上海ABB工程有限公司成立于1999年，是ABB独资企业。公司位于上海浦东康桥工业区，占地面积达10万m^2，目前拥有2 300名员工。上海ABB工程有限公司是ABB的重要本地企业之一，其业务范围涵盖电力系统、过程自动化、离散自动化与运动控制，是“中国电气工业100强企业”之一。

离散自动化与运动控制

上海ABB工程有限公司是ABB机器人中国业务总部，喷涂机器人全球业务中心，机器人全球研发中心之一，拥有最先进的机器人生产线，为汽车整车、零部件及制造工业提供全方位的解决方案。在汽车工业领域，ABB不但拥有包括车身、动力总成、冲压自动化和涂装自动化等技术中心，并为汽车零部件行业提供各类弧焊和点焊机器人系统。除工业机器人外，ABB 还提供机器人软件、外围设备、模块化制造单元以及各类应用，满足诸如焊接、物料搬运、装配、喷涂、修边以及打磨、拾取、包装、堆垛和机加工应用的市场需求。

ABB 先进的机器人自动化解决方案包括动力总成、冲压自动化、白车身和涂装自动化在内的四大系统正在中国为各大汽车整车厂和零部件供应商以及铸造、金属加工、塑料、消费电子、机加工、医药和食品饮料等多个行业提供服务。专业的技术和服务不仅帮助客户有效提高生产效率、改进产品质量、提升安全水平和节约成本，同时有效降低了对环境的危害，实现了节能环保的现代化绿色生产。

ABB 机器人发展里程碑：

◆ 1969 年　ABB 售出世界第一台喷涂机器人

◆ 1974 年　ABB 发明了世界上第一台全电动微处理工业机器人

◆ 1999 年　在上海外高桥保税区成立独资公司

◆ 2001 年　ABB 成为世界首家机器人销量达 10 万台的制造商

◆ 2005 年　ABB 在中国上海投产国际领先的机器人生产线（ABB 集团是目前唯一一家在华从事工业机器人生产的国际企业）

◆ 2005 年　ABB 在中国上海设立全球性机器人研究中心

◆ 2006 年　ABB 集团将机器人业务全面迁入中国上海

◆ 2007 年　ABB 集团扩大在华机器人生产业务，引入最新型号机器人生产线

◆ 2009 年　迁址上海浦东康桥工业园，比原址扩大 3 倍之多，公司产能得到大幅提高

◆ 2010 年　中国首个机器人整车喷涂实验室正式成立

◆ 2012 年　在全球范围内安装了超过 20 万台机器人

过程自动化

上海 ABB 工程有限公司是 ABB 流量、压力、温度仪表全球研发中心，为中国及全球市场提供流量计、压力计等多种产品。

作为分析小屋全球业务中心，上海 ABB 工程有限公司能为石油、天然气、化工等行业提供分析系统交钥匙工程，代表产品是由各种分析仪表与其他电气辅助设备组合而成的“分析小屋”。“分析小屋”能在各种恶劣现场环境下，为客户监控工业生产中的气液流以及其对环境的影响。除此以外，上海 ABB 工程有限公司也为客户提供全新概念的能容纳并集成电气设备和 DCS 设备的“自动化小屋”和“电气小屋”。

此外，上海 ABB 工程有限公司还是 ABB 起重机及港口业务全球卓越运营中心，造浆造纸业务质量控制系统全球卓越运营中心，电子总成系统全球卓越运营中心等 11 个全球业务中心所在地。

上海 ABB 工程有限公司领先的机器人和自动化技术已广泛范围应用于新能源、汽车、制造、食品饮料、医药制造、钢铁、铁路、航空航天等众多领域，为国内外客户提供了先进的产品和解决方案，提高工业生产率，实现增效节能，从容应对经济增长和环境可持续发展的挑战。

〔供稿单位：上海 ABB 工程有限公司〕

腾飞中的思尔特

——厦门思尔特机器人系统有限公司

厦门思尔特机器人系统有限公司（简称思尔特）成立于 2004 年 6 月，致力于机器人系统集成、自动化焊接专用设备和焊接辅助设备的研发和制造。思尔特是厦门市高新技术企业，历经 8 年的发展，为厦工、中联、徐工、柳工、龙工和玉柴等国内许多知名企业提供了大量的机器人成套设备及自动

焊接专用设备，积累了丰富的设计和设备使用经验，掌握了机器人应用装备的核心技术及制造工艺流程。思尔特产品以其自动化程度高、性能卓越、品质可靠深受用户的信赖。

思尔特为了“打造机器人系统领导品牌”的愿景，怀着“让人们从危险繁重的劳动中解放出来”的使命，不断创新，为客户提供专业化的产品和服务。

思尔特位于厦门市集美区金龙路893号，目前思尔特已建立厦门为主，上海、成都为辅的三大生产基地，厂房总面积10 000m²，目前拥有员工300人，拥有年集成600套机器人系统的生产能力，建立起遍布全国的销售及技术支持网点。公司除有一般加工用车床、铣床、钻床等设施，还配有数控切割机、激光对中仪等加工设备，三坐标测量仪、超声波探伤仪等检测设备。

思尔特是ABB机器人在中国最大的金牌战略合作伙伴，同时也是厦门市高新技术企业、厦门市成长型中小企业、厦门市高新技术发展协会会员、厦门工程机械产业技术创新战略联盟成员，思尔特品牌是福建省著名商标。同时思尔特作为福建省唯一具有机器人周边系统设计制造能力的单位，得到省市各级政府、相关机构的大力支持与肯定。

8年的时间，思尔特从一个只有8名员工，占地面积不到500m²的小作坊，发展到今天初具规模，既有机遇，也离不开公司领导层的高瞻远瞩以及所有员工的共同努力。

抓住机遇，飞速发展

思尔特经历8年的艰辛磨砺，在十分困难的市场环境下求生存、谋发展。思尔特从焊接专机、焊接辅助设备做起，渐渐积累了技术能力和工程经验。在与客户的交流中，思尔特发现客户对焊接的工艺、焊缝质量以及焊接的自动化水平要求越来越高。并且随着中国经济的发展，劳动力成本越来越高，特别像焊接工人这样一些高强度、高危险的岗位的劳动力缺口正逐年扩大。在工程机械行业，特别是在生产的焊接过程中，机器代替人工是一种不可逆转的大趋势。首先，焊接是一份劳动强度大，对身体健康具有一定危险性的工作，愿意从事焊接工作的工人每年正日益减少，这也导致了焊接工人的人工成本逐年猛增；其次，培养一个技术相对成熟的焊工需要3~5年时间，且焊接质量并不稳定，而机器人焊接不仅确保焊接质量的稳定，并且来之能用。思尔特从中看到了广大的市场，2007年，凭借着前三年的技术积累，思尔特开始转型做机器人焊接系统。公司以市场为导向，靠自己的努力与实力，抓住了工程机械行业蓬勃发展的机会，销售收入逐年翻番：2008年思尔特的销售收入仅为1 000多万元；到了2011年，思尔特销售收入已经突破1亿元大关。思尔特始终站在市场需求和科技进步的最前沿，走科技兴企之路，才成就了公司实现超常规、跨越式的发展。

品质为先，打造机器人系统领导品牌

思尔特本着对客户负责的态度，要么不做，要做就要做到客户满意。从方案制作开始，技术人员便开始直接与客户沟通，有时为确保设计方案的准确性，技术人员会到客户现场，对客户的生产流程、生产工艺以及客户工件进行深入了解，从而保证设计的方案能够实现和满足客户的需求。在产品制造过程中，思尔特对设计、工艺、设备、环境、采购、供应、检验等过程进行严格地把控，确保产品不仅在功能上让客户满意，而且在品质上能让客户放心。早在公司成立之初，思尔特便按照ISO 9001质量体系对企业的各个生产流程进行规范化、制度化和标准化，并对公司的全体员工进行了系统的培训，结合公司的发展现状制定了质量手册、各类管理办法和各类程序文件等一系列ISO文件，并建立品管部门对ISO文件的执行进行落实和监督。在2006年，思尔特获得了ISO 9001认证。思尔特清楚地认识到，只有产品的功能满足客户的需求、产品的品质让客户放心，思尔特才能在竞争激烈的市场上不断开拓进取，实现公司的愿景“打造机器人系统领导品牌”。

推动技术创新，提升企业核心技术能力

创新是企业的生命力，是企业发展的动力，是企业能够在市场生存的核心竞争力,思尔特高度重视企业的技术创新和新产品研发。公司逐年加大对研发的投入,2010年研发投入为200万元,到2011年,研发投入增加到的640万元,研发投入占公司总投入的比重也逐年递增。

思尔特技术研发中心目前拥有多达50名熟悉解决方案、机械设计、控制电气、软件开发等各领域的高素质人才,遵循“以市场为导向、以机器人应用为核心”的原则,采用自主创新为主、产学研合作相结合的模式进行开发,保持研发工作的延续性及前瞻性。技术研发部建有企业研究生工作站、厦门市机器人应用及仿真架构工程技术研究中心,并通过这些平台广泛开展与哈尔滨工业大学、厦门大学、厦门理工大学、集美大学、厦工、ABB等高校和企业的产学研合、技术开发合作,共同开发机器人应用技术及工业自动化生产线的核心技术。研发的新产品以中高端设备为主,大力发展机器人生产流水线技术。核心技术为机器人操作及优化设计技术、高性能机器人控制技术、机器人作业技术、大型机器人自动化线设计技术以及机器人成套周边装备设计制造技术。思尔特在研发中投入大量的人力、物力,目前本公司已拥有7项发明专利,19项实用新型专利和5项计算机软件著作权。在研发的成果中,思尔特的机器人焊接高压寻位技术、型材切割机器人生产线已处于国内领先水平。在更高端的技术领域,思尔特也积极投入人力物力去突破各个技术难题,如与厦门理工大学合作攻关型材机器人切割生产线,与厦工机械合作研发工程机械大型结构件智能焊接车间,并取得了显著成效。

积极引进和培养人才,为企业发展提供不竭动力

多年来,公司十分重视人才队伍建设,积极引进和培养人才,壮大科研队伍。一方面,公司建立起完善的内部培训体系,每月对技术人员、管理人员和生产人员进行技术、技能和管理知识的培训,与高校积极合作,建立了企业研究生工作站,请大学教授为技术人员授课,每年还选派公司优秀技术骨干到高校进行深造;另一方面,公司求贤若渴,通过各种渠道积极引入高端技术人才。公司通过这种人才战略,不断壮大科技人才的队伍,鼓励科技人员进行新技术的应用、新产品的开发、新工艺的改进,鼓励科技人员多出成果,多创效益。通过一系列的激励手段,有效地调动了科技人员的科技创新积极性和主动性,增强了公司的技术研发能力。

新的机遇,新的挑战,新的篇章

2012年是工程机械行业发生深层变革的一年,对思尔特来说,公司又迎来了一个新的战略机遇期,站在历史的起点上,公司将继续开拓创新、锐意进取、充满激情、不断创新,全面、不断地提升境界、层次、标准。为公司2015年实现10亿元产值奠定坚实的基础,为加速中国智能装备制造业的发展,振兴民族工业做出更大的贡献。

〔供稿单位:厦门思尔特机器人系统有限公司〕

天泽信息　车联网IT服务专家

天泽信息产业股份有限公司(简称“天泽信息”)成立于2000年,专注于提供车联网IT服务,致力于打造车联网运营蓝海市场龙头企业。天泽信息是深交所上市企业(证券代码:300209),主营业务涵盖工程机械和商用车辆等专业应用领域,以推动我国工程机械、商用车等车联网IT服务行业的高速发展为愿景。

公司综合利用云计算、GPU计算加速、信息安全、数据挖掘、智能搜索等业内领先技术,面向工程机械和商用车辆领域具有管理需求的用户,对车辆及随车人、物的状态信息进行采集、传输、存储、分析和展现,帮助用户实现成本控制、透明管理等目标。

近几年,公司业务实现了快速增长,拥有众多国内外知名品牌客户,如:卡特彼勒、日立建机、中联重科、徐工、久保田、玉柴重工、洋马、维特根、普茨迈斯特、山东临工等。未来,公路运输中的公路物流车辆远程管理信息服务将是公司重点发展的领域。目前,公司已在该领域积累了太古饮料、中外运敦豪、雨润食品、苏宁电器等高端客户。公司在公路物流领域后装市场积累了大量的行业数据和行业经验,形成了一套标准化的解决方案和体系,并积极开拓前装市场。

2003 年公司进入工程机械车辆远程管理信息服务领域,是较早进入该领域的公司之一。公司集运营服务、软硬件研发、系统集成为一体,通过车载信息终端采集车辆及随车人、物的状态信息,并通过 GPRS、GSM、CDMA 等无线通信网络传输至天泽星网数据中心进行归类、存储和分析,最终将用户需要的信息以 Web、Client、E-mail、SMS、WAP、Call-Center 等方式提供给用户,帮助用户实现控制成本、透明管理等目的。

天泽信息专注经营该领域多年,积累了丰富的运营经验。公司抓住物联网应用市场快速发展的机遇,持续研发符合市场需求的车辆远程管理信息服务产品及配套软硬件,整合提供相关行业解决方案,建立服务营销体系,提高公司的核心竞争力,不断巩固公司在车联网 IT 服务市场的地位。在全国范围内建立了无锡、青岛等 7 个研发中心,包含了北京、上海、临沂等 29 个服务点,服务于 50 多个种类的 150 余家客户。

多年来,公司专注于车联网 IT 服务,在行业经验、客户资源、产品、服务、技术、人才等方面形成了以下特色:

1. 行业经验积累深厚,品牌美誉度高

公司 2003 年进入工程机械车辆远程管理信息服务领域,对工程机械领域车辆远程管理信息服务具有深刻的理解,积累了翔实的行业数据和丰富的行业经验。“天泽星网”在工程机械车辆远程管理信息服务领域逐步树立了专业、优质的品牌形象。

2. 客户资源优质,客户黏性高

在多年的业务发展过程中,公司在工程机械领域积累了优质的客户资源,与客户建立了稳定的合作关系。随着已有客户应用领域由高端产品向低端产品的延伸以及公司业务可复制性的特点,公司业务领域的纵深度和宽广度将不断加深,公司已有的高端客户资源将有效帮助公司未来的业务开拓。

公司参与了多家知名工程机械制造商整车电子信息系统的研发与设计,获得其车辆数据交换协议,客户黏性大。在工程机械前装市场,公司研发的车载信息终端已经成为多家知名工程机械制造商的标准配置。

3. 标准化体系下的定制服务

作为专业的运营服务提供商,公司凭借多年来在车辆远程管理信息服务行业积累的实践经验,在售前、售中、售后形成了标准化的解决方案,能够在提供标准化服务及软硬件的基础上,根据客户的行业特点和业务模式,深入挖掘客户需求,为客户定制差异化的解决方案。

售前,公司拥有个性化服务、车载信息终端安装布线、车辆数据交换、配套软硬件定制研发等解决方案。售中,公司拥有车载信息终端标准化安装、标准化检测、系统集成等解决方案。售后,公司拥有呼叫中心提供 365 × 7 × 24h 服务响应、按级别实施故障处理等解决方案。

4. 产品稳定灵活

公司的车载信息终端防水溅、防尘、抗震、耐高低温等性能指标稳定优良,功能齐全并可扩展,具有抗干扰能力强、灵敏度高、信号接收能力强、可使用年限长等优点。公司的车辆远程管理软件操作简单、功能完善,可迅速定制客户需求,为客户提供整体解决方案。现今,公司已具备六大产品线 8 种产品,分别是:工程机械(MYHM)、商用车前装(V2S)、商用车后装(车管之星)、云通途、云方圆和微重工六大产品线及包含 8 种产品。

其中工程机械产品(MYHM)版本已升级到 V6.0,商用车前装产品(V2S)版本已升级到 V1.1,商用车后装产品(车管之星)版本 V3.0 正在开发中,云通途产品已开发出 V1.0 版本,微运产品

V1.0 版本已进入开发阶段。公司提供的车辆远程管理信息服务及配套的软硬件产品荣获了南京市人民政府颁发的南京名牌产品证书。

“MYHM”是天泽信息旗下针对工程机械利益链各群体提供智慧管理服务的产品。该产品综合利用全球卫星定位、地理信息、无线通信、传感器、互联网、现代机电控制等技术，对工程机械的状态信息进行采集、传输、存储、分析和展现。在此基础上，根据工程机械利益链中各群体的不同功能需求，以及所属行业的特点，对工程机械进行有效的监管并提供综合服务，为客户的管理和决策提供科学依据。

“微重工”是一款针对天泽信息提供远程管理信息服务的工程机械，为其最终用户提供手机客户端进行管理的软件产品（目前适用于版本 2.2 及以上、屏幕分辨率 800×480 及以上的安卓手机、版本 sdk4.0 及以上的苹果手机）。该产品通过结合工程机械车载信息终端上传的数据，用户可以直接在手机客户端上对工程机械进行远程管理，让智慧的重工管理在客户掌中演绎！

5. 技术创新优势

公司致力于技术创新，在为用户提供服务过程中，不断提炼用户需求，开发了一系列标准化的服务方案，特别是标准化的测试和安装技术，积累了丰富的运营技术，并已广泛应用于产品和服务中。

公司利用熟悉工程机械整车电子信息系统技术标准和车联网 IT 服务的技术优势，能够有效满足工程机械制造商对运营服务及配套软硬件的需求。同时，公司通过与国际知名工程机械制造商的合作，在很大程度上提高了公司的技术水平和研发能力，增强了公司的技术实力和综合竞争力。在服务、平台、车载信息终端等方面形成了 29 项核心技术，拥有 16 项专利、16 项申请已受理专利、28 项软件著作权和 2 项作品著作权。

作为我国工程机械车辆远程管理信息服务行业最主要和最有竞争力的企业之一。公司通过质量管理体系 ISO 9001 标准认证、环境管理体系 I4001 标准认证，拥有高新技术企业、计算机系统集成三级、测绘等资质证书。经过多年的发展，公司已成为国内知名的车辆远程管理信息服务运营商，为数百家企业、政府机构及事业单位提供服务，在工程机械的挖掘机车辆远程管理信息服务细分领域的市场占有率第一。

6. 人才优势

公司拥有稳定的管理团队、专业的研发团队、优秀的营销团队和可靠的服务团队。总公司员工总数为 313 人，其中研发设计人员 190 人。公司自成立以来，管理团队保持稳定，具有不断进取的开拓精神和丰富的管理经验；研发团队不断壮大，坚持不断自主创新，先后开发了多项技术成果，保证了产品的技术领先地位；营销团队具有高度的市场敏感性，能够及时把握市场需求动向，挖掘潜在客户，扩大市场份额；服务团队长期从事一线客户服务，具有完善的服务理念和成熟的服务模式。

公司一直非常重视人才，建立了行之有效的人才引进、培养和激励机制，在长期的项目实践中培养和引进了一大批既精通专业技术又具备行业经验的复合人才。公司将继续坚持“家和、事顺、企兴”的和谐经营理念，进一步完善人才引进、培养和激励机制，建立能够适应现代化企业发展的高水平队伍。

天泽信息在拥有以上优势的基础上，近年发展更为迅猛。

在过去的一年，公司继续深挖工程机械领域物联网应用，为老客户提供新品类信息服务，同时积极开拓新客户，使在网服务车辆总数持续增长；加大研发力度，不断创新优化产品结构，持续提升服务质量和客户满意度，稳步推进商用车辆行业市场拓展计划；继续深入推行项目管理工具软件的实施与优化，有效缩短项目实施周期，提高了项目实施效率；完善公司组织结构，健全管理制度，提高公司整体管控水平，提升了公司整体运行成效。通过各项经营举措的有力落实，公司 2011 年度收入和利润水平均实现了稳健的增长。

公司在技术投入上，不仅大力投入自主研发，还积极引进国际先进技术。2011 年,公司与 GE Technology Development Inc. 签署了关于远程信息处理控制器设计有关的 GE 技术的转让许可协议,该协议签订后,公司将受让 GE 技术,并有权将使用 GE 技术而研发和生产的远程信息处理控制器产品运用在中国公路商用车产业中,有利于提高公司硬件产品的核心竞争力,有助于提升公司产品在国际市场的品牌影响力。

目前,工程机械车辆远程管理信息服务是公司的核心业务领域,公司积累了多家工程机械制造商高端客户,未来,公司将不断完善产品体系,进一步稳固和提升核心竞争优势,让我们以饱满的激情与坚定的信念,共同迎接"智慧"时代的到来!

〔供稿单位:天泽信息产业股份有限公司〕

力士德工程机械股份有限公司

力士德工程机械股份有限公司,成立于 2004 年 3 月,公司总部坐落在人杰地灵的山东省临沂市,区位优势十分明显,东靠青岛港、日照港,处于山东和江苏两个经济大省的交界处,南北交汇,海陆兼济,发展空间广阔。临沂飞机场通达全国十几个城市,为国家二级机场。京沪高速公路、日东高速公路、新亚欧大陆桥铁路、沿海铁路大通道在临沂市境内纵横交错,构成了一个非常便捷的陆海空立体交通主干网。

力士德工程机械股份有限公司是中国工程机械行业领先的高效能解决方案制造商,中国机械工业优秀企业,中国工程机械行业 50 强,国家高新技术企业。主导产品有 6 ~ 45t 全系列的挖掘机、3 ~ 5t 装载机、20 ~ 22t 压路机等多品种工程机械产品。

力士德公司有多年在工程机械行业从业经历的中高层管理领导和团队,汇聚了一批具有 15 年以上工程机械行业产品研发经验的核心技术骨干专家团队,在产品研发、生产制造及经营管理等方面具有成熟的技术和管理经验,力士德公司产品研发的核心技术采用国际先进的技术平台,做到高起点、高定位,保持与世界先进技术同步。公司建立了山东省级技术中心,承担了国家及山东省多项科研课题,取得了 40 余项国家专利。公司与国内重点院校、科研院所保持了良好的合作关系,建立了开放高效的产学研合作与创新体系,从而使得公司运营能够快速步入正规化、高速化的发展轨道。

公司自成立以来始终秉承"品质创造未来"的核心理念,制订了"共同参与,创新发展,持续改进,主导产品达到国内先进水平,扩展国际市场,以优质服务增强顾客的持续满意"的质量方针,并于 2006 年产品通过 ISO 9001 国际质量体系认证,2007 年产品通过 CE 认证,2007 年获得进入俄罗斯市场的通行证,精于设计和生产,提升产品质量,扩大品牌的知名度和影响力,始终坚持内源发展和外延拓展的发展战略,强化管理,通过持续创新和不断改善,为客户提供可靠的产品和服务,使客户持续获得最大价值的回报。

目前,力士德产品畅销全国各地,远销大洋洲、中东、非洲、东欧、东南亚、南美洲等 60 多个国家和地区。2009 年公司荣获山东省技术装备企业称号,2010 年公司商标被评选为山东省著名商标,2011 年 SC360. 8 挖掘机被认定为国家重点新产品,2011 年公司荣获山东省守合同重信用企业,2011 年公司获得中国最具竞争力挖掘机品牌的荣誉称号,2012 年公司荣获全国质量诚信优秀示范企业称号。

经过多年的经营发展和积淀,力士德公司形成了"先做精,后做强,再做大"的发展理念、"深入学习和实践科学发展观,以人为本,坚持发展是硬道理,争做民族品牌的一面旗帜"的企业指导思想。

我们承诺将用可靠的品质和优良的服务不断赢得广大新老客户对我们的信任,为中国民族品牌装备制造业的崛起做出贡献。

〔供稿单位:力士德工程机械股份有限公司〕

以创新求发展　用工艺谋出路

集团的发展概况

四川现代建设机电集团有限公司(以下简称:现代建机集团)成立于1996年,公司位于环境优美、交通便利的天府之国成都,前身是于1989年建立的一家民营科技研究所,专门从事建筑机械的开发设计,今天的现代建机已经是一家集建设工程机械科研、设计、制造、销售、安装、租赁与服务于一体的高新技术产业集团,旗下有多家实业公司和多种建设机电产品,拥有自主的商标品牌和多项独立知识产权。

集团的产品历程

现代建机集团始终坚持"创新改变世界"的理念,不断在产品设计和制造技术方面走着创新的路子,大胆地进行实践。

20世纪80年代时,研究所率先在国内设计制造出单卧轴混凝土搅拌机,20世纪90年代,集团第一家在国内设计制造出强制式立轴行星混凝土搅拌机(站);集团两次均申请并获得了多项国家专利。1997年,集团第一家在国内设计制造出移动拖式混凝土搅拌站,属国内独创,2003年,集团再次领先于同行,第一家在国内设计制造出无污水排放的环保节能型混凝土搅拌站。2007年,集团率先在国内设计生产出240型环保节能搅拌站,该产品是当时国内最大的商品混凝土搅拌站,并入选中国工程机械年度产品TOP50。

2008年,集团开始致力于系列塔式起重机的研发制造,相继推出80、125、250N·m等多种规格塔机,2011年底,集团成功研制出结构独特、款式新颖的500N·m级平头式8030塔机,填补了该类产品的国内空白。

2009年,集团着力于全液压小型挖掘机的研发制造,先后推出了6t和9t小型挖掘机,两种机型均经过了500h工业考核试验,各项技术性能指标符合或领先于相关技术质量要求,并已逐步推向市场。

集团的工艺进步

随着时代的进步,企业不能再走简单的、低成本的传统制造工艺路线,加之市场对产品的质量要求越来越高,国家对环境保护的越加重视,故当今的企业必须要有一种全新的思路对传统加工工艺进行改进,以满足市场的要求,履行企业对社会的责任。现代建机集团在2010年开始陆续投入大量资金,新建现代化标准生产车间,新购大型关键重要设备,以解决生产制造过程中重要和关键工艺问题以及制造过程中对环境的影响问题。

塔式起重机、混凝土搅拌站以及全液压挖掘机,属于大中型建设工程机械,均需要大型的、要求比较高的工艺工装设备来进行制造。目前不少企业采用简易的工装和工艺来制作,很难满足设计的互换性和可靠性要求。以大型塔机标准节的焊接制造为例,集团所购的数控落地式镗铣床能够很好地解决这个长期困扰企业的问题,用其加工出的工装,精度高,依靠这些工装加工的零部件完全能够满足设计要求,具有很好的互换性。这类设备对于制造精度要求高,体积大的零部件具有特别好的处理能力;关键设备在加工过程中解决了关键问题。

挖掘机零部件中的斗杆、推土铲等需要镗孔的关键零部件,孔与孔之间的尺寸大,普通镗床无法满足。集团购置的6m数控双面镗铣床,让上述问题得到了很好的解决,用该类机床加工出来的零件及精度完全满足设计要求,而且效率较高,这在行业内走出了一条新型加工路子。

大型的回转台的车削加工也是行业内许多企业的一大难题,大多都通过外协加工来解决,而外协加工的质量很难得到保证,很容易造成产品的质量缺陷。针对此类问题,集团在生产上投入4m数控双柱立式车床,能从根本上对部件质量给予控制,真正意义上体现出产品质量得到了保证。

对焊接等特殊过程的质量控制始终是企业的一个难题。焊接质量的好坏是评价塔式起重机、混凝土搅拌站以及挖掘机整机质量的最重要标准之一,重要部件的关键焊缝是我们质量控制的重中之重。传统人工焊接,因为人员的素质和情绪波动、设备质量问题、环境温度等因素,导致重要部件的关键焊缝质量波动大,特别是人员的素质和情绪波动是主要原因。集团投入使用多台自动机器人焊接系统,解决了重要部件的关键焊缝的质量波动问题,经权威机构检测,通过该系统程序化焊接出来的零部件质量,完全符合机械强度的要求,产品质量的一致性也很好,更为重要的是消除了人员自身因素对产品质量的影响。

零部件的表面处理和油漆,也是许多企业至今没能很好解决的一个难题,其直接影响到产品的耐久性和存储,而且现有的生产方式多数对环境造成一定的损害。集团出资建成抛丸油漆自动化生产线,解决了工件表面除锈除尘问题,在配备有环保设施的条件下进行油漆作业,既保证了油漆质量,解决了工人的劳动强度,又避免了除锈粉尘和油漆漆雾对环境的影响问题。企业的生产工艺有了发展进步,同时又注重了对周边环境的保护。

集团在行业内做出的贡献

现代建机集团在行业中注重产品和制造方法的提升升级,以新取胜。特别是在混凝土搅拌站方面,率先设计制造出立轴行星强制式搅拌机、环保节能型搅拌站、便于运输和安装拆卸的移动拖式搅拌站等,在国内和行业中引起强烈反响,先后获得国家火炬计划、建设部重点推广项目、四川省和成都市多项科技进步(推广)奖励,对国家实现商品混凝土和混凝土机械两个行业要发展高端提升档次的要求,起到了很好的促进作用;在塔式起重机和挖掘机制造中采用新的设备和新的工艺,对提高整个行业的技术水平起了推动作用。

企业的管理水平、人员整体素质和设备的制造能力是产品质量的根本保障。公司始终坚持这一理念,长期不动摇,始终如一的为用户提供具有可靠品质的产品和诚信服务,为行业的兴旺和发展做出了一定贡献。

〔供稿单位:四川现代建设机电集团有限公司〕

承载新希望　开创新辉煌

——陕西建设机械股份有限公司

古城西安,千年帝都,坐落着中国工程机械行业的先驱——陕西建设机械股份有限公司,其前身为建筑工程部“西北金属结构工厂”,是我国“一五”期间156项重点工程的配套企业、国家工程机械创业时期8个主要制造厂及全国五大金属结构厂之一,2004年在上交所上市(股票代码:600984)。公司拥有省级技术中心,主要产品有沥青混凝土摊铺机、全液压稳定土拌和机、路面铣刨机、沥青同步封层设备、旋挖钻、压路机、稳定土厂拌设备等,桥梁设备和金属结构产品涉足工业建筑、民用建筑、水利电力设施、公路铁路桥梁运架设备、铁路抢修器材、国防战备器材等多个领域,是中国专业生产道路工程机械的骨干企业,中国建筑钢结构工程制作、安装定点企业,被认定为国家火炬计划重点高新技术企业、西安市及陕西省高新技术企业、陕西省企业技术中心,并通过了GB/T 19001质量管理、ISO 14001环境管理和GB/T 28001职业健康安全管理三体系认证,是陕西省100家重点企业和60家优势企业,以及陕西省扶持的六大支柱产业的重点企业。

历经近60年的发展历程,栉风沐雨,陕建机以品质创造卓越,成为我国路面机械、建筑机械、桥梁装备研发和制造的知名骨干企业,为我国公路、铁路、水利等重大工程建设做出了突出贡献,获得了“中国企业管理杰出贡献奖”“全国建设机械行业技术创新工作先进单位”“全国建设机械行业全面质量管理先进企业”“全国实施用户满意工程先进单位”“名优产品生产企业”“优秀质量管理企业”“全国建设机械质量管理小组活动优秀企业”“全国设备管理优秀企业”“全国政治思想工作先进单位”“中国设备管理创新企业奖”等数以百计的荣誉；主导产品 SCMC—ABG8620、7620 沥青混凝土摊铺机，三捷牌 WBZ21、WB400 稳定土拌和机多次被评为“用户满意产品”称号。

2011 年以杨宏军为董事长的新管理团队，以先进的管理思路和先进的管理方式赋予陕建机崭新的生命力，在行业发展速度下滑，竞争强度加剧的条件下，发扬“团结、责任、作为、创新”的团队精神，凝聚团队力量，以科技创新为引领，以科学管理为基石，以文化创新为灵魂，将创造工作融入管理、生产、经营和科研等公司生产经营的全过程，取得了近十年来最好的经营业绩，受到行业和市场的普遍关注和一致好评。

管理创新——企业发展之基

2011 年，陕建机新的管理团队进一步明确了“以工程机械为主体、钢结构为主导、租赁工程为补充”三位一体的产业发展战略，依据新的产业发展方向，进行了较大幅度的产业和产品结构调整，对内部机构建制进行了大幅度的改革创新；提出了“全方位营销、全过程营销、全员参与营销”的市场营销理念，将技术、生产、质量、管理与营销工作有机结合，积极参与市场竞争；实施精品工程，遵循安全、质量、生产并举的原则，注重细节管理和流程控制，大力推进精细化管理和 6S 现场管理；以全面整顿干部思想作风、工作作风和组织纪律为突破，凝心聚力，构筑合力，创建和谐，形成了一支风清气正、积极作为、勇于创新、攻坚克难的高效管理队伍。

与此同时，系统建立和完善产供销、人财物全覆盖的内控管理制度，将企业运营中的盲点、漏点、难点、控制点纳入规范管理之中，重点将过程管理纳入规范内控管理体系中，不仅从公司层面加强和完善制度建设，还加强基层各车间、部室的制度建设，形成了上下贯彻、目标一致的新制度体系。通过全面梳理和完善企业内控管理制度，使管理、经营、研发、生产等各个环节更加规范化、科学化、标准化，为夯实企业基础管理，再造科学流程，创新职能职责奠定了扎实基础。

科技创新、人才战略——企业发展之本

技术进步是企业发展的根本动力。陕建机新一届管理团队牢固树立“科学技术是第一生产力，自主创新是第一竞争力，科技创新是企业发展引擎”的企业发展理念，把增强自主创新能力作为科技兴企的战略基点，公司技术开发工作进入了全面创新阶段。

2011 年，陕建机吸收 100 多名专业技术人员，诚聘多名产品首席设计师和专家，并聘请德国技术专家定期来公司进行技术指导和技术培训；成立了独立研发、自我发展的工程机械研究院，下设技术管理、工程试验中心、电气实验室和 8 个专业研究所，着力打造西部地区最具影响力的工程机械研究院。研究院的成立，为广大科技人员搭建了一个创新能力施展的平台，创建了一个更加面向市场、富有竞争、注重科研成果的创新机制。同时，陕建机采用内外结合、上下结合和产学研结合的模式加强对外合作，使产品开发向成套化、系列化、集群化发展，最终形成生产、开发、预研、储备的良性开发机制，使企业具备产业发展不断延伸、扩充的能力和条件。目前，拥有自主知识产权的 SRD120 双钢轮、SRS200J 单钢轮、SRP260 胶轮三种型号系列压路机，SDR280、SDR220 旋挖钻，CM1001 和 CM1001J 两种一米铣刨机等 7 种新产品已完成设计、陆续投入试制，并已申报专利 4 项。这些新产品均将亮相参加上海宝马展，将会在工程机械行业全面树立起陕建机全新的形象。

市场竞争的核心是人才和技术的竞争。陕建机把推行战略性人才资源管理作为推进科技创新进程的重要举措。2011 年陕建机结合公司发展战略目标制订了科技人才资源管理规划，优化人数总量、专业、知识、年龄等结构层次，注重研究与企业发展密切相关的专业性人才发展计划；通过健全科技创新考核和奖惩制度，创新人才培养机制，优化人才成长环境，建立和完善人才工作机制和优胜劣汰的竞争机制；在用人机制上坚持靠事业留人、靠文化留人的理念，不拘一格将多名德才兼备的年轻技术干部选拔到领导岗位和重要的研发岗位上，形成了全力为人才的成长创造良好氛围，为人才的脱颖而出提供发展空间的良好机制。

陕建机立足把企业打造成学习型和创新驱动型企业，以学习推动科技创新工作，把提高职工队伍的整体素质作为提升企业科技创新能力的落脚点。2011 年共举办各类培训班 104 期，培训人数达到 3 815 人次，完成培训目标 145%，是近年来完成培训量最多的一年，通过全方位、多项内容的培训，职工队伍的整体素质明显提升。如今尊重知识、尊重人才、崇尚技能、崇尚创新的理念，已在陕建机生根、发芽、结果，成为科技创新工作的助推器。

文化创新——企业发展之魂

企业文化是企业的灵魂。企业要想基业长青，永远离不开所有职工的“集成智慧”和“集成创新”。陕建机企业文化的精华就是把职工的价值取向统一到公司未来的发展目标上来，使两者的价值观趋同，从而实现企业价值和职工个人价值的双赢。

2011 年至今，陕建机以“十二五”规划为统领，结合实际，在传承和发展中丰富企业文化内涵，搭建起积聚陕建机人理想、智慧与探索、超越的人文平台，显现出独特的承继和发展能力。陕建机把凝心聚力、激发职工积极性、增强职工信心作为加强企业文化建设的首要内容，正确引导职工的价值取向，以表彰奖励为主导，以改善职工工作、生活条件为重点，努力提高职工各种福利待遇，重点解决职工关心的难点、热点问题；陕建机不断推进文化创新，加强外来文化、知识、技能和人才等方面的引入整合，使企业文化博采众长，更具生命力和文化个性；陕建机积极回馈社会，以实际行动让客户满意、职工满意、股东满意、社会满意。陕建机企业文化对内凝聚职工，对外塑造形象，使企业的综合竞争能力持续提升，实现了用企业文化固企业生存之本、强企业发展之基、塑企业诚信之形、铸企业兴旺之魂的目标，也为企业持续健康发展提供了不竭的精神动力和文化支撑。

展望未来，陕建机将以技术创新和市场营销为龙头，两轮驱动，双翼齐飞；以追求品质、品牌为目标，奉献社会，服务用户；以管理创新为保障，全力打造“质量一流、技术一流、装备一流、产品一流、环境一流”的创新驱动型大型装备制造企业。陕建机将一如既往，砥砺奋进，为美好的明天续写新的辉煌！

〔供稿单位：陕西建设机械股份有限公司〕

创中华名牌　兴华夏伟业

山东华夏集团位于风光秀丽的著名世界宜居城市——山东威海。这里，依山傍海，风光秀美，空气清新，气候宜人。华夏集团是夏春亭先生创建，从 1985 年 12 月投入 48 元生产水泥管起家。沐浴改革开放的春风，短短 25 年，华夏集团由一家单一生产塔机的工业企业迅速成长为跨行业、多领域的现代化大型企业集团。集团总资产 50 多亿元，总注册资金 7. 8 亿元，2011 年实现销售收入 58 亿元，总利税 4. 8 亿元。

企业经营范围涉及重工、药业、旅游景区、房地产开发、酒店服务、技能教育、出国劳务、驾驶员培训、咨询管理等众多领域，并在日本、新加坡及中国香港等地分别设立了分公司，共有 18 个法人公司。

华夏重工作为集团旗下核心企业，是中国塔式起重机生产行业的龙头企业。早在 2005 年，“华夏”商标就被国家工商总局认定为建机行业全国首块“中国驰名商标”，所产“华夏”牌塔式起重机，自 1999 年起连续 11 年全国销量第一，产品市场占有率达20%。同时，近年来华夏塔机还不断加大产品出口力度，目前已出口到亚洲、欧洲、美洲、非洲等37个国家和地区，得到了国内外客户的认可和好评。2007年，投资设立临沂华夏重工有限公司，主要生产与销售塔式起重机及其配套产品。2010年，投资设立江苏高上建机有限公司。2011年，在辽宁铁岭投资设立东北第一个华夏重工项目。

自成立以来，山东华夏集团有限公司紧紧围绕“老老实实创业，踏踏实实做事”的企业精神，将“华夏科技，世界品牌；科技领先，用户至上；质量体系，持续改进；产品更新，创造一流”的质量方针一点一滴地注入在研发、生产、销售的每一个环节中。广大员工同心协力，不断开拓创新。

近年来，根据公司发展规划，以及迎合市场的需求，在和国内各大院校积极配合及相关部门的大力支持下，经过公司技术开发中心不懈的努力，现已开发出20～160N·m不同型号的塔机共100多个品种，年销售量达6 300多台，自1999年起，已连续12年在全国销量排名第一。

2008年，公司投资2 000万元开发出一种新产品QTZ40(5008)塔式起重机，它是目前国内同级别产品中，工作幅度最大的一种产品，属于国内最新型的起重运输机械之一。该机为水平臂架、小车变幅、上回转液压顶升式起重机。性能参数及技术指标达到国内领先、国际先进水平；额定起重力矩470kN·m，工作幅度有50m、44m、38m三种，可以满足不同施工场地需要；整机外形为国际流行形式，美观大方，工作方式多，使用范围广，有基础固定、外墙附着两种工作方式，适用于各种不同的施工对象；工作速度高，调速性能好，工作平稳，效率高；起升机构采用三速电机和单速比减速器，能实现重载低速、轻载高速的性能；小车变幅机构牵引小车在水平臂上变幅，具有良好的安装就位性能；回转机构采用绕线电机配以行星齿轮减速器、液力偶合器，承载能力高，启动平稳，工作可靠，具备抗风就位功能；吊臂采用刚性双拉杆悬挂，刚性好、自重轻、端面小、风阻小、受力均匀、外形美观；各种安全装置齐全，可保证工作安全可靠；司机室独立侧置，视野良好，给操作者创造了良好的工作环境；使用方便维修简单。该机广泛适用于高层饭店、居民住宅和工业建筑等中型建筑工程，是建筑企业理想的建筑施工机械。该机已经批量生产，在国内年销售量达1 000多台，并有多台出口到俄罗斯、印度、巴基斯坦、阿拉伯联合酋长国、南非等国，深受用户一致好评。

2009年，公司结合市场销售情况，技术开发中心投资1 600多万元在QTZ40(5008)塔式起重机基础上开发出一种新产品QTZ63(HX5010)，属于国内最新型的起重运输机械之一。该机为水平臂架、小车变幅、上回转液压顶升式起重机；性能参数及技术指标达到国内领先、国际先进水平；工作幅度有三种，可以满足不同施工场地需要；整机外形为国际流行形式，美观大方。该机广泛适用于高层饭店、居民住宅、工业建筑等中型建筑工程，是建筑企业理想的建筑施工机械。该机已经批量生产，与同类产品相比，此产品各方面技术性能参数国内先进，配套件达国内先进水平，质量可靠，价格相对低廉，非常具有竞争优势，2009年度销售量已达800多台，客户反映良好。

2010年，为开拓国际市场，公司结合市场销售情况，技术开发中心投资3 000多万元开发出一种新产品QTZ87(5510)。该产品各种技术性能参数达到国际先进水平，配套件达国内先进水平，标准节属片装式，便于运输，又大大节省了运输费用，更加适合出口，在国际市场中非常具有竞争优势；加工精度要求更高，公司投资购买新型设备保证加工精度。该机为水平臂架、小车变幅、上回转液压顶升式起重机。工作幅度有三种，可以满足不同施工场地需要；整机外形为国际流行形式，美观大方。该机已经批量生产，当年出口量达200台之多，直接为公司创造经济效益8 000万，成为我公司主要出口产品之一。

2011年，为适应不断变化的市场需求，华夏重工在充分调查市场的基础上，不断进行新产品的开发和投入。截止到目前，已经成功开发JZL－45型履带式长螺旋打桩机、JZB－60型步履式长螺旋打桩机、JZL－90型履带式长螺旋打桩机、QTZ80(5810)型塔式起重机、QTZ125(6018)型自升式塔式起重机、QTZ250(7030)型水平臂自升式塔式起重机，累计研发投入共计4 000万元。这些新产品的开发和投入将满足市场的变化需求，不断扩大华夏重工的市场占有率。

目前国内高速铁路、核电工程等大型建设项目都在蓬勃发展，给建筑机械及工程机械的发展带来良好的机遇。华夏重工技术开发中心计划在未来3～5年内在现有技术的基础上，开发3～6项新产品，主要集中200N·m以上的塔式起重机以及6t以上的装载机产品。预计在新产品开发方面每年将增加投入1 000万元，年新产品销售收入预计在8 000万元以上。在未来5～10年内，企业技术开发中心的研究课题将继续集中在开发大吨位塔式起重机和装载机、行走式挖掘机新产品。

“华夏塔机，顶天立地”！华夏集团将“建百年企业、创国际名牌”作为企业奋斗目标，牢固树立“科技是第一生产力”的指导思想，不断加大科研力度，增加科研力量，以科技推动企业迅速发展，有效地将科研成果转化为第一生产力，使公司的经济发展与科学研究紧密连接。计划在“十二五”期间实现年销售收入达到100个亿，继续稳坐全国塔机行业龙头企业宝座。

〔供稿单位：山东华夏集团〕

北京京城重工机械有限责任公司

北京京城重工机械有限责任公司(以下简称“京城重工”)是北京京城机电控股有限责任公司旗下的全资子公司。京城重工于2001年在北京注册成立，现有注册资本7.14亿元，目前拥有6个现代化生产基地、7家控股和参股公司，其中包括与日本、韩国、新加坡等国众多知名厂商的合资公司4家。京城重工致力于成为一流的专业化工程机械设备制造与服务供应商，其业务领域涉及汽车起重机、轮式起重机、高空作业机械、矿用机械、挖掘机、旋挖钻机和叉车等。

在工程起重机业务领域，公司现任中国工程机械工业协会工程起重机分会理事长单位。京城重工拥有台湖、林河两大主机制造基地，主要生产汽车起重机、全路面起重机、轮胎起重机、高空作业设备等系列产品。京城重工在全地面起重机领域的研制处于国内领先水平，是国内少数几家掌握全地面起重机核心设计与制造技术的厂商。同时京城重工与日本多田野株式会社合资成立的北起多田野(北京)起重机有限公司在工程起重机的高端客户领域处于行业领先地位。

在矿用机械业务领域，公司现任中国工程机械工业协会运输机械分会理事长单位。京城重工与新加坡科技动力有限公司共同出资组建的中环动力(北京)重型汽车有限公司，是工程机械行业中专业化的矿用车辆生产企业，其主要产品为重型非公路矿用自卸车、洒水车、港口牵引车、全路面铰接式自卸车等。

京城重工与山东泰格重工机械有限公司合作成立京城泰格重工机械有限公司，主要生产旋挖钻机等系列工程机械产品。

作为中国工程起重机的诞生地，京城重工始终坚持走自主研发与引进国外先进技术相结合的道路，不断地提高设计工艺与制造水平，把技术创新和质量过硬作为公司的发展根本。公司被认定为国家科技支撑计划重点项目研发基地、北京市级研发中心、北京市制造业信息化设计制造集成应用示范企业。2009年获得了“质量信得过单位”和“全国机械工业用户满意产品”称号。2011年获得北京市“高新技术企业”称号。

京城重工以用户为中心，努力以自己优异的产品和服务为用户、为社会、为国家做出贡献。

〔供稿单位：北京京城重工机械有限责任公司〕

北京南车时代机车车辆机械有限公司

北京南车时代机车车辆机械有限公司（以下简称南车北京时代公司），隶属于中国南车株洲电力机车研究所有限公司。位于北京市昌平区。占地面积33万m^2。注册资金2.96亿元。

2004～2012年，南车北京时代公司工程机械产业经历了从无到有，从稚嫩到成熟，从平凡到优秀的快速发展历程，是中国南车“立足轨道交通，开拓专有技术延伸产业”战略的组成部分。公司相继成功开发出TR138到TR500系列旋挖钻机，并陆续推出50t、80t、150t、260t系列履带起重机、强夯机、液压连续墙抓斗、两栖挖机、长臂挖机、自卸车、混凝土机械等新产品。产品在全国各省均有施工，并出口新加坡、俄罗斯、德国、中东和非洲等地区。

公司拥有1万余m^2现代化生产基地，包括抛丸机、数控切割机、全封闭洁净的涂装车间、专业的液压室、电气室，适合机电液产品组装生产；微机控制直通电空制动系统室内静置试验台，用于微机控制直通电空制动系统的性能检测。另有面积达10 000m^2工程机械生产厂房，及20 000m^2空地可供扩能支配。

公司在岗员工800余名，其中本科及以上学历200余名；大专以上学历400余名；高级职称员工30余名。2012年，公司本着立足“制动系列产品、桩工机械、履带式起重机械、特种工程机械、混凝土成套设备”五大产业方向，坚持“稳健经营、价值共享、持续创新、差异化竞争”的工作理念，围绕“技术先导、市场拓展、资本运作、专业制造、职业化管理、团队文化凝聚”六大工作主题。紧抓南车力推工程机械产业的机遇，“一个中心，多点布局”构建工程机械产业体系；依托时代电气积极拓展城轨、地铁基础制动技术产品，进一步优化资源配置，着力系统集成创新，加速研发平台、专业化制造基地和检测试验能力建设，构建核心竞争能力，积极寻求产业平台新突破。

公司的使命：做桩工机械产品、技术的领导者，工程机械细分市场差异化产品的优选供应商，轨道交通基础制动部件的中坚力量。

公司的愿景：以技术推动企业快速成长的成功者，中国南车专有技术延伸产业的佼佼者，成就事业成就员工的实践者。

公司经营理念：稳健经营、价值共享、持续创新、差异化竞争。

产业发展思路：立足履带式机械装备，做精旋挖钻机、做强桩工机械、做大工程机械；立足铁路货车基础制动部件，积极拓展城轨/地铁制动技术产品。

“十二五”战略目标：到2015年，公司经营规模达到35亿元，力争实现40亿元，形成工程机械、铁路制动配件等产品的技术研发和产业化能力；企业风貌、运行机制、装备手段、管理水平达到国内先进水平，成为行业内人才向往之地，成为株洲所北京产业基地，形成中国南车专有技术延伸产业的新亮点。

公司主营产品：

一、桩工机械

1. 旋挖钻机

建筑基础工程中成孔作业最理想的施工机械。钻机集成了国外高可靠等级专用工程机械车载控制器，显示器和传感器等电气部件，整体集成卡特比勒可扩展式底盘和上车全套设备，确保了整机的稳定性和可靠性，液压系统关键部件采用卡特比勒液压系统主控回路，先导控制回路，其核心采用了先进的负载反馈技术，可使流量按需分配到系统各个工作装置，实现不同工况最佳匹配，工作装置依托行业一流专业品牌厂家定制保证了整机的最佳施工性能与施工效率，结构牢固可靠。现有型号：TR138D、TR150、TR160D、TR180D、TR200D、TR220D、TR250D、TR280D、TR280DH、TR300D、TR360D、TR400C、TR500C、TR550D。

2. 地下连续墙液压抓斗

地下连续墙液压抓斗是目前地下连续墙施工的主要设备，它具有施工效率高，成墙质量好等优点。主要用于大型建设工程如地铁车站、高层建筑地下室、地下停车场、地下商场等深基础工程中防水墙、挡土墙、承重墙的施工。现有型号TG35、TG40。

3. 液压振动锤

液压振动锤以液压马达为动力，可以沉、拔工字钢桩、钢板桩、钢管桩以及混凝土预制桩等。该机同时具备侧夹桩和直立夹桩两种功能，大部分的挖掘机皆可适用本机的配套，无需特定的厂家。本产品广泛应用于工业与民用建筑、港口、桥梁等建设工程中的地基基础施工，是沉拔桩施工的主力设备。现有型号：TV60。

4. 液压打桩锤

液压打桩锤应用范围广，环保节能，桩锤力度大，冲击精度准，打桩效率高；是桩基础作业工程中高性价比的首选建筑机械设备。现有型号：TH60。

二、履带式起重机

公司研制的CQUY500、800、1500型履带式起重机采用进口液压元件、电器元件、整机重量轻、体积小、操作性能好，可靠性高，广泛用于建筑、交通、港口、能源及农田水利等部门完成吊重、安装及搬运物料等各种作业。现有型号CQUY500、CQUY800、CQUY1500。

三、特种工程机械

1. 水陆两栖挖机

该产品应用范围广，除具有一般挖掘机使用功能外，还具有接地比压低，适合于在泥泞、滩涂、浅水、沼泽地带行驶和作业。现有型号：TSLW340D。

2. 长臂挖掘机

该产品适用于河道及湖泊的疏浚、地铁站台或其他建筑工程用深基坑的挖掘、远距离挖掘、高速公路两旁坡道修整、建筑用材搬运等。现有型号：TY240L。

四、铁路制动配件

公司拥有铁路货车制动配件产品生产资质，包括120型货车空气控制阀、货车脱轨自动制动装置、双向闸瓦间隙调整器、货车空重车自动调整装置、货车不锈钢制动配件等，产品市场份额保持稳定。

五、混凝土系列产品

包括系列混凝土泵车、系列混凝土搅拌运输车、系列拖泵，产品广泛应用于城建、道路、桥梁、电力和能源等建筑工程输送。

〔供稿单位：北京南车时代机车车辆机械有限公司〕

山东大信重工有限公司

山东大信重工有限公司成立于1998年。2005年公司确定了以“推动产业发展，促进机械工业”为使命的发展战略，通过引进国内外工程机械行业战略合作伙伴，吸纳国内外优秀的技术、管理人力资源，高起点进入工程机械领域。

山东大信重工有限公司位于烟台市莱山区圣泉工业园，公司占地面积233.33万m^2，建筑面积8万m^2。注册资本5 000万元，现有员工530人，其中大专以上文化程度的占59%，技术人员占21%，高级工程师14人。具有年产挖掘机5 000台的能力。

公司经营范围为挖掘机械、桩工机械、路面机械、农业机械的设计、制造和销售，货物和技术的进出口。

公司从价值链各环节都注重优势资源的配置，保持自己的核心竞争力。

一、强有力研发团队保证了产品起步就与行业先进同步。

公司拥有一支由具有10年以上行业工作经验的高水平、高素质的技术人员为主组成的研发团队，人员结构优化、专业完善、人才梯次搭配合理。

从2006年随着第一台“爱宝”品牌DS60－7小型液压挖掘机的成功下线，目前已形成了中小挖掘机的全系列产品线。挖掘机械业务是公司最早切入工程机械领域的核心业务，产品规划有1～40t级全系列履带及轮式液压挖掘机产品。目前已推出完全商品化的产品有0.9t、1.5t、1.8t、3.5t、5t、6t、9t、15t及30t级履带式液压挖掘机。

除挖掘机作为公司现阶段的核心业务外，桩工机械业务产品规划有110、150、220、250、300kN·m旋挖钻机及32、48kN·m长螺旋钻机等桩工机械系列产品。路面机械业务主要开发小型高速公路路面养护设备。目前已经完成部分主要机型的技术开发。

挖掘机产品通过引进消化美国、德国、日本及韩国等国外先进、成熟的产品技术平台，进一步创新与开发以满足用户新的需求，通过高水平的产品制造技术平台，整合了国内外的先进技术，打造出的高端挖掘机品牌各项安全性能指标完全符合CE标准，所有出口产品都已通过欧洲CE安全认证。

以人为本的管理理念渗透到产品开发的全过程之中，注重机器与人的相互协调，提高人机安全性、驾驶舒适性，方便操作和技术保养。如：驾驶室的空间大小、座椅的大小以及椅背的高矮等都是根据大多数人的身材设计而成。宽大的扶手可以上下调节，椅背角度可以自由调整，操纵台连同座椅可整体前后移动调节，对于超高或超矮的操作者同样也可以找到最佳的作业姿势。

人机工程是研究在设计人机系统时如何考虑人的特性和能力，以及人受机器、作业和环境条件的限制。工程机械驾驶室有防翻滚和落物保护装置，驾驶室内要有足够的人体活动空间和开阔的视野，并采取必要的封闭、减振、降噪和控温措施。座椅、操纵杆、仪表与监视器都按人机工程学原理布置，并且尽量减少操纵的部位与操纵力。

通过良好的密封性及吸音隔音措施，有效地隔绝了外部噪声，减少操作者的耳边噪声，已达到国际噪声标准。并且驾驶室采用硅油减振器，使驾驶室及操纵系统得到良好减振。工程机械的造型设计可以使机器的形态与其结构、功能及使用要求相统一，与人的生理及心理相协调。宽大的驾驶室使活动空间增加了30%，视野开阔，线条流畅，外观时尚。舒适的跑车式靠背，可调减振座椅，宽大的扶手和数字调谐收音机及高保真扬声器，使操作环境良好、舒适，让人感觉愉悦。

二、全球化的优秀资源配置保证了产品的高性能高质量

大信重工的挖掘机械业务自诞生之日起，就确定了以“整合全球资源、掌握核心技术、拥有自主知识产权”的产品发展路线，以及“立足中国，走向世界”的发展战略。公司通过引进美国、德国、日本及韩国等国外先进、成熟的产品技术平台，通过先进、严谨的研发技术手段，不断开发出满足用户需求的产品，通过高水平的产品制造技术平台，打造出液压挖掘机产品的高端品牌。

为确保挖掘机产品高端品牌的质量，通过与世界著名功能部件厂家建立深层次的战略合作关系，大信重工挖掘机产品，所有功能部件（发动机、液压元件、电器元件、控制部件等）全部采用德国、日本、韩国等进口部件，确保了产品的性能优良、维护方便、可靠性高。

三、高水平的生产管理系统和制造员工队伍保证了生产过程的质量

生产中以JIT精益化生产为核心的生产作业方式，最大限度地消除生产过程中的浪费。以MRP为核心的生产管理系统，确保生产系统平稳高效运行。

采用全面质量管理方式，在产品质量方面更加精益求精，追求产品的零缺陷加工制造，“高标准、精细化、零缺陷”的作业路线保证了产品的高可靠性。

生产系统骨干人员都具有行业内丰富实践经验，并且经过系统科学的专业培训，确保各岗位生产人员能够及时解决所属范围内的所有问题。

四、完善高效质量控制管理体系保证了产品的质量

公司将产品质量视为生命，建立了满足GB/T 19001—2008及DIRECTIVE 2000/14/EC（欧盟强制性指令）所要求的质量管理体系，行业内率先通过了质量体系认证。确保生产和提供满足相关法律法规及用户要求并与标准要求相符合的工程机械产品。从产品的安全、性能、功能、寿命、可靠性及服务等方面，给用户最大的保证。

根据行业特点，吸收国内外先进经验，公司形成了独特的进货检验、生产过程控制、整机运行检验、出厂检验、售后质量跟踪、质量问题责任追溯等贯穿产品质量全过程的控制措施。

从产品开发设计环节就对能够影响产品质量的因素进行分析，通过技术手段对可能出现的问题进行预防。

选择具有完善质保体系和手段的较强实力的专业厂家提供配套零部件，并通过质量控制前移到配套厂家，加强加长检验等手段，确保配套件的质量。

为了提高质量控制能力，公司投资购入各种专业检验设备和完善试验设施，能够对产品进行动力系统热平衡试验测试、液压系统缓冲性能试验测试、跑道试验等全方位的检测。

五、合理的营销网络和完善的售后服务确保了用户购机无忧

山东大信重工有限公司在国内主要市场区域建立了销售和服务网络，选择的企业都是文化先进、销售服务实力强、合作目标相同的经销商。

为开拓海外业务，在海外共设立了4大主要销售区域，销售网络覆盖了亚洲、欧洲、北美洲、大洋洲；在印度、美国、俄罗斯和澳大利亚的办事处正在筹建当中，并在全球建立物流仓储中心，目前在海外市场有10余家合作伙伴，包含销售、租赁、服务人员，山东大信国际化的目标是打造世界知名的工程机械品牌！

服务团队是一支拥有经验丰富的维修工程师，新老技术人员层次合理的战斗集体，秉承“诚信为您，用心服务”的思想在全国几十个服务网点强大支撑下，力争为全国各地的用户朋友送去及时、周到的服务。

公司的服务理念是：用户第一，服务至上；服务宗旨是：以人为本，感动客户；服务主题是：快捷、准确、周到、亲切。

公司承诺：接用户服务信息后，4小时内做出答复，12小时内派出人员以最快速度、最佳途径赶赴工地，保证全地域和全时段的无边界式服务的实现；

实施“0小时、50小时、250小时、500小时、1 000小时、1 500小时、2 000小时”七次跟踪服务；

免费提供技术咨询和技术指导；

我们销售的每一个配件都有可靠的质量保障，杜绝任何形式的低质伪劣产品销售，我们的每一位业务人员都会竭诚为您提供优质的售后服务；

原厂纯正零部件，可靠性高，可有效延长部件的使用寿命，可以更好地保护你的挖掘机，提高作业效率；

原厂配件由厂家直接采购，有效减少中间销售环节，降低零部件的销售成本，更优惠的价格让利于广大消费者；

我们的挖掘机配件通过厂家各区域代理商进行销售，因此无论在价格还是质量上都比其他零售商有着得天独厚的优势，可以让您买得放心，用着省心。

做行业高端品牌，建设“百年大信”是大信人追求的目标。

一、大信重工在快速发展中形成了超前的企业文化

发展战略：立足中国、走向世界；

经营理念：技术、品质、创新、全球化；

核心价值观：诚信、合作、共赢；

愿景：创世界品牌，建百年大信；

品牌定位：自主品牌、高科技、全球化；

技术定位：全球资源、核心技术、自主知识

产权；

竞争策略：突破、超越、领先；

作业路线：高标准、精细化、零缺陷；

工作作风：反应快，行动快；

作业风格：热情做事情，用心做产品。

二、快速前进中形成了先进的管理模式

在管理方面采取有形价值链与无形价值链运营相结合的运作模式，即以无形价值链（综合管理、财务管理、质量管理等）为运营平台，实现与有形价值链（研发、采购、制造、营销及服务等）的良性互动，实现企业运行效率的最大化。

从长远的发展来看，中国挖掘机行业发展态势是机遇和挑战并存，大信重工小型挖掘机产业的发展壮大可以通过以下途径来逐步实现。1. 通过资本运作、提高产品的性能和可靠性、全球化视野、整合业内优势资源形成核心竞争力；2. 通过整合业内人才、制造、营销等资源，形成合力。提高关键零部件的制造技术和工艺，提高核心部件的国产化率。选择恰当的市场战略和品牌战略。将逐步打造自身的成本和性价比优势，在国内市场顺利发展的同时，大力发展海外市场。3. 大信重工通过市场调研，及时了解消费者需求和市场变化，不断开发出适合用户需要的新产品；4. 通过和行业内外的优势企业合作，扩大行业领域，以拓宽产品线，提高竞争力；5. 通过与商业银行和融资租赁公司的合作，为用户提供更广阔的金融服务；6. 通过延长产品保修期，给用户提供增值服务；7. 通过全时无限期以旧换新和回购模式最大程度满足用户需求。

三、对行业发展前景充满坚定的信心

经过多年的快速发展，中国挖掘机已成长为世界规模最大的市场。世界最大规模的城镇化建设、高铁、高速公路、矿山、新农村建设等方面的需求，保证了中国挖掘机市场将处于稳定增长阶段的市场规模。市场结构中，国产品牌占比在增长，国产化水平在提高，市场竞争强度在增大。为保持大信重工长期快速的发展，将坚持以科技为先导、以人为本的科学发展观，实施以内涵式增长为主的规模扩张战略，强调速度、规模和可持续发展的协调。

山东大信重工有限公司愿与行业同仁一起努力，迎接更加美好的明天！

〔供稿单位：山东大信重工有限公司〕

以创新促发展

——河南克瑞实业集团

河南克瑞实业集团创建于1995年，所从事业务横跨机械制造、生物能源、矿山开发、电子设备、金融服务、项目咨询等多领域，集团旗下拥有10余家子公司，集团以“创新无止境、合作共分享”的企业理念，坚持走“环境友好、资源集约”的发展道路，产品广泛应用于基础设施建设、小城镇建设的分布式生物能源利用、抗灾、减灾、救援等多个领域。

集团机械制造业务板块“克瑞股份”，主要由新乡克瑞重型机械科技股份有限公司及其控股子公司组成，包括新乡克瑞重型机械科技股份有限公司、新疆克瑞郑煤机重型机械股份有限公司、新乡克瑞塔机安装租赁有限公司、郑州克瑞重型机械科技股份有限公司等多家子公司，主要从事塔式起重机、施工升降机的研发、生产、销售、安装和租赁服务，能生产1 100N·m以下平头、塔头、动臂式全系列，行走式、内爬式各种类塔式起重机，是集研发、制造、销售、安装租赁为一体的科技型企业。

自成立以来，克瑞以“创新无止境，合作共分享”为企业理念，在技术研发、生产管理、营销服务等方面不断创新，相继创造了多个国内外同行业第一：设计出国内第一条起重机U形槽罗拉生产线；第一个给塔式起重机装上“黑匣子”；开设了国内第一家塔式起重机专业4S店，现已形成了强大的综合创新体系，具备了超大型、动臂式、行走式塔机的研发和生产能力，主导系列产品已达四大类九大系列100多个品种，产品的应用领域已从单一的建筑市场，扩展到了石油、化工、水利、码头、公路、铁路、核电等行业。在全国近30个省、市、自治区建有集营销和服务为一体的专业4S店，产品畅销全国各地，部分产品远销东南亚、欧洲及俄罗斯等国家和地区。

科技创新，独特技术获专利

克瑞拥有河南省唯一的塔式起重机装备工程技术研究中心，先后取得塔式起重机、升降机、高精度罗拉生产线等近20项国家专利，拥有软件著作权近10余项，承担国家重大科技专项两项。

克瑞始终以科技创新为主线，将企业推上了快速发展的道路，从2006年开始，以原有建筑用塔机为基础，应用新工艺、新技术、新设备、新材料，努力提高产品附加值和技术含量，相继完成了250N·m、400N·m、1 100N·m，大吨位、超大型、动臂式、行走式、片装式塔机的开发研制，并成为了公司的主导产品系列。

服务创新，4S模式获得好评

克瑞贴近市场服务客户，为满足客户在选购、拆装和维修等过程中需要更为专业、全面的服务需求，于2008年建立我国第一家塔式起重机专业4S店，在整机销售、售后服务、零配件供应、信息反馈的基础上，增加了塔式起重机租赁业务、循环利用业务和科技服务业务三项功能，并将此前单一的售后服务模式，扩展为“售前顾问式、售中一站式、售后本地实效服务”的全方位服务模式，2008年克瑞投资成立的我国第一家专业塔式起重机4S店在郑州隆重开业，标志着我国塔式起重机营销模式在向更高层次发展的道路上迈出了跨越性的第一步。2009年克瑞将这种租售一体的服务模式陆续推广至国内外地区，先后在豫南、太原、西安、唐山、南通、武汉、石家庄、连云港、中东等地成立了直营或加盟店4S店，不仅开了行业先河，还为当地的工业生产带来实际的方便。在中国工程机械工业协会建筑起重机械分会2011年二届二次年会上，“克瑞首创塔机4S店营销体系，并有海外建点4S店开始运营”得到了协会和行业的一致认可。

产品创新，精益化生产提产能

“精益生产”，就是要以顾客需求为拉动，以消灭浪费和快速反应为核心，是企业以最少的投入获取最佳的运作效益和提高对市场的反应速度。其核心就是精简，通过减少和消除产品开发设计、生产、管理和服务中一切不产生价值的活动（即浪费），缩短对客户的反应周期，快速实现客户价值增值和企业内部增值，增加企业资金回报率和企业利润率。

从2010年开始，克瑞对位于河南省长垣县的生产基地进行精益化生产改造，实行流水线生产，经过一年的学习和探索，为精益生产的推进实施打下了坚实的基础。2011年初先后在老厂房车间的基础上建成了5条塔机生产线，以此相配套相继成立了5个制造部。2011年5月第一制造部塔机生产流水线作业正式运行，克瑞精益生产项目进入实施阶段，塔机生产流水线作业的启动，生产效率显著提高，产品数量大幅上升、生产成本明显下降，精益生产初见成效，对比改造之前，总体生产效率提高了25%。精益理念的成功引入，凝结了克瑞广大员工的辛勤劳动和智慧结晶，同时标志着克瑞在生产管理上迈上了一个新的台阶。

战略创新，国际化布局综合型发展

2010年，克瑞实施了“再造营销系统、全面导入企业形象识别系统、引入精益生产理念、与国内大型知名企业组建合资企业、进入金融领域”五大战略措施，对克瑞的综合实力进行了全面梳理和整合提升。2010年、2011年，克瑞实现爆发式增长，全年实现销售收入同比增长40%，荣获“中国最具成长性企业”“中原十大创新力企业”“河南省50户高成长型高新技术企业”等称号。

2011年，北京、新疆、西安生产基地相继投入使用。天津生产基地将于2012年投入使用。克瑞通过技术合作研发的最新专利产品——万能组合装备，即将亮相推出市场，该技术产品可广泛应用于桥梁、水利、电力、房屋等基础设施建设，以及抗灾、减灾、救援等多个领域，是多功能综合性工程组合设备，又将填补一项我国工程机械市场的空白。

克瑞在布局国内市场的同时，大力开拓海外市场，已将产品成功打入东南亚、非洲、南美以及印度、俄罗斯等国家和地区。2012 年以来，克瑞高管频频随国家领导人出访海外，加强国际间交流，考察国际市场，并成功在印度市场取得重大突破，与当地经销商签订数亿卢比合作协议。

立足国内市场，面向国际市场，在做强的基础上做大，一个发展创新基础更加牢固、战略目标更加清晰的新克瑞正在不断向现代化企业集团的目标迈进。

〔供稿单位：河南克瑞实业集团〕

宜工集团

宜工集团创建于 1969 年，是以生产轮式装载机为核心的工程机械大型企业，也是国内最早生产装载机的“四大家族”之一，曾列全国机械工业 500 强。

2012 年 5 月，萍钢集团全盘接管经营，实现跨越式发展的新动力。

建有一流厂房。在江西省宜春市风景秀丽的明月山旁的宜春经济开发区，建造了宜工集团工程机械产业园，用地面积近 66.7 万 m^2，建筑面积 38 万 m^2，集生产、办公、研发、培训、员工居住、样品展示于一体，高起点规划，高标准建设。园区内分区明确，各种生产、活动各行其路，井然有序；办公区和生活区绿意盎然，景观优美，为员工提供了良好的办公、生活、生产环境，成为国内超一流的重工生产基地和旅游工业园区。

引进一流设备。公司拥有日本东芝加工中心、德国伊莎数控切割机、美国惠特尼数控等离子切割步冲机、比利时数控折弯机、奥地利弧焊机器人等大型进口数控设备；拥有数控龙门镗铣床、数控刨台卧式镗铣床、双面数控卧式镗铣床、落地式数控镗铣床、卧式加工中心等国内知名品牌设备；产品从下料、成型、组焊、加工、涂装到总装等全过程基本实现了精密、高效、专业化生产。并拥有 CAD、CAE、CAPP、CAM、ERP 计算机辅助设计、辅助制造、辅助工艺和企业资源计划管理系统。

组建一流团队：宜工集团沉淀 40 年的历史文化，与业内精英携手合作，坚持打造一流团队、铸就精品宜工，通过不断实施理念提升、行为提升、能力提升、管理提升战略，市场竞争能力与产品质量显著增强。

生产一流产品：生产 0.8 ~ 6t 系列轮式装载机；生产微型、小型、中型、大型至 100t 系列履带式挖掘机；生产 22 ~ 52m 臂架泵、托泵、车载泵、混凝土运输车等混凝土机械；生产压缩式垃圾车、封闭自卸式垃圾车、车厢可卸式垃圾车、扫路车、高压清洗车、洒水车、垂直压缩式垃圾转运站和垃圾压缩转运站等系列环卫产品；同时，特种汽车还积极追求在安全、环保、节能的技术研究和应用，通过两年的努力，初步建成具有国内外影响的新能源环卫垃圾车、压缩车、特种车辆及相关产业研发生产基地，实现跨越式战略，做最优秀的新能源特种车辆供应平台。

新的宜工集团具备生产装载机 2 万台、挖掘机 1 万台、特种车辆 5 千台、混凝土机械 2 千台能力，年产值将超百亿元。公司将秉承“铸造一流品质，创建一流团队，培育一流企业”为宗旨，重塑业内知名的“宜工”品牌。

“多少事，从来急，百年太久，只争朝夕”。宜工集团站在历史新起点，将以更加开放的理念、更加务实的行动，携手国内外同行、客户及供应商，缔结战略合作伙伴，共同点燃梦想，共同铸就卓越。

〔供稿单位：宜工集团〕

没有最高，只有更高

——无锡市小天鹅建筑机械有限公司

无锡市小天鹅建筑机械有限公司坐落于风景秀丽的太湖之滨，公司占地面积109 890m^2，建筑面积55 000m^2。公司拥有国内一流的吊篮专家、高级工程师、高级技师，下设技术设计中心、生产制造中心和质量检测中心，拥有成套产品装配流水线和各类数控、加工中心、数控线切割、钣金设备，具备完善的检测设备和优质的生产、销售、租赁、服务体系。在全国拥有数十家租赁服务中心及售后服务中心。

公司成立于20世纪60年代，从90年代初期与中国建筑机械化研究院共同研制、开发出第一台吊篮开始，就一直以“技术领先、性能优越、质量可靠、服务优质”而著称，通过长期不懈的努力，成就了吊篮行业的著名品牌“小天鹅”，成为了中国最著名的吊篮制造商，并参与制定了吊篮的国家标准。同时公司还是国家指定的吊篮专业人员培训基地。

党和国家多任主要领导人曾来公司视察，给公司的发展描绘了宏伟蓝图。“为国贡献、团结拚搏、进取敬业、全心服务”的企业精神始终激励着全体员工以满足用户需求为己任。通过长期不懈的努力、创新和发展，目前已有三大系列20多个品种，能满足高层、多层建筑物的外墙施工，装修、装饰以及造船业的作业、井道电梯的安装；大型罐体、高大烟囱、电视塔、大型桥梁工程的施工，并能根据客户的要求及施工的需要定制出各种特殊规格的产品。为保持企业的持续发展，提高市场的竞争能力，目前公司又研发了新型的施工升降机、智能化吊篮等施工设备。吊篮主要部件提升机、安全锁等均获国家多项专利。公司现在生产的产品有：ZLP系列高处作业吊篮、施工升降机、多功能提升设备、应用物联网技术的智能化吊篮、圆柱型建筑用吊篮、船用检修吊篮、船用制造吊篮、烟囱用吊篮、桥用吊篮、电梯井安装吊篮、风力发电机风叶检修吊篮、风力发电机塔筒提升吊篮、高铁桥墩用吊篮、大型储油罐用吊篮、大型屋架用吊篮、电厂锅炉吊篮等。公司生产的吊篮在国内许多重点工程项目中得到应用：北京人民大会堂、北京金融大厦、北京南洋大厦、北京合作银行、北京饭店、北京恒基中心、北京首都机场航站楼、上海巨金大厦、上海中枢广场、上海香港广场、上海浦东国际机场、深圳世贸中心、深圳赛格广场、深圳鸿昌广场、深圳科技大厦、大连世贸中心、大连金座大厦、大连船厂、大连香格里拉酒店、大连万科大厦、宁波北仑电厂、广州健力宝大厦、广州建行大厦、武汉世贸大厦、武汉长航大厦、武汉高铁、四川国际大厦、大庆油田、杭州市府大厦、萧山国际机场、义乌国际大厦、雅安到西昌高速公路大桥、成渝高速公路大桥、山东邹城电厂、厦门海沧大桥、大亚湾核电站、南京总工会大楼、南京中国银行大大厦、南京高铁南站、拉萨布达拉宫等。

公司自1997年在吊篮行业率先通过ISO 9000质量体系认证以来，是江苏省优秀企业，连续被中国质量协会、中国用户委员会评为用户满意先进企业、用户满意服务单位、全国用户满意产品；入选中国设备管理协会全国先进适用机电产品库，被授予全国先进适用机电产品和全国质量信誉有保障供应商称号；是中国工程机械工业协会装修与高空作业机械分会副理事长单位、中国质量管理协会建设机械行业分会理事单位、江苏省质量管理协会会员单位；是国家标准《高处作业吊篮》（CB 19155—2003）、《擦窗机》GB 19154—2003）起草和制定单位，也是《2010～2015中国建筑业建筑技术发展纲要装修与高空作业机械行业规划》参与编制单位之一。是中国建设教育协会建设机械职业教育培训定点单位。

2001年，公司在“全国CAD应用工程”整体项目中通过了国家验收，并被评为全国"九五"期间重大科技成果。公司被确定为"全国 CAD 应用工程国家级示范企业"。2011 年 12 月经住房和城乡建设部科技发展促进中心评定小天鹅"建筑外墙保温施工多功能作业平台"项目列为 2011 年全国建设行业科技成果推广项目；ZLP1000A 吊篮项目列为 2011 年全国建设行业——建筑施工脚手架专项科技成果推广项目。

公司自主设计的风电提升设备远销美国、德国及欧洲各国，2011 年在德国风电提升设备市场占据了 50% 的市场份额，受到各国客户的一致好评。技术领先、性能优越、质量可靠的"小天鹅"、"天爱"牌吊篮得到了行业和客户赞同，销量连年攀升，市场占有率始终名列前茅，产品遍布全国各地，在国家级重点工程中得到广泛使用，同时远销德国、俄罗斯、乌克兰、哈萨克斯坦、阿拉伯联合酋长国、卡塔尔、科威特、印度、印度尼西亚、越南等国家和地区，并与这些国家的客户在技术、销售及服务等诸多领域建立了长期的深度合作，出口量不断得到刷新。

没有最高，只有更高。小天鹅人将一如既往地坚持技术创新、科学管理，全心服务，与广大用户携手共进，共同攀登新的高度。

〔供稿单位：无锡市小天鹅建筑机械有限公司〕

山东省德州生建机械有限责任公司

山东省德州生建机械有限责任公司（原名山东省德州生建机械厂），始建于 1948 年，位于德州市德城区内，隶属于山东省齐鲁新航集团有限责任公司，属国家建筑机械行业定点生产企业，国有中型企业、国家二级计量单位。企业通过 GB/T 9001、GB/T 24001、GB/T 28001 质量、环境、安全一体化认证。现为山东省企业联合会、山东省企业家协会、山东省工业经济联合会、山东省质量管理协会常务理事单位，国家标准塔式起重机技术委员会委员单位，中国工程机械协会建筑起重机械分会、装修与高空作业机械分会理事单位，混凝土机械分会、检测技术工作委员会会员单位。参与编制和修订多项国家和行业标准。

公司占地面积 19 万 m^2，总资产 3.5 亿元，拥有 5 个机械公司，现有高、中级工程技术人员 160 人，建有先进的 CAD 研发中心，具备设计和制造各种复杂机械产品的能力。公司拥有热处理、焊接、冲压、加工等 800 余台先进加工设备。其中精大稀设备 65 台，加工中心 20 余台，数控设备占金切设备的 60% 以上，主要生产工序设备全部数控化。拥有自动快速 CS 分析仪、探伤仪、三坐标测量仪、齿轮综合测量仪等先进的检测、试验设备。目前产品立足建筑、工程机械行业，业已形成以各种起重机配套机械、混凝土机械、高处作业吊篮为主的制造业基地。公司主要产品有 QTZ 系列塔机起升、回转、变幅机构、起重量限制器等安全部件，QY 系列汽车起重机起升、回转机构，HZS 系列混凝土搅拌站及搅拌机、配料机、减速机等配套设备，SC 施工升降机传动机构、防坠机构、标准节，ZLP 系列高处作业吊篮等产品。

多年来，企业以 GB/T 19001—2008、GB/T 24001—2004 和 GB/T 28001—2001 标准为基础，以质量品牌为主线创新发展，先后制订了"树精品意识，走品牌之路，争行业第一"到"树精品意识，创安全环境，走品牌之路，谋和谐发展"的企业方针。学习优秀企业的管理模式，并与企业具体工作相结合，确定了本企业的质量—环境—职业健康安全方针和目标，建立、健全一体化的质量—环境—职业健康安全管理体系，制定了一系列的管理制度和工作程序，提高全员的质量意识、安全意识、环保意识和社会责任感，规范质量、安全和环境管理行为，消除各种安全隐患和污染因素，树立良好的企业形象，为企业经济安全、健康、持续发展奠定了良好基础。近几年的生产业绩年增长都在30%以上,国内市场占有率不断提高,2011年达到30%以上。并与中联重科集团、山东大汉、浙江省建机、徐工建机等知名企业建立了稳定的合作关系。

通过在质量管理中不断完善质量管理体系,并以注重实际稳步提高质量为根本,指导、督促相关职能部门建立质量管理制度,加强产品质量考核。严格把控进厂、关键工序、出厂的质量,与40多家外协厂鉴定了质量协议。对原材料、外协外购件及毛坯件进行逐批检验和实施质量动态监控,以及在进厂产品的材质、精度等关键环节进行有效控制,确保进厂产品的质量稳定性;不断完善计量、检测手段,加强质量目标考核,提高制造过程的加工、装配等关键工序质量;加强产品试验环节控制,做到产品出厂时逐台试验,不定期进行产品强化试验,确保产品出厂合格率100%。由于产品质量的不断提高,三包维修服务率逐年下降,达到了2‰以下。

在用户服务过程中,践行"诚信为本,快速反应,不计代价"的服务宗旨,以客户满意为追求的最终目标。首先,从用户服务过程开始,实施生产过程的流程再造工程,规范生产过程的各项工作,使各项工作做到有目标、有标准、有程序、有确认。在企业经营管理的各个环节始终围绕用户需求,贯彻诚信理念,用心服务,完善服务机制、丰富服务内容、强化服务管理、提高服务素质、创建服务文化等措施,赢得了广大客户的信任,也得到了社会各界的好评。定期组织技术、质量等有关人员进行用户走访,加强产品和市场的信息交流,为企业的不断发展提供基础。

公司先后荣获山东省建设机械产业骨干企业、山东省建设机械行业名牌产品、全国用户满意产品等称号。

公司坚持"树精品意识,创安全环境,走品牌之路,谋和谐发展"的质量方针,愿与各界同仁携手发展,共创辉煌。

〔供稿单位:山东省德州生建机械有限责任公司〕

北京京城长野工程机械有限公司

北京京城长野工程机械有限公司(以下简称"京城长野")是由北京京城机电控股有限责任公司(以下简称"京城控股")出资组建的一家研发、制造、销售液压式挖掘机的专业公司。

2011年12月27日京城控股全资收购日本长野工业株式会社(NKK),长野工业的加入,使京城长野在国内工程机械市场地位得到进一步加强。

日本长野工业株式会社是世界著名液压挖掘机制造企业之一,公司于1968年创立,分为建机事业部及电子事业部。建机事业部于1971年开始研发并制造全回转式小型挖掘机,至今已与多家世界知名建机制造商合作,其产品已取得CE认证,在欧洲市场得到广泛应用。电子事业部在工业设备电控系统方面一直保持技术的领先,现已在3.5t遥控挖掘机上面得到应用。日本长野成功参与了1998年第十八届日本长野冬奥会圣火火炬台的制造项目。

京城长野现采用NKK整套生产制造技术,生产0.9~7.5t 10个机型的液压挖掘机,动臂侧移、无尾回转、短尾回转等先进技术的应用使产品使用范围扩大。除了现有产品外将陆续开发中、大型及轮式液压挖掘机。完善的销售、服务网络,便捷的融资租赁支持,稳定的品质,快速的零配件供应,确保客户需求,使客户满意。

京城长野将秉承京城控股"精于术理,诚以信合"的核心价值理念,为社会提供技术领先、质量可靠的挖掘机产品,为中国工程机械的技术进步和发展贡献力量。

〔供稿单位:北京京城长野工程机械有限公司〕

机械工业第三设计研究院

机械工业第三设计研究院（CTDI）位于重庆市，隶属于中央大型企业集团——中国机械工业集团有限公司（SINOMACH），是中央在渝的科技型企业，综合实力雄厚，业务范围全面，咨询设计专业，专家人才荟萃，工程经验丰富，业绩硕果累累，是国家级大型甲级设计研究院，在中国勘察设计咨询业内享有盛誉，是我国勘察设计、项目管理和工程总承包百强企业之一。

三院在近50年的发展历程中，以其精湛的专业技术、高效的管理机制、至诚的过程服务，取得了辉煌的业绩，成为工程建设领域的技术专家和管理专家。三院目前拥有1 400多名员工，95%为专业技术人员，其中设计大师2人，国家级技术和管理专家57人，各类国家级注册工程师201人。三院注重客户需求，以为客户创造价值为己任，设计成果遍布全国各地。近年来，CTDI还积极开拓国际市场，设计成果已辐射到亚洲、欧洲、非洲等国家和地区。

经过多年的发展，三院在工程机械领域已成为专业配备最齐全、综合实力最强的科技服务型企业，拥有丰富的设计经验。多年来与徐工、三一、中联、神钢建机、柳工、山推等多家大型工程机械企业建立了长期友好合作的关系，承担了企业多个重大的新建、技改项目工程设计及项目总承包。凭借完备的专业体系、先进的技术和管理水平、厚积薄发的工程经验，以及客户至上的服务理念，三院不断赢得了市场与用户的认可与青睐，取得了丰硕的工程业绩。

三院不断致力于工程机械制造工艺水平的提升和创新，以提高产品质量、降低生产成本为己任，在整体布局、厂房形式、工艺设备选型、物流设计各方面率先采用“精益制造”的理念进行规划和设计，打破了传统的制造模式，为工程机械行业的发展尽了微薄之力。在工程机械的工程建设设计领域已涵盖了挖掘机械、铲运土方机械、起重机械、压实机械、桩工机械、混凝土机械、路面机械、环卫机械、凿岩机械和工程机械液压件、桥箱、薄板覆盖件等全行业领域。

除在工艺设计上创新外，三院还注重针对工程机械制造特点，不断地累积经验，开展相关科研攻关，全方位地探索最适合工程机械制造的工程设计模式。针对焊接烟尘的净化治理，根据不同的地域特点使该焊烟净化系统在使用效果、安装成本、运行成本之间得到很好的平衡。在能源管理系统设计中，引入能源管理中心理念，使企业可以获得适时透明的能源消耗信息，从而有针对性地进行改进和主动干预，为企业节能降耗开辟了新思路。

在致力于提升专业设计与工程能力的同时，三院非常注重与国际一流的工程机械制造企业的技术交流与合作，先后组织多人次到美国卡特彼勒、日本小松、神户制钢建机、韩国现代等企业观摩交流，以及时掌握国际工程机械制造业发展态势，提升工程设计水平。

三院将凭借精心设计、至诚服务的理念，发挥综合优势，竭诚为工程机械企业各类工程建设提供全方位、全过程服务。

〔供稿单位：机械工业第三设计研究院〕

以创新打造核心竞争力

——机械工业第六设计研究院有限公司

2011年机械工业第六设计研究院有限公司（简称：中机六院）实现主营业务收入10.1亿元，是2000年的37倍，年增幅平均为102%；经济增加值1.45亿元，在国机集团所属47家企业中排第6位。

自2000年以来,中机六院完成10 000余项大中型工程项目咨询、设计、监理、管理和总承包任务,业务拓展至机械工业全行业领域,在工程机械、煤炭机械、重矿机械等行业领域的技术优势明显,在机床工具等行业设计咨询领域取得市场垄断地位,绿色、智能设计水平处于行业领先水平,成为拥有12个工程院、4个子公司、37个专业、2 500多名员工的科技型企业。

一个地处中原二线城市的老院所,一个没有任何重组资源的企业,一个在外人看来曾"前途未卜"的企业,是如何取得了今天的成绩?如何拥有了"打造中国机械工业工程设计第一强院"的底气?

带着一个个问号,我们走进了中机六院。

市场、队伍、技术、管理、板块化、企业文化、创新,这些是采访中出现频率最高的词汇,也是中机六院焕发熠熠光彩的所在。对于这些关键词之间的内在逻辑关系,赵董事长不止一次地用这样一个比喻:市场、队伍、技术、管理相当于中机六院的四个车轮子,缺一不可。而创新,则是给予这四个轮子不竭动力的发动机。通过创新,中机六院建立了一种新的生产函数,把一种从来没有过的关于生产要素和生产条件的新组合引入经营体系,在这个体系中,生产要素和条件的潜力被前所未有地挖掘,并在与市场环境的呼吸相通中保持着自我更新的活力:创新的市场营销理念及手段、共赢的人才战略、以核心竞争力为支撑的技术优势、精细化的管理、独有的商业运作模式。

技术:以创新打造核心竞争力

六院"两多"(签约项目多,回头客多)、"两高"(中标率高,客户评价高)的发展态势,令同行们无不心生羡慕。"要想提高投标中标率,靠啥?靠技术创新!靠方案水平!"。"树立标杆,树立样板,树立精品工程,我有你没有,我能干,你干不来。"赵董事长直白的话语道出了其中的三昧真经。在六院历次竞标中,客户第一评价总是"六院的方案好,"这也是六院人最引以为豪的评价,是六院屡战屡胜的制胜法宝,更是十几年来六院人精心打造出的核心竞争力之一。

"创新是兴院之道",这是六院三大核心理念之一。理念本身并无新奇之处,关键是如何让这一理念贯彻到为客户服务的每一个过程,深入到每一个员工的心中。赵董事长将六院的创新工作概括为"三种力量"的牵引:市场的需求是创新的牵动力,员工的创新意识和创新欲望是创新的原动力,有效的奖励机制是创新的推动力。

围绕"三力"的打造,六院下狠功夫推进技术创新工作,员工的创新活力和创新欲望被有效激发,创新实力与日俱增,形成了在市场竞争中不可比拟的技术竞争优势:在工业工程设计中,中机六院工艺专业设计水平、工业总图设计水平、绿色工业建筑设计水平、工业工程智能与信息化设计水平,在全国同行业中处于领军地位;铸造专业、结构专业、暖通空调、恒温恒湿专业的设计水平以及大型综合工厂、工业园区、工业集聚区的设计水平等,在全国同行中处于领先水平。

欲望,创新的活力之源

在中机六院,创新工作绝不仅仅是科技人员的事。院里把能否有效激发员工的创新欲望作为考核各级管理者的重要内容,并通过创新机制建设,形成独特的创新文化。

六院将科技创新主干分为5个层级,即科技创新副院长→技术质量部科技发展管理中心→生产部门总工程师→专业总设计师→设计师。每一层级分工明确,将决策、管理、计划、组织、实施等整个创新过程的职责逐层落实。每一个有创新要求的岗位制定有充分量化的岗位职责和标准,逐级进行考核和评价,并据此进行激励和奖惩,从而使创新工作得到强力推动,员工的创新欲望和活力被有效激发。

市场,创新的着力点

"离开市场,创新就是无本之木。"这是赵董事长对六院这些年科技创新的深刻体悟。六院的创新着力点深植于市场需求之中,以重大工程项目为载体,综合考虑项目特点和要求、客户创新要求和想法、竞争对手的技术和专长、各专业发展的前沿技术等因素，选择创新的方向和重点，使创新工作直接为生产经营服务，为提高投标中标率服务。

绿色、智能，创新的制高点

中机六院并不满足于在总图设计及铸造、机械加工等专业工艺设计方面的固有优势，而是把目光早早锁定在设计领域的最前沿，这再一次显示了六院的远见：到2020年以后，中国的工业就不是建设问题了，而是面临着工业的再造、提升。未来世界发展的趋势就是新工业革命——绿色、智能。这是我们要走的方向。

早在几年前，中机六院就将创新的重点聚焦于节能减排、资源节约、低碳经济、环境保护、生态维护等事关中国经济转型的重大技术需求的研究和开发上。工程技术研发中心和智能与信息工程所是近年来六院打造的两个开放型公共研发平台。前者围绕绿色工程、低碳经济、节能减排、环境保护等重点内容开展技术、产品的研究和开发工作，对全院的科技发展发挥带动、辐射作用；智能与信息工程所则以信息化、数字化在工程管理和工程设计中的软件开发、应用为主要研究方向，为各业务板块的智能化、数字化、绿色化设计提供最前沿的技术支撑。

依托这两个平台，通过绿色规划设计、绿色制造技术、绿色产品、绿色工程等一系列创新的产品与服务，中机六院快速提升了自身技术实力，形成新的竞争优势。前不久，六院主持制定的《绿色工业建筑评价导则》发布，这在国内外尚属首次，对我国绿色工业建筑的评价工作具有重要的指导意义。

三年来，中机六院完成了众多重大工业技术创新项目。完成的超精密机床隔振基础采用了桩屏障和地面屏障共同工作的隔振设计，使数控机床精度由毫米级(0.01mm)提升到微米级(0.001mm)制造装备技术，达到世界领先水平；在中钢西安重机工程设计中，成功地实现了重型机械工厂16台炉群的余热二次回收再利用，被列为国家发改委示范工程；在杭州烟厂、武汉烟厂的工程设计中，运用了10多项节能减排的技术措施，实现了真正意义上的绿色工房的理念；在齐重数控的大型组合式涂装生产线的EPC总承包工程中，创新地设计了组合式整体移动水旋喷烘两用的技术，取得了重大型工件涂装的工艺突破。

信息化、智能化、数字化与工业化的融合是中机六院“三五”时期创新的重中之重，“不惜任何代价，一定要走到前面。因为我们一定要引领整个设计行业的最前沿”。目前，中机六院就已经走在了市场前面，并且在市场拓展中小试牛刀。

中机六院是国内第一家智能化工厂的设计单位，也是全国工业设计院系统首家将BIM技术成功应用到工程设计、施工建设和运行管理方面的设计院，并获得了中国勘察设计协会的大奖——最佳BIM应用企业奖。2009年，中机六院凭借对建筑信息模型——BIM和建筑全生命周期管理——BLM理念的认识，承接了浙江中烟杭州制造部三维综合信息系统项目，该项目彻底颠覆了传统项目的设计与交付模式，成为业内佳话。

正是这些绿色、智能化设计技术的研发和应用，使中机六院拉大了相对于竞争对手的领先优势，掌控了市场主动权、话语权和定价权。

〔供稿单位：机械工业第六设计研究院有限公司〕

自主创新推动科学发展　只进不退振兴装备制造

——上海隧道工程股份有限公司

上海隧道工程股份有限公司机械制造分公司是上海隧道工程股份有限公司全资直属企业，是中国第一家隧道施工机械专业厂家，国家高新技术企业。质量管理亦为行业领军者，企业不仅通过了国家质量中心认证，取得“卓越绩效”管理金奖，而且还获得瑞士SGS关于质量、环境、职业健康安全三体系认证。专业从事隧道掘进机(盾构、顶管)及钢模等地下施工机械的研发、设计制作和技术服务。

早在1958年上海隧道股份机械制造分公司就开始研制盾构掘进机,半个世纪来,产品不断升级换代,迄今已完成各类掘进机200多台,直径范围ϕ3.0~15.43m,形式有网格式,敞开式,土压平衡式,泥水平衡式,复合式等。产品广泛应用于公路、水利、地铁、煤矿、电力等各行业领域。机械制造分公司先后承担了国家"十五"、"十一五"和"十二五"期间"863"项目,实现了国产盾构的系列化研发和批量生产及工程应用,用最生动的事实响应建设创新型国家和振兴中国重大装备的伟大号召。

一、理念为基打造盾构产业基地

上海隧道股份机械制造分公司秉承"以信为本、以特为主、以技夺优、以质取胜"的企业宗旨,坚定"做强品牌、做大产业、做精服务"的发展定位,在"只进不退"的盾构精神引领下,围绕建设中国盾构产业基地的战略目标,着力打造国际著名的隧道设备制造企业。

依托于上海隧道股份母体,企业积累了丰富的工程实践经验,拥有盾构研发制造的自主知识产权,采用"自主设计、上海制造、全国配套、全球采购"的方针,形成了集研发设计、加工制造、组装调试、技术服务、施工反馈、维修保养改制一体化的盾构产业链。盾构年产能达40台次。市场覆盖全国各大城市和香港、台湾地区,并出口日本、新加坡、马来西亚、印度等国。

分公司产品被列入国家重点新产品计划,先后获得轨道交通产业榜十大科技创新产品、中国国际工业博览会金银奖、上海首台重大技术装备、国产盾构品牌获得上海市装备制造业与高新技术产业自主创新品牌等称号。

分公司先后荣获中国机械行业十佳品牌供应商、全国建设机械与电梯行业实施卓越绩效模式先进企业、中国职业道德建设先进单位、全国工人先锋号、上海市重大工程立功竞赛金杯集体、上海市文明场站等荣誉称号。

二、创新为魂,提升盾构技术水平

公司把盾构产业化作为企业发展的主攻方向,积极投身于国产盾构研发和产业基地开拓之中。

根据企业战略,根据市场需求,我们坚持每年制订科研发展计划,明确"开拓国产盾构设备市场,研发国产盾构系列产品,打造国产盾构研发制造基地"的目标,努力加快创新体系的建设,坚持推进自主创新,把增强自主创新能力摆在全部科研工作的首位,继续加大国产盾构的研制和开发力度。

依托国家"863计划",我们相继承担了"地铁土压平衡盾构的设计与研究"、"大直径泥水平衡盾构的研制与应用"、"超大直径泥水盾构关键技术及应用"等3项国家科研项目,成功研制出首台具有完全自主知识产权的ϕ6.34m地铁土压平衡盾构"先行号"、ϕ11.22m大型泥水平衡盾构"进越号",均应用于工程实践。同时,在总结国家"863"地铁土压平衡盾构C型机设计制造经验的基础上,设计出产品技术更成熟,性能更稳定的D型升级产品,并实现批量生产和成功应用,获得用户一致好评。

为进一步推动国产盾构产业化进程,我们在盾构优化设计、TBM关键技术研究、超大型泥水盾构等方面加大科研开发力度,致力于盾构产品系列化。研发了符合新加坡标准和英国标准的复合式土压平衡盾构机,成功完成新加坡DTL地铁隧道的掘进。开发了盾构虚拟培训系统,结合三维CAD建模、虚拟现实、动态设计、图像融合等先进技术,建立了一套适于盾构机操作人员培训的虚拟交互系统。

三、市场为导,实现盾构跨域经营

面对蓬勃发展的地下工程建设市场,机械制造分公司贯彻"立足上海,面向全国,走向世界"的经营方针,借助国家"863"项目,首台具有自主知识产权的地铁土压平衡盾构"先行号"的成功研制与应用,将国产盾构销售拓展到长三角地区及新兴轨道交通建设市场,通过自主销售、依托工程等模式实现国产盾构的跨域经营。

我们批量销售生产了47台具有完全自主知识

产权的地铁土压平衡盾构，产品先后在上海、南京、杭州、苏州、宁波、天津、广州、武汉和郑州等地使用。初步实现了国产盾构产品跨域经营的目标，树立了国产盾构的品牌。

同时，我们将目标瞄准国际市场，研发了符合英国BS标准的复合铰接式土压平衡盾构，成功销售到新加坡，应用于新加坡地铁工程，施工中达到单日掘进15环，创造了新加坡地铁最快施工纪录。2011年，我们与7家国际著名企业在新加坡同台竞争，一举获得了6台新加坡地铁ϕ6.67m复合铰接式土压平衡盾构销售合同。我们还承接了1台中国香港昂船洲污水处理工程ϕ4.72m复合铰接式土压平衡盾构、2台印度钦奈地铁ϕ6.68m复合铰接式土压平衡盾构和1台印度德里地铁工程CC－05标ϕ6.57m复合铰接式土压平衡盾构设计制造，进一步拓展了海内外市场。

四、服务为本，推动盾构产业升级

上海隧道股份机械制造分公司贯彻“持续经营”的理念，明确“设计制造服务一体化”目标任务，以客户为中心，开发了“售前服务—产品设计—产品制造—安装调试—售后服务”全过程的综合解决方案技术支撑体系，为客户提供技术咨询、盾构选型、设计制造、操作培训、施工指导、维修保养改制、备品备件供应的全套解决方案，推动企业从生产型制造业向服务型制造业转变，提升企业综合竞争力，逐步实现由产品制造向提供全程技术支持和整体解决方案转变，推动了国产盾构产业升级。

超前的研发投入和充分的技术储备，为客户提供全方位的技术咨询；开展操作培训，采取理论与实践相结合的培训模式，为产品使用提供了保障；自主研发的盾构远程监控系统，具有盾构程序远程监控、调试、修改，盾构故障远程实时报警和异地远程诊断功能，“足不出户”的专家服务，大大提高了盾构施工效率；做好备品备件储备，解决客户的后顾之忧；我们还建立健全售后服务制度，设立售后服务工作小组，践行“即时响应，精湛服务”的承诺。同时，我们还深化顾客回访制度，充分考虑顾客的意见和建议，为产品改进提供依据。

上海隧道股份机械制造分公司作为中国盾构设计制造领域综合实力领先的企业，未来将继续提升管理能力，全面推进创新研发，不断优化产品升级，树立一流企业品牌，利用技术优势引领盾构制造行业的前进方向，推动盾构装备制造领域的整体发展。发扬只进不退的盾构精神，为振兴国家装备制造业，实现科技兴国，建设创新型国家作出贡献。

〔供稿单位：上海隧道工程股份有限公司机械制造分公司〕

徐州徐工基础工程机械有限公司

——徐州徐工基础工程机械有限公司

2010年，徐州徐工基础工程机械有限公司在集团精品化、专业化发展战略指引下分立而成，目前拥有水平定向钻机、旋挖钻机、煤炭掘进机以及连续墙抓斗4类高新技术产品，并致力于“打造中国最好的基础工程机械、煤矿机械产品”。独立运营第一年——2010年即实现营业收入5.1亿元，同比增长75.9%，利润1 708万元；2011年实现营业收入8.6亿元，同比增长66.1%，规模增长率、预算完成率双双位居集团前列；实现利润2 188万元，同比增长81.9%；其中旋挖钻稳居行业前三，出口位居行业第一，在行业内引起了极大的震撼，水平定向钻以20%的市场占有率首次勇夺行业第一，煤炭掘进机作为公司新的业务增长点，用一年的时间从研发到参展再到煤安认证并实现销售，在行业内引起了轰动。2012年上半年又抵制住国内外环境急剧变化、行业持续滑坡的不利形势，在异常激烈的市场竞争中逆势而上，主营业务收入年进度率51.53%，同比增长63.29%；利润年进度率

51.19%，同比增长109.75%，顺利实现双过半，完成上半年任务，以较好的经营业绩保持行业领先、以较好的经营进度支撑集团发展。公司党委被授予徐州市国资委先进基层党组织、徐工集团思想政治工作先进集体称号，2011年顺利通过江苏省高新技术企业认定，在成立仅一年的情况下，就取得了高企证书，在集团内部尚属首次。

徐工基础秉持徐工集团一贯的理念，致力于成为推动行业发展的领军企业，坚持以"为客户创造最大价值"为原则，不断进行产品技术改良、提升服务质量、创新营销模式。

一、桩工机械产品

作为国内首家实现旋挖钻机自主研发、生产的厂家，徐工自1999年起始终高度重视桩工产品的发展，在巩固旋挖钻机市场地位的同时，不断扩展型谱、适应不同的工况要求。目前，徐工桩工产品已形成XR系列旋挖钻机，动力头扭矩涵盖2.5kN·M至46kN·M，XG系列连续墙抓斗提升力涵盖360kN、450kN，并在行业内率先推出采用单排绳主卷扬机构的D系列旋挖钻机，全面提升产品作业能力、延长钢丝绳使用寿命；自制TDP通用底盘的使用，大大提高整机稳定性；与中国地质大学合作，建立产学研基地，并选送优秀技术人员进行岩土工程硕士学习，加强对地质以及岩土钻进施工工艺的研究，以促进公司创新能力的提升；与长安大学合作，开展了旋挖钻机钻桅轻量化设计，力争在保证可靠性的前提下，钻桅减重15%以上，改进效果明显；GPS远程智能控制的应用，实现了旋挖钻机远程故障诊断；建设旋挖钻机物联网平台，深入挖掘GPS平台的数据，利用物联网技术，实现钻机、主机厂家和用户的"人-物"相联、"物-物"相连，提升技术与服务能力，提高客户满意度。

二、非开挖机械产品

徐工基础作为非开挖行业中唯一一家大型工程机械生产厂家，一方面推进国际领先的高智能化水平定向钻机的自主研发，一方面加强适应国内施工现状的水平定向钻机的生产、制造能力，现已具有推拉力16~600t满足全方位非开挖施工的XZ系列水平定向钻机产品。与东南大学、中国地质大学合作开展的省厅科技成果转化项目"大型智能化非开挖定线钻机研发及产业化"获得政府奖励800万元。2011年10月被列入国家"火炬计划"。目前该项目已通过中期验收，产品在自动装卸钻杆、GPS远程控制技术、液晶虚拟仪表以及无线导向技术研究等方面取得了阶段性成果，提升了产品的智能化控制水平，形成了核心竞争力，处于行业领先地位。

三、煤矿机械产品

2000年以来，煤炭需求急剧增长带动煤炭开采业空前繁荣，煤炭装备业也步入历史上最快的发展阶段。徐工基础以掘进机为突破口，进军煤矿设备领域，在原有工程机械技术积累的基础上，经过前期大量的调研以及对掘进机技术的研究，高起点推出6个型号产品。目前徐工EBZ系列掘进机已经形成功率135kW、160kW、200kW、260kW常规型号的产品型谱。产品型号主要有EBZ135、160、160C、200、200A、260。徐工基础将在此基础上推出系列变形产品以及"三机一架"等多种综采综掘设备，成为煤矿设备成套提供商。掘进机产品在截割头刀头布置的优化设计；自动仿形切割技术；扩展接口，实现掘锚一体，解决掘进、锚固不匹配的问题；智能控制系统的研究，实现自动控制及安全保护；窄机身设计，解决巷道施工狭小的问题；高龙门、大跨度机架设计，提高运输能力与效率；喷雾系统优化设计，降尘效果好、用水少；实现裁割头的伸缩，提高适应能力；液压系统的恒功率、负载敏感控制研究；旁通过滤等关键技术方面取得重大突破。

四、技术成果

公司自主研发、产学研联合，多措并举开展关键技术研究，提高核心竞争力，积极与中国地质大学、东南大学、中国矿业大学等高校合作，加大了新产品以及对整机性能有重要影响的关键技术研究，取得了突破性进展。2011年以来徐工基础共获得授权实用新型专利65项，发表论文30多篇；徐工"大型智能化非开挖定向钻机研发及产业化”继被列入江苏省科技成果转化专项资金项目后，又被列入国家“火炬计划”；多项产品获国家、省机械工业科技进步奖；2011 年顺利通过省高新技术企业认定，公司被认定为徐州市基础工程机械工程技术研究中心。

在徐工集团“打造世界顶级企业”战略愿景指引下，徐工基础走向国际化的步伐也在随之加快。目前，徐工旋挖钻机、水平定向钻机已经成功出口到东南亚、欧洲、非洲及美洲，在国外市场上引起了广泛的关注，批量出口稳扎稳打开启了徐工产品在国外基础工程机械市场的新局面。

〔供稿单位：徐州徐工基础工程机械有限公司〕

强化自主创新，提高核心竞争力

——中交天和机械设备制造有限公司

中交天和机械设备制造有限公司是世界 500 强企业——中国交通建设集团的专业子公司。由中国交通建设集团的下属子公司中交天津航道局有限公司和中和物产株式会社于 2010 年 4 月 2 日注册成立，注册资本金 5.6 亿元；位于江苏省常熟市高新技术产业园内。公司的诞生，是中交集团装备制造主业延伸的结果。

中交股份从 2002 年开始制造盾构机，分别是旗下的振华重工、中和物产、上海港机重工和上海真砂隆福机械，至 2009 年年底已制造了 42 台盾构机，拥有完整的制造设备和技术。2010 年，中交股份整合振华重工、中和物产、上海港机重工和上海真砂隆福机械等 4 家子公司的人员、技术、资源，成立了中交天和机械设备制造有限公司，着力打造集研发、设计、制造于一体的盾构机、甲板机械等重大装备制造商，是中国工程机械工业协会掘进机械分会理事单位，并经江苏省科技厅认定为高新技术企业。

公司在 2011 年试生产的当年就完成制造了 ϕ6.36m 新型大深度盾构机 2 台、ϕ8.28m 核电专用盾构机 1 台，维修改造盾构机 3 台，均通过技术监督局检验，并得到客户的一致好评。2012 年 4 月完成两台 14.93m 泥水气压平衡式盾构机的工厂制造，此两台盾构机获工信部第 72 期国家重大技术装备攻关简报专门报道，研发制造两台富水高硬岩复合地层土压平衡式盾构机 2012 年 7 月出厂并开始掘进，3 台软土土压平衡盾构机计划 2012 年 10 月出厂。

公司拥有 18m 数控立式车床、ϕ200mm 数控落地镗床等各类机加工设备、检测设备 136 台，具有完整的研发能力，拥有可组装 ϕ17m 盾构机的装配车间，具有年产 40 台盾构机的制造能力。

2011 年公司与中国航空工业集团、中国航天科技集团等 10 家企业一起荣获亚洲制造业协会颁布的“中国制造业十大创新企业”，成为我国隧道掘进重大技术装备行业的标杆企业。中交天和虽然成立较晚，但起点较高，回顾近两年走过的发展道路，公司的主要做法有以下几方面：

一、优化组织结构，创造管理利润

公司形成董事会、监事会和经营班子的议事规则，科学的决策。建立了党委，强化党组织对公司发展的核心引领作用。公司狠抓科学管理，制定较为完整的规章制度。公司还聘请 2 名日本高级管理人员，进行公司的管理与指导。

实施直线职能型的组织结构模式，设立有综合管理部、技术研发中心、经营部、财务部、制造部、质检部、结构车间、机加工车间、总装车间九个职能部门。公司现有员工 500 余人，其中机械、电气、液压及工艺等各类设计人员 60 人，生产技术人员 100 人，各类技师 121 人，售后服务 50 人，专业技术人员占员工总数的 60% 以上，人员组成结构较为合理，属技术密集型企业。

二、以人为本，实施人才强企

中交天和的文化理念是鼓励创新，核心是九个字：“允许犯错，但不许重犯”。其深刻的内涵是，一切源于创新；直抒胸臆，张扬个性；宽容失误，不许重错;无功便是过,创造才是能。

在全公司范围内开始制定实施《专业技术创新管理和激励办法》和《非专业技术创新管理和激励办法》,研发人员必须参与技术创新,同时还鼓励非研发人员全面参与技术创新。对每一位提出创新建议的员工给予奖励,创新建议一旦被采纳、实施,根据产生的效益再次进行奖励。

实施多层次的人才培训与招聘计划,参与江苏省组织的"教授博士柔性进企业活动",鼓励员工深造学习,比如:在职攻读硕士、博士学位等。加快年轻人员培养的"三年成才规划"已颁布实施。近期,公司通过对各相关部门的调研和资料搜集,以及对中交天和的研发体系和技术人才培养激励模式,进行了初步的研究与探讨,现已整理出相关情况资料,仅供领导参考与相关部门借鉴。

三、强化自主创新,实现跨越式发展

公司致力于打造创新型企业和技术先导性企业,将企业发展定位于"四个高端",即高端技术、高端产品、高端客户、高端市场。公司非常重视自身的创新能力建设,自2010年成立至2011年年底累计投入研发经费704.23万元,2011年研发费用占当年销售额的8.98%。2012年计划投入研发经费3 500万元,预计占当年销售额的5.00%。

为更好地发展企业的产品创新能力,公司自成立之初就组建了自己的研发中心。2012年6月份,该技术中心已经苏州市科技局认定为苏州市盾构工程技术中心,目前正在筹备江苏省盾构工程技术研究中心、硕士研究生工作站。技术中心制定了《研发项目管理办法》,对研发项目实行"合同式开发"管理,每个项目都有具体的奖励额度。

近两年,公司紧紧依托国家和江苏省的科研项目的资金支持,实现了盾构研发、设计、制造工艺等关键技术的突破,从工业模型试验到盾构产业化的跨越式发展。2012年4月完成交机的两台14.93m泥水气压平衡式隧道掘进机实现了重大技术突破,实现了5项国内第一,5项世界首创。

公司拥有盾构研发制造的自主知识产权,采用"自主设计、自主研发、全球采购"的国际化运作模式,形成了集研发设计、加工制造、组装调试、技术服务、施工反馈、修造翻新、营销租赁一体化的盾构产业链。在知识产权战略上,通过技术创新专利化,并开展专利分析研究,加速技术创新进程、规避知识产权风险走在国内同行前列。已获得发明专利3项,实用新型专利1项。仅2012年就申请发明专利13项,实用新型专利3项。

四、产业结构升级,走多元化发展道路

为加快推进盾构国产化进程,为国家基础建设提供更为优良的施工装备,公司着力在盾构优化设计、富水高硬岩盾构整机技术研究、TBM关键技术研究、无水砂卵石地层用盾构、异型盾构、大型泥水盾构等方面加大科研开发力度,不断推动公司的研发步伐,致力于打造"盾构家族"产品的系列化。

公司在坚持以盾构产业化为主线的同时,积极实施多元化发展战略,已开发成系列隧道掘进机设备。目前,公司正在进行绞锚机等甲板机械的研发,并已在2012年4月开始投产。生产的锚机类产品主要有:移船定位锚机,托管架绞车,桩绞车、锚链绞车等。驱动方式、结构形式和功能设定等可根据不同用户的实际情况和要求进行最优设计。并联合武汉理工大学研发30~80m^3超大型抓斗挖泥船用挖泥机的技术,采用变频控制、电驱动技术,可以解决液力变矩器和直流电动机驱动两种驱动方式存在的问题,特别适合50~200m^3挖泥船的使用,该项目已列入国家科技部"863"的"特种船舶关键技术"研发项目。

中交天和的发展思路是"以地下空间施工装备和海工设备制造和服务一体化发展为中心,突出盾构产业化这一核心板块,在做强做大盾构制造业务的同时,采用'两条腿'走路的方针,并坚持隧道和海洋空间施工装备产业横向一体化发展,形成相关多元化的企业产品门类,成为世界一流的隧道装备、海工设备等综合服务和制造商"。

五、开展"产、学、研"合作,提高科技创新能力

中交天和充分利用院校在新能源、节能、降耗、高信息化技术、专业研发、频谱分析、应力分析、刚性分析和培训等方面的优势。虽然仅仅成立两年，就已与大连理工大学、同济大学、武汉理工大学等国内著名高校联合，以市场需求为导向，以科技成果的工程化、产业化为基本任务，形成产、学、研联合开发机制。

2011 年与武汉理工大学签订超大型盾构机研发项目合作协议，进行超大型盾构机的结构制造、液压传动和自动化控制系统的研制。联合申请的“特种船舶关键技术”获国家科技部“863”项目资金的支持。2012 年与大连理工大学签订大型隧道盾构机的研发与产业化合作协议，进行大型盾构机的产业化研发，获得江苏省重大科技成果转化项目资金的支持。与同济大学、中交隧道局、中交二航局等研发盾构刀具可视化技术等。

产、学、研联合机制有效地弥补了中交天和自身内部研发内容的不足，形成优势互补、成果共享、风险共担的开放式合作机制，提高了创新效率，降低了创新风险，加快了成果转化的速度和效率。

六、重落实强化质量管理，抓细节提升产品品质

质量是企业生存的生命线，企业永远是产品质量的第一责任人，只有全员质量意识的提升和积极参与，才能使质量真正获得质的提升。因此，公司制定了《质量控制管理办法》，组成了以质检部、生产部门为代表的各级管理层，将规范化质量管理措施落实到每一环节，让每一位员工都养成重质量的习惯。

如果说创新的金钥匙成功打开了中交天和步入业内领先地位的大门，那么实施全面系统的现代化质量管理，从细节着手提升产品品质，更为自主创新提供了强有力的保证。中交天和的精益生产将质量管理的职能和责任最大程度地落实到生产现场的最基层。因为，员工既是制造者又是质量检查者，肩负的责任要大于传统制造业工人。

“我们不会简单地因为质量问题惩罚员工，工作是可以改进的，但绝不允许隐瞒。”中交天和考核质量有两个标准：一个是一次合格率，一般都控制在 95% 以上；另一个是产品合格率，由专职质控人员来负责。对于产品的关键工序或隐蔽工程，制定报检停止点，确保产品的最终制造质量。正因为对产品质量的重视，使得公司的盾构机在隧道掘进行业内得到一致的好评，并在 2012 年 6 月顺利通过了船级社 ISO 9001 质量管理体系认证。

七、客户至上，售后服务稳步提升

中交天和秉承“一切为了客户，创造客户价值”的服务理念，以客户需求为中心，用一流的速度、一流的技能、一流的态度实现“超越客户期望，领先行业标准”的服务目标。公司设有专门的售后服务部门，建立专门的售后服务体系与流程，确保优质的服务。实施“一票到底”制，即：每一个服务订单是由谁最先接手的，那么这个订单的处理全过程都由此接手人负责跟踪、落实，直至处理完成。

中交天和虽然起步较晚，但起点较高，仅仅用了两年的时间，就创造了行业奇迹，完成制造了中国首台自主知识产权的超大型复合式泥水气压平衡盾构机。下一步，中交天和将产业由生产型制造业向服务型制造业转型升级，建立服务创新技术支撑体系，以客户需求为导向，综合集成各领域先进技术，打造服务型制造业的核心竞争力；将秉承“专业制造，专业服务”的企业方针，弘扬“勇于跨越，追求卓越”的企业精神，迈向更加辉煌、灿烂的明天！坚持效益与服务并重的原则，把握机会，优化管理。

〔供稿单位：中交天和机械设备制造有限公司〕

承载梦想、乘风破浪引领中国钢筋加工设备走向世界舞台

——建科机械（天津）股份有限公司

建科机械（天津）股份有限公司从成立之初就致力于钢筋自动化加工行业，十余年来历经风雨，终见彩虹，凭借着不懈的奋力拼搏已经成为国内钢筋加工行业的领军企业，并一直秉承着绿色工业发

展的理念。

公司自设立以来始终坚持以市场为导向，在引进消化吸收的基础上，坚持自主研发和技术创新，不断巩固并提升自身技术实力和研发地位。

公司于2004年成功研制出全自动数控钢筋弯箍机；2005年，国内最早使用双块式轨枕技术的武广高速铁路客运专线建设项目启动，公司受邀参与用于无渣轨道建设的工程配套装备——全自动数控钢筋桁架生产线的研发试制，并于2006年研制成功、投入使用，单台装备为国家节约外汇近百万欧元；2006年公司成功研制了全自动数控钢筋剪切生产线；2007年、2008年先后研制出全自动数控钢筋笼成型机和立式钢筋弯曲中心；2011年、2012年更是以惊人的发展速度更新设计并开发出多种机型及各种钢筋辅助工具。

在不断研发新品的同时，公司还发挥自身的技术优势，参与大量行业标准制定，努力推动国内商品化钢筋工程装备的标准化，促进了行业的整体发展。2006年，商品钢筋加工成套装备应用技术被建设部列为《建设部节能省地型建筑推广应用技术目录》项目；2007年，国家发改委颁布钢筋混凝土用加工成型钢筋行业标准，公司及公司总经理陈振东作为主要起草单位和主要起草人参与了该标准的制定；2011年，住建部颁布《冷轧带肋钢筋混凝土结构技术规程》，公司及公司副总经理张新作为参编单位和主要起草人参与了该规程的制定。此外，公司正在参与制定和修订的行业标准包括：2009年，工信部发布《关于印发2009年第一批行业标准计划的通知》启动制定的《钢筋混凝土用钢筋桁架》行业标准；2009年全国钢标准化技术委员会启动制定的《钢筋混凝土用余热处理钢筋》、《冷轧带肋钢筋用盘条》、《钢筋混凝土用钢材试验方法》、《钢筋混凝土用钢筋桁架》行业标准；2009年中国机械工业联合会下发的《关于印发工业和信息化部2009年第一批工业行业标准制修订计划（机械行业部分）的通知》启动的《钢筋弯曲机》、《钢筋切断机》、《钢筋调直切断机》行业标准修订和《钢筋弯箍机》行业制定。

多年来，公司在技术研发等诸多方面获得多项荣誉。2009年，公司的WG12A数控钢筋弯箍机等四项产品被评为天津市自主创新产品，WG系列数控钢筋弯箍机等四个研发项目荣获天津市技术创新优秀项目；同年，公司被认定为天津市企业技术中心，并获得天津市著名商标称号；2010年，公司获得天津市北辰区科学技术进步奖、天津市名牌产品称号，同年，公司获全国企事业知识产权试点单位和国家火炬计划高新技术企业，在如此良好的发展势头的推动下也顺利通过了ISO 9001—2008质量管理体系认证，出口产品更是顺利通过欧盟的CE认证；2011年，公司成为天津市专利示范单位并入选福布斯中国潜力企业榜（中小企业排名第112名）。

目前国内从事钢筋工程装备制造的有500余家企业，而生产中高端自动化钢筋工程成套装备的企业却为数不多。据统计，2011年本公司在数控钢筋工程装备领域的销售规模（含出口）约占本行业中高端市场销售规模总额的85%，在下游多个领域具有显著的市场优势地位。2006年以来，公司加大国际市场开拓力度，产品的国际市场份额和国际知名度不断攀升，2010年，建科机械在数控钢筋弯箍机、数控钢筋弯曲和剪切生产线，以及数控钢筋笼成型机等几大领域占有全球市场份额已达7%，位列全球第五名，跻身国际主要数控钢筋工程成套装备生产厂商行列，并成为全球市场份额最高的中国企业，公司在市场方面所取得的诸多成绩，均是我们所一直倡导的客户至上的服务理念具体体现。

2011年公司斥巨资兴建的位于天津市北辰区陆路港物流装备产业园区内的新厂，总规划用地面积为160 000m²。着力实现各类产品的全面扩能扩产，达产后新增各类设备1 996台（套）的生产能力。充分利用公司已形成的技术、专利、人才及市场等诸多方面的先发优势，努力成为集研发生产、专业软件开发和整体化工厂规划设计于一体的系统集成供应商。未来在国内市场方面公司将实施

"抓高端、放低端"的经营策略，加快覆盖全国的销售和售后服务网络建设，充分发挥公司以市场需求为导向的研发策略，将研发、生产与上下游产业的需求和发展紧密结合，在服务于既有客户群体的同时加大港口、城市轨道交通和普通民用建筑等领域的市场开拓力度，最大限度地拓展国内中高端市场，进一步扩大市场规模，将公司打造成为数控钢筋工程设备制造的产业化基地，成为国内同行业的领军企业；与此同时还要着眼于国际市场，根据《中国机械工业年鉴(2010)》统计，2009年以来，我国工程机械产品产销量及销售额都已上升为世界第一，我国已成为国际工程机械制造大国。即使在2009年经济危机的影响下，我国工程机械出口额仍比进口额高50%，贸易顺差达到25.6亿美元。数控钢筋工程设备制造业作为工程机械设备制造业的分支，在国内尚属新兴行业，而其在国外的发展较为成熟，并形成稳定的市场。在这一格局下，公司将继续坚持走出去的方针，加大全球营销力度，进一步打破国际品牌在国际市场的垄断，巩固现有海外市场的同时，大力开拓美洲和欧洲市场，利用公司的技术、研发优势和产品性价比优势，设计和制造更多符合国际客户需求的产品，努力拓展新兴经济体市场份额，除在海外市场设立销售代理外，还计划在部分国家建立设备组装分公司，提高直销能力和售后服务质量，提升国际市场占有率，打造中国数控钢筋工程成套装备的出口产业基地，努力跻身国际一流企业行列。此外公司将继续保持用人制度的灵活性和高效率，贯彻"以人为本"的用人方针，加大科技人才和管理人才的培养和储备。

我们将努力迎合市场发展，不断创新，不断突破，坚持走专业化大规模生产的发展路线，致力于将中国制造，彻底变为中国创造，立足本国，走向世界的同时，以跨越性思维追求更卓越的发展目标，努力成为全球自动化钢筋加工行业的领跑者，才是我们发展的最终目标。

我们相信只有最强才可满足最强。

相信中国创造！

〔供稿单位：建科机械(天津)股份有限公司〕

变革　创新　发展

——宁波大港意宁液压有限公司

专业化大规模生产是工程机械配套的高端液压件国产化的发展方向。工程机械用的高端液压核心零部件目前几乎全部依靠进口，国产的液压元件量小质差，形不成气候。坐落于东海之滨的宁波大港意宁液压有限公司，作为工程机械配套件企业的一员，深感重任在肩，尽管2011年工程机械遭遇寒流，公司始终以等不起的紧迫感、坐不住的责任感、慢不得的危机感坚定不移地走专业化大规模生产之路。

变革之路　公司管理层不断更新观念，使经营机制和运作模式日趋完善。公司进行了一系列大刀阔斧的改革，将与公司相关联的几个企业进行兼并、重组、整合，进行股份制改造，股权清晰，责权明确。现代企业的管理离不开信息技术的支持，管理与技术的融合催生出了各种管理软件，公司先后引进ERP、PLM等先进的软件管理系统，建立起统一的公共信息管理平台。

同时进行了用人制度的改革，打破了以往论资排辈或由领导任命的用人制度，通过竞聘的方式进行中层干部的选拔，为每个员工提供了发挥个人才能的舞台，将合适的人在合适的时期放在合适的岗位上，让每个岗位最大限度地释放活力和创造力，以人为本，将个人与公司利益同步最大化，达到双赢的效果。采用了"柔性引才"的方法，不求所有，但求所用，为顶级的专家颁发聘书，为我所用，增强科技实力。

另一方面，生产模式的变革是对企业管理体系和理念的全面提升，从过去的"生产什么就销售什么"逐步走向"按顾客的定单生产"，客户不仅是经营链的终端，更成为起点，让"以用户为中心"的理念深入人心，为步入“定制时代”打造坚实的基石。为提高产品质量，适应日趋激烈的市场竞争，分别成立了三个不同的质量攻关小组，由领导挂帅，带领各部门攻克难关，改善产品质量。

创新之路　企业要立足于长远发展，必须要站在技术最前沿，形成具有自己特色拥有自主知识产权的核心技术，才能真正拥有竞争力，走创新之路是企业发展的必然选择。公司建立了市级工程技术中心和省级高新技术企业研究开发中心，还与上海交通大学、同济大学等成立了联合研发中心，积极开发新产品，使新产品逐步成为企业的主导产品和利润增长点，不少新产品先后被评为浙江省装备制造业首台（套）产品、宁波市重点工业新产品和国家级重点新产品。提升了企业的盈利能力和经济效益，抵挡住了金融危机的冲击，2011 年面对严峻的经济形势，我们的出口产品还是较上一年增长了 27.7%。

将科技实力真正转化为核心竞争力，实施知识产权战略是必经之路。公司加强知识产权平台建设，完善专利制度，现有专利 32 个，其中发明专利 13 个，2011 年又申请并受理了发明专利 7 个，一项发明专利还获得第十三届中国专利优秀奖，公司被评为宁波市专利示范企业和浙江省专利示范企业。

标准的制定是为了整个行业的规范和进步，只有整个行业良性健康发展，企业才能获得持续发展的机会。为此，我们积极参与行业标准的制定，是行业标准 JB/T 8728—2010《低速大扭矩液压马达》的主持起草单位，是国家标准《高速、高效、低噪硬齿面齿轮减速器》的起草单位，是机械行业标准 JP 型行星齿轮减速器和 HP 型行星齿轮减速器的起草单位，主持起草行业标准，在推进行业发展的同时，为企业的发展营造了空间。

公司走的是一条从技术到专利再到行业标准的创新之路，以专利、标准为基础打造品牌，为企业赢得行业话语权。依托现有的平台，我们有信心在创新的路上走得更远。

发展之路　公司的前身是成立于 1996 年的中意合资宁波意宁液压有限公司，经过十几年的发展壮大，目前占地面积 4 万 m^2，销售收入 3.2 亿元，注册资本 22 500 万元。在此基础上，公司决定加大技改力度，提升生产装备水平，因为没有投入就没有产出，没有技改就没有发展后劲，没有规模就没有后续效益。于是在北仑春晓征地面积 69 万 m^2，总投资 3.2 亿元，新建厂房面积 6 万 m^2，2011 年投资 6 000 余万元购置先进加工设备，其中价格超百万元的进口设备 13 台，专业化大规模生产挖掘机液压部件。与此同时在江苏金湖征地面积 12 万 m^2，注册资金 3 490 万元，投资建立了江苏力劲重工有限公司，并且立足国内，放眼世界，投资 300 万美元，在新加坡开设了子公司，成立了欧美亚液压设备有限公司，进一步开拓海外市场。

公司注重加强与大专院校的科研合作，使自主研发能力得到显著增强，保证了技术的不断延伸和产品的持续更新换代。与同济大学、浙江大学、湖南山河智能公司共同承担的工程机械用高压柱塞泵及液压马达传动装置产业化项目作为国家重大科技成果转化项目获得了工信部、财政部2 000万元的资助，并取得了阶段性的成果。

公司是国家重点支持的高新技术企业，宁波市技术创新示范企业，宁波市工业“两创”倍增发展优秀示范企业，2012 年还被评为宁波市百家工业行业龙头骨干企业。在 2009 年宁波市销售亿元以上工业企业综合效益排名中名列第二。公司通过了 ISO 9001—2008 版国际质量体系认证、标准化良好行为认证和计量检测能力的确认，出口产品还经欧洲 CE 认证和欧盟 EC 认证，抛落艇用内藏式紧凑型液压绞车，在中国第一个获得了挪威船级社（DNV）颁发的 EC 型式认可证书。

公司将以领先的科技服务于工程机械，以创新的视野缔造品质传奇，以更深刻的思考、更积极的行动，不断开拓，不断前行，坚持走专业化大规模生产的发展道路，有信心把企业打造成具有国际竞争力的品牌企业。

〔供稿单位：宁波大港意宁液压有限公司〕

技术创新,行业夺魁

——新魁液压技术有限公司

新魁液压技术有限公司是一家中韩合作的高新技术企业,成立于1995年,是专业生产挖掘机液压缸及其他汽车、工程机械、工程车辆等行业配套用高压油缸的实体企业。公司现有员工600多名,其中工程技术人员120多名,工厂占地面积10万m^2,建筑面积9万多m^2,年销售收入超6亿元。

新魁公司拥有一支强大的专业队伍,从事高压油缸研发、设计、制造、销售及服务,能满足每一家主机厂对产品的需求,品质得到用户的肯定。为进一步做强、做大实体经济,更好地满足用户的需求,2010年公司在杭州市萧山区投资4亿元,建设年产8万台挖掘机液压缸,3万台非标高压油缸的新工厂。新工厂建筑面积7万m^2,配备世界先进水平的挖掘机液压缸制造设备及实验设备。如全自动多功能热处理设备、全自动清洗设备、精密自动焊接、进口抛光机、加工中心、车削中心、全自动油缸装配机、耐久性实验设备等300多台套。产品销往国内外各大主机厂。新工厂的建成投产,标志着新魁液压技术有限公司已成为国内最具实力,产品性能达到国际领先水平的一家现代化企业。

新魁公司始终秉承"新魁起步,诚信铺路"的经营理念,勇于承担社会责任,坚守"技术创新,行业夺魁"的经营方针,为客户提供超值的产品与服务。

一、工欲善其事,必先利其器

如果将公司比作行军作战的军队,那么设备就是其最重要的武器、装备,武器的先进与否,直接关系到军队的作战水平。设备对于机械行业来讲,如同武器一般,是制胜的物质基础。新魁液压技术有限公司一直非常重视设备的升级与改造,每年在技术改造上预留产值的10%,作为技术设备的升级革新的储备资金,长期的积累与持续投入改造,使新魁公司拥有了强大的作战武器,如:自动多功能热处理设备、全自动清洗设备、精密自动焊接、进口抛光机、SRB刮削滚光机,高精度磨床,高频加工中心与车削中心、全自动油缸装配机、先进的表面处理系统,其制造设备的先进性不言而喻,公司年年被市政府评为技改先进单位。

精密的加工需要先进的检测与试验来保驾护航,公司在技改的过程中对计量与实验室的建设向来不松懈,参考国标与行业先进标准建立企业高规格标准,是保证计量与实验水平先进性的必备前提,同时备配同等的计量与实验器具及设备,提供优越的检测与实验环境是确保计量与实验水平的客观条件。目前公司建有标准的计量室与实验室各一个,自有高于国家与行业的企业标准一套。

二、强兵、强将,强企之道

新魁公司是一个在行业中低调飞行的企业,从十几年前只有几十人,从事拖拉机缸筒加工的乡镇企业,逐渐发展到现有员工600多人,其中工程技术人员120多人的现代化高新技术企业。公司每走一步都有一个高度,这个高度不虚华,不喧染,就像一个武功高超的大侠,不但具有扎实的基本功,更有上乘的对弈智慧,底蕴深厚,实而不浮。新魁公司在发展的过程中,非常注重与员工共同成长,只有员工的不断进步才会坚实企业发展的基石。新魁公司上自董事长、总经理,下至班组长,对下属员工的发展与培育都非常重视,师带徒,徒尊教,在新魁公司具有良好融洽的人文传统,公司高要求,高标准,领导关注,上下级齐努力,一起奋斗。在新魁公司,兵完不成的任务,将有责。在新魁的强将,都是从能练出强兵,领出好兵的团队中挑选出来的。在新魁对有当好兵强将愿望的员工都会给予相应的发展平台,英雄不问出处,只看当下是否能努力拼搏,并且能有较好的绩效。因此培育员工,锻炼干部是新魁公司在低调中经久不衰的秘决之一。当然一个企业的发展光靠自身人才的培育是不够全面与丰富的，所以引进外来优秀的人才，也是新魁人才战略发展之一。作为一个民营企业特别是一个不喧哗的企业，真心实意地引进人才从不徒虚名。新魁公司对引进的人才因才而用，因能定薪，突破国界，不惜重金，尊重人才，拒绝庸碌。上下形成前线员工讲技能，求技艺；二线员工讲服务，求实绩；领导干部讲真才实学，求效益的良好企业文化。公司也努力为员工营造温馨的人文环境，让每一位新魁人在企业找到自身的价值与乐趣，共同建设新魁和谐的“家”文化。

目前新魁具有一支强大作战能力的技术队伍，一线操作技工 300 多人，具有技师资格与职称的占 3%，工程技术人员 120 多人，其中业内高级国外与本土专家 10 人，具有中级以上技术职称 20 多人，专门从事高压大流量液压元件开发技术人员 70 多人，占企业职工总数的 11.67%，能根据主机厂的不同要求设计出不同的产品，其产品销往国内外十余个国家和地区，受到广大用户的一致肯定。

三、技术创新，行业夺魁，为“新魁”之魂

一个企业如果没有追求，那么他离死亡就会不远，一个企业如果没有梦想，那么这个企业就没有更好的发展。新魁就如一个刚出道的年轻人，对未来充满了理想与追求。公司从自身的优势与行业的特点出发，立下了“技术创新，行业夺魁”的战略目标，并紧紧围绕这一目标，开展各项工作。追求精湛的技艺，以技术创新为企业永续经营与发展的着力点，以行业夺魁为企业奋斗的目标。一年一进步，三年跨一大步，五年更新一高度，十年、二十年、三十年、五十年、持续不断创新高度。企业以技术创新为发展的着力点，创新的智慧来自于每一位员工，新魁建立《合理化建议奖励制度》、《技术创新激励体系》、《职工技能定级定薪制度》等一系列创新政策，促进员工不断挑战自我，成就自我。新魁坚信创新来自于每一位员工，夺魁是企业每一个员工的共同目标。所以在新魁这个在低调中飞行的民营企业，公司的文化底蕴非常深厚。今后新魁液压仍会更低调行走在行业当中，但“技术创新，行业夺魁”的口号必将号召着每一位新魁人去奋进。

公司自从 2007 年开始注重知识产权保护以来，每年申请专利多项，截至目前在公司技术团队和公司领导的共同努力下自有专利 14 项，在技术方面取得重大进步：如，气控液压阀、T 型支撑结构的缓冲机构液压缸、重型卡车驾驶室液压翻转系统手动泵站、柱塞油缸、钢珠定心内孔撑涨夹具、电动式线性驱动器、脚踏式叉车制动阀、机液联用助力器、浮动缓冲环结构、四爪中心架等均申请了专利；其“新魁”牌液压缸、泵、阀系列产品被认定为全国机械制造行业质量放心、国家标准合格产品，公司获浙江省高新技术企业称号，技术中心评为杭州市企业技术中心，部分员工工作室被认定为地区职工技能创新先进工作室，部分员工被授予地区工人先锋号等一系列荣誉。

四、为顾客提供超值服务，实现“新魁”社会价值

新魁始终秉承“新魁起步，诚信铺路”的经营理念，勇于承担社会责任，坚持“技术创新，行业夺魁”的经营方针，以“品牌经营、超值服务”为产品定位，为客户提供超值的产品与服务，实现新魁的社会价值。新魁虽然是一家规模并不算大的民营企业，但从成立那一天起，就奉行“诚信为本、服务社会”的企业使命，坚守“正直、守信、创新、进取、尊人重才、团结和谐”的核心价值观，努力营造企业“家”文化，为员工建立良好的工作氛围和生活环境，为企业内外部客户提供超值的服务，超出客户所期望的这是新魁为之努力奋斗的目标，也是结果。公司每年会向周边困难户赠送实物与现金捐助，2010 年公司向社会捐赠留本冠名慈善基金 500 万元整，被杭州市委评为社会责任建设先进企业。

五、长风破浪会有时，直挂云帆济沧海

2012 年，在国内外经济形势非常严峻时期，新魁则依然如故，搞好技改，练好内功，相信新魁对技艺的坚守，始终会为客户提供超值的价值，经济不管怎么轮回，人们对精品的追求还是永不消退。但精品不是一日而成，而是通过团队成员间磨合到位、执行到位，积累到位，以日积月累的滴水不漏精神养育起来的。新魁人则凭借勤劳的双手，推动新魁走向世界。面对严峻的外部形势和经济挑战，新魁人依然昂首奋进，心怀“黄金百战穿金甲，不破楼兰誓不还”的坚持和信心，终将迎来“长风破浪会有时，直挂云帆济沧海”。

〔供稿单位：新魁液压技术有限公司〕

浙江高宇液压机电有限公司

浙江高宇液压机电有限公司（以下简称高宇液压）创建于2006年4月，是一家专业生产工程机械、工程车辆液压元件，集研发、制造、营销于一体的股份制企业，公司主要生产配套装载机、叉车、挖掘机、推土机、轮式起重机、履带式起重机、路面机械等的多路换向阀、变速操纵阀、流量放大阀、转向控制阀、制动阀等液压元件，共30多个系列，200多个品种规格。是国家高新技术企业、浙江省科技型中小企业。

2011年公司销售收入同比去年增长62.1%。作为进入液压行业的后来者，高宇液压经过短短5年的发展，走过了一条稳健的发展之路，取得了非凡业绩，这取决于高宇管理团队对公司每一步发展的正确定位。

一、五年历程，奠定行业地位

从2006年成立到2011年，高宇液压走过了5年发展历程。这五年，是高宇液压经历了许多、成长了许多，最终成为行业领先的至关重要的时期。当时，中国土石方工程机械液压元件主要集中为少数几家供应商配套，高宇液压作为一名新手，要进入强手如林的工程机械液压行业并保持持续发展，如果仅仅是复制现在流行的普通产品，在一定阶段和时期内可以，但无法持续发展，更无法超越强者。只有研制出替代目前广泛使用的，性能优越的产品作为市场的切入点，才有可能立足于市场。当然这有一定的风险性，但是：如果不敢想，不敢做，不敢为人先，就无法出奇制胜。

当时国产3～5t轮式装载机的工作液压系统普遍流行采用空心结构阀杆的DF25/32整体式手动多路换向阀，并且市场异常火爆。通过产品市场调研分析认为：虽然该产品供不应求，但因受结构的限制，致使压力等级偏低，只有研制未来可替代产品以适应国内主机工作液压系统的更新换代及技术改造的要求，才能抢占先机，占据市场新的制高点。于是高宇的领导团队确立了“高端定位、高起点切入，直接研制现有液压阀的升级换代产品”的战略。通过对已有配套件行业生产经验和对装载机行业广泛的了解和深度分析，公司技术研发人员着手进行多路换向阀改型产品的研制。从2006年4月公司成立到10月短短6个月的时间，即自行成功研发了具有自主知识产权的深度改型产品GDF32多路换向阀，它采用实心阀杆结构，能有效解决国内目前3～5t装载机工作系统普遍存在的高温、高压、大流量下易出现阀杆换向液压卡紧、主机工作装置沉降量大、操纵力偏大、操控性不好等技术难题，投放市场后备受用户青睐，并迅速替代了传统结构的多路阀。2011年GDF系列多路换向阀的市场占有率高达60%，保持行业领先；由于有先见的高起点切入，加上制造技术的成熟、使得高宇液压迅速成为工程机械主要配套单位，2010年、2011年分别被评为首届工程机械配套件行业“液压件及附件最具影响力品牌”“最具市场表现奖”。

二、技术创新，突显竞争优势

工程机械行业近两年高速发展，国家政策大力支持，行业具备了快速稳定发展的条件。高宇液压进入工程机械液压行业时间并不长，产品市场综合占有率却高达30%以上，主导产品质量水平能在短短的5年快速升级并于2011年位居行业第一。一路走来，靠的是两大竞争优势：一是注重研发，二是品质提升。

技术创新是高宇液压发展历程上的重要策略，

高宇液压着眼行业高新技术领域，充分发挥专业、资深的研发团队力量，以每年不少于销售收入6%的研发经费投入、平均10～15个的速度推出科技含量高、市场占有率高、附加值高的具有自主知识产权的新产品、新工艺和新材料。目前共有涵盖工程机械液压工作系统、传动系统、转向系统、制动系统四大系统液压阀产品共30个系列，200个品种规格。新产品研发及产品改善稳步推进，中高端产品研发进入实施阶段：如挡位控制阀、转向控制阀的试制；优先阀、先导阀的测绘设计；推土机阀的试调制生产等。2011年公司产品XDF3电磁定位式比例先导阀、ZLF25B流量放大阀、DCCT6叉车电液操纵阀）三项产品通过浙江省省级新产品鉴定。公司技术中心被确认为浙江省中小企业技术中心。

脏、漏、差一直是工程机械液压元件的顽疾。诸多液压元件制造厂家存在着“重研发、轻工艺”的观念，一直没有站在一定的高度对这些问题进行系统性的攻关。高宇液压意识到工艺攻关的独特作用与重要性，组织一支队伍专门从事液压元件的关键共性基础工艺研发攻关工作。包括：对清洁度控制涉及的铸件清砂、去刺、防锈、油道清洗、油液污染度控制、表面涂装、精密孔加工技术、高耐用度加工刀具设计、辅助物流装备、检测试验技术攻关等。目前已设计掌握了油道清洗、产成品内部残油清除工艺及装备等5项高精度、高效能的核心工艺技术及装备。在铸件高压清洗、去残油工艺等方面取得了突破性的效果，同时将原有的产品工机加工、装配、涂装工艺流程进行了改进提高，对提高产品品质、提高效率产生了很大的积极作用。

三、独特产品，扩大市场份额

公司产品的竞争能力主要反映在技术水平、质量和服务上，具体体现在产品技术水平和质量水平必须始终处于业内领先。

公司近几年研制开发的一批技术档次高、技术含量高、附加值高的高科技产品步入成熟期，形成批量，成为企业发展新的经济增长点。高宇液压的管理团队清醒地认识到产品同质化趋势将导致过度竞争，要在激烈的市场竞争中，赶超行业“标杆企业”和优秀企业，必须要紧紧跟踪行业发展趋势，始终瞄准国内主流产品的最新技术，根据我国的装备制造业普遍存在中低端产能过剩，高端空白的现状，高宇液压确立了产品升级，向高端化配套件发展来拓展配套领域的思路。

2011年公司制定并实施系统的液压阀的研发规划以及20～50t轮式起重机用液压阀组、小挖用液压阀组、履带吊液压阀组的研制，这标志着高宇液压正在跨入新的领域和新的空间，开创高宇液压多领域突破、多层次跨越的新局面。

为配合公司的战略发展规划，公司已投资5 000万元，进行液压元件提高品质及规模化生产技改项目，该项目已列入国家2010年工业中小企业技术改造项目。计划于2012年9竣工，拟新建厂房面积27 720m^2，厂房布置分为机械加工、装配调试、清洗三个区块，功能区相互独立，且物流转运方便，生产流程充分体现清洁、有序、高效的原则；增添国产设备立式加工中心等31台套，企业形成年产165 000台套新型液压阀、液压泵综合生产制造能力，届时公司的生产效率、装备水平，质保能力将大幅提高。

目前公司正在推行精益化管理，完善质量体系，保证为客户提供优质的产品和服务。公司规划“十二五”期间销售收入年均增长30%以上，至2015年成为工程机械配套件行业一流民族品牌。

〔供稿单位：浙江高宇液压机电有限公司〕

浙江海克力液压有限公司

一、公司概况

浙江海克力液压有限公司是一家由创建于1989年以出口北美市场为主的中外合资企业台州市多伊尔机械有限公司和成立于2008年以国内市

场为主的临海市海克力机械有限公司共同组建而成的股份制企业。坐落于国家历史文化名城、中国宜居城市——浙江临海。

公司占地面积4万m^2,建筑面积28 000m^2,资产近亿元,2011年销售产值1.2亿元,与美国COMMERCIAL公司、Park公司、加拿大METARIS公司建立长期合作关系。其中P31、P51、P76滚动轴承系列,P315、330、P350、P365滑动轴承系列高压齿轮泵,G101、C101手动、气动、两级调压自卸泵等20多个主要系列产品,出口欧美等发达国家。

一直以来,公司秉承“开拓创新、百思图强”的经营理念,在稳定发展国外市场的基础上,全面做好国内市场的拓展工作。自2008年开始,有计划地从国内液压件知名生产厂家引进具有多年生产液压件经验的技术、生产、工艺、质量、管理及售后服务等骨干人才近50人,在通过吸收国内外先进技术的基础上,自行研制了中高压手动、液控多路换向阀、先导阀、变速操纵阀、转向控制阀、流量放大阀等液压元件,共20多个系列,100多个品种规格,广泛应用于国内外各种工程机械如装载机、平地机、矿山机械、石油机械、超重运输机等液压系统装置中。

公司目前国内配套的主要客户有:广西柳工机械股份有限公司、江苏柳工机械股份有限公司、厦门厦工机械股份有限公司、徐工集团、成都成工工程机械股份有限公司、杭州前进齿轮箱集团股份有限公司、安徽合力股份有限公司、常林股份有限公司、斗山工程机械(山东)有限公司、福田雷沃国际重工机械有限公司、福建晋工机械有限公司和宜春重工有限公司等。

二、公司在国内工程机械液压元件方面的产品现状及产品发展方向

经过近几年对国内市场的逐步开拓,公司已形成批量供货的成熟产品:3~5t装载机工作系统用E系列多路换向阀、D32卡特系列多路阀、DJS多手柄、DXS单手柄先导阀、HSF8压力选择阀、先导供油阀、工作泵等产品;转向系统用ZLF25流量放大阀、YXH25优先卸荷阀、XH25卸荷阀、HXF-B6限位阀、转向泵等产品,变速系统用6WG180电液变速操纵阀、ZL50.6.18变速操纵阀、变速泵等产品;制动系统用HPDF05充液阀、HPDF06液压制动阀、蓄能器总成等产品。由于产品的质量,性能都达到了客户的要求,得到了客户的充分肯定和认可。

目前已开发或正在开发的产品:针对小装用片式多路阀片间漏油问题,公司与厦工小型机械公司合作开发小装E20整体式多路阀,并准备装机考核;为了满足日益增长的6~10t大吨位装载机液压元件国产化、节能环保的市场需求,公司自主研发了FB38正流量控制变量多路阀,目前已小批量在主机上装机考核,反应较好,节能明显,逐步推向市场,此产品已获实用新型专利,已申请发明专利;公司研制开发的L12多路换向阀,用于农用机械行走变量系统中,已通过用户考核;为了提高转向系统的操控性、安全性,以及符合现代工程机械节能减排、绿色环保的要求,新型LS流量放大阀、优先型变量转控阀已经列入公司2012年开发项目;具有两级调压功能的4DC200电液变速操纵阀,是今后中高端装载机电液变速箱的理想产品,目前已进入小批量生产。2013年计划开发中型装载机变量多路阀,以满足装载机绿色革命的要求。

公司今后在国内工程机械液压元件方面的重点发展方向:拓展装载机液压泵、阀产品品种,从小吨位到大吨位、从定量系统到变量系统,从手动到电液控制,开拓叉车、平地机、推土机及自卸车等工程机械液压泵、阀领域,积极开发附加值高、技术含量高、有竞争力的产品,通过引进开发,在自己的优势领域占领技术制高点,特别要在高新技术方面加强研究。

公司非常重视研发团队,注重新品研制开发,由一批老中青三个不同层次年龄层组成的研发团队,不仅有经验有技术,而且思想先进,思维活跃,具有持续的技术开发力。2008年至今公司共拥有11项技术专利,其中1项为发明专利,目前已申请两项发明专利,一项实用新型专利。2012已完成5

项省级工业新产品项目备案，并已着手组织省级新产品鉴定。今后，企业将继续每年投入营业额5%以上的研发经费用于新产品的开发和人才的引进、培养，逐步使企业迈进先进企业行列，致力于行业领先位置。

三、公司生产、检测设备方面的现状及进一步投资计划

2010~2011年，两年内公司投资1 200多万，完成新增现代生产厂房17 000m^2。

公司现有加工中心17台，试验台20台，数控车床、数控铣床、无芯磨床、外圆磨床、摇臂钻床、平面磨床、专用机床等加工设备共450多台，具有年产20万台液压泵、20万台液压阀的生产能力。

同时，具有较完善的检测设备，如：全自动三坐标测量仪、手动三坐标测量仪、万能齿轮检测仪、金相分析仪、碳硫分析仪、电子布氏硬度计、多元素分析仪、动态电阻应变仪、瞬态波形存储记录仪、软性光纤内窥镜、洛氏硬度计、油液污染度检测仪、数字式粘度计、高精度电脑校验仪等。

公司将不断追求专用生产设备的改进、检测手段的提升。今年计划再投资200万元，用于添置数控镗床、数控铣床、专用铰孔机床、多功能测试台及设备改造。为企业的新产品开发及后续发展打下扎实的基础。

四、公司内部管理的现状及今后努力方向

公司通过加强企业管理，已初步完善质量管理体系、考勤制度、工资管理制度、生产流程的过程控制等，并通过计算机三维造型，CAD制图、用友企业管理软件的应用等，使企业管理逐步走上规范化，提高了企业整体管理水平和档次，建立了适应市场经济发展的现代企业制度，促进企业快速、稳定、健康的发展，使企业进入良性的发展循环轨道。

公司在致力发展的同时，通过贯彻ISO 9001国际标准，完善公司质量体系，使质量管理标准化、规范化、科学化，保证为所有的顾客提供优质的产品和服务，同时逐步做到与国际接轨，参与国际经济大循环。

公司加强与专业技能院校合作，为员工进行专业知识、专业技能的培训，同时，公司派部分高管参加清华大学精益制造管理研修班的培训，目的就是打造一个熟练生产、精于管理的员工队伍和管理团队。

企业管理永无止境，只有不断超越自我，才是企业不断做精、做强、做大的不二法宝。

公司以用户需求为己任，不断采用新技术、新工艺、新装备，生产出技术先进、质量可靠的优质产品，提供高效优质的服务。愿与各界朋友携手合作，共创美好未来。

〔供稿单位：浙江海克力液压有限公司〕

厦门市桥箱机械工业有限公司

厦门市桥箱机械工业有限公司系厦门忆辉控股有限公司旗下的一家全资子公司。成立于2005年，注册资金1 500万元，职工人数近200人，各种专业人材52人，占员工总数比例近30%，其中高级以上职称4人，中级职称18人，其他专业技术人员近30人。公司系专业生产小型工程机械系列产品的民营科技企业。

公司主导产品有SZF系列伸缩臂多功能叉装机和YH系列全液压多功能轮式挖掘机及内燃平衡重式叉车和QX50系列装载机驱动桥。产品具有配件成熟，性能可靠；安全美观，性价比高；供货及时，维修方便等优势，深得广大顾客好评及市场的信赖。

公司秉持“高效，严谨；团结，创新”企业精神。截止至2011年底，公司已获国家知识产权局批准专利5项。申请批准的注册商标4项，其中“厦门桥箱”注册商标被认定为2011年度厦门市著名商标及福建省著名商标。公司生产的SZF系列伸缩臂多功能叉装机已取得国家质检总局颁发的工程机械特种设备制造许可证；YH系列全液压多功能轮式挖掘机也通过了国家工程机械质量监督检验中心的型式试验，产品达到设计要求，符合有关标准规定。公司还是福建省土方机械标准化技术委员会委员单位。

近几年来公司稳定发展，2010～2011年度被厦门市同安区政府授予“纳税百万元大户”称号，并于同年度被区政府授予“和谐企业”称号。公司伸缩臂多功能叉装机产品在第十届北京国际工程机械展会获工程机械造型与外观质量优秀奖。公司已建立了完整的质量管理体系并通过ISO 9001—2008质量管理体系认证，科学的管理，确保整机产品质量，专业的品质，即时的服务，正成为公司永续发展的动力。

在经济快速发展的今天，工程机械行业也同样步入快速发展时期，适销对路的产品，也迎来发展的机遇。近几年来，随着我国城镇化进程向深度和广度发展，小型工程机械产品作为后起之秀，特别是小型挖掘机主要得益于灵活、便捷的作业方式以及对场地的高适应性，非常利于在目前农村改造、城市扩建、水利农田改造等项目一展身手。在道路和市政设施的修理维护和城市小型工程项目及新农村建设逐步深入发展的今天，其工程业务量占社会施工总比重越来越大。公司两大系列主导产品：SZF系列伸缩臂多功能叉装车，整合了叉车与装载机和起重机的基本功能及优点于一身，实现了叉、装、运、卸等诸多功能，且其配件成熟、性能可靠，该车采用高效双驱结构，以及多节臂结构，满足各工况使用要求，经过反复的设计改进，产品质量日趋稳定，适应性更强，填补了国内工程机械品种的空白。YH系列小型全液压多功能轮式挖掘机在动力、液压、电气系统及结构件方面均属全新设计，特别是动力和液压系统的全新匹配，回转机构的设计改进，使其集动力强劲、高效节能、操作舒适灵活、适应性强、维修方便、环保等特点于一身。特别是在应用CPU中央处理器后的全面监控、智能保护方面对整车运行机构更加优化。使其综合性能，整机质量达到国内同类产品的较高水平。

在坚持优选国内优质配套件基础上，努力降低采购制造成本，进一步提高整机性价比，实现整机配套件国产化率达到90%；注重精细装配，注重过程控制，产品与产品的差异在于细节，公司管理层非常重视装配过程细节控制，并制定出一套完整有效的装配工艺要求，确保整机产品装配质量。公司还大胆应用新技术、新工艺，在整机结构件前期处理上改变传统的喷丸处理方式，而是采用科适德GS9600除锈防蚀液对结构件进行前期处理。从而降低整机结构件制造成本，并进一步提高了油漆附着力，使整机外观油漆质量得到了极大的提高。只有优质的产品才能为客户带来效益，为社会创造财富和价值，并在激烈的市场竞争中站稳脚根，占有市场，坚持自主创新开发新产品，应用新工艺及新管理，公司才能不断发展壮大

公司还充分利用社会有效资源，结合公司的研发制造能力，以及大专院校，科学研究院等资源，整合包括一线工人在内的各种人力资源，逐步建立成由原始创新、集成创新、开放创新、持续创新组合成技术创新体系。自觉地将自主创新全方位融入产品研发全过程，以自有品牌产品占领市场并出口。

桥箱人的产业梦想是，5年内把“厦门桥箱机械”做强，做专，做精，走出一条具有本公司特色的发展道路——专、精、特、优的科技创新之路而成为行业的佼佼者。

〔供稿单位：厦门市桥箱机械工业有限公司〕

厚德诚信　拼搏发展

——山西鑫邦贸易有限公司

山西鑫邦贸易有限公司成立于1994年，是山西金邦（集团）贸易有限公司下属子公司，拥有独立法人资质，注册资本3 880万元。经过不断发展，山西鑫邦贸易有限公司已成为集钢材销售、加

工服务、物流配送、电子商务为一体的综合性企业。

公司经营中，凭借优质的服务和良好的信誉，恪守“以人为本，诚信经营”的宗旨，获得了 ISO 9000 质量认证。强化内部管理，优化人才队伍，采用灵活的经营机制，扩大经营规模，抓住机遇，掌握竞争主动权，提高市场占有率，让知识成为员工的营养，让人才成为公司的第一财富，让管理成为公司的增效手段，让诚信成为公司长期生存的保障，从而促进公司不断发展壮大；业务方面，始终恪守“平等合作，为客户创造价值”的经营理念，在客户中树立了良好的形象，与国家六大制管厂建立起稳定的合作关系，业务范围已由山西辐射到东北、华北、华中、华南、西南及西北等区域。在发展中得到了社会各界的认可，公司与太钢、中石油、中石化签订了“战略合作伙伴协议”、“战略供应商协议”。成为管线钢经销商以来，我们组建了一支专业的管线钢技术服务团队，在中石油、中石化、中海油、各钢管厂、相关地区天然气主管单位的积极支持下，先后向中石油西气东输二线、十堰—枣阳、日照—东明、大连—沈阳、青岛—威海、锦郑线、太长线等国家重点工程供货，促进了太钢管线钢由低钢级到高钢级逐步发展。

近年来，随着企业的发展，经营规模的扩大，鑫邦公司不断强化企业管理，并致力于把企业办成一个学习型的组织，逐步培养和造就了一支作风正、业务精、素质高的员工队伍。在工作中，鑫邦公司始终坚持“员工为本、崇尚团队、客户至上、质量兴企、不断创新”的核心价值观，努力践行“忠诚、上进、勤思、博学”的企业精神。

经过近十年的发展，公司已由代理太钢钢材扩展到与鞍钢、河北集团(承钢)、中铁等钢厂建立起良好的合作关系，经营领域涉及石油化工、机械制造、交通运输等行业。公司钢材年销售量突破 60 万 t，销售额接近 50 亿元，实现了新的跨越。其综合实力位列“太原市企业五十强”第 8 位、“太原市服务业四十强”第 2 位、“太原市企业效益三十佳”第 26 位；全国钢铁贸易与物流企业授予鑫邦公司“百家诚信企业单位”。

通过业务的深入发展和客户的需要，特建立设置技术部，加强与钢厂技术中心合作，共同进行产品研发、市场推广及技术服务，从客户最希望的事做起，从客户最不希望的事改起，积极向同行学习，改变思路，转型发展。

社会以它的博大和丰富滋养了企业，我们将努力促进社会的和谐、发展和进步，怀着一颗感恩的心回馈社会。积极投身于社会服务，常年安排交通协勤工作，为汶川、玉树等灾区进行了全力的捐助，被评为太原市精神文明单位。

在未来的发展中，鑫邦公司全体员工将继续秉承“平等合作，为客户创造价值”的经营理念，解放思想，共同创造金邦品质；不断创新，合力铸成百年老店！

〔供稿单位：山西鑫邦贸易有限公司〕

同元集团　工程机械用钢专业加工服务企业

山西同元实业集团有限公司位于我国历史文化名城、全国重要的能源和原材料工业基地——山西省太原市。公司成立于 1999 年，目前已经发展成为一家集钢材加工服务、销售、加固材料制造、物流配送、电子商务和投资管理为一体的综合性企业。

公司是太钢、首钢、济钢、包钢等国内大型钢厂的长期战略合作伙伴，分别在上海、无锡、徐州、济南、青岛及太原等地设有钢材加工服务销售机构，在新乡设有加固材料制造基地，在太原设有不锈钢表面加工处理的高科技公司，在济南、青岛、徐州投资兴建了年加工钢材 160 万 t，具有国际先进水平的钢材加工中心。

济南钢铁服务中心占地面积 10 万 m^2，拥有标准厂房面积 10 000m^2，剪切加工设备 15 台套。固定资产总额达 8 000 万元，年加工能力 80 万 t。

青岛钢铁服务中心拥有剪切加工设备 6 台套，露天货场面积 8 000m^2，室内仓库面积 2 000m^2 年加工能力 30 万 t。同时拥有 800m 铁路专用线及卸货装置，货场年吞吐量达 80 万 t。

徐州钢铁服务中心拥有剪切加工设备 10 台套，室内仓库面积 15 000m^2，年加工能力 50 万 t。

为了更好地满足客户需求，公司在钢铁服务中心的定位上综合考虑了未来钢材产品的应用趋势，定制了专业加工高强度、宽幅产品的热轧纵横剪切加工生产线。在设备的设计制造过程中采用了多项国际领先技术，自动化除尘、自动喷涂、二次校平，内控优良，有效保障其加工、剪切能力处于国内绝对领先地位，在未来 10 年中也会保持领先的竞争优势。

多年来，公司始终坚持以客户为中心、不断满足客户需求，倡导为客户提供增值服务，做距离客户最近的一环。以专业的装备和优良的技术服务致力于为工程机械、汽车制造、船舶制造、机械制造、石油化工及电力装备等行业提供原材料供应的全面解决方案。公司布局于产业集群所在地的钢铁服务中心缩短并优化了制造业的产业链，顺应"十二五"工程机械行业绿色低碳发展的要求，将推动资源利用方式向集约、高效、清洁、安全转变，为工程机械行业转型跨越、创新升级提供有力的支持。

依托公司的钢铁服务中心，公司与日本、越南、俄罗斯、德国、比利时、印度及埃及等国家及中国台湾地区企业开展进出口业务，在美国、德国、阿拉伯联合酋长国及中国香港等地区设有业务联络处。连续三年被山西省商务厅评为外贸出口先进单位。

公司秉承"以人为本、科学管理、不断创新、持续改进"的质量管理方针，凭借着完善的管理体系，先后通过 ISO 9001 质量认证体系，中国物流与采购联合会综合服务型 4A 级认证，取得中国船级社钢卷开平加工生产许可证。在转型跨越发展成为钢铁行业主基调的大背景下，公司在竞争中求发展，在变革中谋出路，在行业发展的道路上积极探索，2010 年公司加盟渤海商品交易所，成为交易所在山西省的一级综合类授权服务机构。发起并创立了国内首个钢材投资基金项目，并保持连续三年的高增长发展态势。

展望未来，同元集团将一如既往，秉承以人为本，诚信经营的宗旨，将公司创建成为以钢铁服务为龙头的原材料供应、生产、销售、加工、物流配送为一体的学习型、服务型、国际型的综合型现代化企业。

〔供稿单位：山西同元实业集团有限公司〕

市场篇

系统论述及分析国内、国际工程机械市场总体状况和发展趋势，概述工程机械代理商发展情况

市场篇

2011 年工程机械行业进出口分析

2011 年,我国工程机械行业经历了由高速发展到快速回落的发展过程,全年全行业经济保持了平稳增长态势。与国内市场状况不同,工程机械进出口贸易出现了近年来少有的高潮,出口贸易呈现较高的增幅,一举摆脱了国际金融危机的影响。进口则因国内市场需求疲软,呈现低速增长态势。2001 ~ 2011 年工程机械产品进出口情况见图 1。

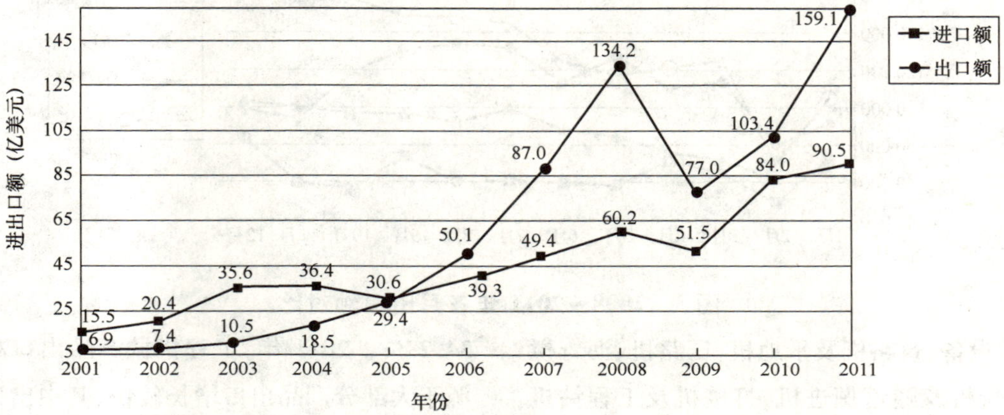

图 1　2001 ~ 2011 年工程机械产品进出口情况

一、工程机械进出口情况

根据海关总署的统计数据,2011 年我国工程机械进出口贸易额为 249. 55 亿美元,比 2010 年增长 33. 2%。其中进口额 90. 45 亿美元,比 2010 年增长 7. 69%;出口额 159. 09 亿美元,比 2010 年增长 53. 8%;贸易顺差 68. 64 亿美元,比 2010 年增加 49. 22 亿美元。

2011 年,工程机械产品进出口额均超过历史最高的 2008 年,进出口额比 2008 年增长 28. 38%,其中进口额增长 50. 36%,出口额增长 18. 53%。

按月来看,2011 年 1 ~12 月工程机械产品进口额高开低走,从月进口最高的 3 月进口额 10. 67 亿美元,下降到最低的 10 月 5. 35 亿美元,11 月进口 6. 09 亿美元,比 2010 年同期下降 18%,12 月进口 6. 96 亿美元,比 2010 年同期下降 20. 5%,环比增长 14. 2%。相反,工程机械产品出口则是低开高走,1 月份出口额 10. 48 亿美元,3 ~6 月均为 12 亿美元上下,7 ~9 月均超过 14 亿美元,随后 10 月、11 月两个月更是超过 15 亿美元,12 月出口额再创新高达到 17. 37 亿美元,比 2010 年同期增长 68. 1%,环比增长 11. 3%,上升趋势明显。2008 ~2011 年各月进口额对比见图 2。2008 ~2011 年各月出口额对比见图 3。

2011 年,累计进口工程机械整机 52. 32 亿美元,比 2010 年增长 0. 79%,占进口总额的 57. 85%,占比比 2010 年下降 3. 96 个百分点;零部件进口 38. 13 亿美元,比 2010 年增长 18. 87%,占进口总额的 42. 15%。整机中履带挖掘机进口 31 369 台,29. 86 亿美元,比 2010 年分别下降 23. 65% 和 5. 13%。履带挖掘机进口额占整机进口额的 57. 06%,占比比 2010 年下降 3. 56 个百分点。进口额增长较多的有:履带起重机、铲运机、大型推土机、

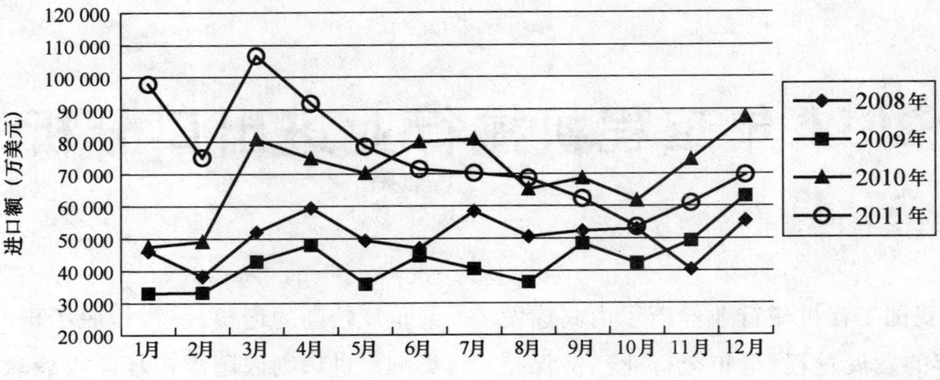

图 2　2008～2011 年各月进口额对比

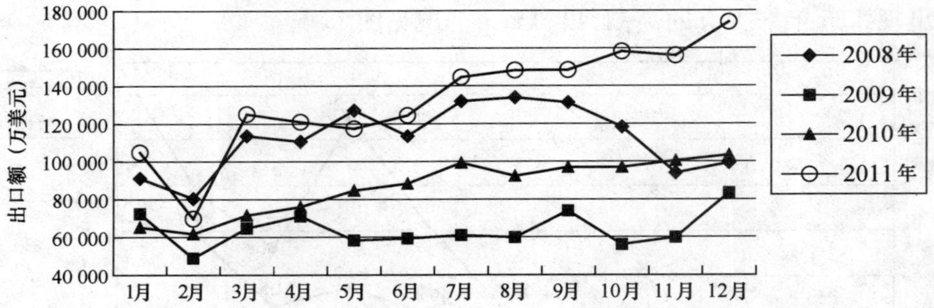

图 3　2008～2011 年各月出口额对比

混凝土搅拌设备、筑路机及平地机、压路机、沥青搅拌设备、凿岩机及隧道掘进机、打桩机及工程钻机等，增幅均在近 50% 和 50% 以上。进口额下降较多的有：轮胎式挖掘机、其他挖掘机、装载机、其他汽车起重机、内燃叉车、其他工程车辆等，降幅均在 20% 以上。2011 年各类工程机械产品进口占比见图 4。

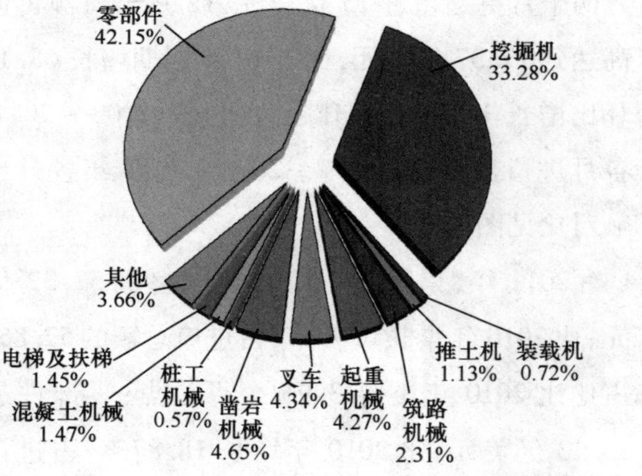

图 4　2011 年各类工程机械产品进口占比

在出口方面，累计出口整机 104.54 亿美元，比 2010 年增长 56.68%，占出口总额的 65.71%，占比比 2010 年下降 7.8 个百分点；零部件出口 54.56 亿美元，比 2010 年增长 48.7%，占出口总额的 34.29%。2011 年，工程机械产品出口高速增长是源于大部分产品出口增长较快，其中出口增长较快的产品有：履带挖掘机、装载机、推土机、筑路机及平地机、压路机、摊铺机、沥青搅拌设备、汽车起重机、凿岩机及隧道掘进机、电动叉车、内燃叉车、其他工程机械、混凝土搅拌车等。2011 年各类工程机械产品出口占比见图 5。

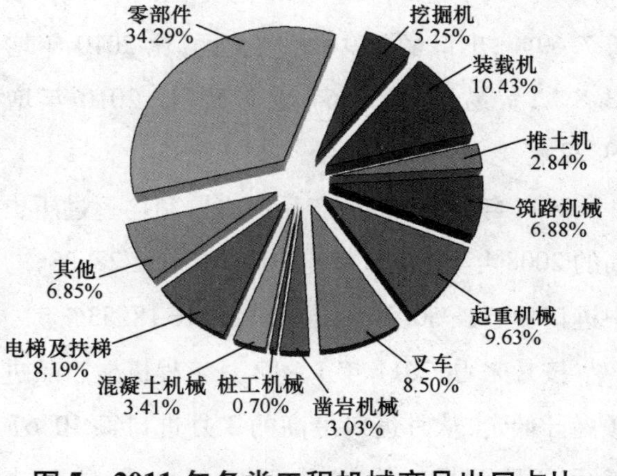

图 5　2011 年各类工程机械产品出口占比

随着我国工程机械行业制造水平和产品技术水平的迅速提高，我国工程机械产品呈现大型化、高端化，反映在出口上，表现为出口产品均价普遍提升，如挖掘机、装载机、推土机、压路机、其他起重机、牵引车和其他工程车辆均以两位数增长，而沥青搅拌设备和凿岩机及隧道掘进机增幅高达三位数。同时，进口均价也呈现不同程度的提升。2011年工程机械产品进出口分类统计见表1。2011年工程机械产品进出口均价对比见表2。

表1　2011年工程机械产品进出口分类统计　　（单位：万美元）

序号	货品名称	单位	累计进口				累计出口			
			数量	同比增长（%）	金额	同比增长（%）	数量	同比增长（%）	金额	同比增长（%）
1	履带式挖掘机	台	31 369	-23.65	298 561.3	-5.13	8 052	68.10	80 427.4	102.32
2	轮胎式挖掘机	台	411	-39.29	2 374.9	-40.75	285	5.56	2 293.9	29.46
3	其他挖掘机	台	4	100.00	137.1	-38.43	137	29.25	792.2	-69.14
4	装载机	台	780	14.37	6 491.5	-23.92	38 489	53.98	165 858.4	79.86
5	P>235.36kW（320hp）推土机	台	123	16.04	7 848.5	83.47	327	79.67	4 829.5	134.45
6	其他推土机	台	217	-36.18	2 416.0	-6.39	3 823	31.87	40 381.9	45.62
7	筑路机及平地机	台	50	-39.76	1 676.1	63.76	5 424	73.57	47 690.4	81.91
8	铲运机	台	109	26.74	5 313.3	99.76	338	-3.70	2 408.5	-5.92
9	压路机	台	797	32.17	2 544.6	47.77	12 816	30.78	39 965.0	45.32
10	其他压实机械	台	5	-28.57	143.2	359.06	21 079	-12.11	3 288.7	2.17
11	摊铺机	台	573	11.48	9 773.3	17.75	804	73.28	4 663.9	47.43
12	沥青搅拌设备	台	57	42.50	1 453.8	158.97	685	-62.45	11 426.6	87.77
13	起重量>100t全路面汽车起重机	辆	34	-2.86	10 122.0	-8.63	24	242.86	2 551.6	257.16
14	其他全路面汽车起重机	辆	0	-100.00	0.0	-100.00	780	72.95	9 307.6	68.79
15	起重量>100t的汽车起重机	辆	1		719.4		32	113.33	1 868.8	80.24
16	其他汽车起重机	辆	1	-75.00	32.7	-77.81	2 709	35.65	41 062.8	39.27
17	履带式起重机	台	35	-7.89	12 760.3	126.94	767	34.09	33 532.3	23.27
18	塔式起重机	台	66	11.86	5 149.9	-16.74	2 295	15.91	33 329.0	22.56
19	随车起重机	台	164	-70.87	307.8	-14.38	464	-20.82	450.9	9.16
20	其他起重机	台	898	-35.16	9 506.2	-2.05	7 812	15.12	31 154.1	78.96
21	堆垛机	台	545	14.74	4 831.0	15.21	544	86.30	360.1	136.59
22	电动叉车	辆	8 719	13.15	15 610.0	17.19	33 145	70.73	21 422.9	100.27
23	内燃叉车	辆	1 861	-1.38	12 596.6	-29.48	50 420	84.47	76 674.6	96.75
24	集装箱叉车	辆	51	88.89	644.7	33.83	140	33.33	2 998.8	52.62
25	手动搬运车	辆	4 456	-2.04	3 162.7	3.38	1 786 013	16.51	30 698.5	28.71
26	牵引车	辆	2 070	2.32	2 431.0	-0.04	23 932	-25.28	3 128.5	-11.49
27	凿岩机及隧道掘进机	台	215	4.88	30 822.3	51.96	27 523	-16.84	21 088.6	100.74
28	风动工具	台	646 396	-5.19	11 260.7	21.03	14 380 090	7.24	27 151.9	11.96
29	打桩机及工程钻机	台	92	33.33	5 159.7	48.01	21 350	23.54	11 100.6	15.41
30	混凝土泵	台	372	-17.52	1 103.2	-6.47	2 621	-12.14	5 358.7	29.60
31	混凝土搅拌机械	台	1 698	-14.42	12 209.8	59.23	721 417	26.14	32 326.7	29.35
32	混凝土搅拌车	辆	1		16.4		2 980	58.17	16 609.5	58.09
33	电梯及扶梯	台	1 717	-15.04	13 121.6	-15.41	47 575	27.64	130 219.0	25.91
34	其他工程车辆	辆	56	-48.62	2 378.8	-47.73	240	51.90	3 159.9	82.28
35	其他	台	6 332	34.32	30 577.3	-10.76	1 329 628	50.59	105 768.5	90.69
36	零部件	t	480 750		381 275.0	18.87	2 554 757		545 575.0	48.70
37	未列名特殊用途的机动车辆	辆	83	-38.52	4 625.0	-15.97	4 763	30.49	35 974.5	48.82
	合　　计				904 533.0	7.69	0		1 590 925.0	53.8

表2　2006～2011年工程机械产品进出口均价对比　[单位:万美元/台(或件)]

产品名称	进口均价						出口均价					
	2006年	2007年	2008年	2009年	2010年	2011年	2006年	2007年	2008年	2009年	2010年	2011年
挖掘机	3.9	4.0	5.1	6.5	7.6	9.5	5.7	5.9	7.5	9.3	8.5	9.9
装载机	9.2	11.1	12.4	7.6	12.5	8.3	2.9	2.8	3.5	3.5	3.7	4.3
推土机	8.8	9.7	8.4	20.5	15.4	30.2	7.1	8.3	9.4	10.1	9.7	10.9
压路机	3.6	5.4	5.7	4.1	2.9	3.2	0.7	0.6	0.9	3.7	2.8	3.1
铲运机	31.3	36.1	33.2	35.6	30.9	48.8	2.0	1.2	4.1	5.4	7.3	7.1
筑路机及平地机	6.2	35.5	24.3	29.6	12.3	33.5	2.0	4.9	7.0	7.2	8.4	8.8
摊铺机	19.3	18.5	18.6	16.4	16.2	17.1	8.4	8.3	8.1	4.4	6.8	5.8
沥青搅拌设备	49.0	22.5	20.7	46.8	14.0	25.5	11.6	11.1	17.5	7.6	3.3	16.7
汽车起重机	89.6	131.5	159.6	196.0	271.8	302.1	12.4	14.0	15.8	14.4	14.9	15.5
其他起重机	14.2	12.0	15.1	10.2	14.5	23.8	3.0	1.2	4.0	6.8	7.7	8.7
叉车	2.3	2.5	2.8	3.9	3.6	3.0	1.1	1.1	1.2	1.1	1.1	1.2
手动搬运车	0.4	0.4	1.0	0.9	0.7	0.7				0.02		0.0
牵引车	1.3	0.4	1.9	2.1	1.2	1.2	0.1		0.1	0.1	0.1	0.1
凿岩机及隧道掘进机	126.0	146.4	102.9	103.4	98.9	143.4	0.4	0.2	0.2	0.3	0.3	0.8
打桩机及工程钻机	16.2	11.7	37.6	61.7	50.5	56.1	2.2	0.7	0.7	0.4	0.6	0.5
混凝土机械	1.8	2.5	4.4	4.2	3.6	6.4	0.1	0.1	0.1	0.1	0.1	0.1
电梯及扶梯	7.1	6.4	7.6	8.9	7.7	7.6	2.8	2.7	3.0	3.1	2.8	2.7
其他工程车辆	31.1	43.0	48.2	43.2	41.8	42.5	14.9	14.0	8.6	9.4	11.0	13.2
零部件	0.6	0.7	0.7	0.7	0.7	0.8	0.1	0.2	0.2	0.2	0.2	0.2

二、工程机械产品进出口地区分布

我国工程机械主要进口来源国日本、韩国、德国均为当今世界工程机械强国。其中来自日本的占比最大,在由日本进口的货物中,履带挖掘机进口22 588台,195 856万美元,分别比2010年的32 999台和246 301万美元下降31.55%和20.48%。履带挖掘机进口量的下降是进口日本工程机械下降的决定性因素。从日本进口的第二大宗货物——起重机和土方机械零件2011年进口额为142 470.38万美元,比2010年增长21.37%。这也真实反映了2011年我国工程机械市场状况和对日本零部件的依赖情况。

从韩国主要进口货物为起重机和土方机械零件,合计进口额89 453万美元,比2010年增长2.18%;履带挖掘机进口7 967台,89 177万美元,比2010年分别增长11.21%和59.40%。

从德国主要进口货物为起重机和土方机械零件,合计进口额18 618万美元,比2010年增长14.49%;100t以上全路面起重机进口34台,10 122万美元,比2010年少1台。2011年工程机械产品进出口前十位国家排序见表3。

表3　2011年工程机械产品进出口前十位国家排序

序号	进口				出口				
	国家名称	金额(万美元)	同比增长(%)	占比(%)	国家名称	金额(万美元)	同比增长(%)	占比(%)	2010年排序
1	日本	382 477.9	-5.97	42.07	美国	139 835.2	57.33	8.60	1
2	韩国	190 899.8	22.61	21.00	印度	88 289.5	50.12	5.43	2
3	德国	120 956.9	27.61	13.30	日本	84 762.8	45.25	5.21	3

（续）

序号	进口				出口				
	国家名称	金额（万美元）	同比增长（%）	占比（%）	国家名称	金额（万美元）	同比增长（%）	占比（%）	2010年排序
4	美国	62 784.8	20.80	6.91	俄罗斯联邦	79 828.8	114.15	4.91	5
5	瑞典	24 676.8	29.42	2.71	巴西	67 295.0	18.35	4.14	4
6	意大利	15 968.0	22.07	1.76	韩国	57 615.7	55.94	3.54	6
7	法国	11 469.6	-5.00	1.26	委内瑞拉	50 397.5	876.36	3.10	43
8	荷兰	11 434.8	-29.84	1.26	印度尼西亚	48 798.1	73.95	3.00	8
9	英国	10 543.4	12.50	1.16	澳大利亚	47 872.5	73.07	2.94	9
10	澳大利亚	9 742.5	-24.41	1.07	新加坡	38 363.1	42.07	2.36	10

出口目的国排序下降的主要是：越南、阿尔及利亚、尼日利亚、意大利，越南由2010年的第7位下落到第20位，而后三国则跌出前20位。

在主要出口目的国中，向美国出口货物中，零部件出口89 900万美元，占向美国出口的64.3%；其次是风动工具（13 144万美元）、未列名非自推进泥土、矿石等运送、平整等机械（9 986万美元）、未列名叉车等装有升降或搬运装置的工作车（5 603万美元）及装载机（2 848万美元）。

在向印度出口货物中，零部件（28 137万美元）、履带式起重机（15 370.74万美元）、电梯（9 322万美元）及塔式起重机（7 953.94万美元）为主要出口产品。

我国工程机械对日本出口主要是零部件（79 465万美元），占向日本出口额的93.7%，其次是履带式挖掘机（1 983万美元）和小型压路机（1 260万美元）。2011年工程机械产品进出口洲际分布见表4。

表4　2011年工程机械产品进出口洲际分布

地区	进口			出口		
	金额（万美元）	同比增长（%）	占比（%）	金额（万美元）	同比增长（%）	占比（%）
亚洲	595 454.6	3.11	65.50	752 504.8	57.00	46.25
非洲	406.2	-38.07	0.04	178 572.8	26.22	10.97
欧洲	233 022.4	20.25	25.63	273 914.2	60.53	16.84
南美洲	2 351.6	59.22	0.26	202 308.3	84.42	12.44
北美洲	68 113.8	27.27	7.49	162 170.4	61.67	9.97
大洋洲	9 809.4	-24.47	1.08	57 429.2	75.74	3.53

三、工程机械进出口贸易方式及各类企业的进出口情况

2011年，我国工程机械进出口贸易中一般贸易占70%左右，一般贸易顺差为486 705.9万美元。保税区仓储转口货物中，履带式挖掘机进口8 167台，115 673.77万美元。进料加工贸易中履带式挖掘机进口2 459台，7 540万美元。2011年工程机械产品各贸易方式进出口情况见表5。

表5　2011年工程机械产品各贸易方式进出口情况

序号	贸易方式	进口			出口		
		金额（万美元）	同比增长（%）	占比（%）	金额（万美元）	同比增长（%）	占比（%）
1	一般贸易	650 749.1	1.76	71.58	1 137 455.0	57.61	69.92
2	国家间、国际组织无偿援助和赠送的物资	50.52	2196.36	0.006	1 096.5	-34.58	0.067

（续）

序号	贸易方式	进口			出口		
		金额（万美元）	同比增长（%）	占比（%）	金额（万美元）	同比增长（%）	占比（%）
3	其他境外捐赠物资				88.0	191.97	0.005
4	进料加工贸易	71 236.7	37.69	7.84	277 445.5	71.55	17.05
5	来料加工装配贸易	1 928.1	12.37	0.21	2 038.1	-68.54	0.13
6	补偿贸易				1.8		
7	边境小额贸易				25 772.8	54.34	1.58
8	加工贸易进口设备	16.8	-73.92	0.002			
9	对外承包工程出口货物				151 633.1	47.50	9.32
10	租赁贸易	29.4	-99.66	0.003	561.6	6.62	0.035
11	外商投资企业投资进口的设备、物品	12 948.1	-0.59	1.42			
12	出料加工贸易	52.0	114.16	0.006	65.4	169.91	0.004
13	易货贸易				0.3		
14	保税仓库进出境货物	12 161.4	74.13	1.34	1 939.7	-44.36	0.12
15	保税区仓储转口货物	157 613.5	34.76	17.34	28 074.5	51.75	1.73
16	出口加工区进口设备	478.5	-11.91	0.053			
17	其他	1 894.0	197.08	0.21	727.2	64.32	0.045

在各经济类型企业中，外商独资企业在进出口贸易中占据较高比重，其中进口占43.26%，出口占24.78%，出口增幅达71.48%，进出口占比比2010年均有提升。国有企业进口微增，出口增幅略高于出口平均增幅，对比2010年，进口占比下降，出口占比略增。私人企业进口增幅远高于进口平均增幅，进口占比比2010年增加2.1个百分点，而出口增幅低于平均出口增幅，出口占比比2010年下降1.1个百分点。各类型企业进出口增幅和占比的变化表明国有企业国际化步伐较快。2011年各经济类型企业工程机械产品进出口情况见表6。

表6　2011年各经济类型企业工程机械产品进出口情况

序号	企业类型	进口			出口		
		金额（万美元）	同比增长（%）	占比（%）	金额（万美元）	同比增长（%）	占比（%）
1	国有企业	144 449.3	0.18	15.89	443 081.5	59.23	27.23
2	中外合作企业	13 346.5	43.93	1.47	40 611.2	31.94	2.50
3	中外合资企业	160 231.1	-3.80	17.62	215 464.0	50.94	13.24
4	外商独资企业	393 278.5	10.05	43.26	403 194.4	71.48	24.78
5	集体企业	4 134.6	277.76	0.45	35 639.1	40.75	2.19
6	私人企业	193 624.2	20.05	21.30	488 327.8	51.83	30.02
7	个体工商户	0.8	-92.38	0.000 1	572.0	138.55	0.035
8	其他企业	93.0	-36.77	0.009 9	9.6	107.11	0.004

四、主要工程机械主机产品进出口分类情况及贸易方式

2011年工程机械主机分类分国别进口情况及贸易方式见表7。2011年工程机械主机分类分国别出口情况及贸易方式见表8。

表7　2011年工程机械主机分类分国别进口情况及贸易方式(前三位)

序号	产品名称	进口国别			贸易方式		
		国家	数量(台)	金额(万美元)	贸易方式	数量(台)	金额(万美元)
1	挖掘机	日本	22 643	196 109.4	一般贸易	21 102	177 317.0
		韩国	8 314	91 225.1	保税区转口	8 176	115 803.0
		英国	539	5 107.7	进料加工贸易	2 459	7 540.0
2	装载机	美国	549	2 671.4	一般贸易	754	6 198.7
		瑞典	42	1 130.5	保税区转口	15	212.3
		日本	29	950.4	外商投资进口	1	52.9
3	推土机	日本	256	5 271.0	一般贸易	318	9 218.8
		美国	54	4 333.7	保税区转口	11	703.2
		巴西	9	341.7	外商投资进口	4	296.1
4	筑路机及平地机	美国	21	1 402.2	一般贸易	34	1 559.7
		巴西	5	126.2	其他	14	60.9
		瑞典	5	35.0	外商投资进口	1	36.6
5	压路机	德国	423	1 327.1	一般贸易	734	2 332.9
		瑞典	102	479.8	其他	45	159.5
		日本	135	370.0	保税区转口	15	34.4
6	摊铺机	德国	563	9 622.7	一般贸易	557	9 619.1
		日本	3	53.6	其他	13	132.1
		意大利	3	48.4	保税区转口	2	11.6
7	汽车起重机	德国	35	10 841.3	一般贸易	36	10 874.1
		加拿大	1	32.7			
8	履带起重机	德国	7	9 502.5	一般贸易	24	8 773.5
		美国	11	2 432.3	保税区转口	1	3 023.0
		日本	13	363.9	外商投资进口	1	785.5
9	塔式起重机	德国	51	4 489.5	一般贸易	3	131.9
		奥地利	2	300.2	进料加工贸易	63	5 018.0
		日本	5	250.0			
10	机动工业车辆	德国	2 152	6 888.2	一般贸易	3 601	19 279.2
		日本	3 356	6 743.7	保税区转口	6 678	9 674.3
		美国	1 232	5 203.5	保税进出境	17	1 787.4
11	混凝土泵	德国	134	830.4	一般贸易	341	1 007.7
		美国	42	91.2	进料加工贸易	27	73.9
		韩国	120	78.6	保税区转口	1	15.0
12	混凝土搅拌机械	德国	652	4 832.8	一般贸易	1 298	5 880.0
		日本	187	3 437.5	外商投资进口	103	4 518.5
		美国	255	1 059.9	进料加工贸易	195	1 090.6
13	混凝土搅拌车	西班牙	1	16.4	一般贸易	1	16.4
14	打桩机及工程钻机	德国	8	1 473.4	一般贸易	31	1 218.5
		荷兰	5	840.8	进料加工贸易	1	9.0
		日本	25	799.0	其他	4	1.6

表8　2011年工程机械主机分类分国别出口情况及贸易方式(前三位)

序号	产品名称	出口国别			贸易方式			出口企业性质		
		国家	数量(台)	金额(万美元)	贸易方式	数量(台)	金额(万美元)	类型	数量(台)	金额(万美元)
1	挖掘机	缅甸	735	10 626.7	一般贸易	5 005	44 895.60	国有企业	2 844	35 096.7
		巴西	856	5 913.3	进料加工贸易	2 171	16 438.40	外商独资	2 237	22 961.4
		蒙古	205	4 135.6	承包工程出口	814	14 831.40	私人企业	2 566	21 370.6
2	装载机	俄罗斯	6 437	21 090.9	一般贸易	30 807	106 461.00	国有企业	12 802	56 499.3
		巴西	4 115	13 166.2	进料加工贸易	3 906	45 806.10	外商独资	3 571	45 382.1
		伊朗	1 949	9 060.7	边境小额贸易	2 796	8 264.62	私人企业	14 402	38 306.0
3	推土机	俄罗斯	1 123	11 243.9	一般贸易	3 478	38 179.70	国有企业	2 849	32 969.3
		哈萨克斯坦	204	2 287.2	承包工程出口	334	4 078.48	私人企业	1 038	8 614.8
		委内瑞拉	162	2 185.6	边境小额贸易	321	2 822.75	中外合资	132	1 873.2
4	筑路机及平地机	新加坡	331	3 858.2	进料加工贸易	1 894	23 749.00	外商独资	1 894	23 380.6
		南非	258	3 018.0	一般贸易	2 891	2 1727.60	国有企业	2 591	18 774.5
		印度尼西亚	273	2 685.3	承包工程出口	181	1 551.68	私人企业	895	5 149.3
5	压路机	印度尼西亚	767	3 815.1	一般贸易	4 798	2 1361.50	外商独资	7 634	17 907.9
		巴西	637	3 022.2	进料加工贸易	6 969	1 4061.60	国有企业	2 680	14 751.8
		斯里兰卡	367	2 654.4	承包工程出口	596	3 609.69	私人企业	2 239	6 090.5
6	摊铺机	斯里兰卡	56	968.2	一般贸易	679	3 059.27	国有企业	257	3 400.8
		阿尔及利亚	28	333.0	承包工程出口	89	1 423.96	私人企业	525	1 142.7
		蒙古	34	317.4	边境小额贸易	30	174.43	中外合资	15	89.9
7	汽车起重机(含全地面起重机)	巴西	363	7 623.7	一般贸易	2 528	38 942.70	私人企业	1 903	27 518.4
		沙特阿拉伯	346	7 500.4	承包工程出口	601	8 435.00	国有企业	1 479	23 487.0
		哈萨克斯坦	312	3 727.8	进料加工贸易	189	4 520.32	中外合资	135	3 487.8
8	履带起重机	印度	274	15 370.7	一般贸易	545	24 514.00	国有企业	305	13 817.4
		缅甸	103	2 511.9	承包工程出口	163	6 519.92	私人企业	318	13 494.2
		新加坡	61	2 163.3	保税区转口	36	1 693.83	中外合资	132	5 745.4
9	塔式起重机	印度	413	7 953.9	一般贸易	1 686	23 457.70	私人企业	952	10 430.9
		新加坡	120	2 712.9	进料加工贸易	421	7 234.11	外商独资	600	9 819.7
		越南	166	2 106.6	承包工程出口	135	2 337.22	国有企业	485	8 616.0
10	机动工业车辆	巴西	8 634	12 733.9	进料加工贸易	52 116	63 901.30	私人企业	36 666	34 064.6
		俄罗斯	6 770	6 954.9	一般贸易	31 164	35 734.30	外商独资	20 304	30 821.5
		澳大利亚	4 170	6 769.8	承包工程出口	277	760.78	集体企业	11 164	15 687.4
11	混凝土泵	荷兰	40	404.1	一般贸易	1 832	2 815.62	私人企业	2 041	3 103.7
		马来西亚	46	365.8	进料加工贸易	215	1 601.69	外商独资	168	1 126.0
		巴西	98	325.2	承包工程出口	277	760.78	国有企业	361	981.2
12	混凝土搅拌机械	俄罗斯	196 914	3 540.5	一般贸易	715 922	26 083.90	私人企业	580 025	19 023.1
		印度	1 151	2 042.7	承包工程出口	2 072	3 917.07	国有企业	67 388	9 379.1
		美国	51 047	1 967.8	进料加工贸易	125	1 501.07	外商独资	12 133	2 622.8
13	混凝土搅拌车	委内瑞拉	412	2 955.7	一般贸易	2 520	13 994.30	国有企业	1 555	9 015.4
		越南	306	1 472.7	承包工程出口	312	1 874.59	私人企业	946	5 024.8
		阿尔及利亚	239	1 265.8	边境小额贸易	141	673.45	外商独资	253	1 296.0

（续）

序号	产品名称	出口国别			贸易方式			出口企业性质		
		国家	数量（台）	金额（万美元）	贸易方式	数量（台）	金额（万美元）	类型	数量（台）	金额（万美元）
14	打桩机及工程钻机	越南	306	1 301.9	一般贸易	19 619	9 017.98	国有企业	4 834	5 110.2
		印度尼西亚	670	1 151.2	承包工程出口	504	1 737.76	私人企业	14 841	4 587.9
		马来西亚	228	951.7	边境小额贸易	50	168.02	外商独资	1 379	655.9

〔撰稿人：中国工程机械工业协会吕莹〕

2011年工程机械上市公司总体表现

一、上市公司基本情况

截至2011年12月31日，我国以工程机械整机为主营业务的上市公司有22家，其中A股市场21家，香港市场2家（中联重科在内地、香港上市）。其中以土方机械为主的主要有柳工、厦工股份、徐工机械、中国龙工、常林股份、山推股份、河北宣工、山河智能和＊ST盛工共9家（＊ST盛工现已重组，自2012年4月27日起更名为国机汽车，主业变更为汽车销售）；以建筑机械为主的包括三一重工、中联重科、星马汽车和ST建机共4家；专业叉车企业安徽合力1家；路面机械企业达刚路机、森远股份2家；施工起重运输设备企业天业通联1家；高空作业车企业海伦哲1家；矿山机械企业北方股份1家；路桥机械企业新筑股份1家；专业油缸生产企业恒立油缸1家；回转支承生产企业方圆支承1家。随着上市公司产品线的延伸，目前许多公司已经形成产品多元化体系，市场集中度明显提升。2011年12月31日，22家上市公司总市值2 668.08亿元，较年初的3 711.25亿元减少1 043.17亿元，下降28.11%。

2011年，有6家工程机械上市公司成功实施再融资。其中增发3例：柳工1月5日公开增发1亿股，募集资金30亿元；星马汽车6月29日非公开增发21.83亿股，募集资金17.85亿元；＊ST盛工9月27日非公开增发2.84亿股，募集资金22.24亿元，用于认购资产转型汽车销售。发行企业债4例：山推股份1月27日发行10亿元5年期企业债；山河智能3月30日发行2亿元1年期企业债；柳工7月20日发行17亿元7年期企业债和3亿元5年期企业债；徐工机械12月29日发行30亿元5年期企业债。此外，三一重工和徐工机械还分别提出H股上市融资计划。工程机械上市公司主要产品见表1。

表1　工程机械上市公司主要产品

股票代码	股票名称	地址	上市时间	主要产品
000157.SZ 1157.HK	中联重科	长沙市	2000.10.12 2010.12.23	混凝土机械（混凝土泵车、拖泵、混凝土搅拌站、搅拌车）、起重机械、环卫机械、路面及桩工机械、土方机械、物料输送机械和系统、融资租赁等
000425.SZ	徐工机械	徐州市	1996.08.28	装载机、起重机械、铲运机械、工程机械备件、混凝土机械、压实机械、路面机械、消防机械
000528.SZ	柳工	柳州市	1993.11.18	轮式装载机、履带式液压挖掘机、压路机、路面机械、工程机械备件

（续）

股票代码	股票名称	地址	上市时间	主要产品
000680.SZ	山推股份	济宁市	1997.01.22	推土机、压路机、挖掘机、平地机、工程机械配套件
000923.SZ	河北宣工	张家口市	1999.07.14	装载机、推土机、挖掘机、松土器等
002097.SZ	山河智能	长沙市	2006.12.22	挖掘机、旋挖钻机、计算机控制凿岩台车、液压静力压桩机、液压破碎锤、一体化液压潜孔钻机、配件及阀门
002147.SZ	方圆支承	马鞍山市	2007.08.08	电液锤、回转支承、空气锤
002459.SZ	天业通联	秦皇岛市	2010.08.10	铁路和公路桥梁架运设备、非公路运输设备、起重设备、无砟轨道铺装设备、隧道掘进设备
002480.SZ	新筑股份	成都市	2010.09.21	桥梁支座、预应力锚具、桥梁伸缩装置,多功能道路材料摊铺机、搅拌设备
300103.SZ	达刚路机	西安市	2010.08.12	沥青脱桶设备、沥青运输车、智能型沥青洒布车、同步封层车、稀浆封层车、沥青改性设备、乳化沥青设备
300201.SZ	海伦哲	徐州市	2011.04.07	高空作业车、电源车、工程抢修车、军用抢修车
300210.SZ	森远股份	鞍山市	2011.04.26	路面除雪和清洁设备、沥青路面就地再生设备、预防性养护设备
600031.SH	三一重工	长沙市	2003.07.03	混凝土机械(混凝土泵车、拖泵、混凝土搅拌站、搅拌车)、挖掘机、汽车起重机、履带起重机、旋挖钻机、桩工机械、路面机械、融资租赁等
600262.SH	北方股份	包头市	2000.06.30	侧卸式混凝土运输车、铰接式自卸车、矿用洒水车、履带式破碎机、煤斗型自卸车、挖掘装载机、越野卡车、岩斗型自卸车、自行式铲运机
600335.SH	*ST 盛工	天津市	2001.03.05	路面机械、平地机、装载机、压实机械、配套件及半成品
600375.SH	星马汽车	马鞍山市	2003.04.01	专用汽车、混凝土泵车、混凝土搅拌车、散装水泥车、压缩式垃圾车
600710.SH	常林股份	常州市	1996.07.01	平地机、扫路车、随车吊、摊铺机、挖掘机结构件、挖掘装载机、压路机、装载机
600761.SH	安徽合力	合肥市	1996.10.09	电瓶叉车、内燃叉车、牵引车、托盘叉车、阳极运输车、堆垛车、堆高机、叉车配套件、铸件、装载机等
600815.SH	厦工股份	厦门市	1994.01.28	装载机、叉车、挖掘机、路面机械等
600984.SH	ST 建机	西安市	2004.07.07	摊铺机、稳定土拌和机拌机、翻斗车、结构件等
601100.SH	恒立油缸	常州市	2011.10.28	叉车液压缸、车辆液压缸、大型液压缸、多级液压缸、工程液压缸、工业拉杆液压缸、海事液压缸、千斤顶液压缸、挖掘机液压缸、冶金设备液压缸
3339.HK	中国龙工	龙岩市	2005.11.17	轮式装载机、压路机、挖掘机、起重叉车、驱动桥、变速箱、齿轮、液压缸、管道

截至2011年12月31日,22家上市公司总资产和净资产总额分别为2 718.94亿元和1 191.35亿元,较上年同期分别增长37.05%和37.22%。其中中联重科、三一重工、徐工机械总资产规模分别为715.82亿元、513.07亿元和347.14亿元,列行业总资产前三名;净资产列前三名的亦为中联重科、三一重工和徐工机械,分别为356.35亿元、207.54亿元和151.55亿元。2011年工程机械上市公司资产规模及变化情况见表2。

表2　2011年工程机械上市公司资产规模及变化情况

证券代码	证券简称	总资产(万元)			净资产(万元)		
		2011年	2010年	同比增长(%)	2011年	2010年	同比增长(%)
000157.SZ	中联重科	7 158 177.17	6 299 527.55	13.63	3 563 475.99	2 747 444.68	29.70
000425.SZ	徐工机械	3 471 351.68	2 480 112.25	39.97	1 515 484.49	1 205 575.52	25.71

（续）

证券代码	证券简称	总资产（万元）			净资产（万元）		
		2011 年	2010 年	同比增长（%）	2011 年	2010 年	同比增长（%）
000528. SZ	柳工	2 275 133. 06	1 859 492. 62	22. 35	934 249. 89	846 505. 43	10. 37
000680. SZ	山推股份	1 380 917. 16	1 069 807. 32	29. 08	485 652. 20	436 790. 30	11. 19
000923. SZ	河北宣工	128 108. 60	112 060. 25	14. 32	58 077. 09	62 054. 81	-6. 41
002097. SZ	山河智能	481 185. 88	434 092. 65	10. 85	177 310. 67	157 202. 58	12. 79
002147. SZ	方圆支承	119 192. 75	101 415. 94	17. 53	96 723. 66	87 844. 60	10. 11
002459. SZ	天业通联	222 156. 01	212 421. 50	4. 58	129 790. 44	132 609. 59	-2. 13
002480. SZ	新筑股份	386 245. 65	345 280. 27	11. 86	198 679. 79	186 805. 27	6. 36
300103. SZ	达刚路机	72 979. 04	67 223. 56	8. 56	69 368. 85	64 113. 50	8. 20
300201. SZ	海伦哲	74 055. 54	39 328. 74	88. 30	63 344. 57	23 283. 29	172. 06
300210. SZ	森远股份	66 998. 07	25 440. 16	163. 36	60 011. 33	15 863. 88	278. 29
600031. SH	三一重工	5 130 671. 76	3 134 076. 61	63. 71	2 075 361. 01	1 191 852. 27	74. 13
600262. SH	北方股份	319 632. 10	317 397. 56	0. 70	89 717. 58	79 299. 46	13. 14
600335. SH	*ST 盛工	1 454 319. 15	120 562. 43	1 106. 28	268 633. 67	30 192. 52	789. 74
600375. SH	星马汽车	593 274. 48	205 284. 68	189. 00	269 075. 36	81 775. 74	229. 04
600710. SH	常林股份	318 866. 65	288 376. 52	10. 57	209 621. 81	145 949. 73	43. 63
600761. SH	安徽合力	433 345. 89	394 733. 58	9. 78	289 768. 49	259 504. 75	11. 66
600815. SH	厦工股份	1 060 649. 89	806 599. 66	31. 50	376 685. 47	323 045. 73	16. 60
600984. SH	ST 建机	86 667. 47	84 010. 70	3. 16	28 288. 53	27 207. 23	3. 97
601100. SH	恒立油缸	341 402. 88	95 076. 20	259. 08	313 544. 06	52 803. 60	493. 79
3339. HK	中国龙工	1 614 043. 30	1 346 252. 10	19. 89	640 676. 90	524 203. 10	22. 22
合计/平均		27 189 374. 20	19 838 572. 90	37. 05	11 913 541. 80	8 681 927. 60	37. 22

二、工程机械上市公司 2011 年经营情况

1. 上市公司营业收入普遍增长

2011 年是中国工程机械行业经历的较为特殊的一年，全行业经历了大起大落的市场行情。一季度，生产企业大幅提高产量，加码融资租赁，全行业延续了 2010 年高速增长的势头，销售创下历史新高。但随着40 000亿元经济刺激计划的逐步退出和房地产限购、银行信贷紧缩等严厉的宏观调控措施的出台，国内投资增速快速下降，产品需求萎缩，行业销量面临逐月下降的局面。特别是下半年，欧洲主权债务危机愈演愈烈，国内宏观调控持续紧缩，基础设施建设特别是铁路建设大面积停工，房地产开工持续下降，导致工程机械行业陷入低谷。

全年来看，主要产品销量同比呈现前高后低的走势。混凝土机械和叉车等产品销量继续维持高速增长；土方机械和起重机销量小幅增长，但下半年同比已进入下降区间。为了争取市场份额，企业采取多种促销手段，致使市场竞争加剧，造成部分企业应收账款快速增加，现金流紧张，经济效益下滑，经营风险增加。行业步入了调整期。

2011 年，*ST 盛工和星马汽车受益于资产重组，业绩呈现超常规的爆发式增长，其中*ST 盛工完成营业收入 508. 21 亿元，居行业之首。受此拉动，22 家上市公司完成营业收入 2 652. 87 亿元，同比增长高达 61. 38%，高出行业整体增幅 25 个百分点左右；实现营业利润 311. 44 亿元，同比增长 32. 06%；实现净利润 268. 40 亿元，同比增长 35. 28%。其中三一重工、中联重科等公司格外受益于混凝土机械业务的高速增长，营业收入也分别增长 49. 54%和 43. 89%；达刚路机、森远股份等路面机械企业营业收入同比增长超过 50%。

行业竞争趋于激烈,多数上市公司利润增长低于营业收入增长水平,但混凝土机械和工业车辆等产品盈利能力有所上升。22 家上市公司中有 6 家公司归属母公司的净利润增长幅度超过 50%,但亦有 5 家公司降幅超过 30%。从中可以看到,在行业调整时期,工程机械行业分化加剧,龙头企业盈利能力继续增强,行业集中度有所提高。2011 年工程机械行业上市公司业绩增长情况见表 3。

表 3　2011 年工程机械行业上市公司业绩增长情况

证券代码	证券简称	营业收入（万元）	同比增长（%）	营业利润（万元）	同比增长（%）	归属母公司股东净利润（万元）	同比增长（%）
000157. SZ	中联重科	4 632 258. 07	43. 89	951 436. 98	77. 05	806 564. 06	72. 88
000425. SZ	徐工机械	3 297 106. 98	30. 77	389 848. 90	17. 61	337 862. 85	15. 47
000528. SZ	柳工	1 787 828. 01	16. 35	151 238. 09	-16. 56	132 142. 81	-14. 41
000680. SZ	山推股份	1 470 204. 89	9. 72	63 681. 67	-40. 96	47 933. 96	-42. 91
000923. SZ	河北宣工	57 396. 41	-19. 88	1 433. 39	-54. 08	1 031. 09	-48. 02
002097. SZ	山河智能	308 967. 15	8. 86	14 837. 70	-33. 32	20 320. 20	0. 12
002147. SZ	方圆支承	60 822. 37	35. 91	10 361. 25	23. 60	9 442. 58	15. 47
002459. SZ	天业通联	99 939. 01	-8. 68	2 217. 60	-80. 42	753. 03	-92. 39
002480. SZ	新筑股份	191 060. 47	36. 85	15 331. 25	8. 68	15 812. 73	10. 93
300103. SZ	达刚路机	23 382. 07	52. 76	7 647. 57	39. 04	6 562. 35	25. 41
300201. SZ	海伦哲	25 256. 03	10. 88	2 496. 36	-36. 90	2 471. 75	-37. 33
300210. SZ	森远股份	20 289. 01	52. 26	6 696. 79	61. 46	6 557. 24	72. 20
600031. SH	三一重工	5 077 630. 15	49. 54	984 719. 95	42. 78	864 889. 89	54. 02
600262. SH	北方股份	211 053. 16	10. 99	12 187. 37	73. 43	12 587. 99	72. 22
600335. SH	*ST 盛工	5 082 149. 27	10 381. 15	73 762. 23	2 307. 25	49 303. 49	1 603. 95
600375. SH	星马汽车	685 369. 39	72. 44	56 072. 18	80. 01	50 486. 28	88. 53
600710. SH	常林股份	213 542. 65	2. 18	16 878. 70	-39. 71	16 810. 57	-39. 92
600761. SH	安徽合力	629 149. 40	23. 74	47 705. 45	5. 60	38 586. 64	6. 55
600815. SH	厦工股份	1 199 203. 99	16. 07	64 776. 23	-9. 97	57 327. 31	-6. 63
600984. SH	ST 建机	65 009. 62	17. 60	1 167. 79	-21. 03	1 081. 30	-26. 92
601100. SH	恒立油缸	113 339. 11	38. 73	36 979. 66	41. 91	32 490. 96	42. 05
3339. HK	中国龙工	1 277 789. 00	6. 31	202 901. 70	-11. 92	172 950. 20	-2. 04
合计/平均		26 528 746. 20	61. 38	3 114 378. 79	32. 06	2 683 969. 29	35. 28

从经营效率来看,2011 年工程机械上市公司整体水平与上年基本持平。22 家上市公司 2011 年净资产收益率超过 10% 的公司有中联重科、徐工机械、柳工、山河智能、森远股份、三一重工、北方股份、*ST 盛工、星马汽车、安徽合力、厦工股份、恒立油缸、中国龙工共 13 家公司,较上年减少的 1 家。其中三一重工的净资产收益率超过 40%,中联重科、徐工机械和中国龙工的净资产收益率超过 20%。2011 年工程机械行业上市公司经营效率情况见表 4。

表 4　2011 年工程机械行业上市公司经营效率情况

股票代码	股票名称	总股本（万股）		每股收益摊薄（元）		净资产收益率（%）	
		2011 年	2010 年	2011 年	2010 年	2011 年	2010 年
000157. SZ	中联重科	770 595. 41	579 721. 96	1. 05	0. 80	22. 63	16. 98
000425. SZ	徐工机械	206 275. 82	103 137. 91	1. 64	2. 84	22. 29	24. 27
000528. SZ	柳工	112 524. 21	65 016. 14	1. 17	2. 37	14. 14	18. 24

（续）

股票代码	股票名称	总股本（万股）		每股收益摊薄（元）		净资产收益率（%）	
		2011 年	2010 年	2011 年	2010 年	2011 年	2010 年
000680. SZ	山推股份	75 916. 45	75 916. 45	0. 63	1. 11	9. 87	19. 22
000923. SZ	河北宣工	19 800. 00	19 800. 00	0. 05	0. 10	1. 78	3. 20
002097. SZ	山河智能	42 145. 00	42 045. 00	0. 48	0. 48	11. 46	12. 91
002147. SZ	方圆支承	25 852. 18	25 852. 18	0. 37	0. 32	9. 76	9. 31
002459. SZ	天业通联	22 230. 00	17 100. 00	0. 03	0. 58	0. 58	7. 47
002480. SZ	新筑股份	28 000. 00	14 000. 00	0. 56	1. 02	7. 96	7. 63
300103. SZ	达刚路机	11 763. 00	6 535. 00	0. 56	0. 80	9. 46	8. 16
300201. SZ	海伦哲	8 000. 00	6 000. 00	0. 31	0. 66	3. 90	16. 94
300210. SZ	森远股份	7 485. 00	5 585. 00	0. 88	0. 68	10. 93	24. 00
600031. SH	三一重工	759 370. 61	506 247. 08	1. 14	1. 11	41. 67	47. 12
600262. SH	北方股份	17 000. 00	17 000. 00	0. 74	0. 43	14. 03	9. 22
600335. SH	＊ST 盛工	56 000. 46	27 595. 72	0. 88	－0. 12	18. 35	－10. 86
600375. SH	星马汽车	40 574. 06	18 748. 13	1. 24	1. 43	18. 76	32. 75
600710. SH	常林股份	53 357. 00	48 620. 00	0. 32	0. 58	8. 02	19. 17
600761. SH	安徽合力	42 834. 54	35 695. 45	0. 90	1. 01	13. 32	13. 95
600815. SH	厦工股份	77 970. 96	77 970. 96	0. 74	0. 79	15. 22	19. 01
600984. SH	ST 建机	14 155. 60	14 155. 60	0. 08	0. 10	3. 82	5. 44
601100. SH	恒立油缸	42 000. 00	31 500. 00	0. 77	0. 73	10. 36	43. 32
3339. HK	中国龙工	428 010. 00	428 010. 00	0. 40	0. 41	26. 99	33. 68
合计/平均				0. 68	0. 83	22. 53	22. 85

2. 工程机械出口快速增长

在金融危机的不利环境下，2011 年全行业出口仍实现快速增长。22 家上市公司 2011 年出口交货值 191. 41 亿元，远远超过 2008 年 138. 52 亿元的历史高点，较上年的 114. 86 亿元增长 66. 64%。2011 年，出口收入占上市公司营业收入的比例上升，从 2010 年的 6. 99% 上升至 7. 22%，上升 0. 23 个百分点。仅有 4 家企业出口交货值同比下降，而徐工机械、山推股份、天业通联、达刚路机、＊ST 盛工和恒立油缸的出口交货值均呈 100% 以上的高速增长。2011 年上市公司出口情况见表 5。

表 5　2011 年上市公司出口情况

股票代码	股票名称	2011 年出口交货值（万元）	占收入比例（%）	2010 年出口交货值（万元）	占营业收入比例（%）	同比增长（%）
000157. SZ	中联重科	223 794. 26	4. 83	184 284. 54	5. 72	21. 44
000425. SZ	徐工机械	421 074. 00	12. 77	198 035. 00	7. 85	112. 63
000528. SZ	柳工	211 677. 56	11. 84	131 307. 84	8. 55	61. 21
000680. SZ	山推股份	317 288. 43	21. 58	154 126. 70	11. 50	105. 86
000923. SZ	河北宣工	12 667. 76	22. 07	10 002. 19	13. 96	26. 65
002097. SZ	山河智能	22 228. 11	7. 19	27 798. 69	9. 79	－20. 04
002147. SZ	方圆支承	1 649. 97	2. 71	1 945. 93	4. 35	－15. 21
002459. SZ	天业通联	20 433. 68	20. 45	1 731. 94	1. 58	1 079. 81
002480. SZ	新筑股份	36. 70	0. 02	48. 50	0. 03	－24. 33

（续）

股票代码	股票名称	2011 年出口交货值（万元）	占收入比例（%）	2010 年出口交货值（万元）	占营业收入比例（%）	同比增长（%）
300103. SZ	达刚路机	726. 06	3. 11	338. 15	2. 21	114. 71
300201. SZ	海伦哲	0. 00	0. 00	0. 00	0. 00	
300210. SZ	森远股份	0. 00	0. 00	0. 00	0. 00	
600031. SH	三一重工	342 504. 12	6. 75	213 106. 63	6. 28	60. 72
600262. SH	北方股份	40 626. 09	19. 25	43 534. 55	22. 89	-6. 68
600335. SH	*ST 盛工	24 389. 84	0. 48	9 195. 88	18. 97	165. 23
600375. SH	星马汽车	18 981. 19	2. 77	0. 00	0. 00	
600710. SH	常林股份	47 832. 50	22. 40	38 144. 52	18. 25	25. 40
600761. SH	安徽合力	104 882. 49	16. 67	66 264. 00	13. 03	58. 28
600815. SH	厦工股份	53 605. 08	4. 47	35 265. 14	3. 41	52. 01
600984. SH	ST 建机	0. 00	0. 00	0. 00	0. 00	
601100. SH	恒立油缸	2 728. 36	2. 41	1 175. 16	1. 44	132. 17
3339. HK	中国龙工	47 000. 00	3. 68	32 340. 00	2. 69	45. 33
合计/平均		1 914 126. 20	7. 22	1 148 645. 36	6. 99	66. 64

3. 毛利率下降，三项费用比率亦下降

工程机械市场下半年的急剧萎缩导致工程机械竞争趋于激烈，价格有所下降；促销和材料价格上涨也对成本产生影响，导致产品盈利能力降低。2011 年 22 家工程机械上市公司的平均毛利率为 21. 93%，较 2010 年的 26. 04% 降低 4. 11 个百分点。

但同时，在行业销量下行的背景下，企业内控有所加强，销售及管理费用比例都明显下降，减缓了盈利能力的下行。22 家工程机械上市公司的平均净利率达到 10. 49%，较上年的 12. 44% 下降 1. 95 个百分点；三项费用率 9. 72%，较 2010 年的 11. 25% 下降 1. 53%。

在行业景气不佳的背景下，仍有 7 家公司毛利率同比上升，7 家公司净利率同比上升。其中路面机械企业达刚路机和森远股份，以及油缸企业恒立油缸 3 家公司的净利率 30% 左右，盈利能力仍然处于高位。混凝土机械龙头三一重工和中联重科的净利率也达到 18% 左右，同比继续上升。2011 年工程机械利润率与费用比率见表 6。

表 6　2011 年工程机械利润率与费用比率

股票代码	股票名称	毛利率（%）		净利率（%）		三项费用比率（%）	
		2011 年	2010 年	2011 年	2010 年	2011 年	2010 年
000157. SZ	中联重科	32. 40	30. 34	17. 64	14. 25	10. 85	12. 17
000425. SZ	徐工机械	20. 68	21. 69	10. 25	11. 57	8. 08	7. 59
000528. SZ	柳工	19. 01	22. 43	7. 42	10. 08	9. 52	9. 99
000680. SZ	山推股份	14. 12	13. 69	3. 75	7. 12	9. 22	6. 62
000923. SZ	河北宣工	10. 91	13. 09	1. 80	2. 77	17. 16	15. 34
002097. SZ	山河智能	25. 39	24. 74	6. 53	7. 06	19. 46	15. 11
002147. SZ	方圆支承	32. 20	35. 70	15. 66	18. 39	13. 94	15. 00
002459. SZ	天业通联	23. 72	28. 66	2. 12	8. 85	18. 91	15. 98
002480. SZ	新筑股份	27. 84	35. 07	8. 26	10. 21	18. 17	20. 88
300103. SZ	达刚路机	41. 47	52. 24	28. 07	34. 19	7. 00	14. 42

（续）

股票代码	股票名称	毛利率（%）		净利率（%）		三项费用比率（%）	
		2011 年	2010 年	2011 年	2010 年	2011 年	2010 年
300201. SZ	海伦哲	32. 54	35. 02	9. 77	17. 63	21. 81	16. 96
300210. SZ	森远股份	50. 80	52. 58	32. 32	28. 58	15. 99	21. 02
600031. SH	三一重工	36. 48	36. 85	18. 44	18. 15	15. 93	15. 98
600262. SH	北方股份	25. 27	20. 93	5. 74	3. 32	15. 91	13. 95
600335. SH	＊ST 盛工	2. 97	13. 24	1. 06	－6. 68	1. 47	18. 71
600375. SH	星马汽车	16. 59	12. 24	7. 37	6. 74	7. 71	3. 82
600710. SH	常林股份	11. 12	12. 78	7. 89	13. 41	9. 42	10. 12
600761. SH	安徽合力	17. 61	19. 08	6. 82	7. 97	9. 66	9. 52
600815. SH	厦工股份	15. 34	16. 72	4. 81	5. 99	10. 52	9. 36
600984. SH	ST 建机	22. 10	18. 79	1. 66	2. 68	17. 94	18. 33
601100. SH	恒立油缸	43. 40	42. 27	28. 67	28. 00	10. 44	10. 10
3339. HK	中国龙工	25. 60	28. 51	13. 54	14. 69	12. 49	10. 82
平　　均		21. 93	26. 04	10. 49	12. 44	9. 72	11. 25

4. 产营运效率小幅下降

2011 年是工程机械市场波动剧烈的一年，对企业资产营运的能力提出了挑战。在下半年市场景气下行的背景下，各大厂商为抢占市场份额，采取了比较激进的销售手段，同时融资租赁也开始在工程机械销售中发挥更大的作用。22 家上市公司应收账款比率由 2010 年的 17. 10% 升至 18. 59%，小幅上升 1. 49 个百分点，反映出下游客户付款能力的减弱，回款周期的增加。22 家公司中仅有 6 家公司应收账款比率下降。

22 家上市公司存货比率由 2010 年的 32. 44% 下降至 24. 44%，大幅下降 8 个百分点，反映出下半年工程机械企业控制生产规模，降低存货比重，以应对不利的市场环境。22 家公司中有 8 家公司存货比率下降，其中＊ST 盛工、新筑股份、达刚路机、中联重科（不可比）下降较快。

22 家上市公司固定资产比率从 2010 年的 11. 94% 上升至 12. 47%，上升 0. 53 个百分点。22 家公司中有 8 家公司固定资产比率下降，1 家持平。森远股份等公司由于超募资金较多，导致固定资产比率大幅下降。恒立油缸等公司由于募投项目新建成，致使固定资产比率大幅增加。2011 年上市公司资产质量见表 7。

表 7　2011 年上市公司资产质量

股票代码	股票名称	应收账款比率（%）		存货比率（%）		固定资产比率（%）	
		2011 年	2010 年	2011 年	2010 年	2011 年	2010 年
000157. SZ	中联重科	25. 17	21. 58	30. 83	38. 70	5. 73	5. 81
000425. SZ	徐工机械	29. 64	15. 46	25. 70	29. 02	7. 40	9. 67
000528. SZ	柳工	12. 67	9. 13	34. 71	33. 67	9. 58	9. 52
000680. SZ	山推股份	13. 40	10. 80	25. 47	22. 38	16. 72	13. 75
000923. SZ	河北宣工	29. 15	25. 52	78. 03	55. 63	9. 69	11. 78
002097. SZ	山河智能	41. 29	37. 38	58. 13	55. 13	10. 92	10. 72
002147. SZ	方圆支承	23. 94	22. 86	39. 13	41. 24	24. 12	25. 92
002459. SZ	天业通联	66. 83	40. 11	81. 46	62. 74	9. 33	5. 91
002480. SZ	新筑股份	57. 48	72. 06	39. 81	77. 47	11. 95	11. 96

（续）

股票代码	股票名称	应收账款比率(%)		存货比率(%)		固定资产比率(%)	
		2011年	2010年	2011年	2010年	2011年	2010年
300103. SZ	达刚路机	24. 57	22. 31	40. 89	59. 25	7. 97	3. 19
300201. SZ	海伦哲	44. 01	38. 64	42. 87	40. 54	8. 75	8. 43
300210. SZ	森远股份	31. 28	32. 42	79. 88	45. 64	11. 02	24. 05
600031. SH	三一重工	22. 26	16. 87	25. 22	26. 52	20. 52	19. 62
600262. SH	北方股份	26. 32	36. 17	65. 96	59. 38	16. 44	9. 65
600335. SH	*ST盛工	0. 07	34. 10	4. 04	104. 83	4. 60	16. 21
600375. SH	星马汽车	4. 68	6. 11	30. 11	19. 08	21. 39	18. 19
600710. SH	常林股份	19. 89	16. 80	36. 59	34. 98	16. 03	11. 24
600761. SH	安徽合力	9. 11	10. 33	21. 14	19. 38	32. 05	31. 90
600815. SH	厦工股份	27. 42	16. 51	32. 16	30. 13	11. 73	11. 04
600984. SH	ST建机	45. 46	36. 34	32. 22	33. 09	25. 62	27. 22
601100. SH	恒立油缸	11. 77	9. 16	35. 94	14. 43	27. 93	13. 20
3339. HK	中国龙工	24. 50	14. 81	46. 07	41. 19	22. 54	22. 54
平　均		18. 59	17. 10	24. 44	32. 44	12. 47	11. 94

注:应收账款比率为应收账款占营业收入的比率;存货比率是存货占当年营销成本的比率;固定资产比率为固定资产占总资产的比率。

和资产质量相关的指标是公司的经营效率指标。从存货周转率、应收账款周转率以及经营活动现金流等指标来看,在行业景气下行,需求萎缩的背景下,2011年工程机械上市公司经营效率小幅下降。22家公司平均应收账款周转天数53. 52天,较2010年增加2. 49天;22家公司平均存货周转天数78. 28天,较2010年减少18. 83天;22家公司每股经营活动现金流从2010年的0. 44元下降至-0. 03元,减少0. 47元,行业资金面普遍呈现趋紧的态势。

22家公司中,应收账款周转天数下降的有6家,其中*ST盛工由于资产重组,其数据不可比;应收账款周转天数大幅提升的则有河北宣工、山河智能、天业通联、厦工股份和中国龙工。存货周转天数下降的有6家;大幅上升的有森远股份和恒立油缸。每股经营活动现金流上升的有6家,经营活动现金流为负的则有徐工机械、柳工、山推股份、方圆支承、天业通联、达刚路机、常林股份、厦工股份和ST建机。2011年上市公司经营效率见表8。

表8　2011年上市公司经营效率

股票代码	股票名称	应收账款周转天数(天)		存货周转天数(天)		每股经营活动现金流(元)	
		2011年	2010年	2011年	2010年	2011年	2010年
000157. SZ	中联重科	72. 30	67. 21	105. 38	120. 00	0. 27	0. 09
000425. SZ	徐工机械	74. 62	40. 87	85. 70	84. 14	-0. 98	0. 46
000528. SZ	柳工	36. 93	28. 30	112. 37	94. 25	-1. 79	1. 06
000680. SZ	山推股份	41. 83	30. 97	82. 74	61. 28	-2. 34	0. 28
000923. SZ	河北宣工	109. 81	71. 69	262. 36	240. 04	0. 04	-0. 05
002097. SZ	山河智能	136. 13	98. 22	196. 59	175. 83	0. 29	-0. 77
002147. SZ	方圆支承	73. 36	69. 55	122. 23	123. 90	-0. 15	0. 17
002459. SZ	天业通联	199. 34	120. 13	262. 29	240. 72	-2. 24	-0. 79
002480. SZ	新筑股份	198. 25	173. 13	163. 34	189. 52	0. 11	-4. 82
300103. SZ	达刚路机	70. 52	74. 06	130. 58	194. 33	-0. 25	0. 79

（续）

股票代码	股票名称	应收账款周转天数(天)		存货周转天数(天)		每股经营活动现金流(元)	
		2011 年	2010 年	2011 年	2010 年	2011 年	2010 年
300201. SZ	海伦哲	141. 94	125. 01	140. 56	122. 95	0. 03	0. 23
300210. SZ	森远股份	94. 63	112. 47	195. 79	130. 72	0. 06	0. 77
600031. SH	三一重工	60. 38	50. 78	77. 14	72. 42	0. 30	1. 33
600262. SH	北方股份	106. 03	121. 48	220. 60	219. 34	0. 23	2. 16
600335. SH	＊ST 盛工	0. 71	119. 73	8. 89	349. 51	1. 28	0. 47
600375. SH	星马汽车	14. 81	22. 99	75. 15	56. 16	0. 67	1. 67
600710. SH	常林股份	65. 40	61. 99	126. 33	103. 51	-0. 37	0. 05
600761. SH	安徽合力	31. 41	31. 00	65. 75	61. 91	0. 36	1. 36
600815. SH	厦工股份	74. 96	40. 23	103. 86	100. 84	-1. 68	0. 60
600984. SH	ST 建机	137. 44	141. 60	110. 81	111. 47	-0. 11	0. 14
601100. SH	恒立油缸	33. 06	25. 40	83. 78	36. 89	0. 27	0. 66
3339. HK	中国龙工	89. 60	54. 05	149. 94	123. 05	0. 30	-0. 05
行业平均		53. 52	51. 03	78. 28	97. 11	-0. 03	0. 44

5. 企业偿债能力提高

面对 2011 年下半年行业景气的突变，上市公司准备较为充分，柳工等公司成功进行了再融资，行业整体偿债能力不降反升。22 家公司平均资产负债率 56. 18%，较 2010 年的 56. 24% 微降 0. 06 个百分点。目前工程机械综合型重点公司负债率基本上都处于健康状态，三一和徐工还有 H 股发行融资计划，资产负债率有望进一步改善。

反映企业变现能力的指标也有显著改善。22 家上市公司平均流动比率 1. 63，较 2010 年的 1. 50 上升 0. 13 个百分点；平均速动比率 1. 21，较 2010 年的 1. 08 上升 0. 13 个百分点，表明企业短期偿债能力的稳健提升。2011 年上市公司偿债能力见表 9。

表 9　2011 年上市公司偿债能力

股票代码	股票名称	流动比率(%)		速动比率(%)		资产负债率(%)	
		2011 年	2010 年	2011 年	2010 年	2011 年	2010 年
000157. SZ	中联重科	1. 84	1. 71	1. 48	1. 37	50. 22	56. 39
000425. SZ	徐工机械	1. 71	1. 64	1. 30	1. 18	56. 34	51. 39
000528. SZ	柳工	1. 69	1. 49	1. 15	1. 05	58. 94	54. 48
000680. SZ	山推股份	1. 31	1. 21	0. 89	0. 79	64. 83	59. 17
000923. SZ	河北宣工	1. 29	1. 46	0. 68	0. 67	54. 67	44. 62
002097. SZ	山河智能	1. 63	1. 55	1. 05	1. 05	63. 15	63. 79
002147. SZ	方圆支承	2. 95	4. 66	2. 20	3. 78	18. 85	13. 38
002459. SZ	天业通联	1. 91	2. 44	1. 23	1. 82	41. 58	37. 57
002480. SZ	新筑股份	2. 36	1. 84	1. 95	1. 39	48. 56	45. 90
300103. SZ	达刚路机	17. 55	19. 94	16. 00	18. 55	4. 95	4. 63
300201. SZ	海伦哲	5. 29	1. 60	4. 50	1. 19	14. 46	40. 80
300210. SZ	森远股份	10. 72	2. 14	9. 23	1. 77	10. 43	37. 64
600031. SH	三一重工	1. 46	1. 17	1. 11	0. 84	59. 55	61. 97
600262. SH	北方股份	1. 37	1. 50	0. 78	0. 95	71. 93	75. 02
600335. SH	＊ST 盛工	1. 09	1. 04	0. 92	0. 55	81. 53	74. 96
600375. SH	星马汽车	1. 38	1. 31	0. 75	0. 77	54. 65	60. 16
600710. SH	常林股份	1. 86	1. 51	1. 17	0. 88	34. 26	49. 39
600761. SH	安徽合力	2. 06	1. 84	1. 20	1. 22	33. 13	34. 26

（续）

股票代码	股票名称	流动比率(%)		速动比率(%)		资产负债率(%)	
		2011年	2010年	2011年	2010年	2011年	2010年
600815.SH	厦工股份	1.31	1.38	0.78	0.83	64.49	59.95
600984.SH	ST建机	1.05	1.02	0.77	0.76	67.36	67.61
601100.SH	恒立油缸	10.25	2.01	9.25	1.71	8.16	44.46
3339.HK	中国龙工	2.36	1.31	1.45	0.69	60.31	61.06
行业平均		1.63	1.50	1.21	1.08	56.18	56.24

三、市场表现与市场预测

2011年，上证综合指数从年初开盘2 825.33点至年底收盘2 199.42点，下跌22.15%；深圳成分指数从年初开盘12 578.45点至年底收盘8 918.82点，下跌29.09%；香港恒生指数从年初开盘23 135.64点至年底收盘18 434.39点，下跌20.32%。同期工程机械上市公司表现弱于上证指数和恒生指数，强于深证成指，22家工程机械公司年末总市值2 668.08亿元，比年初开盘3 711.25亿元下降28.11%。如果剔除2011年新上市的3只股票，剩余19家工程机械公司年末总市值2 565.04亿元，比年初开盘3 711.25亿元下降30.88%，市场表现弱于三大指数。

2011年，工程机械上市公司总市值除了重组成功的＊ST盛工上涨73.96%，其余公司市值均出现缩水。其中除了业绩表现良好的混凝土机械重点公司三一重工、中联重科、星马汽车，以及业绩大幅增长的北方股份和达刚路机外，其余公司市值缩水均在30%以上。2011年工程机械市值变化情况见表10。

表10　2011年工程机械市值变化情况

证券简称	总股本(万股)		年初开盘价股价(元)	年末收盘价股价(元)	总市值(亿元)		市值变化(%)
	2011.1.4	2011.12.30			2011.1.4	2011.12.30	
中联重科	579 721.96	770 595.41	10.72	7.69	823.21	592.59	-28.01
徐工机械	103 137.91	206 275.82	28.55	14.22	589.95	293.32	-50.28
柳工	65 016.14	112 524.21	24.51	11.67	243.16	131.32	-46.00
山推股份	75 916.45	75 916.45	18.09	8.98	139.00	68.17	-50.96
河北宣工	19 800.00	19 800.00	9.08	5.47	18.02	10.83	-39.89
山河智能	42 045.00	42 145.00	16.82	8.61	70.72	36.29	-48.69
方圆支承	25 852.18	25 852.18	15.25	8.34	41.98	21.97	-47.66
天业通联	17 100.00	22 230.00	20.79	8.70	47.57	19.34	-59.35
新筑股份	14 000.00	28 000.00	34.33	12.40	95.62	34.72	-63.69
达刚路机	6 535.00	11 763.00	13.49	9.56	28.94	20.50	-29.15
海伦哲	6 000.00	8 000.00		6.90		12.22	
森远股份	5 585.00	7 485.00		15.21		20.64	
三一重工	506 247.08	759 370.61	14.51	12.54	1095.01	952.25	-13.04
北方股份	17 000.00	17 000.00	16.78	13.69	29.16	23.27	-20.17
＊ST盛工	27 595.72	56 000.46	16.50	14.05	45.23	78.68	73.96
星马汽车	18 748.13	40 574.06	24.92	10.71	46.50	43.45	-6.54
常林股份	48 620.00	53 357.00	10.14	6.26	52.41	33.40	-36.27
安徽合力	35 695.45	42 834.54	14.74	10.18	64.61	43.61	-32.51
厦工股份	77 970.96	77 970.96	14.13	8.12	110.41	63.31	-42.66
ST建机	14 155.60	14 155.60	8.28	5.01	11.83	7.09	-40.07
恒立油缸	31 500.00	42 000.00		16.71		70.18	
中国龙工	428 010.00	428 010.00	3.69	2.12	157.92	90.91	-42.43
合计/平均					3711.25	2 668.08	-28.11

2011年,工程机械上市公司表现为明显的投资品周期高点回落的特征,股价在经过一季度的上涨后,随后在景气与业绩下降的预期下,开始大幅下挫,与企业业绩增长形成背离,市盈率和市净率都有所下降。按当年业绩计算,22家上市公司2011年年底平均市盈率仅为9.58倍,较2010年年底的18.06倍下降8.48倍;2011年年底平均市净率仅为2.24倍,较2010年年底的4.25倍下降2.01倍。2011年上市公司市场表现见表11。

表11　2011年上市公司市场表现

股票代码	股票名称	市盈率(倍)		市净率(倍)	
		2011.12.31	2010.12.31	2011.12.31	2010.12.31
000157.SZ	中联重科	7.35	17.57	1.67	2.99
000425.SZ	徐工机械	8.68	20.16	1.94	4.90
000528.SZ	柳工	9.94	15.58	1.41	2.85
000680.SZ	山推股份	14.22	16.45	1.58	3.45
000923.SZ	河北宣工	105.04	89.83	1.86	2.87
002097.SZ	山河智能	17.86	34.70	2.08	4.56
002147.SZ	方圆支承	23.27	49.41	2.40	4.73
002459.SZ	天业通联	256.83	47.44	1.56	3.55
002480.SZ	新筑股份	21.96	67.77	1.75	5.17
300103.SZ	达刚路机	31.24	54.05	2.96	4.41
300201.SZ	海伦哲	49.42		1.94	
300210.SZ	森远股份	31.48		3.44	
600031.SH	三一重工	11.01	19.50	4.84	9.65
600262.SH	北方股份	18.49	39.33	2.62	3.69
600335.SH	*ST盛工	15.96	-138.89	3.15	15.90
600375.SH	星马汽车	8.61	17.26	1.63	5.65
600710.SH	常林股份	19.87	17.43	1.60	3.36
600761.SH	安徽合力	11.30	17.63	1.58	2.58
600815.SH	厦工股份	11.04	17.94	1.71	3.47
600984.SH	ST建机	65.59	79.12	2.51	4.30
601100.SH	恒立油缸	21.60		2.24	
3339.HK	中国龙工	5.26	8.77	1.42	2.95
行业平均		9.58	18.06	2.24	4.25

工程机械市场具有明显的周期性,2011年则是景气周期的重要转折点。从2009年下半年到2011年一季度,工程机械销量在相对宽松的货币政策环境下持续高速增长超过一年半的时间,而且从2010年下半年以来主要工程机械企业启动融资租赁,加大信贷销售,很大程度上加速了工程机械市场容量的增加。但随着政府加大房地产市场调控,执行紧缩政策控制通胀,从2011年二季度起,工程机械需求增长开始放缓,而且融资销售带来的存量增加一定程度上透支了工程机械的销售,行业销量出现整体回落。预计2012年,政府对房地产市场的调控基调不会出现大的改变,全行业上半年销售压力较大。但随着铁路、水利等基建投资的恢复,下半年行业市场的需求有望出现回暖,上市公司市场表现也有望随着销量的好转环比呈现上升势头。此外,行业出口的快速增长趋势仍然延续。如果政府能够进一步放松调控政策,则处于估值低位的公司仍然有较好的投资价值。2011年工程机械上市公司(A股)市场表现见下图。

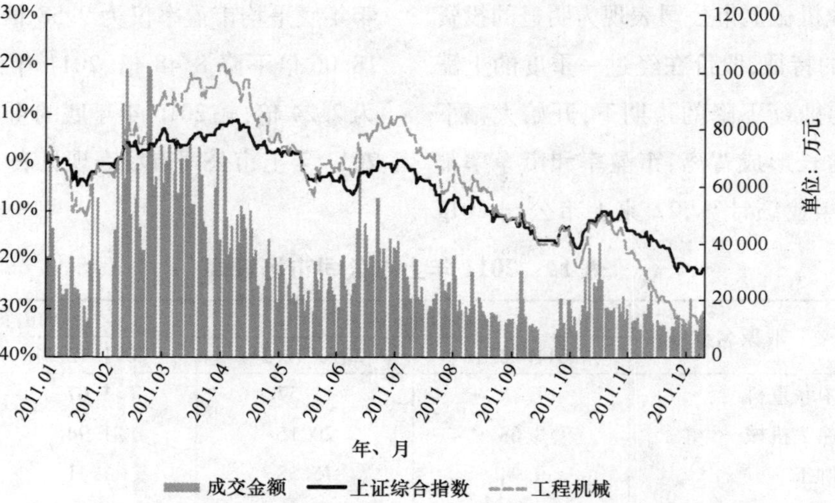

图　2011年工程机械上市公司(A股)市场表现

数据来源：Wind资讯，上市公司年度报告，北京润晖投资咨询公司。

〔撰稿人：北京润晖投资咨询有限公司郑贤玲〕

2011年全球工程机械市场表现强劲但后劲不足

一、全球工程机械市场形势概观

2011年，全球工程机械市场延续了2010年以来的增长态势，全年总销售量回升到100万台以上，市场总规模超越了金融危机之前的上一轮高点，即2007年的94万台水平，达到历史新高。但是，这样的增长并不能掩盖当年市场后期的回落和信贷宽松政策收紧后工程机械市场所面临的风险。2002～2011年全球工程机械市场销售量及2012～2014年销量预测见下图。

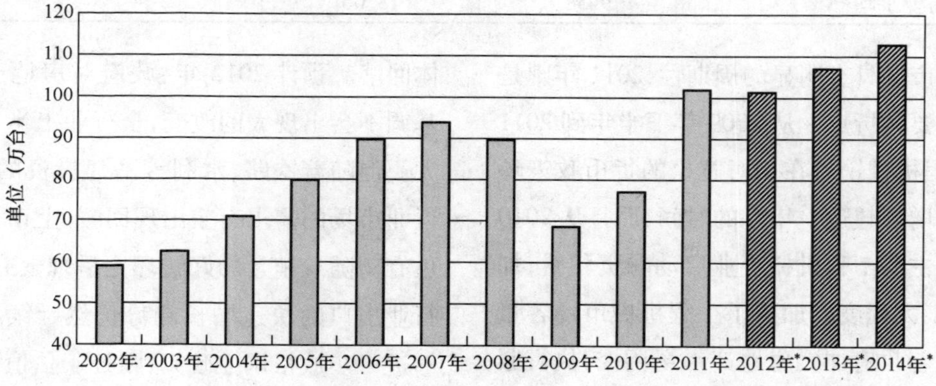

图　2002～2011年全球工程机械市场销售量及2012～2014年销量预测

（统计范围：装载机、挖掘机、推土机、平地机、沥青混凝土摊铺机、铲运机、越野叉车、滑移－转向装载机、挖掘装载机、非公路自卸车。后同。）

数据来源：英国工程机械咨询有限公司。

回顾近10年来全球工程机械销售量的变化，可以看到，整个市场在2007年之前一直处在需求持续扩张的过程，并且在当年达到了上轮周期的峰值水平。然而，受2007年下半年以后逐渐蔓延全球的金融危机影响，自2008年开始，市场进入一轮下降周期，当年销售量小幅下降5%；随后在2009年出现更大幅度的下滑，降幅达到23%，市场规模缩减到2004年以来的最低水平。但是令人乐观的是，全球整体需求自2010年年初逐渐回升；2011年，各主要市场都延续了回升态势，其中，中国、印度和巴西等发展中国家保持的旺盛需求是市场增长的主要支撑力量，西欧、北美等传统市场的增长幅度与2010年持平或有小幅扩张。

近3年来，在整体市场需求的波动起伏中蕴含着全球竞争格局的急剧变化。“传统”的成熟市场尽管已经止住跌势，但销量难以回到2007年的峰值水平。中国作为全球最大的生产国和区域市场的主导地位不断巩固，2011年在全球总销售量和总销售额中所占份额分别为42%和36%，而2007年相应份额仅分别为24%和12%。除北美、西欧、中国、日本和印度五大主要区域市场以外，以新兴发展中国家为主的其他地区市场则已成为新增订单的主要来源，2011年他们对整个市场的增长贡献达到57%，这些区域未来仍存在大量的市场机会和巨大的增长潜力。

二、区域市场分析

2009～2011年全球工程机械市场分地区销售量见表1。2009～2011年全球工程机械市场分地区销售额见表2。

表1　2009～2011年全球工程机械市场分地区销售量　（单位：台）

地　区	2009年	2010年	2011年	2010～2011年增长率(%)
北美	76 855	89 591	124 399	39
西欧	83 385	100 650	123 455	23
中国	253 306	401 470	429 120	7
日本	29 310	37 090	47 085	27
印度	28 582	42 815	54 063	26
其他地区	212 512	99 175	240 810	143
全球合计	686 950	770 791	1 018 932	32
增长率(%)	-23	12	32	

数据来源：英国工程机械咨询有限公司。

表2　2009～2011年全球工程机械市场分地区销售额　（单位：亿美元）

地　区	2009年	2010年	2011年	2010～2011年增长率(%)
北美	121	149	203	36
西欧	75	97	120	24
中国	181	346	390	13
日本	22	27	32	19
印度	21	29	31	7
其他地区	145	130	320	146
全球合计	564	778	1 097	41
增长率(%)	-34	38	41	

数据来源：英国工程机械咨询有限公司。

2011年，全球工程机械市场规模以销售量计比上年增长32%。按价值量计，销售额首次超过1 000亿美元，较上年增长41%。销售量和销售额比2009年的低谷水平分别提高48%和95%，比

2007年的上轮峰值水平分别高出8%和12%。同时,销售额继续保持比销售量更大的回升幅度,这反映出单价较高的中大型工程机械销量仍以较快速度增长。市场已经再次达到了历史最高点,这一增长态势能否延续无疑是最值得关注的问题。然而令人不安的是,进入2012年以来,世界经济仍面临不确定性:美国经济复苏势头趋缓;欧洲主权债务危机持续升级;新兴市场和发展中国家经济增速回落。全球工程机械市场也面临调整压力,预计全年销售量会持平在100万台以上,销售额会保持在1 100亿美元。未来销量能否实现显著增长主要取决于全球经济对工程机械的真实需求与行业结构的优化调整。对各主要工程机械市场的具体分析如下:

中国:这是目前遥遥领先的全球最大单一市场,但是近来销量增长速度和规模出现了急剧变化。继2010年销售量同比大幅增长58%之后,2011年增长幅度明显降低,仅为7%。由于政府的宏观调控政策从刺激增长迅速转向货币供应从紧以控制通货膨胀,并对经济结构进行调整,压缩不合理的过热增长,2011年中国的工程机械市场从前所未有的高速增长急速转向收缩,而且未来仍具有不确定性。事实上,在一季度市场继续大幅增长之后,在接下来的9个月几乎对所有工程机械产品需求都呈明显下降走势,因为客户不再认为其用于购置新设备的投资能够取得足够的回报。政府一直在对大规模的工程建设加以控制以降低通货膨胀,造成工程机械产品产量很大,而工程项目不足,新机的销售于是开始下滑。因此,尽管全年销售量仍然表现为增长,但这完全是一种错觉。当制造商展望未来时,他们实际上处于对业绩下滑和财务风险的担忧之中。

2012年以及未来数年之内,受到现有巨大的新机保有量影响,很难期望整个市场继续出现与前几年一样的销售增长。由于宏观经济政策转向放松货币供应将是一个逐步调整的缓和过程,业内对于短期内需求的回升并不乐观,因此普遍预计2012年国内市场销售量将出现回落。尽管如此,中国仍然是一个非常巨大的市场,有大量建设工程尚待完成,而政府也充分认识到长期持续投资基础设施建设的重要性。在经过一段时期的调整后,中国市场重新回到增长轨道是很有可能的,但其未来增速恐将大大降低。

轮式装载机和履带式挖掘机一直在中国工程机械市场占据主导地位,二者合计占工程机械国内市场份额的77%,其销量在2011年分别实现7%和10%的增长。此外,以小型挖掘机为代表的小型工程机械市场也处于良好的发展过程中。

西欧:2011年是第二个复苏年,几乎所有工程机械产品销量都实现了增长。这一增长是由欧洲市场需求增长和经销商库存更新等因素带动的,此外,其对亚洲和远东地区新兴市场的出口也出现显著增长。按销量计算,增长最快的是挖掘装载机等小型设备。在标准设备方面,轮式挖掘机销量表现良好,这主要由于德国市场的持续恢复,但履带式挖掘机销量增幅较小。大多数重型工程机械销量均获得较大幅度的增长,特别是铰接式自卸车和大型轮式装载机。但是,整个欧洲市场至今仍然受到多个国家财政和债务危机持续蔓延的影响,投资环境难以向更为有利的条件转化。并且,由于受多元政治影响的欧洲统一经济体难以集中高效地应对和治理危机,其整个经济的复苏处于很大的不确定性之中。受此影响,其工程机械市场的回升将是一个十分缓慢甚至曲折的过程,各国之间的不平衡也很可能加剧。

北美:在经过2006~2009年灾难性市场崩溃、需求量从22.3万台跌至7.7万台之后,2010年北美市场销售量回升17%,2011年进一步加快增长39%,达到12.4万台。这对于在一个很短时期内经历市场下滑65%的制造商来说无疑是一个令人欣慰的结果,任何好转迹象都无疑将减轻他们的压力。但是,2011年的市场规模与往年最好水平相比,仍然只有其一半多。政府必须继续鼓励对所有主要用户行业——包括采矿、公共工程和私人建设项目——的投资，以保证复苏得以稳固持续。

2011年，北美市场大部分产品销量都实现了增长，特别是挖掘装载机、标准型和小型挖掘机和滑移-转向装载机，这主要是缘于租赁行业更新设备的刺激。在经济环境逐步好转的预期下，业内对未来增长的前景变得更加乐观。但目前的问题是，最终导致2008年金融危机的房地产领域尚未进入回升通道，奥巴马政府提出的庞大基础设施建设计划其资金来源尚无着落，在经过2012年的大选之后，新政府的经济政策对工程机械市场的持续回升将是一个重大考验。

日本：由于公共工程市场停滞、私人投资大幅下降及租赁公司面临难以处理旧机等多方面原因，日本市场在2009年销量急剧下滑近50%，随后2010年需求重新回升，2011年继续增长，趋近2008年水平，但总量上仍有一些差距。与此同时，国内市场好转和出口市场（尤其是亚洲）更加活跃使履带式和小型挖掘机的产量大幅增长。

日本市场的正常水平一般保持在每年7万台的规模，因此，2011年仅47 000台的销售量反映出日本市场仍旧处于疲软状态。2011年经济出现了很大的不确定性，许多日本出口商的业绩受到日元升值的冲击。由于地震和海啸灾后救助和重建的需求，公共投资显著上升，租赁行业更新设备的需求比较强劲。但是，由于自然灾害给日本经济带来的重大损失和国家所承担的大规模债务，日本经济复苏的中期前景毫不乐观，其工程机械市场的回升能否延续存在很大的疑问。

印度：全球金融危机对印度经济的影响持续时间较短，工程机械市场需求在2010年显著复苏，销量增幅达到50%，是全世界增长最快的国家之一。2011年市场延续了这一势头，销售量增长26%，超过54 000台，达到历史新高。尽管如此，2011年的市场仍然没有达到人们原来更高的预期。

欧元区债务危机、食品与原油价格飙升等全球性事件，加上财政赤字增加、高通胀率，以及由政治领袖和官方机构一系列丑闻和腐败案导致的政府政策失效等地区性因素，对印度经济增长造成了直接影响。此外，对土地出让的非金融性限制，以及程序和批准上的延误（特别是环境和森林许可）导致许多建设项目和矿业工程延期实施。但也存在一些有利于促进工程机械销量增长的因素，如可用劳动力的逐渐减少，以及尚待完工的庞大的基础设施建设等。

2011年挖掘装载机、液压挖掘机和移动式起重机销量增长最快，而其他一些主要产品销量则出现下降。印度政府制定了一系列雄心勃勃的基础设施建设计划，从2012年4月开始实施的第12个五年规划安排的基础设施建设预算达到1万亿美元以上。政府还采取了多项政策措施以提高投资者信心和项目执行能力，因而未来印度工程机械市场可以确信将会达到至少14%的年增长。印度作为工程机械生产国的地位也正在变得日益重要，越来越多的制造商开始在此建立生产企业和扩大业务范围。除了满足当地需求，制造商目前也倾向于扩大出口。预计该市场销量在中长期将会有十分显著的增长。

三、中国工程机械企业面临的机遇和挑战

中国仍然保持着世界最大工程机械市场的地位；同时，受国内需求增长的刺激和出口明显好转的支持，其产量也占到全球总产量的50%以上。尽管如此，这些增长仍不能满足近年来生产能力大幅扩张的众多制造商的期望。目前，中国工程机械行业已经形成超大规模的生产能力，大大超出未来的实际需求水平。业内逐渐发现，通过竞争价格和付款条件已经越来越难以刺激销售，过高预期的结果只是提高了库存。鉴于这些问题，未来制造商的关注重点必须转向产品质量和客户服务，进一步的整合将很有可能在这一集中度并不高的行业出现。

当前中国工程机械行业的发展处在一个相对比较困难的时期，因为在市场调整的形势下企业财务负担都比较大。由于企业之间产品同质化现象严重，对很多制造商来说投资回报往往是很低的。但另一方面，他们又比以往任何时候都更迫切地需要获得大量的流动资金，以使他们近年发展起来的大规模生产能力实现回报，而已经建立起来的这些生产能力是基于对市场的盲目过高期望。为在这个行业取得成功，企业必须有能力控制其财务风险，并提高产品和服务质量以适应未来逐渐成熟的市场需求。而能力赢得未来成功的必然只属于少数领先的企业。

出口的继续增长在一定程度上弥补了制造商在国内市场的损失，但至少就目前来讲，中国企业想依靠海外市场来保持增长仍是不现实的。在占全球约一半需求的国内市场下降的形势下，所有制造商都必须重新审视其发展战略。对大部分出口市场而言，中国公司最大的问题始终是尚未建立良好的营销网络，而解决问题的快速简便方式就是直接收购。领先的制造商，如中联重科、柳工、徐工和三一相继通过海外并购以迅速扩大海外业务，从而获得比内生生长更快的增长。中国制造商寻求海外并购的意愿比以往任何时候都更加强烈。在此之前，大多数中国制造商一直急切地专注于快速增长的国内市场的进一步扩张，因而很少考虑海外收购。尽管收购行为可能被认为太过冒险，是对未知的跨越，但是目前情况正在发生变化，面对国内市场增长的回落和日益激烈的竞争环境，许多中国公司都在着眼于收购，这将逐渐成为他们拓展全球市场的一个重要途径。

〔撰稿人：英国工程机械咨询有限公司北京代表处史扬〕

统计资料

公布2011年主要统计数据，准确、系统、全面地反映工程机械行业的主要经济指标

统计资料

2011年工程机械行业主要企业产品产销存统计

1. 挖掘机械

企业名称	产品类别	单位	产量	销售量	库存量
徐州华东机械厂	液压挖掘机	台	28	27	8
内蒙古北方重型汽车股份有限公司	液压挖掘机	台	137	71	135
广西柳工机械股份有限公司	液压挖掘机	台	7 889	7 438	0
中国一拖集团有限公司	液压挖掘机	台	173	146	143
成都市新筑路桥机械股份有限公司	液压挖掘机	台	112	112	0
三一集团有限公司	液压挖掘机	台	24 936	24 764	892
中联重科股份有限公司	液压挖掘机	台	1 903	1 400	0
厦门市装载机有限公司	液压挖掘机	台	25	23	4
福田雷沃国际重工股份有限公司	液压挖掘机	台	5 710	5 526	184
四川邦立重机有限责任公司	液压挖掘机	台	124	73	59
广西玉柴重工有限公司	液压挖掘机	台	10 495	10 277	2 533
贵州詹阳动力重工有限公司	液压挖掘机	台	704	665	351
小松(中国)投资有限公司	液压挖掘机	台	20 151	20 151	0
成都神钢建设机械有限公司	液压挖掘机	台	7 746	7 414	578
厦门厦工机械股份有限公司	液压挖掘机	台	4 521	4 253	1 078
江麓机电集团有限公司	液压挖掘机	台	352	321	305
山重建机有限公司	液压挖掘机	台	5 162	5 635	1 910
北京现代京城工程机械有限公司	液压挖掘机	台	5 864	6 049	1 560
利勃海尔机械(大连)有限公司	液压挖掘机	台	632	540	0
浙江军联机械电子控股有限公司	液压挖掘机	台	157	144	66
中国龙工控股有限公司	液压挖掘机	台	4 429	5 153	954
河北宣化工程机械股份有限公司	液压挖掘机	台	13	14	0
力士德工程机械服务有限公司	液压挖掘机	台	2 920	2 858	260
日立建机(中国)有限公司	液压挖掘机	台	14 821	13 431	1 809
卡特彼勒(中国)投资有限公司	液压挖掘机	台	11 225	11 225	0
斗山工程机械(中国)有限公司	液压挖掘机	台	16 081	16 081	0
现代江苏工程机械有限公司	液压挖掘机	台	10 146	10 146	0
沃尔沃建筑设备(中国)有限公司	液压挖掘机	台	9 479	9 479	0
住重中骏(厦门)建机有限公司	液压挖掘机	台	2 308	2 308	0
山东卡特重工机械有限公司	液压挖掘机	台	1 579	1 579	0
广西开元机器制造有限责任公司	液压挖掘机	台	1 258	1 258	0
徐州徐挖机械制造有限公司	液压挖掘机	台	413	413	0
阿特拉斯工程机械有限公司	液压挖掘机	台	592	592	0
利勃海尔机械(大连)有限公司	液压挖掘机	台	632	540	0
上海彭浦机器厂有限公司	液压挖掘机	台	529	529	0
中国一拖集团有限公司	轮胎式挖掘机	台	76	222	54
贵州詹阳动力重工有限公司	轮胎式挖掘机	台	243	229	96
斗山工程机械(中国)有限公司	轮胎式挖掘机	台	697	697	0

（续）

企业名称	产品类别	单位	产量	销售量	库存量
山河智能装备股份有限公司	机械挖掘机	台	3 767	4 648	311
广西柳工机械股份有限公司	挖掘装载机	台	203	214	39
福田雷沃国际重工股份有限公司	挖掘装载机	台	4	4	2
徐州金正公路工程机械有限公司	挖掘装载机	台	19	18	2
四川邦立重机有限责任公司	抓钢机	台	234	221	16
北京南车时代机车车辆机械有限公司	其他挖掘机械	台	3	1	1

2. 铲土运输机械

企业名称	产品类别	单位	产量	销售量	库存量
广西柳工机械股份有限公司	履带推土机	台	545	503	0
中国一拖集团有限公司	履带推土机	台	486	455	100
天津建筑机械厂	履带推土机	台	888	859	332
内蒙古一机集团大地工程机械有限公司	履带推土机	台	285	314	14
陕西中联重科土方机械有限公司	履带推土机	台	773	730	191
河北宣化工程机械股份有限公司	履带推土机	台	1 150	1 123	165
山推工程机械股份有限公司	履带推土机	台	7 100	8 075	1 047
卡特彼勒(中国)投资有限公司	履带推土机	台	43	43	0
郑州宇通重工有限公司	履带推土机	台	86	87	6
卡特彼勒(中国)投资有限公司	轮式推土机	台	8	8	0
山推工程机械股份有限公司	推耙机	台	25	18	17
中联重科股份有限公司	装载机	台	3	10	0
河北宣化工程机械股份有限公司	履带式装载机	台	0	2	0
徐州华东机械机械厂	轮胎式装载机	台	20	43	58
郑州宇通重工有限公司	轮胎式装载机	台	1 301	1 325	349
广西柳工机械股份有限公司	轮胎式装载机	台	40 060	40 573	0
中国一拖集团有限公司	轮胎式装载机	台	1 724	1 865	95
厦门市装载机有限公司	轮胎式装载机	台	605	603	145
福田雷沃国际重工股份有限公司	轮胎式装载机	台	10 400	7 533	3 161
小松(中国)投资有限公司	轮胎式装载机	台	360	360	0
厦门厦工机械股份有限公司	轮胎式装载机	台	38 544	40 085	3 510
常林股份有限公司	轮胎式装载机	台	7 569	7 391	1 667
山东山工机械有限公司	轮胎式装载机	台	13 794	13 548	0
内蒙古一机集团大地工程机械有限公司	轮胎式装载机	台	20	14	6
山东临工工程机械有限公司	轮胎式装载机	台	37 811	38 849	3 902
德州德工机械有限公司	轮胎式装载机	台	4 412	4 246	550
利勃海尔机械(大连)有限公司	轮胎式装载机	台	66	24	0
成都神钢工程机械(集团)有限公司	轮胎式装载机	台	10 208	10 017	3 337
烟台工程机械有限公司	轮胎式装载机	台	316	251	62
山东一能重工有限公司	轮胎式装载机	台	0	3 159	0
鼎盛重工机械有限公司	轮胎式装载机	台	218	174	0
浙江军联机械电子控股有限公司	轮胎式装载机	台	98	90	51
中国龙工控股有限公司	轮胎式装载机	台	43 089	44 602	9 218
徐州金正公路工程机械有限公司	轮胎式装载机	台	400	387	31
徐工集团科技分公司	轮胎式装载机	台	17 511	17 867	2 467
福建晋工机械有限公司	轮胎式装载机	台	5 230	4 135	2 146
安徽合力股份有限公司重型装备工厂	轮胎式装载机	台	771	661	110

（续）

企 业 名 称	产品类别	单位	产量	销售量	库存量
日立建机(上海)有限公司	轮胎式装载机	台	0	1	0
卡特彼勒(中国)投资有限公司	轮胎式装载机	台	16	16	0
斗山工程机械(中国)有限公司	轮胎式装载机	台	3 308	3 308	0
上海彭浦机器厂有限公司	轮胎式装载机	台	706	706	0
广西柳工机械股份有限公司	滑移转向装载机	台	230	291	17
中国一拖集团有限公司	滑移转向装载机	台	48	48	1
山河智能装备股份有限公司	滑移转向装载机	台	391	335	56
凯斯工程机械(上海)有限公司	滑移转向装载机	台	122	122	0
郑州宇通重工有限公司	铲运机	台	223	150	76
广西柳工机械股份有限公司	平地机	台	635	697	0
中国一拖集团有限公司	平地机	台	23	34	10
三一集团有限公司	平地机	台	211	211	0
厦门市装载机有限公司	平地机	台	13	13	0
常林股份有限公司	平地机	台	774	648	253
山东山工机械有限公司	平地机	台	57	6	0
成都神钢工程机械(集团)有限公司	平地机	台	35	24	14
徐州徐工筑路机械有限公司	平地机	台	2 026	1 910	0
鼎盛重工机械有限公司	平地机	台	972	972	0
山推工程机械股份有限公司	平地机	台	254	241	105
安徽星马汽车股份有限公司	厢式车自卸车	辆	285	436	0
泰安航天特种车有限公司	宽体矿用自卸车	辆	1 846	1 686	517
内蒙古北方重型汽车股份有限公司	矿用自卸汽车	辆	538	519	103
中环动力(北京)重型汽车有限公司	矿用自卸汽车	辆	125	149	0
本溪北方机械重汽有限责任公司	矿用自卸汽车	辆	7	7	0
山东蓬翔汽车有限公司	非公路自卸汽车	辆	305	306	8
三一矿机有限公司	非公路自卸汽车	辆	32	5	27
郑州宇通重工有限公司	非公路自卸汽车	辆	713	700	51
北京首钢重型汽车制造股份有限公司	矿用汽车	辆	33	43	15
东风实业(十堰)车辆有限公司	非公路自卸汽车	辆	10	10	0
河北万众矿山机械有限公司	非公路自卸汽车	辆	800	724	76
广西玉柴专用汽车有限公司	中型自卸汽车	辆	127	152	8
重庆大江信达车辆股份公司专用车公司	重型自卸汽车	辆	131	131	0
秦皇岛天业通联重工股份有限公司	矿用自卸汽车	辆	98	75	23
湘电集团有限公司	大型电动轮车	辆	55	51	0
陕西同力重工股份有限公司	非公路自卸车(宽体车)	辆	2 658	2 632	0
卡特彼勒(中国)投资有限公司	矿用自卸汽车	辆	52	52	0
山东蓬翔汽车有限公司	非公路自卸车	辆	5 735	6 509	266
内蒙古一机集团大地工程机械有限公司	吊管机	台	10	10	0
山推工程机械股份有限公司	吊管机	台	83	86	15
泰安泰山工程机械股份有限公司	履带式吊管机	台	130	126	4
中联重科股份有限公司	其他铲土运输机械	台	10	25	0
厦门市装载机有限公司	叉装机	台	69	68	5
广东力士通机械股份有限公司	半挂车	台	105	105	0

3. 工程起重机

企 业 名 称	产 品 类 别	单位	产量	销售量	库存量
安徽柳工起重机有限公司	汽车起重机	台	1 619	1 441	0
中联重科股份有限公司	汽车起重机	台	7 852	8 666	0
沈阳北方交通重工集团有限公司	汽车起重机	台	240	240	0
北起多田野(北京)起重机有限公司	汽车起重机	台	255	230	64
北汽福田汽车股份有限公司北京雷萨起重机分公司	汽车起重机	台	34	40	2
辽宁抚挖锦重机械有限公司	汽车起重机	台	504	491	55
广东力士通机械股份有限公司	汽车起重机	台	1	1	2
北京京城重工机械有限责任公司	汽车起重机	台	463	432	31
马尼托瓦克东岳重工有限公司	汽车起重机	台	825	817	84
四川长江工程起重机有限责任公司	汽车起重机	台	536	484	110
重庆大江信达车辆股份公司专用车公司	汽车起重机	台	91	83	38
三一汽车起重机械有限公司	汽车起重机	台	3 566	3 520	226
徐工集团徐州重型机械有限公司	汽车起重机	台	18 351	18 351	0
中联重科股份有限公司	轮胎起重机	台	46	53	0
抚顺起重机制造有限责任公司	轮胎起重机	台	2	3	0
广东力士通机械股份有限公司	轮胎起重机	台	0	3	16
江苏八达重工机械有限公司	轮胎式起重机	台	90	86	10
北京京城重工机械有限责任公司	轮胎起重机	台	0	5	9
日立建机(中国)有限公司	轮式起重机	台	4	4	0
哈尔滨工程机械制造有限责任公司	轮胎起重机	台	103	102	5
广西柳工机械股份有限公司	履带起重机	台	14	7	0
中联重科股份有限公司	履带起重机	台	507	506	0
泰安泰山工程机械股份有限公司	履带式起重机	台	4	4	0
北汽福田汽车股份有限公司北京雷萨起重机分公司	履带式起重机	台	21	27	4
辽宁抚挖重工机械股份有限公司	履带式起重机	台	439	438	47
上海三一科技有限公司	履带式起重机	台	360	346	47
日立建机(中国)有限公司	履带式起重机	台	1	1	0
北京南车时代机车车辆机械有限公司	履带式起重机	台	16	0	1
安徽柳工起重机有限公司	履带式起重机	台	14	8	10
徐州天地重型机械制造有限公司	随车起重机	台	12	11	21
长治清华机械厂	随车起重机	台	125	31	226
牡丹江专用汽车制造有限公司	随车起重机	台	915	909	73
泰安古河随车起重机有限公司	随车起重机	台	425	243	346
徐州徐工随车起重机有限公司	随车起重机	台	4 907	4 833	179
重庆大江信达车辆股份公司专用车公司	随车起重机	台	1	1	0
湖南中联重科专用车有限责任公司	随车起重机	台	352	294	134
沈阳北方交通重工集团有限公司	清障车	台	700	700	0
湖南中联重科专用车有限责任公司	清障车	台	0	0	1
方圆集团有限公司	塔式起重机	台	1 500	1 506	0
山东华夏集团有限公司	塔式起重机	台	6 067	5 945	122
中联重科股份有限公司	塔式起重机	台	12 222	12 134	0
广西建工集团建筑机械制造有限责任公司	塔式起重机	台	1 861	1 851	10
江麓机电集团有限公司	塔式起重机	台	567	493	90
济南建筑机械厂有限公司	塔式起重机	台	219	225	0
抚顺永茂建筑机械有限公司	塔式起重机	台	997	997	0

（续）

企业名称	产品类别	单位	产量	销售量	库存量
浙江省建设机械集团有限公司	塔式起重机	台	3 273	3 273	0
山东鸿达建工集团有限公司	塔式起重机	台	4 392	4 348	44
四川省建筑工程机械厂	塔式起重机	台	73	71	4
广东建筑机械厂	塔式起重机	台	32	28	4
山东大汉建设机械有限公司	塔式起重机	台	6 000	6 000	0
山东明龙建筑机械有限公司	塔式起重机	台	2 000	2 000	0
佛山市南海高达建筑机械有限公司	塔式起重机	台	504	504	0
烟台海山建筑机械有限公司	塔式起重机	台	1 640	1 640	0
山东腾飞建设机械工程有限公司	塔式起重机	台	432	432	0
张家港浮山建设机械有限公司	塔式起重机	台	344	344	0
张家港市天运建筑机械有限公司	塔式起重机	台	470	470	0
辽宁天一重工有限公司	塔式起重机	台	500	500	0
上海吴淞建筑机械厂有限公司	塔式起重机	台	238	238	0
重庆大江工业(集团)有限责任公司	塔式起重机	台	330	330	0
重庆杰渝建筑机械有限公司	塔式起重机	台	243	243	0
四川省隆昌工程机械厂	塔式起重机	台	300	300	0
桂林长海发展有限责任公司	塔式起重机	台	169	169	0
邢台亚泰重工机械有限公司	塔式起重机	台	85	85	0
四川现代建设机电集团有限公司	塔式起重机	台	100	100	0
鞍山宏力建筑塔机有限公司	塔式起重机	台	120	120	0
佛山市佛宇重工实业有限公司	塔式起重机	台	6	6	0
浙江虎霸建设机械有限公司	塔式起重机	台	1 139	1 139	0
江苏申锡建筑机械有限公司	施工升降机	台	15	15	0
方圆集团有限公司	施工升降机	台	888	872	0
山东天宇建设机械股份有限公司	施工升降机	台	100	47	20
山东华夏集团有限公司	施工升降机	台	432	420	12
广西建工集团建筑机械制造有限责任公司	施工升降机	台	995	985	10
江麓机电集团有限公司	施工升降机	台	443	429	66
浙江省建设机械集团有限公司	施工升降机	台	537	537	0
广东建筑机械厂	施工升降机	台	15	13	2
中联重科股份有限公司	其他起重机	台	1 926	2 066	0
江苏八达重工机械有限公司	履带式抓料机	台	51	48	3
徐州徐工随车起重机有限公司	其他	台	438	438	0

4. 工业车辆

企业名称	产品类别	单位	产量	销售量	库存量
安徽叉车集团有限责任公司	电动平衡重乘驾式叉车	台		6 178	
杭叉集团股份有限公司	电动平衡重乘驾式叉车	台	5 845	5 855	
大连叉车有限责任公司	电动平衡重乘驾式叉车	台	282	298	30
厦门厦工叉车有限公司	电动平衡重乘驾式叉车	台	23	25	
林德(中国)叉车有限公司	电动平衡重乘驾式叉车	台		5 351	
斗山工程机械(中国)有限公司	电动平衡重乘驾式叉车	台		383	
北京现代京城工程机械有限公司	电动平衡重乘驾式叉车	台		267	
宝鸡叉车制造公司五厂	电动平衡重乘驾式叉车	台			1
浙江美科斯叉车有限公司	电动平衡重乘驾式叉车	台	598	613	31
上海上力叉车有限公司	电动平衡重乘驾式叉车	台	354	354	

（续）

企业名称	产品类别	单位	产量	销售量	库存量
伟轮叉车(东莞)有限公司	电动平衡重乘驾式叉车	台	328	328	
广西柳工机械股份有限公司	电动平衡重乘驾式叉车	台	298	279	5
中国一拖集团有限公司	电动平衡重乘驾式叉车	台	22	24	11
厦工叉车事业部	电动平衡重乘驾式叉车	台	23	25	3
上海力至优叉车制造有限公司	电动平衡重乘驾式叉车	台	2 089	2 121	56
浙江诺力机械股份有限公司	电动平衡重乘驾式叉车	台	232	227	0
台励福机器设备(青岛)有限公司	电动平衡重乘驾式叉车	台	2 200	2 200	
安徽叉车集团有限责任公司	电动乘驾式仓储叉车	台		1 872	
杭叉集团股份有限公司	电动乘驾式仓储叉车	台	4 918	4 954	140
林德(中国)叉车有限公司	电动乘驾式仓储叉车	台		1 914	
斗山工程机械(中国)有限公司	电动乘驾式仓储叉车	台		44	
北京现代京城工程机械有限公司	电动乘驾式仓储叉车	台		71	
浙江美科斯叉车有限公司	电动乘驾式仓储叉车	台	166	162	7
伟轮叉车(东莞)有限公司	电动乘驾式仓储叉车	台	123	123	
上海力至优叉车制造有限公司	电动乘驾式仓储叉车	台	1 056	1 033	48
浙江诺力机械股份有限公司	电动乘驾式仓储叉车	台	13	12	0
台励福机器设备(青岛)有限公司	电动乘驾式仓储叉车	台	500	500	
安徽叉车集团有限责任公司	电动步行式仓储车辆	台		2 495	
林德(中国)叉车有限公司	电动步行式仓储车辆	台		3 502	
浙江美科斯叉车有限公司	电动步行式仓储车辆	台	193	194	0
宁波如意股份有限公司	电动步行式仓储车辆	台	4 856	4 856	0
伟轮叉车(东莞)有限公司	电动步行式仓储车辆	台	198	198	
浙江诺力机械股份有限公司	电动步行式仓储车辆	台	12 066	12 086	
台励福机器设备(青岛)有限公司	电动步行式仓储车辆	台	500	500	
斗山工程机械(中国)有限公司	内燃平衡重式叉车(实心轮胎)	台		865	
江苏靖江叉车有限公司	内燃平衡重式叉车(实心轮胎)	台	2 388	2 400	130
伟轮叉车(东莞)有限公司	内燃平衡重式叉车(实心轮胎)	台	140	140	
山河智能装备股份有限公司	内燃平衡重式叉车(实心轮胎)	台	1 567	1 341	252
中国龙工控股有限公司	内燃平衡重式叉车(实心轮胎)	台	16 089	16 145	2 315
台励福机器设备(青岛)有限公司	内燃平衡重式叉车(实心轮胎)	台	1 000	1 000	
安徽叉车集团有限责任公司	内燃平衡重式叉车(其他轮胎)	台	60 712	60 295	2 671
杭叉集团股份有限公司	内燃平衡重式叉车(其他轮胎)	台	57 230	57 374	2 785
大连叉车有限责任公司	内燃平衡重式叉车(其他轮胎)	台	3 999	3 999	
厦门厦工叉车有限公司	内燃平衡重式叉车(其他轮胎)	台	5 600	4 965	1 123
林德(中国)叉车有限公司	内燃平衡重式叉车(其他轮胎)	台		4 053	

（续）

企业名称	产品类别	单位	产量	销售量	库存量
斗山工程机械(中国)有限公司	内燃平衡重式叉车(其他轮胎)	台		1 733	
北京现代京城工程机械有限公司	内燃平衡重式叉车(其他轮胎)	台		3 453	
宝鸡叉车制造公司五厂	内燃平衡重式叉车(其他轮胎)	台	173	156	46
宁波如意股份有限公司	内燃平衡重式叉车(其他轮胎)	台	360	360	
安徽合叉叉车有限公司	内燃平衡重式叉车(其他轮胎)	台	3 407	3 203	445
上海上力叉车有限公司	内燃平衡重式叉车(其他轮胎)	台	883	883	
伟轮叉车(东莞)有限公司	内燃平衡重式叉车(其他轮胎)	台	126	126	
广西柳工机械股份有限公司	内燃平衡重式叉车(其他轮胎)	台	8 494	8 272	
中国一拖集团有限公司	内燃平衡重式叉车(其他轮胎)	台	2 718	2 653	369
浙江诺力机械股份有限公司	内燃平衡重式叉车(其他轮胎)	台	42	42	
台励福机器设备(青岛)有限公司	内燃平衡重式叉车(其他轮胎)	台	20 000	20 000	
安徽合叉叉车有限公司	牵引车	台	15	14	4
江苏靖江叉车有限公司	牵引车	台	460	453	19
浙江美科斯叉车有限公司	牵引车	台	38	38	1
大连叉车有限责任公司	牵引车	台	113	122	18
台励福机器设备(青岛)有限公司	牵引车	台	500	300	0
杭叉集团股份有限公司	越野叉车	台	1	1	0
宁波如意股份有限公司	手动和半动力车辆	台	660 062	660 062	0
浙江诺力机械股份有限公司	手动和半动力车辆	台	992 495	991 654	0
杭叉集团股份有限公司	其他车辆	台	83	99	3
江苏靖江叉车有限公司	电瓶车	台	154	150	4
利勃海尔机械(大连)有限公司	物料搬运机	台	8	10	0

5. 路面与压实机械

企业名称	产品类别	单位	产量	销售量	库存量
徐工集团科技分公司	静碾压路机	台	192	192	
中国一拖集团有限公司	静碾压路机	台	83	83	
洛阳路通重工机械有限公司	静碾压路机	台	40	40	
常林股份有限公司	静碾压路机	台	85	85	
广西柳工机械股份有限公司	静碾压路机	台	303	303	
山推工程机械股份有限公司	静碾压路机	台	125	125	
中国龙工控股有限公司	静碾压路机	台	71	71	
江苏骏马压路机械有限公司	静碾压路机	台	148	148	
徐工集团科技分公司	轮胎式压路机	台	710	710	
中国一拖集团有限公司	轮胎式压路机	台	83	83	

（续）

企业名称	产品类别	单位	产量	销售量	库存量
洛阳路通重工机械有限公司	轮胎式压路机	台	327	327	
厦工（三明）重型机器有限公司	轮胎式压路机	台	72	72	
常林股份有限公司	轮胎式压路机	台	34	34	
广西柳工机械股份有限公司	轮胎式压路机	台	92	92	
三一集团有限公司	轮胎式压路机	台	158	158	
山推工程机械股份有限公司	轮胎式压路机	台	31	31	
山东公路机械厂	轮胎式压路机	台	17	17	
江麓机电集团有限公司	轮胎式压路机	台	20	20	
中国龙工控股有限公司	轮胎式压路机	台	19	19	
维特根（中国）机械有限公司	轮胎式压路机	台	4	4	
戴纳派克（中国）压实摊铺设备有限公司	轮胎式压路机	台	5	5	
宝马格（中国）工程机械有限公司	轮胎式压路机	台	1	1	
青岛科泰重工机械有限公司	轮胎式压路机	台	128	128	
徐工集团科技分公司	机械单钢轮压路机	台	2 494	2 494	
中国一拖集团有限公司	机械单钢轮压路机	台	644	644	
洛阳路通重工机械有限公司	机械单钢轮压路机	台	1 057	1 057	
厦工（三明）重型机器有限公司	机械单钢轮压路机	台	958	958	
常林股份有限公司	机械单钢轮压路机	台	632	632	
广西柳工机械股份有限公司	机械单钢轮压路机	台	1 557	1 557	
三一集团有限公司	机械单钢轮压路机	台	12	12	
山推工程机械股份有限公司	机械单钢轮压路机	台	1 457	1 457	
山东公路机械厂	机械单钢轮压路机	台	4	4	
鼎盛重工机械有限公司	机械单钢轮压路机	台	62	62	
中国龙工控股有限公司	机械单钢轮压路机	台	1 327	1 327	
江苏骏马压路机械有限公司	机械单钢轮压路机	台	105	105	
山东临工工程机械有限公司	机械单钢轮压路机	台	491	491	
山东卡特重工有限公司	机械单钢轮压路机	台	341	341	
徐州徐工筑路机械有限公司	液压单钢轮压路机	台	714	714	
中国一拖集团有限公司	液压单钢轮压路机	台	32	32	
洛阳路通重工机械有限公司	液压单钢轮压路机	台	277	277	
厦工（三明）重型机器有限公司	液压单钢轮压路机	台	494	494	
常林股份有限公司	液压单钢轮压路机	台	26	26	
广西柳工机械股份有限公司	液压单钢轮压路机	台	259	259	
三一集团有限公司	液压单钢轮压路机	台	253	253	
中联重科股份有限公司	液压单钢轮压路机	台	63	63	
山推工程机械股份有限公司	液压单钢轮压路机	台	32	32	
山东公路机械厂	液压单钢轮压路机	台	1	1	
江麓机电集团有限公司	液压单钢轮压路机	台	43	43	
中国龙工控股有限公司	液压单钢轮压路机	台	51	51	
沃尔沃建筑设备（中国）有限公司	液压单钢轮压路机	台	2	2	
维特根（中国）机械有限公司	液压单钢轮压路机	台	18	18	
戴纳派克（中国）压实摊铺设备有限公司	液压单钢轮压路机	台	93	93	
卡特彼勒（中国）投资有限公司	液压单钢轮压路机	台	1	1	
宝马格（中国）工程机械有限公司	液压单钢轮压路机	台	39	39	
江苏骏马压路机械有限公司	液压单钢轮压路机	台	55	55	
青岛科泰重工机械有限公司	液压单钢轮压路机	台	214	214	
徐州徐工筑路机械有限公司	双钢轮压路机	台	353	353	
中国一拖集团有限公司	双钢轮压路机	台	104	104	

（续）

企业名称	产品类别	单位	产量	销售量	库存量
洛阳路通重工机械有限公司	双钢轮压路机	台	359	359	
厦工（三明）重型机器有限公司	双钢轮压路机	台	83	83	
常林股份有限公司	双钢轮压路机	台	1	1	
广西柳工机械股份有限公司	双钢轮压路机	台	47	47	
三一集团有限公司	双钢轮压路机	台	402	402	
中联重科股份有限公司	双钢轮压路机	台	105	105	
山东公路机械厂	双钢轮压路机	台	53	53	
中国龙工控股有限公司	双钢轮压路机	台	45	45	
沃尔沃建筑设备（中国）有限公司	双钢轮压路机	台	192	192	
维特根（中国）机械有限公司	双钢轮压路机	台	162	162	
戴纳派克（中国）压实摊铺设备有限公司	双钢轮压路机	台	503	503	
卡特彼勒（中国）投资有限公司	双钢轮压路机	台	25	25	
宝马格（中国）工程机械有限公司	双钢轮压路机	台	192	192	
江苏骏马压路机械有限公司	双钢轮压路机	台	142	142	
青岛科泰重工机械有限公司	双钢轮压路机	台	185	185	
徐州徐工筑路机械有限公司	轻型压路机	台	270	270	
中国一拖集团有限公司	轻型压路机	台	412	412	
洛阳路通重工机械有限公司	轻型压路机	台	184	184	
厦工（三明）重型机器有限公司	轻型压路机	台	205	205	
广西柳工机械股份有限公司	轻型压路机	台	19	19	
山东公路机械厂	轻型压路机	台	1	1	
中国龙工控股有限公司	轻型压路机	台	121	121	
沃尔沃建筑设备（中国）有限公司	轻型压路机	台	3	3	
维特根（中国）机械有限公司	轻型压路机	台	79	79	
戴纳派克（中国）压实摊铺设备有限公司	轻型压路机	台	180	180	
卡特彼勒（中国）投资有限公司	轻型压路机	台	5	5	
宝马格（中国）工程机械有限公司	轻型压路机	台	54	54	
江苏骏马压路机械有限公司	轻型压路机	台	306	306	
青岛科泰重工机械有限公司	轻型压路机	台	1	1	
徐州徐工筑路机械有限公司	垃圾压实机	台	1	1	
厦工（三明）重型机器有限公司	垃圾压实机	台	34	34	
广西柳工机械股份有限公司	垃圾压实机	台	3	3	
山推工程机械股份有限公司	垃圾压实机	台	8	8	
江麓机电集团有限公司	垃圾压实机	台	7	7	
中国龙工控股有限公司	垃圾压实机	台	1	1	
厦工（三明）重型机器有限公司	其他压实机械	台	114	114	
成都市新筑路桥机械股份有限公司	摊铺机	台	89	89	0
三一集团有限公司	摊铺机	台	738	738	0
中联重科股份有限公司	摊铺机	台	300	319	0
中交西安筑路机械有限公司	沥青混合料摊铺机	台	56	43	0
陕西建设机械股份有限公司	沥青混凝土摊铺机	台	159	148	15
徐工科技分公司	摊铺机	台	765	742	125
广西柳工机械股份有限公司	多功能摊铺机	台	23	17	15
鼎盛重工机械有限公司	摊铺机	台	92	92	0
方圆集团	拌和站	台	58	58	0
中交西安筑路机械有限公司	沥青混合料搅拌设备	台	92	77	0
徐州徐工筑路机械有限公司	稳定土拌和机	台	104	102	0
河南陆德筑机股份有限公司	沥青拌和站	台	73	73	0

（续）

企业名称	产品类别	单位	产量	销售量	库存量
成都市新筑路桥机械股份有限公司	稳定土拌和站	台	72	72	0
徐州徐工筑路机械有限公司	稳定土拌和设备	台	58	60	0
沈阳北方交通重工集团有限公司	沥青洒布车及沥青加热设备	台	105	105	0
中国一拖集团有限公司	沥青路面再生机	台	1	1	0
德州德工机械有限公司	冷再生机	台	13	12	12
广西柳工机械股份有限公司	路面铣刨机	台	7	10	7
三一集团有限公司	铣刨机	台	256	256	0
沈阳北方交通重工集团有限公司	铣刨机	台	50	50	0
徐州徐工筑路机械有限公司	铣刨机	台	143	128	0
沈阳北方交通重工集团有限公司	沥青滚筒、路面养护车、料仓、稀浆封层车	台	105	135	0
中交西安筑路机械有限公司	稀浆封层机	台	40	33	0
成都市新筑路桥机械股份有限公司	湿喷机	台	3	3	0
三一集团有限公司	其他路面机械	台	570	570	0
中联重科股份有限公司	其他路面机械	台	79	119	0
河南陆德筑机股份有限公司	粉煤燃烧器	台/套	20	20	0
沈阳北方交通重工集团有限公司	同步碎石封层车	台	10	10	0
德州德工机械有限公司	破碎机	台	5	2	10
徐工科技分公司	其他	台	374	121	9

6. 高空作业机械

企业名称	产品类别	单位	产量	销售量	库存量
徐州天地重型机械制造有限公司	高空作业车	台	51	33	20
沈阳北方交通重工集团有限公司	高空作业车	台	500	500	0
杭州爱知工程车辆有限公司	高空作业车	台	502	507	45
抚顺起重机制造有限责任公司	高空作业车	台	7	6	2
广东力士通机械股份有限公司	高空作业车	台	2	2	0
徐州徐工随车起重机有限公司	高空作业车	台	104	103	14
重庆大江信达车辆股份公司专用车公司	高空作业车	台	22	22	4
湖南中联重科专用车有限责任公司	高空作业车	台	7	9	5
北京京城重工机械有限责任公司	高空作业平台	台	198	182	114
湖南中联重科专用车有限责任公司	高空作业平台	台	1	1	0
抚顺起重机制造有限责任公司	消防车	辆	184	103	88
江苏申锡建筑机械有限公司	高空作业吊篮	台	10 440	9 740	700
江苏申锡建筑机械有限公司	其他中型改装汽车	辆	4 188	4 188	
杭州爱知工程车辆有限公司	其他中型改装汽车	辆	14	16	4

7. 桩工机械

企业名称	产品类别	单位	产量	销售量	库存量
广东力源液压机械有限公司	柴油打桩锤	台	300	239	81
上海工程机械厂有限公司	柴油打桩锤	台	100	110	20
广东力源液压机械有限公司	振动锤	台	32	27	7
上海工程机械厂有限公司	振动锤	台	8	10	2
上海金泰工程机械有限公司	打桩架	台	30	29	4
方圆集团有限公司	打桩架	台	82	82	0
上海工程机械厂有限公司	打桩架	台	58	56	15

（续）

企业名称	产品类别	单位	产量	销售量	库存量
广东力源液压机械有限公司	静力压桩机	台	43	42	1
广西建工集团建筑机械制造有限责任公司	静力压桩机	台	3	3	0
山河智能装备股份有限公司	静力压桩机	台	514	508	15
山东卓力桩机有限公司	静力压桩机	台	118	109	9
上海金泰工程机械有限公司	旋挖钻机	台	66	70	22
徐州徐工基础工程机械有限公司	旋挖钻机	台	328	302	38
内蒙古北方重型汽车股份有限公司	旋挖钻机	台	5	5	12
三一集团有限公司	旋挖钻机	台	500	500	0
中联重科股份有限公司	旋挖钻机	台	312	326	0
山河智能装备股份有限公司	旋挖钻机	台	221	194	56
北京南车时代机车车辆机械有限公司	旋挖钻机	台	163	151	80
河北新钻钻机有限公司	工程钻机	台	63	60	4
郑州勘察机械有限公司	其他钻机	台	71	71	11
四川邦立重机有限责任公司	钻机	台	99	87	19
山河智能装备股份有限公司	其他钻机	台	406	381	29
上海金泰工程机械有限公司	地下连续墙成槽机（液压抓斗）	台	37	35	11
北京南车时代机车车辆机械有限公司	地下连续墙成槽机（液压抓斗）	台	1	0	2
上海工程机械厂有限公司	其他桩工机械	台	48	34	33

8. 混凝土机械、环卫机械、钢筋及预应力机械

企业名称	产品类别	单位	产量	销售量	库存量
上海华东建筑机械厂有限公司	混凝土搅拌机	台	74	80	43
潍坊中昊机械有限公司	混凝土搅拌机	台	310	250	60
云南建筑机械厂	混凝土搅拌机	台	43	41	2
方圆集团有限公司	混凝土搅拌机	台	4 200	4 518	0
青岛新型建设机械有限公司	混凝土搅拌机	台/套	1 316	1 232	84
浙江省建设机械集团有限公司	混凝土搅拌机	台	1 556	1 454	0
云南维智建设机电有限公司	混凝土搅拌机	台	1 615	1 249	366
天水风动机械有限责任公司	混凝土搅拌机	台	4 059	2 876	489
上海华东建筑机械厂有限公司	混凝土搅拌站（楼）	台/套	64	65	6
徐州天地重型机械制造有限公司	混凝土搅拌站（楼）	台/套	125	125	0
潍坊中昊机械有限公司	混凝土搅拌站（楼）	台/套	80	70	10
云南建筑机械厂	混凝土搅拌站（楼）	台/套	41	30	11
方圆集团有限公司	混凝土搅拌站（楼）	台/套	324	328	0
山东天宇建设机械股份有限公司	混凝土搅拌站（楼）	台/套	375	185	26
青岛新型建设机械有限公司	混凝土搅拌站（楼）	台/套	866	830	36
成都市新筑路桥机械股份有限公司	混凝土搅拌站（楼）	台/套	41	41	0
三一集团有限公司	混凝土搅拌站（楼）	台/套	500	500	0
中联重科股份有限公司	混凝土搅拌站（楼）	台/套	1 193	1 363	0
浙江省建设机械集团有限公司	混凝土搅拌站（楼）	台/套	443	392	0
云南维智建设机电有限公司	混凝土搅拌站（楼）	台/套	15	15	0
四川省建筑工程机械厂	混凝土搅拌站（楼）	台/套	37	41	1
福建南方路面机械有限公司	混凝土搅拌站（楼）	台/套	492	492	0
上海华东建筑机械厂有限公司	混凝土搅拌运输车	辆	2 223	2 136	150
徐州天地重型机械制造有限公司	混凝土搅拌运输车	辆	44	25	33
扬州柳工建设机械有限公司	混凝土搅拌运输车	辆	825	821	78

（续）

企业名称	产品类别	单位	产量	销售量	库存量
安徽星马汽车股份有限公司	混凝土搅拌运输车	辆	6 793	6 905	238
方圆集团有限公司	混凝土搅拌运输车	辆	402	402	0
三一集团有限公司	混凝土搅拌运输车	辆	8 000	8 000	0
中联重科股份有限公司	混凝土搅拌运输车	辆	7 973	8 280	0
广西玉柴专用汽车有限公司	混凝土搅拌运输车	辆	45	21	25
山推工程机械股份有限公司	混凝土搅拌运输车	辆	1 480	1 206	594
方圆集团有限公司	混凝土泵	台	260	260	0
青岛新型建设机械有限公司	混凝土泵	台	676	622	54
三一集团有限公司	混凝土泵	台	2 300	2 300	0
中联重科股份有限公司	混凝土泵	台	1 670	1 609	0
广西建工集团建筑机械制造有限责任公司	混凝土泵	台	4	4	0
徐州天地重型机械制造有限公司	混凝土泵车	辆	5	7	5
安徽星马汽车股份有限公司	混凝土泵车	辆	51	66	50
广西柳工机械股份有限公司	混凝土泵车	辆	0	15	0
三一集团有限公司	混凝土泵车	辆	6 100	6 100	0
中联重科股份有限公司	混凝土泵车	辆	4 598	4 606	0
广东力士通机械股份有限公司	混凝土泵车	辆	12	12	0
三一集团有限公司	车载混凝土泵	台	2 800	2 800	0
中联重科股份有限公司	车载混凝土泵	台	1 921	1 901	0
佛山市云雀振动器有限公司	混凝土振动器	台	31 052	29 304	5 377
安阳振动器有限责任公司	振动器	台	26 433	24 423	2 436
佛山市云雀振动器有限公司	振动棒	根	133 070	130 168	16 456
安阳振动器有限责任公司	振动棒	根	113 768	104 735	9 557
安徽星马汽车股份有限公司	散装水泥车	辆	1 582	1 623	161
潍坊中昊机械有限公司	混凝土配料机	台	300	260	40
青岛新型建设机械有限公司	混凝土配料机	台	944	861	83
长沙盛泓机械有限公司	混凝土配料机	台	1 661	1 659	2
浙江省建设机械集团有限公司	混凝土配料机	台	704	692	0
云南维智建设机电有限公司	混凝土配料机	台	240	190	50
徐州天地重型机械制造有限公司	干混砂浆搅拌站	套	43	43	0
方圆集团有限公司	配料机	台	414	452	0
安阳振动器有限责任公司	其他混凝土机械	台	58 153	51 306	7 645
三一集团有限公司	其他混凝土机械	台	7 441	7 441	0
中联重科股份有限公司	其他混凝土机械	台	68	261	0
广西玉柴专用汽车有限公司	垃圾车	辆	185	182	41
长治清华机械厂	垃圾车	辆	108	92	69
中联重科股份有限公司	垃圾处理设备	台	3 671	3 141	0
徐州徐工随车起重机有限公司	其他环卫与市政机械	台	178	171	20
柳工集团有限公司	预应力拉伸机	台	4 439	4 129	463
柳工集团有限公司	预应力锚具	万套	415	417	31

9. 凿岩机械与风动工具

企业名称	产品类别	单位	产量	销售量	库存量
天水风动机械有限责任公司	手持式凿岩机	台	1 569	1 487	563
衢州煤矿机械总厂有限公司	手持式凿岩机	台	1 825	1 502	1 112
天水风动机械有限责任公司	气腿式凿岩机	台	58 120	57 875	3 855
衢州煤矿机械总厂有限公司	气腿式凿岩机	台	16 213	16 777	3 302

（续）

企业名称	产品类别	单位	产量	销售量	库存量
天水风动机械有限责任公司	向上式凿岩机	台	550	460	100
洛阳风动工具有限公司	气动凿岩机	台	366	411	36
天水风动机械有限责任公司	导轨式凿岩机	台	520	505	120
宜春风动工具有限公司	内燃凿岩机	台	1 600	1 300	200
湘潭风动机械有限公司	凿岩机	台	5 060	4 756	693
洛阳风动工具有限公司	内燃凿岩机	台	11 957	12 162	1 419
宜春风动工具有限公司	电动凿岩机	台	160	150	20
洛阳风动工具有限公司	电动凿岩机	台	3 445	3 665	88
天水风动机械有限责任公司	凿岩钻车	台	20	12	15
河北宣化工程机械股份有限公司	锚杆钻机	台	1	1	0
沈阳风动工具厂有限公司	气动锚杆钻机	台	230	257	124
衢州煤矿机械总厂有限公司	锚杆机	台	5	81	5
洛阳风动工具有限公司	冲击夯	台	0	0	38
南京工程机械厂有限公司	凿岩机械	台	475	441	65
天水风动机械有限责任公司	凿岩钻架	台	175	149	73
衢州煤矿机械总厂有限公司	单体液压支柱	根	550 010	508 591	72 558
南京工程机械厂有限公司	台架	台	28 380	27 860	2 023
衢州煤矿机械总厂有限公司	其他凿岩辅具	台	363 560	360 863	30 402
洛阳风动工具有限公司	潜孔钻	台	42	53	19
徐州三刃风动工具有限公司	角磨机	台	265	236	89
上海气动工具厂	除锈器	台	1 179	1 181	132
烟台市石油机械有限公司	上扣器	台	136	164	0
山东同力达智能机械有限公司	风铲	台	21 000	18 600	2 400
天水风动机械有限责任公司	气钻	台	8 513	83 504	2 143
沈阳风动工具厂有限公司	气动手持钻机	台	1 200	1 629	480
青岛前哨精密机械有限责任公司	气钻	台	14 261	14 752	1 950
天水风动机械有限责任公司	气砂轮	台	12 365	13 251	3 327
青岛前哨精密机械有限责任公司	气砂轮	台	7 939	7 806	1 840
徐州三刃风动工具有限公司	气砂轮	台	1 470	1 603	235
上海气动工具厂	气砂轮	台	14 019	14 042	458
山东同力达智能机械有限公司	气砂轮	台	20 000	19 000	1 000
天津市柏益风动工具有限公司	气砂轮	台	10 380	10 120	560
镇江市丹徒风电机械厂	气砂轮	台	22 139	19 243	2 896
天水风动机械有限责任公司	气扳机	台	9 079	8 645	2 895
青岛前哨精密机械有限责任公司	气扳机	台	17 276	15 631	4 175
上海民生电器有限公司	气扳机	台	1 830	1 576	313
青岛前哨精密机械有限责任公司	气螺刀	台	4 525	4 168	1 106
天水风动机械有限责任公司	捣固机	台	687	653	129
徐州三刃风动工具有限公司	捣固机	台	880	1 036	162
上海气动工具厂	捣固机	台	1 112	1 100	148
义乌市风动工具有限公司	捣固机	台	1 200	1 195	20
天水风动机械有限责任公司	气镐	台	7 773	7 239	293
宜春风动工具有限公司	风镐	台	800	500	0
徐州三刃风动工具有限公司	风镐	台	1 135	1 027	172
义乌市风动工具有限公司	风镐	台	40 530	40 500	48
天水风动机械有限责任公司	气铲	台	2 861	2 663	461
青岛前哨精密机械有限责任公司	气铲	台	351	539	19
徐州三刃风动工具有限公司	气铲	台	5 660	5 761	465

（续）

企业名称	产品类别	单位	产量	销售量	库存量
上海气动工具厂	气铲	台	1 732	1 748	168
义乌市风动工具有限公司	气铲	台	2 300	2 295	15
烟台市石油机械有限公司	气动绞车	台	311	314	27
天水风动机械有限责任公司	气马达	台	80	60	18
烟台市石油机械有限公司	气马达	台	9 488	9 128	980
青岛前哨精密机械有限责任公司	其他气动器具	台	30 672	29 203	4 572
洛阳风动工具有限公司	气动破碎机	台	62	26	42
烟台市石油机械有限公司	气动预供油泵	台	1 509	1 381	210
山东同力达智能机械有限公司	风扳机	台	10 500	8 600	1 900

10. 工程机械配套件

企业名称	产品类别	单位	产量	销售量	库存量
潍柴动力股份有限公司	柴油机	台	650 000	600 000	50 000
广西玉柴机器股份有限公司	工程机械用柴油发动机	台	57 598	56 917	7 125
浙江银轮机械股份有限公司	冷却器	万台	1 345.47	1 360.2	160.13
潍坊恒安散热器集团有限公司	散热器	万台	187	186	1
浙江银轮机械股份有限公司	其他动力系统附属装置	万台	21.19	23.36	3.65
浙江军联机械电子控股有限公司	离合器	台	58 753	55 675	7 480
蚌埠液力机械有限公司	液力变矩器	台	40 570	40 973	2 603
浙江临海机械有限公司	液力变矩器	台	34 327	34 327	0
山推工程机械股份有限公司	液力变矩器	台	93 953	96 294	7 176
利勃海尔机械(大连)有限公司	变速器	台	964	467	0
肥城金城车桥有限公司	变速器总成	台	2 000	1 750	250
山东蓬翔汽车有限公司	驱动桥	台	67 660	81 486	7 183
肥城金城车桥有限公司	驱动桥	台	16 750	16 550	200
江西分宜驱动桥有限公司	驱动桥	台	8 913.5	8 456	1 008.5
黄石赛福摩擦材料有限公司	摩擦片	万件	870	845	190
潍坊新奇机电工程有限公司	其他传动部件	台	11 300	11 000	300
浙江苏强格液压股份有限公司	液压缸	件	9 318	15 810	1 425
中船重工重庆液压机电有限公司	系列缸	件	730	738	−23
蚌埠液力机械有限公司	液压缸	件	499 517	500 840	23 461
徐州徐工液压件有限公司	液压缸	件	258 785	272 907	11 764
山东隆源液压科技有限公司	液压缸	件	51 012	50 870	136
四川长江液压件有限责任公司	液压缸	件	68 740	67 142	5 669
烟台星辉劳斯堡液压机械有限公司	液压缸	件	56 826	56 426	400
蚌埠市行星工程机械有限公司	液压缸	件	5 000	3 017	4 000
合肥长源液压股份有限公司	液压缸	件	125 897	116 964	8 933
江苏恒立高压油缸股份有限公司	液压缸	件	226 247	223 768	6 849
榆次液压有限公司	液压缸	件	12 010	11 851	4 163
江苏国瑞液压机械有限公司	齿轮泵	台	238 568	221 464	17 104
中船重工重庆液压机电有限公司	齿轮泵	台	24	192	168
四川长江液压件有限责任公司	液压泵	台	80 300	78 780	3 404
济南液压泵有限责任公司	齿轮泵	台	444 547	420 163	58 070
合肥长源液压股份有限公司	齿轮泵	台	438 893	399 298	39 595
宁波广天赛克思液压有限公司	齿轮泵	台	15 000	13 321	1 879
榆次液压有限公司	齿轮泵	台	89 273	87 678	52 285
海特克液压有限公司	叶片泵	台	225 456	223 890	1 566

（续）

企 业 名 称	产品类别	单位	产量	销售量	库存量
台州先顶液压有限公司	叶片泵	台	47 929	42 903	6 011
榆次液压有限公司	叶片泵	台	49 563	46 059	36 925
浙江苏强格液压股份有限公司	柱塞泵	台	4	4	0
中船重工重庆液压机电有限公司	柱塞泵	台	279	241	58
北京华德液压工业集团有限责任公司	柱塞泵	台	13 728	11 968	4 546
安徽金达利液压有限公司	柱塞泵	台	542	542	0
中航力源液压股份有限公司	柱塞泵	台	28 846	28 455	6 105
宁波广天赛克思液压有限公司	轴向柱塞泵	台	28 000	27 873	231
江苏国瑞液压机械有限公司	液压马达	台	18 464	17 952	512
北京华德液压工业集团有限责任公司	液压马达	台	46 272	42 059	12 439
安徽金达利液压有限公司	液压马达	台	18 076	18 076	0
中航力源液压股份有限公司	柱塞马达	台	36 546	36 275	4 064
济南液压泵有限责任公司	液压马达	台	12 980	13 186	0
宁波大港意宁液压有限公司	低速马达	台	22 117	22 117	940
上海纳博特斯克液压有限公司	行走马达	台	86 800	87 492	2 002
宁波广天赛克思液压有限公司	柱塞马达	台	800	763	45
江苏国瑞液压机械有限公司	液压多路换向阀	件	22 128	21 242	1 386
四川长江液压件有限责任公司	液压阀	件	31 065	29 472	3 391
济南液压泵有限责任公司	液压多路换向阀	件	5 902	5 935	0
浙江苏强格液压股份有限公司	其他液压阀	件	149 150	118 358	31 539
江苏国瑞液压机械有限公司	其他液压阀	件	603 232	582 137	21 095
北京华德液压工业集团有限责任公司	其他液压阀	万件	113.5	108.7	143
安徽金达利液压有限公司	其他液压阀	件	46 239	37 839	0
合肥长源液压股份有限公司	液压阀	件	366 986	325 073	41 913
海特克液压有限公司	液压阀	件	324 368	323 025	1 344
宁波广天赛克思液压有限公司	流量阀	件	9 000	7 991	1 110
台州先顶液压有限公司	插装阀	件	16 084	15 074	1 756
榆次液压有限公司	液压阀	件	518 446	529 861	156 765
蚌埠市行星工程机械有限公司	行走减速机	台	3 000	1 400	2 000
济南液压泵有限责任公司	回转减速机	台	2 708	2 128	0
蚌埠市行星工程机械有限公司	回转减速机	台	1 000	600	500
浙江苏强格液压股份有限公司	液压胶管总成	根	1 173 039	1 139 345.7	184 560.87
河北冀工胶管有限公司	液压胶管总成	万 in	500	495	5
徐州徐工液压件有限公司	液压金属连接管总成	件	1 604 593	1 725 823	128 551
浙江苏强格液压股份有限公司	液压管接头	件	25 623 349	26 293 296	3 894 172
徐州徐工液压件有限公司	液压管接头	件	1 329 211	1 329 211	0
海盐管件制造有限公司	液压管接头	件	27 465 963	23 112 973	12 055 760
山东隆源液压科技有限公司	油箱	件	149 116	148 940	176
浙江苏强格液压股份有限公司	密封件	件	687 794	88 130	185 456
中船重工重庆液压机电有限公司	机泵站	套	175	98	5
四川长江液压件有限责任公司	其他液压件	件	14 042	15 237	298
苏州工业园区飞翔液压附件厂	液压元件	件	578 760	545 222	231 516
贵州枫阳液压有限责任公司	工程机械液压件	套	47 040	38 264	26 846
四川长江液压件有限责任公司	液压系统及装置	套	362	330	59
中航力源液压股份有限公司	液压系统及装置	台	18 779	19 182	512
宁波大港意宁液压有限公司	液压系统及装置	台	56 000	26 984	6 748
宁波广天赛克思液压有限公司	液压系统	套	10	10	0
榆次液压有限公司	液压系统及装置	套	15 146	21 909	0

（续）

企业名称	产品类别	单位	产量	销售量	库存量
莱州市莱索制品有限公司	链轨节	件	4 172 000	4 052 094	167 032
烟台富野机械集团有限公司	链轨履带总成	条	35 997	31 883	6 474
山推工程机械股份有限公司	链轨履带总成	条	140 942	141 137	2 758
莱州市莱索制品有限公司	支重轮	t	28 865	28 011	1 068.5
烟台富野机械集团有限公司	支重轮总成	只	83 076	81 382	12 320
济宁市永生工程机械制造有限公司	支重轮、托轮、引导轮、驱动轮	件	119 164	86 528	170 271
济宁市永生工程机械制造有限公司	支重轮、托轮、引导轮、驱动轮	件	125 822	82 746	213 348
烟台富野机械集团有限公司	引导轮总成	只	5 129	5 005	899
济宁市永生工程机械制造有限公司	支重轮、托轮、引导轮、驱动轮	件	99 451	72 404	240 395
烟台富野机械集团有限公司	驱动轮总成	只	3 092	3 156	681
济宁市永生工程机械制造有限公司	支重轮、托轮、引导轮、驱动轮	件	125 371	81 171	284 595
烟台富野机械集团有限公司	履带涨紧装置总成	只	17 462	14 628	3 099
乐清市白象汽车附件有限公司	雨刮器总成	万台（套）	9	9	0
浙江天成自控股份有限公司	座椅	席	603 484	600 605	9 531
长沙华德科技开发有限公司	力矩限制器	台	6 993	7 661	207
烟台艾迪精密机械有限公司	重型破碎器	台	7 009	4 844	2 165
安徽惊天液压智控股份有限公司	液压锤	台	3 637	3 281	661
天津建筑机械厂	松土器	台	32	31	1
安徽省宣城市乾坤回转支承有限公司	回转支承	套	38 870	36 580	2 290
山西恒跃锻造有限公司	其他配套件	件	122 600	107 865	14 735
浙江苏强格液压股份有限公司	其他配套件	件	22 395 733	16 433 321.8	96 239
长沙盛泓机械有限公司	其他配套件	件	92	92	0
北京京城重工机械有限责任公司	汽车起重机专用底盘	辆	113	113	10
芜湖盛力制动有限公司	其他配套件	件	2 355 984	2 273 333	107 986
天津建筑机械厂	通井机底盘	台	30	30	5
天水风动机械配件有限公司	其他配套件	万件	531	381	150
烟台富野机械集团有限公司	其他配套件	件	32 308	40 388	2 662

11. 其他工程机械

企业名称	产品类别	单位	产量	销售量	库存量
中国一拖集团有限公司	矿山专用工程机械及电站专用工程机械	台	702	698	106
泰安航天特种车有限公司	军用特种汽车底盘、油田修井机底盘	辆	274	160	141
乐清市白象汽车附件有限公司	工程车、游艇、汽车、轨道列车	万台（套）	33	30	3
中联重科股份有限公司	客车、客车底盘	辆	4 904	4 916	0
江麓机电集团有限公司	森林消防车	辆	76	76	0
湘电集团有限公司	电梯及扶梯	台	383	380	0
中联重科股份有限公司	其他改装汽车	辆	8 650	8 496	0

〔供稿人：中国工程机械工业协会统计信息部王淑琴〕

2010～2011年工程机械行业主要经济技术指标完成情况

序号	项　　目	单位	2010年	2011年	2011年（与上年可比口径）	同比增长（按可比口径）（%）
1	工业总产值（当年价）	亿元	3 066.6	4 356.2	3 929.2	28.1
2	工业增加值	亿元	717.4	826.8	772.1	7.6
3	营业收入	亿元	3 248.6	5 119.7	4 316.9	32.9
4	出口交货值	亿元	160.9	297.6	260.2	61.7
5	利润总额	亿元	350.3	428.8	411.2	17.4
6	固定资产净值	亿元	350.2	365.9	345.1	-1.5
7	流动资产年平均余额	亿元	2 284.9	3 004.6	2 796.4	22.4
8	年末负债	亿元	1 971.9	2 652.0	2 475.8	25.6
9	计算机拥有量	台	74 583	75 692	71 068	-4.7
10	职工人数	人	239 184	305 863	283 337	18.5
11	工资总额	亿元	100.2	168.0	156.7	56.4
12	完成基建投资	亿元	86.7	153.3	100.7	16.2
13	年末资产总计	亿元	3 383.1	4 549.1	4 164.9	23.1
14	所有者权益	亿元	1 326.7	1 825.4	1 587.8	19.7
15	利息支出	亿元	21.4	45.8	38.3	79.0
16	存货	亿元	622.6	920.4	808.5	29.9
17	营业税金及附加	亿元	17.1	15.4	14.3	-16.4
18	全员劳动生产率	元/人	324 859	270 325	272 520	
19	行业年平均工资	元/人	41 896.1	54 923.8	55 304.9	32.0
20	综合指数		320.1	277.4	284.1	
21	统计企业数	家	179	189		5.6

2010～2011年工程机械十大类主机产品产销存对比情况

（单位：台）

序号	产品名称	产、销、存	2010年	2011年	同比增加	同比增长（%）
1	挖掘机（含轮胎式）	产	175 454	178 000	2 546	1.45
		销	173 818	176 504	2 686	1.55
		存	7 657	13 333	5 676	74.13

（续）

序号	产品名称	产、销、存	2010年	2011年	同比增加	同比增长(%)
2	装载机	产	213 893	238 560	24 667	11.53
		销	207 771	241 845	34 074	16.40
		存	38 010	30 865	-7 145	-18.80
3	推土机(含轮式)	产	15 194	11 364	-3 830	-25.21
		销	13 643	12 197	-1 446	-10.60
		存	2 719	1 855	-864	-31.78
4	平地机	产	4 432	5 000	568	12.82
		销	4 097	4 756	659	16.08
		存	414	382	-32	-7.73
5	压路机	产	20 550	20 223	-327	-1.59
		销	18 358	21 473	3 115	16.97
		存	2 684	2 589	-95	-3.54
6	摊铺机	产	1 844	2 222	378	20.50
		销	1 846	2 188	342	18.53
		存	337	155	-182	-54.01
7	工程起重机(汽车起重机、轮胎起重机)	产	37 252	36 201	-1 051	-2.82
		销	35 361	36 437	1 076	3.04
		存	1 532	1 010	-522	-34.07
8	塔式起重机	产	29 831	45 823	15 992	53.61
		销	29 475	45 491	16 016	54.34
		存	290	274	-16	-5.52
9	机动工业车辆	产	187 495	240 663	53 168	28.36
		销	181 885	239 939	58 054	31.92
		存	9 206	13 112	3 906	42.43
10	履带起重机	产	1 650	1 376	-274	-16.61
		销	1 646	1 337	-309	-18.77
		存	221	109	-112	-50.68

2011年工程机械行业及主要产品出口价格指数(GCCK-PPI)

月份	内容	工程机械行业	工程机械整机	工程机械零部件	主要产品							
					塔式起重机	履带起重机	电动叉车	内燃叉车	手动搬运车	装载机	履带挖掘机	混凝土搅拌车
1月	指数	272.94	387.33	153.88	134.46	283.15	72.01	114.07	122.54	125.88	197.40	108.04

（续）

月份	内容	工程机械行业	工程机械整机	工程机械零部件	主要产品							
					塔式起重机	履带起重机	电动叉车	内燃叉车	手动搬运车	装载机	履带挖掘机	混凝土搅拌车
	同比增长(%)	20.94	28.60	4.63	28.44	-50.48	8.13	0.75	0.91	18.39	17.55	-8.50
	环比增长(%)	-13.16	-17.38	0.28	9.22	-26.05	-12.31	3.16	-2.08	-8.40	43.89	-12.39
2月	指数	374.66	578.71	162.29	130.89	224.68	92.60	114.40	132.10	131.99	199.95	90.78
	同比增长(%)	46.87	67.17	1.24	-16.52	-26.90	11.00	1.64	-10.00	31.81	30.59	-25.91
	环比增长(%)	37.27	49.41	5.47	-2.65	-20.65	28.59	0.29	7.80	4.85	1.29	-15.98
3月	指数	329.77	484.44	168.79	126.92	246.42	92.58	113.04	122.95	124.90	204.47	115.04
	同比增长(%)	6.85	3.76	17.28	23.87	16.86	26.81	1.68	12.99	8.75	20.57	8.11
	环比增长(%)	-11.98	-16.29	4.00	-3.04	9.68	-0.02	-1.19	-6.39	-5.37	2.26	26.72
4月	指数	259.86	551.29	160.61	146.32	234.71	102.74	112.28	128.05	128.99	200.86	101.95
	同比增长(%)	37.56	48.03	9.81	34.85	24.04	30.70	0.19	14.04	13.24	19.98	-8.51
	环比增长(%)	9.12	13.80	-4.84	15.29	-4.75	10.97	-0.66	4.15	3.28	-1.77	-11.38
5月	指数	324.61	479.77	163.10	118.13	270.04	88.08	115.66	131.30	127.81	195.58	104.64
	同比增长(%)	29.34	36.59	11.26	8.97	4.45	13.27	3.81	15.26	28.65	18.30	-7.02
	环比增长(%)	-9.80	-12.97	1.55	-19.27	15.05	-14.27	3.01	2.54	-0.91	-2.63	2.64
6月	指数	312.10	454.04	164.37	126.91	265.79	85.43	115.86	131.13	133.18	199.44	112.48
	同比增长(%)	27.10	34.91	8.97	47.07	-17.83	9.15	10.97	16.22	31.89	24.58	-1.74
	环比增长(%)	-3.85	-5.36	0.77	7.43	-1.57	-3.01	0.17	-0.13	4.20	1.98	7.49
7月	指数	384.55	596.65	163.81	138.61	357.72	102.68	115.85	134.31	136.06	185.43	113.38
	同比增长(%)	49.96	66.26	9.34	0.56	-16.49	13.84	5.42	17.24	23.26	-3.57	-6.67
	环比增长(%)	23.22	31.41	-0.34	9.22	34.59	20.19	-0.01	2.43	2.16	-7.02	0.80
8月	指数	386.13	592.31	171.53	135.17	347.65	91.80	113.55	137.82	144.82	215.83	117.68
	同比增长(%)	30.92	37.25	12.32	25.82	34.73	17.04	5.38	17.60	22.61	12.00	10.25
	环比增长(%)	0.41	-0.73	4.72	-2.48	-2.81	-10.60	-1.99	2.61	6.43	16.39	3.80
9月	指数	320.26	453.78	181.30	116.77	253.70	96.83	115.99	131.87	158.37	248.97	129.15
	同比增长(%)	10.04	7.82	16.25	-30.9	-22.70	25.15	5.41	11.10	29.46	28.02	21.04
	环比增长(%)	-17.06	-23.39	5.69	-13.61	-27.03	5.48	2.15	-4.32	9.36	15.35	9.75
10月	指数	405.61	731.56	171.13	131.08	289.01	96.65	121.55	134.73	138.14	217.54	103.60
	同比增长(%)	19.97	43.74	6.78	-24.05	39.60	17.04	11.64	14.32	7.71	6.71	3.97
	环比增长(%)	26.65	61.21	-5.16	12.26	13.92	-0.18	4.80	2.17	-12.77	-12.62	-19.79
11月	指数	387.87	594.78	172.51	121.84	243.17	88.84	121.67	133.09	142.02	213.70	109.78
	同比增长(%)	33.54	43.12	7.68	-6.69	-13.22	16.12	14.30	11.00	17.49	15.16	3.58
	环比增长(%)	-4.37	-18.70	-4.37	-7.04	-15.86	-8.08	0.10	-1.21	2.81	-1.76	5.96
12月	指数	445.00	703.74	176.28	168.47	358.65	98.90	124.81	133.38	147.68	196.19	120.03
	同比增长(%)	41.68	50.11	14.88	36.86	-6.33	20.44	12.87	6.58	7.47	43.00	-2.67
	环比增长(%)	14.80	18.32	2.18	38.27	47.49	11.32	2.58	0.22	3.98	-8.20	9.34

2011 年工程机械

序号	税号	进口货品名称	单位	1月		2月		3月		4月		5月	
				数量	金额	数量	金额	数量	金额	数量	金额	数量	金额
1	84134000	混凝土泵	台	7	57	5	4	29	82	24	145	31	55
2	84262000	塔式起重机	台	1	125	12	807	3	141	9	410	6	445
3	84264110	轮胎式自推进起重机	台	0	0	0	0	4	168	0	0	3	107
4	84264190	带胶轮的其他自推进起重机械	台	1	24	3	76	2	29	5	237	3	29
5	84264910	履带式起重机	台	2	66	1	2 853	2	806	1	10	2	3 009
6	84264990	不带胶轮的其他自推进起重机械	台	0	0	0	0	1	85	0	0	0	0
7	84269100	供装于公路车辆的其他起重机	台	3	7	16	24	25	48	11	24	6	31
8	84269900	未列名起重机	台	23	58	23	816	46	1 615	89	129	44	660
9	84271010	电动机推进的有轨巷道堆垛机	台	39	806	7	70	23	269	11	522	14	291
10	84271020	电动机推进的无轨巷道堆垛机	台	12	93	19	10	27	109	48	27	52	35
11	84271090	其他电动叉车及装有升降或搬运装置工作车	台	954	1 576	503	969	936	1 535	493	939	880	1 264
12	84272010	集装箱叉车	台	1	17	2	32	8	151	5	47	4	20
13	84272090	其他机动叉车、其他装有升降或搬运装置工作车	台	123	543	160	1 413	167	681	104	712	146	759
14	84279000	未列名叉车等装有升降或搬运装置的工作车	台	467	730	147	191	480	123	254	461	475	565
15	84281010	载客电梯	台	139	1 160	71	761	126	1 227	160	1 258	52	385
16	84281090	其他升降机及倒卸式起重机	台	39	246	38	157	48	256	39	519	51	111
17	84284000	自动梯及自动人行道	台	0	0	0	0			3	10	0	0
18	84291110	履带式推土机，P＞235.36kW(320hp)	台	9	659	4	330	14	746	18	1 168	4	194
19	84291190	其他履带式推土机	台	26	201	3	33	15	105	35	337	29	243
20	84291910	其他推土机，P＞235.36kW(320hp)	台	0	0	4	392	3	310	0	0	0	0
21	84291990	未列名推土机	台	1	3	0	0	0	0	0	0	0	0
22	84292010	筑路机及平地机，P＞235.36kW(320hp)	台	1	2	0	0	5	717	0	0	0	0
23	84292090	其他筑路机及平地机	台	1	28	3	95	0	0	2	73	0	0

产品进口月报

（单位:万美元）

6月		7月		8月		9月		10月		11月		12月	
数量	金额	数量	金额	数量	金额	数量	金额	数量	金额	数量	金额	数量	金额
41	70	14	24	51	141	40	50	21	93	49	163	53	195
1	87	10	1 487	9	470	3	194	6	548	5	432	1	4
0	0	0	0	1	34	0	0	1	25	3	172	1	25
4	122	4	59	3	36	4	60	0	0	4	58	2	28
1	12	3	1 441	3	196	1	3 023	1	219	13	294	5	831
0	0	0	0	0	0	1	0	0	0	0	0	0	0
31	49	12	16	21	35	5	15	3	4	10	13	21	42
59	119	18	75	27	656	23	818	16	70	32	151	52	351
21	182	0	0	21	536	10	172	7	1 111	1	49	35	249
55	71	9	7	53	36	6	53	9	5	45	80	21	49
933	1 332	905	1 563	689	968	482	1 302	562	1 313	606	1 486	751	1 285
5	60	6	111	4	44	5	47	2	24	4	40	5	53
125	875	165	1 209	204	1 172	178	873	106	564	185	1 300	198	2 496
111	107	521	216	593	185	258	186	496	63	256	126	287	146
78	607	82	640	192	1 300	114	735	231	1 541	257	2 189	214	1 200
35	153	26	146	54	509	38	233	21	46	34	147	14	122
0	0	1	19	14	91	1	1	0	0	0	0	0	0
4	160	5	300	3	178	6	598	2	127	14	525	18	1 287
28	351	22	257	9	163	14	209	12	129	15	266	8	112
0	0	1	58	0	0	6	331	2	112	1	64	5	311
0	0	0	0	0	0	0	0	0	0	0	0	0	0
0	0	0	0	2	95	0	0	0	0	0	0	0	0
3	104	2	27	2	17	11	347	1	28	14	61	3	84

序号	税号	进口货品名称	单位	1月		2月		3月		4月		5月	
				数量	金额	数量	金额	数量	金额	数量	金额	数量	金额
24	84293010	斗容量超过10m³的铲运机	台	0	0	0	0					0	0
25	84293090	其他铲运机	台	6	250	7	208	16	1 061	10	538	10	370
26	84294011	机重18t及以上的振动压路机	台	2	26	0	0	0	0	0	0	4	58
27	84294019	其他机动压路机	台	27	98	31	75	98	351	79	267	101	270
28	84294090	未列名捣固机械及压路机	台	0	0	1	31	0	0	3	77	1	35
29	84295100	前铲装载机	台	41	341	79	217	79	726	13	140	16	259
30	84295211	上部360°旋转的轮胎式挖掘机	台	30	218	32	166	62	360	51	314	36	213
31	84295212	上部360°旋转的履带式挖掘机	台	4 406	39 102	3 234	29 864	4 380	38 731	3 912	34 636	2 730	23 223
32	84295219	上部360°旋转的其他挖掘机	台	0	0	0	0					0	0
33	84295290	上部360°旋转的机械铲、装载机	台	0	0	1	54	0	0	0	0	0	0
34	84295900	其他机械铲、挖掘机及机铲装载机	台	19	161	0	0	24	107	19	171	12	57
35	84301000	打桩机及拔桩机	台	1	328	2	746	2	360	9	431	6	534
36	84302000	扫雪机及吹雪机	台	542	1 091	86	1 689	153	121	106	177	45	152
37	84303100	自推进的截煤机、凿岩机及隧道掘进机	台	1	49	8	808	9	1 517	9	934	21	1 576
38	84303900	非自推进的截煤机、凿岩机及隧道掘进机	台	7	1 839	3	439	18	1 833	2	820	6	1 361
39	84305020	矿用电铲	台	0	278	0	0	0	0	0	0	2	115
40	84306100	非自推进的捣固或压实机械	台	96	21	82	1 204	101	98	141	19	96	367
41	84306911	钻筒直径在3m以上的非自推进工程钻机	台	0	0	0	0					0	0
42	84306919	其他非自推进工程钻机	台	1	37	5	63	4	2	9	497	1	131
43	84306920	非自推进的铲运机	台	15	3	0	0	0	0	1	5	0	0
44	84306990	未列名非自推进泥土、矿等运送、平整等机械	台	5	1	2	281	3	162	5	175	5	6
45	84312000	8427所列机械的零件	t	1 573	1 362	873	685	1 641	1 485	1 258	1 175	1 722	1 715
46	84313100	升降机、倒卸式起重机或自动梯的零件	t	799	974	480	724	795	1 119	601	1 055	640	1 106
47	84313900	其他8428所列机械的零件	t	1 278	1 685	374	622	598	1 132	785	1 857	806	2 376
48	84314100	戽斗、铲斗、抓斗及夹斗	个	2 660	163	1 071	317	1 079	241	752	372	688	330
49	84314200	推土机或侧铲推土机用铲	个	25	7	0	0	10	4	134	11	2	4
50	84314390	凿井机械的零件	t	18	60	5	12	2	13	39	81	2	16
51	84314910	矿用电铲用零件	t	7	6	65	200	24	82	56	209	20	96
52	84314990	8426、8429及8430所列机械的其他零件	t	48 078	35 061	33 954	23 391	54 783	37 300	44 775	30 833	38 968	26 881

（续）

6月		7月		8月		9月		10月		11月		12月	
数量	金额	数量	金额	数量	金额	数量	金额	数量	金额	数量	金额	数量	金额
0	0			0	0	0	0	0	0	0	0	0	0
11	569	4	129	6	271	10	717	5	172	6	251	18	778
2	28	0	0	2	16	0	0	4	32	41	168	0	0
63	231	70	193	18	112	71	188	65	170	61	97	55	148
0	0	0	0	0	0	0	0	0	0	0	0	0	0
33	534	36	507	28	664	47	135	35	299	54	302	90	477
12	89	95	428	22	142	10	47	7	48	46	269	8	82
2 638	24 223	2 059	21 923	2 040	21 366	1 403	15 370	1 359	16 247	1 698	18 468	1 509	15 405
0	0			0	0	0	0	0	0	0	0	0	0
0	0	0	0	1	35	0	0	1	44	1	4	0	0
17	68	13	59	31	124	28	328	18	295	15	283	33	240
5	54	0	0	1	28	3	940	0	0	1	91	3	418
7	1	20	13	10	20	508	207	235	168	517	162	221	134
14	1 834	17	1 748	7	1 134	8	1 914	3	692	8	2 770	19	2 796
2	1 057	2	1 038	13	2 510	2	939	27	232	2	6	14	773
1	1 510	1	1 501	0	0	0	278	0	0	0	0	0	0
148	44	84	44	56	40	83	47	53	17	199	13	10	4
0	0			0	0	0	0	0	0	0	0	0	0
2	53	1	5	24	23	5	262	0	0	1	0	7	158
0	0	0	0	0	0	15	7	82	26	80	21	0	0
6	155	1	0	15	40	0	0	3	43	9	71	5	235
1 917	1 613	1 502	1 317	1 688	1 578	1 500	1 693	1 134	1 156	1 399	1 309	1 308	1 226
569	924	738	1 039	717	1 011	792	1 036	1 090	928	1 049	1 084	840	1 046
1 180	1 746	969	1 902	913	2 272	1 253	2 446	1 037	1 925	980	1 894	1 312	1 818
1142	297	497	506	599	743	316	658	232	333	173	405	588	455
8	3	65	76	4	2	0	0	50	11	22	27	54	36
2	10	2	3	5	5	38	86	1	6	32	180	18	124
69	130	87	142	48	205	60	141	87	254	29	48	45	168
32 328	23 885	29 657	21 926	26 946	21 791	28 881	20 622	26 447	19 647	22 408	18 775	24 380	21 798

序号	税号	进口货品名称	单位	1月		2月		3月		4月		5月	
				数量	金额	数量	金额	数量	金额	数量	金额	数量	金额
53	84671100	旋转式(包括旋转冲击式的)手提风动工具	台	20 885	467	25 550	419	37 998	919	26 071	458	37 949	564
54	84671900	其他手提式风动工具	台	24 954	342	16 014	240	30 516	493	33 949	434	35 740	419
55	84679200	手提式风动工具用的零件	t	62	422	25	238	63	515	71	426	63	434
56	84743100	混凝土或砂浆混合机器	台	32	115	25	67	36	97	77	148	86	300
57	84743200	矿物与沥青的混合机器	台	1	7	1	0	7	345	6	42	5	35
58	84743900	固体矿物质的其他混合或搅拌机器	台	154	969	123	544	98	1 461	98	1 937	125	583
59	84749000	8474 所列机器的零件	t	943	966	737	856	1 247	1 671	779	1 054	1 134	1 005
60	84791021	沥青混凝土摊铺机	台	77	1 055	12	180	91	1 589	92	1 477	91	1 668
61	84791022	稳定土摊铺机	台		0	1	0	0	0	0	0	0	0
62	84791029	其他摊铺机	台	0	0	0	0	0	9	0	0	0	0
63	84791090	其他公共工程用机器	台	191	829	183	1 133	224	1 944	236	1 902	181	1 722
64	87051021	最大起重量≤50t 全路面起重车	辆	0	0	0	0					0	0
65	87051022	50t＜最大起重量≤100t 全路面起重车	辆	0	0	0	0					0	0
66	87051023	最大起重量＞100t 全路面起重车	辆	9	2 768	1	175	6	1 288	6	1 573	2	874
67	87051091	最大起重量≤50t 其他起重车	辆	1	33	0	0	0	0	0	0	0	0
68	87051092	50t＜最大起重量≤100t 其他起重车	辆	0	0	0	0					0	0
69	87051093	最大起重量＞100t 其他起重车	辆	0	0	0	0					1	719
70	87053010	装有云梯的救火车	辆	0	0	0	0					2	250
71	87053090	其他机动救火车	辆	0	0	0	0	1	46	3	198	1	53
72	87054000	机动混凝土搅拌车	辆	0	0	0	0					0	0
73	87059060	飞机加油车、调温车、除冰车	辆	0	0	1	29	0	0	4	118	1	30
74	87059070	道路(包括跑道)扫雪车	辆	1	52	4	174	0	0	0	0	0	0
75	87059090	未列名特殊用途的机动车辆	辆	10	723	9	723	16	1 121	9	167	8	332
76	87091110	电动牵引车	辆	71	92	71	72	48	60	100	80	112	98
77	87091190	其他电动的短距离运货车辆	辆	11	28	0	0	7	21	43	14	15	11
78	87091910	其他机动牵引车	辆	2	2	30	34	36	60	0	0	26	102
79	87091990	其他短距离运货机动车辆	辆	14	12	27	26	37	41	34	37	32	43
80	87099000	短距离运货的机动车辆及站台牵引车零件	t	22	49	7	17	22	61	40	72	50	87
81	89051000	挖泥船	艘	1	122	0	0	1	79	0	0	0	0
合计					98 612		75 756		107 826		91 958		78 782

（续）

6月		7月		8月		9月		10月		11月		12月	
数量	金额	数量	金额	数量	金额	数量	金额	数量	金额	数量	金额	数量	金额
35 316	671	29 381	744	30 472	589	25 087	503	27 591	479	18 082	572	31 098	463
29 013	430	22 576	370	36 277	433	21 940	368	16 794	257	14 801	251	17 786	369
68	505	77	435	38	403	49	290	42	212	58	246	62	272
46	130	28	134	35	132	54	284	15	168	40	91	27	47
3	23	2	202	7	120	6	61	19	654	0	0	1	4
104	1 196	109	754	87	696	84	755	106	532	61	495	120	767
746	1 022	1 259	1 464	1 397	1 500	803	1 083	908	1 024	2 956	3 778	970	1 091
64	1 092	39	679	37	683	12	248	20	401	23	407	11	197
0	0	0	0	0	0	0	0	0	0	0	0	0	0
1	22	1	22	0	0	0	0	0	0	0	0	1	44
172	1 612	199	1 455	113	1 754	219	755	217	616	306	452	206	564
0	0			0	0	0	0	0	0	0	0	0	0
0	0			0	0	0	0	0	0	0	0	0	0
2	759	3	1 049	1	439	0	0	0	0	0	0	4	1 196
0	0	0	0	0	0	0	0	0	0	0	0	0	0
0	0			0	0	0	0	0	0	0	0	0	0
0	0	0	0	0	0	0	0	0	0	0	0	0	0
0	0	0	0	0	0	0	0	0	0	0	0	2	245
2	96	0	0	2	107	1	44	3	146	2	69	3	119
0	0			0	0	0	0	1	16	0	0	0	0
0	0	0	0	3	97	2	47	1	40	1	31	5	125
0	0	0	0	5	38	2	132	0	0	1	14	1	48
3	373	7	193	4	546	8	137	2	80	4	79	3	148
226	196	93	111	90	97	64	119	94	75	95	55	164	141
5	3	10	9	19	13	5	26	6	3	2	8	9	5
60	64	30	33	24	45	56	54	11	17	38	55	38	52
63	35	33	239	43	42	23	24	46	36	36	37	5	4
32	54	17	29	18	35	81	101	29	45	21	35	16	32
0	0	3	272	1	348	0	0	0	0	0	0	1	6 593
	71 802		70 348		69 109		62 339	0	53 569	0	60 988		69 714

2011 年工程机械

序号	税号	出口货品名称	单位	1月		2月		3月		4月		5月	
				数量	金额	数量	金额	数量	金额	数量	金额	数量	金额
1	84134000	混凝土泵	台	231	279	72	106	158	425	639	499	233	419
2	84262000	塔式起重机	台	226	3 303	110	1 565	203	2 801	179	2 847	200	2 568
3	84264110	轮胎式自推进起重机	台	2	58	12	264	8	174	3	25	1	1
4	84264190	带胶轮的其他自推进起重机械	台	23	861	14	500	26	755	16	623	18	761
5	84264910	履带式起重机	台	50	2 173	42	1 448	49	1 853	43	1 549	49	2 031
6	84264990	不带胶轮的其他自推进起重机械	台	0	0	0	0					0	0
7	84269100	供装于公路车辆的其他起重机	台	75	50	51	54	36	36	49	21	47	23
8	84269900	未列名起重机	台	67	699	33	365	58	1 186	82	455	720	748
9	84271010	电动机推进的有轨巷道堆垛机	台	0	0	0	0					4	19
10	84271020	电动机推进的无轨巷道堆垛机	台	62	31	11	8	9	7	26	19	42	24
11	84271090	其他电动叉车及装有升降或搬运装置工作车	台	2 362	1 185	1 570	1 013	2 288	1 476	2 306	1 651	2 560	1 571
12	84272010	集装箱叉车	台	4	73	7	144	8	169	5	119	16	280
13	84272090	其他机动叉车、其他装有升降或搬运装置工作车	台	3 023	4 494	2 137	3 186	3 741	5 511	4 051	5 928	3 946	5 948
14	84279000	未列名叉车等装有升降或搬运装置的工作车	台	148 894	2 391	73 380	1 270	162 676	2 621	128 871	2 162	160 372	2 759
15	84281010	载客电梯	台	2 185	5 705	1 271	2 995	2 418	5 855	2 440	6 423	2 368	5 964
16	84281090	其他升降机及倒卸式起重机	台	190	185	133	147	183	236	206	449	226	288
17	84284000	自动梯及自动人行道	台	1 025	2 991	914	2 598	1 438	4 309	1 363	4 285	1 371	4 108
18	84291110	履带式推土机，P > 235.36kW(320hp)	台	20	399	17	278	35	665	14	201	30	592
19	84291190	其他履带式推土机	台	234	2 254	228	2 127	335	3 460	313	3 114	340	3 418
20	84291910	其他推土机，P > 235.36kW(320hp)	台	0	0	0	0	2	1	0	0	0	0
21	84291990	未列名推土机	台	6	9	4	50	44	163	26	361	0	0
22	84292010	筑路机及平地机，P > 235.36kW(320hp)	台	1	10	1	0	1	6	6	42	2	21

产品出口月报

（单位:万美元）

6月		7月		8月		9月		10月		11月		12月	
数量	金额	数量	金额	数量	金额	数量	金额	数量	金额	数量	金额	数量	金额
242	512	244	558	146	664	124	471	106	417	274	580	152	428
207	2 856	205	3 089	195	2 865	177	2 247	197	2 807	179	2 371	218	3 993
7	140	7	279	1	29	1	16	3	64	8	139	6	89
45	1 457	32	1 232	35	1 296	50	1 654	37	1 311	28	1 072	37	1 198
65	2 652	60	3 294	66	3 522	85	3 310	128	5 678	63	2 351	68	3 743
14	1	1	0	16	375	9	2	1	22	7	361	10	151
19	16	21	9	62	107	14	8	29	55	19	39	27	27
154	330	422	3 322	115	1 291	160	1 094	1 811	1 268	118	368	248	329
0	0	0	0	0	0	0	0	0	0	0	0	0	0
30	17	58	32	29	31	88	59	59	38	71	44	56	33
2 734	1 628	3 267	2 338	3 409	2 181	3 238	2 185	2 740	1 846	3 437	2 128	3 237	2 231
10	202	20	444	13	309	9	212	15	326	16	362	20	409
4 326	6 532	5 222	7 885	5 016	7 423	4784	7 232	4 616	7 313	5 257	8 336	4 248	6 910
156 029	2 681	168 602	2 967	155 670	2 811	166 458	2 876	135 262	2 388	162 921	2 841	167 704	2 931
2 429	6 006	2 630	6 361	2 789	6 786	3 401	8 501	2 755	6 986	2 964	7 743	3 250	8 818
367	197	196	311	230	272	316	344	593	305	685	342	632	1 726
1 322	4 243	1 514	4 801	1 776	5 543	1 690	5 168	1 486	4 687	1 669	5 252	1 340	4 333
19	375	16	304	9	153	15	237	25	429	13	164	85	776
344	3 516	328	3 631	310	3 159	258	2 726	351	4 804	364	3 647	328	3 559
1	1	3	41	2	0	2	62	7	89	6	1	4	1
7	91	4	2	4	32	8	117	0	0	15	193	6	36
0	0	1	14	3	50	0	0	0	0	0	0	0	0

序号	税号	出口货品名称	单位	1月		2月		3月		4月		5月	
				数量	金额	数量	金额	数量	金额	数量	金额	数量	金额
23	84292090	其他筑路机及平地机	台	329	2 942	236	2 005	381	3 353	527	4 677	384	3 145
24	84293010	斗容量超过 $10m^3$ 的铲运机	台	0	0	0	0			2	74	1	37
25	84293090	其他铲运机	台	40	128	11	150	19	99	42	276	51	128
26	84294011	机重18t及以上的振动压路机	台	58	335	23	126	94	568	70	409	76	530
27	84294019	其他机动压路机	台	675	1 705	730	1 747	1 133	2 975	975	2 634	1 129	2 746
28	84294090	未列名捣固机械及压路机	台	2 854	205	984	121	2 247	149	1 873	247	1 342	221
29	84295100	前铲装载机	台	2 557	10 394	1 839	7 839	2 868	11 568	3 140	13 080	2 976	12 284
30	84295211	上部360°旋转的轮胎式挖掘机	台	23	154	22	232	30	246	43	412	19	113
31	84295212	上部360°旋转的履带式挖掘机	台	408	3 892	394	3 807	648	6 402	614	5 959	691	6 530
32	84295219	上部360°旋转的其他挖掘机	台	3	16	20	11	9	39	12	58	18	31
33	84295290	上部360°旋转的机械铲、装载机	台	6	8	0	0	5	18	0	0	4	93
34	84295900	其他机械铲、挖掘机及机铲装载机	台	103	394	98	284	128	397	293	642	125	268
35	84301000	打桩机及拔桩机	台	57	354	58	330	135	831	65	262	78	609
36	84302000	扫雪机及吹雪机	台	18 979	425	2 586	69	5 733	134	7 449	121	8 440	148
37	84303100	自推进的截煤机、凿岩机及隧道掘进机	台	82	485	41	2 159	39	3 698	50	693	39	389
38	84303900	非自推进的截煤机、凿岩机及隧道掘进机	台	2 486	203	867	89	3 091	108	2 522	74	4 276	217
39	84305020	矿用电铲	台	0	0	0	0	1	12	1	1	0	0
40	84306100	非自推进的捣固或压实机械	台	43 014	563	12 744	290	29 229	535	28 430	1 228	35 248	1 246
41	84306911	钻筒直径在3m以上的非自推进工程钻机	台	0	0	0	0			1	13	0	0
42	84306919	其他非自推进工程钻机	台	2 868	591	391	256	1 051	246	1 567	349	1 822	365
43	84306920	非自推进的铲运机	台	739	47	821	64	919	70	856	101	924	90
44	84306990	未列名非自推进泥土、矿等运送、平整等机械	台	8 576	2 289	2 286	815	11 515	1 055	7 999	2 736	5 661	1 011
45	84312000	8427所列机械的零件	t	29 578	3 870	17 510	2 428	29 331	3 911	31 658	4 381	32 304	4 562
46	84313100	升降机、倒卸式起重机或自动梯的零件	t	26 888	5 044	14 063	2 856	25 370	5 493	22 805	4 813	21 858	4 888
47	84313900	其他8428所列机械的零件	t	12 244	4 031	7 852	2 846	10 956	3 628	10 692	2 983	11 521	3 409
48	84314100	戽斗、铲斗、抓斗及夹斗	个	7 825	457	7 253	287	6 570	546	9 756	839	77 629	592
49	84314200	推土机或侧铲推土机用铲	个	569	42	1 400	9	822	45	386	30	642	33
50	84314390	凿井机械的零件	t	1 316	597	998	627	1 186	629	1 435	798	1 535	631
51	84314910	矿用电铲用零件	t	810	219	859	238	755	221	1 319	425	1 115	349
52	84314990	8426、8429及8430所列机械的其他零件	t	92 277	19 614	56 452	12 399	95 956	23 018	94 286	20 849	97 337	21 774

（续）

6月		7月		8月		9月		10月		11月		12月	
数量	金额	数量	金额	数量	金额	数量	金额	数量	金额	数量	金额	数量	金额
440	3 850	542	4 708	646	6 054	385	4 187	821	4 770	362	3 636	406	4 200
0	0	5	139	4	133	0	0	0	0	3	1	0	0
25	398	38	124	22	154	22	110	26	65	17	193	43	207
102	519	183	931	135	889	101	514	52	279	120	700	81	532
1 001	2 753	1 070	2 900	995	2 652	776	3 288	906	4 637	1 275	2 687	1 093	2 926
2 033	217	1 543	263	1 547	205	1 706	180	1 555	610	1 771	315	2 025	612
2 948	12 834	3 418	15 019	3 187	14 905	3 270	16 724	3 231	14 413	3 221	14 773	3 353	15 991
29	232	37	243	19	156	24	218	16	122	11	71	18	146
743	7 160	695	6 228	634	6 612	606	7 291	787	8 273	798	8 241	1 049	9 945
11	4	8	64	13	19	16	262	6	39	7	30	12	21
0	0	1	13	3	17	0	0	0	0	10	62	0	0
186	536	366	795	447	472	191	668	174	669	184	430	264	518
89	597	72	446	266	477	126	532	137	908	73	597	101	577
47 574	688	127 162	1 592	143 045	2 231	159 215	2 910	108 807	2 540	92 979	2 408	48 757	1 390
41	1 142	174	2 259	128	1 853	33	35	26	894	35	3 396	21	2 680
2 152	109	2 643	111	2 172	129	2 641	109	2 516	165	2 323	89	4 555	169
0	0	1	1	0	0	1	1	0	0	0	0	0	0
39 334	673	43 567	725	29 172	528	27 974	473	23 961	433	23 091	461	34 255	553
4	5	0	0	2	24	0	0	13	111	0	0	1	0
2 254	249	2 012	286	1 551	252	2 109	484	1 626	181	1 757	374	1 272	748
999	142	933	90	752	86	942	90	986	93	724	64	1 238	151
6 552	1 110	4 523	1 308	3 997	2 027	5 773	1 549	7 433	1 531	3 468	1 225	4 624	1 622
34 549	4 776	35 185	4 953	35 782	5 126	37 399	5 322	32 419	4 552	34 568	4 828	36 144	5 205
23 746	4 948	25 288	5 399	27 753	5 723	25 621	5 535	24 932	5 594	29 174	6 135	31 297	6 497
11 832	3 791	11 111	3 422	14 810	4 500	11 975	3 800	10 561	3 362	13 007	4 362	13 131	3 878
23 213	659	64 527	811	37 665	892	24 910	865	18 763	742	11 160	928	29 456	745
879	33	1 081	43	729	55	681	44	411	27	1 087	24	1 071	28
1 477	761	1 527	613	1 526	713	1 804	1 253	1 688	909	1 814	897	1 630	692
990	312	971	314	1 468	601	960	301	980	329	955	289	1 144	448
98 792	22 059	109 864	25 129	107 000	25 142	109 000	26 898	106 000	25 578	115 000	28 113	121 000	29 780

序号	税号	出口货品名称	单位	1月		2月		3月		4月		5月	
				数量	金额	数量	金额	数量	金额	数量	金额	数量	金额
53	84671100	旋转式(包括旋转冲击式的)手提风动工具	台	436 767	1 015	196 560	492	281 532	679	353 620	756	339 341	858
54	84671900	其他手提式风动工具	台	870 152	1 554	412 740	909	1038469	1 537	767 178	1 515	863 162	1 218
55	84679200	手提式风动工具用的零件	t	645	459	209	185	440	374	609	518	452	439
56	84743100	混凝土或砂浆混合机器	台	75 808	1 979	39 126	953	70 258	1 742	67 714	1 940	78 730	1 989
57	84743200	矿物与沥青的混合机器	台	26	576	20	738	164	1 008	41	790	153	807
58	84743900	固体矿物质的其他混合或搅拌机器	台	5 083	868	3 080	811	3 729	572	5 012	632	3 844	927
59	84749000	8474 所列机器的零件	t	19 999	5 235	10 065	2 638	19 915	5 644	20 099	5 846	18 220	5 491
60	84791021	沥青混凝土摊铺机	台	12	143	14	195	93	228	22	168	21	253
61	84791022	稳定土摊铺机	台	0	0	0	0	1	0	1	12	1	108
62	84791029	其他摊铺机	台	31	46	27	36	37	29	15	56	26	120
63	84791090	其他公共工程用机器	台	13 660	1 507	7 021	422	16 566	740	15 871	908	6 512	719
64	87051021	最大起重量≤50t 全路面起重车	辆	30	345	39	412	78	905	55	598	73	762
65	87051022	50t＜最大起重量≤100t 全路面起重车	辆	4	69	5	87	7	206	6	133	8	210
66	87051023	最大起重量＞100t 全路面起重车	辆	1	115	0	0	7	958	2	116	1	107
67	87051091	最大起重量≤50t 其他起重车	辆	160	2 245	47	498	234	3 173	169	2 059	169	1 983
68	87051092	50t＜最大起重量≤100t 其他起重车	辆	17	453	13	234	74	1 658	44	877	41	1 012
69	87051093	最大起重量＞100t 其他起重车	辆	2	158	1	17	3	142	2	110	2	146
70	87053010	装有云梯的救火车	辆	0	0	0	0					0	0
71	87053090	其他机动救火车	辆	39	318	5	24	2	16	12	83	6	40
72	87054000	机动混凝土搅拌车	辆	118	636	151	683	192	1 101	342	1 738	316	1 648
73	87059060	飞机加油车、调温车、除冰车	辆	2	31	0	0	2	59	0	0	2	6
74	87059070	道路(包括跑道)扫雪车	辆	0	0	0	0					1	2
75	87059090	未列名特殊用途的机动车辆	辆	310	1 775	284	1 846	295	2 453	349	2 000	330	1 985
76	87091110	电动牵引车	辆	212	17	8	7	39	6	43	14	31	6
77	87091190	其他电动的短距离运货车辆	辆	1 338	69	1 973	47	1 662	96	1 974	100	1 917	78
78	87091910	其他机动牵引车	辆	25	53	34	81	21	50	44	51	21	36
79	87091990	其他短距离运货机动车辆	辆	516	47	183	28	236	309	185	125	350	28
80	87099000	短距离运货的机动车辆及站台牵引车零件	t	143	64	114	49	77	27	132	40	141	69
81	89051000	挖泥船	艘	20	671	11	84	6	2 112	5	1 835	23	261
		合　计			106 606		71 679		127 528		122 962		119 294

（续）

6月		7月		8月		9月		10月		11月		12月	
数量	金额	数量	金额	数量	金额	数量	金额	数量	金额	数量	金额	数量	金额
371 327	822	317 770	769	407 233	846	553 103	810	407 439	756	433 111	703	466 435	930
987 149	1 557	814 509	1 553	772 931	1 409	1 038 338	1 778	738 682	1 539	902 317	1 496	803 196	1 656
583	504	533	548	537	513	526	504	385	402	526	496	562	536
69 063	2 308	66 513	2 116	51 351	2 296	40 246	1 896	26 351	2 081	36 647	1 881	50 320	2 005
34	928	76	656	45	1 219	33	1 238	41	2 338	22	575	33	593
5 070	775	4 681	607	6 885	746	2 917	760	4 814	973	3 836	725	5 297	747
21 812	6 890	21 539	6 246	21 543	7 532	24 739	9 521	17 543	5 268	22 153	6 691	25 803	9 196
69	308	15	187	22	289	33	500	91	1 007	12	215	110	208
0	0	1	6	0	0	1	1	0	0	0	0	0	0
22	126	23	145	17	81	21	25	14	62	29	51	23	69
8 294	681	12 479	779	7 448	805	9 152	892	6 728	695	10 013	695	8 598	786
65	672	78	857	61	660	75	949	69	756	35	340	32	307
11	244	5	72	12	231	4	83	12	226	13	206	3	45
1	74	0	0	0	0	0	0	4	426	2	233	5	512
175	2 056	217	2 472	200	2 432	196	2 845	199	2 486	203	2 333	154	1 671
27	707	56	1 554	77	2 199	38	857	65	1 784	81	2 191	53	1 282
4	234	2	135	4	209	2	188	0	0	9	391	1	140
1	25	1	47	0	0	0	0	0	0	1	90	0	0
3	21	13	199	7	81	46	638	19	144	5	23	54	1 067
192	1 077	243	1 373	408	2 394	307	1 977	195	1 007	228	1 248	298	1 783
6	86	1	24	0	0	0	0	2	8	6	101	0	0
0	0	0	0	0	0	4	26	0	0	0	0	0	0
425	2 878	433	4 189	574	4 349	321	2 831	483	4 389	409	2 234	553	5 456
22	19	5	5	26	12	269	58	51	19	58	23	41	22
1 349	94	2 453	121	1 493	79	1 760	102	1119	64	849	76	579	76
33	42	33	41	25	55	17	43	45	95	20	156	34	117
632	93	346	115	545	87	517	89	376	96	222	59	234	25
109	33	126	75	200	113	197	74	159	75	151	43	296	83
12	146	11	4074	25	2 433	21	456	30	13 278	10	11 350	17	17 823
	127 408		148 808		152 593		151 301		162 634		158 290		179 118

2011年工程机械产品进出口量值

（单位：万美元）

序号	税号	货品名称	单位	进口 数量	进口 同比增长（%）	进口 金额	进口 同比增长（%）	出口 数量	出口 同比增长（%）	出口 金额	出口 同比增长（%）
1	84134000	混凝土泵	台	372	-17.52	1 103	-6.47	2 621	-12.14	5 358.70	29.60
2	84262000	塔式起重机	台	66	11.86	5 150	-16.74	2 295	15.91	33 328.98	22.56
3	84264110	轮胎式自推进起重机	台	13	-18.75	530	-74.52	59	68.57	1 278.30	186.21
4	84264190	带胶轮的其他自推进起重机械	台	35	29.63	759	-10.33	361	45.56	12 721.45	49.58
5	84264910	履带式起重机	台	35	-7.89	12 760	126.94	767	34.09	33 532.31	23.27
6	84264990	不带胶轮的其他自推进起重机械	台	2	100.00	85	3 049.81	44		910.53	
7	84269100	供装于公路车辆的其他起重机	台	164	-70.87	308	-14.38	464	-20.82	450.85	9.16
8	84269900	未列名起重机	台	392	-10.71	5 484	17.36	3 422	-23.51	11 445.28	127.31
9	84271010	电动机推进的有轨巷道堆垛机	台	189	31.25	4 257	41.46	4	300.00	19.44	214.05
10	84271020	电动机推进的无轨巷道堆垛机	台	356	7.55	574	-51.52	540	85.57	340.63	133.31
11	84271090	其他电动叉车及装有升降或搬运装置工作车	台	8 719	13.15	15 610	17.19	33 145	70.73	21 422.88	100.27
12	84272010	集装箱叉车	台	51	88.89	645	33.83	140	33.33	2 998.78	52.62
13	84272090	其他机动叉车其他装有升降或搬运装置工作车	台	1 861	-1.38	12 597	-29.48	50 420	84.47	76 674.62	96.75
14	84279000	未列名叉车等装有升降或搬运装置的工作车	台	4 456	-2.04	3 163	3.38	1 786 013	16.51	30 698.50	28.71
15	84281010	载客电梯	台	1 698	-14.59	13 000	-15.80	30 741	30.12	77 867.82	29.16
16	84281090	其他升降机及倒卸式起重机	台	456	34.51	2 648	52.02	3 926	172.07	4 798.53	59.47
17	84284000	自动梯及自动人行道	台	19	-42.42	122	66.98	16 834	23.36	52 351.14	21.37
18	84291110	履带式推土机，P > 235.36kW(320hp)	台	101	4.12	6 271	62.68	299	128.24	4 609.17	145.26
19	84291190	其他履带式推土机	台	216	-36.47	2 413	-6.51	3 732	33.96	39 408.99	47.50
20	84291910	其他推土机，P > 235.36kW(320hp)	台	22	144.44	1 578	272.77	28	-45.10	220.34	21.98
21	84291990	未列名推土机	台	1		3		91	-19.47	972.90	-3.88

（续）

序号	税号	货品名称	单位	进口				出口			
				数量	同比增长（%）	金额	同比增长（%）	数量	同比增长（%）	金额	同比增长（%）
22	84292010	筑路机及平地机，P > 235.36kW（320hp）	台	8	700.00	814		15	-37.50	143.55	-39.39
23	84292090	其他筑路机及平地机	台	42	-48.78	862	-15.70	5 409	74.43	47 546.81	83.01
24	84293010	斗容量超过 $10m^3$ 的铲运机	台	0		0		12	-53.85	382.71	-70.66
25	84293090	其他铲运机	台	109	26.74	5 313	99.76	326	0.31	2 025.81	61.35
26	84294011	机重18t及以上的振动压路机	台	55	450.00	328	166.33	1 094	47.64	6 330.31	49.53
27	84294019	其他机动压路机	台	742	25.13	2 216	38.64	11 722	29.40	33 634.73	44.55
28	84294090	未列名捣固机械及压路机	台	5	-28.57	143	359.06	21 079	-12.11	3 288.72	2.17
29	84295100	前铲装载机	台	551	-2.48	4 599	-36.77	35 935	55.11	159 865.20	85.37
30	84295211	上部360°旋转的轮胎式挖掘机	台	411	-39.29	2 375	-40.75	285	5.56	2 293.90	29.46
31	84295212	上部360°旋转的履带式挖掘机	台	31 369	-23.65	298 561	-5.13	8 052	68.10	80 427.39	102.32
32	84295219	上部360°旋转的其他挖掘机	台	0	-100.00	0	-100.00	109	25.29	584.08	-33.69
33	84295290	上部360°旋转的机械铲、装载机	台	4	300.00	137	2 075.56	28	47.37	208.07	-87.66
34	84295900	其他机械铲、挖掘机及机铲装载机	台	229	95.73	1 893	50.22	2 554	39.72	5 993.20	0.26
35	84301000	打桩机及拔桩机	台	33	83.33	3 930	34.37	1 053	14.83	6 517.38	10.07
36	84302000	扫雪机及吹雪机	台	2 445	214.27	1 801	155.30	757 344	74.49	14 650.13	210.85
37	84303100	自推进的截煤机、凿岩机及隧道掘进机	台	128	13.27	17 696	37.91	691	-25.86	19 680.69	121.24
38	84303900	非自推进的截煤机、凿岩机及隧道掘进机	台	87	-5.43	13 127	76.15	26 832	-16.58	1 407.86	-12.55
39	84305020	矿用电铲	台	4	100.00	3 404	-37.65	4	0.00	14.98	-98.84
40	84306100	非自推进的捣固或压实机械	台	1 149	-31.81	1 917	-32.42	367 799	22.84	7 663.93	54.68
41	84306911	钻筒直径在3m以上的非自推进工程钻机	台	0		0		21	50.00	152.71	15.87
42	84306919	其他非自推进工程钻机	台	59	15.69	1 230	119.03	20 276	24.00	4 430.48	24.28
43	84306920	非自推进的铲运机	台	193	227.12	62	240.70	10 813	-14.39	1 080.71	21.15
44	84306990	未列名非自推进泥土、矿等运送、平整等机械	台	62	-59.48	1 221	-62.28	72 169	22.15	18 272.62	82.51
45	84312000	8427所列机械的零件	t	17 548	30.52	16 339	40.63	386 000	50.27	53 908.04	62.02
46	84313100	升降机、倒卸式起重机或自动梯的零件	t	9 107	0.00	11 823	14.06	302 000	13.39	63 003.62	25.93

（续）

序号	税号	货品名称	单位	进口				出口			
				数量	同比增长（%）	金额	同比增长（%）	数量	同比增长（%）	金额	同比增长（%）
47	84313900	其他8428所列机械的零件	t	11 491	58.76	21 714	76.30	140 000	16.72	44 317.12	24.49
48	84314100	戽斗、铲斗、抓斗及夹斗	个	14 622	-54.23	4 837	-5.31	237 670	108.54	8 342.08	148.76
49	84314200	推土机或侧铲推土机用铲	个	325	-24.59	171	-40.88	8 034	-50.49	408.61	73.42
50	84314390	凿井机械的零件	t	150	-13.24	544	21.72	17 938	119.03	9 120.84	170.59
51	84314910	矿用电铲用零件	t	596	-68.46	1 660	-50.60	12 324	45.90	4 046.00	72.48
52	84314990	8426、8429及8430所列机械的其他零件	t	412 000	2.34	302 655	19.52	1 200 000	40.57	280 055.70	58.64
53	84671100	旋转式(包括旋转冲击式的)手提风动工具	台	348 136	13.97	6 860	28.43	4 556 312	13.47	9 432.26	12.60
54	84671900	其他手提式风动工具	台	298 260	-20.74	4 401	11.07	9 823 778	4.58	17 719.68	11.62
55	84679200	手提式风动工具用的零件	t	678	-1.37	4 395	16.73	5 945	-0.68	5 484.93	20.91
56	84743100	混凝土或砂浆混合机器	台	502	48.52	1 714	73.04	670 585	25.29	23 194.55	32.23
57	84743200	矿物与沥青的混合机器	台	57	42.50	1 454	158.97	685	-62.45	11 426.63	87.77
58	84743900	固体矿物质的其他混合或搅拌机器	台	1 196	-27.34	10 496	57.19	50 832	38.63	9 132.17	22.58
59	84749000	8474所列机器的零件	t	13 879	-19.58	16 521	-15.86	243 000	18.15	76 141.82	34.05
60	84791021	沥青混凝土摊铺机	台	569	14.95	9 677	21.12	512	116.95	3 691.46	42.91
61	84791022	稳定土摊铺机	台	1	-83.33	0	-99.94	5	-37.50	127.20	270.31
62	84791029	其他摊铺机	台	3	-76.92	96	-29.97	287	30.45	845.28	54.77
63	84791090	其他公共工程用机器	台	2 472	22.13	14 759	50.49	121 310	56.16	9 644.00	95.79
64	87051021	最大起重量≤50t全路面起重车	辆	0		0		690	79.69	7 494.51	83.32
65	87051022	50t＜最大起重量≤100t全路面起重车	辆	0	-100.00	0	-100.00	90	34.33	1 813.04	27.12
66	87051023	最大起重量＞100t全路面起重车	辆	34	-2.86	10 122	-8.63	24	242.86	2 551.57	257.16
67	87051091	最大起重量≤50t其他起重车	辆	1	-66.67	33	-65.19	2 124	34.94	26 257.64	37.61
68	87051092	50t＜最大起重量≤100t其他起重车	辆	0	-100.00	0	-100.00	585	38.30	14 805.15	42.32
69	87051093	最大起重量＞100t其他起重车	辆	1		719		32	113.33	1 868.84	80.24
70	87053010	装有云梯的救火车	辆	4	33.33	495	71.19	3		160.98	
71	87053090	其他机动救火车	辆	18	-58.14	878	-62.16	211	48.59	2 655.27	83.81
72	87054000	机动混凝土搅拌车	辆	1		16		2 980	58.17	16 609.53	58.09
73	87059060	飞机加油车、调温车、除冰车	辆	18	-56.10	516	-61.70	21	40.00	315.77	26.10

（续）

序号	税号	货品名称	单位	进口 数量	进口 同比增长（%）	进口 金额	进口 同比增长（%）	出口 数量	出口 同比增长（%）	出口 金额	出口 同比增长（%）
74	87059070	道路（包括跑道）扫雪车	辆	16	-27.27	490	-17.49	5	400.00	27.86	-27.71
75	87059090	未列名特殊用途的机动车辆	辆	83	-38.52	4 625	-15.97	4 763	30.49	35 974.51	48.82
76	87091110	电动牵引车	辆	1 228	20.04	1 196	13.56	805	-59.95	209.19	-18.44
77	87091190	其他电动的短距离运货车辆	辆	132	-46.99	143	-47.23	18 481	-11.33	1 011.97	-12.50
78	87091910	其他机动牵引车	辆	337	9.06	517	-16.34	352	8.98	820.42	22.96
79	87091990	其他短距离运货机动车辆	辆	373	-15.61	574	17.43	4 294	-51.50	1 086.95	-25.26
80	87099000	短距离运货的机动车辆及站台牵引车零件	t	354	-0.36	617	-1.71	1 846	-3.66	746.16	-7.35
81	89051000	挖泥船	艘	7	-46.15	7 414	-39.24	189	68.75	54 442.11	89.84
合计						909 158	7.54	0		1 626 900	53.73

2011 年工程机械进口按国家（地区）统计

（单位：万美元）

国别代码	国家（地区）名称	进口额	比上年增长（%）	占进口总额比重（%）
100	**亚洲**	**595 454.58**	**3.11**	**65.50**
102	巴林	0.13	160.00	0.00
106	缅甸	0.07	—	0.00
107	柬埔寨	0.05	—	0.00
110	中国香港	166.80	-32.69	0.02
111	印度	1 805.38	109.38	0.20
112	印度尼西亚	243.28	76.97	0.03
113	伊朗	14.77	73 750.00	0.00
115	以色列	57.08	678.72	0.01
116	日本	382 477.90	-5.97	42.07
122	马来西亚	5 027.25	82.75	0.55
126	阿曼	0.02	—	0.00
127	巴基斯坦	0.01	-90.00	0.00
128	巴勒斯坦	0.06	—	0.00
129	菲律宾	112.10	35.50	0.01
131	沙特阿拉伯	45.83	1 519.43	0.01

（续）

国别代码	国家（地区）名称	进口额	比上年增长（%）	占进口总额比重（%）
132	新加坡	698.67	-27.29	0.08
133	韩国	190 899.80	22.61	21.00
134	斯里兰卡	1.89	-51.16	0.00
135	叙利亚	0.05	-16.67	0.00
136	泰国	1 145.98	67.91	0.13
137	土耳其	475.83	12.05	0.05
138	阿拉伯联合酋长国	3.86	100.00	0.00
141	越南	369.15	541.44	0.04
142	中国	3 460.79	7.76	0.38
143	中国台湾	8 447.78	58.16	0.93
145	哈萨克斯坦	0.05	—	0.00
200	**非洲**	**406.16**	**-38.07**	**0.04**
201	阿尔及利亚	0.46	—	0.00
231	毛里求斯	0.02	—	0.00
236	尼日利亚	0.23	—	0.00
244	南非	405.38	-38.18	0.04
249	突尼斯	0.07	—	0.00
300	**欧洲**	**233 022.40**	**20.25**	**25.63**
301	比利时	6 998.81	187.31	0.77
302	丹麦	1 373.19	25.94	0.15
303	英国	10 543.42	12.50	1.16
304	德国	120 956.90	27.61	13.30
305	法国	11 469.62	-5.00	1.26
306	爱尔兰	176.05	468.27	0.02
307	意大利	15 968.00	22.07	1.76
308	卢森堡	244.07	2 437.11	0.03
309	荷兰	11 434.78	-29.84	1.26
310	希腊	7.55	-91.23	0.00
311	葡萄牙	32.40	2 900.00	0.00
312	西班牙	2 522.34	5.02	0.28
315	奥地利	7 916.02	-11.56	0.87
316	保加利亚	7.12	-87.19	0.00
318	芬兰	9 373.19	47.70	1.03
321	匈牙利	231.74	423.82	0.03
322	冰岛	0.01	—	0.00
323	列支敦士登	58.01	9 901.72	0.01
324	马耳他	0.24	-22.58	0.00
325	摩纳哥	0.16	—	0.00
326	挪威	1 604.74	-34.98	0.18
327	波兰	1 097.25	-27.50	0.12
328	罗马尼亚	189.59	652.34	0.02
330	瑞典	24 676.75	29.42	2.71
331	瑞士	3 597.86	76.69	0.40

（续）

国别代码	国家(地区)名称	进　口　额	比上年增长(%)	占进口总额比重(%)
334	爱沙尼亚	35.31	13.83	0.00
335	拉脱维亚	356.72	356 620.00	0.04
337	格鲁吉亚	0.03	—	0.00
340	白俄罗斯	0.15	-98.54	0.00
344	俄罗斯联邦	284.64	957.75	0.03
347	乌克兰	0.18	-92.53	0.00
350	斯洛文尼亚	120.16	-28.57	0.01
351	克罗地亚	4.63	612.31	0.00
352	捷克	1 667.14	23.71	0.18
353	斯洛伐克	73.22	148.79	0.01
354	马其顿	0.22	—	0.00
358	塞尔维亚	0.19	-78.16	0.00
400	**南美洲**	**2 351.60**	**59.22**	**0.26**
402	阿根廷	5.40	-21.51	0.00
410	巴西	1 820.51	38.71	0.20
412	智利	40.81	201.18	0.00
415	哥斯达黎加	1.00	—	0.00
418	多米尼加共和国	0.03	—	0.00
419	厄瓜多尔	104.18	2 440.98	0.01
429	墨西哥	377.35	170.08	0.04
434	秘鲁	2.23	829.17	0.00
435	波多黎各	0.09	—	0.00
500	**北美洲**	**68 113.78**	**27.27**	**7.49**
501	加拿大	5 328.95	244.92	0.59
502	美国	62 784.83	20.80	6.91
600	**大洋洲**	**9 809.44**	**-24.47**	**1.08**
601	澳大利亚	9 742.53	-24.41	1.07
609	新西兰	66.91	-32.69	0.01

2011 年工程机械出口按国家(地区)统计

（单位:万美元）

国别代码	国家(地区)名称	出　口　额	比上年增长(%)	占出口总额比重(%)
100	**亚洲**	**752 504.79**	**57.00**	**46.25**
101	阿富汗	460.90	-35.10	0.03

（续）

国别代码	国家（地区）名称	出　口　额	比上年增长（%）	占出口总额比重（%）
102	巴林	713.47	-21.07	0.04
103	孟加拉国	4 853.57	4.25	0.30
104	不丹	72.46	363.89	0.00
105	文莱	1 467.63	268.76	0.09
106	缅甸	35 923.77	161.42	2.21
107	柬埔寨	3 696.53	61.87	0.23
108	塞浦路斯	299.81	5.93	0.02
109	朝鲜	6 501.09	56.41	0.40
110	中国香港	25 509.90	105.63	1.57
111	印度	88 289.54	50.12	5.43
112	印度尼西亚	48 798.09	73.95	3.00
113	伊朗	36 666.79	79.52	2.25
114	伊拉克	10 415.08	140.75	0.64
115	以色列	3 470.04	32.77	0.21
116	日本	84 762.84	45.25	5.21
117	约旦	1 457.84	41.29	0.09
118	科威特	3 800.53	28.53	0.23
119	老挝	4 885.50	265.30	0.30
120	黎巴嫩	1 467.28	-71.20	0.09
121	中国澳门	1 968.62	-10.93	0.12
122	马来西亚	28 684.73	26.70	1.76
123	马尔代夫	715.43	2 692.47	0.04
124	蒙古	22 380.28	215.69	1.38
125	尼泊尔	513.87	86.34	0.03
126	阿曼	2 223.41	-48.86	0.14
127	巴基斯坦	7 012.32	84.61	0.43
128	巴勒斯坦	121.75	151.65	0.01
129	菲律宾	15 936.65	52.81	0.98
130	卡塔尔	5 643.47	152.26	0.35
131	沙特阿拉伯	29 282.08	58.06	1.80
132	新加坡	38 363.09	42.07	2.36
133	韩国	57 615.70	55.94	3.54
134	斯里兰卡	13 836.61	340.91	0.85
135	叙利亚	3 348.74	79.43	0.21
136	泰国	28 678.82	86.03	1.76
137	土耳其	23 029.02	87.66	1.42
138	阿拉伯联合酋长国	28 782.59	52.67	1.77
139	也门共和国	622.28	-51.89	0.04
141	越南	25 993.85	-10.00	1.60
143	中国台湾	12 133.02	27.63	0.75
144	东帝汶	208.30	99.08	0.01

（续）

国别代码	国家（地区）名称	出 口 额	比上年增长（%）	占出口总额比重（%）
145	哈萨克斯坦	27 155.34	41.51	1.67
146	吉尔吉斯斯坦	3 317.41	56.32	0.20
147	塔吉克斯坦	3 490.14	83.64	0.21
148	土库曼斯坦	4 495.52	25.49	0.28
149	乌兹别克斯坦	3 439.09	13.25	0.21
200	**非洲**	**178 572.79**	**26.22**	**10.98**
201	阿尔及利亚	18 585.85	-8.83	1.14
202	安哥拉	10 910.80	67.25	0.67
203	贝宁	658.81	177.13	0.04
204	博茨瓦那	1 817.60	-17.20	0.11
205	布隆迪	50.24	-9.30	0.00
206	喀麦隆	5 858.29	162.15	0.36
208	佛得角	19.72	-55.02	0.00
209	中非	74.60	-12.60	0.00
211	乍得	1 169.94	-40.52	0.07
212	科摩罗	0.28	-95.50	0.00
213	刚果	3 742.70	85.36	0.23
214	吉布提	1 707.28	75.16	0.10
215	埃及	3 503.35	-21.03	0.22
216	赤道几内亚	2 790.27	45.87	0.17
217	埃塞俄比亚	5 782.38	64.02	0.36
218	加蓬	2 807.40	30.45	0.17
219	冈比亚	27.40	323.49	0.00
220	加纳	10 132.42	185.85	0.62
221	几内亚	1 906.30	143.33	0.12
222	几内亚（比绍）	2.83	76.88	0.00
223	科特迪瓦共和国	230.85	-59.36	0.01
224	肯尼亚	6 864.86	97.57	0.42
225	利比里亚	1 856.71	259.70	0.11
226	利比亚	2 212.18	-82.61	0.14
227	马达加斯加	406.62	51.80	0.02
228	马拉维	118.03	-26.13	0.01
229	马里	1 343.11	-10.58	0.08
230	毛里塔尼亚	850.64	-47.57	0.05
231	毛里求斯	764.65	4.99	0.05
232	摩洛哥	3 501.44	2.23	0.22
233	莫桑比克	3 149.53	68.23	0.19
234	纳米比亚	1 016.61	34.37	0.06
235	尼日尔	403.02	-8.75	0.02
236	尼日利亚	14 109.37	-14.77	0.87
237	留尼汪	83.18	115.55	0.01

（续）

国别代码	国家（地区）名称	出　口　额	比上年增长（%）	占出口总额比重（%）
238	卢旺达	318.58	-40.26	0.02
240	塞内加尔	2 330.79	55.83	0.14
241	塞舌尔	34.79	93.17	0.00
242	塞拉利昂	1 686.09	761.97	0.10
243	索马里	5.94	-14.29	0.00
244	南非	29 700.66	50.51	1.83
246	苏丹	6 040.02	-6.02	0.37
247	坦桑尼亚	7 423.20	36.69	0.46
248	多哥	1 366.18	13.12	0.08
249	突尼斯	2 448.70	-23.36	0.15
250	乌干达	2468.22	280.23	0.15
251	布基纳法索	61.01	90.42	0.00
252	民主刚果	4 021.94	84.17	0.25
253	赞比亚	4 883.85	167.37	0.30
254	津巴布韦	1 846.88	190.57	0.11
255	莱索托	252.06	191.94	0.02
258	厄立特里亚	5 220.59	7 596.58	0.32
259	马约特岛	4.03	16.47	0.00
300	**欧洲**	**273 914.15**	**60.53**	**16.84**
301	比利时	15 724.81	41.84	0.97
302	丹麦	4 399.93	95.40	0.27
303	英国	24 782.12	55.04	1.52
304	德国	34 532.29	36.24	2.12
305	法国	10 251.38	56.20	0.63
306	爱尔兰	1 562.69	42.36	0.10
307	意大利	24 045.96	49.79	1.48
308	卢森堡	54.93	132.85	0.00
309	荷兰	16 549.81	25.63	1.02
310	希腊	899.91	-22.32	0.06
311	葡萄牙	758.94	-12.93	0.05
312	西班牙	7 369.29	1.45	0.45
313	阿尔巴尼亚	124.38	-23.67	0.01
315	奥地利	2 176.18	25.25	0.13
316	保加利亚	745.46	50.82	0.05
318	芬兰	5 228.00	22.04	0.32
321	直布罗陀	0.01	-100.00	0.00
322	匈牙利	1 214.04	6 239.63	0.07
323	冰岛	9.91	276.81	0.00
324	马耳他	195.44	57.14	0.01
325	摩纳哥	1.04	25.30	0.00
326	挪威	1 897.81	39.36	0.12

（续）

国别代码	国家（地区）名称	出　口　额	比上年增长（%）	占出口总额比重（%）
327	波兰	7 080.38	38.18	0.44
328	罗马尼亚	1 301.13	42.11	0.08
330	瑞典	11 136.58	76.25	0.68
331	瑞士	1 725.12	84.67	0.11
334	爱沙尼亚	1 016.90	277.36	0.06
335	拉脱维亚	1 094.55	127.43	0.07
336	立陶宛	1 221.12	251.72	0.08
337	格鲁吉亚	1 333.15	169.09	0.08
338	亚美尼亚	306.60	55.45	0.02
339	阿塞拜疆	2 838.39	14.44	0.17
340	白俄罗斯	1 781.94	75.92	0.11
343	摩尔多瓦	204.78	-42.37	0.01
344	俄罗斯联邦	79 828.84	114.15	4.91
347	乌克兰	6 220.34	161.85	0.38
350	斯洛文尼亚	706.40	132.41	0.04
351	克罗地亚	596.83	62.45	0.04
352	捷克	2 355.53	66.26	0.14
353	斯洛伐克	160.97	-12.76	0.01
354	马其顿	24.09	104.67	0.00
355	波斯尼亚—黑塞哥维那	76.47	71.34	0.00
358	塞尔维亚	354.03	12.13	0.02
359	黑山	25.68	350.53	0.00
400	**南美洲**	**202 308.25**	**84.42**	**12.44**
401	安提瓜和巴布达	22.52	554.65	0.00
402	阿根廷	19 059.87	79.57	1.17
403	阿鲁巴岛	25.41	112.81	0.00
404	巴哈马	667.92	2 604.13	0.04
405	巴巴多斯	17.28	9.02	0.00
406	伯利兹	1.88	-88.24	0.00
408	玻利维亚	3 545.53	1 061.86	0.22
410	巴西	67 295.02	18.35	4.14
412	智利	13 823.79	93.24	0.85
413	哥伦比亚	8 424.12	113.33	0.52
414	多米尼加	62.23	-96.47	0.00
415	哥斯达黎加	1 191.83	242.23	0.07
416	古巴	1 654.90	-41.92	0.10
417	库腊索岛	82.11	1 129.19	0.01
418	多米尼加共和国	992.00	59.84	0.06
419	厄瓜多尔	3 635.62	152.27	0.22
420	法属圭亚那	6.09	—	0.00
421	格林纳达	12.61	-34.32	0.00
422	瓜德罗普岛	10.56	11.28	0.00

（续）

国别代码	国家(地区)名称	出　口　额	比上年增长(%)	占出口总额比重(%)
423	危地马拉	1 076.73	85.02	0.07
424	圭亚那	245.36	26.57	0.02
425	海地	48.25	37.11	0.00
426	洪都拉斯	375.57	259.57	0.02
427	牙买加	287.10	24.84	0.02
428	马提尼克岛	1.65	—	0.00
429	墨西哥	10 935.50	96.77	0.67
431	尼加拉瓜	288.47	5.76	0.02
432	巴拿马	3 760.41	42.54	0.23
433	巴拉圭	1 354.56	95.62	0.08
434	秘鲁	9 724.02	47.33	0.60
435	波多黎各	34.63	-5.02	0.00
437	圣卢西亚	8.97	1 323.81	0.00
438	圣马丁岛	10.16	—	0.00
440	萨尔瓦多	262.38	184.42	0.02
441	苏里南	412.77	-14.85	0.03
442	特立尼达和多巴哥	295.16	165.57	0.02
444	乌拉圭	2 185.14	181.12	0.13
445	委内瑞拉	50 397.48	876.36	3.10
446	英属维尔京群岛	3.68	-3.16	0.00
447	圣其茨—尼维斯	46.44	3 500.00	0.00
449	荷属安地列斯群岛	22.53	42.50	0.00
500	**北美洲**	**162 170.37**	**61.67**	**9.97**
501	加拿大	22 332.49	95.40	1.37
502	美国	139 835.20	57.33	8.60
504	百慕大群岛	2.68	1 065.22	0.00
600	**大洋洲**	**57 429.20**	**75.74**	**3.53**
601	澳大利亚	47 872.53	73.07	2.94
603	斐济	709.47	35.61	0.04
607	新喀里多尼亚	603.06	-14.51	0.04
608	瓦努阿图	2 776.41	11 629.66	0.17
609	新西兰	2 983.60	71.61	0.18
611	巴布亚新几内亚	2 063.98	20.42	0.13
612	社会群岛	0.07	—	0.00
613	所罗门群岛	200.20	208.47	0.01
614	汤加	86.89	-32.43	0.01
617	萨摩亚	37.61	10.81	0.00
618	基里巴斯	5.19	—	0.00
620	密克罗尼西亚联邦	9.42	47 000.00	0.00
621	马绍尔群岛共和国	8.23	-75.14	0.00
623	法属波利尼西亚	72.15	268.11	0.00
699	大洋洲其他国家(地区)	0.39	-30.36	0.00

2011 年工程机械产品进出口分类统计

（单位:万美元）

序号	货品名称	单位	进口 数量	进口 同比增长（%）	进口 金额	进口 同比增长（%）	出口 数量	出口 同比增长（%）	出口 金额	出口 同比增长（%）
1	履带式挖掘机	台	31 369	-23.65	298 561.30	-5.13	8 052	68.1	80 427.39	102.32
2	轮胎式挖掘机	台	411	-39.29	2 374.85	-40.75	285	5.56	2 293.90	29.46
3	其他挖掘机	台	4	100.00	137.06	-38.43	137	29.25	792.15	-69.14
4	装载机	台	780	14.37	6 491.50	-23.92	38 489	53.98	165 858.4	79.86
5	P > 235.36kW（320hp）推土机	台	123	16.04	7 848.54	83.47	327	79.67	4 829.51	134.45
6	其他推土机	台	217	-36.18	2 415.99	-6.39	3 823	31.87	40 381.89	45.62
7	筑路机及平地机	台	50	-39.76	1 676.06	63.76	5 424	73.57	47 690.36	81.91
8	铲运机	台	109	26.74	5 313.34	99.76	338	-3.70	2 408.52	-5.92
9	压路机	台	797	32.17	2 544.57	47.77	12 816	30.78	39 965.04	45.32
10	其他压实机械	台	5	-28.57	143.18	359.06	21 079	-12.11	3 288.72	2.17
11	摊铺机	台	573	11.48	9 773.32	17.75	804	73.28	4 663.94	47.43
12	沥青搅拌设备	台	57	42.50	1 453.81	158.97	685	-62.45	11 426.63	87.77
13	起重量 > 100t 全路面汽车起重机	辆	34	-2.86	10 121.95	-8.63	24	242.86	2 551.57	257.16
14	其他全路面汽车起重机	辆	0	-100.00	0.00	-100.00	780	72.95	9 307.55	68.79
15	起重量 > 100t 汽车起重机	辆	1		719.37		32	113.33	1 868.84	80.24
16	其他汽车起重机	辆	1	-75.00	32.73	-77.81	2 709	35.65	41 062.79	39.27
17	履带式起重机	台	35	-7.89	12 760.33	126.94	767	34.09	33 532.31	23.27
18	塔式起重机	台	66	11.86	5 149.92	-16.74	2 295	15.91	33 328.98	22.56
19	随车起重机	台	164	-70.87	307.80	-14.38	464	-20.82	450.85	9.16
20	其他起重机	台	898	-35.16	9 506.23	-2.05	7 812	15.12	31 154.09	78.96
21	堆垛机	台	545	14.74	4 831.04	15.21	544	86.30	360.07	136.59
22	电动叉车	台	8 719	13.15	15 609.95	17.19	33 145	70.73	21 422.88	100.27
23	内燃叉车	台	1 861	-1.38	12 596.60	-29.48	50 420	84.47	76 674.62	96.75
24	集装箱叉车	台	51	88.89	644.68	33.83	140	33.33	2 998.78	52.62
25	手动搬运车	台	4 456	-2.04	3 162.65	3.38	1 786 013	16.51	30 698.50	28.71
26	牵引车	辆	2 070	2.32	2 430.97	-0.04	23 932	-25.28	3 128.53	-11.49
27	凿岩机及隧道掘进机	台	215	4.88	30 822.29	51.96	27 523	-16.84	21 088.55	100.74
28	风动工具	台	646 396	-5.19	11 260.65	21.03	14 380 090	7.24	27 151.94	11.96
29	打桩机及工程钻机	台	92	33.33	5 159.69	48.01	21 350	23.54	11 100.57	15.41

（续）

序号	货品名称	单位	进口 数量	进口 同比增长（%）	进口 金额	进口 同比增长（%）	出口 数量	出口 同比增长（%）	出口 金额	出口 同比增长（%）
30	混凝土泵	台	372	-17.52	1 103.23	-6.47	2 621	-12.14	5 358.70	29.60
31	混凝土搅拌机械	台	1 698	-14.42	12 209.76	59.23	721 417	26.14	32 326.72	29.35
32	混凝土搅拌车	辆	1		6.42		2 980	58.17	16 609.53	58.09
33	电梯及扶梯	台	1 717	-15.04	13 121.62	-15.41	47 575	27.64	130 218.96	25.91
34	其他工程车辆	辆	139	-43.03	7 003.77	-30.35	5 003	31.38	39 134.39	51.06
35	其他	台	6 332	34.32	30 577.31	-10.76	1 329 628	50.59	105 768.48	90.69
36	零部件	t	480 750		381 275.42	18.87	2 554 757		545 574.92	48.70
	合　计				909 157.90	7.54			1 626 899.57	53.73

2011年工程机械进出口贸易额前50位国家（地区）

（单位：万美元）

序号	进口 国家（地区）	进口额	比上年增长（%）	出口 国家（地区）	出口额	比上年增长（%）	进出口 国家（地区）	进出口额	比上年增长（%）
1	日本	382 477.90	-5.97	美国	139 835.20	57.33	日本	467 240.74	0.46
2	韩国	190 899.80	22.61	印度	88 289.54	50.12	韩国	248 515.50	29.00
3	德国	120 956.90	27.61	日本	84 762.84	45.25	美国	202 620.03	43.85
4	美国	62 784.83	20.80	俄罗斯联邦	79 828.84	114.15	德国	155 489.19	29.43
5	瑞典	24 676.75	29.42	巴西	67 295.02	18.35	印度	90 094.92	50.98
6	意大利	15 968.00	22.07	韩国	57 615.70	55.94	俄罗斯联邦	80 113.48	114.76
7	法国	11 469.62	-5.00	委内瑞拉	50 397.48	876.36	巴西	69 115.53	18.81
8	荷兰	11 434.78	-29.84	印度尼西亚	48 798.09	73.95	澳大利亚	57 615.06	42.09
9	英国	10 543.42	12.50	澳大利亚	47 872.53	73.07	委内瑞拉	50 397.48	876.36
10	澳大利亚	9 742.53	-24.41	新加坡	38 363.09	42.07	印度尼西亚	49 041.37	73.96
11	芬兰	9 373.19	47.70	伊朗	36 666.79	79.52	意大利	40 013.96	37.35
12	中国台湾	8 447.78	58.16	缅甸	35 923.77	161.42	新加坡	39 061.76	39.69
13	奥地利	7 916.02	-11.56	德国	34 532.29	36.24	伊朗	36 681.56	79.59
14	比利时	6 998.81	187.31	南非	29 700.66	50.51	缅甸	35 923.84	161.42
15	加拿大	5 328.95	244.92	沙特阿拉伯	29 282.08	58.06	瑞典	35 813.33	41.08
16	马来西亚	5 027.25	82.75	阿拉伯联合酋长国	28 782.59	52.67	英国	35 325.54	39.31

（续）

序号	进口			出口			进出口		
	国家（地区）	进口额	比上年增长（%）	国家（地区）	出口额	比上年增长（%）	国家（地区）	进出口额	比上年增长（%）
17	瑞士	3 597.86	76.69	马来西亚	28 684.73	26.70	马来西亚	33 711.98	32.77
18	中国	3 460.79	7.76	泰国	28 678.82	86.03	南非	30 106.04	47.66
19	西班牙	2 522.34	5.02	哈萨克斯坦	27 155.34	41.51	泰国	29 824.80	85.26
20	巴西	1 820.51	38.71	越南	25 993.85	-10.00	沙特阿拉伯	29 327.91	58.29
21	印度	1 805.38	109.38	中国香港	25 509.90	105.63	阿拉伯联合酋长国	28 786.45	52.68
22	捷克	1 667.14	23.71	英国	24 782.12	55.04	荷兰	27 984.59	-5.04
23	挪威	1 604.74	-34.98	意大利	24 045.96	49.79	加拿大	27 661.44	113.21
24	丹麦	1 373.19	25.94	土耳其	23 029.02	87.66	哈萨克斯坦	27 155.39	41.51
25	泰国	1 145.98	67.91	蒙古	22 380.28	215.69	越南	26 363.00	-8.91
26	波兰	1 097.25	-27.50	加拿大	22 332.49	95.40	中国香港	25 676.70	102.92
27	新加坡	698.67	-27.29	阿根廷	19 059.87	79.57	土耳其	23 504.85	85.13
28	土耳其	475.83	12.05	阿尔及利亚	18 585.85	-8.83	比利时	22 723.62	68.04
29	南非	405.38	-38.18	荷兰	16 549.81	25.63	蒙古	22 380.28	215.69
30	墨西哥	377.35	170.08	菲律宾	15 936.65	52.81	法国	21 721.00	16.55
31	越南	369.15	541.44	比利时	15 724.81	41.84	中国台湾	20 580.80	38.61
32	拉脱维亚	356.72	356 620	尼日利亚	14 109.37	-14.77	阿根廷	19 065.27	79.50
33	俄罗斯联邦	284.64	957.75	斯里兰卡	13 836.61	340.91	阿尔及利亚	18 586.31	-8.83
34	卢森堡	244.07	2 437.11	智利	13 823.79	93.24	菲律宾	16 048.75	52.67
35	印度尼西亚	243.28	76.97	中国台湾	12 133.02	27.63	芬兰	14 601.19	37.36
36	匈牙利	231.74	423.82	瑞典	11 136.58	76.25	尼日利亚	14 109.60	-14.77
37	罗马尼亚	189.59	652.34	墨西哥	10 935.50	96.77	智利	13 864.60	93.45
38	爱尔兰	176.05	468.27	安哥拉	10 910.80	67.25	斯里兰卡	13 838.50	340.43
39	中国香港	166.80	-32.69	伊拉克	10 415.08	140.75	墨西哥	11 312.85	98.57
40	斯洛文尼亚	120.16	-28.57	法国	10 251.38	56.20	安哥拉	10 910.80	67.25
41	菲律宾	112.10	35.50	加纳	10 132.42	185.85	伊拉克	10 415.08	140.75
42	厄瓜多尔	104.18	2 440.98	秘鲁	9 724.02	47.33	加纳	10 132.42	185.85
43	斯洛伐克	73.22	148.79	哥伦比亚	8 424.12	113.33	奥地利	10 092.20	-5.57
44	新西兰	66.91	-32.69	坦桑尼亚	7 423.20	36.69	西班牙	9 891.63	2.34
45	列支敦士登	58.01	9 901.72	西班牙	7 369.29	1.45	秘鲁	9 726.25	47.36
46	以色列	57.08	678.72	波兰	7 080.38	38.18	哥伦比亚	8 424.12	113.33
47	沙特阿拉伯	45.83	1 519.43	巴基斯坦	7 012.32	84.61	波兰	8 177.63	23.20
48	智利	40.81	201.18	肯尼亚	6 864.86	97.57	坦桑尼亚	7 423.20	36.69
49	爱沙尼亚	35.31	13.83	朝鲜	6 501.09	56.41	巴基斯坦	7 012.33	84.60
50	葡萄牙	32.40	2 900.00	乌克兰	6 220.34	161.85	肯尼亚	6 864.86	97.57

2012 年工程机械产品关税税率汇总

序号	税则号列	货品名称	最惠国	协定税率(%)											特惠税率(%)
				东盟	亚太	智利	巴基斯坦	新加坡	新西兰	秘鲁	哥斯达黎加	中国香港	中国澳门	中国台湾	最不发达37国
1	84134000	混凝土泵	8	0		2.4	5		0	0	0	0			0
2	84262000	塔式起重机	10	0		0	5		0	0	0				0
3	84264110[暂]01	55t 轮胎式起重机	3												
4	8426411090	其他轮胎式起重机	5	0		1.5	0		0	0	0				0
5	84264190	其他带胶轮的自推进起重机	5	0		1.5	0		0	0	0				0
6	84264910	履带式起重机	8	0		2.4	5		0	0	0	0			0
7	84264990	其他不带胶轮的自推进起重机	13	0		3.9	6.5	0	0	9.1	7.8	0			
8	84269100	供装于公路车辆的起重机	10	0		0	5		0	0	0				0
9	84269900	其他起重设备	6	0		1.8	5		0	0	0				0
10	84271010	有轨巷道堆垛机	9	0		2.7	5		0	0	0				0
11	84271020	无轨巷道堆垛机	9	0		2.7	5		0	0	0				0
12	84271090	其他电动机推进的叉车及可升降工作车	9	0		2.7	5		0	0	0				0
13	84272010	集装箱叉车	9	0	8.6	0	5		0	0	0				0
14	84272090	其他机动叉车及有类似装置工作车	9	0	8.6	0	5		0	0	0				0
15	84279000	未列名叉车及其他装有升降或搬运装置的工作车	9	0		0	5		0	0	0				0
16	84281010[暂]01	无障碍升降机	4												
17	8428101090	载客电梯	8	0	5.6	0	5	0	0	0	0	0	0		0
18	84281090	其他升降机及倒卸式起重机	6	0	4.2	0	0		0	0	0	0	0	0	0
19	84284000	自动梯及自动人行道	5	0		0	0		0	0	0				0
20	84291110	履带式推土机 P > 235.36kW (320hp)	7	0		2.1	5		0	0	0				0
21	84291190	其他履带式推土机	7	0		2.1	5		0	0	0				0
22	84291910	其他推土机 P > 235.36kW (320hp)	7	0		0	5		0	0	0				0
23	84291990	未列名推土机	7	0		0	5		0	0	0				0
24	84292010	筑路机及平地机 P > 235.36kW (320hp)	5	0		1.5	0		0	0	0				0
25	84292090	其他筑路机及平地机	5	0		1.5	0		0	0	0				0
26	84293010	斗容量 > $10m^3$ 的铲运机	3	0		0	0		0	0	0				0

（续）

序号	税则号列	货品名称	最惠国	协定税率（%）											特惠税率（%）
				东盟	亚太	智利	巴基斯坦	新加坡	新西兰	秘鲁	哥斯达黎加	中国香港	中国澳门	中国台湾	最不发达37国
27	84293090	斗容量≤$10m^3$的铲运机	5	0		0	0		0	0	0				0
28	84294011	机重≥18t 振动压路机	7	0		2.1	5		0	0	0				0
29	84294019	其他机动压路机	8	0		2.4	5		0	0	0				0
30	84294090	未列名捣固机械及压路机	6	0		1.8	5		0	0	0				0
31	84295100	前铲装载机	5	0		1.5	0		0	0	0				0
32	84295211	轮胎式挖掘机	8	0	7.2	2.4	5		0	0	0				0
33	84295212	履带式挖掘机	8	0		2.4	5		0	0	0	0			0
34	84295219	其他挖掘机	8	0	7.2	2.4	5		0	0	0				0
35	84295290	其他上部结构可转360°的挖掘机类似机械	8	0	7.2	2.4	5		0	0	0				0
36	84295900	其他机械铲、挖掘机及装载机	8	0		2.4	5		0	0	0				0
37	84301000	打桩机及拔桩机	10	0		0	5		0	0	0				0
38	84302000	扫雪机及吹雪机	10	0		0	5		0	0	0				0
39	84303100	自推进截煤机、凿岩机及隧道掘进机	10	0		3	5	0	0	7	0				0
40	84303900	其他截煤机、凿岩机及隧道掘进机	6	0		0	5		0	0	0				0
41	84305020	矿用电铲	7	0		2.1	5		0	0	0				0
42	84306100	非自推进的捣固或压实机械	6	0		0	5		0	0	0				0
43	84306911	钻筒直径>3m 的工程钻机	6	0		0	5		0	0	0				0
44	84306919	其他工程钻机	6	0		0	5		0	0	0				0
45	84306920	非自推进的铲运机	6	0		0	5		0	0	0				0
46	84306990	未列名非自推进泥土、矿物等运送、平整等机械	6	0		0	5		0	0	0				0
47	84312000[暂]	叉车及装有升降装置工作车用零件	3	0	5.4	0	0		0	0	0				0
48	84313100[暂]01	无障碍升降机零件	1												
49	84313190	其他升降机、倒卸式起重机或自动梯的零件	3	0		0	0		0	0	0				0
50	84313900	其他 8428 所列机械的零件	5	0	2.5	1.5	0		0	0	0	0			0
51	84314100[暂]	戽斗、铲斗、抓斗及夹斗	3	0	5.4	1.8	0		0	0	0				0
52	84314200	推土机或侧铲推土机用铲	6	0		0	5		0	0	0				0
53	84314390	凿岩机械零件	5	0	3.5	1.5	0		0	0	0	0			0
54	84314910	矿用电铲用零件	5	0	4.5	1.5	0		0	0	0	0			0
55	84314990	8426、8429 及 8430 所列机械的其他零件	5	0	4.5	1.5	0		0	0	0	0			0
56	84671100	旋转式手提风动工具	8	0		0	5		0	0	0				0
57	84671900	其他手提式风动工具	8	0		0	5		0	0	0				0
58	84679200	手提式风动工具的零件	6	0		0	5		0	0	0				0

（续）

序号	税则号列	货品名称	最惠国	协定税率（%）											特惠税率（%）
				东盟	亚太	智利	巴基斯坦	新加坡	新西兰	秘鲁	哥斯达黎加	中国香港	中国澳门	中国台湾	最不发达37国
59	84743100	混凝土或砂浆混合机器	7	0		0	5		0	0	0				0
60	84743200	矿物与沥青的混合机器	7	0		2.1	5		0	0	0				0
61	84743900	其他混合或搅拌机器	5	0		1.5	0		0	0	0				0
62	84749000	8474所列机器的零件	5	0		1.5	0		0	2	0				0
63	84791021	沥青混凝土摊铺机	8	0	5.6	2.4	5		0	0	0				0
64	84791022	稳定土摊铺机	8	0	5.6	2.4	5		0	0	0				0
65	84791029	其他摊铺机	8	0	5.6	2.4	5		0	0	0				0
66	84791090	其他公共工程用机器	8	0	5.6	2.4	5		0	0	0				0
67	87041030	非公路电动轮货运自卸车	6	0		0	5		0	0	0				
68	87041090	其他非公路货运自卸车	6	0		0	5		0	0	0				
69	87042300暂02	起重≥55t汽车起重机用底盘	8												
70	87042300暂03	车重≥31t清障车专用底盘	10												
71	87051021	最大起重量≤50t全路面起重车	15	0		0	12	0	0	10.5	9				
72	87051022	50t＜最大起重量≤100t全路面起重车	10	0		0	5	0	0	0	0				0
73	87051023	最大起重量＞100t全路面起重车	10	0		0	5	0	0	0	0				0
74	87051091	最大起重量≤50t其他起重车	15	0		0	12	0	0	10.5	9				
75	87051092	50t＜最大起重量≤100t的其他起重车	10	0		0	5	0	0	0	0				0
76	87051093	最大起重量＞100t其他起重车	10	0		0	5	0	0	0	0				0
77	87053010	装有云梯的救火车	3	0		0	0		0	0	0				0
78	87053090	其他机动救火车	3	0		0	0		0	0	0				0
79	87054000	混凝土搅拌车	15	0	13.5	0	7.5	0	0	10.5	9				
80	87059060	飞机加油车、调温车、除冰车	12	0	10.8	0	5	0	0	4.8	7.2				
81	87059070	道路（包括跑道）扫雪车	12	0	10.8	0	5	0	0	4.8	7.2				
82	87059090暂01	跑道除冰车	10												
83	8705909090	未列名特殊用途的机动车辆	12	0	10.8	0	5	0	0	4.8	7.2				
84	87091110	电动牵引车	10	0		0	5	0	0	0	0				0
85	87091190	其他电动短距离运货车辆	10	0		0	5	0	0	0	0				0
86	87091910	其他牵引车	10.5	0		0	5	0	0	4.2	6.3				0
87	87091990	其他短距离运货机动车辆	10.5	0		0	5	0	0	4.2	6.3				0
88	87099000	短距离运货车、站台牵引车用零件	8.4	0		0	5		0	0	0				0
89	89051000	挖泥船	3	0		0	0		0	0	0				0

数据来源：《中华人民共和国海关进出口税则（法律文本）（2012）》

注：2012年工程机械进口关税税率比2011年继续下调，虽最惠国税率除暂定税率外没有变化，整体关税水平为7.45%，但由于众多双边、多边及自贸区的互惠条款，使实际关税税率下降。其中东盟10国、新加坡、新西兰全部为零关税；新西兰下降1.65个百分点、智利下降0.336个百分点、巴基斯坦下降0.401个百分点、秘鲁下降0.259个百分点，哥斯达黎加2012年平均为0.831%。

〔供稿人：中国工程机械工业协会吕莹〕

中国工程机械工业年鉴2012

标准索引

记载工程机械产品行业标准

标准索引

标准索引

序号	标准号	标准名称
1	GB 5082—1985	起重吊运指挥信号
2	GB/T 783—1987	起重机械　最大起重量系列
3	GB/T 8499—1987	土方机械　测定重心位置的方法
4	GB 3883.13—1992	手持式电动工具的安全　第二部分:不易燃液体电喷枪的专用要求
5	GB/T 13752—1992	塔式起重机　设计规范
6	GB/T 14289—1993	土方机械　检测孔
7	GB/T 14781—1993	土方机械　轮式机械的转向能力
8	GB 12265.3—1997	机械安全　避免人体各部位挤压的最小间距
9	GB/T 17299—1998	土方机械　最小入口尺寸
10	GB/T 17301—1998	土方机械　操作和维修空间棱角倒钝
11	GB/T 17772—1999	土方机械　保护结构的实验室鉴定　挠曲极限量的规定
12	GB/T 17908—1999	起重机和起重机械　技术性能和验收文件
13	GB/T 17909.1—1999	起重机　起重机操作手册　第1部分:总则
14	GB/T 17910—1999	工业车辆　叉车货叉在使用中的检查和修复
15	GB/T 17920—1999	土方机械　提升臂支承装置
16	GB/T 17922—1999	土方机械　翻车保护结构　试验室试验和性能要求
17	GB/T 8591—2000	土方机械　司机座椅标定点
18	GB/T 9142—2000	混凝土搅拌机
19	GB/T 18148—2000	压实机械　压实性能试验方法
20	GB/T 8592—2001	土方机械　轮胎式机器转向尺寸的测定
21	GB/T 18453—2001	起重机　维护手册　第1部分:总则
22	GB/T 18576—2001	建筑施工机械与设备　术语和定义
23	GB/T 2883—2002	工程机械　轮辋规格系列
24	GB 5226.2—2002	机械安全　机械电气设备　第32部分:起重机械技术条件
25	GB/T 18717.1—2002	用于机械安全的人类工效学设计　第1部分:全身进入机械的开口尺寸确定原则
26	GB/T 18717.2—2002	用于机械安全的人类工效学设计　第2部分:人体局部进入机械的开口尺寸确定原则
27	GB/T 18874.1—2002	起重机　供需双方应提供的资料　第1部分:总则
28	GB/T 18874.5—2002	起重机　供需双方应提供的资料　第5部分:桥式和门式起重机
29	GB/T 18875—2002	起重机　备件手册
30	GB/T 7920.5—2003	土方机械　压路机和回填压实机　术语和商业规格
31	GB/T 7920.8—2003	土方机械　铲运机　术语和商业规格
32	GB/T 7920.9—2003	土方机械　平地机　术语和商业规格
33	GB/T 7920.12—2003	沥青混凝土摊铺机　术语
34	GB/T 7920.15—2003	沥青贮存、熔化和加热装置　术语
35	GB/T 8196—2003	机械安全　防护装置　固定式和活动式防护装置设计与制造一般要求
36	GB/T 13749—2003	柴油打桩机　安全操作规程
37	GB/T 16273.6—2003	设备用图形符号　第6部分:运输车辆检测及装载机械通用符号
38	GB/T 19154—2003	擦窗机
39	GB/T 19155—2003	高处作业吊篮

（续）

序号	标 准 号	标 准 名 称
40	GB/T 2893.1—2004	图形符号　安全色和安全标志　第1部分:工作场所和公共区域中安全标志的设计原则
41	GB/T 7920.14—2004	道路施工与养护设备　沥青洒布车/喷洒机　术语和商业规格
42	GB/T 7920.16—2004	道路施工与养护设备　石屑撒布机　术语和商业规格
43	GB/T 8910.1—2004	手持便携式动力工具　手柄振动测量方法　第1部分:总则
44	GB/T 8910.2—2004	手持便携式动力工具　手柄振动测量方法　第2部分:铲和铆钉机
45	GB/T 8910.3—2004	手持便携式动力工具　手柄振动测量方法　第3部分:凿岩机和回转锤
46	GB/T 13333—2004	混凝土泵
47	GB/T 13750—2004	振动沉拔桩机　安全操作规程
48	GB 3883.2—2005	手持式电动工具的安全　第二部分:螺丝刀和冲击扳手的专用要求
49	GB 3883.4—2005	手持式电动工具的安全　第二部分:非盘式砂光机和抛光机的专用要求
50	GB 3883.7—2005	手持式电动工具的安全　第二部分:锤类工具的专用要求
51	GB 3883.8—2005	手持式电动工具的安全　第二部分:电剪刀和电冲剪的专用要求
52	GB 3883.9—2005	手持式电动工具的安全　第二部分:攻丝机的专用要求
53	GB 3883.11—2005	手持式电动工具的安全　第二部分:往复锯(曲线锯、刀锯)的专用要求
54	GB 3883.17—2005	手持式电动工具的安全　第二部分:木铣和修边机的专用要求
55	GB 3883.19—2005	手持式电动工具的安全　第二部分:管道疏通机的专用要求
56	GB/T 4307—2005	起重吊钩　术语
57	GB/T 5140—2005	叉车　挂钩型货叉　术语
58	GB/T 5141—2005	平衡重式叉车　稳定性试验
59	GB/T 5142—2005	前移式和插腿式叉车　稳定性试验
60	GB/T 5183—2005	叉车　货叉　尺寸
61	GB/T 7920.4—2005	混凝土机械　术语
62	GB/T 7920.6—2005	建筑施工机械与设备　打桩设备　术语和商业规格
63	GB/T 8511—2005	振动压路机
64	GB/T 10054—2005	施工升降机
65	GB/T 10171—2005	混凝土搅拌站(楼)
66	GB/T 10913—2005	土方机械　行驶速度测定
67	GB/T 13328—2005	压路机　通用要求
68	GB/T 13331—2005	土方机械　液压挖掘机起重量
69	GB/T 19924—2005	流动式起重机　稳定性的确定
70	GB/T 19928—2005	土方机械　吊管机和安装侧臂的轮胎式推土机或装载机的起重量
71	GB/T 19929—2005	土方机械　履带式机器制动系统的性能要求和试验方法
72	GB/T 19930—2005	土方机械　小型挖掘机倾翻保护结构的试验室试验和性能要求
73	GB/T 19931—2005	土方机械　挖沟机　术语和商业规范
74	GB/T 19932—2005	土方机械　液压挖掘机司机防护装置的试验室试验和性能要求
75	GB/T 19933.1—2005	土方机械　司机室环境第1部分:总则和定义
76	GB/T 19933.2—2005	土方机械　司机室环境第2部分:空气滤清器的试验
77	GB/T 19933.3—2005	土方机械　司机室环境第3部分:司机室增压试验方法
78	GB/T 19933.4—2005	土方机械　司机室环境第4部分:司机室的空调、采暖和(或)换气试验方法
79	GB/T 19933.5—2005	土方机械　司机室环境第5部分:风窗玻璃除霜系统的试验方法
80	GB/T 19933.6—2005	土方机械　司机室环境第6部分:司机室太阳光热效应的测定
81	GB/T 3787—2006	手持式电动工具的管理、使用、检查和维修安全技术规程
82	GB/T 5144—2006	塔式起重机　安全规程
83	GB/T 5973—2006	钢丝绳用楔形接头
84	GB/T 5974.1—2006	钢丝绳用普通套环
85	GB/T 5974.2—2006	钢丝绳用重型套环
86	GB/T 5975—2006	钢丝绳用压板

（续）

序号	标　准　号	标　　准　　名　　称
87	GB/T 5976—2006	钢丝绳夹
88	GB/T 7920. 10—2006	道路施工与养护设备　稳定土拌和机　术语和商业规格
89	GB/T 7920. 11—2006	道路施工与养护设备　沥青混合料搅拌设备　术语和商业规格
90	GB/T 7920. 13—2006	混凝土路面铺筑机械与设备　术语
91	GB/T 8706—2006	钢丝绳　术语、标记和分类
92	GB 8918—2006	重要用途钢丝绳
93	GB/T 8910. 6—2006	手持便携式动力工具　手柄振动测量方法　第 6 部分：冲击钻
94	GB/T 20118—2006	一般用途钢丝绳
95	GB/T 20119—2006	平衡用扁钢丝绳
96	GB 20178—2006	土方机械　安全标志和危险图示通则
97	GB/T 20303. 1—2006	起重机　司机室　第 1 部分：总则
98	GB/T 20303. 2—2006	起重机　司机室　第 2 部分：流动式起重机
99	GB/T 20303. 3—2006	起重机　司机室　第 3 部分：塔式起重机
100	GB/T 20303. 4—2006	起重机　司机室　第 4 部分：臂架起重机
101	GB/T 20303. 5—2006	起重机　司机室　第 5 部分：桥式和门式起重机
102	GB/T 20304—2006	塔式起重机　稳定性要求
103	GB/T 20305—2006	起重用钢制圆环校准链　正确使用和维护导则
104	GB/T 20315—2006	道路施工与养护设备　路面铣刨机　术语和商业规格
105	GB/T 20652—2006	M(4)、S(6)和 T(8)级焊接吊链
106	GB/T 20776—2006	起重机械分类
107	GB 3883. 3—2007	手持式电动工具的安全　第二部分：砂轮机、抛光机和盘式砂光机的专用要求
108	GB 3883. 5—2007	手持式电动工具的安全　第二部分：圆锯的专用要求
109	GB 3883. 6—2007	手持式电动工具的安全　第二部分：电钻和冲击电钻的专用要求
110	GB 3883. 10—2007	手持式电动工具的安全　第二部分：电刨的专用要求
111	GB 3883. 12—2007	手持式电动工具的安全　第二部分：混凝土振动器的专用要求
112	GB 3883. 14—2007	手持式电动工具的安全　第二部分：链锯的专用要求
113	GB 3883. 15—2007	手持式电动工具的安全　第二部分：修枝剪的专用要求
114	GB 3883. 20—2007	手持式电动工具的安全　第二部分：捆扎机的专用要求
115	GB 3883. 21—2007	手持式电动工具的安全　第二部分：带锯的专用要求
116	GB/T 8419—2007	土方机械　司机座椅振动的试验室评价
117	GB/T 10055—2007	施工升降机　安全规程
118	GB/T 15706. 1—2007	机械安全　基本概念与设计通则　第 1 部分：基本术语和方法
119	GB/T 15706. 2—2007	机械安全　基本概念与设计通则　第 2 部分：技术原则
120	GB/T 16936—2007	土方机械　发动机净功率试验规范
121	GB/T 20863. 1—2007	起重机械　分级　第 1 部分：总则
122	GB/T 20863. 2—2007	起重机械　分级　第 2 部分：流动式起重机
123	GB/T 20863. 3—2007	起重机械　分级　第 3 部分：塔式起重机
124	GB/T 20863. 4—2007	起重机械　分级　第 4 部分：臂架起重机
125	GB/T 20863. 5—2007	起重机械　分级　第 5 部分：桥式和门式起重机
126	GB 20891—2007	非道路移动机械用柴油机　排气污染物排放限值及测量方法（中国Ⅰ、Ⅱ阶段）
127	GB/T 20900—2007	电梯、自动扶梯和自动人行道　风险评价和降低的方法
128	GB/T 20904—2007	水平定向钻机　安全操作规程
129	GB/T 20946—2007	起重用短环链　验收总则
130	GB/T 20947—2007	起重用短环链　T 级(T、DAT 和 DT 型)高精度葫芦链
131	GB/T 20969. 1—2007	特殊环境条件　高原机械　第 1 部分：高原对内燃动力机械的要求
132	GB/T 20969. 2—2007	特殊环境条件　高原机械　第 2 部分：高原对工程机械的要求
133	GB/T 20969. 3—2007	特殊环境条件　高原机械　第 3 部分：高原型工程机械选型、验收规范

（续）

序号	标准号	标准名称
134	GB/T 21014—2007	土方机械　计时表
135	GB/T 21152—2007	土方机械　轮胎式机器　制动系统的性能要求和试验方法
136	GB/T 21153—2007	土方机械　尺寸、性能和参数的单位与测量准确度
137	GB/T 21154—2007	土方机械　整机及其工作装置和部件的质量测量方法
138	GB/T 21155—2007	土方机械　前进和倒退音响报警　声响试验方法
139	GB/T 21156.1—2007	特殊环境条件　沙漠机械　第1部分:干热沙漠内燃动力机械
140	GB/T 21156.2—2007	特殊环境条件　沙漠机械　第2部分:干热沙漠工程机械
141	GB/T 1955—2008	建筑卷扬机
142	GB 2893—2008	安全色
143	GB/T 2893.2—2008	图形符号　安全色和安全标志　第2部分:产品安全标志的设计原则
144	GB 2894—2008	安全标志及其使用导则
145	GB/T 3811—2008	起重机　设计规范
146	GB 3883.1—2008	手持式电动工具的安全　第一部分:通用要求
147	GB 3883.16—2008	手持式电动工具的安全　第二部分:钉钉机的专用要求
148	GB 3883.22—2008	手持式电动工具的安全　第二部分:开槽机的专用要求
149	GB/T 5013.5—2008	额定电压450V/750V及以下橡皮绝缘电缆　第5部分:电梯电缆
150	GB/T 5031—2008	塔式起重机
151	GB/T 5143—2008	工业车辆　护顶架　技术要求和试验方法
152	GB/T 5182—2008	叉车　货叉　技术要求和试验方法
153	GB/T 5184—2008	叉车　挂钩型货叉和货叉架　安装尺寸
154	GB 5226.1—2008	机械电气安全　机械电气设备　第1部分:通用技术条件
155	GB/T 5465.2—2008	电气设备用图形符号　第2部分:图形符号
156	GB/T 5898—2008	手持式非电类动力工具　噪声测量方法　工程法(2级)
157	GB/T 6068—2008	汽车起重机和轮胎起重机　试验规范
158	GB/T 6375—2008	土方机械　牵引力测试方法
159	GB/T 6946—2008	钢丝绳铝合金压制接头
160	GB/T 6974.1—2008	起重机　术语　第1部分:通用术语
161	GB/T 6974.3—2008	起重机　术语　第3部分:塔式起重机
162	GB/T 6974.5—2008	起重机　术语　第5部分:桥式和门式起重机
163	GB/T 7586—2008	液压挖掘机　试验方法
164	GB/T 8498—2008	土方机械　基本类型　识别、术语和定义
165	GB/T 8506—2008	平地机　试验方法
166	GB/T 8533—2008	小型砌块成形机
167	GB/T 8595—2008	土方机械　司机的操纵装置
168	GB/T 8910.4—2008	手持便携式动力工具　手柄振动测量方法　第4部分:砂轮机
169	GB/T 8910.5—2008	手持便携式动力工具　手柄振动测量方法　第5部分:建筑工程用路面破碎机和镐
170	GB/T 9139—2008	液压挖掘机　技术条件
171	GB/T 9465—2008	高空作业车
172	GB/T 10168—2008	土方机械　挖掘装载机　术语和商业规格
173	GB/T 10175.1—2008	土方机械　装载机和挖掘装载机　第1部分:额定工作载荷的计算和验证倾翻载荷计算值的测试方法
174	GB/T 10175.2—2008	土方机械　装载机和挖掘装载机　第2部分:掘起力和最大提升高度、提升能力的测试方法
175	GB/T 13332—2008	土方机械　液压挖掘机和挖掘装载机　挖掘力的测定方法
176	GB/T 13751—2008	挖掘装载机　试验方法
177	GB/T 14917—2008	土方机械　维修服务用仪器
178	GB/T 16277—2008	沥青混凝土摊铺机
179	GB/T 16273.1—2008	设备用图形符号　第1部分:通用符号

（续）

序号	标 准 号	标 准 名 称
180	GB 16754—2008	机械安全　急停　设计原则
181	GB/T 16755—2008	机械安全　安全标准的起草与表述规则
182	GB/T 16855.1—2008	机械安全　控制系统有关安全部件　第1部分:设计通则
183	GB/T 16856.1—2008	机械安全　风险评价　第1部分:原则
184	GB/T 16856.2—2008	机械安全　风险评价　第2部分:实施指南和方法举例
185	GB/T 17047—2008	混凝土制品机械　术语
186	GB/T 18224—2008	桥式抓斗卸船机　安全规程
187	GB/T 18577.1—2008	土方机械　尺寸与符号的定义　第1部分:主机
188	GB/T 18577.2—2008	土方机械　尺寸与符号的定义　第2部分:工作装置和附属装置
189	GB/T 20969.4—2008	特殊环境条件　高原机械　第4部分:高原自然环境试验导则　内燃动力机械
190	GB/T 20969.5—2008	特殊环境条件　高原机械　第5部分:高原自然环境试验导则　工程机械
191	GB/T 21457—2008	起重机和相关设备　试验中参数的测量精度要求
192	GB/T 21458—2008	流动式起重机　额定起重量图表
193	GB/T 21467—2008	工业车辆在门架前倾的特定条件下堆垛作业　附加稳定性试验
194	GB/T 21468—2008	托盘堆垛车和高起升平台堆垛车　稳定性试验
195	GB/T 21682—2008	旋挖钻机
196	GB/T 21934—2008	土方机械　沉头方颈螺栓
197	GB/T 21935—2008	土方机械　操纵的舒适区域与可及范围
198	GB/T 21936—2008	土方机械　安装在机器上的拖曳装置　性能要求
199	GB/T 21937—2008	土方机械　履带式和轮胎式推土机的推土铲　容量标定
200	GB/T 21938—2008	土方机械　液压挖掘机和挖掘装载机动臂下降控制装置　要求和试验
201	GB/T 21939—2008	土方机械　低速机器报警装置　超声波及其他系统
202	GB/T 21940—2008	土方机械　推土机、平地机和铲运机用刀片　主要形状和基本尺寸
203	GB/T 21941—2008	土方机械　液压挖掘机和挖掘装载机的反铲斗和抓铲斗　容量标定
204	GB/T 21942—2008	土方机械　装载机和正铲挖掘机的铲斗　容量标定
205	GB/T 22166—2008	非校准起重圆环链和吊链　使用和维护
206	GB/T 22242—2008	装修机械　术语
207	GB/T 22352—2008	土方机械　吊管机　术语和商业规格
208	GB/T 22353—2008	土方机械　电线和电缆　识别和标记通则
209	GB/T 22354—2008	土方机械　机器生产率　术语、符号和单位
210	GB/T 22355—2008	土方机械　铰接机架锁紧装置　性能要求
211	GB/T 22356—2008	土方机械　钥匙锁启动系统
212	GB/T 22357—2008	土方机械　机械挖掘机　术语
213	GB/T 22358—2008	土方机械　防护与贮存
214	GB/T 22359—2008	土方机械　电磁兼容性
215	GB 22361—2008	打桩设备　安全规范
216	GB/T 22414—2008	起重机　速度和时间参数的测量
217	GB/T 22415—2008	起重机　对试验载荷的要求
218	GB/T 22416.1—2008	起重机　维护　第1部分:总则
219	GB/T 22417—2008	叉车　货叉叉套和伸缩式货叉　技术性能和强度要求
220	GB/T 22418—2008	工业车辆　车辆自动功能的附加要求
221	GB/T 22419—2008	工业车辆　集装箱吊具和抓臂操作用指示灯　技术要求
222	GB/T 22420—2008	两向和多向运行叉车　稳定性试验
223	GB/T 22437.1—2008	起重机　载荷与载荷组合的设计原则　第1部分:总则
224	GB/T 22437.3—2008	起重机　载荷与载荷组合的设计原则　第3部分:塔式起重机
225	GB/T 22437.5—2008	起重机　载荷与载荷组合的设计原则　第5部分:桥式和门式起重机
226	GB/T 22664—2008	手持式电动工具　石材切割机

（续）

序号	标准号	标准名称
227	GB/T 22665.1—2008	手持式电动工具　手柄的振动测量方法　第1部分:电钻和冲击钻
228	GB/T 22665.2—2008	手持式电动工具　手柄的振动测量方法　第2部分:螺丝刀和冲击扳手
229	GB/T 22665.3—2008	手持式电动工具　手柄的振动测量方法　第3部分:砂轮机、抛光机和盘式砂光机
230	GB/T 22665.4—2008	手持式电动工具　手柄的振动测量方法　第4部分:非盘式砂光机和抛光机
231	GB/T 22665.5—2008	手持式电动工具　手柄的振动测量方法　第5部分:圆锯
232	GB/T 22665.6—2008	手持式电动工具　手柄的振动测量方法　第6部分:锤类工具
233	GB 3883.18—2009	手持式电动工具的安全　第二部分:石材切割机的专用要求
234	GB 4053.1—2009	固定式钢梯及平台　安全要求　第1部分:钢直梯
235	GB 4053.2—2009	固定式钢梯及平台　安全要求　第2部分:钢斜梯
236	GB 4053.3—2009	固定式钢梯及平台　安全要求　第3部分:工业防护栏杆及钢平台
237	GB/T 5465.1—2009	电气设备用图形符号　第1部分:概述与分类
238	GB/T 5972—2009	起重机　钢丝绳　保养、维护、安装、检验和报废
239	GB 12602—2009	起重机械　超载保护装置
240	GB/T 18874.4—2009	起重机　供需双方应提供的资料　第4部分:臂架起重机
241	GB/T 23577—2009	道路施工与养护机械设备　基本类型　识别与描述
242	GB/T 23578—2009	道路施工与养护机械设备　滑模摊铺机　术语和商业规格
243	GB/T 23579—2009	道路施工与养护机械设备　粉料撒布机　术语和商业规格
244	GB/T 23580—2009	连续搬运设备　安全规范　专用规则
245	GB/T 23720.1—2009	起重机　司机培训　第1部分:总则
246	GB/T 23721—2009	起重机　吊装工和指挥人员的培训
247	GB/T 23722—2009	起重机　司机(操作员)、吊装工、指挥人员和评审员的资格要求
248	GB/T 23723.1—2009	起重机　安全使用　第1部分:总则
249	GB/T 23724.1—2009	起重机　检查　第1部分:总则
250	GB/T 23725.1—2009	起重机　信息标牌　第1部分:总则
251	GB/T 24809.1—2009	起重机　对机构的要求　第1部分:总则
252	GB/T 24809.3—2009	起重机　对机构的要求　第3部分:塔式起重机
253	GB/T 24809.4—2009	起重机　对机构的要求　第4部分:臂架起重机
254	GB/T 24809.5—2009	起重机　对机构的要求　第5部分:桥式和门式起重机
255	GB/T 24810.1—2009	起重机　限制器和指示器　第1部分:总则
256	GB/T 24810.2—2009	起重机　限制器和指示器　第2部分:流动式起重机
257	GB/T 24810.3—2009	起重机　限制器和指示器　第3部分:塔式起重机
258	GB/T 24810.4—2009	起重机　限制器和指示器　第4部分:臂架起重机
259	GB/T 24810.5—2009	起重机　限制器和指示器　第5部分:桥式和门式起重机
260	GB/T 24811.1—2009	起重机和起重机械　钢丝绳选择　第1部分:总则
261	GB/T 24811.2—2009	起重机和起重机械　钢丝绳选择　第2部分:流动式起重机　利用系数
262	GB/T 24812—2009	4级链条用锻造环眼吊钩
263	GB/T 24813—2009	8级链条用锻造环眼吊钩
264	GB/T 24814—2009	起重用短环链　吊链等用4级普通精度链
265	GB/T 24815—2009	起重用短环链　吊链等用6级普通精度链
266	GB/T 24816—2009	起重用短环链　吊链等用8级普通精度链
267	GB/T 24817.1—2009	起重机械　控制装置布置形式和特性　第1部分:总则
268	GB/T 24817.3—2009	起重机械　控制装置布置形式和特性　第3部分:塔式起重机
269	GB/T 24817.4—2009	起重机械　控制装置布置形式和特性　第4部分:臂架起重机
270	GB/T 24817.5—2009	起重机械　控制装置布置形式和特性　第5部分:桥式和门式起重机
271	GB/T 24818.1—2009	起重机　通道及安全防护设施　第1部分:总则
272	GB/T 24818.3—2009	起重机　通道及安全防护设施　第3部分:塔式起重机
273	GB/T 24818.5—2009	起重机　通道及安全防护设施　第5部分:桥式和门式起重机

（续）

序号	标准号	标准名称
274	GB/T 2893.3—2010	图形符号　安全色和安全标志　第3部分:安全标志用图形符号设计原则
275	GB 6067.1—2010	起重机械安全规程　第1部分:总则
276	GB/T 6974.2—2010	起重机　术语　第2部分:流动式起重机
277	GB/T 8593.1—2010	土方机械　司机操纵装置和其他显示装置用符号　第1部分:通用符号
278	GB/T 8593.2—2010	土方机械　司机操纵装置和其他显示装置用符号　第2部分:机器、工作装置和附件的特殊符号
279	GB/T 10051.1—2010	起重吊钩　第1部分:力学性能、起重量、应力及材料
280	GB/T 10051.2—2010	起重吊钩　第2部分:锻造吊钩技术条件
281	GB/T 10051.3—2010	起重吊钩　第3部分:锻造吊钩使用检查
282	GB/T 10051.4—2010	起重吊钩　第4部分:直柄单钩毛坯件
283	GB/T 10051.5—2010	起重吊钩　第5部分:直柄单钩
284	GB/T 10051.6—2010	起重吊钩　第6部分:直柄双钩毛坯件
285	GB/T 10051.7—2010	起重吊钩　第7部分:直柄双钩
286	GB/T 10051.8—2010	起重吊钩　第8部分:吊钩横梁毛坯件
287	GB/T 10051.9—2010	起重吊钩　第9部分:吊钩横梁
288	GB/T 10051.10—2010	起重吊钩　第10部分:吊钩螺母
289	GB/T 10051.11—2010	起重吊钩　第11部分:吊钩螺母防松板
290	GB/T 10051.12—2010	起重吊钩　第12部分:吊钩闭锁装置
291	GB/T 10051.13—2010	起重吊钩　第13部分:叠片式吊钩技术条件
292	GB/T 10051.14—2010	起重吊钩　第14部分:叠片式吊钩使用检查
293	GB/T 10051.15—2010	起重吊钩　第15部分:叠片式单钩
294	GB/T 10170—2010	挖掘装载机　技术条件
295	GB/T 10183.1—2010	起重机　车轮及大车和小车轨道公差　第1部分:总则
296	GB/T 10183.4—2010	起重机　车轮及大车和小车轨道公差　第4部分:臂架起重机
297	GB/T 14780—2010	土方机械　排液、加液和液位螺塞
298	GB/T 14782—2010	平地机　技术条件
299	GB 15052—2010	起重机　安全标志和危险图形符号　总则
300	GB 16710—2010	土方机械　噪声限值
301	GB/T 16937—2010	土方机械　司机视野　试验方法和性能准则
302	GB/T 17300—2010	土方机械　通道装置
303	GB/T 17771—2010	土方机械　落物保护结构　试验室试验和性能要求
304	GB/T 17808—2010	道路施工与养护机械设备　沥青混合料搅拌设备
305	GB/T 17909.2—2010	起重机　起重机操作手册　第2部分:流动式起重机
306	GB/T 17921—2010	土方机械　座椅安全带及其固定器　性能要求和试验
307	GB/T 22437.2—2010	起重机　载荷与载荷组合的设计原则　第2部分:流动式起重机
308	GB/T 22437.4—2010	起重机　载荷与载荷组合的设计原则　第4部分:臂架起重机
309	GB/T 23720.3—2010	起重机　司机培训　第3部分:塔式起重机
310	GB/T 23723.3—2010	起重机　安全使用　第3部分:塔式起重机
311	GB/T 23723.4—2010	起重机　安全使用　第4部分:臂架起重机
312	GB/T 23724.3—2010	起重机　检查　第3部分:塔式起重机
313	GB/T 23725.3—2010	起重机　信息标牌　第3部分:塔式起重机
314	GB/T 24817.2—2010	起重机械　控制装置布置形式和特性　第2部分:流动式起重机
315	GB/T 24818.2—2010	起重机　通道及安全防护设施　第2部分:流动式起重机
316	GB/T 25195.1—2010	起重机　图形符号　第1部分:总则
317	GB/T 25195.2—2010	起重机　图形符号　第2部分:流动式起重机
318	GB/T 25195.3—2010	起重机　图形符号　第3部分:塔式起重机
319	GB/T 25196.1—2010	起重机　状态监控　第1部分:总则
320	GB/T 25602—2010	土方机械　机器可用性　术语

（续）

序号	标 准 号	标 准 名 称
321	GB/T 25603—2010	土方机械　水平定向钻机　术语
322	GB/T 25604—2010	土方机械　装载机　术语和商业规格
323	GB/T 25605—2010	土方机械　自卸车　术语和商业规格
324	GB/T 25606—2010	土方机械　产品识别代码系统
325	GB/T 25607—2010	土方机械　防护装置　定义和要求
326	GB/T 25608—2010	土方机械　非金属燃油箱的性能要求
327	GB/T 25609—2010	土方机械　步行操纵式机器的制动系统　性能要求和试验方法
328	GB/T 25610—2010	土方机械　自卸车车厢支承装置和司机室倾斜支承装置
329	GB/T 25611—2010	土方机械　机器液体系统作业的坡道极限值测定　静态法
330	GB/T 25612—2010	土方机械　声功率级的测定　定置试验条件
331	GB/T 25613—2010	土方机械　司机位置发射声压级的测定　定置试验条件
332	GB/T 25614—2010	土方机械　声功率级的测定　动态试验条件
333	GB/T 25615—2010	土方机械　司机位置发射声压级的测定　动态试验条件
334	GB/T 25616—2010	土方机械　辅助启动装置的电连接件
335	GB/T 25617—2010	土方机械　机器操作的可视显示装置
336	GB/T 25618. 1—2010	土方机械　润滑油杯　第 1 部分:螺纹接头式
337	GB/T 25618. 2—2010	土方机械　润滑油杯　第 2 部分:油枪注油嘴
338	GB/T 25619—2010	土方机械　滑移转向装载机附属装置的连接
339	GB/T 25620—2010	土方机械　操作和维修　可维修性指南
340	GB/T 25621—2010	土方机械　操作和维修　技工培训
341	GB/T 25622—2010	土方机械　司机手册　内容和格式
342	GB/T 25623—2010	土方机械　司机培训方法指南
343	GB/T 25624—2010	土方机械　司机座椅　尺寸和要求
344	GB/T 25625—2010	土方机械　自卸车　教练员座椅/环境空间
345	GB/T 25626—2010	冲击压路机
346	GB/T 25627—2010	工程机械　动力换挡变速器
347	GB/T 25628—2010	土方机械　斗齿
348	GB/T 25629—2010	液压挖掘机　中央回转接头
349	GB/T 25637. 1—2010	建筑施工机械与设备　混凝土搅拌机　第 1 部分:术语与商业规格
350	GB/T 25638. 1—2010	建筑施工机械与设备　混凝土泵　第 1 部分:术语与商业规格
351	GB/T 25639—2010	道路施工与养护机械设备　沥青混凝土路面摊铺作业机群智能化　术语
352	GB/T 25640—2010	道路施工与养护机械设备　沥青混凝土路面摊铺作业机群智能化　信息交换
353	GB/T 25641—2010	道路施工与养护机械设备　沥青混合料厂拌热再生设备
354	GB/T 25642—2010	道路施工与养护机械设备　沥青混合料转运机
355	GB/T 25643—2010	道路施工与养护机械设备　路面铣刨机
356	GB/T 25648—2010	道路施工与养护机械设备　稳定土拌和机
357	GB/T 25649—2010	道路施工与养护机械设备　稀浆封层机
358	GB/T 25650—2010	混凝土振动台
359	GB 25684. 1—2010	土方机械　安全　第 1 部分:通用要求
360	GB 25684. 2—2010	土方机械　安全　第 2 部分:推土机的要求
361	GB 25684. 3—2010	土方机械　安全　第 3 部分:装载机的要求
362	GB 25684. 4—2010	土方机械　安全　第 4 部分:挖掘装载机的要求
363	GB 25684. 5—2010	土方机械　安全　第 5 部分:液压挖掘机的要求
364	GB 25684. 6—2010	土方机械　安全　第 6 部分:自卸车的要求
365	GB 25684. 7—2010	土方机械　安全　第 7 部分:铲运机的要求
366	GB 25684. 8—2010	土方机械　安全　第 8 部分:平地机的要求
367	GB 25684. 9—2010	土方机械　安全　第 9 部分:吊管机的要求
368	GB 25684. 10—2010	土方机械　安全　第 10 部分:挖沟机的要求

（续）

序号	标 准 号	标 准 名 称
369	GB 25684.11—2010	土方机械　安全　第11部分:土方回填压实机的要求
370	GB 25684.12—2010	土方机械　安全　第12部分:机械挖掘机的要求
371	GB 25684.13—2010	土方机械　安全　第13部分:压路机的要求
372	GB/T 25685.1—2010	土方机械　监视镜和后视镜的视野　第1部分:试验方法
373	GB/T 25685.2—2010	土方机械　监视镜和后视镜的视野　第2部分:性能准则
374	GB/T 25686—2010	土方机械　司机遥控的安全要求
375	GB/T 25687.1—2010	土方机械　同义术语的多语种列表　第1部分:综合
376	GB/T 25687.2—2010	土方机械　同义术语的多语种列表　第2部分:性能和尺寸
377	GB/T 25688.1—2010	土方机械　维修工具　第1部分:通用维修和调整工具
378	GB/T 25688.2—2010	土方机械　维修工具　第2部分:机械式拉拔器和推拔器
379	GB/T 25689—2010	土方机械　自卸车车厢　容量标定
380	GB/T 25690—2010	土方机械　升运式铲运机　容量标定
381	GB/T 25691—2010	土方机械　开斗式铲运机　容量标定
382	GB/T 25692—2010	土方机械　自卸车和自行式铲运机用限速器　性能试验
383	GB/T 25693—2010	土方机械　遥控拆除机
384	GB/T 25694—2010	土方机械　滑移转向装载机
385	GB/T 25695—2010	建筑施工机械与设备　旋挖钻机成孔施工通用规程
386	GB/T 25696—2010	道路施工与养护机械设备　沥青路面加热机　术语和商业规格
387	GB/T 25697—2010	道路施工与养护机械设备　沥青路面就地热再生复拌机
388	GB 25849—2010	移动式升降工作平台　设计计算、安全要求和测试方法
389	GB/T 25850—2010	起重机　指派人员的培训
390	GB/T 25851.1—2010	流动式起重机　起重机性能的试验测定　第1部分:倾翻载荷和幅度
391	GB/T 25852—2010	8级链条用锻造起重部件
392	GB/T 25853—2010	8级非焊接吊链
393	GB/T 25854—2010	一般起重用D形和弓形锻造卸扣
394	GB/T 25855—2010	索具用8级连接环
395	GB 25856—2010	仅载货电梯制造与安装安全规范
396	GB/T 25896.1—2010	设备用图形符号　起重机　第1部分:通用符号
397	GB/T 25896.2—2010	设备用图形符号　起重机　第2部分:流动式起重机符号
398	GB/T 25896.3—2010	设备用图形符号　起重机　第3部分:塔式起重机符号
399	GB/T 25977—2010	除雪车
400	GB/T 25981—2010	护栏清洗车
401	GB/T 26080—2010	塔机用冷弯矩形管
402	GB 26133—2010	非道路移动机械用小型点燃式发动机　排气污染物排放限值与测量方法(中国第一、二阶段)
403	GB/Z 26139—2010	土方机械　驾乘式机器暴露于全身振动的评价指南　国际协会、组织和制造商所测定协调数据的应用
404	GB/T 5905—2011	起重机　试验规范和程序
405	GB/T 8420—2011	土方机械　司机的身材尺寸与司机的最小活动空间
406	GB/T 10597—2011	卷扬式启闭机
407	GB/T 14406—2011	通用门式起重机
408	GB/T 14405—2011	通用桥式起重机
409	GB/T 14560—2011	履带起重机
410	GB/T 14627—2011	液压式启闭机
411	GB/T 14687—2011	工业脚轮和车轮
412	GB/T 14695—2011	臂式斗轮堆取料机　型式和基本参数
413	GB/T 16178—2011	场(厂)内机动车辆　安全检验技术要求
414	GB 16899—2011	自动扶梯和自动人行道的制造与安装安全规范
415	GB/T 20418—2011	土方机械　照明、信号和标志灯以及反射器

（续）

序号	标 准 号	标 准 名 称
416	GB/T 26408—2011	混凝土搅拌运输车
417	GB/T 26409—2011	流动式混凝土泵
418	GB 26469—2011	架桥机　安全规程
419	GB/T 26470—2011	架桥机　通用技术条件
420	GB/T 26471—2011	塔式起重机　安装与拆卸规则
421	GB/T 26472—2011	流动式起重机　卷筒和滑轮尺寸
422	GB/T 26473—2011	起重机　随车起重机安全要求
423	GB/T 26474—2011	集装箱正面吊运起重机　技术条件
424	GB/T 26476—2011	机械式停车设备　术语
425	GB/T 26477. 1—2011	起重机　车轮和相关小车承轨结构的设计计算　第 1 部分:总则
426	GB 26504—2011	移动式道路施工机械　通用安全要求
427	GB 26505—2011	移动式道路施工机械　摊铺机安全要求
428	GB 26545—2011	建筑施工机械与设备　钻孔设备安全规范
429	GB/T 26546—2011	工程机械　减轻环境负担的技术指南
430	GB/T 26557—2011	吊笼有垂直导向的人货两用施工升降机
431	GB/T 26558—2011	桅杆起重机
432	GB/T 26559—2011	机械式停车设备　分类
433	GB/T 26560—2011	机动工业车辆　安全标志和危险图示　通则
434	GB/T 26561—2011	搬运 6m 及其以上长度货运集装箱的平衡重式叉车　附加稳定性试验
435	GB/T 26665—2011	制动器　术语
436	GB/T 26945—2011	集装箱空箱堆高机
437	GB/T 26946. 1—2011	侧面式叉车　第 1 部分:稳定性试验
438	GB/T 26946. 2—2011	侧面式叉车　第 2 部分:搬运 6m 及其以上长度货运集装箱叉车的附加稳定性试验
439	GB/T 26947—2011	手动托盘搬运车
440	GB/T 26948. 1—2011	工业车辆驾驶员约束系统　技术要求及试验方法　第 1 部分:腰部安全带
441	GB/T 26949. 10—2011	工业车辆　稳定性验证　第 10 部分:在由动力装置侧移载荷条件下堆垛作业的附加稳定性试验
442	GB/T 26950. 1—2011	防爆工业车辆　第 1 部分:蓄电池工业车辆
443	GB/T 27542—2011	蓄电池托盘搬运车
444	GB/T 27543—2011	手推升降平台搬运车
445	GB/T 27544—2011	工业车辆　电气要求
446	GB/T 27545—2011	水平循环类机械式停车设备
447	GB/T 27546—2011	起重机械　滑轮
448	GB/T 27547—2011	升降工作平台　导架爬升式工作平台
449	GB/T 27548—2011	移动式升降工作平台　安全规则、检查、维护和操作
450	GB/T 27549—2011	移动式升降工作平台　操作人员培训
451	GB/T 27613—2011	液压传动　液体污染　采用称重法测定颗粒污染度
452	GB/T 27693—2011	工业车辆安全　噪声辐射的测量方法
453	GB/T 27694—2011	工业车辆安全　振动的测量方法
454	GB 27695—2011	汽车举升机　安全规程
455	GB/T 27696—2011	一般起重用 4 级锻造吊环螺栓
456	GB/T 27697—2011	立式油压千斤顶
457	GB/T 27996—2011	全地面起重机
458	GB/T 27997—2011	造船门式起重机
459	GB/T 27998—2011	平衡式起重机

〔供稿人:中国工程机械工业协会标准化工作委员会李静〕

中国工程机械工业年鉴2012

政策法规

记载对工程机械行业产生重要影响的政策法规

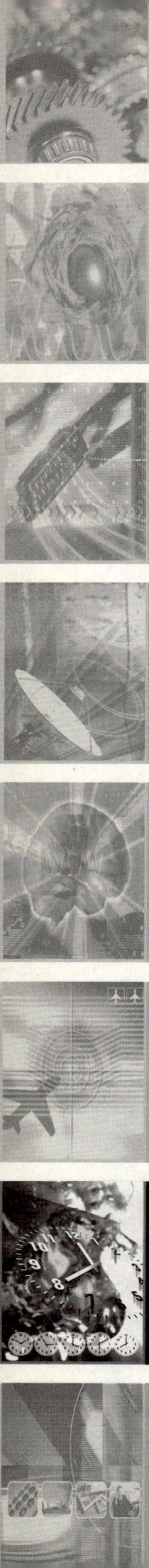

政策法规

中华人民共和国出境入境管理法

（中华人民共和国主席令　第57号）

《中华人民共和国出境入境管理法》已由中华人民共和国第十一届全国人民代表大会常务委员会第二十七次会议于2012年6月30日通过，现予公布，自2013年7月1日起施行。

中华人民共和国出境入境管理法

（2012年6月30日第十一届全国人民代表大会常务委员会第二十七次会议通过）

目　录

第一章　总则

第一条　为了规范出境入境管理，维护中华人民共和国的主权、安全和社会秩序，促进对外交往和对外开放，制定本法。

第二条　中国公民出境入境、外国人入境出境、外国人在中国境内停留居留的管理，以及交通运输工具出境入境的边防检查，适用本法。

第三条　国家保护中国公民出境入境合法权益。

在中国境内的外国人的合法权益受法律保护。在中国境内的外国人应当遵守中国法律，不得危害中国国家安全、损害社会公共利益、破坏社会公共秩序。

第四条　公安部、外交部按照各自职责负责有关出境入境事务的管理。

中华人民共和国驻外使馆、领馆或者外交部委托的其他驻外机构（以下称驻外签证机关）负责在境外签发外国人入境签证。出入境边防检查机关负责实施出境入境边防检查。县级以上地方人民政府公安机关及其出入境管理机构负责外国人停留居留管理。

公安部、外交部可以在各自职责范围内委托县级以上地方人民政府公安机关出入境管理机构、县级以上地方人民政府外事部门受理外国人入境、停留居留申请。

公安部、外交部在出境入境事务管理中，应当加强沟通配合，并与国务院有关部门密切合作，按照各自职责分工，依法行使职权，承担责任。

第五条　国家建立统一的出境入境管理信息平台，实现有关管理部门信息共享。

第六条　国家在对外开放的口岸设立出入境边防检查机关。

中国公民、外国人以及交通运输工具应当从对外开放的口岸出境入境，特殊情况下，可以从国务院或者国务院授权的部门批准的地点出境入境。出境入境人员和交通运输工具应当接受出境入境边防检查。

出入境边防检查机关负责对口岸限定区域实施管理。根据维护国家安全和出境入境管理秩序的需要，出入境边防检查机关可以对出境入境人员携带的物品实施边防检查。必要时，出入境边防检查机关可以对出境入境交通运输工具载运的货物实施边防检查，但是应当通知海关。

第七条 经国务院批准，公安部、外交部根据出境入境管理的需要，可以对留存出境入境人员的指纹等人体生物识别信息作出规定。

外国政府对中国公民签发签证、出境入境管理有特别规定的，中国政府可以根据情况采取相应的对等措施。

第八条 履行出境入境管理职责的部门和机构应当切实采取措施，不断提升服务和管理水平，公正执法，便民高效，维护安全、便捷的出境入境秩序。

第二章 中国公民出境入境

第九条 中国公民出境入境，应当依法申请办理护照或者其他旅行证件。

中国公民前往其他国家或者地区，还需要取得前往国签证或者其他入境许可证明。但是，中国政府与其他国家政府签订互免签证协议或者公安部、外交部另有规定的除外。

中国公民以海员身份出境入境和在国外船舶上从事工作的，应当依法申请办理海员证。

第十条 中国公民往来内地与香港特别行政区、澳门特别行政区，中国公民往来大陆与台湾地区，应当依法申请办理通行证件，并遵守本法有关规定。具体管理办法由国务院规定。

第十一条 中国公民出境入境，应当向出入境边防检查机关交验本人的护照或者其他旅行证件等出境入境证件，履行规定的手续，经查验准许，方可出境入境。

具备条件的口岸，出入境边防检查机关应当为中国公民出境入境提供专用通道等便利措施。

第十二条 中国公民有下列情形之一的，不准出境：

（一）未持有效出境入境证件或者拒绝、逃避接受边防检查的；

（二）被判处刑罚尚未执行完毕或者属于刑事案件被告人、犯罪嫌疑人的；

（三）有未了结的民事案件，人民法院决定不准出境的；

（四）因妨害国（边）境管理受到刑事处罚或者因非法出境、非法居留、非法就业被其他国家或者地区遣返，未满不准出境规定年限的；

（五）可能危害国家安全和利益，国务院有关主管部门决定不准出境的；

（六）法律、行政法规规定不准出境的其他情形。

第十三条 定居国外的中国公民要求回国定居的，应当在入境前向中华人民共和国驻外使馆、领馆或者外交部委托的其他驻外机构提出申请，也可以由本人或者经由国内亲属向拟定居地的县级以上地方人民政府侨务部门提出申请。

第十四条 定居国外的中国公民在中国境内办理金融、教育、医疗、交通、电信、社会保险、财产登记等事务需要提供身份证明的，可以凭本人的护照证明其身份。

第三章 外国人入境出境

第一节 签 证

第十五条 外国人入境，应当向驻外签证机关申请办理签证，但是本法另有规定的除外。

第十六条 签证分为外交签证、礼遇签证、公务签证、普通签证。

对因外交、公务事由入境的外国人，签发外交、公务签证；对因身份特殊需要给予礼遇的外国人，签发礼遇签证。外交签证、礼遇签证、公务签证的签发范围和签发办法由外交部规定。

对因工作、学习、探亲、旅游、商务活动、人才引进等非外交、公务事由入境的外国人，签发相应类别的普通签证。普通签证的类别和签发办法由国务院规定。

第十七条 签证的登记项目包括：签证种类，持有人姓名、性别、出生日期、入境次数、入境有效期、停留期限，签发日期、地点，护照或者其他国际旅行证件号码等。

第十八条 外国人申请办理签证，应当向驻外签证机关提交本人的护照或者其他国际旅行证件，以及申请事由的相关材料，按照驻外签证机关的要求办理相关手续、接受面谈。

第十九条 外国人申请办理签证需要提供中国境内的单位或者个人出具的邀请函件的，申请人应当按照驻外签证机关的要求提供。出具邀请函件的单位或者个人应当对邀请内容的真实性负责。

第二十条 出于人道原因需要紧急入境，应邀入境从事紧急商务、工程抢修或者具有其他紧急入境需要并持有有关主管部门同意在口岸申办签证的证明材料的外国人，可以在国务院批准办理口岸签证业务的口岸，向公安部委托的口岸签证机关（以下简称口岸签证机关）申请办理口岸签证。

旅行社按照国家有关规定组织入境旅游的，可以向口岸签证机关申请办理团体旅游签证。

外国人向口岸签证机关申请办理签证，应当提交本人的护照或者其他国际旅行证件，以及申请事由的相关材料，按照口岸签证机关的要求办理相关手续，并从申请签证的口岸入境。

口岸签证机关签发的签证一次入境有效，签证注明的停留期限不得超过30日。

第二十一条 外国人有下列情形之一的，不予签发签证：

（一）被处驱逐出境或者被决定遣送出境，未满不准入境规定年限的；

（二）患有严重精神障碍、传染性肺结核病或者有可能对公共卫生造成重大危害的其他传染病的；

（三）可能危害中国国家安全和利益、破坏社会公共秩序或者从事其他违法犯罪活动的；

（四）在申请签证过程中弄虚作假或者不能保障在中国境内期间所需费用的；

（五）不能提交签证机关要求提交的相关材料的；

（六）签证机关认为不宜签发签证的其他情形。

对不予签发签证的，签证机关可以不说明理由。

第二十二条 外国人有下列情形之一的，可以免办签证：

（一）根据中国政府与其他国家政府签订的互免签证协议，属于免办签证人员的；

（二）持有效的外国人居留证件的；

（三）持联程客票搭乘国际航行的航空器、船舶、列车从中国过境前往第三国或者地区，在中国境内停留不超过24小时且不离开口岸，或者在国务院批准的特定区域内停留不超过规定时限的；

（四）国务院规定的可以免办签证的其他情形。

第二十三条 有下列情形之一的外国人需要临时入境的，应当向出入境边防检查机关申请办理临时入境手续：

（一）外国船员及其随行家属登陆港口所在城市的；

（二）本法第二十二条第三项规定的人员需要离开口岸的；

（三）因不可抗力或者其他紧急原因需要临时入境的。

临时入境的期限不得超过15日。

对申请办理临时入境手续的外国人，出入境边防检查机关可以要求外国人本人、载运其入境的交通运输工具的负责人或者交通运输工具出境入境业务代理单位提供必要的保证措施。

第二节 入境出境

第二十四条 外国人入境，应当向出入境边防检查机关交验本人的护照或者其他国际旅行证件、签证或者其他入境许可证明，履行规定的手续，经查验准许，方可入境。

第二十五条 外国人有下列情形之一的，不准入境：

（一）未持有效出境入境证件或者拒绝、逃避接受边防检查的；

（二）具有本法第二十一条第一款第一项至第四项规定情形的；

（三）入境后可能从事与签证种类不符的活动的；

（四）法律、行政法规规定不准入境的其他情形。

对不准入境的，出入境边防检查机关可以不说明理由。

第二十六条 对未被准许入境的外国人，出入境边防检查机关应当责令其返回；对拒不返回的，强制其返回。外国人等待返回期间，不得离开限定的区域。

第二十七条 外国人出境，应当向出入境边防检查机关交验本人的护照或者其他国际旅行证件等出境入境证件，履行规定的手续，经查验准许，方可出境。

第二十八条 外国人有下列情形之一的，不准出境：

（一）被判处刑罚尚未执行完毕或者属于刑事案件被告人、犯罪嫌疑人的，但是按照中国与外国签订的有关协议，移管被判刑人的除外；

（二）有未了结的民事案件，人民法院决定不准出境的；

（三）拖欠劳动者的劳动报酬，经国务院有关部门或者省、自治区、直辖市人民政府决定不准出境的；

（四）法律、行政法规规定不准出境的其他情形。

第四章 外国人停留居留

第一节 停留居留

第二十九条 外国人所持签证注明的停留期限不超过180日的，持证人凭签证并按照签证注明的停留期限在中国境内停留。

需要延长签证停留期限的，应当在签证注明的停留期限届满7日前向停留地县级以上地方人民政府公安机关出入境管理机构申请，按照要求提交申请事由的相关材料。经审查，延期理由合理、充分的，准予延长停留期限；不予延长停留期限的，应当按期离境。

延长签证停留期限，累计不得超过签证原注明的停留期限。

第三十条 外国人所持签证注明入境后需要办理居留证件的，应当自入境之日起30日内，向拟居留地县级以上地方人民政府公安机关出入境管理机构申请办理外国人居留证件。

申请办理外国人居留证件，应当提交本人的护照或者其他国际旅行证件，以及申请事由的相关材料，并留存指纹等人体生物识别信息。公安机关出入境管理机构应当自收到申请材料之日起15日内进行审查并作出审查决定，根据居留事由签发相应类别和期限的外国人居留证件。

外国人工作类居留证件的有效期最短为90日，最长为5年；非工作类居留证件的有效期最短为180日，最长为5年。

第三十一条 外国人有下列情形之一的，不予签发外国人居留证件：

（一）所持签证类别属于不应办理外国人居留证件的；

（二）在申请过程中弄虚作假的；

（三）不能按照规定提供相关证明材料的；

（四）违反中国有关法律、行政法规，不适合在中国境内居留的；

（五）签发机关认为不宜签发外国人居留证件的其他情形。

符合国家规定的专门人才、投资者或者出于人道等原因确需由停留变更为居留的外国人，经设区的市级以上地方人民政府公安机关出入境管理机构批准可以办理外国人居留证件。

第三十二条 在中国境内居留的外国人申请延长居留期限的，应当在居留证件有效期限届满30日前向居留地县级以上地方人民政府公安机关出入境管理机构提出申请，按照要求提交申请事由的相关材料。经审查,延期理由合理、充分的,准予延长居留期限;不予延长居留期限的,应当按期离境。

第三十三条 外国人居留证件的登记项目包括:持有人姓名、性别、出生日期、居留事由、居留期限,签发日期、地点,护照或者其他国际旅行证件号码等。

外国人居留证件登记事项发生变更的,持证件人应当自登记事项发生变更之日起10日内向居留地县级以上地方人民政府公安机关出入境管理机构申请办理变更。

第三十四条 免办签证入境的外国人需要超过免签期限在中国境内停留的,外国船员及其随行家属在中国境内停留需要离开港口所在城市,或者具有需要办理外国人停留证件其他情形的,应当按照规定办理外国人停留证件。

外国人停留证件的有效期最长为180日。

第三十五条 外国人入境后,所持的普通签证、停留居留证件损毁、遗失、被盗抢或者有符合国家规定的事由需要换发、补发的,应当按照规定向停留居留地县级以上地方人民政府公安机关出入境管理机构提出申请。

第三十六条 公安机关出入境管理机构作出的不予办理普通签证延期、换发、补发,不予办理外国人停留居留证件、不予延长居留期限的决定为最终决定。

第三十七条 外国人在中国境内停留居留,不得从事与停留居留事由不相符的活动,并应当在规定的停留居留期限届满前离境。

第三十八条 年满16周岁的外国人在中国境内停留居留,应当随身携带本人的护照或者其他国际旅行证件,或者外国人停留居留证件,接受公安机关的查验。

在中国境内居留的外国人,应当在规定的时间内到居留地县级以上地方人民政府公安机关交验外国人居留证件。

第三十九条 外国人在中国境内旅馆住宿的,旅馆应当按照旅馆业治安管理的有关规定为其办理住宿登记,并向所在地公安机关报送外国人住宿登记信息。

外国人在旅馆以外的其他住所居住或者住宿的,应当在入住后24小时内由本人或者留宿人,向居住地的公安机关办理登记。

第四十条 在中国境内出生的外国婴儿,其父母或者代理人应当在婴儿出生60日内,持该婴儿的出生证明到父母停留居留地县级以上地方人民政府公安机关出入境管理机构为其办理停留或者居留登记。

外国人在中国境内死亡的,其家属、监护人或者代理人,应当按照规定,持该外国人的死亡证明向县级以上地方人民政府公安机关出入境管理机构申报,注销外国人停留居留证件。

第四十一条 外国人在中国境内工作,应当按照规定取得工作许可和工作类居留证件。任何单位和个人不得聘用未取得工作许可和工作类居留证件的外国人。

外国人在中国境内工作管理办法由国务院规定。

第四十二条 国务院人力资源社会保障主管部门、外国专家主管部门会同国务院有关部门根据经济社会发展需要和人力资源供求状况制定并定期调整外国人在中国境内工作指导目录。

国务院教育主管部门会同国务院有关部门建立外国留学生勤工助学管理制度,对外国留学生勤工助学的岗位范围和时限作出规定。

第四十三条 外国人有下列行为之一的,属于非法就业:

(一)未按照规定取得工作许可和工作类居留证件在中国境内工作的;

(二)超出工作许可限定范围在中国境内工作的;

(三)外国留学生违反勤工助学管理规定,超出规定的岗位范围或者时限在中国境内工作的。

第四十四条 根据维护国家安全、公共安全的需要,公安机关、国家安全机关可以限制外国人、外国机构在某些地区设立居住或者办公场所；对已经设立的，可以限期迁离。

未经批准，外国人不得进入限制外国人进入的区域。

第四十五条 聘用外国人工作或者招收外国留学生的单位，应当按照规定向所在地公安机关报告有关信息。

公民、法人或者其他组织发现外国人有非法入境、非法居留、非法就业情形的，应当及时向所在地公安机关报告。

第四十六条 申请难民地位的外国人，在难民地位甄别期间，可以凭公安机关签发的临时身份证明在中国境内停留；被认定为难民的外国人，可以凭公安机关签发的难民身份证件在中国境内停留居留。

第二节 永久居留

第四十七条 对中国经济社会发展作出突出贡献或者符合其他在中国境内永久居留条件的外国人，经本人申请和公安部批准，取得永久居留资格。

外国人在中国境内永久居留的审批管理办法由公安部、外交部会同国务院有关部门规定。

第四十八条 取得永久居留资格的外国人，凭永久居留证件在中国境内居留和工作，凭本人的护照和永久居留证件出境入境。

第四十九条 外国人有下列情形之一的，由公安部决定取消其在中国境内永久居留资格：

（一）对中国国家安全和利益造成危害的；

（二）被处驱逐出境的；

（三）弄虚作假骗取在中国境内永久居留资格的；

（四）在中国境内居留未达到规定时限的；

（五）不适宜在中国境内永久居留的其他情形。

第五章 交通运输工具出境入境边防检查

第五十条 出境入境交通运输工具离开、抵达口岸时，应当接受边防检查。对交通运输工具的入境边防检查，在其最先抵达的口岸进行；对交通运输工具的出境边防检查，在其最后离开的口岸进行。特殊情况下，可以在有关主管机关指定的地点进行。

出境的交通运输工具自出境检查后至出境前，入境的交通运输工具自入境后至入境检查前，未经出入境边防检查机关按照规定程序许可，不得上下人员、装卸货物或者物品。

第五十一条 交通运输工具负责人或者交通运输工具出境入境业务代理单位应当按照规定提前向出入境边防检查机关报告入境、出境的交通运输工具抵达、离开口岸的时间和停留地点，如实申报员工、旅客、货物或者物品等信息。

第五十二条 交通运输工具负责人、交通运输工具出境入境业务代理单位应当配合出境入境边防检查，发现违反本法规定行为的，应当立即报告并协助调查处理。

入境交通运输工具载运不准入境人员的，交通运输工具负责人应当负责载离。

第五十三条 出入境边防检查机关按照规定对处于下列情形之一的出境入境交通运输工具进行监护：

（一）出境的交通运输工具在出境边防检查开始后至出境前、入境的交通运输工具在入境后至入境边防检查完成前；

（二）外国船舶在中国内河航行期间；

（三）有必要进行监护的其他情形。

第五十四条 因装卸物品、维修作业、参观访问等事由需要上下外国船舶的人员，应当向出入境边防检查机关申请办理登轮证件。

中国船舶与外国船舶或者外国船舶之间需要搭靠作业的，应当由船长或者交通运输工具出境入境业务代理单位向出入境边防检查机关申请办理船舶搭靠手续。

第五十五条 外国船舶、航空器在中国境内应当按照规定的路线、航线行驶。

出境入境的船舶、航空器不得驶入对外开放口岸以外地区。因不可预见的紧急情况或者不可抗力驶入的，应当立即向就近的出入境边防检查机关或者当地公安机关报告，并接受监护和管理。

第五十六条 交通运输工具有下列情形之一的,不准出境入境;已经驶离口岸的,可以责令返回:

(一)离开、抵达口岸时,未经查验准许擅自出境入境的;

(二)未经批准擅自改变出境入境口岸的;

(三)涉嫌载有不准出境入境人员,需要查验核实的;

(四)涉嫌载有危害国家安全、利益和社会公共秩序的物品,需要查验核实的;

(五)拒绝接受出入境边防检查机关管理的其他情形。

前款所列情形消失后,出入境边防检查机关对有关交通运输工具应当立即放行。

第五十七条 从事交通运输工具出境入境业务代理的单位,应当向出入境边防检查机关备案。从事业务代理的人员,由所在单位向出入境边防检查机关办理备案手续。

第六章　调查和遣返

第五十八条 本章规定的当场盘问、继续盘问、拘留审查、限制活动范围、遣送出境措施,由县级以上地方人民政府公安机关或者出入境边防检查机关实施。

第五十九条 对涉嫌违反出境入境管理的人员,可以当场盘问;经当场盘问,有下列情形之一的,可以依法继续盘问:

(一)有非法出境入境嫌疑的;

(二)有协助他人非法出境入境嫌疑的;

(三)外国人有非法居留、非法就业嫌疑的;

(四)有危害国家安全和利益,破坏社会公共秩序或者从事其他违法犯罪活动嫌疑的。

当场盘问和继续盘问应当依据《中华人民共和国人民警察法》规定的程序进行。

县级以上地方人民政府公安机关或者出入境边防检查机关需要传唤涉嫌违反出境入境管理的人员的,依照《中华人民共和国治安管理处罚法》的有关规定执行。

第六十条 外国人有本法第五十九条第一款规定情形之一的,经当场盘问或者继续盘问后仍不能排除嫌疑,需要作进一步调查的,可以拘留审查。

实施拘留审查,应当出示拘留审查决定书,并在24小时内进行询问。发现不应当拘留审查的,应当立即解除拘留审查。

拘留审查的期限不得超过30日;案情复杂的,经上一级地方人民政府公安机关或者出入境边防检查机关批准可以延长至60日。对国籍、身份不明的外国人,拘留审查期限自查清其国籍、身份之日起计算。

第六十一条 外国人有下列情形之一的,不适用拘留审查,可以限制其活动范围:

(一)患有严重疾病的;

(二)怀孕或者哺乳自己不满1周岁婴儿的;

(三)未满16周岁或者已满70周岁的;

(四)不宜适用拘留审查的其他情形。

被限制活动范围的外国人,应当按照要求接受审查,未经公安机关批准,不得离开限定的区域。限制活动范围的期限不得超过60日。对国籍、身份不明的外国人,限制活动范围期限自查清其国籍、身份之日起计算。

第六十二条 外国人有下列情形之一的,可以遣送出境:

(一)被处限期出境,未在规定期限内离境的;

(二)有不准入境情形的;

(三)非法居留、非法就业的;

(四)违反本法或者其他法律、行政法规需要遣送出境的。

其他境外人员有前款所列情形之一的,可以依法遣送出境。

被遣送出境的人员,自被遣送出境之日起1至5年内不准入境。

第六十三条 被拘留审查或者被决定遣送出境但不能立即执行的人员,应当羁押在拘留所或者遣返场所。

第六十四条 外国人对依照本法规定对其实施的继续盘问、拘留审查、限制活动范围、遣送出境措施不服的，可以依法申请行政复议，该行政复议决定为最终决定。

其他境外人员对依照本法规定对其实施的遣送出境措施不服，申请行政复议的，适用前款规定。

第六十五条 对依法决定不准出境或者不准入境的人员，决定机关应当按照规定及时通知出入境边防检查机关；不准出境、入境情形消失的，决定机关应当及时撤销不准出境、入境决定，并通知出入境边防检查机关。

第六十六条 根据维护国家安全和出境入境管理秩序的需要，必要时，出入境边防检查机关可以对出境入境的人员进行人身检查。人身检查应当由两名与受检查人同性别的边防检查人员进行。

第六十七条 签证、外国人停留居留证件等出境入境证件发生损毁、遗失、被盗抢或者签发后发现持证人不符合签发条件等情形的，由签发机关宣布该出境入境证件作废。

伪造、变造、骗取或者被证件签发机关宣布作废的出境入境证件无效。

公安机关可以对前款规定的或被他人冒用的出境入境证件予以注销或者收缴。

第六十八条 对用于组织、运送、协助他人非法出境入境的交通运输工具，以及需要作为办案证据的物品，公安机关可以扣押。

对查获的违禁物品，涉及国家秘密的文件、资料以及用于实施违反出境入境管理活动的工具等，公安机关应当予以扣押，并依照相关法律、行政法规规定处理。

第六十九条 出境入境证件的真伪由签发机关、出入境边防检查机关或者公安机关出入境管理机构认定。

第七章 法律责任

第七十条 本章规定的行政处罚，除本章另有规定外，由县级以上地方人民政府公安机关或者出入境边防检查机关决定；其中警告或者5 000元以下罚款，可以由县级以上地方人民政府公安机关出入境管理机构决定。

第七十一条 有下列行为之一的，处1 000元以上5 000元以下罚款；情节严重的，处5日以上10日以下拘留，可以并处2 000元以上10 000元以下罚款：

（一）持用伪造、变造、骗取的出境入境证件出境入境的；

（二）冒用他人出境入境证件出境入境的；

（三）逃避出境入境边防检查的；

（四）以其他方式非法出境入境的。

第七十二条 协助他人非法出境入境的，处2 000元以上10 000元以下罚款；情节严重的，处10日以上15日以下拘留，并处5 000元以上20 000元以下罚款，有违法所得的，没收违法所得。

单位有前款行为的，处10 000元以上50 000元以下罚款，有违法所得的，没收违法所得，并对其直接负责的主管人员和其他直接责任人员依照前款规定予以处罚。

第七十三条 弄虚作假骗取签证、停留居留证件等出境入境证件的，处2 000元以上5 000元以下罚款；情节严重的，处10日以上15日以下拘留，并处5 000元以上20 000元以下罚款。

单位有前款行为的，处10 000元以上50 000元以下罚款，并对其直接负责的主管人员和其他直接责任人员依照前款规定予以处罚。

第七十四条 违反本法规定，为外国人出具邀请函件或者其他申请材料的，处5 000元以上10 000元以下罚款，有违法所得的，没收违法所得，并责令其承担所邀请外国人的出境费用。

单位有前款行为的，处10 000元以上50 000元以下罚款，有违法所得的，没收违法所得，并责令其承担所邀请外国人的出境费用，对其直接负责的主管人员和其他直接责任人员依照前款规定予以处罚。

第七十五条 中国公民出境后非法前往其他国家或者地区被遣返的，出入境边防检查机关应当收缴其出境入境证件，出境入境证件签发机关自其被遣返之日起6个月至3年以内不予签发出境入境证件。

第七十六条 有下列情形之一的，给予警告，可以并处2 000元以下罚款：

（一）外国人拒不接受公安机关查验其出境入境证件的；

（二）外国人拒不交验居留证件的；

（三）未按照规定办理外国人出生登记、死亡申报的；

（四）外国人居留证件登记事项发生变更，未按照规定办理变更的；

（五）在中国境内的外国人冒用他人出境入境证件的；

（六）未按照本法第三十九条第二款规定办理登记的。

旅馆未按照规定办理外国人住宿登记的，依照《中华人民共和国治安管理处罚法》的有关规定予以处罚；未按照规定向公安机关报送外国人住宿登记信息的，给予警告；情节严重的，处1 000元以上5 000元以下罚款。

第七十七条 外国人未经批准，擅自进入限制外国人进入的区域，责令立即离开；情节严重的，处5日以上10日以下拘留。对外国人非法获取的文字记录、音像资料、电子数据和其他物品，予以收缴或者销毁，所用工具予以收缴。

外国人、外国机构违反本法规定，拒不执行公安机关、国家安全机关限期迁离决定的，给予警告并强制迁离；情节严重的，对有关责任人员处5日以上15日以下拘留。

第七十八条 外国人非法居留的，给予警告；情节严重的，处每非法居留1日500元，总额不超过10 000元的罚款或者5日以上15日以下拘留。

因监护人或者其他负有监护责任的人未尽到监护义务，致使未满16周岁的外国人非法居留的，对监护人或者其他负有监护责任的人给予警告，可以并处1 000元以下罚款。

第七十九条 容留、藏匿非法入境、非法居留的外国人，协助非法入境、非法居留的外国人逃避检查，或者为非法居留的外国人违法提供出境入境证件的，处2 000元以上10 000元以下罚款；情节严重的，处5日以上15日以下拘留，并处5 000元以上20 000元以下罚款，有违法所得的，没收违法所得。

单位有前款行为的，处10 000元以上50 000元以下罚款，有违法所得的，没收违法所得，并对其直接负责的主管人员和其他直接责任人员依照前款规定予以处罚。

第八十条 外国人非法就业的，处5 000元以上20 000元以下罚款；情节严重的，处5日以上15日以下拘留，并处5 000元以上20 000元以下罚款。

介绍外国人非法就业的，对个人处每非法介绍1人5 000元，总额不超过50 000元的罚款；对单位处每非法介绍1人5 000元，总额不超过100 000元的罚款；有违法所得的，没收违法所得。

非法聘用外国人的，处每非法聘用1人10 000元，总额不超过100 000元的罚款；有违法所得的，没收违法所得。

第八十一条 外国人从事与停留居留事由不相符的活动，或者有其他违反中国法律、法规规定，不适宜在中国境内继续停留居留情形的，可以处限期出境。

外国人违反本法规定，情节严重，尚不构成犯罪的，公安部可以处驱逐出境。公安部的处罚决定为最终决定。

被驱逐出境的外国人，自被驱逐出境之日起10年内不准入境。

第八十二条 有下列情形之一的，给予警告，可以并处2 000元以下罚款：

（一）扰乱口岸限定区域管理秩序的；

（二）外国船员及其随行家属未办理临时入境手续登陆的；

（三）未办理登轮证件上下外国船舶的。

违反前款第一项规定，情节严重的，可以并处5日以上10日以下拘留。

第八十三条 交通运输工具有下列情形之一的，对其负责人处5 000元以上50 000元以下罚款：

（一）未经查验准许擅自出境入境或者未经批准擅自改变出境入境口岸的；

（二）未按照规定如实申报员工、旅客、货物或者物品等信息，或者拒绝协助出境入境边防检查的；

（三）违反出境入境边防检查规定上下人员、装卸货物或者物品的。

出境入境交通运输工具载运不准出境入境人员出境入境的，处每载运一人5 000元以上10 000元以下罚款。交通运输工具负责人证明其已经采取合理预防措施的，可以减轻或者免予处罚。

第八十四条 交通运输工具有下列情形之一的，对其负责人处2 000元以上20 000元以下罚款：

（一）中国或者外国船舶未经批准擅自搭靠外国船舶的；

（二）外国船舶、航空器在中国境内未按照规定的路线、航线行驶的；

（三）出境入境的船舶、航空器违反规定驶入对外开放口岸以外地区的。

第八十五条 履行出境入境管理职责的工作人员，有下列行为之一的，依法给予处分：

（一）违反法律、行政法规，为不符合规定条件的外国人签发签证、外国人停留居留证件等出境入境证件的；

（二）违反法律、行政法规，审核验放不符合规定条件的人员或者交通运输工具出境入境的；

（三）泄露在出境入境管理工作中知悉的个人信息，侵害当事人合法权益的；

（四）不按照规定将依法收取的费用、收缴的罚款及没收的违法所得、非法财物上缴国库的；

（五）私分、侵占、挪用罚没、扣押的款物或者收取的费用的；

（六）滥用职权、玩忽职守、徇私舞弊，不依法履行法定职责的其他行为。

第八十六条 对违反出境入境管理行为处500元以下罚款的，出入境边防检查机关可以当场作出处罚决定。

第八十七条 对违反出境入境管理行为处罚款的，被处罚人应当自收到处罚决定书之日起15日内，到指定的银行缴纳罚款。被处罚人在所在地没有固定住所，不当场收缴罚款事后难以执行或者在口岸向指定银行缴纳罚款确有困难的，可以当场收缴。

第八十八条 违反本法规定，构成犯罪的，依法追究刑事责任。

第八章 附则

第八十九条 本法下列用语的含义：

出境，是指由中国内地前往其他国家或者地区，由中国内地前往香港特别行政区、澳门特别行政区，由中国大陆前往台湾地区。

入境，是指由其他国家或者地区进入中国内地，由香港特别行政区、澳门特别行政区进入中国内地，由台湾地区进入中国大陆。

外国人，是指不具有中国国籍的人。

第九十条 经国务院批准，同毗邻国家接壤的省、自治区可以根据中国与有关国家签订的边界管理协定制定地方性法规、地方政府规章，对两国边境接壤地区的居民往来作出规定。

第九十一条 外国驻中国的外交代表机构、领事机构成员以及享有特权和豁免的其他外国人，其入境出境及停留居留管理，其他法律另有规定的，依照其规定。

第九十二条 外国人申请办理签证、外国人停留居留证件等出境入境证件或者申请办理证件延期、变更的，应当按照规定缴纳签证费、证件费。

第九十三条 本法自2013年7月1日起施行。《中华人民共和国外国人入境出境管理法》和《中华人民共和国公民出境入境管理法》同时废止。

对外劳务合作管理条例

（中华人民共和国国务院令　第620号）

《对外劳务合作管理条例》已经2012年5月16日国务院第203次常务会议通过，现予公布，自2012年8月1日起施行。

对外劳务合作管理条例

第一章　总则

第一条　为了规范对外劳务合作，保障劳务人员的合法权益，促进对外劳务合作健康发展，制定本条例。

第二条　本条例所称对外劳务合作，是指组织劳务人员赴其他国家或者地区为国外的企业或者机构（以下统称国外雇主）工作的经营性活动。

国外的企业、机构或者个人不得在中国境内招收劳务人员赴国外工作。

第三条　国家鼓励和支持依法开展对外劳务合作，提高对外劳务合作水平，维护劳务人员的合法权益。

国务院有关部门制定和完善促进对外劳务合作发展的政策措施，建立健全对外劳务合作服务体系以及风险防范和处置机制。

第四条　国务院商务主管部门负责全国的对外劳务合作监督管理工作。国务院外交、公安、人力资源社会保障、交通运输、住房城乡建设、渔业、工商行政管理等有关部门在各自职责范围内，负责对外劳务合作监督管理的相关工作。

县级以上地方人民政府统一领导、组织、协调本行政区域的对外劳务合作监督管理工作。县级以上地方人民政府商务主管部门负责本行政区域的对外劳务合作监督管理工作，其他有关部门在各自职责范围内负责对外劳务合作监督管理的相关工作。

第二章　从事对外劳务合作的企业与劳务人员

第五条　从事对外劳务合作，应当按照省、自治区、直辖市人民政府的规定，经省级或者设区的市级人民政府商务主管部门批准，取得对外劳务合作经营资格。

第六条　申请对外劳务合作经营资格，应当具备下列条件：

（一）符合企业法人条件；

（二）实缴注册资本不低于600万元人民币；

（三）有3名以上熟悉对外劳务合作业务的管理人员；

（四）有健全的内部管理制度和突发事件应急处置制度；

（五）法定代表人没有故意犯罪记录。

第七条　申请对外劳务合作经营资格的企业，应当向所在地省级或者设区的市级人民政府商务主管部门（以下称负责审批的商务主管部门）提交其符合本条例第六条规定条件的证明材料。负责审批的商务主管部门应当自收到证明材料之日起20个工作日内进行审查，作出批准或者不予批准的决定。予以批准的，颁发对外劳务合作经营资格证书；不予批准的，书面通知申请人并说明理由。

申请人持对外劳务合作经营资格证书，依法向工商行政管理部门办理登记。

负责审批的商务主管部门应当将依法取得对外劳务合作经营资格证书并办理登记的企业（以下称对外劳务合作企业）名单报至国务院商务主管部门，国务院商务主管部门应当及时通报中国驻外使馆、领馆。

未依法取得对外劳务合作经营资格证书并办理登记，不得从事对外劳务合作。

第八条 对外劳务合作企业不得允许其他单位或者个人以本企业的名义组织劳务人员赴国外工作。

任何单位和个人不得以商务、旅游、留学等名义组织劳务人员赴国外工作。

第九条 对外劳务合作企业应当自工商行政管理部门登记之日起 5 个工作日内，在负责审批的商务主管部门指定的银行开设专门账户，缴存不低于 300 万元人民币的对外劳务合作风险处置备用金（以下简称备用金）。备用金也可以通过向负责审批的商务主管部门提交等额银行保函的方式缴存。

负责审批的商务主管部门应当将缴存备用金的对外劳务合作企业名单向社会公布。

第十条 备用金用于支付对外劳务合作企业拒绝承担或者无力承担的下列费用：

（一）对外劳务合作企业违反国家规定收取，应当退还给劳务人员的服务费；

（二）依法或者按照约定应当由对外劳务合作企业向劳务人员支付的劳动报酬；

（三）依法赔偿劳务人员的损失所需费用；

（四）因发生突发事件，劳务人员回国或者接受紧急救助所需费用。

备用金使用后，对外劳务合作企业应当自使用之日起 20 个工作日内将备用金补足到原有数额。

备用金缴存、使用和监督管理的具体办法由国务院商务主管部门会同国务院财政部门制定。

第十一条 对外劳务合作企业不得组织劳务人员赴国外从事与赌博、色情活动相关的工作。

第十二条 对外劳务合作企业应当安排劳务人员接受赴国外工作所需的职业技能、安全防范知识、外语以及用工项目所在国家或者地区相关法律、宗教信仰、风俗习惯等知识的培训；未安排劳务人员接受培训的，不得组织劳务人员赴国外工作。

劳务人员应当接受培训，掌握赴国外工作所需的相关技能和知识，提高适应国外工作岗位要求以及安全防范的能力。

第十三条 对外劳务合作企业应当为劳务人员购买在国外工作期间的人身意外伤害保险。但是，对外劳务合作企业与国外雇主约定由国外雇主为劳务人员购买的除外。

第十四条 对外劳务合作企业应当为劳务人员办理出境手续，并协助办理劳务人员在国外的居留、工作许可等手续。

对外劳务合作企业组织劳务人员出境后，应当及时将有关情况向中国驻用工项目所在国使馆、领馆报告。

第十五条 对外劳务合作企业、劳务人员应当遵守用工项目所在国家或者地区的法律，尊重当地的宗教信仰、风俗习惯和文化传统。

对外劳务合作企业、劳务人员不得从事损害国家安全和国家利益的活动。

第十六条 对外劳务合作企业应当跟踪了解劳务人员在国外的工作、生活情况，协助解决劳务人员工作、生活中的困难和问题，及时向国外雇主反映劳务人员的合理要求。

对外劳务合作企业向同一国家或者地区派出的劳务人员数量超过 100 人的，应当安排随行管理人员，并将随行管理人员名单报中国驻用工项目所在国使馆、领馆备案。

第十七条 对外劳务合作企业应当制定突发事件应急预案。国外发生突发事件的，对外劳务合作企业应当及时、妥善处理，并立即向中国驻用工项目所在国使馆、领馆和国内有关部门报告。

第十八条 用工项目所在国家或者地区发生战争、暴乱、重大自然灾害等突发事件，中国政府作出相应避险安排的，对外劳务合作企业和劳务人员应当服从安排，予以配合。

第十九条 对外劳务合作企业停止开展对外劳务合作的，应当对其派出的尚在国外工作的劳务人员作出妥善安排，并将安排方案报负责审批的商务主管部门备案。负责审批的商务主管部门应当将安排方案报至国务院商务主管部门，国务院商务主管部门应当及时通报中国驻用工项目所在国使馆、领馆。

第二十条 劳务人员有权向商务主管部门和其他有关部门投诉对外劳务合作企业违反合同约定或者其他侵害劳务人员合法权益的行为。接受投诉的部门应当按照职责依法及时处理，并将处理情况向投诉人反馈。

第三章 与对外劳务合作有关的合同

第二十一条 对外劳务合作企业应当与国外雇主订立书面劳务合作合同；未与国外雇主订立书面劳务合作合同的，不得组织劳务人员赴国外工作。

劳务合作合同应当载明与劳务人员权益保障相关的下列事项：

（一）劳务人员的工作内容、工作地点、工作时间和休息休假；

（二）合同期限；

（三）劳务人员的劳动报酬及其支付方式；

（四）劳务人员社会保险费的缴纳；

（五）劳务人员的劳动条件、劳动保护、职业培训和职业危害防护；

（六）劳务人员的福利待遇和生活条件；

（七）劳务人员在国外居留、工作许可等手续的办理；

（八）劳务人员人身意外伤害保险的购买；

（九）因国外雇主原因解除与劳务人员的合同对劳务人员的经济补偿；

（十）发生突发事件对劳务人员的协助、救助；

（十一）违约责任。

第二十二条 对外劳务合作企业与国外雇主订立劳务合作合同，应当事先了解国外雇主和用工项目的情况以及用工项目所在国家或者地区的相关法律。

用工项目所在国家或者地区法律规定企业或者机构使用外籍劳务人员需经批准的，对外劳务合作企业只能与经批准的企业或者机构订立劳务合作合同。

对外劳务合作企业不得与国外的个人订立劳务合作合同。

第二十三条 除本条第二款规定的情形外，对外劳务合作企业应当与劳务人员订立书面服务合同；未与劳务人员订立书面服务合同的，不得组织劳务人员赴国外工作。服务合同应当载明劳务合作合同中与劳务人员权益保障相关的事项，以及服务项目、服务费及其收取方式、违约责任。

对外劳务合作企业组织与其建立劳动关系的劳务人员赴国外工作的，与劳务人员订立的劳动合同应当载明劳务合作合同中与劳务人员权益保障相关的事项；未与劳务人员订立劳动合同的，不得组织劳务人员赴国外工作。

第二十四条 对外劳务合作企业与劳务人员订立服务合同或者劳动合同时，应当将劳务合作合同中与劳务人员权益保障相关的事项以及劳务人员要求了解的其他情况如实告知劳务人员，并向劳务人员明确提示包括人身安全风险在内的赴国外工作的风险，不得向劳务人员隐瞒有关信息或者提供虚假信息。

对外劳务合作企业有权了解劳务人员与订立服务合同、劳动合同直接相关的个人基本情况，劳务人员应当如实说明。

第二十五条 对外劳务合作企业向与其订立

服务合同的劳务人员收取服务费，应当符合国务院价格主管部门会同国务院商务主管部门制定的有关规定。

对外劳务合作企业不得向与其订立劳动合同的劳务人员收取服务费。

对外劳务合作企业不得以任何名目向劳务人员收取押金或者要求劳务人员提供财产担保。

第二十六条 对外劳务合作企业应当自与劳务人员订立服务合同或者劳动合同之日起10个工作日内，将服务合同或者劳动合同、劳务合作合同副本以及劳务人员名单报负责审批的商务主管部门备案。负责审批的商务主管部门应当将用工项目、国外雇主的有关信息以及劳务人员名单报至国务院商务主管部门。

商务主管部门发现服务合同或者劳动合同、劳务合作合同未依照本条例规定载明必备事项的，应当要求对外劳务合作企业补正。

第二十七条 对外劳务合作企业应当负责协助劳务人员与国外雇主订立确定劳动关系的合同，并保证合同中有关劳务人员权益保障的条款与劳务合作合同相应条款的内容一致。

第二十八条 对外劳务合作企业、劳务人员应当信守合同，全面履行合同约定的各自的义务。

第二十九条 劳务人员在国外实际享有的权益不符合合同约定的，对外劳务合作企业应当协助劳务人员维护合法权益，要求国外雇主履行约定义务、赔偿损失；劳务人员未得到应有赔偿的，有权要求对外劳务合作企业承担相应的赔偿责任。对外劳务合作企业不协助劳务人员向国外雇主要求赔偿的，劳务人员可以直接向对外劳务合作企业要求赔偿。

劳务人员在国外实际享有的权益不符合用工项目所在国家或者地区法律规定的，对外劳务合作企业应当协助劳务人员维护合法权益，要求国外雇主履行法律规定的义务、赔偿损失。

因对外劳务合作企业隐瞒有关信息或者提供虚假信息等原因，导致劳务人员在国外实际享有的权益不符合合同约定的，对外劳务合作企业应当承担赔偿责任。

第四章 政府的服务和管理

第三十条 国务院商务主管部门会同国务院有关部门建立对外劳务合作信息收集、通报制度，为对外劳务合作企业和劳务人员无偿提供信息服务。

第三十一条 国务院商务主管部门会同国务院有关部门建立对外劳务合作风险监测和评估机制，及时发布有关国家或者地区安全状况的评估结果，提供预警信息，指导对外劳务合作企业做好安全风险防范；有关国家或者地区安全状况难以保障劳务人员人身安全的，对外劳务合作企业不得组织劳务人员赴上述国家或者地区工作。

第三十二条 国务院商务主管部门会同国务院统计部门建立对外劳务合作统计制度，及时掌握并汇总、分析对外劳务合作发展情况。

第三十三条 国家财政对劳务人员培训给予必要的支持。

国务院商务主管部门会同国务院人力资源社会保障部门应当加强对劳务人员培训的指导和监督。

第三十四条 县级以上地方人民政府根据本地区开展对外劳务合作的实际情况，按照国务院商务主管部门会同国务院有关部门的规定，组织建立对外劳务合作服务平台（以下简称服务平台），为对外劳务合作企业和劳务人员无偿提供相关服务，鼓励、引导对外劳务合作企业通过服务平台招收劳务人员。

国务院商务主管部门会同国务院有关部门应当加强对服务平台运行的指导和监督。

第三十五条 中国驻外使馆、领馆为对外劳务合作企业了解国外雇主和用工项目的情况以及用工项目所在国家或者地区的法律提供必要的协助，依据职责维护对外劳务合作企业和劳务人员在国外的正当权益，发现违反本条例规定的行为及时通报国务院商务主管部门和有关省、自治区、直辖市人民政府。

劳务人员可以合法、有序地向中国驻外使馆、领馆反映相关诉求，不得干扰使馆、领馆正常工作秩序。

第三十六条　国务院有关部门、有关县级以上地方人民政府应当建立健全对外劳务合作突发事件预警、防范和应急处置机制，制定对外劳务合作突发事件应急预案。

对外劳务合作突发事件应急处置由组织劳务人员赴国外工作的单位或者个人所在地的省、自治区、直辖市人民政府负责，劳务人员户籍所在地的省、自治区、直辖市人民政府予以配合。

中国驻外使馆、领馆协助处置对外劳务合作突发事件。

第三十七条　国务院商务主管部门会同国务院有关部门建立对外劳务合作不良信用记录和公告制度，公布对外劳务合作企业和国外雇主不履行合同约定、侵害劳务人员合法权益的行为，以及对对外劳务合作企业违法行为的处罚决定。

第三十八条　对违反本条例规定组织劳务人员赴国外工作，以及其他违反本条例规定的行为，任何单位和个人有权向商务、公安、工商行政管理等有关部门举报。接到举报的部门应当在职责范围内及时处理。

国务院商务主管部门会同国务院公安、工商行政管理等有关部门，建立健全相关管理制度，防范和制止非法组织劳务人员赴国外工作的行为。

第五章　法律责任

第三十九条　未依法取得对外劳务合作经营资格，从事对外劳务合作的，由商务主管部门提请工商行政管理部门依照《无照经营查处取缔办法》的规定查处取缔；构成犯罪的，依法追究刑事责任。

第四十条　对外劳务合作企业有下列情形之一的，由商务主管部门吊销其对外劳务合作经营资格证书，有违法所得的予以没收：

（一）以商务、旅游、留学等名义组织劳务人员赴国外工作；

（二）允许其他单位或者个人以本企业的名义组织劳务人员赴国外工作；

（三）组织劳务人员赴国外从事与赌博、色情活动相关的工作。

第四十一条　对外劳务合作企业未依照本条例规定缴存或者补足备用金的，由商务主管部门责令改正；拒不改正的，吊销其对外劳务合作经营资格证书。

第四十二条　对外劳务合作企业有下列情形之一的，由商务主管部门责令改正；拒不改正的，处5万元以上10万元以下的罚款，并对其主要负责人处1万元以上3万元以下的罚款：

（一）未安排劳务人员接受培训，组织劳务人员赴国外工作；

（二）未依照本条例规定为劳务人员购买在国外工作期间的人身意外伤害保险；

（三）未依照本条例规定安排随行管理人员。

第四十三条　对外劳务合作企业有下列情形之一的，由商务主管部门责令改正，处10万元以上20万元以下的罚款，并对其主要负责人处2万元以上5万元以下的罚款；在国外引起重大劳务纠纷、突发事件或者造成其他严重后果的，吊销其对外劳务合作经营资格证书：

（一）未与国外雇主订立劳务合作合同，组织劳务人员赴国外工作；

（二）未依照本条例规定与劳务人员订立服务合同或者劳动合同，组织劳务人员赴国外工作；

（三）违反本条例规定，与未经批准的国外雇主或者与国外的个人订立劳务合作合同，组织劳务人员赴国外工作；

（四）与劳务人员订立服务合同或者劳动合同，隐瞒有关信息或者提供虚假信息；

（五）在国外发生突发事件时不及时处理；

（六）停止开展对外劳务合作，未对其派出的尚在国外工作的劳务人员作出安排。

有前款第四项规定情形，构成犯罪的，依法追究刑事责任。

第四十四条 对外劳务合作企业向与其订立服务合同的劳务人员收取服务费不符合国家有关规定，或者向劳务人员收取押金、要求劳务人员提供财产担保的，由价格主管部门依照有关价格的法律、行政法规的规定处罚。

对外劳务合作企业向与其订立劳动合同的劳务人员收取费用的，依照《中华人民共和国劳动合同法》的规定处罚。

第四十五条 对外劳务合作企业有下列情形之一的，由商务主管部门责令改正；拒不改正的，处1万元以上2万元以下的罚款，并对其主要负责人处2 000元以上5 000元以下的罚款：

（一）未将服务合同或者劳动合同、劳务合作合同副本以及劳务人员名单报商务主管部门备案；

（二）组织劳务人员出境后，未将有关情况向中国驻用工项目所在国使馆、领馆报告，或者未依照本条例规定将随行管理人员名单报负责审批的商务主管部门备案；

（三）未制定突发事件应急预案；

（四）停止开展对外劳务合作，未将其对劳务人员的安排方案报商务主管部门备案。

对外劳务合作企业拒不将服务合同或者劳动合同、劳务合作合同副本报商务主管部门备案，且合同未载明本条例规定的必备事项，或者在合同备案后拒不按照商务主管部门的要求补正合同必备事项的，依照本条例第四十三条的规定处罚。

第四十六条 商务主管部门、其他有关部门在查处违反本条例行为的过程中，发现违法行为涉嫌构成犯罪的，应当依法及时移送司法机关处理。

第四十七条 商务主管部门和其他有关部门的工作人员，在对外劳务合作监督管理工作中有下列行为之一的，依法给予处分；构成犯罪的，依法追究刑事责任：

（一）对不符合本条例规定条件的对外劳务合作经营资格申请予以批准；

（二）对外劳务合作企业不再具备本条例规定的条件而不撤销原批准；

（三）对违反本条例规定组织劳务人员赴国外工作以及其他违反本条例规定的行为不依法查处；

（四）其他滥用职权、玩忽职守、徇私舞弊，不依法履行监督管理职责的行为。

第六章 附则

第四十八条 有关对外劳务合作的商会按照依法制定的章程开展活动，为成员提供服务，发挥自律作用。

第四十九条 对外承包工程项下外派人员赴国外工作的管理，依照《对外承包工程管理条例》以及国务院商务主管部门、国务院住房城乡建设主管部门的规定执行。

外派海员类（不含渔业船员）对外劳务合作的管理办法，由国务院交通运输主管部门根据《中华人民共和国船员条例》以及本条例的有关规定另行制定。

第五十条 组织劳务人员赴香港特别行政区、澳门特别行政区、台湾地区工作的，参照本条例的规定执行。

第五十一条 对外劳务合作企业组织劳务人员赴国务院商务主管部门会同国务院外交等有关部门确定的特定国家或者地区工作的，应当经国务院商务主管部门会同国务院有关部门批准。

第五十二条 本条例施行前按照国家有关规定经批准从事对外劳务合作的企业，不具备本条例规定条件的，应当在国务院商务主管部门规定的期限内达到本条例规定的条件；逾期达不到本条例规定条件的，不得继续从事对外劳务合作。

第五十三条 本条例自2012年8月1日起施行。

企业劳动争议协商调解规定

（中华人民共和国人力资源和社会保障部令　第17号）

《企业劳动争议协商调解规定》已经人力资源和社会保障部第76次部务会审议通过，现予公布，自2012年1月1日起施行。

企业劳动争议协商调解规定

第一章　总则

第一条　为规范企业劳动争议协商、调解行为，促进劳动关系和谐稳定，根据《中华人民共和国劳动争议调解仲裁法》，制定本规定。

第二条　企业劳动争议协商、调解，适用本规定。

第三条　企业应当依法执行职工大会、职工代表大会、厂务公开等民主管理制度，建立集体协商、集体合同制度，维护劳动关系和谐稳定。

第四条　企业应当建立劳资双方沟通对话机制，畅通劳动者利益诉求表达渠道。

劳动者认为企业在履行劳动合同、集体合同，执行劳动保障法律、法规和企业劳动规章制度等方面存在问题的，可以向企业劳动争议调解委员会（以下简称调解委员会）提出。调解委员会应当及时核实情况，协调企业进行整改或者向劳动者做出说明。

劳动者也可以通过调解委员会向企业提出其他合理诉求。调解委员会应当及时向企业转达，并向劳动者反馈情况。

第五条　企业应当加强对劳动者的人文关怀，关心劳动者的诉求，关注劳动者的心理健康，引导劳动者理性维权，预防劳动争议发生。

第六条　协商、调解劳动争议，应当根据事实和有关法律法规的规定，遵循平等、自愿、合法、公正、及时的原则。

第七条　人力资源和社会保障行政部门应当指导企业开展劳动争议预防调解工作，具体履行下列职责：

（一）指导企业遵守劳动保障法律、法规和政策；

（二）督促企业建立劳动争议预防预警机制；

（三）协调工会、企业代表组织建立企业重大集体性劳动争议应急调解协调机制，共同推动企业劳动争议预防调解工作；

（四）检查辖区内调解委员会的组织建设、制度建设和队伍建设情况。

第二章　协商

第八条　发生劳动争议，一方当事人可以通过与另一方当事人约见、面谈等方式协商解决。

第九条　劳动者可以要求所在企业工会参与或者协助其与企业进行协商。工会也可以主动参与劳动争议的协商处理，维护劳动者合法权益。

劳动者可以委托其他组织或者个人作为其代表进行协商。

第十条　一方当事人提出协商要求后，另一方当事人应当积极做出口头或者书面回应。5日内不做出回应的，视为不愿协商。

协商的期限由当事人书面约定，在约定的期限内没有达成一致的，视为协商不成。当事人可以书面约定延长期限。

第十一条 协商达成一致，应当签订书面和解协议。和解协议对双方当事人具有约束力，当事人应当履行。

经仲裁庭审查，和解协议程序和内容合法有效的，仲裁庭可以将其作为证据使用。但是，当事人为达成和解的目的作出妥协所涉及的对争议事实的认可，不得在其后的仲裁中作为对其不利的证据。

第十二条 发生劳动争议，当事人不愿协商、协商不成或者达成和解协议后，一方当事人在约定的期限内不履行和解协议的，可以依法向调解委员会或者乡镇、街道劳动就业社会保障服务所（中心）等其他依法设立的调解组织申请调解，也可以依法向劳动人事争议仲裁委员会（以下简称仲裁委员会）申请仲裁。

第三章 调解

第十三条 大中型企业应当依法设立调解委员会，并配备专职或者兼职工作人员。

有分公司、分店、分厂的企业，可以根据需要在分支机构设立调解委员会。总部调解委员会指导分支机构调解委员会开展劳动争议预防调解工作。

调解委员会可以根据需要在车间、工段、班组设立调解小组。

第十四条 小微型企业可以设立调解委员会，也可以由劳动者和企业共同推举人员，开展调解工作。

第十五条 调解委员会由劳动者代表和企业代表组成，人数由双方协商确定，双方人数应当对等。劳动者代表由工会委员会成员担任或者由全体劳动者推举产生，企业代表由企业负责人指定。调解委员会主任由工会委员会成员或者双方推举的人员担任。

第十六条 调解委员会履行下列职责：

（一）宣传劳动保障法律、法规和政策；

（二）对本企业发生的劳动争议进行调解；

（三）监督和解协议、调解协议的履行；

（四）聘任、解聘和管理调解员；

（五）参与协调履行劳动合同、集体合同、执行企业劳动规章制度等方面出现的问题；

（六）参与研究涉及劳动者切身利益的重大方案；

（七）协助企业建立劳动争议预防预警机制。

第十七条 调解员履行下列职责：

（一）关注本企业劳动关系状况，及时向调解委员会报告；

（二）接受调解委员会指派，调解劳动争议案件；

（三）监督和解协议、调解协议的履行；

（四）完成调解委员会交办的其他工作。

第十八条 调解员应当公道正派、联系群众、热心调解工作，具有一定劳动保障法律政策知识和沟通协调能力。调解员由调解委员会聘任的本企业工作人员担任，调解委员会成员均为调解员。

第十九条 调解员的聘期至少为1年，可以续聘。调解员不能履行调解职责时，调解委员会应当及时调整。

第二十条 调解员依法履行调解职责，需要占用生产或者工作时间的，企业应当予以支持，并按照正常出勤对待。

第二十一条 发生劳动争议，当事人可以口头或者书面形式向调解委员会提出调解申请。

申请内容应当包括申请人基本情况、调解请求、事实与理由。

口头申请的，调解委员会应当当场记录。

第二十二条 调解委员会接到调解申请后，对属于劳动争议受理范围且双方当事人同意调解的，应当在3个工作日内受理。对不属于劳动争议受理范围或者一方当事人不同意调解的，应当做好记录，并书面通知申请人。

第二十三条 发生劳动争议，当事人没有提出调解申请,调解委员会可以在征得双方当事人同意后主动调解。

第二十四条 调解委员会调解劳动争议一般不公开进行。但是,双方当事人要求公开调解的除外。

第二十五条 调解委员会根据案件情况指定调解员或者调解小组进行调解,在征得当事人同意后,也可以邀请有关单位和个人协助调解。

调解员应当全面听取双方当事人的陈述,采取灵活多样的方式方法,开展耐心、细致的说服疏导工作,帮助当事人自愿达成调解协议。

第二十六条 经调解达成调解协议的,由调解委员会制作调解协议书。调解协议书应当写明双方当事人基本情况、调解请求事项、调解的结果和协议履行期限、履行方式等。

调解协议书由双方当事人签名或者盖章,经调解员签名并加盖调解委员会印章后生效。

调解协议书一式三份,双方当事人和调解委员会各执一份。

第二十七条 生效的调解协议对双方当事人具有约束力,当事人应当履行。

双方当事人可以自调解协议生效之日起15日内共同向仲裁委员会提出仲裁审查申请。仲裁委员会受理后,应当对调解协议进行审查,并根据《劳动人事争议仲裁办案规则》第五十四条规定,对程序和内容合法有效的调解协议,出具调解书。

第二十八条 双方当事人未按前条规定提出仲裁审查申请,一方当事人在约定的期限内不履行调解协议的,另一方当事人可以依法申请仲裁。

仲裁委员会受理仲裁申请后,应当对调解协议进行审查,调解协议合法有效且不损害公共利益或者第三人合法利益的,在没有新证据出现的情况下,仲裁委员会可以依据调解协议作出仲裁裁决。

第二十九条 调解委员会调解劳动争议,应当自受理调解申请之日起15日内结束。但是,双方当事人同意延期的可以延长。

在前款规定期限内未达成调解协议的,视为调解不成。

第三十条 当事人不愿调解、调解不成或者达成调解协议后,一方当事人在约定的期限内不履行调解协议的,调解委员会应当做好记录,由双方当事人签名或者盖章,并书面告知当事人可以向仲裁委员会申请仲裁。

第三十一条 有下列情形之一的,按照《劳动人事争议仲裁办案规则》第十条的规定属于仲裁时效中断,从中断时起,仲裁时效期间重新计算:

(一)一方当事人提出协商要求后,另一方当事人不同意协商或者在5日内不做出回应的;

(二)在约定的协商期限内,一方或者双方当事人不同意继续协商的;

(三)在约定的协商期限内未达成一致的;

(四)达成和解协议后,一方或者双方当事人在约定的期限内不履行和解协议的;

(五)一方当事人提出调解申请后,另一方当事人不同意调解的;

(六)调解委员会受理调解申请后,在第二十九条规定的期限内一方或者双方当事人不同意调解的;

(七)在第二十九条规定的期限内未达成调解协议的;

(八)达成调解协议后,一方当事人在约定期限内不履行调解协议的。

第三十二条 调解委员会应当建立健全调解登记、调解记录、督促履行、档案管理、业务培训、统计报告、工作考评等制度。

第三十三条 企业应当支持调解委员会开展调解工作,提供办公场所,保障工作经费。

第三十四条 企业未按照本规定成立调解委员会,劳动争议或者群体性事件频发,影响劳动关系和谐,造成重大社会影响的,由县级以上人力资源和社会保障行政部门予以通报;违反法律法规规定的,依法予以处理。

第三十五条 调解员在调解过程中存在严重失职或者违法违纪行为,侵害当事人合法权益的,调解委员会应当予以解聘。

第四章 附则

第三十六条 民办非企业单位、社会团体开展劳动争议协商、调解工作参照本规定执行。

第三十七条 本规定自2012年1月1日起施行。

质量监督检验检疫统计管理办法

（国家质量监督检验检疫总局令 第147号）

《质量监督检验检疫统计管理办法》已经2012年6月27日国家质量监督检验检疫总局局务会议审议通过，现予公布，自2012年10月1日起实施。

质量监督检验检疫统计管理办法

第一条 为规范质量监督检验检疫统计活动，保证统计质量，充分发挥统计在质量监督检验检疫工作中的重要作用，根据统计法律法规等有关规定，制定本办法。

第二条 国家质量监督检验检疫总局与其设在各地的出入境检验检疫机构以及地方各级质量技术监督部门（以下统称“各级质检部门”）依法组织实施的质量监督检验检疫统计，适用本办法。

本办法所称质量监督检验检疫统计，是指根据国家统计法律法规，结合质量监督检验检疫工作实际，制定统计项目、编制统计计划和方案、制定统计制度，开展统计调查、统计分析，提供统计资料和信息咨询等活动。

第三条 质量监督检验检疫统计在国家集中的统计系统范围内实行统一管理、分级负责的原则。

国家质量监督检验检疫总局在职责范围内统一管理全国的质量监督检验检疫统计工作。

地方各级质检部门在本行政区域内负责各自职责范围内的质量监督检验检疫统计工作。

第四条 国家质量监督检验检疫总局设立的统计机构归口负责组织管理、综合协调质量监督检验检疫统计工作。

地方各级质检部门应当设立统计机构或者设置统计人员，并指定统计负责人，具体负责本部门职责范围内的统计工作。

第五条 质量监督检验检疫统计应当依法接受本级政府统计主管部门的指导以及社会的监督。

任何单位和个人有权检举质量监督检验检疫统计中的违法行为。

第六条 各级质检部门的统计机构和统计人员对在质量监督检验检疫统计活动中知悉的国家秘密、商业秘密和个人隐私应当严格保密。

第七条 各级质检部门的统计机构和统计人员依法独立行使统计职权。

各级质检部门的统计机构和统计人员应当如实搜集、整理统计资料，不得伪造、篡改统计资料，不得以任何方式要求任何单位和个人提供不真实的统计资料。

各级质检部门的负责人不得自行修改统计机构和统计人员依法搜集整理的统计资料，不得以任何方式要求统计机构和统计人员伪造、篡改统计资料。

第八条 各级质检部门应当为统计提供必要经费等条件保障,加强统计信息化建设。国家质量监督检验检疫总局应当加强对统计信息化建设的指导和规范。

第九条 各级质检部门应当加强质量监督检验检疫统计科学研究,健全统计指标体系,完善统计制度,改进统计方法,保证统计质量。

第十条 各级质检部门及其他组织机构和个人按照统计制度等相关规定被列入质量监督检验检疫统计对象的,必须依法真实、准确、完整、及时地提供统计所需的资料。

第十一条 质量监督检验检疫统计项目应当科学、实用。

质量监督检验检疫统计项目是指统计法及其实施细则规定的国家质量监督检验检疫总局的专业性质量监督检验检疫统计调查项目和地方各级质量技术监督部门的地方性质量技术监督统计调查项目。

涉及各级质检部门人事、机构、财务、科技等发展状况的事务统计和出入境检验检疫、质量技术监督业务开展情况的业务统计可以列入本办法规定的统计项目。

国家质量监督检验检疫总局的专业性质量监督检验检疫统计项目和地方各级质量技术监督部门的地方性质量技术监督统计项目应当互相衔接,避免矛盾、重复。

第十二条 国家质量监督检验检疫总局的专业性质量监督检验检疫统计项目由国家质量监督检验检疫总局制定;地方各级质量技术监督部门的地方性质量技术监督统计项目由地方各级质量技术监督部门制定。

制定质量监督检验检疫统计项目,前款规定的制定部门应当进行必要性、可行性、科学性、实用性、协调一致性等审查。

第十三条 国家质量监督检验检疫总局制定的专业性质量监督检验检疫统计项目的统计调查对象属于质检部门管辖系统的,应当报国务院统计主管部门备案;统计调查对象超出质检部门管辖系统的,应当报国务院统计主管部门审批。

地方各级质量技术监督部门制定的地方性质量技术监督统计调查项目应当报本级政府统计主管部门审批,并报上级质量技术监督部门备案。

第十四条 各级质检部门制定质量监督检验检疫统计项目,应当同时制定该项目的统计调查制度并依照本办法第十三条的规定一并报经审批或者备案。统计调查制度变更的,应当报原审批或备案机关重新审批或备案。

第十五条 制定统计调查制度,应当按照统计项目编制统计调查计划和统计调查方案。

第十六条 统计调查制度应当对调查目的、调查内容、调查方法、调查对象、调查组织方式、调查表式、统计资料的报送和公布等作出规定。

统计调查计划应当列明项目名称、调查机关、调查目的、调查范围、调查对象、调查方式、调查时间、调查的主要内容等。

统计调查方案应当包含供统计调查对象填报用的统计调查表和说明书、供整理上报用的统计综合表和说明书、统计调查需要的人员和经费及其来源。统计调查方案所规定的指标含义、调查范围、计算方法、分类目录、调查表式、统计编码等,未经批准该统计调查方案的部门同意,任何单位或者个人不得修改。

统计调查表应当按规定在右上角标明表号、制表机关、批准或者备案机关、批准或者备案文号、有效期限等。

第十七条 质量监督检验检疫统计调查应按照统计调查制度组织实施。

第十八条 开展统计调查,搜集、整理统计资料,应当以周期性普查为基础,以经常性抽样调查为主体,综合运用全面调查、重点调查等方法,充分利用行政记录等资料,并充分利用统计标准化、信息化技术。

需要通过实施产品抽样检验获取统计资料的，按有关规定执行。

第十九条 各级质检部门对统计调查取得的质量监督检验检疫统计资料，应当运用科学方法，采用定量与定性相结合的方式进行统计分析。

第二十条 各级质检部门应当建立健全质量监督检验检疫统计资料的报送、保存、归档、使用等管理制度，保证统计资料的真实性、准确性、完整性、及时性。

第二十一条 质量监督检验检疫统计资料的公布以及统计信息咨询应当严格按照统计法律法规和有关规定执行。

第二十二条 各级质检部门应当对质量监督检验检疫统计工作推行责任制。国家质量监督检验检疫总局定期对质量监督检验检疫统计工作进行考核和奖惩。

第二十三条 各级质检部门应当定期或不定期地对质量监督检验检疫统计活动进行监督检查，对质量监督检验检疫统计活动中的违法行为，在职责范围内给予处分或处罚；应当移送本级政府统计主管部门管理的，依法移送处理；构成犯罪的，依法移送有关部门追究刑事责任。

第二十四条 各级质检部门可以按照有关法律法规规定委托有关机构，具体承担统计调查和统计分析相关的具体技术工作。

第二十五条 国家质量监督检验检疫总局对出入境检验检疫、质量技术监督业务统计有特殊规定的，从其规定。

第二十六条 本办法由国家质量监督检验检疫总局负责解释。

第二十七条 本办法自2012年10月1日起施行。

中国工程机械工业年鉴2012

大事记

记载2011年度发生的工程机械行业的重大事件

大事记

中国工程机械行业大事记(2011年)

1月

8日　中联重科股份有限公司土方机械分公司在陕西省渭南市国家级高新技术产业开发区举行渭南工业园盛大开园仪式,主题为“共襄、共享、共赢”。中国工程机械工业协会会长祁俊出席了此次活动并发表讲话。

18日　柳工收购波兰HSW公司工程机械业务终于取得了重要成果。双方在北京举行了初步协议签字仪式,柳工董事长王晓华与波兰HSW公司总裁克里斯托弗·特洛菲尼亚克分别在收购文本上签字。该收购协议的成功签署,标志着柳工国际化战略进入一个崭新的阶段,开启了柳工国际并购的序幕。

19日　科技部与住房和城乡建设部在北京召开了“十一五”国家科技支持计划重点项目“建筑工程装备研究与产业化开发”课题验收会议。中国工程机械工业协会的专家参加了会议。

由北京建筑机械化研究院、中联重科、沈阳建筑大学等单位完成的该项目所属的6个课题通过了验收。它们是:建筑基础深基坑支护施工设备研究与产业化开发,动臂变幅大吨位起重机研究与产业化开发,异型高耸建筑主体施工多功能升降机研究与产业化开发,起重机械安全监控与信息化管理系统研究与产业化开发,智能化钢筋部品生产成套设备研究与产业化开发及异型石材多功能数控加工成套设备研究与产业化开发。

月内　山推股份有限公司传动分公司入驻山推国际事业园。山推股份大手笔投资为传动分公司建设的新厂,将成为一个具有国际水准的传动部件制造基地。新工厂投入使用后可达到年产液力变矩器10万台,变速箱4万台以上的能力。

月内　迪尔公司(Deere & Company)宣布,该公司计划在中国开设一家新的建筑设备厂,其产品将主要用于在中国市场销售和出口其他市场。工厂的投资约为5 000万美元。

新工厂坐落于天津经济技术开发区,主要生产四轮驱动装载机和挖掘机。该工厂是迪尔在中国的第6家工厂,在这6家工厂中,有两家是合资工厂。

2月

9日　民政部国家民间组织管理局下发民管函[2011]10号“全国性行业协会商会评估等级通知书”,告知中国工程机械工业协会在此次全国性行业协会商会评估中荣获4A等级。

24日　中国工程机械工业协会施工机械化分会和中国建筑学会建筑施工分会在北京建工集团有限责任公司联合召开了2011年理事长扩大会议,来自京津地区分会理事长、副理事长、常务理事和秘书处工作人员共17人参加此次会议。

28日　三一美国公司一期工程落成典礼在美国亚特兰大南郊桃树市举行。湖南省省委书记周强、中国驻休斯敦总领事高燕平出席落成典礼并为三一美国公司揭牌。湖南省代表团成员及当地政经界人士共300多人出席仪式。

月内　中铁与柳工战略合作伙伴协议签字仪式在上海浦东富豪金丰大酒店隆重举行。中国中铁股份有限公司副总裁段秀斌和柳工集团董事长王晓华作为签字代表出席了签约仪式。中国中铁工业设备部部长薛林、柳工集团总裁杨一川、鸿得利公司董事长徐沛良等8位领导出席了签字仪式。此外,出席签约仪式的还有中国中铁各局领导及柳工集团领导、鸿得利公司领导等80余人。

月内 徐工集团与几内亚代理吉高普拉斯公司合作成立徐工机械零备件及售后服务中心签约仪式在首都科纳克里的novotel大酒店隆重举行。该售后服务中心将辐射西非10多个法语国家。

3月

1~3日 中国工程机械工业协会2010年分支机构工作会议在北京召开。会长祁俊、秘书长苏子孟、名誉会长兼首席顾问韩学松等领导出席会议,来自各分支机构的秘书长及代表等共68人参加了会议。会议分别由协会名誉会长兼首席顾问韩学松和秘书长苏子孟主持。

来自29个分支机构的代表参加了会议,并针对协会工作各抒已见,从不同的角度发表了工作意见和思考,提出了很多建设性意见。

6日 由中国工程机械工业协会主办,中国工程机械工业协会信息工作委员会、《建设机械技术与管理》杂志联合承办的"工程机械行业两会代表碰面会"在北京红色凯旋门大酒店举办。

全国政协委员龙国键、山河智能董事长何清华、山东临工董事长王志中、华夏集团董事长夏春亭、徐工集团科技质量部部长阎丽娟等工程机械行业"两会代表"与协会领导再聚首,共同探讨"十二五"期间行业的发展走势以及或将遇到的问题,还就企业各自的经营模式、运营机制等问题交流了经验。

16日 中国工程机械行业最具含金量和影响力的"2010中国工程机械年度产品TOP50"颁奖典礼在北京成功举行,原机械工业部部长何光远、工信部景晓波助理巡视员和中国工程机械工业协会会长祁俊、名誉会长兼首席顾问韩学松等领导以及来自有关部委、协会、制造企业、用户和新闻媒体的200余位嘉宾参加了本届盛典。

22日 三年一届的美国拉斯维加斯国际工程机械展开幕,中国工程机械工业协会祁俊会长代表中国展团应邀出席开幕式,全世界的工程机械巨头聚集本次展会。

中国工程机械工业协会、中国机电产品进出口商会组织中国工程机械行业57家整机及零部件企业组成的中国展团强势亮相此次会展,吸引了包括北美、南美洲等世界各有关合作伙伴和用户的普遍关注。预计本次展会来自中国的参展和参观人员达3 000多人。

29日 中国国机重工集团有限公司(以下简称"国机重工")所属企业鼎盛天工工程机械股份有限公司(以下简称"鼎盛天工")喀麦隆项目120台设备发运仪式在鼎盛天工生产厂区隆重举行。

此次发运仪式得到了中喀双方政府领导及集团领导的高度重视,此外,还有来自天津市委各委办局、行业协会、同行业企业单位的代表也受邀出席了发运仪式。

月内 为了巩固和加深与有色金属及矿山机械行业企业及用户的联系,BICES主办方与中国有色金属建设协会达成了合作。中国有色金属建设协会将作为BICES2011的支持单位,全力支持BICES在有色及矿山行业的组织展商和观众等相关工作。

此次合作,将使BICES在原有覆盖工程机械、建材机械及矿山机械领域的基础上又一重要进展。合作后,BICES将全面覆盖中国有色金属建设协会下的全国有色金属及相关行业勘察、设计、施工企业和厂矿建设单位,进一步增加丰富了BICES的展品范围及相应的展商和观众,扩大了BICES的行业影响力。

月内 中国工程机械工业协会再传喜讯,继2月9日通过2010年的全国性行业协会商会4A等级评估后,协会及协会名誉会长兼首席顾问韩学松同志因成绩显著、表现突出,分别被中国机械工业联合会授予"先进协(学)会"和"优秀协(学)会工作者"荣誉称号。

月内 经过公司申报、专家评审、现场可行性论证以及最后综合评审答辩，广西柳工机械股份有限公司获得科技部专家和同行专家的一致认可，被批准成为我国唯一的“土方机械行业国家级工程技术研究中心”，这是我国土方机械行业科研开发、技术创新和产业化示范的重要基地，代表了我国土方机械行业技术研发和成果转化的一流水平。

柳工是中国机械行业中研发、制造土方机械品种最全、销售额最大、市场覆盖面最广的企业。生产的土方机械有8种，包括了土方机械最主要品种。柳工装载机世界销量第一，压路机和平地机在国内销量都名列前茅。

月内 江苏江阴临港新城机械装备产业园迎来了柳工无锡路面机械研发制造基地的落户。柳工集团公司总裁杨一川、公司副总裁黄敏，江阴市市长王锡南、副市长计军、副市长张济建等领导为基地新厂房的开工奠基。

柳工无锡研发制造基地占地面积46万 m^2，一期投资12亿元，将分别建设平地机、压路机、摊铺机、铣刨机4条产品线及相应的配套设施。基地建成后，将达到年产路面机械万台生产能力，成为柳工新的经济增长点。

月内 江西萍钢实业股份有限公司投资宜工集团建设传统暨新能源工程机械项目合作协议签约仪式在江西省宜春市举行。根据有关协议，“十二五”期间，萍钢将向宜工陆续注入资金超50亿元，在五年后将宜工打造成年销售收入超百亿元的大型企业。

月内 天津市副市长任学锋在市政府贵宾厅会见了约翰迪尔全球总裁大卫·艾威瑞特，双方就约翰迪尔公司下一步投资项目交换了意见。继开发区的大功率拖拉机工厂和变速箱工厂后，约翰迪尔公司增资4 800万美元，将工程机械研发生产基地引入天津，此项目正在建设中，工厂于2012年投产。

月内 北方重工盾构机分公司通过中国技术进出口总公司与伊朗德黑兰盾构机分公司签订了两台盾构机的订货合同，该项目创下了北方重工盾构机单笔出口订单金额的历史最高纪录。

4 月

2 日 徐工集团百亿产业基地项目在上海正式签约。徐工在上海投资建立临港奉贤园区基地，建设工程机械研发、生产、销售、服务中心。

8 日 由中国对外承包工程商会主办的“对外承包工程带动工程机械产品出口研讨会”在厦门落下帷幕。苏子孟秘书长应邀参加了会议并发表了“我国工程机械产品出口状况及面临的挑战”的专题讲演。

参加此次研讨会的境内外工程承包单位的代表来自中国路桥工程有限责任公司、中国技术进出口总公司、中国对外建设总公司科贸中心、中国机械工业建设总公司、中铁十五局集团有限公司、中国土木工程集团公司设备物资部、青建集团股份公司、威海国际经济技术合作股份有限公司、中地海外建设集团有限公司、中国武夷实业股份有限公司、福建省工业设备安装有限公司、福建省电力工程承包公司、福建龙净环保股份有限公司等。

8 日 由上海工程机械厂有限公司向中交建设第三航务工程局交付的9台DZ500S变频型电驱振动锤及变频系统、冷却系统、操作系统在山东乳山船厂完成了全面的安装、调试工作，即将投入港珠澳大桥的施工。这是该厂为适应地基改良，尤其是海上人工岛建设需求而专门开发的新产品，该产品根据海上施工的苛刻条件在冷却系统上取得突破，首创的体外循环冷却新方式使产品的有效工作时间明显增加，工作效率和可靠性明显提高。

13 日 针对行业出现的非理性促销现象，中国工程机械工业协会紧急召集行业主要媒体召开交流沟通会，共同商讨应对良策。在会上祁俊会长旗帜鲜明地表明了自己的观点：不支持零首付的按揭销售模式。他认为这对企业来说无异于饮鸩止渴,如这种现象不能得到有效遏制,有可能演变为行业的价格大战,将严重影响行业公平竞争的市场秩序,阻碍行业产品及服务质量的提高,最终将导致企业品牌和形象受到伤害。

13 日 山河智能第一产业园鞭炮轰鸣,喜气沸腾,天津山河装备开发有限公司 SWTC55 伸缩臂履带起重机披红挂彩,发往天津。该 SWTC55 伸缩臂履带起重机吨位目前居中国之首。

17 日 山推工程机械股份有限公司抚顺产业园在辽宁省抚顺市沈抚新城隆重举行了奠基仪式。

山推抚顺产业园由山推下属全资子公司山推投资公司与辽宁弘晟实业集团有限公司共同出资建设。计划总投资 40 亿元,建设用地 53.3 万 m^2。其中一期项目建设用地 26.6 万 m^2,厂房面积 10.8 万 m^2,用于生产高空作业车、随车起重机、消防车和履带起重机等产品;二期项目主要用于汽车起重机的研发、生产以及工程机械再制造。项目达产后可形成年产各类工程机械 12 000 台的生产能力,实现百亿产值。

18 日 山推混凝土机械武汉产业园在武汉东湖新技术开发区落成。中国工程机械工业行业各级领导及山推合作伙伴、新闻媒体等 500 余人出席了山推武汉产业园落成暨首台产品下线庆典。“专注价值　共赢未来”的鲜明主题,彰显了山推明确的战略规划与坚定的市场信心。

20 日 中国工程机械工业协会 2011 年统计工作会议在贵州省贵阳市召开,与会代表 82 人,苏子孟秘书长出席会议并发表重要讲话。路面与压实机械分会、凿岩机械与风动工具分会、工程起重机械分会、建筑起重机械分会、铲土运输机械分会、挖掘机械分会、工程机械配套件分会的秘书长、副秘书长及分会统计负责人员到会。参加会议的代表包括挖掘机械、铲土运输机械、混凝土机械、桩工机械、路面与压实机械、工程起重机、建筑起重机、工业车辆、凿岩机械与风动工具、工程机械配套件等行业企业的代表;主要工程机械企业集团:徐工集团、中联重科、厦工股份、柳工股份、临工、成都神钢、山东山工、山推工程股份、方圆集团等。

26 日 熔盛重工(01101)发布公告称,拟以 21.5 亿元的价格,受让安徽省全椒县人民政府持有的全柴集团 100% 的股权。

据悉,熔盛重工是通过旗下的江苏熔盛重工股份有限公司完成这项交易的。江苏熔盛重工 4 月 26 日与安徽省全椒县政府签订合同,受让全椒县政府持有的全柴集团 100% 国有股权。值得注意的是,全柴集团持有全柴动力(600218)44.39% 的股权。

28 日 第二届中国工业大奖表彰大会在人民大会堂举行。国务院前副总理曾培炎亲切会见了获奖企业代表并合影留念。十届全国人大常委会副委员长顾秀莲出席会议。中国工业大奖审定委员会主任、中国工业经济联合会会长徐匡迪出席会议并讲话。审定委员会副主任、中国工经联常务副会长孙树义主持了会议。

作为我国工业领域的最高奖项,中国工业大奖是经国务院批准,由中国工业经济联合会牵头,组织 10 家全国性工业行业联合会(协会)共同实施的。

中国工业大奖包括“中国工业大奖”和“中国工业大奖表彰奖”两个层次奖项,徐工集团荣膺中国工业大奖表彰奖。

月内 由冀中能源石煤机公司和大连理工大学新近研制的工作长度 18m、高 8.5m 的大型桥梁检测车第一次试车成功,桥检车在实验人员的操控下实现了桥梁的病害维修和预防性检查作业所需的各种预定动作,各项性能指标达到国际先进水平。桥检车的一次性试车成功,标志着石煤机公司产品成功进入新的市场领域。

月内 由福建省建筑业协会与台湾区基础工程专业营造业同业公会共同主办、厦门工程机械展组委会承办的“闽台基础工程施工经验暨工程机械之应用”学术研讨会，当月在厦门国际会展中心举行。

5 月

2～6 日 三年一届的汉诺威国际物流技术展览会在德国汉诺威再次拉开大幕。该展览会是汇集当今物流领域前沿科技的高端专业展会。此次展览会秉承“内部物流要可持续发展”的展会主题，吸引了来自 38 个国家和地区的 1 100 家展商全方位展示关于自动化物流、起重机、叉车、物流管理、港口搬运设备等最新产品与技术。其中中国参展企业在海外参展团比例中首次跃居第二。

6 日 徐工集团工程机械股份有限公司科技分公司大吨位装载机智能化制造、混凝土搅拌机械产业基地奠基仪式在江苏徐州经济技术开发区举行。徐州市委书记曹新平等市委领导及中国工程机械工业协会首席顾问韩学松出席，徐工集团领导王民及徐工集团合作伙伴等到场共同见证徐工科技发展史上这一历史时刻。

9 日 在上海市政府领导和广西壮族自治区政府及相关部门领导的共同见证下，广西柳工集团有限公司与上海电气集团旗下的上海机电股份有限公司、上海电气国际经济贸易有限公司在南宁荔园山庄签署了战略合作协议，正式受让上述两公司持有的上海金泰工程机械有限公司 51% 的股权。

18 日 天津工程机械研究院成立五十周年暨天津工程机械研究院新址奠基庆典在天津北辰科技园区（天工院新址所在地）隆重召开。来自中国工程机械行业百余位高层领导、专家学者、高校院所代表以及兄弟企业代表与天工院 150 余位员工欢聚一堂，共庆这一历史性时刻！

18 日 京城重工汽车起重机底盘生产线改造试运行启动仪式在北京通州台湖厂区隆重举行。北京京城机电控股有限责任公司董事长兼党委书记任亚光、总经理仇明，中国工程机械工业协会秘书长苏子孟，京城重工董事长苏杰和总经理袁晓峰，工程起重机分会秘书长张晓春以及代理商、公司员工和行业媒体等参加了仪式。

18 日 广西柳工机械股份有限公司在安徽蚌埠的起重机生产基地召开了题为“臂动神州大地共筑美好家园”的新品发布会，展示了其 CLGTC250 型、CLGTC500 型汽车起重机和 CC1000 型履带起重机等三款新品。柳工国内营销事业部副总经理杜丹表示，柳工进入起重机领域是公司实施战略规划目标的重要举措，起重机目前已成为柳工的核心战略产品。

19 日 在 TüV 莱茵公司广州分公司专业认证工程师的技术指导和监督下，玉柴 YC6J180－T30 工程机械用发动机顺利通过 ECER96（欧洲 S3A）排放认证现场目击试验。这是玉柴首台工程机械用发动机出口欧洲的 E－mark 认证，意味着YC6J－T30 系族可以凭借这张“绿卡”，进军欧洲工程机械行业，填补了玉柴工程机械在欧洲市场的空白，有利于玉柴工程机械进军国外市场。

19 日 第一拖拉机股份有限公司公布，以总代价 8 882.38 万元人民币，向控股股东中国一拖收购一拖（洛阳）叉车公司 86.82% 股权及一拖国际经济贸易公司 100% 股权。此外，该公司亦以总代价约 134.24 万元人民币，分别向 37 名自然人投资者收购一拖（洛阳）叉车公司余下 13.18% 的股权。

一拖（洛阳）叉车公司主要从事生产、销售及维修叉车、拖拉机、发电机组、工程机械及配件等业务。

19 日 国内最大的工程机械制造商徐工机械（000425.SZ）副总裁杨东升称，徐工正在收购欧洲两家高端液压件制造企业。据悉，徐工目前已具有回转支撑、驱动桥、变速箱、发动机、液压油缸 5 个零部件制造基地。而在欧美区域，徐工则将围绕大型传动件等核心零部件，加大收购力度。

27 日 由中国机械工业联

合会、中国汽车工业协会主办，中国机经网承办的“2011年中国机械工业百强企业汽车工业三十强企业信息发布会暨机械工业发展战略研讨会”在北京隆重召开。徐州工程机械集团有限公司、长沙中联重工科技发展股份有限公司及三一集团股份有限公司等17家企业进入百强企业名单。

30日 由中国贸促会、中国国土资源部、中国机械工业联合会、广西壮族自治区政府共同组织的第八届中国－东盟商务与投资峰会系列活动在南宁国际会展中心举行。“峰会工程机械展”已成为中国－东盟自贸区域最大规模的专业机械展览会，参展企业汇集了众多国际知名品牌。

31日 山推新产品SR14M－2压路机在道路机械事业部装配车间成功下线。该产品的试制成功丰富了山推压路机的产品线，也将成为山推开拓国外市场的一个重要利器。

月内 由世界500强企业韩国斗山集团投资2亿美元的斗山液压控制系统项目正式落户江阴，为打造四大千亿级新兴产业集群又增添了新引擎。

无锡市委常委、江阴市委书记朱民阳表示，近年来，江阴围绕产业结构的优化提升，大力发展低碳、机械装备、新材料等新兴产业，并注重构筑产业链。这次落户临港新城的斗山液压控制系统项目，符合江阴重点发展的优势产业的要求，希望斗山液压加快建设步伐，早日成为江阴机械装备行业中的龙头企业，带动全市机械装备产业的发展。

月内 三一“大吨位系列履带式起重机关键技术与应用”项目获上海市科技进步一等奖，上海市市委书记俞正声、市长韩正、副市长沈晓明等重要领导出席会议并为获奖代表和个人颁奖。

月内 由哈尔滨工程机械制造有限责任公司自主开发的“QLY40H混合动力全液压轮胎起重机”通过了由黑龙江省工业和信息化委员会主持的新产品鉴定。专家鉴定认为该产品总体方案新颖，结构合理，节能环保。产品填补了国内空白，达到国际同类产品先进水平，具有很好的推广应用前景。

月内 由沈阳北方交通重工制造的国内首款全电动高空作业车——北方交通KFM－ZZ型曲臂自行式高空作业车下线。

KFM－ZZ高空作业车采用交流驱动系统，其最显著的特点便是零尾气排放、无噪声、环保无污染。此外，由于KFM－ZZ系列产品采取交流驱动方式，交流电动机没有直流电动机对最大电流方面的限制，这意味着电动机在实际使用中可以得到更快的转速及更大的制动扭力，因此可以驱动更大质量的车辆，提供更大的使用空间。

6月

1日 中国工程机械行业第一个协会标准——《工程机械定义及类组划分》（GXB/TY 0001—20110）由中国工程机械工业协会完成制定并正式发布、实施。

该标准界定了我国工程机械的定义及所属的20大类产品的组、型和产品名称，适用于我国工程机械协会会员范围内的工程机械的生产、管理、科研、教学、使用和维修。

9日 由国家商务部举办，中联重科承办的“发展中国家工程机械运用与维护技术培训班”在中联重科隆重开班，来自巴基斯坦、尼日利亚、埃及等15个发展中国家的28名技术人员在这里接受学习培训。

12日 由中国质量协会建设机械行业分会主持召开的2011年全国建设机械与电梯行业质量工作会议暨质量管理小组代表大会在山西省太原市举行。会上，部分优秀企业对坚持开展卓越绩效模式以及坚持开展质量管理小组活动进行了经验介绍交流。同时，宣布了全国建设机械与电梯行业实施卓越绩效模式先进企业名单并颁发奖杯、奖牌及证书。

23日 “诚动2011”徐工建机超越型专用强夯机品鉴会在徐州举行。会上，徐工建机发布了全面超越传统强夯机功能、效率和结构样式的 XGH1000Z 超越型专用强夯机，为中国强夯机市场树立了新的里程碑。

24 日 “山推—埃塞项目”出口发车仪式在山推国际事业园举行。此次发车仪式上，195 台山推多品种主机将陆续抵达天津港后，运往埃塞俄比亚联邦民主共和国。山推出口埃塞项目是继 2005 年 110 台量大单落户安哥拉后又一大额订单。

28 日 我国西部首个高端装备制造基地——中国铁建重工集团兰州新区高端装备制造基地正式开工奠基。

铁建重工集团兰州新区高端制造基地主要进行盾构机的研发和生产。基地用地 26.6 万 m^2、整体规划建筑面积 8.5 万 m^2。为确保兰州轨道交通工程前期所需盾构及管片等产品的供应，基地计划将分两期建设，其中第一期规划建设 4.8 万 m^2，第二期规划建设 3.7 万 m^2。第一期工程将在 2012 年 7 月之前竣工投产。基地建成后，兰州地铁建设所需的盾构机将全部由铁建重工集团兰州基地研制生产。

28 日 中国石化集团武汉 80 万 t/a 乙烯工程施工现场，徐工集团 XGC28000 履带式起重机巨臂直插苍穹，一座高达 70 多 m 的筒形精馏塔被垂直吊起，稳稳安放在基座之上。这意味着，由徐工集团徐工建机公司设计制造的 XGC28000 履带式起重机成功实现首吊，这也是我国率先投入实际工程施工的最大吨位履带起重机。

28 日 厦工挖掘机（二期）技改项目举行奠基仪式。厦工内部人士介绍，这期技改项目建成后，将形成年产 1.5 万台挖掘机的产能。

月内 中国 · 郑州国际工程机械产业园在河南省荥阳市举行奠基仪式。中国工程机械工业协会会长祁俊，中国工程机械工业协会代理商工作委员会秘书长冯桂英，郑州市和荥阳市相关领导以及沃尔沃建筑设备、山东临工、北起多田野等制造企业代表和部分代理商出席奠基仪式。

据悉，该项目规划多个产业功能区：工程机械厂区、配件区、机电设备交易区、物流配送区、二手机械交易区、拍卖区、生活配套区。项目计划分 3 期开发。未来，该项目将建成高标准、国际化的一站式工程机械采购总部基地。

月内 中联重科与德国 JOST 起重机有限公司在德国法兰克福签署技术转让协议，中联重科买断了国际社会公认的塔机高端专家德国 JOST 平头塔系列产品的全套技术。这意味着中联塔机不仅拥有世界最先进的塔机设计技术，同时也获得了进入欧美等国际高端市场的准入证。

月内 “2011 年广西壮族自治区节能技术与产品展示推介会”在广西南宁举行，柳工携再制造业务产品参展。

近年来，国家对再制造产业日益重视，工信部于 2009 年发布了首批 35 家再制造试点企业名录，柳工被确定为 35 家试点企业之一。2011 年 1 月，柳工再制造试点实施方案顺利通过国家工信部审查，部分再制造核心产品已提交国家工信部进行“再制造产品名录”认定申请。目前柳工已成为工信部首批再制造产品认定受理企业之一。

月内 由中国中铁科工集团生产的首台混凝土搅拌站在武汉下线，此举标志着该集团开始进入民用设备制造领域。

此次出厂的 HZS180 型商用混凝土搅拌站由中国中铁科工集团与徐工集团联合开发，主要由搅拌主机、物料称量系统、物料输送系统、物料贮存系统和控制系统等 5 大系统和其他附属设施组成。经专家评定，该产品质量完全符合 GB/T 10171—2005 混凝土搅拌站（楼）标准及设计图纸与技术要求，产品整体制造质量及外观质量优良。

7 月

1 日 庆祝中国共产党成立 90 周年大会在人民大会堂隆重召开。会议由中共中央政治局常委吴邦国主持。中共中央总书记胡锦涛在大会上发表了重要讲话。中共中央政治局常委、中央书记处书记习近平宣读了《中共中央关于表彰全国先进基层党组织和优秀共产党员、优秀党务工作者的决定》，长沙中联重工科技发展股份有限公司党委被中共中央授予“全国先进基层党组织”荣誉称号。

2日 专为北京地铁14号线15标段隧道施工而量身打造的国内大型地铁用盾构机在秦皇岛正式下线，这标志着我国地铁施工技术实现重大突破。

此次下线的盾构机为土压平衡式盾构机，于2010年9月在秦皇岛投入生产，由秦皇岛天业通联重工股份有限公司控股的北京华隧通掘进装备有限公司与日本日立造船株式会社联合开展技术合作，先后突破了国内盾构机生产领域的一系列技术瓶颈。其开挖直径为10.26m，盾壳最大直径为10.22m，主体总长度为11.55m，主机重量800t，最大掘进速度为8.5cm/min，是目前国内地铁用最大直径的盾构机。

4日 2011年度中国工程机械精英代理商热点论坛暨中国工程机械工业协会代理商工作委员会第二届第五次常务理事会议在青海西宁隆重召开。来自全国各地的近百名代理商高层参加了会议，对工程机械行业流通领域的热点问题进行了交流和探讨。

11~14日 中国工程机械工业协会标准化工作委员会年会在北京亚奥国际大酒店圆满召开。行业领导及企业、科研院所、行业媒体的70余名代表参加了此次会议。

24日 徐工集团成功研制并投放市场两款越野轮胎起重机，拥有30多项专利技术的这两款产品，成为我国同类产品的技术领先者，这为徐工集团进军欧洲及其他海外市场奠定了坚实的基础。

28日 山河工业城奠基典礼暨山河智能装备集团成立大会在位于长沙县的长沙经开区星沙产业基地隆重举行。湖南省长沙市领导及行业负责人等出席了典礼。

31日 工信部装备工业司和中国工程机械工业协会在山东青岛联合举行了“中国工程机械行业‘十二五’发展规划新闻发布会”。会议由中国工程机械工业协会王金星副秘书长主持，工信部装备工业司王建宇处长发表重要讲话，苏子孟秘书长就工程机械行业“十二五”发展规划的具体情况做了介绍。

31日 由中国工程机械工业协会工程机械配套件分会主办，福田雷沃国际重工股份有限公司、山东隆源液压科技有限公司协办的“第四届中国工程机械关键零部件配套研讨会”在青岛景园假日酒店隆重开幕。行业相关领导及企业媒体代表260余人参加此次研讨会。

月内 徐工获首批国家技术创新示范企业称号。国家工业和信息化部、财政部联合下发文件，公布首批国家技术创新示范企业名单，徐州工程机械集团有限公司作为江苏省唯一一家企业榜上有名，这是继徐工集团被确立为国家创新型试点企业之后，在创建创新型企业发展道路上取得的又一成绩。

月内 中联重科获得首批国家技术创新示范企业认定。国家工业和信息化部、财政部联合下发通知，公布了“2011年国家技术创新示范企业名单”，中联重科作为全国首批入选，也是湖南省内唯一一家获此殊荣的企业，国家将在产业、财税等多方面给予优惠政策扶持。

月内 山东济宁高新区与同济大学、东华大学举行科技合作洽谈会，会上举行了山推股份公司、同济大学和济宁高新区三方共建“同济——山推工程机械综合技术研究院”合作协议签字仪式。

8月

4日 中国工程机械工业协会、中国质量认证中心和国家工程机械质量监督检验中心共同在北京举行的新闻发布会上宣布中国土方机械“CQC”标志认证工作正式启动。行业各相关领导及48家来自土方机械行业的企业、专业媒体参加了新闻发布会。

15日 徐工液压件自主研发生产的1 200t全地面汽车起重机伸缩油缸试制成功，并交付客户。该油缸配套国内最大吨位全地面汽车起重机，从而实现了国内在超大吨位汽车起重机研发制造的新突破，而作为该设备关键零部件的液压油缸完全由该公司自主研发与生产。

19日 山重建机有限公司20 000台挖掘机项目落成典礼隆重举行。山重建机临沂、济宁两大基地的全面落成开启了公司发展的新篇章，标志着山重建机站在了新的起点上。中国工程机械工业协会秘书长苏子孟出席了落成典礼，并致辞表示祝贺。

28日 宇通重工·宇通环保新工业园区奠基仪式在郑州市中牟县郑州国际物流园区隆重举行。宇通重工·宇通环保新工业园区奠基仪式标志着河南省和郑州市装备制造和环保产业发展又取得了新的重大进步，对调整优化工业结构、推动区域经济可持续发展具有重要意义。

30日 中联重科、三一重工、山河智能等业内6家发起单位和25家响应单位率先签署了《湖南省工程机械行业公约》。该公约是工程机械行业内以省为单位所签署的第一个自律性公约。

30日 中国核工业建设股份有限公司与徐工机械在徐州隆重签署战略合作框架协议。徐州市委书记曹新平，中国核建党组书记、总经理、股份公司董事长穆占英，徐工集团董事长、党委书记王民及相关领导出席了签约仪式。中国核建股份公司董事会秘书兼规划运营部主任王计平与徐工机械副总裁、徐工重型总经理陆川代表集团公司签署战略合作框架协议。

30日 江淮重工有限公司新款J系列叉车下线。相比其他系列车型，J系列车型拥有大功率、大扭矩的强劲动力，整车采用低噪声、低排放、低油耗的绿色环保设计；全封闭设计，操作者耳边噪声为86db；采用V型发动机悬置和全浮式护顶架布置技术，降低整车震动；油箱盖采用O型圈密封技术，防止油品泄漏。同时整车设计更具有人性化特点：宽大的操作空间和驾驶空间，降低操作疲劳度；仪表盘右置和简洁的仪表显示，易读、易懂；采用电液换向手柄，有效降低手臂疲劳度；轿车化油箱盖的采用，实用、大方。

30日 中国工程机械工业协会施工机械化四届三次年会暨施工新技术交流会在吉林省吉林市召开，有80多名代表参加会议。此次会议由建筑机械化杂志社协办。

开幕式由施俐秘书长主持，刘子金理事长作了分会的工作总结。2011年年会的主题是大力推广应用绿色施工技术，在调整产业结构、转变经济发展方式的大趋势下，作为国民经济重要支柱产业之一的建筑业，既是消耗大量材料资源、水力资源、土地资源和能源的行业，也是产生大量建筑废弃物和垃圾的行业，建筑技术应该朝着什么方向发展是建筑业同仁最关心的问题。

月内 全国首台纤维微表处理摊铺机在高远圣工路面机械有限公司正式下线。纤维微表处与普通微表处的区别主要是前者添加了纤维，纤维在稀浆混合料中能有效地改善沥青胶体结构，由于纤维的吸附、稳定及多向加筋作用，可以较好地改善稀浆混合料的高温稳定性、低温抗裂性、耐久性，能够有效地抑制和延缓反射裂缝出现，提高了道路的使用寿命。

月内 江麓机电科技有限公司重装公司通过对智能化系统的改型创新，完成了QTP100智能化平头塔机系统设计。据悉，该塔机利用网络技术、无线传输技术和塔机现代控制技术而组成的智能化集成控制系统，具有感知、分析、推理、控制和管理功能，集成化、模块化程度高，技术先进，构思新颖，功能齐全，市场前景看好。

月内 在新疆霍尔果斯口岸，徐工集团与乌鲁木齐经济技术开发区（头屯河区）签署了徐工新疆装备制造业基地项目投资协议。项目选址紧邻乌鲁木齐地窝堡国际机场、火车西站和乌奎高速，占地面积87万m^2，总投资25亿元，主要生产土石方机械、混凝土机械、建筑机械等产品，达纲年产值预计为60亿元。

9月

1~2日 中国工程机械工业协会在天津召开了工程机械再制造标准审核会，会议由天津工程机械研究院主办，中国工程机械工业协会学术工作委员会协办，由天津工程机械研究院张国胜副总工程师主持。中国工程机械工业协会俞据副秘书长、天津工程机械研究院副院长尚海波、宫立强及10家单位代表共计22人参加了此次会议。

6日 为了更好地落实2011年分会工作任务，促进钢筋及预应力机械行业的发展，钢筋及预应力机械分会五届四次理事会在北京中国建筑科学研究院召开。

会议代表一致选举中国建筑科学研究院建筑机械化分院高级工程师肖飞担任新秘书长。分会秘书处汇报了分会五届二次会议以来的工作。会议通过了分会行业专家委员会工作条例。推荐以理事长研究员刘子金为代表的19名行业专家组成员。

15日 柳工发布公告称，公司拟以8 246万元的自有资金收购北京首钢重型汽车制造股份有限公司42%股权。

公告显示，此次交易中，公司收购了北京德拉斯经贸有限公司持有的首钢重汽24.494%股权，及其他59名自然人股东持有的17.506%股权。公司已于15日前分别与转让方签署《股权转让协议》。公司表示，此次收购有利于其获得较完善的矿用车产品线及其客户资源，缩短产品开发及市场开拓时间，快速进入矿用车市场，以获取竞争优势。柳工15日收报17.43%元，下跌0.17%。

19日 由三一重工自主研制的86m泵车成功下线，再次刷新其在2009年创造的72m世界最长臂架泵车的世界纪录，这标志着三一重工牢牢掌握了世界混凝土泵车的最尖端技术，站在世界泵车设计和制造领域的最前沿，引领了行业的技术发展。湖南省委常委、常务副省长于来山、湖南省委常委、长沙市委书记陈润儿等省市领导，及行业协会专家出席下线仪式。400多位三一重工用户代表、媒体记者共同见证了世界最长臂架泵车下线。

19~22日 中国工程机械工业协会装修与高空作业机械分会二届三次年会暨技术交流会在河北省承德市召开。出席会议的约有196个单位，250多位代表。

21日 2011年中国工程机械工业协会工程起重机行业统计工作会议在北京隆重召开。本次大会由中国工程机械工业协会工程起重机分会主办。行业协会相关领导及29家会员企业共计40余人出席了会议。

21日 中国工程机械工业协会工程机械维修分会2011年年会暨第二届工程机械再制造发展论坛在上海开幕。此次年会由中国工程机械工业协会工程机械维修分会主办、日立建机(上海)有限公司承办、《工程机械与维修》杂志社协办。主要内容包括：适应新形势，推进再制造。梳理行业脉络，推进行业发展。搭建再制造产业模型，提升技术与管理，探讨售后服务战略，迎接服务新阶段。

22日 中国机械工业科学技术奖评审委员会对行业初审推荐获奖项目进行了终审，最终确定工程机械行业获奖项目为：二等奖项目9个，三等奖项目13项。

24日 中国工程机械工业协会混凝土机械分会2011年年会在武汉召开。

此次年会是与中国工程机械工业学会混凝土机械分会年会联合召开，118名混凝土机械分会会员参加，共发布三个主题报告。

28日 由中联重科融合CIFA最新技术自主研发的80m碳纤维臂架泵车，因创下最长碳纤维臂架泵车等3项世界纪录，获得英国吉尼斯世界纪录认证官的现场颁证。

10月

17日 2011中国工程机械配套件行业高峰论坛暨年度企业评选活动颁奖盛典在北京钓鱼台国宾馆隆重举办。活动特邀国家工信部、发改委等相关部委领导及中国工程机械行业协会领导和业内知名专家出席，徐工、中联、柳工、厦工、山河智能等全国各大主机、配套件企业的领导参加。

17日 作为中国机械工业集团有限公司的全资子公司，中国国机重工集团有限公司在京挂牌，标志着国机集团旗下的工程机械板块全面整合，正式以“国机重工”的品牌整体推出。国机重工董事长、总经理吴培国表示，重组整合后国机重工的优势在于：企业规模和综合实力得到了增强，科研资源和实力显著提升，产品链得到有效扩展，业务领域涵盖工程机械及相关领域的研发制造、服务、工程承包和贸易。

18日 第十一届中国（北京）国际工程机械、建材机械及矿山机械展览与技术交流会暨2011中国·北京国际商用车博览会（BICES/VEX 2011）、中国工程机械应急救援装备展在北京九华国际会展中心隆重开幕。

据统计BICES 2011展商数量达1 200家，展出面积突破20万m^2，两者都比上届增长25%以上。此次展场包括3个室内馆7万多m^2及室外展场12万m^2，展示面积成为BICES有史以来参展企业最多、涵盖产品最为全面、规模最大的一届盛会。开展的第一天，参观人数即接近5万。

18日 北京京城重工机械有限责任公司在BICES2011上举行了国内首台自主研发的QAY160E5型5轴底盘160t全地面起重机新品发布会。

19～20日 由中国工程机械工业协会联手美国设备制造商协会、日本建筑机械工业协会、韩国建筑机械工业协会联合主办的“全球工程机械产业大会暨50强峰会”在北京开幕。会上，中国工业和信息化部副部长苏波，国务院参事夏斌等，与到会的全球工程机械产业巨头，就全球工程机械产业及中国装备制造业成长现状、发展趋势、未来前进方向等问题进行了探讨。

11月

4～6日 中国工程机械工业协会工程运输机械分会第二届理事会、中国汽车工程学会矿用汽车分会第七届理事会换届改选暨两分会2011年行业年会在重庆东方花苑饭店隆重召开。出席本届会议的代表共121人。

10～11日 中国工程机械工业协会路面与压实机械分会2011年会暨发展创新论坛在辽宁省大连市隆重举行。来自全国各地的路面与压实机械分会的会员代表、路面与压实机械生产企业和配套企业、相关科研院所及行业媒体87位代表参加了此次会议。

21日 徐工基础公司车间内一片喜气洋洋，亚洲最大吨位自制底盘旋挖钻机XR460D，在热闹的鞭炮声中顺利下线驶出了车间。

21日 中联重科股份有限公司和中铁大桥局集团有限公司共同研发的全球最大上回转D5200－240塔式起重机科技成果鉴定会在南京举行，全球最大上回转塔式起重机正式完成技术鉴定，交付施工方中铁大桥局集团公司使用。

22～24日 中国工程机械工业协会四届三次理事会暨第十届中国工程机械发展高层论坛在山西太原召开。会议由中国工程机械工业协会主办，协会官方网站及山西太钢不锈钢股份有限公司联合承办。行业领导及企业、相关媒体代表等共计205人参加了会议。

28日 2011年11月28日是中国工程机械行业领军企业、最具代表性的厦门本土品牌——厦工成立60周年的日子。中共中央政治局常委、全国政协主席贾庆林为厦工60周年庆典题词:“祝贺厦工成立60周年,向全体职工致以诚挚地问候”。

30日 中国挖掘机械行业第十五届年会在长沙举行,此次年会的主题为“后经济危机时代中国挖掘机行业的发展机遇与挑战”,此次参会人数超过400人,为参会人数最多的一届。

月内 湖南省贸促会与全印产业协会共同主办的“湖南工程机械企业推介交流会”闭幕,多家公司与印度方达成合作协议。

12月

6~7日 中国工程机械工业协会建筑起重机械分会二届三次理事会暨二届二次会员大会在重庆市召开,213家会员单位390名代表参加了本次年会。

9日 2011年中国工程机械工业协会工程起重机分会年会在安徽蚌埠市召开。会议以“问道市场——降速时代探寻行业发展的催化剂”为主题就工程起重机行业广泛关注的热点问题进行了深入的探讨和交流,会议期间同期召开了分会第四届二次理事会。出席会议的有会员及媒体等93家单位共计132人。

9日 常林股份有限公司在新落成的常林工业园举办50周年庆典。中国工程机械工业协会名誉会长韩学松,中国国机重工集团有限公司董事长、总经理兼常林股份有限公司董事长吴培国,中国福马机械集团有限公司董事长、总经理刘群,市委常委、高新区党工委书记戴源,市政协副主席杨平平等出席庆典。代市长姚晓东出席庆典并讲话。

12日 被业界称为中国经济领域“奥斯卡”奖的“CCTV中国经济年度人物评选”在北京嘉里中心举行了隆重的颁奖典礼。中联重科董事长詹纯新凭借其带领企业在国际并购上的出色表现,成功当选“2011中国经济年度人物”。

13日 以“战略转型,创新变革——如何赢在下一个5年”为主题的2011年中国铲土运输机械行业年会在山东潍坊金茂大酒店隆重召开。行业领导、配套件企业代表、行业媒体代表共150余人出席了会议。会议由中国工程机械工业协会铲土运输机械分会秘书长尚海波先生主持,会议特邀嘉宾围绕年会主题分别做了精彩主题演讲,共同探讨“十二五”时期中国铲土运输机械行业的战略转型,创新变革之路。

16日 冀中能源石家庄煤矿机械有限责任公司最新研制的ZWY-150/55L型煤矿用挖掘式装载机在进行国家煤矿安全标志认证过程中,最大爬坡角度达到了32度,驶出了国内挖掘式装载机的最大坡度。

18日 徐工集团与江苏凯宫重工投资合作协议暨项目落户江宁滨江开发区签约仪式在南京举行,双方将合作生产盾构机等各类大型隧道机械设备。

19日 武昌船舶重工有限公司联合海南卓典公司共同研制的LGZ-I-50型螺杆桩机在武汉发布,该螺杆桩机具备环保、经济特性,在建筑、高铁桩基施工领域具有广泛应用前景。

20日 柳工历史上第一台CLG856Ⅲ静音装载机成功下地,它拥有司机耳旁噪声72dB(856Ⅲ驾驶室内噪声标称值是76dB)、机外辐射噪声104dB的国内绝对领先的静音技术,接近国际一流水平。856Ⅲ静音装载机匹配了派克专门提供的低噪声液压泵,安装了柳工最新研发出的静音驾驶室。856Ⅲ高性能,集合了柳工新技术研究所NVH(振动、噪声与热平衡)组2年多的经验和心血,是通过大量仿真和试验研究出的精品,装配此款,整机机外噪声降低3dB,同时发动机背压下降5%,856Ⅲ静音驾驶室室内噪声降低约8dB。柳工拥有856Ⅲ和静音驾驶室的完全知识产权,并在第一时间申请了专利。

22日 住房和城乡建设部建筑节能与科技司在京召开了“建筑施工装备关键技术研发与产业化”项目启动会暨课题实施方案论证会。

该项目属“十二五”国家科技支撑计划项目,其总体目标是：紧紧围绕我国工程施工急需，以国际先进技术设备为目标进行自主研发。

23日 全球最大履带起重机——徐工XGC88000在徐工建机投产，该机最大起重量超过3 600t，最大起重力矩超过88 000N·m，将是目前世界最大、技术最先进的履带起重机，未来将主要应用于国家石油化工、煤化工及核电建设领域。

徐工XGC88000履带起重机是国家“863计划”项目，也是徐工集团与中石化集团联合开发项目。2010年，徐工建机与中石化集团签订了3 000吨级履带起重机联合开发项目。2011年10月，因为在超级履带起重机研发以及实际应用方面的雄厚积淀，徐工超级履带起重机项目被国家科技部正式纳入863计划项目课题，在“十二五”期间研发生产超过3 500t的超级履带起重机。

25日 湖南省科技厅组织了对中国铁建重工集团有限公司、中南大学承担的湖南省、长沙市重大专项“大型盾构设备研制及其应用”科技成果鉴定会。经质疑、答辩、评议后一致认为：项目技术路线正确，资料翔实、结果可靠，提出了基于地质适应性的盾构选型和总体设计准则，自主研制了适用于多种地质条件的系列化土压平衡盾构，较大幅度地缩短了盾构设计制造周期，降低了盾构生产成本。

25日 中交天和机械设备制造有限公司研制的ϕ14.93m泥水气压平衡复合式隧道掘进机在江苏常熟举行了隆重的下线仪式。交通部、江苏省、苏州市、中交建设集团的有关领导、中国工程机械工业协会掘进机械分会（筹）及各有关单位和媒体的代表近200人出席了仪式。

月内 国内混凝土机械行业首台预制PHC管桩泵送生产设备——HBT80·14·132SG管桩泵在中联重科麓谷工业园下线，促进了“合模前置式布料工艺”这一预制PHC管桩先进生产工艺的产业化。

月内 山东鸿达建工集团有限公司自主研发生产的带安全监控与实时故障诊断的QTZ315型遥控变频塔机被列入国家重点新产品项目。

QTZ315型遥控变频塔机属于建筑起重运输机械，主要用于建筑材料构件的起吊和建筑结构与工业设备的安装，其主要功能是重物的垂直运输和施工现场内的短距离水平运输。该塔机广泛应用于电厂、桥梁、水坝、码头、高层建筑等大型建筑施工，有行走、固定、内爬等多种安装形式，满足不同客户需求。该产品总体技术指标达到国内领先水平，在变频调速、安全监控、故障诊断等方面达到国际先进水平。

月内 美国道格拉斯动力股份有限公司与沈阳德通路桥机械设备有限公司签约，共同在沈阳沈北新区投资建设中国最大的除雪车辆及设备生产基地。

〔撰稿人：中国工程机械工业协会王金星〕

010-52220922
www.e-bices.org
同期举办
中国·北京国际商用车博览会
中国·北京国际应急抢险救援装备展
BICES 2013
第十二届中国（北京）
国际工程机械、建材机械及矿山机械
展览与技术交流会
2013年10月15-18日
北京九华国际会展中心
先机天下
价值创新
聚焦行业可持续发展
专业服务助您完美呈现
行业自主办展 国内外强强联手
全面拓展应急抢险救援装备、商用车辆展示领域
特色活动打造魅力展会文化
共同跨越 共同成长
主办方：
中国工程机械工业协会
中工工程机械成套有限公司
中国国际贸易促进委员会机械行业分会
承办方：
北京天施华工国际会展有限公司
国际合作方：
美国设备制造商协会

科技股份有限公司
Technology Co.,Ltd.
LF12系列小挖多路换向阀
ZLF25AⅡ优先型流量放大阀
TH6系列先导阀
CDA、CDB、CDC型多路换向阀
DFS系列多路换向阀
6WG180F电液控制操纵阀
高新技术企业
浙江省
企业技术中心
浙江名牌产品
海宏液压
HAIHONGHYDRAULIC
地址：浙江省临海市金岭路199号　邮编：317000
电话（传真）：0576-85182037　0576-85182694
E-mail：haihong@cn-hydraulic.com　http：//www.cn-hydraulic.com

■ 山东临工创建于1972年，是国家工程机械行业的大型骨干企业，中国机械工业100强，国家高新技术企业。主导产品为装载机，挖掘机、路面机械三大系列，其中装载机产品为中国名牌产品，SDLG为中国驰名商标。

■ “创国际化临工，建可信赖品牌”，山东临工将始终坚持以主导产品为核心的多元化产品战略，持续改进，不断丰富产品线，提升产品质量和品牌美誉度，建设国内一流，世界知名的工程机械基地。